친족상속법

Family·Succession Law

오 병 철 저

OH, Byoung Cheol

法 文 社

머 리 말

36년간의 일제 강점에서 해방되어 1948년 대한민국 정부가 수립된 후, 1958년 2월 22일 법률 제471호로 민법이 제정됨으로써 친족상속법이 마련되었다. 민법 제정 논의가 진행되던 1950년대 우리의 친족에 대한 관념과 사회적 환경은 현재와는 완전히 다른 것이었으므로, 제정 민법의 친족법은 지금으로서는 상상하기 어려울 만큼 봉건적 태도를 고수하고 있었다. 친족법에 호주제를 비롯한 가부장제와 유교 사상에 기반한 규정이 지배적이었고, 이는 상속법에서도 크게 다르지 않았다. 이후 우리나라는 세계적으로 유례를 찾기 어려운 급속한 경제성장을 이루었고, 경제적 발전은 가치관의 변화를 수반하여 부부와 자녀의 가족 관계에 직접적으로 강한 영향을 주었다. 이에 따른 민법전의 개정은 주로 친족법에 집중되어, 현행 친족법은 제정 민법의 친족법과 판이하게 현대적인 모습으로 변화되었다. '남녀평등' 그리고 '미성년자녀의 복리'라는 가치는 무엇으로도 양보될 수 없는 친족법 최고의 이념으로 자리를 확고히 하였다.

그러나 안타깝게도 여전히 친족법에 봉건적 잔재를 탈피하지 못한 흔적이 발견된다. 대표적으로 법률효과 측면에서 이미 소멸된 적서의 구별이 형식적으로는 온전히 남아있다. 과학적으로 부성을 증명할 수 있는 기술이 확립되어 있음에도 불구하고, 아버지를 규범적으로 정하기 위해서 혼인 중의 자녀와 혼인외의 자녀를 구분하는 것은 매우 불합리하다. 특히 자녀에게 자신의 의지와 관계없는 '혼외자'라는 일종의 사회적 낙인이 태어나면서부터 찍히는 폐단은 '미성년 자녀의 복리'에 정면으로 반하는 것이다. 또한 성과 본에서 남성중심주의와 강한 혈통주의를 취하여 어머니의 성과 본을 따르기 위해서는 혼인 전부터 부부의 협의가 이루어져야만 하고, 일반양자는 법정혈족인 양부모의 성과 본으로 변경하지 않는 것을 원칙으로 하고 있다. 그럼에도 계부와 같이 아무런 혈연관계가 없는 제3자의 성과 본을 자녀가 따를 수 있도록 법원이 허가하는 것은 이른바 '정상 가족 이데올로기'를 극복하지 못한 기만적인 제도가 아닐 수 없다. 지금까지 형식적인 남녀평등과 미성년 자녀의 복리를 구현하기 위한 입법적 노력이 큰 성과를 거두었다면, 21세기 중반으로 나아가는 이 시점에는 남아있는 구태로부터 완전히 벗어나 진정한 남녀평등과 합리적이고 민주적인 가족제도를 실현하여야만 한다. 이를 위한 개인적인 노력으로서 미미하지만, 이 책을 집필하게 되었다.

친족법과 달리 상속법에서의 입법적 개선은 지난 세기에 집중적으로 이루어졌다. 최근 경제 규모의 급격한 팽창에 따라 상속에서의 분쟁이 점증하고 있으나, 상속법은 절대적으로 조문의 숫자가 적어서 민법 규정만으로 상속에 관한 모든 법률문제를 해결하기에는 역부족인 상태이다. 다행스럽게 최근 입법의 불비를 보완하는 상속법에 관한 중요한 대법원 판례가 속속 나오고 있고 헌법재판소도 상속에 관련된 중요한 결정을 하고 있어서, 이 책을 집필하는 중에도 이를 충실히 반영하기 위해 출판이 다소 지연되었다. 상속법에서 전근대적인 구태는 일소하였으나, 상속채권자보다 상속인의 이익을 더 보호하는 경향은 지양되어야 한다. 상속이 개시되면 상속집행자를 두어 상속재산으로부터 상속채무를 먼저 변제하고, 잔여 상속적극재산이 있는 경우에만 상속의 승인 여부나 상속재산 분할을 진행하는 체계적인 개혁을 모색할 필요도 있다. 또한 유류분의 산정과 반환에 관해서 그 구체적인 방법을 세부적으로 입법하여 법적 안정성을 도모하는 것도 상속법의 향후 과제라고 생각된다.

대학에서 친족상속법 강의를 30년간 해오면서 오랜 시간 공들여 다듬어 출판에 이르게 되었지만, 적지 않은 부분에서 오류가 산재해 있을 두려움을 감출 수 없다. 부끄러운 오류나 불완전한 설명은 훗날 바로잡고자 한다. 이 책을 출판하면서, 저자가 친족상속법에 입문하여 모교에서 강의를 담당하기까지 받은 두 분 스승님의 귀중한 학은을 기록하여 영원히 남긴다. 먼저 학부와 대학원에서 친족상속법을 친히 가르쳐주신 가족법의 우뚝한 최고 봉우리이신 고 김주수 은사님의 영전에 머리 숙여 무한한 감사를 드린다. 그리고 저자가 1995년 처음으로 대학에서 친족상속법 강의를 할 수 있게 이끌어주신 한남대학교 법과대학 이경희 명예교수님께도 진심으로 깊은 감사를 드린다. 이 두 분이 아니었다면 저자가 친족상속법을 연구하고 강의할 기회를 얻을 수 없었을 것이고, 이 책도 세상에 나올 수 없었을 것이다. 그리고 말할 수 없이 어려운 출판업계의 환경에도 불구하고 한 권의 책으로 출판할 수 있게 해주신 법문사 배효선 사장님과 영업부 권혁기 차장님 그리고 편집부 노윤정 차장님께도 감사를 드린다. 끝으로 이 책은 가족과 떨어져 홀로 Boston Celtics에서 자기만의 길을 씩씩하고 늠름하게 가고 있는 사랑하는 작은 딸 Hannah 하은에게 2024 NBA 우승을 축하하는 선물로 주고 싶다.

2024년 8월
광복관 연구실에서 오병철

차 례

제1편 │ 서 론

제2편 | 친 족

제4장 부모와 자

제 5 장 후 견

제3편 ｜ 상　속

제 1 장　상　속 (291~386)

제 3 장　유 류 분

제 **1**편

서 론

제1편 │ 서　론

Ⅰ. 가족제도

1. 최소의 사회단위로서의 가족

태어나는 모든 사람은 반드시 생물학적인 아버지와 어머니의 생명에의 기여가 있어야 한다. 종의 유지를 위한 번식은 생물의 가장 기본적인 본능이며, 인간도 예외는 아니다. 아버지와 어머니의 성적 교섭이라는 기여를 통해 태어난 사람은 다시 다른 이성과의 성적 교섭으로 자녀를 출생하게 된다. 또한 태어난 모든 사람은 예외 없이 사망이라는 생명의 종말을 맞이해야 한다. 이러한 성적 교섭과 새 생명의 탄생 그리고 사망의 연속으로 인류의 역사가 구성된다.

인간관계의 기본적인 단위는 종족 유지를 위한 남성과 여성과의 횡적 애정 관계와 그 결합에서 출생하는 자녀와의 종적 혈연관계가 동시에 존재하는 범위로 한정되고, 이를 우리는 가족이라고 할 수 있다. 가족은 사회를 구성하는 출발점이 되며, 시대와 지역에 따라 가족을 구성하는 범위에는 변화가 있으나 부모와 자녀라는 구성요소에서는 변함이 없다. 하나의 가족 구성원은 다른 가족의 구성원과의 횡적 결합을 통해 새로운 가족을 재생산해 나가게 된다.

2. 문화로서의 가족관계

인간은 다른 동물과 달리 이성적인 존재로서 문화를 형성하고 발전시켜 왔다. 인류의 문화 중에서 가장 기본적인 문화는 종의 유지를 위한 본능적인 문화이고 그것은 혈연관계를 기반으로 하는 가족이라고 할 수 있다. 남성과 여성의 애정 관계는 혼인이라는 형식으로 횡적인 가족 문화를 형성하고, 자녀의 출생과 그 성장 과정은 종적인 가족 문화를 이루게 된다. 그리고 사망을 둘러싼 장례와 제사 그리고 재산과 신분의 상속도 가족 내의 문화로 체계화되고 있다. 이러한 문화로서의 가족은 시대와 장소에 따라 고유한 특성이 있어서, 문화로서 가족의 다양성을 잘 보여주고 있다. 최근에는 남녀가 아닌 동성 간의 결합도 새로운 가족의 현상으로 서구 사회에 보편화되고 있는 것이 가족 문화 다양성의 대표적인 예라고 할 수 있다.

3. 사회규범 속의 가족관계

가족관계는 남녀의 애정 결합과 그에 따른 출생으로 형성되는 것이므로 성적 교섭, 혈연의 상하관계 등 선량한 풍속 및 사회질서와 직결되어 있다. 가족관계는 단순한 문화와 생활양식의 차원을 넘어 절대적 금기나 종교적 그리고 도덕적 규율 등 사회적 가치 규범의 적용 대상으로 자리 잡게 되었다. 인륜이라는 명분으로 규율 범위도 남녀의 애정 관계에서 부모와 자녀로 확대되고, 나아가 일정한 범위의 혈족 그리고 인척으로 확장되어 친족 전체에 대한 사회규범으로 발전되었다. 사회의 다양한 규범이 일반적으로 가족관계를 다루고 있으며, 이를 위반하면 국가 권력에 의한 직접적인 규제가 아닌 사회적으로 강한 비난을 통해 간접적인 강제가 행해진다.

4. 법 제도로서의 가족관계

가족관계를 다루는 다양한 사회규범 중에서 핵심적인 사항은 국가의 법률로 강제력을 부여할 필요가 있다. 구체적으로 혼인 관계, 친자관계, 부양, 유언, 상속 등은 친족상속법에서 세부적으로 규율하여 법적인 강제를 하고, 이를 위반하는 경우의 법적 효과에 대해서도 상세하게 규정할 필요가 있다. 특히 부부 사이의 재산 귀속이나 상속과 유증은 명백히 재산적 관계의 법적 규율이 핵심적인 사항이므로, 비구속적인 사회규범이 아닌 강제적인 법규범을 통해서 다루는 것이 타당하다. 법 제도로서의 가족은 민법[1] 제779조가 가족의 범위를 법률로 명확히 규정하고 있는 데서도 잘 나타난다. 사회적으로 일반적인 관념상의 가족이나 개개인의 인식으로서의 주관적 가족 개념과는 달리 법적으로는 명확히 어느 범위까지만 가족이 된다는 점을 선언하고 있다. 이를 벗어나면 사회적인 통념이나 개인적인 인식으로는 가족에 해당된다고 할지라도, 법적 가족은 될 수 없다.

---

1) 이하 민법은 법률명을 생략.

Ⅱ. 친족상속법의 법원

1. 민 법 전

친족상속법에 가장 중요한 법원法源은 제767조에서 제1118조까지의 제4편 친족과 제5편 상속이다. 제4편 친족은 총칙, 가족의 범위와 자의 성과 본, 혼인, 부모와 자, 후견, 부양의 각 장으로 구성되어 있다. 제5편 상속은 상속과 유언에 관한 2개의 장으로 구성되어 있다. 민법전의 친족편과 상속편은 형식적 의미의 법원이 된다.

2. 가족관계의 등록 등에 관한 법률

「가족관계의 등록 등에 관한 법률」2)은 국가공권력에 의해 가족관계를 기록하고 공시하는 사항을 규율하는 법률로서, 종전의 호적법이 행하는 기능을 대체하는 법률이다. 호적은 고조선시대부터 존재하였던 것으로 추정되는 제도로서, 각 시대에 따라 불리는 명칭도 다르고 그 구체적인 내용도 상이하였다(김/김,46). 호적법상의 호적과 실질적으로 동일한 것은 1909년 제정된 민적법民籍法에 따른 민적부터라고 할 수 있다. 그 이전의 호적제도는 신분 관계뿐만 아니라 농경지나 주택과 같은 재산 관계까지도 기록하는 것이었으므로, 호적법상의 호적과는 구별되는 것이었다. 호적법상의 호적은 개인의 가족관계를 '가'家 또는 '호'戶라는 개념을 통해 기록하는 것으로 가는 호주와 가족으로 구성되었다. 즉 하나의 호적에 가를 구성하는 호주와 가족을 열거하고, 그 구성원의 신분 관련 사항을 가 단위로 기록하고 있었다.

그러나 2005년 민법 개정으로 호주제도와 가 개념을 폐기함으로써 호주와 가를 기반으로 하는 호적도 더 이상 존재할 수 없게 되었다. 호적은 가의 구성을 통해 사람의 신분사항을 기재하여 공시하는 서류인데, 민법에서 가 개념이 폐지되었으므로 호적도 존재의 기반이 없어지게 되었다. 따라서 2008년 1월 1일부터 종전의 호적법을 폐지하고 가족관계등록법이 시행됨으로써, 호적제도를 가족관계등록제도로 대체하게 되었다.

가족관계등록제도의 특징은 우선 개인별로 가족관계를 기록하는 것이다. 호적제도는 가를 단위로 하여 호주와 가족의 인적 사항과 관계를 기재하는 집단적인 문서를 작성하

---

2) 이하 가족관계등록법으로 약칭.

였으나, 가족관계등록은 개인을 단위로 하여 인적 사항과 혼인 및 혈연관계를 기재하고 있다. 그리고 과거 가의 소재지인 본적은 개인의 편의적 장소 개념인 등록기준지로 대체되었다.

다른 특징으로는 디지털화된 기록으로 발전된 점을 들 수 있다. 가족관계등록부는 처음부터 디지털 형태로 생성되는 전자적 기록으로서, 종이로 된 원본 자체가 없으므로 등본이나 초본이 존재할 수 없다. 그러므로 전자적 기록인 가족관계등록부의 기재 항목을 전자문서나 종이문서로 현출하는 형태인 증명서로 발급된다. 전산처리를 원칙으로 하므로, 지역적인 제한 없이 신고를 접수한 기관에서 온라인으로 가족관계등록사무를 처리할 수 있게 되었다.

끝으로 개인정보 보호에 대한 사회적 요구에 따라 개인의 가족관계 정보의 불필요한 노출을 최소화하여 증명서의 종류도 발급 목적에 따라 '가족관계증명서', '기본증명서', '혼인관계증명서', '입양관계증명서', '친양자입양관계증명서'의 다섯 가지로 한정하였다. 각 증명서도 최소한의 필수사항만을 기재한 일반증명서와 세부적인 사항까지 기재한 상세증명서로 다시 구분하고, 상세증명서의 발급은 그 이유를 설명하여야만 가능하도록 제한하였다.

3. 가사소송법

가족법의 절차법적 법원으로는 「가사소송법」이 있다. 가사소송법은 1990년에 제정된 것으로 그 이전의 가사심판법과 인사소송법을 합쳐 하나의 법률로 통합한 것이다. 가사소송법 외에도 「민사소송법」, 「비송사건절차법」, 「민사조정법」도 가족법의 절차법적 법원이 된다. 가사소송법에 규정이 없는 경우에 가사소송사건에는 민사소송법이 일반법으로서 적용되고(가사소송법 제12조 제1항), 가사비송사건에는 비송사건절차법이 준용되며(가사소송법 제34조), 조정에는 민사조정법이 준용된다(가사소송법 제49조).

민사소송과 달리 가족법상 관계에 대한 분쟁의 성격은 사안에 따라서 각각 다르다. 예를 들어 이혼의 무효, 부(父)의 결정, 이혼시 위자료청구권, 유언의 검인, 기여분의 결정은 각각 그 대립의 구조와 분쟁 해결의 방법과 절차에서 다를 수밖에 없다. 따라서 가사사건이라도 사안에 따라서 다른 절차를 필요로 하게 되고, 가사소송법도 가사소송사건과 가사비송사건으로 구분하고 있다. 또 가사소송사건도 가류사건, 나류사건, 다류사건으로 나누고 가사비송사건도 마류사건, 바류사건으로 다시 나누어 규율하고 있다(가사소송법 제2조).

4. 기타 민사특별법

가족법의 또 다른 법원으로는 다수의 기타 민사특별법이 있다. 「혼인신고특례법」이나 「혼인에 관한 특례법」, 「입양특례법」, 「보호시설에 있는 미성년자의 후견직무에 관한 법률」, 「상속세 및 증여세법」 등도 가족법을 규율하는 중요한 법원이라 할 수 있다. 이러한 민사특별법은 가족법의 실질적 의미의 법원이다.

Ⅲ. 친족상속법의 제정과 개정

1. 1960년 민법전의 친족상속법

1945년 8월 15일 우리나라가 일본제국주의로부터 해방이 되고 나서 일시적으로 미군정의 통치하에 놓이게 되었다. 미군정은 법 제도에 관해서는 과거 일본제국주의의 잔재를 일단 유지하기로 결정하였으므로, 우리 민법이 제정되기 전까지는 일본의 가족법 질서가 그대로 적용될 수밖에 없었다.

1948년 대한민국 정부가 수립된 후, 1958년 2월 22일 법률 제471호로 민법이 제정됨으로써 친족상속법이 마련되었고 1960년 1월 1일부터 시행되기에 이르렀다. 그러나 상당한 부분은 조선시대의 봉건적 색채를 그대로 가지고 있었으므로 결코 바람직한 친족상속법의 내용을 갖고 있다고 할 수는 없었다. 특히 남녀 차별적인 가부장제家父長制를 유지하고 있었으므로 헌법상의 양성평등이라는 원칙과 조화를 이루는 것은 아니었다. 따라서 민법 제정 이후 현재까지 민법전의 개정은 거의 친족상속법에 집중되어 지속적으로 이루어져 왔다. 친족상속법의 중요한 개정은 다음과 같다.

2. 1977년 민법 개정

1977년 민법 개정에서는 성년의제 제도의 채택, 성년자의 자유로운 혼인, 법정상속분의 조정, 유류분제도 도입 등의 내용으로 개정이 이루어졌지만, 아직 양성평등의 실현은 요원한 상태였다.

3. 1990년 민법 개정

1990년 민법 개정은 친족상속법에 중요한 전환점이 될 만큼 획기적인 것으로서, 양성 평등이라는 점에서 크게 개선이 이루어졌다. 대표적인 개정의 내용으로는 친족 범위의 조정, 법정친자에서 계모자와 적모서자의 제외, 면접교섭권과 재산분할청구권의 도입, 양자제도의 정비, 호주상속의 폐지, 상속인 범위 축소와 상속분 조정 등 상속제도 정비 등을 들 수 있으나, 호주제도나 동성동본 금혼제도 등이 그대로 존재하는 등 여전히 민주적 양성평등의 완전한 실현에는 미흡한 상태로 남아 있었다. 1990년 민법 개정 후에도 동성동본 금혼, 한정승인과 친생부인에 관한 일부 조항 등이 헌법재판소로부터 헌법불합치 선고를 받게 되었고, 한정승인에 관한 조항은 1997년 일부 개정을 통해 정비되었다.

4. 2005년 민법 개정

2005년 3월 31일 법률 제7427호로 민법 중 친족상속법에 대폭 개정이 이루어졌다. 개정 이유에서 나타나듯 종전 민법의 친족편에 규정되어 있는 호주를 중심으로 가(家)를 구성하는 호주제도는 양성평등이라는 헌법 이념과 시대변화에 부합하지 아니하므로 이를 폐지하고, 동성동본 금혼제도와 친생부인의 소의 제척기간을 헌법불합치결정의 취지에 따라 합리적으로 조정하였다. 자녀의 성과 본은 아버지의 성과 본을 따르는 것을 원칙으로 하되, 혼인신고시 부모의 협의에 의하여 어머니의 성과 본도 따를 수 있도록 하여 양성평등에 진일보하였다. 그리고 입양제도의 현실을 반영하고 양자의 복리를 증진시키기 위하여 기존의 혈족관계를 단절하여 친양부모에게만 법정혈족관계를 인정하면서 친양부(모)의 성과 본을 따르게 하는 친양자제도를 도입하였다.

5. 2011년 민법 개정

2011년 민법 개정은 후견제도에 획기적인 발전을 가져왔다. 종전 친족편의 후견은 미성년자 친권의 보충적 제도로만 규정되어 있었으나, 개정을 통해 성년후견제도를 신설하였다. 성년자를 대상으로 하는 후견도 다양한 종류로 세분화하여 본인의 능력을 최대한 활용할 수 있도록 배려하였다. 다만 성년후견은 민법총칙상의 행위능력제도와 밀접하게 연관되어 있어서, 가족법보다는 재산법으로서의 성격이 상대적으로 두드러진다고 평가될 수 있다.

6. 2012년 민법 개정

2012년 민법 개정은 미성년자녀의 복리라는 현대 가족법의 가장 중요한 이념을 구현하기 위해 입양제도를 개혁하였다. 미성년자의 입양에 대해서는 가정법원의 허가를 성립요건으로 규정함으로써, 무효행위의 전환 법리를 적용한 출생신고에 의한 입양 성립이 더 이상 유지되기 어렵게 되었다. 또한 미성년 양자의 협의 파양과 친양자 입양 가능 연령제한을 폐지함으로써 미성년 양자의 복리를 확보하였다.

7. 2014년 민법 개정

2014년 민법 개정도 미성년자녀의 복리를 위한 것으로 친권제도에 대폭적인 정비를 가하였다. 친권의 질적인 제한과 일시적 정지가 가능하도록 하여 친권상실의 제도적 경직성을 완화하였고, 친권자의 동의에 갈음하는 재판을 통해 구체적으로 타당한 미성년자의 보호가 가능하도록 친권제도를 개선하였다.

Ⅳ. 친족상속법의 기본원리

1. 양성의 평등

헌법 제11조 제1항은 "모든 국민은 법 앞에 평등하며 누구든지 성별에 의하여 모든 영역에 있어서 차별을 받지 아니한다"라고 양성평등의 원칙을 천명하고 있으며, 헌법 제36조 제1항은 "혼인과 가족생활은 개인의 존엄과 양성의 평등을 기초로 성립되고 유지되어야 하며, 국가는 이를 보장한다"라고 구체적으로 밝히고 있다. 가족법의 기본원리 중 우선적으로 중요한 것은 양성의 평등이며, 구체적으로는 부부의 평등이고 또한 아들과 딸의 동등한 지위이다.

양성의 평등이라는 기본원리는 친족상속법 전체를 관통하는 것이지만, 민법 제정 당시에는 시대적 한계로 인하여 완벽하게 구현되지 못하고 있었다. 이후 지속적인 친족상속법의 개정은 주로 양성의 평등을 실현하기 위한 노력이었으나, 2005년 민법 개정 이전까지는 양성의 평등은 상당히 제한적이었다. 호주제를 근간으로 하는 남성 중심의 가家 제도와 성과 본 제도가 유지되고 있었고, 여성의 재혼금지 규정이나 동성동본 금혼제도와 같은 남녀차별적인 요소들이 여전히 잔재하였다. 따라서 양성평등의 원칙을 실현하기 위한 친족상속법의 개정 필요성이 강력히 주장되었고 마침내 2005년 민법 개정을 통해 상당한 성과를 거두게 되었다. 그러나 자녀가 어머니의 성과 본을 따르기 위해서는 부부가 혼인 시점에 어머니의 성과 본을 따르기로 하는 협의를 하여야 하므로, 자녀의 성과 본에서 남성중심주의는 여전히 해소되고 있지 않다.

2. 미성년자녀의 복리

가족법의 기본원리 중 현대 사회에서 가장 중요한 것은 미성년자녀의 복리라고 할 수 있다. 미성년자녀에게는 친권이 존재하게 되는데, 친권 행사의 기준에 대한 제912조는 "친권을 행사함에 있어서는 자의 복리를 우선적으로 고려하여야 한다"라고 명시하여 자녀의 복리를 중요시하는 기본원리를 천명하고 있다. 과거 전근대적 가족법 질서에서 자녀는 부모에 종속되는 존재로 다루어져 왔으나, 현대 가족법에서 자녀 특히 미성년인 자녀는 특별한 보호를 받아야 할 인격체로 인정되고 있다.

이를 위해 제781조 제6항에서 자녀의 복리를 위한 성과 본의 변경을, 제837조의2 제2항에서 자녀의 복리를 위한 면접교섭권의 제한이나 배제를, 제908조의2에서는 친양자의 복리를 위한 친양자 입양 청구의 기각을, 제908조의5 제1항에서는 친양자의 복리를 위한 파양을, 제909조 제6항은 자녀의 복리를 위한 친권자의 변경을 각각 규정하고 있다. 이러한 조항들은 미성년자녀의 복리가 가족법의 기본이념으로서 가치판단의 가장 중요한 기준이 됨을 명시적으로 표현하는 것이다.

3. 개인주의의 강화

헌법 제36조 제1항에서 "혼인과 가족생활은 개인의 존엄을 기초로 성립되고 유지되어야 하며, 국가는 이를 보장한다"라고 밝히고 있으며, 이에 따라 친족상속법은 가家 중심의 봉건적 색채를 걷어내고 개인주의에 기반을 두고 있다. 개인주의는 2005년 민법 개정을 통해 더욱 강화되었고, 가족관계등록법을 통해 세부적으로 철저하게 관철되고 있다.

개인주의의 특색이 가장 잘 나타나는 것은 호주제와 가 제도의 폐지이다. 2005년 민법 개정으로 호주제를 폐지함으로써 호주와 가족의 결합인 가의 개념도 더 이상 사용하지 않게 되었다. 이에 따라 호적, 입적, 분가, 일가창립 등의 호주제나 가 제도를 전제로 하는 용어나 제도도 모두 삭제되었다. 호적제도를 폐지하면서 새로운 신분등록제도로서 개인주의적인 가족관계등록제도를 채택하였다. 이러한 변화는 친족법의 개인주의적 지향을 잘 보여주고 있다.

개인주의는 부부 사이의 혼인제도에서도 잘 나타나고 있다. 구舊 민법에서는 남편이 아내의 재산에 대해 권리를 보유하는 관리공동제를 취하고 있었으나, 민법 제정 시에 부부별산제를 채택하였고 그 이후의 민법 개정을 통해 더욱 개인주의에 충실한 규정으로 변화되었다. 부부는 생활공동체이긴 하지만 혼인 전부터 가진 고유재산과 혼인 중 자기의 명의로 취득한 재산을 특유재산으로 하여 재산 관계에 대해서는 개인주의를 철저하게 유지하고 있다. 부부 사이의 개인주의는 부부재산계약이나 일상가사채무의 경우에만 연대책임을 지는 규정에서도 그 취지가 반영되어 있다.

상속법에서도 개인주의는 중요한 기본원리가 된다. 특히 상속인과 피상속인의 상속관계에 있어서 피상속인의 채무초과로 인하여 상속인이 뜻하지 않은 부정적 영향을 받는 것을 회피하기 위해 한정승인제도를 두는 것도 개인주의의 반영이라고 할 수 있다. 특히 제1019조 제2항 성년자의 특별 한정승인과 동조 제4항 미성년자의 특별 한정승인은 사적자치를 보장하여 상속에서의 개인주의적 경향을 더욱 강화하는 제도적 보완이라고 평가할 수 있다.

4. 당사자 진의의 존중

가족법은 재산법과 달리 당사자의 진의가 절대적으로 중시되어야 한다. 일종의 신분계약 관계라고 할 수 있는 약혼, 혼인, 협의상 이혼, 입양, 협의상 파양 등의 경우에는 무엇보다도 당사자의 진정한 의사가 최우선으로 고려되어야 한다. 협의상 이혼에서 가정법원의 확인을 규정하는 제836조 제1항이나 신고를 성립요건으로 하여 당사자에게 진의가 존재함을 외부적으로 명확히 하는 제도적 운영은 대표적인 예라고 할 수 있다. 당사자 진의의 존중은 민법총칙의 적용 범위에서도 잘 나타난다. 의사표시에 관한 민법총칙의 규정과 법리가 친족법에 원칙적으로 적용되지 않는 것도 이러한 기본원리에 기인한다.

당사자 진의의 존중이라는 기본원리는 친족법뿐만 아니라 상속법에서도 찾아볼 수 있다. 상속에서 피상속인의 의사를 존중하기 위해 유언제도를 두고 있으며, 유언 및 유언철회의 자유를 인정하고 있다. 유언은 유언자가 사망하는 시점에 효력이 발생하므로, 효력발생 시점 이후에는 유언자를 통해 직접 진의를 확인할 방법이 없는 내재적 한계를 극복하기 위하여 철저하고 경직적인 방식주의를 채택하고 있다. 그리고 피상속인의 유언이 있는 경우에는 그 유언을 우선하고 유언이 없는 경우에만 법정상속을 적용하는 것도 이 기본원리에 따른 것이다. 다만 유언의 자유가 인정되더라도 유류분 제도를 통해 상속인의 기대 이익 보호와의 적절한 조화를 이루고 있다.

5. 공권력에 의한 적극적 정의

친족법상의 인간관계는 비정형적이라 경직적이고 획일적인 법률 규정으로는 구체적 타당성을 확보하기가 매우 어렵다. 유연한 법적용으로 구체적 타당성을 확보하기 위해서 친족법은 가정법원이 친족법상의 관계에 적극적으로 개입하여 개별적 사안에서의 정의를 구현할 수 있는 길을 열어놓고 있다. 대표적인 경우로는 미성년자 입양에서 가정법원의 허가(제867조 제1항), 자녀의 복리를 위한 성과 본의 변경 허가(제781조 제6항), 협의상 이혼에서 양육에 대한 직권 결정(제837조), 친권자 지정에 대한 직권 변경(제909조 제4항), 미성년후견인의 직권 선임(제909조의2 제3항), 친권자의 동의를 갈음하는 재판(제922조의2), 성년후견인의 직권 선임(제936조 제1항) 등이 있다. 또한 지방자치단체의 장에게도 미성년후견인의 선임 청구(제909조의2 제3항, 제932조 제1항), 친권의 상실 또는 일시 정지 선고 청구(제924조 제1항), 대리권, 재산관리권 상실 선고 청구(제925조), 성년후견인의 선임 청구(제936조 제2항) 등 적극적 정의 실현의 통로를 열어 두었다.

V. 친족상속법의 특성

1. 민법총칙의 적용 여부

친족법과 상속법은 민법 제4편과 제5편으로서 민법전의 일부이다. 그러므로 민법 전체를 아우르는 제1편 총칙도 적용되어야 함이 원칙이어야 한다. 그러나 민법총칙의 모든 조항이 친족상속법에 적용되는 것은 아니라는데 이론이 없다. 민법총칙 중 가족법에 적용되기 어려운 규정을 개별적으로 살펴보면 다음과 같다.

먼저 행위능력에 관한 민법총칙의 규정은 재산법상의 행위능력에 관한 것이고, 친족상속법상의 행위능력에 관해서는 친족상속법에서 별도의 규정을 두고 있다. 약혼능력(제801조), 혼인능력(제807조), 피성년후견인의 혼인(제808조 제2항)이나 이혼(제835조), 입양능력(제866조), 미성년자의 파양능력(제898조, 제906조), 피성년후견인의 파양능력(제902조), 유언능력(제1061조, 제1062조)은 친족상속법에서 민법총칙과는 다르게 명시하고 있다. 또한 무능력자의 상대방 보호에 관한 규정도 친족상속법에는 적용의 필요성이 없다.

친족상속법은 자연인을 대상으로 하는 규정이 대부분인 만큼 성격상 법인에 관한 규정은 대체로 적용의 여지가 없으나, 유언으로 재단법인을 설립하는 것을 내용으로 하는 제48조 제2항의 출연재산의 귀속시기에 관한 규정은 당연히 상속법에 적용되어야 한다. 법인과 관련해서 필요한 경우에는 친족상속법에서 별도로 규정을 두고 있다. 예를 들어 법인은 성년후견인은 될 수 있으나, 미성년후견인은 될 수 없다(제930조 제3항).

법률행위에 관한 총칙편 제5장은 친족상속법과 친하지 않은 규정들이 많다. 제104조의 불공정한 법률행위에 관한 규정은 친족상속법에는 적용이 없다. 왜냐하면 불공정성은 경제적인 관점에서 평가되는 것이기 때문에 재산법에의 적용을 전제로 하는 조항이기 때문이다. 친족상속법은 원칙적으로 강행법규이므로 임의규정을 전제로 한 제105조도 적용되기 어렵다. 의사와 표시의 불일치에 관한 제107조에서 제110조까지는 당사자 진의의 존중이라는 친족상속법의 기본원리에 따라 적용되어서는 아니되며, 친족상속법에서 별도의 취소사유를 규정하는 것이 일반적이다. 또한 대리제도도 당사자에 의해 직접 의사결정이 되어야 하는 친족법상의 행위에는 적용대상이 아니다. 무효와 취소도 친족상속법에서 구체적인 규정으로 별도로 규율하고 있으므로 그 한도에서는 적용되지 않으며, 조건과 기한도 확정적인 효력이 부여되어야 할 친족상속법에서는 원칙적으로 적용되기 어렵다.

소멸시효에 관한 제7장은 제162조가 재산권을 전제로 하고 있으므로 친족상속법상의 권리행사에 적용되어서는 아니된다. 친족상속법상의 권리행사에 대해서는 대부분 별도의 규정을 통해 소멸시효나 제척기간을 명시적으로 규율하고 있다. 대표적으로는 혼인취소청구권의 소멸(제822조, 제833조), 재산분할청구권(제839조의2 제3항), 친생부인의 소(제847조 제1항), 입양취소청구권의 소멸(제894조), 상속회복청구권(제999조), 유류분반환청구권의 소멸시효(제1117조) 등이 여기에 해당되며, 각각의 권리행사에 대해서는 해당 규정이 적용된다.

2. 계약법적 성격

친족법은 신분 관계에 대한 계약법으로서의 성격이 매우 강하다. 약혼, 혼인, 협의상 이혼, 입양, 협의상 파양은 당사자 간 의사의 합치로 신분 관계의 변동을 가져오므로, 신분계약으로서의 성격을 갖는다. 친족법상의 계약이 신분에 관한 사항으로만 이루어져 있는 것은 당연히 아니다. 예를 들어 제829조 부부재산계약은 부부가 될 사람이라는 일종의 신분을 기반으로 하지만 본질적으로는 재산에 관한 계약이다. 후견계약은 재산관리 및 신상보호에 관한 사무의 전부 또는 일부를 위탁하는 대리권을 수여하는 계약이므로, 재산법적인 성격과 가족법적인 성격을 모두 갖는다.

친족법상의 신분에 관한 계약은 그 특수성이 고려되어야 하므로 재산법상의 계약에 관한 이론이나 규정은 당연히 적용의 여지가 없다. 당사자의 진의가 우선적으로 고려되어야 하고 대부분 신고를 요하는 방식주의가 적용되며, 후견계약과 같이 공정증서로 계약이 체결될 것을 강제하기도 한다. 신분에 관한 계약에서 무효나 취소의 요건 및 방식도 친족법상의 특별한 규정이 적용되어야 한다. 또한 일상가사대리권이나 일상가사 연대채무와 같이 당사자의 의사가 아닌 법률 규정에 의하여 재산법상의 효과를 가져오기도 한다.

3. 재산법적 성격

친족법이 가족법적 성격을 갖는다는 점에는 이설이 없으나, 상속법이 재산법적인 성격을 갖는가에 대해 학설의 대립이 있다. 상속이 일정한 친족의 범위 내에서 이루어지는 것이라는 점을 고려하면 가족법적인 성격을 부정할 수는 없다. 그러나 다음과 같은 점에서 상속법은 적어도 재산법적 성격이 가족법적 성격보다 상대적으로 강하다고 생각된다.

첫째로 상속에는 법정상속만 있는 것이 아니라 유언상속도 있고, 이 경우에는 제3자에 대한 포괄적 유증과 같이 재산권을 포괄적으로 승계할 대상이 친족에 국한되지 않으므로 가족법으로서의 성격은 약화된다. 둘째로 제187조가 상속을 법률규정에 의한 물권변동의 전형적인 예로 첫 번째로 들고 있는 것에서 알 수 있듯이 상속은 재산권을 승계시키는 '사건'이라는 법률사실로서 재산법의 규율대상이 된다. 셋째로 과거 호주상속이 허용되던 1990년 이전 민법의 상속에는 호주상속이라는 순수하게 친족관계를 다루는 유형도 포함되어 있었으나, 1990년 민법 개정으로 호주승계로 변화되어 상속에서 신분의 상속이 배제되고, 또 2005년 호주제 폐지로 상속은 완전히 재산상속만 남게 되었다. 따라서 더 이상 상속은 신분상 지위의 승계를 포함하지 않으므로 재산법적 성격이 더욱 강하게 되었다. 넷째로 상속인과 피상속인 이외의 그들의 채무자와의 관계에 관한 재산의 분리와 같이 상속인과 제3자와의 재산 관계를 다루거나 재산의 분여처럼 상속인의 지위에 있지 아니한 제3자에 대한 귀속도 다루고 있으므로 상속은 재산법적 성격이 강하다. 끝으로 유언을 통한 친생부인(제850조)이나 인지(제859조 제2항)는 유언으로 행하는 가족법상의 행위이지만 유언에 관한 상속편에서 다루지 아니하고 친족편에서 규율하고 있는 점도 상속편은 재산법적 성격이 강하다는 점을 잘 보여주고 있다. 따라서 친족법이 신분 관계에 관한 계약법적 성격을 갖는 것과는 대조적으로, 상속법은 재산법 중에서도 재산권의 귀속을 다루는 점에서 물권법적 성격이 두드러진다.

Ⅵ. 친족상속법의 분쟁 해결

1. 가사소송법의 의의

가족법에 적용될 실체법으로서의 친족상속법 외에도, 절차법으로서 가족관계에 적용될 법원도 있다. 친족상속법에 관한 분쟁을 해결하기 위한 절차법으로서 가장 대표적인 것은 가사소송법이다. 친족상속법도 민법의 일부이지만 재산 관계의 분쟁해결을 위한 민사소송법을 그대로 적용하는 데는 한계가 있으므로, 친족상속법에 관한 분쟁에 적용될 별도의 특별한 절차법이 요구된다. 민사소송법 및 민사조정법 그리고 비송사건절차법을 일반법으로 하여 가사사건에 적용될 특별법으로서 가사소송법이 존재한다.

가사소송법은 1990년 종래의 가사심판법과 인사소송법을 통합하여 단일의 법률로 제정한 것이다. 종래의 가사심판법과 마찬가지로 가사소송사건이나 가사비송사건 모두를 다루고 있으며, 신분 관계에 관한 소송도 가사소송법에서 함께 다루게 되었다. 그리고 조정전치주의가 적용되는 경우의 가사조정에 관한 사항도 가사소송법 제4편에서 규율하고 있다.

2. 가사소송법의 적용 범위

가사소송법 제2조에서는 가사소송법이 적용되어 가정법원에서 다루어야 할 가사사건을 가사소송사건과 가사비송사건으로 나눠 구체적으로 명시하여 나열하고 있다. 먼저 가사소송사건은 다시 가류사건, 나류사건, 다류사건으로 세분화하고, 가사비송사건은 라류사건, 마류사건으로 나누었다. 가사소송법 제2조에 열거되어 있지 아니한 사건은 가사사건이 아닌 민사사건으로서 가사소송법이 아닌 민사소송법이 적용되고, 관할 역시 지방법원의 전속관할이 된다. 대표적으로는 제1115조의 유류분반환 청구소송은 가사소송이 아니라 민사소송에 해당된다.

3. 가사소송

가사소송 절차에 관하여는 가사소송법에 특별한 규정이 있는 경우를 제외하고는 민사소송법에 따른다. 다만 가류 및 나류 가사소송사건에 관하여는 민사소송법 제147조 제2항, 제149조, 제150조 제1항, 제284조 제1항, 제285조, 제349조, 제350조, 제410조의 규정 및 같은 법 제220조 중 청구의 인낙認諾에 관한 규정과 같은 법 제288조 중 자백에 관한 규정은 적용하지 아니한다(가사소송법 제12조). 가사소송은 가사소송법에 특별한 규정이 있는 경우를 제외하고는 피고의 보통재판적이 있는 곳의 가정법원이 관할한다(가사소송법 제13조). 가정법원이 가류 또는 나류 가사소송사건을 심리할 때에는 직권으로 사실조사 및 필요한 증거조사를 하여야 하며, 언제든지 당사자 또는 법정대리인을 신문할 수 있다(가사소송법 제17조). 가류 또는 나류 가사소송사건의 청구를 인용한 확정판결은 제3자에게도 효력이 있다(가사소송법 제21조).

4. 가사비송

가사비송 절차에 관하여는 가사소송법에 특별한 규정이 없으면 비송사건절차법 제1편을 준용한다. 다만, 비송사건절차법 제15조는 준용하지 아니한다(가사소송법 제34조). 가사비송사건의 청구는 가정법원에 심판청구를 함으로써 한다(가사소송법 제36조 제1항). 심판의 청구는 서면 또는 구술로 할 수 있다(가사소송법 제36조 제2항). 가정법원은 필요하다고 인정할 경우에는 당사자 또는 법정대리인을 당사자 신문訊問 방식으로 심문審問할 수 있고, 그 밖의 관계인을 증인 신문 방식으로 심문할 수 있다(가사소송법 제38조).

가사비송사건에 대한 제1심 종국재판은 심판으로써 한다. 다만, 절차상의 이유로 종국재판을 하여야 하는 경우에는 그러하지 아니하다(가사소송법 제39조 제1항). 심판의 효력은 심판을 받을 사람이 심판을 고지받음으로써 발생한다. 다만 가사소송법 제43조의 규정에 따라 즉시항고를 할 수 있는 심판은 확정되어야 효력이 있다(가사소송법 제40조). 금전의 지급, 물건의 인도, 등기, 그 밖에 의무의 이행을 명하는 심판은 집행권원이 된다(가사소송법 제41조). 심판에 대하여는 대법원규칙으로 따로 정하는 경우에 한정하여 즉시항고만을 할 수 있다(가사소송법 제43조 제1항).

5. 가사조정

나류 및 다류 가사소송사건과 마류 가사비송사건에 대하여 가정법원에 소를 제기하거나 심판을 청구하려는 사람은 먼저 조정을 신청하여야 한다(가사소송법 제50조 제1항). 조정전치주의를 취하는 이유는 가사를 둘러싼 분쟁은 재산 관계와 달리 감정적이고 정서적인 영향이 크기 때문에 당사자의 원만한 의견 조율을 통한 해결이 가장 근원적인 분쟁해결 방법이 되기 때문이다. 따라서 가사소송법에서는 널리 조정전치주의를 취하고 그 기능도 강화하고 있다.

가사조정에 대해서는 가사소송법 제4편이 우선 적용되고 일반법인 민사조정법이 보충적으로 준용된다(가사소송법 제49조). 가사조정사건은 조정장 1명과 2명 이상의 조정위원으로 구성된 조정위원회가 처리한다(가사소송법 제52조 제1항). 조정위원회는 조정을 할 때 당사자의 이익뿐 아니라 조정으로 인하여 영향받게 되는 모든 이해관계인의 이익을 고려하고 분쟁을 평화적·종국적으로 해결할 수 있는 방안을 마련하여 당사자를 설득하여야 한다(가사소송법 제58조 제1항).

조정은 당사자 사이에 합의된 사항을 조서에 적음으로써 성립한다(가사소송법 제59조 제1항). 조정 또는 확정된 조정에 갈음하는 결정은 재판상 화해와 동일한 효력이 있다. 다만, 당사자가 임의로 처분할 수 없는 사항에 대하여는 그러하지 아니하다(가사소송법 제59조 제2항).

Ⅶ. 친족상속법의 향후 과제

1. 편면적 가족 개념의 정비

가족의 개념 중 인척의 경우에는 생계를 같이하는 경우에 한하여, 직계혈족의 배우자, 배우자의 직계혈족 및 배우자의 형제자매는 가족이 된다(제779조 제1항 제2호). 반면에 형제자매의 배우자는 가족의 개념에서 제외되어 가족 여부를 상대적이고 편면적으로 만드는 문제가 있다. 두 사람 사이에서 편면적으로 일방에게만 가족이 되는 제779조의 가족 개념 정의는 입법적 오류이므로 이를 정비할 필요가 있다.

2. 자녀의 성과 본 제도 정비

가. 완전한 남녀평등의 구현

자녀의 성과 본에서 완전한 남녀평등이 구현되기 위해서는 어머니의 성과 본을 차별 없이 선택할 수 있도록 전면적으로 허용할 필요가 있다. 그러므로 자녀의 성과 본은 출생신고시에 아버지와 어머니의 성과 본 중에서 선택할 수 있도록 허용하고, 형제동성兄弟同姓의 원칙을 폐기하여 형제자매가 각각 아버지의 성과 본이나 어머니의 성과 본 중에서 자유롭게 선택할 수 있도록 하여 성과 본에서의 남성중심주의를 철폐하는 것이 필요하다.

나. 모순적인 혈통주의 개선

일반양자도 법정친자임에도 불구하고 자연적인 혈연관계가 없다는 점에서 양부(모)의 성과 본이 아닌 친생부(모)의 성과 본을 따라야 하는 것은 혈통주의의 과도한 집착이다. 양자의 성과 본에서 자연혈족과 법정혈족 사이에 차별을 둘 것이 아니라, 양부(모)의 성과 본을 선택할 수 있도록 허용하는 것이 양자의 복리에 부합되는 개선이라 생각된다. 또한 혈족이나 친족에 국한되는 것도 아닌 아무런 관계가 없는 제3자의 성과 본으로도 변경이 가능한 제781조 제6항은 자녀의 복리라는 제도적 필요성이 있다고 하더라도 성과 본의 혈통주의에 정면으로 반하는 제도이므로 이를 폐지하는 것이 바람직하다. 만약 계부의 성과 본을 따를 필요가 있다면 친양자 입양을 통해서도 얼마든지 가능하므로, 이를 폐지한다고 하더라도 자녀의 복리가 보호될 방안이 전혀 없는 것은 아니다.

3. 적서嫡庶 구분의 폐지

가. 과학적 부성추정의 병행

어머니가 포태하는 시점에 혼인 중이었는가를 출생시점으로부터 역산하여 어머니의 배우자에게 부성을 추정하는 현재의 규범적 부성추정은 DNA분석을 통한 과학적 부성판단이 개발되기 이전에는 자녀의 아버지를 추정할 수 있는 유용한 방법이었다. 그러나 DNA분석을 통해 부성을 과학적으로 판단할 수 있는 현재의 관점에서는 불완전한 제도가 아닐 수 없다. 따라서 현재의 규범적 부성추정의 보충적 수단으로 과학적 부성추정도 병행하여 인정함으로써, 어머니의 혼인 여부와 관계 없이 아버지를 과학적으로 증명할 수 있도록 할 필요가 있다.

나. 혼인외의 자녀 제도 폐지

현재와 같은 규범적 부성추정이라는 불합리한 획일적인 판단을 통해 태어나면서부터 자녀에게 '혼외자'라는 부정적인 표현을 붙이는 것은 미성년자녀의 복리라는 가족법의 기본원리에 정면으로 반하는 것이다. 과학적 부성추정을 도입하여 규범적 부성추정이든 과학적 부성추정이든 어떠한 방법으로든 아버지를 결정할 수 있도록 허용한다면, '혼인 중의 자녀'와 '혼인외의 자녀'의 구분은 더 이상 존재가치가 없어지게 될 것이다. 현재에도 혼인 중의 자녀와 혼인외의 자녀 사이에 법적 효과에서 아무런 차이가 없으므로, 혼인외의 자녀라는 일종의 사회적 낙인은 시급히 폐지되어야 한다.

4. 유언방식의 현행화

가. 전자문서를 통한 유언

현행 민법의 다섯 종류의 유언방식은 민법이 제정된 1960년 이후로 전혀 변화가 없이 유지되고 있다. 21세기 디지털 사회로의 전환이 이루어져서 전자문서가 널리 활용되는 시대적 변화를 전혀 반영하지 못하고 여전히 유언서는 종이로 된 서면에 날인을 하는 방식을 고수하는 것은 적절하지 않다. 컴퓨터와 같은 정보처리시스템에 의하여 전자적 형태로 작성한 전자문서를 통한 유언의 방식을 새롭게 신설하는 것도 적극적으로 고려될 필요가 있다.

나. 전자서명을 통한 증인의 대체

전자문서를 유언의 방식으로 도입하게 되면, 전통적인 방식의 서명 또는 기명날인의 인증 방식은 활용할 수 없다. 유언의 무결성을 확보하기 위한 증인 참여의 요건도 전자문서 방식에서는 적절한 수단이 되기 어렵다. 그러므로 전자서명을 통해 유언자의 신원을 확인하고 해당 전자적 유언에 서명하였다는 사실을 나타내고, 유언의 무결성을 기술적으로 보장하는 방식으로 새로운 인증 수단을 도입하여야 한다. 또한 전자문서 유언의 성립을 위한 증인 참여도 전자서명법상 운영기준 준수사실의 인정(전자서명법 제9조)을 받은 전자서명인증사업자가 발급하는 인증서로 대체할 수 있도록 하는 것이 바람직하다.

5. 유언등록부제도 도입

피상속인에게 유효한 유언이 있다면, 민법에 규정된 법정상속이 아니라 유언의 구체적 내용에 따른 상속이 이루어져야 한다. 유언이 존재하는가의 여부는 피상속인이나 수유자 등과 같은 이해관계가 있는 사람에게는 매우 중요한 사항이다. 그러나 민법상 유언의 존재 여부를 객관적으로 알 수 있는 적절한 제도적 수단이 없어서, 피상속인의 사망 후 법정상속이 완전히 진행된 이후에야 뒤늦게 유언의 존재가 발견되는 경우도 있다. 유언의 존재와 그 내용이 뒤늦게 확인되면, 이미 마무리된 법정상속은 법적 효력을 상실하고 다시 유언에 따른 상속으로 진행되어야 한다. 이러한 법적 혼란을 예방하기 위해서는 유언을 등록할 수 있는 공적인 제도를 마련하는 것이 필요하며, 일본의 경우에는 이미 2018년 「법무국에서의 유언서의 보관 등에 관한 법률」을 제정한 바 있다. 개인의 유언증서를 가정법원이 보관하여 두었다가 유언자의 사망 이후에 이해관계인들이 이를 확인할 수 있도록 하는 유언등록부제도와 유언의 공적인 보관제도를 입법을 통해 신설하는 것도 상속법의 과제라 할 수 있다.

제 2 편

친 족

제1장 │ 총 칙

Ⅰ. 친족관계

1. 친족의 개념

친족은 특정 당사자를 기준으로 하여 일정한 범위의 신분 관계를 맺는 사람들을 의미한다. 민법은 배우자, 혈족 및 인척을 친족으로 하고 있다(제767조). 그러나 친족관계로 인한 법률상 효력은 모든 혈족과 인척에게 미치는 것은 아니고 특별한 규정이 없는 한 8촌 이내의 혈족이나 4촌 이내의 인척과 배우자에게만 미친다(제777조). 친족은 혈연관계와 혼인 관계로 이루어진 신분 관계이며, 일상용어인 '친척'과는 구별된다.

2. 친족의 정의

가. 배 우 자

배우자는 자신과 법률상 혼인을 한 상대방을 말한다. 그러므로 혼인신고를 하지 아니한 사실혼 관계에 있는 사람은 친족이 될 수 없다. 배우자는 반드시 1인이어야 하지만 중혼상태에 있는 경우에는 복수의 배우자가 존재할 수도 있다. 배우자라는 관계는 사망, 이혼, 혼인의 취소로 종료한다. 배우자가 실종선고를 받은 경우에도 혼인 관계는 일단 종료되지만, 실종선고가 취소되면 경우에 따라서는 혼인 관계가 부활할 수도 있다. 혼인하지 않은 사람은 배우자가 없으므로 혈족과 혈족의 배우자만으로 친족이 구성된다. 배우자를 친족의 범위에 포함시키는데 대해, 민법 및 기타 법령에서 친족과는 별도로 배우자를 명시하고 있으므로 친족으로 규정할 실익이 없다는 견해도 있다(이/윤,338).

나. 혈 족

혈족이라 함은 혈연으로 형성된 인간관계를 말한다. 혈족은 크게 생물학적인 혈연관계를 갖는 자연혈족과 법률상 혈연으로 의제되는 법정혈족으로 나눌 수 있다. 자연혈족은 공동시조를 갖는 인간관계이고, 법정혈족은 생물학적인 공동시조는 아니지만 법률상 혈족으로 간주되는 인간관계이다. 대표적인 자연혈족은 부모와 자녀, 형제자매 등이고, 법정혈족은 오직 양자와 친양자만이 인정되고 있다. 자연혈족은 다시 직계혈족과 방계혈족으로 나눌 수 있다.

(1) 직계혈족

자기의 직계존속과 직계비속을 직계혈족이라 한다(제768조). 직계혈족은 '존재를 위한 필연적인 혈연관계'로 구성된 혈족을 말하며, 부모와 자녀, 조부모와 손자녀처럼 연상의 혈족이 존재하지 아니하면 연하의 혈족도 존재할 수 없는 혈족을 말한다. 직계혈족은 부모나 조부모와 같이 자신보다 연장자로 자기 존재의 기원이 되는 직계존속과 자녀나 손자처럼 자신이 그 존재의 기원이 되는 연하의 직계비속으로 나눌 수 있다. 직계존속은 특정 당사자를 기준으로 하여 역피라미드 형태의 구조를 가지며, 직계비속은 피라미드 형태의 구조를 갖는다.

(2) 방계혈족

민법은 자기의 형제자매와 형제자매의 직계비속, 직계존속의 형제자매 및 그 형제자매의 직계비속을 방계혈족이라 정의하고 있다(제768조). 방계혈족은 직계혈족을 공동시조로 하는 혈족이다. 기준이 되는 자신과 '공동시조를 갖지만, 필연적 존재 관계가 없는 혈연관계'로 구성된 혈족을 말한다. 예를 들어 자기의 형제자매나 큰아버지, 조카, 이모, 이종사촌과 같은 사람들은 혈연관계는 있으나 그 사람이 없다고 해도 자기가 세상에 존재하는 데 아무런 문제가 없다.

방계혈족에서 주로 문제가 되는 것은 모계혈족을 모계의 부계혈족으로 제한하여 해석할 것인가이다. 통설은 전통적인 관습을 고려하고 또 법률상 모계혈족이 지나치게 확대되는 것을 방지하기 위해 모계혈족은 모계의 부계혈족(김/김,98) 또는 모의 부계혈족(이/윤,345)만을 의미하는 것으로 축소하여 해석하고 있다. 판례도 과거 이와 같은 태도로서 외조모의 친동생을 친족으로 인정하지 않은 경우[대법원 1980.4.22. 80도485]가 있었다. 이렇게 해석할 때 예를 들어 자매의 손녀나 이모의 외손녀 등은 친족이 되지 못한다.

그러나 이러한 태도는 가족법의 기본원리인 양성평등의 원칙에 정면으로 반하는 것으로 수긍할 수 없다. 2005년 민법 개정 이전에는 제809조 제2항에서 '남계혈족'이라는 용어를 사용하여 남계와 여계를 민법상으로 구분하는 태도를 취하였지만, 2005년 개정을 통해 '남계혈족'이라는 용어를 민법전에서 삭제하였다. 이는 민법전에서 양성평등의 원칙을 철저하게 구현하겠다는 입법자의 의사가 반영된 민법 개정이다. 따라서 방계혈족을 이루는 공동시조는 부계이건 모계이건, 남계이건 여계이건 구분이 없다고 보아야 한다. 만약 모계혈족이나 여계혈족의 범위가 평균인의 인식보다 확대되는 문제가 있다면, 촌수 제한을 통해 범위를 적절히 조절해서 해결함이 적절하다.

다. 인   척

인척은 혈연과 혼인이 복합적으로 결합되어 형성되는 인간관계로서, 혈족의 배우자, 배우자의 혈족, 배우자의 혈족의 배우자의 세 가지 유형이 존재한다(제769조). 1990년 개정 전 민법에서는 '혈족의 배우자의 혈족'도 인척이었으나 현행 민법에서는 이들은 인척에서 제외하여, 이른바 사돈으로 칭하는 인간관계로서 법적으로는 아무런 효과도 존재하지 않는다. 다수의 혈족마다 배우자가 있고 그 배우자마다 또 각각 다수의 혈족이 존재하게 되면 그 인적 범위는 매우 넓어지게 되므로, 법률상 효과가 있는 친족의 범위가 과도하게 확장되는 문제가 있어서 사돈을 인척에서 제외하였다. 예를 들어 아들 갑을 두고 있는 남자가 부인과 사별을 한 후에, 딸 을을 두고 있는 여자와 재혼을 하는 경우에 갑과 을의 관계는 혈족의 배우자의 혈족으로서 관습상의 사돈 관계일 뿐이고, 아무런 법적 관계도 존재하지 않으므로 두 사람은 혼인할 수 있다.

(1) 혈족의 배우자

혈족과 혼인한 배우자는 인척이 된다. 예를 들어 이모부, 외숙모, 조카사위 등과 같이 방계혈족의 배우자는 전형적인 인척이다. 다만 직계존속의 배우자는 아버지와 어머니 또는 할아버지와 할머니처럼 많은 경우에 혈연관계가 있는 직계존속이 된다. 그러나 계모와 같이 직계존속의 자신과 혈연관계가 없는 배우자는 인척이며 직계존속은 아니다. 직계비속의 배우자는 당연히 인척이 된다.

(2) 배우자의 혈족

배우자의 혈족들과는 혼인을 통해 연결된 사람들로서 밀접한 인간관계를 형성하게 된다. 이러한 범위에 있는 사람들도 인척의 개념에 포함시켜 친족으로 다루고 있다. 인척이 되는 배우자의 혈족은 직계혈족이든 방계혈족이든, 자연혈족이든 법정혈족이든, 부계혈족이건 모계혈족이건 차별하지 않고 모두 포함된다. 배우자의 혈족을 인척에 포함시키면 자기의 혈족에 비견될 만큼 다수의 사람들과 친족관계를 형성하게 된다.

(3) 배우자의 혈족의 배우자

배우자의 혈족은 인척이 되며, 그의 배우자 역시 인척이 된다. 배우자는 일반적으로 부부 일심동체라고 불리듯 인간관계에서도 긴밀할 수밖에 없다. 그러므로 배우자의 혈족만을 인척으로 하는 것은 바람직하지 않으며 그 배우자까지도 인척에 포함시켜야 한다. 또 배우자의 혈족의 배우자까지 인척에 포함시키더라도, 일부일처제에 따라 배우자의 혈족의 수만큼 더 친족의 수가 증가하는 것에 불과하므로 과도하게 친족의 범위가 확장되지는 않는다.

3. 친족의 범위

가. 획일주의

민법은 친족의 정의를 제767조에서 규정하면서도 제777조에서 친족의 범위를 다시 명시하고 있다. 이는 친족의 정의가 배우자, 혈족, 인척이라고만 되어 있어 그 대상이 상당히 광범위하여 친족관계로 인한 법률상의 효력을 이 모든 사람에게 부여할 수는 없으므로 제777조에서 범위를 제한하고 있다. 제777조는 8촌 이내의 혈족, 4촌 이내의 인척, 배우자를 법률상 효력이 미치는 친족으로 범위 설정하고 있다. 이처럼 일정한 범위의 사람을 친족으로 획일적으로 설정하고 그것을 모든 법률관계에 원칙적으로 적용하는 방법을 획일주의라 한다. 이와 달리 개별적인 법률관계에 따라 각기 달리 친족의 범위를 상황에 맞게 규정하는 방법을 개별주의라고 한다. 민법은 획일주의를 취하고 있다.

나. 8촌 이내의 혈족

친족관계로 인한 법률상 효력은 혈족의 경우에는 8촌 이내의 사람만이 해당된다(제777조 제1호). 직계혈족의 경우에는, 최대 4촌에 해당하는 고조부모 정도가 동시에 존재할 수 있는 생물학적 한계이므로, 촌수의 제한은 별 의미를 갖지 아니한다. 방계혈족의 경우에는 수많은 촌수의 사람이 동시에 존재할 수 있으므로 8촌 이내의 가까운 관계에 있는 사람들에게만 법률상 효력을 인정하도록 제한하는 것이 적절하다.

8촌 이내의 방계혈족은 남계, 여계, 부계, 모계를 구분하지 아니하고 공동시조를 갖는 혈연관계라면 모두 해당된다. 다만 전통적으로 어머니의 모계혈족에 대해서는, 사실상의 인식이나 전승傳承이 전혀 없었기 때문에, 현실에서 혈족관계를 확인하기는 쉽지 않다. 특히 개인별 편제로 구성된 가족관계증명서를 통해 8촌의 모계혈족 여부를 확인하는 것은 한계가 있다. 그러나 현실적인 제약과는 관계없이 법규범에서 완전한 남녀평등의 원칙은 여기에서도 견지되어야만 한다.

다. 4촌 이내의 인척

법률상 효과를 부여하는 친족으로서 인척은 4촌 이내로 제한한다(제777조 제2호). 4촌 이내 혈족의 배우자, 배우자의 4촌 이내 혈족, 배우자의 4촌 이내 혈족의 배우자에게만 법률상 효력이 인정된다. 현실 생활에서도 배우자의 혈족은 자신의 혈족보다 상대적으로 소원한 관계이므로 친족이 되는 인척의 범위는 혈족의 범위보다 상대적으로 축소할 필요가 있다. 여기에서의 인척에서도 남편 쪽이나 아내 쪽이나 아무런 차별을 두지 않는다.

라. 배 우 자

친족이 되는 배우자는 오로지 법률혼 배우자만이다(제777조 제3호). 사실혼 배우자에 대해서는 친족으로서의 효과를 인정할 수 없다. 다만 「고용보험법」이나 「공무원연금법」과 같은 개별 법령에서는 사실혼 관계에 있는 사람에 대해서도 배우자에 준하는 법적 효과를 부여하기도 한다.

마. 제777조에 해당하지 않는 친족의 의의

민법은 친족의 정의와 친족의 범위를 달리 규정함으로써 제767조의 의미에서는 친족이지만, 제777조의 법률상 효력있는 친족에는 해당되지 않는 사람들이 존재하게 된다. 예를 들어 처의 사촌 동생의 자녀는 인척으로서 제767조의 친족이지만, 5촌이므로 제777조의 법률상 효력있는 친족은 아니다. 따라서 친족이긴 하지만 법률상 효력은 없는, 즉 친족관계에 따른 권리와 의무는 발생하지 못하는 친족이 존재하게 된다. 이처럼 친족의 정의와 친족의 범위를 달리하는 규정을 두어 복잡하게 할 실익이 있는가는 의문이 아닐 수 없다. 그렇지 않아도 친족의 범위가 지나치게 넓다는 지적이 있음에도 불구하고 이러한 이원적인 규정을 두는 것은 이해하기 어렵다. 따라서 입법론적으로는 제767조는 삭제하는 것이 바람직하다고 생각된다.

4. 친족의 법적 효과

친족관계에서 발생하는 법적 효과에 대해서 민법은 일괄적으로 규율하지 아니하고 관계되는 개별적인 규정에서 명시하고 있다. 대표적인 가족법상의 효과로서는 혼인무효, 혼인취소, 혼인취소 청구권, 입양취소 청구권, 친권상실선고 청구권, 대리권 및 재산관리권 상실 청구권, 친권회복 선고 청구권, 후견인의 선임청구권, 후견감독인의 선임청구권, 부양의무, 상속, 유언증인 결격사유 등을 들 수 있다. 재산법상의 효과로서는 각종 후견개시 심판청구권 및 후견종료 심판청구권, 증여계약 해제, 생명침해의 위자료청구권 등이 있다.

민사소송법상으로는 법관의 제척사유(민사소송법 제41조 제2호), 증인의 증언거부권(민사소송법 제314조 제1호) 등이 친족관계의 법적 효과이다. 형법상으로도 친족관계에 의한 법률효과를 규정하고 있다. 구체적으로는 친족관계로 인하여 책임을 조각하는 범죄(형법 제155조 제4항 증거인멸죄 등)와 반대로 형벌을 가중하는 범죄(형법 제250조 제2항 존속살해죄, 형법 제257조 제2항 존속상해죄 등)가 있다. 그리고 「국민연금법」과 같은 각종 연금 관련 법률에서도 친족관계에 관한 법률 규정을 두고 있다.

5. 친족관계의 소멸

가. 혈 족

당사자 사이의 혈족관계는 사망에 의해 소멸하지만, 사망자를 통하여 연결된 생존자 사이의 혈족관계는 이에 영향을 받지 아니한다는 견해(주해친족①,50)가 있다. 그러나 당사자가 사망하더라도 혈족이라는 관계가 종료되는 것은 아니고, 당사자가 사망함으로써 권리능력을 상실하게 되어 더 이상 친족으로서의 법률효과가 발생되지 않는 것에 불과하다. 즉 아버지가 사망하면 그때부터 1촌의 직계혈족 관계가 종료하는 것이 아니라, 아버지가 법률상 권리의무의 주체가 되지 못하기 때문에 새로운 법률상 효과가 더 이상 생기지 못할 뿐이다. 나아가 사망한 특정인을 통하여 연결된 혈족들도 그의 사망과 관계없이 그대로 계속 유지되며, 혈족들이 생존하여 권리주체인 동안에는 당연히 법률효과가 귀속된다.

자연혈족은 타인에게 친양자로 입양이 확정된 때에 기존의 혈족관계를 포함한 친족관계가 모두 종료된다. 다만 부부의 일방이 그 배우자의 친생자를 단독으로 입양한 경우에 있어서의 배우자 및 그 친족과 친생자 간의 친족관계는 그러하지 아니하다(제908조의3 제2항). 친양자 입양이 아니라면, 진정한 자연혈족은 결코 종료되지 아니한다.

타인의 일반양자가 되어 그와 법정혈족이 되더라도 기존의 자연혈족 관계는 종료되지 않는다(제882조의2 제2항). 그러나 양부모와의 관계를 포함한 입양을 통한 친족관계는 입양의 취소 또는 파양으로 종료한다(제776조). 다만 친생자로 입양되어 법정혈족이 되면, 기존의 자연혈족 관계는 종료된다.

나. 배 우 자

배우자와의 친족관계는 사망을 통해 소멸한다. 그러므로 배우자가 사망한 사람에게는 더 이상 배우자가 존재하지 아니하므로 새로운 혼인을 하더라도 중혼이 되지 않는다.

다. 인 척

혼인을 통해 형성된 인척관계는 혼인의 취소 또는 이혼으로 종료한다(제775조 제1항). 배우자가 사망한 경우에는 사망한 배우자를 통해 형성된 인척관계가 그대로 유지되지만, 생존한 상대방 배우자가 재혼하면 그때에는 인척관계가 종료된다(제775조 제2항).

Ⅱ. 촌 수

1. 촌수의 의미

촌수는 특정인들 사이에서 친족관계의 멀고 가까움을 수치로 나타낸 것이다. 촌수는 출생을 통한 세대의 숫자인 세수歲數를 기반으로 한다. 부모와 그 친생자는 1번의 출생으로 연결되므로 세수가 1이며, 조부모와 손자녀는 2번의 출생으로 연결되므로 세대수는 2가 된다. 방계혈족의 촌수는 공동시조와의 세수를 합산하여 산출하게 된다. 촌수가 작을수록 가까운 친족관계이고 촌수가 클수록 먼 친족관계로 법규범에서는 획일적으로 인식하지만, 실제의 인간적인 친소관계는 촌수와 반드시 비례하는 것은 아니다.

2. 촌수의 계산

가. 혈 족

직계혈족의 경우에는 두 사람 사이의 세수가 곧 촌수가 된다. 즉 자기로부터 직계존속에 이르고 자기로부터 직계비속에 이르러 그 세수를 정한다(제770조 제1항). 즉 부모와 자녀는 1촌이며, 조부모와 손자녀는 2촌이 된다.

방계혈족은 자기로부터 공동시조인 직계존속에 이르는 세수와 그 공동시조인 직계존속으로부터 그 직계비속에 이르는 세수를 통산하여 그 촌수를 정한다(제770조 제2항). 즉 두 사람이 제일 가까운 공동시조에 이르기까지의 각각의 세수를 합산하면 촌수가 된다. 예를 들어 형제자매는 두 사람의 가장 가까운 공동시조인 부모까지의 세수가 각 1이므로, 촌수는 2촌이 된다. 큰아버지와 조카는 두 사람의 가장 가까운 공동시조인 큰아버지의 부모이자 조카의 조부모까지의 세수가 각 1과 2이므로 세수를 합산하면 촌수는 3촌이 된다.

촌수의 계산에서 자연혈족과 법정혈족은 아무런 차이가 없다. 양자와 양부모 및 그 혈족, 인척 사이의 촌수는 입양한 때부터 혼인 중의 출생자와 동일한 것으로 계산된다. 양자의 배우자, 직계비속과 그 배우자는 양자의 친계를 기준으로 하여 촌수를 정한다(제772조 제2항). 즉 양자는 촌수계산에서 혼인 중의 출생자와 아무런 차이가 없이 계산된다. 예를 들어 양부와 양자의 자녀 사이의 촌수는 직계혈족 2촌이 되며, 친손자와 아무런 차이가 없다.

나. 배 우 자

배우자는 출생이 아니라 혼인으로 형성되는 관계이므로 세수라는 것이 존재할 수 없고, 따라서 촌수도 없다.

다. 인　　척

인척은 배우자의 혈족에 대하여는 배우자의 그 혈족에 대한 촌수에 따르고 혈족의 배우자에 대하여는 그 혈족에 대한 촌수에 따른다(제771조). 배우자와는 세수라는 것이 존재하지 않으므로, 혈족에 대한 촌수를 그대로 배우자에게도 적용한다. 예를 들어 시부모나 장인 장모는 배우자까지의 촌수를 적용하여 인척 1촌이 되며, 배우자의 숙모나 이모부는 인척 3촌이 된다.

Ⅲ. 성별의 변경

1. 민법의 공백

현행 민법은 사람의 성별에 대해서 어떠한 규정도 두고 있지 않다. 과거 가부장제의 잔재가 민법에 남아 있던 시기에는 남성과 여성 사이에 호주제도나 혼인 연령 또는 상속분 등에서 차별을 두었으나, 현재에는 남성과 여성을 구분하는 규정은 전혀 없다. 단지 민법상 성별은 부부나 아버지 또는 어머니의 개념에 내재되어 있을 뿐이다. 민법에서 성별의 구분은 혼인은 서로 다른 이성 간에서만 가능하고 같은 성별 사이에서의 혼인은 불가능하다는 관습법상의 규율에서만 오로지 의미가 있다.

> 혼인이란 남녀 간의 육체적, 정신적 결합으로 성립하는 것으로서, 우리 민법은 이성(異性) 간의 혼인만을 허용하고 동성(同性) 간의 혼인은 허용하지 않고 있다[대법원 2011.9.2. 2009스 117].

2. 성별의 결정 기준

성별의 판단은 전통적으로 육체의 외적 성징(性徵)을 기준으로 해왔다. 그러나 드물게는 양성의 특징을 모두 갖춘 경우도 존재하였으므로, 이러한 구분이 완전한 것은 아니다. 과학기술의 발달로 남성과 여성 간에 성염색체의 배열에 차이가 있음을 알게 되었고, 이 차이가 신체의 외부적 특징을 결정하는 원인이라는 사실도 확인하였다. 따라서 성염색체 1쌍의 배열 상태를 통해 남성(XY)과 여성(XX)을 구분하는 방법이 더 정확한 것으로 널리 수용되었다. 신체의 외부적 특성이나 성염색체의 배열을 통해 남녀를 구분하는 것은 생물학적인 요소를 기준으로 하는 것이다.

생물학적인 요소와 관계없이 당사자 본인이 정신적으로 어떠한 성별로 인식하는가도 하나의 판단기준이 될 수 있다. 신체의 외부적 특성과 당사자의 성별 인식에 불일치가 있게 되면, 성정체성에 큰 혼란을 느끼게 된다. 또한 성별의 특징과 관행적으로 고착된 사회적 역할로부터도 성별의 구분이 가능하다. 예를 들어 신체적으로는 남성의 성징을 갖고 태어났더라도, 본인이 여성으로 인식하고 전형적인 여성의 복장이나 화장 등을 하면서 여성의 특성이 나타나는 이름을 사용하며 여성성이 강한 행동을 하게 되면 타인들은 그를 여성으로 인식하고 대우하게 된다. 판례는 형사사건에서 다양한 성별 판단의 기준을 종합적으로 고려하는 태도를 취한 바 있고, 이러한 태도를 가사사건에서도 지속적으로 견지하고 있다.

> 여자에 해당하는지의 여부도 위 발생학적인 성인 성염색체의 구성을 기본적인 요소로 하여 성선, 외부성기를 비롯한 신체의 외관은 물론이고 심리적, 정신적인 성, 그리고 사회생활에서 수행하는 주관적, 개인적인 성역할(성전환의 경우에는 그 전후를 포함하여) 및 이에 대한 일반인의 평가나 태도 등 모든 요소를 종합적으로 고려하여 사회통념에 따라 결정하여야 할 것이다 [대법원 1996.6.11. 96도791].

3. 성별의 전환

의학의 발달로 성별의 외부적 특징을 전환하는 수술도 가능하게 되었다. 성전환자는 동성애자나 특이한 성적 취향을 갖는 사람과는 구분되어야 한다. 성전환을 위해서는 육체적 고통과 경제적 비용을 감당해야 하는 외과적 수술을 자발적으로 선택하는 것이 일반적이다. 본인의 육체적 성별과 정신적 성별이 괴리되어 있는 현상이 성전환 수술의 부담보다 더 고통스럽지 않으면 할 수 없는 힘든 결정이다.

이렇게 신체의 외부적 특징이 바뀌게 되면, 그 사람에 대한 규범적인 성별도 전환된 성으로 보아야 하는가는 매우 중요한 법적 문제이다. 이에 대해 판례는 제한된 요건 하에서 성전환 수술을 받은 사람은 법률상의 성도 전환된 것으로 평가될 수 있다고 한다. 최근 성전환 수술을 성별변경의 요건에서 제외하여야 한다는 견해도 제기되고 있다.

성전환증을 가진 사람의 경우에도, 남성 또는 여성 중 어느 한쪽의 성염색체를 보유하고 있고 그 염색체와 일치하는 생식기와 성기가 형성·발달되어 출생하지만 출생 당시에는 아직 그 사람의 정신적·사회적인 의미에서의 성을 인지할 수 없으므로, 사회통념상 그 출생 당시에는 생물학적인 신체적 성징에 따라 법률적인 성이 평가될 것이다. 그러나 출생 후의 성장에 따라 일관되게 출생 당시의 생물학적인 성에 대한 불일치감 및 위화감·혐오감을 갖고 반대의 성에 귀속감을 느끼면서 반대의 성으로서의 역할을 수행하며 성기를 포함한 신체 외관 역시 반대의 성으로서 형성하기를 강력히 원하여, 정신과적으로 성전환증의 진단을 받고 상당기간 정신과적 치료나 호르몬 치료 등을 실시하여도 여전히 위 증세가 치유되지 않고 반대의 성에 대한 정신적·사회적 적응이 이루어짐에 따라 일반적인 의학적 기준에 의하여 성전환수술을 받고 반대 성으로서의 외부 성기를 비롯한 신체를 갖추고, 나아가 전환된 신체에 따른 성을 가진 사람으로서 만족감을 느끼고 공고한 성정체성의 인식 아래 그 성에 맞춘 의복, 두발 등의 외관을 하고 성관계 등 개인적인 영역 및 직업 등 사회적인 영역에서 모두 전환된 성으로서의 역할을 수행함으로써 주위 사람들로부터도 그 성으로서 인식되고 있으며, 전환된 성을 그 사람의 성이라고 보더라도 다른 사람들과의 신분관계에 중대한 변동을 초래하거나 사회에 부정적인 영향을 주지 아니하여 사회적으로 허용된다고 볼 수 있다면, 이러한 여러 사정을 종합적으로 고려하여 앞서 본 사람의 성에 대한 평가 기준에 비추어 사회통념상 신체적으로 전환된 성을 갖추고 있다고 인정될 수 있는 경우가 있다 할 것이며, 이와 같은 성전환자(아래에서 말하는 성전환자는 이러한 성전환자를 뜻한다)는 출생시와는 달리 전환된 성이 법률적으로도 그 성전환자의 성이라고 평가받을 수 있을 것이다[대법원(전) 2006.6.22. 2004스42].

4. 성별의 변경

가. 가족관계등록부의 정정

성전환 수술을 받아 사회통념상 전환된 성을 갖추고 있다고 인정되면, 가족관계등록부상의 성별을 기존의 성에서 전환된 성으로 바꾸어야 법률상 성별의 변경이 마무리된다. 이에 대해 판례는 가족관계등록부상 성별의 '변경'이 아니라 '정정'으로서 변화를 수용하고 있다. 즉 성별이 바뀌었다고 판단하는 것이 아니라, 출생시의 성이 현재의 성을 정확히 공시하지 못하고 있었다고 보는 것이다. 그러나 성전환 시점까지는 출생시의 성이 당사자의 성별 상태를 정확히 공시하고 있었던 것이 진실이므로, '정정'이 아니라 '변경'이라고 규범적으로 성별의 전환을 있는 그대로 인정하는 것이 바람직하다.

> 성전환자의 경우에는 출생시의 성과 현재 법률적으로 평가되는 성이 달라, 성에 관한 가족관계등록부의 기재가 현재의 진정한 신분관계를 공시하지 못하게 되므로, 가족관계의 등록 등에 관한 법률 제104조의 절차에 따라 가족관계등록부의 성별란 기재의 성을 전환된 성에 부합하게 수정하는 것을 허용함이 상당하다[대법원(전) 2006.6.22. 2004스42].

성전환에 따른 가족관계등록부의 성별 정정은 기존의 신분 관계 및 권리 의무에 아무런 영향도 미치지 않는다.

> 이러한 가족관계등록부 정정허가는 성전환에 따라 법률적으로 새로이 평가받게 된 현재의 진정한 성별을 확인하는 취지의 결정이므로, 그 정정허가 결정이나 이에 기초한 가족관계등록부상 성별란 정정의 효과는 기존의 신분관계 및 권리의무에 영향을 미치지 않는다고 해석하여야 한다[대법원(전) 2006.6.22. 2004스42].

나. 혼인 중에 있는 사람의 가족관계등록부 정정 불허

다른 사람들과의 신분관계에 변동을 초래하거나 사회에 미치는 부정적인 영향이 현저한 경우에는 성별 정정을 허용하지 않는다. 특히 가족관계등록부상의 성별 정정으로 배우자와의 신분관계에 중대한 변경을 초래하는 경우에는 성별 정정을 허용하여서는 아니 된다. 그 대표적인 사례가 성전환수술을 받은 사람이 혼인 중에 있는 경우이다. 혼인 중에 있는 사람이 성전환을 하게 되면, 후발적으로 동성혼이 이루어지게 된다. 이 경우에는 동성혼을 불허하는 관습법에 반하는 결과를 가져오게 되므로, 성전환자의 성별 정정을 허용할 수 없다. 다만 향후 동성혼을 허용하는 방향으로 법규범의 변화가 있게 되면, 성별 정정을 불허할 이유는 없다. 그리고 여기에서의 혼인이란 법률혼을 말하는 것이고, 사실혼까지 포함시켜 개인의 행복추구권을 제한할 필요는 없다.

> 만약 현재 혼인 중에 있는 성전환자에 대하여 성별정정을 허용할 경우 법이 허용하지 않는 동성혼의 외관을 현출시켜 결과적으로 동성혼을 인정하는 셈이 되고, 이는 상대방 배우자의 신분관계 등 법적·사회적 지위에 중대한 영향을 미치게 된다. 따라서 현행 민법 규정과 오늘날의 사회통념상 현재 혼인 중에 있는 성전환자는 전환된 성을 법률적으로 그 사람의 성이라고 평가할 수 없고, 그 결과 가족관계등록부의 성별정정도 허용되지 아니한다고 할 것이다. 다만 현재 혼인 중이 아니라면 과거 혼인한 사실이 있다고 하더라도 위와 같은 혼란을 야기하거나 사회에 부정적인 영향을 미칠 우려가 크지 않으므로 성별정정을 불허할 사유가 되지 아니한다 [대법원(전) 2011.9.2. 2009스117].

종전에는 미성년자녀가 있는 경우에 성별 정정을 불허하였으나, 2022년 대법원 전원합의체 결정을 통해 미성년자녀가 있더라도 성별 정정을 허용하고 있다.

> 미성년자녀를 둔 성전환자의 성별정정을 허가하는 것이 그의 가족관계에 변화를 가져오는 부분도 없지 않지만, 이는 아버지 또는 어머니의 성전환이라는 사실의 발생에 따라 부모의 권리와 의무가 실현되는 모습이 그에 맞게 변화하는 자연스러운 과정일 따름이다. 이렇게 형성되는 부모자녀 관계와 가족질서 또한 전체 법질서 내에서 똑같이 존중받고 보호되어야 한다. 성전환자가 이혼하여 혼인 중에 있지 않다거나 가족관계등록부상 성별정정이 이루어진다고 하여 이러한 점이 달라지지 않는다. 미성년자녀를 둔 성전환자도 여전히 그의 아버지 또는 어머니로서 그에 따르는 권리를 행사하고 의무를 수행하여야 하며 이를 할 수 있다. 〈중략〉 미성년자녀가 있는 성전환자의 성별정정을 허가하는 것이 그 자체로 친권자와 미성년자녀 사이의 신분관계에 중대한 변동을 초래하거나 자녀의 복리에 현저하게 반한다거나 미성년자녀를 사회적인 편견과 차별에 무방비 상태로 노출되도록 방치하는 것이라고 일률적으로 단정하는 것은 옳지 않다. 〈중략〉 미성년자녀를 둔 성전환자의 성별정정을 허가할 경우 성별정정된 가족관계등록부의 제출이나 공개 등으로 미성년자녀가 사회적 차별과 편견에 무방비 상태로 노출되어 방치된다거나 생활상 어려움에 처하게 된다고 단정할 수도 없다. 설령 가족관계등록부의 노출로 미성년자녀가 사회적인 편견과 차별을 당할 우려가 있다고 하더라도, 이는 국가가 성전환자와 미성년자녀의 기본권 보장 및 사생활 보호를 위하여 위와 같은 노출을 차단하기 위한 조치를 취해 미성년자녀를 보호해야 하는 것이지, 이를 미성년자녀를 둔 성전환자의 성별정정을 허가하지 않을 이유로 삼는 것은 옳지 않다[대법원(전) 2022.11.24. 2020스616].

제2장 | 가족의 범위와 자녀[1]의 성과 본

I. 가족의 범위

1. 가족의 개념

민법상 가족의 개념은 일상용어로서의 가족과는 구분되는 것으로 극히 형식적인 법적 개념에 불과하다. 먼저 배우자, 직계혈족 및 형제자매는 가족이 된다(제779조 제1항 제1호).

가. 배 우 자

배우자는 자신과 가장 가까운 무촌無寸의 친족이므로 당연히 가족이 되어야 한다. 문제가 되는 것은 사실혼 배우자를 가족으로 인정할 것인가이다. 사실혼으로서의 가장 중요한 요소가 부부로서의 공동생활이라는 점을 생각해 보면, 실질적인 친밀도를 기준으로 하여 가족의 범위를 정하는 제도적 취지를 고려하여 사실혼 배우자도 가족의 범위에 포함시켜야 한다.

나. 직계혈족 및 형제자매

직계혈족은 생계를 같이 하는가 여부나 촌수와는 관계 없이 모두 가족이 된다. 형제자매도 생계를 같이 하는가 여부와 관계 없이 모두 가족이 되므로, 각각 혼인을 해서 독립한 생활을 영위하더라도 오빠와 여동생은 가족이 된다. 민법상의 가족이 항상 일상적으로 사용하는 가족이라는 범주와 반드시 동일한 것은 아니지만, 갈수록 핵가족화되는 현실과는 어느 정도 괴리되어 있다. 그러나 3촌 이상의 방계혈족은 어떠한 경우에도 가족이 되지 못한다.

---

1) '자'(子)라는 한자는 '아들'의 뜻을 갖는 것이지만 민법에서는 성별상 남성에 국한하여 사용하는 것은 아니므로, 이 책에서는 법전의 인용도 '자녀'라는 용어로 대체한다.

다. 생계를 같이하는 제한된 인척

인척의 경우에는 생계를 같이하는 경우에 한하여, 직계혈족의 배우자, 배우자의 직계혈족 및 배우자의 형제자매는 가족이 된다(제779조 제1항 제2호). 방계혈족의 배우자는 가족인 형제자매의 배우자일지라도 가족이 될 수 없다. 따라서 시동생에게는 생계를 같이하는 형수가 가족이 되지 못한다. 반면에 배우자의 형제자매는 생계를 같이하는 경우에는 가족이 된다. 예를 들어 시동생이나 처제, 처남 등이 여기에 해당된다. 즉 배우자의 형제자매는 공동생활을 하면 가족에 해당되는 반면, 형제자매의 배우자는 공동생활을 할지라도 가족에 해당되지 않는다. 이는 가족여부를 상대적이고 편면적으로 만드는 문제를 야기한다.

2. 가족의 법적 효과

민법상 가족의 법적 효과에 대한 규정은 제940조의5에서 "제779조에 따른 후견인의 가족은 후견감독인이 될 수 없다"고 명시한 조문 하나뿐이다. 이 조항도 친족의 범위 중 특별히 가족이라는 개념의 특성을 고려한 것이라고 보기는 어렵다. 전술한 바와 같이 편면적 가족 개념을 취하고 있으므로, 예를 들어 형수가 형의 후견인이 되면 시동생은 후견감독인이 될 수 없는 반면에, 시동생이 자기 부인의 후견인이 되면 형수는 후견감독인이 될 수 있다. 과연 제940조의5가 이러한 결과를 충분히 고려하여 의도적으로 가족의 개념정의를 설정하였는가는 의문이다. 그러므로 제940조의5는 다른 민법 규정들처럼 일정한 범위의 친족으로 개정하는 것이 바람직하다고 생각된다.

3. 편면적 가족 개념의 문제점

민법상 가족을 개념정의한 이유에 대해 호주제도를 폐지하면 가족의 해체가 우려된다고 하여 그 대안으로 가족 규정을 넣은 것이라 한다(주해친족①,67). 민법상 가족 개념은 현실 생활과는 괴리된 공허한 규범적 관념에 불과하다. 개정 전 민법에서 가家는 호주와 가족으로 구성되어 있으므로 호주제 폐지로 가와 호주라는 개념을 삭제하게 되면 논리필연적으로 가족이라는 개념도 민법에서 사라지게 되는 결과를 우려한 대안이겠지만, 민법에서 가족이라는 용어가 사라짐으로써 우리 사회에서 가족의 해체가 가속화될 것이라는 우려는 합리적인 설득력이 있다고 보기 어렵다.

또한 앞서 살펴본 바와 같이 민법상의 가족은 편면적 가족 개념으로 정의되어 있어서, 생계를 같이하는 형수와 시동생 사이에서 형수의 입장에서는 시동생이 가족인 반면, 시동생의 관점에서는 형수는 가족이 될 수 없는 모순을 안고 있다. 민법상 오로지 가족관계에서만 두 사람 사이의 관계 설정이 어느 일방에게만 인정되는 편면적이어야 할 합리적인 이유를 찾기는 어려우므로 이러한 편면적 가족 개념은 입법적 오류라고 밖에 볼 수 없으며, 실익이 없는 가족의 범위에 관한 민법 규정을 삭제하고 친족관계를 통한 규율을 하는 것이 바람직하다.

Ⅱ. 자녀의 성과 본

1. 원   칙

가. 성과 본의 의미

우리나라의 성과 본은 사람의 혈통을 표시하는 혈통주의를 취하고 있다. 모든 사람은 아버지와 어머니의 피를 받아 태어나므로, 그의 혈통을 표시하기 위해서는 아버지와 어머니의 혈통을 모두 표시하는 것이 이상적이다. 그러나 모든 조상의 혈통을 표시하게 되면 성과 본이 지나치게 길어지게 되는 문제가 있다. 조상의 혈통 중 어떠한 혈통의 표시를 유지하고 어떠한 혈통의 표시는 생략할 것인가를 결정할 수밖에 없다. 민법 제정 당시에 남성 중심의 사회가 오랫동안 유지되어 온 결과, 혈통의 표시도 부계만을 유지하고 모계는 삭제하는 태도를 취하였다. 즉 자녀의 성과 본은 아버지의 성과 본을 반드시 따르는 것이 원칙이었다. 이는 명백히 남녀평등에 반하는 전근대적인 태도였다.

오랜 기간에 걸쳐 다양한 혈통을 전승받은 사람에게 모든 직계존속의 혈통을 성에서 문자로 표시하는 것은 불가능하다. 결국 혈통주의 아래의 성에서 혈통 표시의 손실 압축은 현실적으로 불가피하다. 어떠한 혈통을 어떠한 방식으로 생략할 것인지의 원칙을 취할 수밖에 없지만, 혈통 표시의 손실에서 남녀 차별적인 원칙을 정해서는 안 된다. 예를 들어 아버지와 어머니의 성 중에 어느 하나를 무차별적으로 표시하는 방법이거나 아버지와 어머니의 성을 모두 표시하되 아버지의 성에 표시된 조부모의 성 그리고 어머니의 성에 표시된 외조부모의 성 중에서 어느 하나를 삭제하는 방법을 생각해 볼 수 있다. 또 표시된 성과 삭제되었던 성을 서로 바꾸어 표시하는 변경도 허용하되, 다만 기존에 형성된 관계에 미치는 영향을 고려하여 가정법원의 허가를 받도록 일정한 절차를 둘 필요가 있다.

그러나 혈통의 표시와는 관계없는 제3의 성을 채택하는 것은 원칙적으로 불허하고, 친양자 입양과 같이 기존의 혈족관계를 소멸시키고 새로운 혈족관계만을 규범적으로 형성하는 극히 예외적으로 불가피한 경우에만 허용하여 성의 혈통주의를 유지하는 것이 타당하다. 이러한 점에서 제781조 제6항의 자녀의 복리를 위한 성 변경 제도는 폐지하는 것이 바람직하다.

나. 부성주의

제781조 제1항은 "자는 부의 성과 본을 따른다"라고 규정하여 부성父姓주의를 원칙으로 채택하였다. 이러한 부성주의는 양성평등의 원칙에 반하는 것임은 물론이다. 이에 제781조 제1항 단서에서 "다만 부모가 혼인신고시 모의 성과 본을 따르기로 협의한 경우에는 모의 성과 본을 따른다"라고 예외를 두었다. 이는 양성평등에 부합하는 방향으로의 입법적 발전이라고 평가할 수 있다. 다만 혼인하는 부부 사이에 향후 출생할 자녀의 성에 대해 협의 자체가 없거나 또는 협의가 이루어지지 않는 경우에는 아버지의 성을 따르게 된다. 그러나 자녀의 성과 본의 결정에 관해 협의가 이루어지지 않았다고 해서 가정법원이 개입하여 정하는 것까지 입법론으로 고려할 필요는 없다.

다. 예외 – 모성주의

(1) 부부가 혼인신고시 어머니의 성과 본을 따르기로 협의한 경우

부부가 혼인신고시 향후에 출생할 자녀에게 어머니의 성과 본을 따르도록 협의한 경우에는 어머니의 성과 본을 따를 수 있다(제781조 제1항 단서). 자녀가 어머니의 성과 본을 따르려면 반드시 혼인신고시에 협의가 이루어져 협의서를 제출하여야만 한다. 한번 제출한 협의내용은 아직 자녀가 출생되기 전이라도 철회할 수 없다. 자녀가 출생한 이후에 협의를 하거나 협의를 철회하는 것은 불가능하다. 그러나 이러한 시기적 제한을 두는 것과 철회를 금지하는 합리적인 이유를 찾기는 어렵다. 자녀의 출생신고시에 자녀의 성과 본에 관한 협의를 하도록 민법 개정을 할 필요가 있다.

어머니의 성과 본을 따르기로 협의한 경우에 출생하는 모든 자녀의 성과 본은 어머니의 성과 본을 따라야만 하며, 다수의 자녀가 성과 본을 각각 아버지와 어머니의 성과 본으로 달리하는 것은 허용되지 않는다. 이른바 형제동성兄弟同姓의 원칙을 취하고 있다. 그러나 우리나라의 성과 본이 혈통을 표시하는 것이라는 성격을 고려하면, 자녀는 진정한 아버지와 어머니의 성과 본 중 어느 것을 따르더라도 올바르게 혈통을 표시하고 있는 것으로 인정될 수 있으며, 부모 중 어느 한쪽의 성과 본만을 고집하는 것은 옳지 않다. 다수의 국가들처럼 성이 가족의 표시로 기능하는 경우라면 모든 가족의 성이 하나로 통일되어야 하겠지만, 성과 본을 혈통의 표시로 기능하여 부부의 성과 본이 각각 다른 것을 당연시하는 우리나라에서 오로지 자녀들의 성과 본을 아버지 또는 어머니의 성과 본 하나만으로 통일하도록 강제할 이유는 없다. 그러므로 다수의 자녀의 성과 본을 각각 달리하여 아버지 또는 어머니의 성과 본을 선택적으로 따를 수 있도록 허용하는 것이 양성평등을 올바르게 구현하는 입법 태도이다.

(2) 아버지를 알 수 없는 경우

부를 알 수 없는 사람은 어머니의 성과 본을 따른다(제781조 제3항). 민법은 생물학적인 아버지에 대해서는 '생부'라는 법전용어를 사용하고 있으므로(제855조), 여기에서 '부'라 함은 법률상의 아버지라고 규범적으로 판단되어야 한다. 즉 아버지를 알 수 없는 자녀라 함은 어머니가 혼인 중에 포태 또는 출산하지 아니한 자녀라고 해석된다.

그러나 가족관계등록규칙 제56조는 그와 전혀 다르게 규율하고 있다. "부가 인지하지 아니한 혼인외의 출생자라도 아버지의 성과 본을 알 수 있는 경우에는 부의 성과 본을 따를 수 있다. 다만 부의 성명을 그 자녀의 일반등록사항란 및 특정등록사항란의 부란에 기록하여서는 아니된다"라고 규정하고 있다. 이에 따르면 아버지가 인지하지 않은 혼인외의 출생자에 대해 사실상 아버지의 성과 본을 따를 수 있도록 허용하고 있다. 이는 제781조 제3항과는 모순되는 규칙이 아닐 수 없다.

유전자 검사를 통해 생물학적인 부자관계를 사실상 판정하고 있는 현실을 고려한 점은 수긍할 수 있겠지만, 규범적으로 아버지를 정하는 인지제도는 그대로 둔 상태에서 자녀의 성과 본에 대해서만 일상의 실태를 수용하는 것은 적절하지 않다. 법률상 아버지는 알 수 없음에도 불구하고 성과 본은 사실상 아버지로 추정되는 사람의 것을 따르도록 하는 것은 가부장제를 완전히 극복하지 못한 그릇된 규율이다.

(3) 아버지가 외국인인 경우

아버지가 외국인인 경우에는 어머니의 성과 본을 따를 수 있다(제781조 제2항). 아버지가 외국인인 경우에는 예외적으로 부계혈통주의를 완화하고 있다. 그러나 우리나라 국적인 어머니의 성과 본을 반드시 따라야 하는 것은 아니고, 경우에 따라서는 아버지의 성과 본을 따를 수도 있다. 우리나라 국민 간에 적용될 제781조 제1항의 일반적인 규정과의 관계를 고려하면, 아버지가 외국인인 경우에는 혼인신고시 어머니의 성과 본을 따르기로 협의하지 아니하였다 하더라도 출생신고시에 어머니의 성과 본을 따를 수 있다는 점에 제781조 제2항의 의의가 있다. 민법은 아버지가 외국인인 경우라고만 명시하고 있으나, 부모 모두 외국인인 경우에는 우리나라 국민이 아니라서 해당 국가의 법률에 따라야 하므로, 어머니는 우리나라 국민임을 전제로 한다.

아버지가 외국인의 경우에는 우리나라 국민인 경우와 달리 규율해야 할 필요가 있는가는 의문이다. 과거와 같이 아버지의 성과 본을 반드시 따라야 하는 경우에는 자녀가 외국의 특이한 성을 따를 수밖에 없어서 사회적 이질감을 느끼게 될 수 있는 우려도 고려해야 하지만, 어머니의 성과 본을 따를 수 있는 길을 원칙적으로 개방한 상황에서 외국인에게만 출생신고 시점에도 어머니의 성과 본을 따를 수 있는 기회를 부여하는 것은 재고되어야 한다. 뿐만 아니라 어머니의 성과 본을 따르기로 한 외국인 아버지와 한국인 어머니의 협의 효력은 일회적으로만 인정되어 어머니의 성과 본에 따라 출생신고된 해당 자녀에 한정되도록 규정하고 있는 가족관계등록예규 312호 제11조 제4항 역시 합리적인 규율이라고는 생각되지 않는다. 따라서 자녀의 출생신고시에 자녀의 성과 본에 관한 협의를 하도록 민법을 개정하는 것을 전제로 하여, 내외국인을 동일하게 규율하는 방향으로 정비하는 것이 타당하다.

라. 성과 본의 창설

부모를 알 수 없는 자녀는 법원의 허가를 받아 새로운 성과 본을 창설한다(제781조 제4항). 부모를 알 수 없는 자녀라 함은 가족관계등록법 제52조의 기아棄兒가 여기에 해당한다. 기아의 사전적 의미는 '돌보아야 할 사람으로부터 버려진 자녀'이지만, 여기에서의 기아란 반드시 부모의 의지에 의해 버려진 경우를 말하는 것이 아니라 어떠한 원인이건 부모가 누구인지를 알 수 없는 자녀가 여기에 해당한다. 설령 부모가 자녀의 출생신고 이전에 모두가 사망하더라도 자녀의 부모가 누구인지 알 수 있는 때에는 동거하는 친족이 출생신고를 하면서(가족관계등록법 제46조 제3항 제1호), 그리고 아버지가 인지하지 아니한 혼인외의 출생자라도 아버지의 성과 본을 알 수 있는 경우에는(가족관계등록규칙 제56조) 아버지의 성과 본을 따를 수 있으므로 자녀의 성과 본을 창설할 이유가 없다.

아버지 또는 어머니가 기아를 찾은 때에는 1개월 이내에 출생의 신고를 하고 등록부의 정정을 신청하여야 한다(가족관계등록법 제53조 제1항). 아버지와 어머니가 같이 또는 아버지가 기아를 찾은 경우에는 아버지의 성과 본으로 출생신고를 한다. 어머니만이 기아를 찾은 경우에는 어머니의 성과 본으로 출생신고하는 것이 원칙이지만, 가족관계등록

규칙 제56조에 따라 예외적으로 아버지의 성과 본을 따를 수도 있다.

2. 인지된 경우의 성과 본

가. 아버지의 성과 본으로의 변경 가능

아버지를 알 수 없는 자녀가 인지되는 경우에는 제781조 제1항이 적용되어 아버지의 성과 본을 따르는 것이 원칙이다. 그러나 부모의 협의에 따라 종전의 성과 본을 계속 사용할 수 있다. 이러한 협의서가 인지신고시 제출되면 자녀의 종전의 성과 본, 즉 어머니의 성과 본이 그대로 유지된다.

그러나 부모가 협의할 수 없거나 협의가 이루어지지 아니한 경우에는 일단 인지신고에 따라 아버지의 성과 본을 따라서 자녀의 성과 본을 변경한 후에 법원의 허가를 받아서 종전의 어머니의 성과 본으로 다시 변경할 수 있다. 이는 가족관계등록예규 제312호 제8조 제3항에 따른 결과이나 제781조 제5항 단서에는 반하는 것은 아닌지 의문이다. 제781조 제5항 단서는 명시적으로 "법원의 허가를 받아 종전의 성과 본을 계속 사용할 수 있다"라고 규정하고 있으므로, '계속'이라는 단어에 따라 자녀의 종전의 성과 본이 인지 전후에 변함없이 유지되어야만 하는 것은 아닌가 생각된다.

나. 아버지가 외국인인 경우

우리나라 국적인 여성이 혼인 외에서 출산한 자녀를 인지한 아버지가 외국인인 경우에 대해서는 민법에 명시적인 규정이 존재하지 않는다. 인지신고시 부모의 협의서가 제출되었다면 그에 따라 자녀의 성과 본을 정하는 원칙은 이때에도 그대로 적용될 수 있다. 그러나 만약 인지신고시에 외국인 아버지와 한국인 어머니가 자녀의 성과 본에 대해 협의할 수 없거나 협의가 이루어지지 않은 경우에도, 제781조 제5항 단서를 적용하여 자녀는 법원의 허가를 받아 종전의 성과 본, 즉 어머니의 성과 본을 계속 사용할 수 있다.

3. 성과 본의 변경

가. 자녀의 복리를 위한 변경

(1) 제도의 취지

2005년 민법 개정으로 자녀의 복리를 위하여 자녀의 성과 본을 변경할 필요가 있을 때에는 아버지, 어머니 또는 자녀 본인의 청구에 의하여 법원의 허가를 받아 이를 변경할 수 있게 되었다(제781조 제6항). 그 입법 취지는 자녀의 복리를 위하여 재혼가정의 자녀가 계부와 성이 다른 경우 계부의 성과 본으로 변경하거나, 부모가 이혼한 이후 어머니의 성과 본으로 변경하거나, 일반양자가 양부의 성과 본을 변경할 수 있도록 허용하는 것 등이다.

(2) 요 건

자녀의 성과 본을 변경하기 위한 요건은 오로지 '자녀의 복리를 위하여 자녀의 성과 본을 변경할 필요가 있을 것'과 '법원의 허가'이다. 자녀의 복리를 위하여 성과 본을 변경할 필요가 있는가의 여부는 법원이 구체적인 사안에 따라 판단하게 된다.

> 민법 제781조 제6항에 정한 '자의 복리를 위하여 자의 성과 본을 변경할 필요가 있을 때'에 해당하는지 여부는 자의 나이와 성숙도를 감안하여 자 또는 친권자·양육자의 의사를 고려하되, 먼저 자의 성·본 변경이 이루어지지 아니할 경우에 내부적으로 가족 사이의 정서적 통합에 방해가 되고 대외적으로 가족 구성원에 관련된 편견이나 오해 등으로 학교생활이나 사회생활에서 겪게 되는 불이익의 정도를 심리하고, 다음으로 성·본 변경이 이루어질 경우에 초래되는 정체성의 혼란이나 자와 성·본을 함께 하고 있는 친부나 형제자매 등과의 유대 관계의 단절 및 부양의 중단 등으로 인하여 겪게 되는 불이익의 정도를 심리한 다음, 자의 입장에서 위 두 가지 불이익의 정도를 비교형량하여 자의 행복과 이익에 도움이 되는 쪽으로 판단하여야 한다. 이와 같이 자의 주관적·개인적인 선호의 정도를 넘어 자의 복리를 위하여 성·본의 변경이 필요하다고 판단되고, 범죄를 기도 또는 은폐하거나 법령에 따른 각종 제한을 회피하려는 불순한 의도나 목적이 개입되어 있는 등 성·본 변경권의 남용으로 볼 수 있는 경우가 아니라면, 원칙적으로 성·본 변경을 허가함이 상당하다[대법원 2009.12.11. 2009스23*].[2]

자녀의 성과 본을 바꾸는 것을 허용할 것인가는 철저히 자녀의 복리만을 고려하여야 한다. 성과 본을 따르지 아니하는 아버지나 어머니 일방이 성과 본을 따르는 상대방에 대한 비난이나 보복의 동기로 행해져서는 아니 된다. 특히 미성년인 자녀에 대해 단독으로 친권과 양육권을 갖는 양육친이 오로지 비양육친에 대한 비난이나 복수 또는 혐오의 표출로서 자녀의 성과 본을 자신의 것으로 변경하고자 하는 시도는 허용될 수 없다. 그리고 성과 본을 따르지 아니하는 어머니가 재혼을 하는 경우에도 반드시 계부의 성과 본을 따라야만 하는 것은 아니다. 제781조 제6항은 자녀의 성과 본을 변경할 때 따라야 할

---

2) *는 법학전문대학원협의회의 「변호사시험의 자격시험을 위한 민법 표준판례연구」(2023년 개정판)에 게재된 판례의 표시임.

대상을 제한하고 있지 않기 때문에, 친족이 아닌 제3자의 성과 본을 채택하여도 무방한 것으로 해석될 수밖에 없다. 그러나 혈통주의의 원칙상 아버지나 어머니 또는 양부모가 아닌 제3자의 성과 본으로 변경할 수 있도록 허용하는 민법 규정은 바람직하지 않다. 현행 민법하에서는 인척으로서 친족의 범위에 해당되는 계부의 성과 본을 따르는 것까지는 미성년자녀의 복리를 위해 허용하더라도, 친족의 범위에도 포함되지 않는 제3자의 성과 본을 따르는 것은 법원이 허가하지 않는 방향으로 제도를 운영하여야 한다. 그리고 입법론적으로는 제781조 제6항은 삭제하는 것이 바람직하다.

(3) 절 차

자녀의 성과 본의 변경을 위해서는 가정법원에 대해 아버지, 어머니 또는 자녀의 청구가 있어야 하지만, 다만 자녀가 미성년자이고 법정대리인이 청구할 수 없는 경우에는 제777조의 친족 또는 검사가 청구할 수 있다(제781조 제6항). 가정법원은 성과 본의 변경 청구가 있는 경우 아버지 또는 어머니 그리고 해당 자녀가 13세 이상인 경우에는 자녀의 의견을 들을 수 있다(가사소송규칙 제59조의2 제2항). 법원이 자녀의 성과 본 변경을 허가하는 심판을 하면 재판확정일로부터 1월 이내에 재판서의 등본 및 확정증명서를 첨부하여 성·본 변경신고를 하여야 한다(가족관계등록법 제100조 제1항).

(4) 관련 문제

(가) 성과 본의 재변경

한번 성과 본을 변경한 자녀가 또다시 성과 본을 변경할 수도 있는가는 문제이다. 제781조 제6항에 변경의 회수 제한이 있는 것은 아니므로, 자녀의 복리를 위해 필요한 경우라고 인정되면 다시 변경할 수도 있고, 설령 종전에 사용하던 성과 본으로 되돌아가는 것도 무방하다고 해석된다. 예를 들어 아버지의 성과 본을 따르던 자녀가 부모의 이혼으로 어머니의 성과 본으로 변경한 이후 어머니가 재혼하여 계부의 성과 본으로 변경하는 것도 허용되고, 만약 어머니가 계부와 이혼한다면 다시 어머니의 성과 본으로 변경하는 것도 허용된다.

(나) 현재의 성과 본을 따르고 있는 사람의 동의 필요성

제781조 제6항의 요건에 현재의 성과 본을 따르고 있는 사람의 동의는 포함되어 있지 않다. 다만 가정법원이 허가 절차에서 아버지 또는 어머니의 의견을 들도록 할 뿐이다(가사소송규칙 제59조의2 제2항). 자녀가 자신의 성과 본을 따르고 있는 경우에, 그 사람이 자

녀의 성과 본을 변경하는 것에 흔쾌히 동의하지 않을 수도 있다. 또한 성과 본을 따르고 있는 계부와 어머니가 이혼한 경우 어머니의 성과 본으로 복귀하는데 인척도 아닌 과거 계부의 동의를 요구할 이유가 없다. 따라서 현재의 성과 본을 따르고 있는 사람의 동의를 요건으로 할 필요는 없다.

(다) 성년자 본인의 동의 필요성

자녀의 복리를 위한 성과 본의 변경이 가능한 자녀는 반드시 미성년자에 국한되는 것은 아니다. 성과 본이 변경되는 당사자의 의사는 성과 본의 변경에서 가장 중요하게 다루어져야 한다. 그러나 13세 이상의 자녀의 경우에만 가정법원이 허가 절차에서 의견을 듣도록 하고 있다(가사소송규칙 제59조의2 제2항). 적어도 성년자의 경우에는 가정법원이 그의 의사를 듣는 것에 그치지 않고, 적극적이고 능동적인 동의권을 부여할 필요가 있다. 성년자가 자신의 성과 본의 변경에 대해 스스로 거부권조차 갖지 못한다는 것은 헌법상 행복추구권에 부합되지 않는다고 생각된다.

나. 친양자의 성과 본의 변경

친양자의 성과 본에 대해서는 민법에서 명시적으로 규정하고 있지 않다. 제908조의3 제1항에 따라 친양자는 부부의 혼인 중 출생자로 간주되기 때문에, 혼인 중의 친생자에 준하여 성과 본이 결정되어야 한다. 따라서 제781조 제1항이 적용되어 친양자는 친양부의 성과 본을 따르지만, 친양부모가 혼인신고시 자녀가 어머니의 성과 본을 따르기로 협의한 경우에는 친양모의 성과 본을 따라야 한다. 그리고 입양특례법에 따라 입양이 이루어진 경우에는 민법상 친양자와 동일한 지위를 가지므로(입양특례법 제14조), 양부의 성과 본 또는 협의가 있는 경우에는 양모의 성과 본으로 변경하여야 한다.

다. 친생부인 등

성과 본을 따르고 있는 아버지 또는 어머니와 사이에서 친생부인, 인지무효, 친생자관계 부존재확인 등이 이루어지면, 성과 본의 혈통주의에 따라 친자관계가 해소된 그 성과 본을 따라서는 아니된다. 성과 본을 따르고 있는 아버지에 대한 친생부인의 판결이 확정되면 어머니의 혼인외의 자녀가 되므로 가족관계등록부 정정신청시에 어머니의 성과 본으로 변경되어야 한다. 문제는 아버지를 알 수 없어서 성과 본을 따르고 있는 어머니와의 친생자관계 부존재확인이 이루어지게 되는 경우에 자녀의 성과 본을 어떻게 해야 할 것인가이다. 이 경우에는 아버지와 어머니를 모두 알 수 없는 자녀가 되므로 제781조 제

4항에 따라 법원의 허가를 받아 새로운 성과 본을 창설함이 적절하다. 또한 혼인외의 자녀의 경우에 아버지의 인지가 무효가 되면, 다시 어머니의 성과 본으로 변경되어야 한다.

4. 성과 본 제도의 문제점과 개선 방향

가. 남녀 차별의 완전한 해소

민법은 자녀가 어머니의 성과 본을 따르는 것을 허용하고는 있으나, 오로지 부모가 혼인신고시에 협의가 이루어진 경우에만 가능하도록 규정하고 있다. 이러한 제한으로 인해 자녀의 성과 본의 결정에서 어머니와 아버지의 성과 본이 동등한 가치로 취급되지 못하고 있다. 완전한 남녀평등이 가족법에서 실현되기 위해서는, 어머니의 성과 본을 무차별적으로 선택할 수 있도록 허용하여야 한다.

성과 본은 출생신고시에 아버지와 어머니의 성과 본 중에 선택하도록 허용하여야 한다. 다만 부모가 자녀의 성과 본의 결정에 대해 협의가 이루어지지 않을 경우에는 아버지의 성과 본을 따르도록 하여, 성과 본의 협의가 이루어지지 않는 이유로 출생신고가 이루어지지 못하는 문제는 발생하지 않도록 하여야 한다. 또한 관습법상의 형제동성의 원칙을 폐기하고, 자녀들이 각각 아버지나 어머니의 성과 본을 자유롭게 따르게 하여 성과 본이 통일되지 않아도 무방하도록 허용하여야 한다. 끝으로 자녀가 성년이 된 이후에 아버지와 어머니의 성과 본 사이에서의 변경이라면, 가정법원의 허가를 받지 아니하고도 자유롭게 변경할 수 있도록 허용하여야 한다. 이는 혈통주의의 관점에서 보면 실질적으로 성과 본의 변경이 아니라 단순한 표기 선택에 불과한 것이기 때문이다.

나. 일반양자의 성과 본의 변경

일반양자의 경우에는 양부모의 성과 본으로 변경하지 않는다. 양부모는 법정혈족으로 친생부모와 법적으로 완전히 동일한 지위에 있음에도 불구하고, 혈통주의를 취하는 민법에서 성과 본에서는 차별을 두고 있다. 일반양자는 양부모의 친생자인 형제자매와 성과 본이 불일치하게 되고, 이 경우에는 형제동성의 원칙은 지켜지지 않는다. 혈통주의에서의 혈통을 자연혈족에 국한할 것은 아니다. 법정혈족에서의 혈통에 차별을 둘 합리적인 이유를 찾기는 어렵다. 따라서 일반양자의 경우에도 입양의 시점에 양부모의 성과 본 중에 택일하여 변경할 수 있도록 하는 방안이 타당하다.

다. 자녀의 복리를 위한 성과 본 변경 제도의 폐지

계부와 같이 혈연관계가 전혀 없는 제3의 성과 본으로 변경하는 것은 자녀의 복리라는 이유가 있다고 하더라도, 혈통주의에 반하는 것일 뿐 아니라 그릇된 정상가족 콤플렉스를 극복하지 못한 태도로 수긍하기 어렵다. 계부의 성과 본을 기필코 따르고 싶다면, 현재도 계부가 그 자녀를 친양자로 입양하는 길이 열려 있다. 만약 일반양자의 경우에 양부의 성과 본으로 변경하는 것을 원칙으로 한다면, 이 문제는 일반 입양으로도 해결할 수 있게 된다. 따라서 혈족이 아닌 제3의 성과 본으로 자녀의 성과 본을 변경하는 제781조 제6항은 삭제하는 것이 옳다.

제3장 | 혼 인

제1절 약 혼

Ⅰ. 약혼의 성립

1. 약혼의 의의

약혼이라 함은 당사자 간에 향후 혼인을 하겠다는 합의를 말한다. 약혼은 향후 혼인의 합의이므로, 혼인의 성립과 밀접하게 연관된다. 약혼은 혼인 성립이 가능한 남녀 사이에서 행하여져야만 한다. 따라서 성전환 수술을 앞두고 있다고 할지라도, 동성간 향후 혼인의 합의는 약혼이 될 수 없다. 약혼은 사실혼과 구별된다. 판례는 약혼은 특별한 형식을 거칠 필요 없이 장차 혼인을 체결하려는 당사자 사이의 합의가 있으면 성립하는 데 반하여, 사실혼은 주관적으로는 혼인의 의사가 있고 또 객관적으로는 사회통념상 가족질서의 면에서 부부공동생활을 인정할 만한 실체가 있는 경우에 성립한다고 밝히고 있다 [대법원 1998.12.8. 98므961].

2. 약혼의 법적 성격

약혼은 향후 혼인이라는 법적 신분계약을 체결하겠다는 합의이므로 혼인의 예약으로서의 법적 성격을 갖는다. 다만 매매의 일방예약(제564조)과 달리 그 자체로 완결된 종국적인 합의이며, 혼인이라고 하는 친족법상의 법률행위를 나중에 하겠다는 것을 내용으로 하는 것일 뿐이지 일방당사자가 예약완결권을 갖는 것은 아니다.

3. 약혼의 성립요건

가. 약혼의사의 합치

약혼은 당사자의 향후 혼인을 하겠다는 진정한 합의가 있어야 하므로, 성년에 달한 사람은 자유로 약혼할 수 있다(제800조). 당사자의 의사와는 완전히 무관하게 부모의 의사에 의해 향후 혼인이 결정되는 과거의 정혼定婚은 약혼과는 구별되며, 부모에 의한 정혼은 당사자의 약혼의사 부존재로 무효이다.

나. 약혼 나이의 도달

약혼 나이는 만 18세이다(제801조). 18세 미만의 사람이 약혼을 하는 경우에 대해 민법에는 명시적인 규정이 없다. 18세 미만의 사람의 혼인도 일단 유효하고 취소할 수 있다는 제816조를 고려하면, 18세 미만의 약혼을 무효로 다룰 이유가 없다고 생각된다. 따라서 혼인취소 사유에 관한 제816조를 준용하여 18세 미만의 사람이 혼인을 한 경우에도 취소할 수 있는 약혼이라고 해석하는 것이 적절하다(주해친족①,98).

다. 미성년자나 피성년후견인은 부모나 후견인의 동의

18세 이상 19세 미만의 미성년자는 부모나 미성년후견인의 동의를 받아 약혼할 수 있다(제801조). 부모나 미성년후견인의 동의를 받아 약혼할 수 있는 대상은 18세 이상 19세 미만의 미성년자뿐이므로 그 대상은 12개월로 매우 협소하며, 특히 조혼의 풍습이 사라진 현재에는 18세 이상 19세 미만의 미성년자의 약혼은 흔치 않으므로 실효성이 크지는 않다. 미성년자가 약혼하는 경우에는 부모 모두의 동의를 받아야 하며, 부모 중 한쪽이 동의권을 행사할 수 없을 때는 다른 한쪽의 동의를 받아야 하고, 부모가 모두 동의권을 행사할 수 없을 때는 미성년후견인의 동의를 받아야 한다(제801조, 제808조).

피성년후견인도 부모나 성년후견인의 동의를 받아 약혼할 수 있다(제802조). 피성년후견인의 약혼을 위한 동의는 부모와 성년후견인 중 누가 우선적으로 해야 하는지에 대해서는 민법에는 명시적인 규정은 없고, 택일적으로 할 수 있는 것으로 표현되어 있다. 제802조는 제808조를 준용하도록 하고 있으나, 피성년후견인의 혼인에 대한 동의에 대한 제808조 제2항도 제802조와 완전히 동일하므로 무의미하다는 지적이 있다(주해친족①,99). 문제는 제802조가 아니라 피성년후견인제도를 도입하는 과정에서 입법상 오류를 범한 것으로 생각되는 제808조 제2항에 있으므로, 해석론상으로는 피성년후견인의 경우에도 부모가 1차적으로 동의권을 가지며, 부모가 모두 동의권을 행사할 수 없을 때에는 성년후견인의 동의를 받아야 한다고 봄이 타당하다.

4. 조건과 기한을 붙인 약혼

약혼은 장래에 혼인할 의무를 발생시키는 것에 불과하고 여전히 양 당사자에게는 혼인의 자유가 보장되어야 하므로 법적 효력이나 구속력은 다른 신분행위에 비해 상대적으로 약하다. 그러므로 선량한 풍속 기타 사회질서에 반하지 않는 범위에서는 조건이나 기한을 붙이는 것이 허용될 수 있다. 예를 들어 내년 말까지 혼인하지 못하면 약혼은 효력을 잃는다든가, 군복무를 마치면 3개월 안에 혼인하겠다는 약혼은 유효하다.

Ⅱ. 약혼의 무효와 취소

민법상 약혼에 대해서는 무효사유와 취소사유를 명시적으로 규정하고 있지 아니하지만, 장래의 혼인에 대한 합의이므로 최종 목적인 혼인에 관한 규정을 유추적용하여 해석하는 것이 적절하다.

1. 약혼의 무효

가. 약혼의사의 부존재

약혼은 양 당사자의 자유로운 진정한 약혼의사의 합치로 성립되므로 약혼의사가 존재하지 않으면 효력이 존재하지 않는다. 부모의 정혼이나 약혼의 대리는 무효이다.

나. 최근친 사이의 약혼

친양자의 입양 전 혈족을 포함한 8촌 이내의 혈족이거나 당사자 간에 직계인척관계에 있거나 있었던 경우 그리고 양부모계의 직계혈족관계가 있었던 경우에는 혼인이 무효가 되므로(제815조 제3호, 제4호), 이러한 사람들의 약혼도 당연히 무효가 된다. 동성혼과 같이 혼인이 불가능한 사이에서 장래에 혼인을 하겠다는 의사표시는 목적이 불능하므로 법적 효력을 인정할 수 없다.

다. 중혼적 약혼

배우자 있는 사람이 다른 사람과 향후 혼인을 하겠다는 합의는 제103조의 선량한 풍속 기타 사회질서에 위반한 사항을 내용으로 하는 법률행위로서 무효가 된다. 설령 배우자의 사망이나 이혼을 기한이나 조건으로 한 약혼이라 할지라도 무효이다[대법원 1955.7.14. 4288민상156]. 현재 혼인 중에 있으나 이미 혼인관계가 파탄에 이르러 사실상 이혼상태에 있는 경우에 행하는 약혼에 대해서는 유효로 해석하는 견해(김/김,78)도 있으나, 이 경우에도 법률상 보호할 만한 가치가 있다고 보기는 어려우므로 약혼의 효력을 인정할 필요가 없다.

약혼을 한 상태에서 다른 사람과 다시 약혼을 하는 이중약혼의 경우를 무효로 다루는 견해(김/김,78)도 있으나, 제804조 제4호가 약혼 후 타인과 약혼을 한 경우를 약혼해제사유로 명시하고 있고 약혼 중인 사람에게도 혼인 전까지는 배우자 선택의 자유가 인정되어야 하므로 약혼해제사유로 다루는 것으로 충분하다. 따라서 이중약혼의 경우 두 약혼 모두 해제할 수 있으며, 이중약혼을 한 당사자는 손해배상 및 약혼예물반환 의무를 부담한다. 또한 어느 하나의 약혼이 혼인으로 나아가게 되면 다른 약혼은 목적달성 불가능으로 소멸되며, 부당하게 약혼을 파기한 당사자는 역시 손해배상 및 약혼예물반환 의무를 부담하게 된다.

2. 약혼의 취소

가. 취소사유

(1) 연령미달의 약혼

18세 미만의 사람이 혼인을 하는 경우에는 취소할 수 있으므로(제816조 제1호), 18세 미만의 사람의 약혼도 취소할 수 있다고 유추적용할 수 있다. 이 경우 당사자 또는 그 법정대리인이 취소할 수 있다. 그러나 당사자가 19세가 된 후 또는 혼인 중에 임신한 경우에는 취소권은 소멸된다(제819조 유추적용).

(2) 동의 없는 미성년자나 피성년후견인의 약혼

미성년자나 피성년후견인이 부모나 후견인의 동의를 얻지 아니하고 혼인을 하는 경우에는 혼인취소 사유에 해당한다(제816조 제1호). 이를 준용하여 미성년자나 피성년후견인이 부모나 후견인의 동의 없이 약혼을 하면 취소할 수 있다. 이때에도 당사자 또는 그 법정대리인이 취소할 수 있으며, 당사자가 19세가 된 후 또는 성년후견종료의 심판이 있은 후 3개월이 지나거나 혼인 중에 임신한 경우에 취소권은 소멸된다(제819조 유추적용).

(3) 근친혼의 약혼

6촌 이내의 혈족의 배우자, 배우자의 6촌 이내의 혈족, 배우자의 4촌 이내의 혈족의 배우자인 인척이거나 이러한 인척이었던 사람 사이의 혼인 또는 6촌 이내의 양부모계의 혈족이었던 사람과 4촌 이내의 양부모계의 인척이었던 사람 사이의 혼인은 취소사유에 해당된다(제816조 제1호). 따라서 이들 사이의 약혼도 일단은 유효하고 취소할 수 있다고 해석된다(이/윤, 144). 취소할 수 있는 근친 간의 약혼에 대해서는 당사자, 그 직계존속 또는 4촌 이내의 방계혈족이 그 취소할 수 있고, 당사자 간에 약혼 중 임신한 때에는 취소권은 소멸된다(제820조 유추적용).

(4) 사기 또는 강박에 의한 약혼

약혼도 의사표시의 합치로 이루어지는 것이므로 의사표시에 하자가 있는 경우에는 취소할 수 있다. 사기 또는 강박으로 인하여 혼인의 의사표시를 한 때에는 혼인을 취소할 수 있으므로(제816조 제3호), 사기 또는 강박으로 약혼의 의사표시를 한 때에도 취소할 수 있다고 해석된다. 사기 또는 강박으로 인하여 혼인의 의사표시를 한 경우의 취소권자를 친족편에서 별도로 규정하고 있지 아니하므로, 제140조에 따라 사기 또는 강박에 의하여 약혼의 의사표시를 한 당사자만이 취소할 수 있다. 그러나 사기를 안 날 또는 강박을 면한 날로부터 3개월을 경과한 때에는 취소권은 소멸된다(제823조 유추적용).

나. 취소의 방법과 효과

친족편에서 약혼의 취소에 관한 규정을 두고 있지 아니하므로, 약혼의 법적 성질에 반하지 않는 한도에서 민법총칙의 취소에 관한 규정을 적용할 수 있다. 따라서 약혼의 취소는 취소권자의 취소의 의사표시로 하면 되고, 약혼취소의 효과는 처음부터 무효인 것으로 본다. 혼인취소의 경우에는 기왕에 소급하지 아니하나, 약혼은 혼인과 달리 혼인을 성립시킬 의무를 제외하고는 특별한 법적 효과(친족관계, 공동 경제생활, 친생추정 등)를 발생시키지 아니하므로 소급효를 인정하여도 무방하다.

다. 취소권의 소멸

약혼에 취소사유가 있더라도 혼인이 성립되고 나면 약혼은 취소할 수 없다고 해석하여야 한다. 약혼취소사유는 대부분 혼인취소 사유에도 해당되므로 혼인취소를 통하여 그 목적을 달성할 수 있고, 혼인함으로써 약혼은 이미 목적을 달성하여 종결된 것이므로 약혼을 취소하는 것은 무의미하다.

Ⅲ. 약혼의 효과

1. 장래의 혼인에 대한 구속력

약혼을 함으로써 당사자에게는 향후 혼인을 할 의무가 발생된다. 그러나 약혼은 혼인이라고 하는 확정적인 신분관계로 나아가기 위한 과정의 절차이므로 당사자에게 아직까지는 강한 구속력을 가지는 신분관계를 형성시키는 것이 곤란하다. 배우자의 선택이라는 매우 중요한 신분행위는 신중하여야 하고, 혼인이라는 최종결정이 있기까지는 여전히 자유로운 선택의 기회를 부여하여야 한다. 즉 약혼 당사자는 장래의 혼인에 대한 약한 구속력만을 가지며, 다른 사람과의 혼인에 대한 가능성은 여전히 열려져 있어야 한다.

2. 강제이행의 금지

약혼은 강제이행을 청구하지 못한다(제803조). 약혼 당사자에게는 약한 구속력만이 인정되므로 약혼하였다고 해서 반드시 혼인으로 나아가야만 하는 것은 아니다. 그러나 정당한 약혼 해제사유가 없는 약혼의 부당파기에 해당된다면, 손해배상이나 약혼예물반환 등의 책임을 부담하여야 한다.

3. 약혼의 법적 보호

약혼도 법률상의 신분행위이므로, 강제이행을 하지 못한다고 할지라도 당사자는 상대방에 대해 장래 혼인을 요구할 권리를 갖는다. 이 권리는 제3자로부터도 보호받아야 하며 제3자가 약혼관계를 고의 또는 과실로 침해한 경우에는 불법행위가 성립된다. 제3자가 약혼 중의 여자를 간음하여 남자로 하여금 혼인을 할 수 없게 하였다면 약혼으로 인한 남자의 권리를 침해한 것이라고 할 것이고 이는 불법행위를 구성한다[대법원 1961.10.19. 4293민상531]. 그러나 제3자가 상대방이 약혼 중에 있음을 알지 못하고 약혼을 하거나 혼인을 한 경우 이에 과실이 없다면 불법행위는 성립하지 아니하고, 약혼을 한 상태에서 다시 다른 사람과 약혼을 하거나 혼인을 한 사람에게만 불법행위가 인정될 수 있다.

4. 기 타

약혼을 하더라도 당연히 친족관계는 형성되지 아니하고, 약혼 중에 자녀를 출생하더라도 혼인외의 자녀가 되며 어머니의 성과 본을 따라야 한다. 약혼 중에 출생한 자녀를 아버지가 인지한 후에 혼인을 하거나 또는 어머니와 혼인을 한 후에 인지하게 되면 준정準正으로 혼인 중의 출생자가 된다(제855조 제2항).

Ⅳ. 약혼의 해제

1. 해제사유

가. 약혼 후 자격정지 이상의 형의 선고를 받은 경우

약혼 후에 사형, 징역, 금고, 자격상실, 자격정지의 형의 선고를 받은 경우에는 약혼을 해제할 수 있다(제804조 제1호, 형법 제41조). 형의 선고를 형의 확정을 의미하는 것으로 해석하는 견해(주해친족①,102)와 확정되지 않은 상태라도 무방하다는 견해(김/김,80)가 있으나 형의 확정을 의미한다고 해석하는 견해가 타당하다. 법률상 인정되는 약혼 해제사유를 형이 확정되기 이전의 상대방에게까지도 적용하는 것은 무죄추정의 원리에 정면으로 반하며, 만약 확정이전이라도 형의 선고로 애정관계가 상실되었다면 당사자 사이에서 합의로 약혼을 해제하도록 맡기는 것이 타당하다.

자격정지 이상의 형을 약혼 전에 받았으나 이를 알지 못하고 약혼을 하였다고 하더라도 제804조 제1호의 약혼 해제의 사유에는 해당되지 않으며, 경우에 따라서는 제804조 제8호 기타 중대한 사유가 있는 때에 해당되어 약혼을 해제할 수는 있다.

나. 약혼 후 성년후견개시나 한정후견개시의 심판을 받은 경우

약혼 후에 성년후견 또는 한정후견을 개시하는 심판을 받은 경우에도 상대방은 약혼을 해제할 수 있다(제804조 제2호). 성년후견의 심판은 질병, 장애, 노령, 그 밖의 사유로 인한 정신적 제약으로 사무를 처리할 능력이 지속적으로 결여된 경우를, 그리고 한정후견의 심판은 질병, 장애, 노령, 그 밖의 사유로 인한 정신적 제약으로 사무를 처리할 능력이 부족한 경우를 요건으로 하므로 상대방이 그러한 상태에 있다면 약혼을 해제할 수 있도록 허용하고 있다. 그러나 특정후견이나 후견계약을 체결하는 정도의 상태로는 약혼을 해제할 수 없으나, 제804조 제8호 기타 중대한 사유가 있는 경우에 해당된다면 약혼을 해제할 수도 있다.

다. 성병, 불치의 정신병, 기타 불치의 병질이 있는 경우

약혼 상대방에게 성병, 불치의 정신병, 기타 불치의 병질이 있는 경우에는 약혼을 해제할 수 있다(제804조 제3호). 성병을 제외하고는 불치의 병질에 걸린 경우에만 약혼을 해제할 수 있으며, 치료가 완전히 불가능함이 명백한 경우만으로 좁게 해석하는 것이 적절하다. 성병의 경우에는 치료가능여부와 관계없이 약혼 중에 성병에 걸려있는 상태라면 약혼을 해제할 수 있다. 참고로 혼인의 경우에는 혼인 당시 당사자 일방에 부부생활을 계속할 수 없는 악질 기타 중대 사유있음을 알지 못한 때를 혼인취소 사유로 명시하고 있다(제816조 제2호). 따라서 약혼에도 이를 준용하여 이러한 병질이 있음을 알지 못하고 약혼을 한 경우에만 해제할 수 있다고 해석하여야 한다.

라. 약혼 후 다른 사람과 약혼이나 혼인을 한 경우

약혼 후에 다른 사람과 약혼이나 혼인을 한 경우에는 이미 당사자 사이의 애정과 신뢰가 붕괴되므로 약혼을 해제할 수 있다(제804조 제4호). 특히 약혼 후에 다른 사람과 혼인을 한 경우에는 약혼은 목적달성이 불능하게 되므로 효력을 상실한 상태라고 볼 수 있으며, 또한 약혼 전에 이미 다른 사람과 혼인한 상태라면 약혼은 제103조 위반으로 무효가 된다. 약혼한 상태에서 다시 다른 사람과 약혼을 하면 먼저 한 약혼은 해제할 수 있으며, 후에 한 약혼은 무효라는 견해(김/김,78; 주해친족①,103)가 다수설이다. 그러나 앞선 약혼이나 뒤의 약혼 모두 해제할 수 있다고 해석하는 것이 혼인의 자유에 부합된다고 생각된다.

마. 약혼 후 다른 사람과 간음한 경우

약혼 후에 다른 사람과 간음한 경우에도 약혼을 해제할 수 있다(제804조 제5호). 문제는 혼인의 경우에는 간음에 이르지 아니한 부정한 행위도 재판상 이혼사유로 인정하는 반면, 약혼은 반드시 간음에 이르러야 해제가 가능하도록 규정하고 있는 차이가 무엇인가 하는 점이다.

의무의 측면에서 보면 혼인은 부부로서 강한 의무가 존재하므로 낮은 수준의 의무위반으로도 혼인관계를 해소할 수 있어야 하는 반면, 약혼은 약한 의무가 존재하므로 높은 수준의 의무위반이 있어야만 약혼관계를 해소할 수 있는 것으로 생각해 볼 수도 있다. 그러나 한편으로는 약혼은 그 관계를 유지시킬 보호의 정도가 낮으므로 폭넓게 애정에 손상을 주는 배신행위라면 관계를 용이하게 청산시킬 수 있어야 하는데, 간음 정도의 중대한 배신행위가 있어야만 해소가능하다는 규정은 이해하기 어렵다. 물론 간음에 이르지 아니하는 부정행위지만 약혼을 유지시킬 수 없는 중대한 배신행위가 있었다면 제804조 제8호에 따라 약혼의 해제가 가능할 수 있다.

바. 약혼 후 1년 이상 생사가 불명한 경우

약혼 후 1년 이상 생사가 불명하면 약혼을 해제할 수 있다(제804조 제6호). 생사가 불명한 데 대해 귀책사유를 요하지 아니하므로, 본인의 의지와 상반되는 조난이나 납치 등도 여기에 해당된다.

사. 정당한 이유 없는 혼인 거절 또는 연기

정당한 이유 없이 혼인을 거절하거나 그 시기를 늦추는 경우 약혼을 해제할 수 있다(제804조 제7호). 여기에서 정당한 이유란 사회통념상 당사자가 약정한 시기에 혼인을 하는 것이 적절하지 않다고 판단할 만한 사유를 말한다. 예를 들어 질병의 치료, 군복무, 취업준비, 경제 사정의 악화 등을 생각할 수 있으며, 이러한 이유가 있다면 그 사유가 소멸할 때까지 혼인을 거절하거나 시기를 늦출 수 있다. 여기에서의 혼인이 사실혼을 포함하는 것인지(김/김,81) 아니면 법률혼만을 의미하는 것인지(주해친족①,103)에 대한 학설대립이 있으나, 결혼식을 하고 아직 혼인신고를 하지 않은 사실혼 상태도 사회통념상으로는 혼인생활을 개시한 것으로 인정하는 만큼 사실혼도 포함한다고 해석하여야 한다.

아. 그 밖에 중대한 사유가 있는 경우

민법은 추상적 약혼 해제사유로서 '그 밖에 중대한 사유가 있는 경우'에는 약혼을 해제할 수 있도록 규정하고 있다(제804조 제8호). 앞서 살펴본 제804조 제1호에서 제7호까지의 사유에 해당되지는 않으나, 혼인으로 나아갈 수 없을 정도로 애정과 신뢰가 붕괴된 경우에는 약혼을 해제할 수 있는 길을 열어주어야 한다. 약혼을 해제할 수 있는 '중대한 사유'가 무엇인가는 구체적인 사안별로 사회통념에 따라 개별적으로 판단되어야 하지만, 가장 중요한 점은 양 당사자에게 혼인을 성립시킬 의무를 인정할 만큼 애정과 신뢰가 남아 있는가의 여부이다.

현실적으로 주로 문제가 되는 학력, 소속 직장 또는 과거의 혼인경력을 속이는 경우에는 사기로 인한 약혼으로서 취소할 수 있지만, 사기를 안 날로부터 3월을 경과하여 취소권이 소멸된 경우라도 제804조 제8호에 따라 약혼을 해제할 수도 있다. 판례는 학력과 직장을 속이고 약혼을 한 경우에 대해 그 밖에 중대한 사유가 있는 경우에 해당되어 약혼을 해제할 수 있다고 판시한 바 있으나[대법원 1995.12.8. 94므1676, 1683], 임신불능의 경우에는 약혼 해제사유로 인정하지 않았다[대법원 1960.8.18. 4292민상995].

2. 해제의 방법

약혼의 해제는 상대방에 대한 의사표시로 한다. 그러나 상대방에 대하여 의사표시를 할 수 없는 때에는 그 해제의 원인이 있음을 안 때에 해제된 것으로 본다(제805조). 예를 들어 약혼 후 1년 이상 생사가 불명한 경우(제804조 제6호)에는 상대방에게 의사표시를 하는 것이 불가능할 것이므로, 생사불명후 1년 이상 경과하였음을 안 때에 해제된 것으로 볼 수 있다. 그러나 제805조의 법문에도 불구하고 약혼의 성질상 일방이 약혼 후 다른 사람과 혼인을 한 경우(제804조 제4호)에는 그 혼인이 성립되는 시점에 약혼은 자동으로 해제되는 것으로 해석하여야 한다.

3. 해제의 효과

가. 약혼관계의 소멸

약혼을 해제함으로써 양 당사자에게 장래 혼인할 의무는 소멸하게 된다. 약혼해제 후에는 타인과 자유롭게 약혼을 하거나 혼인을 할 수 있다.

나. 손해배상청구권

약혼을 해제한 때에는 당사자 일방은 과실있는 상대방에 대하여 이로 인한 손해의 배상을 청구할 수 있다(제806조 제1항). 이 손해배상청구권은 약혼의 침해라는 불법행위 또는 채무불이행의 효과이므로 귀책사유를 요하며, 법문에 명시된 과실뿐만 아니라 고의도 당연히 포함한다. 재산상 손해에는 약혼식 비용이나 결혼식을 위한 준비비용, 결혼정보업체 비용 등이 이에 해당한다. 판례는 신혼생활을 위한 가재도구의 경우에는 구입한 사람에게 여전히 소유권이 인정되므로 손해배상을 인정하지 않은 바 있다[대법원 2003.11.14. 2000므1257]. 약혼해제를 이유로 한 손해배상청구를 위해서는 우선 가정법원에 조정을 신청하여야 한다(가사소송법 제2조 제1항 1. 다. 1)).

재산상 외에 정신적 고통에 대하여도 손해배상의 책임이 있다(제806조 제2항). 이른바 위자료의 청구도 가능하며, 약혼해제 당사자뿐만 아니라 그 부모에게도 위자료 청구권이 인정된다[대법원 1975.1.14. 74므11]. 정신상 고통에 대한 배상청구권은 양도 또는 승계하지 못한다. 그러나 당사자 간에 이미 그 배상에 관한 계약이 성립되거나 소를 제기한 후에는 그러하지 아니하다(제806조 제3항).

손해배상청구의 상대방은 약혼해제에 귀책사유 있는 당사자뿐만 아니라 약혼해제에 기여한 부모 또는 제3자를 포함한다[대법원 1975.1.14. 74므11]. 이들은 약혼의 침해라는 불법행위에 가담한 공동불법행위자로서 책임을 지므로 귀책사유를 요하며, 이미 타인과 약혼한 사람과 선의로 이중약혼한 제3자나 약혼의 침해와 관계없는 과실로 불치의 질병을 야기한 사람은 손해배상책임을 지지 아니한다.

다. 약혼예물반환청구권

관행상 약혼을 하면서 서로 예물을 교환하거나 혼인신고 이전 시점에 예물을 전달하는 행위가 일반적이다. 약혼예물의 교환에 대해 혼인의 불성립을 해제조건으로 하는 증여와 유사한 성질을 갖는다는 것이 판례[대법원 1996.5.14. 96다5506*]와 다수설이다. 따라서 약혼이 해제되거나 취소되면 혼인불성립이라는 해제조건이 충족되어, 증여의 효력은 소급적으로 소멸하므로 반환의무가 발생된다. 약혼후 일방당사자의 사망으로 혼인이 불가능해진 경우에는 상대방의 권리능력이 소멸되었으므로, 약혼예물의 일신전속성을 고려할 때 상호 간에 반환의무는 생기지 않는다고 보아야 한다.

약혼예물의 수수는 약혼의 성립을 증명하고 혼인이 성립한 경우 당사자 내지 양가의 정리를 두텁게 할 목적으로 수수되는 것으로 혼인의 불성립을 해제조건으로 하는 증여와 유사한 성질을 가지므로, 예물의 수령자측이 혼인 당초부터 성실히 혼인을 계속할 의사가 없고 그로 인하여 혼인의 파국을 초래하였다고 인정되는 등 특별한 사정이 있는 경우에는 신의칙 내지 형평의 원칙에 비추어 혼인 불성립의 경우에 준하여 예물반환의무를 인정함이 상당하나, 그러한 특별한 사정이 없는 한 일단 부부관계가 성립하고 그 혼인이 상당 기간 지속된 이상 후일 혼인이 해소되어도 그 반환을 구할 수는 없으므로, 비록 혼인 파탄의 원인이 며느리에게 있더라도 혼인이 상당 기간 계속된 이상 약혼예물의 소유권은 며느리에게 있다[대법원 1996.5.14. 96다5506*].

약혼예물의 반환청구권은 약혼해제에 귀책사유 있는 당사자에게는 인정되지 않는 것이 판례이다[대법원 1976.12.28. 76므41, 42*]. 따라서 유책한 당사자는 자신이 받은 예물을 상대방에게 반환하여야 하지만, 자신이 준 예물은 반환받을 수 없다. 만약 양 당사자 모두에게 과실이 있는 경우라면 과실상계의 법리를 적용하여 반환범위를 정하여야 한다는 견해(김/김,85)가 있으나, 일방에게 극히 사소한 과실이 있는 경우가 아니라면 원칙적으로 양 당사자 모두 전부 반환하여야 한다고 해석하는 것이 적절하다.

V. 약혼의 부당파기

제804조에 해당하는 경우에는 약혼을 적법하게 해제할 수 있음은 물론이나, 제804조의 사유가 없는 상태에서도 일방당사자가 임의로 약혼을 해제하는 의사표시를 할 수 있다. 약혼을 하더라도 여전히 혼인의 자유는 보장되어야 하므로 일방이 애정을 상실하였음에도 불구하고 약혼을 유지시킬 수는 없다. 따라서 약혼의 임의해제는 허용되어야 하지만, 이는 약혼의 부당파기라고 할 수 있다. 이와 같은 약혼의 부당파기로도 약혼의 효력은 소멸한다.

약혼의 부당파기로 상대방에 대한 채무불이행 또는 불법행위가 성립되므로, 약혼해제의 귀책사유 있는 당사자에 대한 취급과 다를 것이 없다. 따라서 약혼의 부당파기 당사자를 상대로 위자료를 포함한 손해배상청구와 약혼예물반환청구를 할 수 있으며, 약혼의 부당파기에 가담한 제3자에게도 손해배상청구를 할 수 있다.

제 2 절 혼인의 성립

I. 민법의 규정

제812조 제1항은 혼인의 성립이라는 표제하에, "혼인은 가족관계의 등록 등에 관한 법률에 정한 바에 의하여 신고함으로써 그 효력이 생긴다"라고 규정하고 있다. 법문상 표현으로는 혼인의 성립요건은 혼인신고가 유일한 것으로 파악된다. 그러나 학설상으로는 혼인의 성립요건을 혼인의사의 합치를 실질적 성립요건으로 그리고 혼인신고를 형식적 성립요건으로 보는 것이 일반적이며, 혼인적령미달이나 최근친혼과 같은 무효사유 및 중혼과 같은 취소사유가 없을 것까지 실질적 성립요건으로 보는 견해(김/김,86)도 있다.

혼인도 가족법상의 법률행위이므로 법률행위의 요건에 대한 일반론과 통일적으로 규율하여야 한다. 먼저 법률행위가 일반적 성립요건을 갖추어 성립되고 난 이후에 그것이 확정적으로 유효하기 위해서는 효력요건을 충족시키는 점진적인 체계가 법리상 확립되어 있다. 이러한 법률행위의 성립요건과 효력요건의 점진적 체계는 가족법상의 법률행위인 혼인에서도 통일성을 유지하여야 한다. 혼인의 경우에만 효력요건인 무효사유나 취소사유가 없을 것까지도 성립요건으로 설정하는 일부 견해(김/김,86)는 논리적이라고 할 수 없다. 특히 중혼은 혼인의 취소사유(제816조 제1호)이므로, 취소권자가 취소하지 않고 있는 동안에는 유효한 혼인으로서 존재하게 된다. 그럼에도 불구하고 중혼이 아닐 것을 혼인의 실질적 성립요건으로 설정하는 견해(김/김,86)는, 성립요건도 갖추지 못한 혼인이 유효가 되는 결과를 가져오므로, 논리적인 모순이 아닐 수 없다. 따라서 혼인이라는 법률행위도 형식적으로 성립된 이후에 무효사유와 취소사유의 검토를 통해서 확정적으로 유효한 혼인인가가 판단되어야 한다.

혼인은 가족법상의 법률행위이므로, 법률행위의 일반적인 성립요건은 기본적으로 갖추어야 한다. 혼인이 성립되기 위해서는 혼인 당사자와 혼인성립의 의사표시가 존재해야 하며, 특히 혼인에 특유한 결정적인 성립요건은 법률혼주의에 따라 제812조가 규정하는 혼인신고의 수리이다. 재산법상의 법률행위와 달리 혼인신고가 이루어지고 난 이후에는 설령 혼인이 무효라고 하더라도 확정판결에 의하지 아니하고는 가족관계등록부를 정정할 수는 없다[대법원(전) 1993.5.22. 93스14]. 이러한 점에서 아예 혼인신고가 없는 상태와 무효

혼이나 취소사유가 있더라도 혼인신고가 수리된 것과는 확연히 구별된다.[1]

Ⅱ. 혼인의 성립요건

1. 혼인 당사자

혼인이 성립하기 위해서는 혼인을 할 2명의 당사자가 존재해야 함은 물론이다. 따라서 사망자와의 혼인 또는 사망한 자 사이의 혼인은 인정되지 않는다[대법원 1991.8.13. 91스6]. 또한 혼인은 다른 법률행위와 달리 남자와 여자라는 다른 성별의 당사자 사이에서만 성립한다. 민법에 이성 간에서만 혼인이 가능하다는 명문 규정이 있는 것은 아니고, 동성혼을 혼인의 무효사유로 규정하고 있는 것도 아니다. 비교법적으로는 동성 간의 혼인을 법률상 인정하는 나라도 존재하지만, 민법상으로는 이성 간에서만 혼인이 성립될 수 있다[대법원(전) 2011.9.2. 2009스117].

> 무릇 혼인이란 남녀 간의 육체적, 정신적 결합으로 성립하는 것으로서, 우리 민법은 이성(異性) 간의 혼인만을 허용하고 동성(同性) 간의 혼인은 허용하지 않고 있다[대법원(전) 2011. 9.2. 2009스117].

2. 혼인성립의 의사표시

가. 혼인신고의사

혼인은 가족법상의 법률행위이므로 법률행위의 일반적 성립요건인 의사표시가 존재하여야 한다. 혼인의 성립요건으로서 의사는 법률상의 혼인을 성립시키겠다는 의사를 말하는 것이고, 구체적으로는 혼인신고의 의사로서 이른바 형식적 혼인의사이다. 이 혼인신고의 의사는 가족관계등록법 제71조의 혼인신고서에 당사자 쌍방과 증인이 연서하여 기재하는 방법(제812조 제2항)과 제3자에 의한 신고를 위해 필요한 서류(가족관계등록법 제23조)를 구비하는 행위로써 표시하게 된다. 따라서 혼인신고서의 모든 기재사항의 기입과 관련 서류의 구비가 있다면 혼인의 성립요건으로서 혼인성립의 의사표시는 존재한다. 가장

---

[1] 제812조 역시 표제는 '혼인의 성립'이라고 규정하면서, 법문에서는 "혼인은 ~신고함으로써 효력이 생긴다"라고 표현하고 있으므로 "혼인은 ~신고함으로써 성립한다"라고 입법적으로 바로잡아야 할 필요가 있다.

혼인의 경우에는 법률상 혼인을 성립시킬 의사로 혼인신고서를 작성하므로 혼인성립요건으로서 혼인성립의 의사표시는 명확하게 인정된다.

나. 일방적 혼인신고

혼인의 일방당사자만이 무단으로 혼인신고서를 작성하는 경우에도 혼인의 성립요건으로서 혼인신고 의사를 인정할 수 있는가가 문제로 된다. 이 경우에는 상대방으로서는 혼인신고의 의사가 전혀 있지 않으므로 일방이 작성한 혼인신고서가 진정한 양 당사자의 혼인성립 의사표시라고 할 수 없어서, 혼인의 성립요건은 충족되지 않는다고 해야 논리적이다. 그러나 이러한 일방적인 혼인신고라도 가족관계등록 공무원에 의해 수리되면 일단 혼인은 성립된다. 다만 혼인의 실질적 의사가 결여되었으므로 제815조 제1호의 혼인무효 사유에 해당되어 혼인은 성립되지만 무효가 된다. 판례도 혼인의 일방당사자가 상대방과의 혼인의 합의 없이 인장을 위조해서 혼인신고서를 작성하여 신고를 하는 경우에는 그 혼인은 무효라고 판시하고 있다[대법원 1983.9.27. 83므22].

다. 사실혼에서의 일방적 혼인신고

사실혼 관계에 있는 당사자 중 일방이 무단으로 혼인신고를 하는 경우에도 수리가 이루어진다면, 혼인은 성립된다. 단순히 사실혼 관계에서의 일방적 혼인신고라고 해서 혼인을 무효로 다룰 수는 없다는 판례는 혼인의 성립을 전제로 하는 것이다. 나아가 혼인으로서의 실질이 존재하는 사실혼에서는 일방당사자가 혼인신고를 한 경우에도 상대방에게 혼인의사가 없음이 명백하면 혼인은 무효이지만, 상대방의 혼인의사가 불분명한 경우에는 혼인의사를 추정하여 혼인의 유효까지도 인정하고 있다[대법원 2012.11.29. 2012므2451].

> 사실혼관계에 있는 당사자 일방이 혼인신고를 한 경우에도 상대방에게 혼인의사가 결여되었다고 인정되는 한 그 혼인은 무효라 할 것이나, 상대방의 혼인의사가 불분명한 경우에는 혼인의 관행과 신의성실의 원칙에 따라 사실혼관계를 형성시킨 상대방의 행위에 기초하여 그 혼인의사의 존재를 추정할 수 있으므로 이와 반대되는 사정, 즉 혼인의사를 명백히 철회하였다거나 당사자 사이에 사실혼관계를 해소하기로 합의하였다는 등의 사정이 인정되지 아니하는 경우에는 그 혼인을 무효라고 할 수 없다[대법원 2012.11.29. 2012므2451].

3. 혼인신고

가. 법률혼주의

혼인은 가족관계등록법에 따른 혼인신고에 의하여 성립한다. 혼인의 의사표시는 반드시 혼인신고라는 일정한 방식을 요하는 것이고, 혼인이라는 가족법상의 법률행위는 요식행위라고 할 수 있다. 결혼식과 같은 행사를 통해 남녀가 부부로서 사실상 인정을 받는 것이 일반적인 관행이지만, 이는 법적인 혼인과는 관계가 없다. 설령 결혼식과 같은 행사를 하지 않거나 부부로서의 공동생활이 시작되지 않더라도 혼인의 진지한 법적 의사가 표출된 혼인신고가 있으면 법률상 혼인이 성립된다. 이를 법률혼주의라고 한다. 만약 부부로서의 혼인의사 합치에 따라 실질적인 공동생활이 존재하더라도, 혼인신고를 하지 아니하면 법률상 혼인이 아닌 사실혼에 머무르게 된다.

나. 혼인신고의 종류

(1) 당사자에 의한 혼인신고

혼인신고는 당사자 쌍방과 성년자인 증인 2인의 연서한 서면으로 하여야 한다(제812조 제2항). 혼인의 신고서에는 ① 당사자의 성명·본·출생연월일·주민등록번호 및 등록기준지(당사자가 외국인인 때에는 그 성명·출생연월일·국적 및 외국인등록번호), ② 당사자의 부모와 양부모의 성명·등록기준지 및 주민등록번호, ③ 자녀에게 모의 성과 본을 따르기로 협의한 경우 그 사실(혼인 당사자의 협의서를 첨부), ④ 8촌 이내의 혈족 사이의 근친혼에 해당되지 아니한다는 사실을 기재하여야 한다(가족관계등록법 제71조).

혼인신고는 본인이 출석하여 서면이나 말로 신고하는 것이 원칙이지만, 본인이 출석하지 아니하는 경우에는 본인의 신분증명서를 제시하거나 인감증명서를 첨부하여야 한다(가족관계등록법 제23조). 또한 혼인신고는 전자문서로도 할 수 있다(가족관계등록법 제23조의2 제1항). 당사자에 의한 혼인신고는 신고의 수리에 의하여 비로소 친족법상의 지위가 형성되는 것이므로 창설적 신고이다.

(2) 영사혼

외국에 있는 우리나라 국민 사이의 혼인은 그 외국에 주재하는 대사, 공사 또는 영사에게 신고할 수 있다(제814조 제1항). 이 신고를 수리한 대사, 공사 또는 영사는 지체없이 그 신고서류를 본국의 재외국민 가족관계등록사무소에 송부하여야 한다(제814조 제2항). 이 혼인신고는 민법상의 혼인신고이나, 해외에 체류 중인 신고인이 자신의 국내 주소지에서 신고하는 것이 용이하지 않으므로 단지 접수와 수리를 그 지역의 공관에게 맡기는 것이다. 이러한 혼인을 영사혼이라고 한다.

(3) 재판에 의한 혼인신고

사실상 혼인관계 존재확인의 재판이 확정된 경우에 소를 제기한 사람은 재판의 확정일부터 1개월 이내에 재판서의 등본 및 확정증명서를 첨부하여 혼인의 신고서를 작성하여 신고를 하여야 한다(가족관계등록법 제72조). 재판에 의한 혼인신고는 재판을 청구한 사람에 의해 일방적으로 행하여지는 혼인신고이지만, 이 혼인신고 역시 창설적 신고로 보는 것이 판례의 태도라고 할 수 있다. 판례[대법원 1991.8.12. 91스6]가 명시적으로 창설적 신고라고 밝히고 있는 것은 아니지만, 사실혼관계 존재확인의 심판 확정으로 곧 그 당사자 간에 법률상의 혼인관계가 형성되는 것은 아니라는 판결문의 표현으로부터 창설적 신고라고 추론할 수 있다.

다. 혼인신고의 수리

당사자가 혼인신고를 하여 이를 접수하거나 송부받은 때에는 접수인을 찍고 접수번호 및 접수연월일을 기재한 후 처리자가 날인하여야 한다(가족관계등록규칙 제40조 제1항). 여기에서 접수연월일은 특히 중요한데, 혼인신고가 수리되면 이 접수일에 소급하여 혼인이 성립되기 때문이다.

혼인신고를 접수하면 지체 없이 그 수리 여부를 결정하여야 하며(가족관계등록규칙 제43조 제1항), 제807조에서 제810조까지 및 제812조 제2항의 규정 기타 법령에 위반함이 없는 때에는 이를 수리하여야 한다(제813조). 이러한 법령위반 사항이 있으면 수리해서는 안 되지만, 가족관계등록 공무원에게는 실질적 심사권이 아닌 형식적 심사권만 인정되므로 어떠한 사유에 의해서든 수리가 이루어지면 일단 혼인은 성립된다. 예를 들어 일방당사자가 일방적으로 혼인신고서를 작성하여 접수시켰다고 하더라도 수리가 이루어지면 혼인은 성립되고, 제815조 제1호에 따라 혼인이 무효로 될 뿐이다. 이처럼 법령위반 사항이 혼인무효 사유라면 혼인은 무효이나 가족관계등록부를 정정하기 위해서는 혼인무효의 소의 확정판결을 받아야 하며, 혼인취소 사유라면 혼인취소판결이 확정되어야 혼인이 해소될 수 있을 뿐이다. 혼인신고가 수리되면 신고접수일로 소급하여 혼인이 성립되며, 가족관계등록부에 기재하지 않아도 혼인의 성립에는 지장이 없다. 즉 혼인은 가족관계등록

공무원이 그 신고서를 수리함으로써 발생하는 것이고 가족관계등록부의 기재는 효력요건이 아니다[대법원 1991.12.10. 91므344].

라. 예외 – 국제사법에 따른 혼인

우리나라 남녀가 외국에서 그 나라의 법률에 따라 유효하게 혼인을 한 경우에는 예외적으로 우리나라에 혼인신고를 하지 않아도 유효하게 혼인이 성립된다. 이러한 점에서 국제사법에 따른 혼인은 예외적으로 혼인신고를 하지 아니하여도 유효하게 성립하며, 혼인신고를 하더라도 보고적 신고가 된다[대법원 2019.12.27. 2018두55418].

> 국제사법에 따르면 혼인의 성립요건은 각 당사자에 관하여 그 본국법에 의하고(제36조 제1항), 혼인의 방식은 혼인거행지법 또는 당사자 일방의 본국법에 의한다(제36조 제2항 본문). 이 규정은 우리나라 사람들 사이 또는 우리나라 사람과 외국인 사이의 혼인이 외국에서 거행되는 경우 그 혼인의 방식, 즉 형식적 성립요건은 그 혼인거행지의 법에 따라 정하여야 한다는 취지이고, 그 나라의 법이 정하는 방식에 따른 혼인절차를 마친 경우에는 혼인이 유효하게 성립하는 것이고 별도로 우리나라의 법에 따른 혼인신고를 하지 않더라도 혼인의 성립에 영향이 없으며, 당사자가 「가족관계의 등록 등에 관한 법률」 제34조, 제35조에 의하여 혼인신고를 한다 하더라도 이는 창설적 신고가 아니라 이미 유효하게 성립한 혼인에 관한 보고적 신고에 불과하다[대법원 2019.12.27. 2018두55418].

제 3 절 혼인의 무효와 취소

Ⅰ. 혼인의 무효

1. 무효사유

가. 당사자 간에 혼인의 합의가 없는 때

혼인은 가족법상의 법률행위이므로 양 당사자의 혼인의사가 합치되어야 하며, 혼인의 합의가 없는 때에는 혼인은 무효이다(제815조 제1호). 혼인의사의 합치는 혼인신고를 할 시점에도 존재하여야 하므로[대법원 1983.12.27. 83므28*], 설령 이전에는 혼인의사의 합치가 있었어도 혼인신고 시점에 혼인의사가 존재하지 않는다면 혼인은 무효이다.

(1) 혼인의사

당사자의 혼인의사가 구체적으로 무엇을 의미하는지에 대해 학설이 대립되고 있다. 혼인의사를 부부로서 정신적·육체적으로 결합하여 생활공동체를 형성할 의사로 파악하는 견해(김/김,87)가 실질적 의사설이다. 부부로서 동거하고 경제공동체를 형성하며, 육체적 결합을 통해 자녀를 낳는 등의 사회적인 관념에 부합하는 혼인의사가 존재하여야 한다는 것이다.

반면에 혼인신고를 하여 가족관계등록부상의 부부로 만들고자 하는 의사를 혼인의사라고 보는 견해가 형식적 의사설이다. 법률혼주의를 취하는 한, 혼인신고 없이는 혼인이 성립될 수 없으므로 혼인의사라고 하는 것은 곧 혼인신고를 할 의사라고 이해하는 것이다. 그 외에도 실질적 혼인의사와 혼인신고 의사 모두 필요하다는 견해 및 혼인의사의 유무는 사회습속적 유형과 법정책적 가치판단을 종합적으로 고려하여 판단해야 한다는 견해(이/윤,49)도 제기되고 있다.

판례는 실질적 의사설을 취하고 있어서, 혼인의사를 당사자 사이에 사회관념상 부부라고 인정되는 정신적·육체적 결합을 생기게 할 의사라고 밝히고 있다[대법원 2022.1.27. 2017므1224*].

> 민법 제815조 제1호가 혼인무효의 사유로 규정하는 '당사자 간에 혼인의 합의가 없는 때'란 당사자 사이에 사회관념상 부부라고 인정되는 정신적·육체적 결합을 생기게 할 의사의 합치가 없는 경우를 의미하므로, 당사자 일방에게만 그와 같은 참다운 부부관계의 설정을 바라는 효과의사가 있고 상대방에게는 그러한 의사가 결여되었다면 비록 당사자 사이에 혼인신고 자체에 관하여 의사의 합치가 있어 일응 법률상의 부부라는 신분관계를 설정할 의사는 있었다고 하더라도 그 혼인은 당사자 간에 혼인의 합의가 없는 것이어서 무효라고 보아야 한다[대법원 2010.6.10. 2010므574*].

혼인의 유효요건으로서 혼인의사는 실질적 혼인의사로 파악하는 것이 타당하다. 형식적 의사설과 같은 신고의사는 이미 신고 시점에 존재하는 것으로 이는 성립요건에 해당하는 것으로 이해하는 것이 논리적이다. 따라서 혼인신고 의사만 존재하고 실질적인 부부공동체를 형성할 의사가 존재하지 않는다면, 그 혼인은 성립은 되었으나 무효이다.

(2) 가장혼인

혼인의사에 관한 학설대립이 결정적인 의미를 갖는 문제는 부부공동체를 형성할 의사

없이 혼인신고만을 할 의사가 있는 가장혼인의 효력이다. 가장혼인은 당사자 모두에게 명확하게 혼인신고의 의사가 존재한다는 점에서 일방적 혼인신고와는 구별된다. 형식적 의사설에 따르면 가장혼인도 유효하다고 할 수 있으나, 실질적 의사설이나 이를 취하는 판례에 따르면 가장혼인은 무효이다. 예를 들어 외국인이 단지 우리나라에 입국하여 취업하기 위한 방편으로 우리 국민과 혼인신고에 대한 합의만 갖고 혼인신고를 한 경우에는 혼인의사가 존재하지 아니하여 무효가 된다[대법원 2010.6.10. 2010므574].

나. 당사자 간에 8촌 이내의 혈족관계가 있는 때

당사자 간에 현재 8촌 이내의 혈족관계가 있는 근친혼의 경우에는 무효가 된다(제815조 제2호). 8촌 이내의 최근친 사이의 혼인을 무효로 하는 이유는 선량한 풍속 기타 사회질서의 차원에서의 금지이지만, 자연혈족의 경우에는 우생학적인 문제를 예방하기 위한 목적도 존재한다. 여기에서 혈족이란 자연혈족에서는 직계혈족, 방계혈족, 부계혈족, 모계혈족을 구분하지 않는다. 일부 학설은 우리 전통적 관습을 들어 모계혈족은 모계의 부계혈족만으로 제한하고 있으나(김/김,98), 이는 아무런 합리적 근거 없는 남녀 차별적 취급으로서 수긍할 수 없다.

여기에서의 혈족은 자연혈족뿐만 아니라 법정혈족도 해당된다. 따라서 일반양자도 자연혈족에 준하여 8촌 이내의 혈족관계가 현재 있다면 혼인은 무효이다. 또한 친양자의 경우에는 기존의 자연혈족관계를 단절하는 것이 원칙이지만, 친양자입양 이전 8촌 이내의 자연혈족과의 혼인은 허용되지 않으며 무효로 된다.

다. 당사자 간에 직계인척관계가 있거나 있었던 때

당사자 간에 직계인척관계가 있거나 있었던 때에도 혼인은 무효이다(제815조 제3호). 예를 들어 남편이 사망한 이후의 시아버지는 현재 직계인척관계에 있으며, 남편과 이혼을 한 이후의 시아버지는 과거에 직계인척관계에 있었던 사람이다. 배우자의 직계존비속과의 혼인은 윤리적인 관점에서 허용될 수 없으며, 대표적으로는 사위와 장모, 시아버지와 며느리 또는 계모자나 가봉자(加捧子; 재혼한 여자의 전 남편의 딸)의 관계이거나 관계였던 사이에서의 혼인은 무효이다.

라. 당사자 간에 양부모계의 직계혈족관계가 있었던 때

당사자 간에 과거에 양부모계의 직계혈족이었던 경우에는 혼인은 무효이다(제815조 제4호). 만약 당사자 간에 현재 양부모계의 직계혈족관계가 있다면 제815조 제2호에 따라 최근친혼으로서 무효가 되지만, 과거에 양부모계의 직계혈족관계가 있었다면 여기에 따라 무효가 된다. 예를 들어 양부가 양녀를 파양하고 난 이후에 그 여성과 혼인하면 무효가 된다. 여기에서는 양부모계의 직계혈족만을 규정하고 있으므로, 과거에 양부모계의 6촌 이내의 방계혈족관계나 직계인척관계가 있었던 때에는 혼인취소사유(제816조 제1호, 제809조 제3항)는 되어도 혼인이 무효로 되지는 않는다.

2. 무효혼의 추인

판례는 혼인의사의 결여로 혼인이 무효라도 당사자가 혼인의사를 갖고 사후에 추인을 하면 혼인은 소급하여 유효로 된다고 한다[대법원 1965.12.28. 65므61*]. 무효혼의 추인은 제815조 제1호의 혼인의사의 결여로 무효가 된 경우에만 허용된다. 무효혼의 추인은 제139조의 법률행위의 추인 규정이 적용되는 것이 아니므로, 반드시 비소급적인 것이어야 하는 것은 아니고 소급효를 인정할 수도 있다. 따라서 무효혼이 당사자에 의해 추인되면, 혼인신고가 접수된 시점부터 유효하게 성립된다. 제815조 제2호에서 제4호까지의 특정 친족관계 사유에 의해 혼인이 무효가 된 경우에는 당사자의 의사로 친족관계가 소멸될 수 있는 것은 아니므로 추인이 적용될 여지가 없다.

3. 혼인무효의 효과

가. 절대적 소급효

혼인무효는 처음부터 절대적으로 혼인이 효력이 없는 것이다. 혼인무효는 당연무효로서 혼인무효의 소를 제기하지 아니하여도 혼인은 효력이 없다. 따라서 이해관계인은 다른 소송에서 혼인 여부가 선결문제로 되는 경우에는 혼인의 무효를 주장할 수 있다[대법원 2013.9.13. 2013두5564]. 설령 배우자로 가족관계등록부에 기재되어 있더라도 상속인이 될 수 없으며, 또한 미성년자의 경우에 혼인이 무효가 되면 소급해서 성년의제의 효과도 소멸된다.

나. 미성년인 자녀에 대한 효과

무효인 혼인 중에서도 자녀가 태어날 수 있다. 그러나 혼인무효는 소급적으로 아무런 효력이 없으므로, 자녀도 혼인 중의 자녀가 될 수 없다. 따라서 부모의 혼인이 무효인 때에는 출생자는 혼인외의 출생자로 본다(제855조 제1항). 이에 따라 무효혼이지만 혼인신고가 되어 있는 상태에서 자녀가 태어나 출생신고가 이루어지면, 혼인외의 출생자로 법률상 간주되어 별도의 인지절차 없이도 혼인외의 부자관계가 성립된다. 판례도 혼인신고가 위법하여 무효인 경우에도 무효인 혼인 중 출생한 자녀를 출생신고한 경우에는 인지의 효력이 있다고 판시하고 있다[대법원 1971.11.15. 71다1983].

무효혼에서 태어난 미성년자의 친권과 양육에 대해서는 재판상 이혼에 관한 규정을 준용하는 견해(김/김,121; 송,47)와 협의상 이혼에 관한 규정을 준용하는 견해(박/양, 114)가 대립된다. 혼인의 취소와 달리 혼인무효는 재판을 통해 무효가 되는 것이 아니라 당연무효이므로 협의상 이혼에 관한 규정을 준용하는 것이 논리적이라 생각된다. 가정법원이 혼인무효의 청구를 심리하여 그 청구가 인용되는 경우에는 미성년자의 친권자, 양육자 지정에 관하여 그 부모에게 협의하도록 권고하여야 한다(가사소송법 제25조 제2항).

다. 손해배상청구권

혼인무효 사유에 귀책사유가 있는 일방은 상대방에 대해 혼인무효로 입은 손해에 대해 배상책임이 있다(제825조, 제806조 제1항). 혼인무효로 인한 손해배상은 재산상 손해 외에 정신상 고통에 대해서도 손해배상의 책임이 있다(제825조, 제806조 제2항). 정신상 고통에 대한 배상청구권은 양도 또는 승계하지 못하지만, 당사자 간에 이미 그 배상에 관한 계약이 성립되거나 소를 제기한 후에는 양도 또는 승계할 수 있다(제825조, 제806조 제3항). 이 손해배상청구에는 조정전치주의가 적용된다(가사소송법 제50조).

라. 혼인무효의 소

혼인무효 사유가 있으면 혼인무효의 소를 제기하지 아니하여도 당연히 혼인은 무효가된다. 가사소송법은 혼인무효의 소를 규정하고 있는데(가사소송법 제2조 제1호), 이미 실체법상으로 무효인 혼인을 재판으로 확인하는 것이므로 그 법적 성질은 확인의 소라고 할수 있다. 혼인무효의 소는 당사자, 법정대리인 또는 4촌 이내의 친족이 언제든지 이를 제기할 수 있다(가사소송법 제23조). 혼인이 이혼이나 당사자의 사망으로 이미 해소된 경우에도 혼인무효의 소를 제기할 수 있는가가 문제로 된다. 판례는 협의상 이혼으로 혼인관계가 해소된 경우에도 과거의 혼인관계의 무효확인을 구할 정당한 법률상의 이익이 있다면 혼인무효의 소를 허용하고 있다[대법원 1978.7.11. 78므7]. 판례는 종전에는 단순히 여성이 혼인했다가 이혼한 것처럼 호적상 기재되어 있어 불명예스럽다는 사유만으로는 확인의 이익이 없다고 해왔으나[대법원 1984.2.28. 82므67], 최근 이를 변경하여 혼인관계를 전제로 하여 형성되는 여러 법률관계에 관련된 분쟁을 한꺼번에 해결할 수 있는 유효적절한 수단이라면 혼인과 관련된 현재의 구체적 법률관계를 제시하지 않았다고 하더라도 확인의 이익을 인정한 바 있다[대법원 2024.5.25. 2020므15896]. 혼인무효의 소가 확정되면 제3자에게도 기판력이 미치게 된다.

마. 가족관계등록부의 정정

혼인무효 사유가 있어서 당연히 혼인이 무효가 된다고 해서 가족관계등록부의 정정을 임의로 신청할 수는 없다. 가족관계등록법 제105조 제1항에 따라 신고로 인하여 효력이 발생되는 행위에 관하여 무효임이 명백한 때에는 가정법원의 허가를 받아 등록부의 정정을 신청할 수 있는 것처럼 보이지만, 판례는 이러한 방법의 가족관계등록부 정정을 허용하지 않는다[대법원 1998.2.7. 96마623]. 반드시 혼인무효의 소를 제기하여 판결로 확정된 경우에만 가족관계등록부의 정정이 가능하며, 소를 제기한 당사자가 판결의 확정일로부터 1개월 이내에 판결의 등본 및 확정증명서를 첨부하여 등록부의 정정을 신청하여야 한다(가족관계등록법 제107조).

Ⅱ. 혼인의 취소

1. 혼인의 취소사유

가. 혼인적령미달

(1) 요 건

18세가 된 사람은 혼인할 수 있다(제807조). 혼인 당사자 중 일방이라도 18세가 되지 않은 사람이 혼인을 하면 법원에 그 취소를 청구할 수 있다(제816조 제1호). 가족관계등록부상 혼인할 수 있는 나이에 도달하지 못한 사람은 사실상 혼인할 수 있는 나이에 도달하였다고 하더라도 혼인신고를 하지 못한다(예규 제417호 4.).

(2) 취소청구권자

당사자 또는 그 법정대리인이 혼인의 취소를 청구할 수 있다(제817조). 미성년자가 혼인을 하면 일단 성년의제가 적용되어 혼인 전의 친권자는 법정대리인이 아니라서 취소권이 없다는 견해(김/김,123)가 있으나, 18세 미만의 미성년자의 취소할 수 있는 혼인에는 성년의제가 적용되지 아니하며 친권자나 미성년후견인은 혼인의 취소를 청구할 수 있다는 견해(송,48)도 있다. 혼인취소의 효과가 비소급적이라는 점 등을 고려하면 전자가 논리적으로 보인다. 그러나 미성년자가 스스로 혼인을 취소하지 아니하는 한 아무도 그 혼인을 취소할 수 없게 된다면 혼인취소의 규범목적을 달성하는 것이 실질적으로는 무의미해진다는 점에서 여기에서의 법정대리인은 '미성년자가 혼인하기 이전의 법정대리인'을 의미한다고 해석되어야 한다.

(3) 취소청구권의 소멸

민법은 18세 미만의 혼인에 대한 취소청구권의 소멸에 관해서는 명시적인 규정을 두고 있지 않다. 그러나 동의 없는 혼인의 취소청구권 소멸에 관한 제819조를 유추적용하여, 그 당사자가 19세가 된 후 또는 혼인 중에 임신한 경우에는 그 취소를 청구하지 못한다는 것이 학설(김/김,123; 송,37)이다. 민법은 '임신한 경우'라고 규정하고 있으므로 이를 문리해석하여, 임신과 동시에 취소청구권은 완전히 소멸하는 것이며 반드시 출산까지 이어져야만 취소청구권이 소멸하는 것은 아니다. 즉 한 번의 임신으로 영구적으로 혼인의 취소청구권은 소멸한다. 또한 '혼인 중에 임신한 경우'라는 법문은 임신의 시점이 혼인 중이어야 한다는 의미가 아니라 혼인 당사자 사이에서 임신한 경우를 말한다고 해석되어야 한다. 따라서 당사자 사이에서 임신한 이후에 혼인신고를 한 경우에도 취소청구권은 소멸된다.

나. 동의 없는 미성년자의 혼인

(1) 요 건

미성년자가 혼인을 하는 경우에는 부모의 동의를 받아야 하며, 부모 중 한쪽이 동의권을 행사할 수 없을 때에는 다른 한쪽의 동의를 받아야 하고, 부모가 모두 동의권을 행사할 수 없을 때에는 미성년후견인의 동의를 받아야 한다(제808조 제1항). 만약 부모나 미성년후견인의 동의 없이 혼인을 하면 법원에 그 취소를 청구할 수 있다(제816조 제1호). 설령 18세에 달하여 혼인적령이 되었다고 하더라도, 19세 미만의 미성년자라면 부모나 미성년후견인의 동의가 필요하다.

(2) 취소청구권자

당사자 또는 그 법정대리인이 혼인의 취소를 청구할 수 있다(제817조). 전술한 바와 같이 여기에서 법정대리인이란 미성년자가 혼인하기 이전의 법정대리인을 말한다고 해석하여, 미성년자의 친권자나 미성년후견인이었던 사람도 혼인을 취소할 수 있다. 다만 동의권은 부모에게 있으나 취소권은 법정대리인에게 부여되므로, 친권자가 아닌 아버지 또는 어머니는 동의권은 있지만 취소권은 없다.

(3) 취소청구권의 소멸

당사자가 19세가 된 후 또는 혼인 중에 임신한 경우에는 그 취소를 청구하지 못한다(제819조). 임신과 동시에 취소청구권은 완전히 소멸하며, 출산 여부는 묻지 않는다.

다. 동의 없는 피성년후견인의 혼인

(1) 요 건

피성년후견인은 부모나 성년후견인의 동의를 받아 혼인할 수 있다(제808조 제2항). 부모나 성년후견인의 동의없이 피성년후견인이 혼인을 하면 법원에 그 취소를 청구할 수 있다(제816조 제1호).

(2) 취소청구권자

당사자 또는 그 법정대리인이 혼인의 취소를 청구할 수 있다(제8조). 법정대리인이 취소권자이므로 피성년후견인의 부모는 동의권자이지만, 성년후견인이 아닌 이상 취소를 청구할 수 없다.

(3) 취소청구권의 소멸

당사자가 성년후견종료의 심판이 있은 후 3개월이 지나거나 혼인 중에 임신한 경우에는 그 취소를 청구하지 못한다(제819조).

라. 혼인무효는 아닌 근친혼

(1) 요 건

6촌 이내의 혈족의 배우자, 배우자의 6촌 이내의 혈족, 배우자의 4촌 이내의 혈족의 배우자인 인척이거나 이러한 인척이었던 사람 사이에서는 혼인하지 못한다(제809조 제2항). 6촌 이내의 양부모계의 방계혈족이었던 사람과 4촌 이내의 양부모계의 인척이었던 사람 사이에서는 혼인하지 못한다(제809조 제3항). 여기에서 양부모계의 혈족 중에서 직계혈족은 혼인무효 사유이므로, 6촌 이내의 방계혈족만을 말한다. 이러한 관계에 있는 사람 사이에서의 혼인은 법원에 그 취소를 청구할 수 있다(제816조 제1호). 6촌의 인척은 제777조에서 규정하는 친족의 범위에도 포함되지 않는데, 이를 '근친혼'으로 하여 취소할 수 있는 혼인으로 규정하는 것은 다소 과도한 제약으로 생각된다.

(2) 취소청구권자

근친혼 금지 규정을 위반한 혼인의 경우에는 당사자, 그 직계존속 또는 4촌 이내의 방계혈족이 그 취소를 청구할 수 있다(제817조). 근친혼의 경우에는 직계비속은 취소청구권자에 포함되지 않는데, 이는 혼인 중에 당사자 사이에서 임신하면 그 취소를 청구하지 못한다는 점을 고려하면 이해할 수 있다.

(3) 취소청구권의 소멸

근친혼 금지 규정을 위반한 혼인의 경우에는 그 당사자 간에 혼인 중 임신한 때에는 그 취소를 청구하지 못한다(제820조). 여기에서 혼인 중 임신한 때는 혼인 중에 임신이 개시되었다는 것이 아니라, 혼인 전에 임신이 시작되었다고 하더라도 혼인 중에 임신 상태에 있으면 취소청구권은 소멸된다고 해석되어야 한다. 또한 임신하게 되면 출산과는 관계없이 그 즉시 취소청구권은 영구히 소멸된다.

마. 중 혼

(1) 요 건

배우자 있는 사람은 다시 혼인하지 못한다(제810조). 법률상 배우자가 있는 사람이 다시 혼인을 하면 법원에 그 취소를 청구할 수 있다(제816조 제1호). 사실혼 관계에 있는 사람은 법률상 배우자가 있지는 않으므로, 법률혼을 하더라도 중혼이 되지는 않는다. 가족관계등록 공무원에게는 형식적 심사권이 있으므로 법률혼 중에 있는 사람이 다시 혼인신고를 하더라도 이것이 수리될 가능성은 매우 희박하다.

현실적으로 중혼이 가능한 경우는 다음과 같다. 협의상 이혼이 무효이거나 취소된 경우, 재판상 이혼을 한 이후 타인과 혼인을 하였으나 재판상 이혼이 재심으로 취소된 경우[대법원 1994.10.11. 94므932], 국제사법에 의한 유효한 혼인을 한 이후 국내에서 다시 다른 사람과 혼인신고한 경우[대법원 1991.12.10. 91므535], 배우자 있는 사람이 타인과 혼인하기 위하여 이름을 바꿔 새로이 취적하여 새로운 사람으로서 타인과 혼인신고를 한 경우[대법원 1986.6.24. 86므9] 등이 있다. 또한 배우자의 실종선고 효력이 발생하고 나서 타인과 재혼한 이후에 실종선고가 취소된 경우에도 중혼이 성립될 수 있다.

(2) 취소청구권자

당사자 및 그 배우자, 직계혈족, 4촌 이내의 방계혈족 또는 검사는 중혼금지를 위반한 혼인의 취소를 청구할 수 있다(제818조). 2012년 민법 개정 이전에는 직계혈족 중에서 직계존속만이 청구권자가 될 수 있고 직계비속은 청구권자에 포함되어 있지 아니하였으나, 2010년 7월 29일 헌법재판소에서 직계비속에게 취소청구권을 인정하지 않는 규정에 대해 헌법불합치 결정이 이루어졌다. 이에 따라 2012년 민법 개정을 통해 직계비속도 취소청구권자에 포함시키게 되었다.

(3) 취소청구권의 불소멸

중혼의 경우에는 민법에서 취소청구권의 소멸을 규정하고 있지 않다. 따라서 중혼이 존재하는 한 취소청구권은 소멸하지 않는다. 헌법재판소도 중혼의 취소청구권에 대한 권리소멸사유 또는 제척기간을 두지 않은 것이 합리적인 입법재량의 한계를 벗어나 후혼 배우자의 인격권 및 행복추구권을 침해한다고 보기 어렵다고 판시하였다[헌법재판소 2014. 7.24. 2011헌바275]. 그러나 중혼 성립 후 10여 년 동안 혼인취소권을 행사하지 아니하였다고 해서 권리가 소멸되는 것은 아니라도 그 행사가 권리남용에 해당될 수 있으며, 이 경우 취소청구권의 행사를 허용하지 않은 바 있다[대법원 1993.8.24. 92므907].

바. 악질 기타 중대한 사유

(1) 요 건

혼인 당시 당사자 일방에 부부생활을 계속할 수 없는 악질 기타 중대사유 있음을 알지 못한 때에는 법원에 그 취소를 청구할 수 있다(제816조 제2호). 여기에서 '악질'의 구체적인 의미는 제804조 약혼해제의 사유로부터 추론할 수 있다. 즉 성병, 불치의 정신병, 그 밖의 불치의 병질이 대표적인 악질이라고 할 수 있다. '기타 중대사유'는 혼인 전에 당사자가 일방에게 그러한 사유가 있음을 알았다면 상대방이 혼인하지 않았을 것이라고 일반적으로 인정되는 경우라고 하는 것이 학설(김/김,124)이다. 판례에 따르면 '기타 중대사유'는 재판상 이혼사유인 '혼인을 계속하기 어려운 중대한 사유'보다는 엄격히 제한하여 해석하여야 하며, 상대적인 성기능 장애는 혼인취소 사유에 해당하지 않는다고 한다[대법원

2015.2.26. 2014므4734, 4741]. 설령 부부생활을 계속할 수 없는 악질 기타 중대사유가 있더라도 이를 알고 혼인하였다면, 당연히 이를 취소할 수 없다.

(2) 취소청구권자

민법은 악질 기타 중대사유로 인한 취소에 대해서는 청구권자를 별도의 법조문으로 규정하고 있지 않다. 그러나 취소청구권의 소멸에 관한 제822조에서 간접적으로 취소를 청구하는 사람을 상대방이라고 밝히고 있으므로, 악질 기타 중대한 사유가 있음을 알지 못하고 혼인한 일방이 취소청구권자라고 해석할 수 있다.

(3) 취소청구권의 소멸

부부생활을 계속할 수 없는 악질 기타 중대한 사유있는 혼인은 상대방이 그 사유있음을 안 날로부터 6개월을 경과한 때에는 그 취소를 청구하지 못한다(제822조).

사. 사기 또는 강박에 의한 혼인의 의사표시

(1) 요 건

사기 또는 강박으로 인하여 혼인의 의사표시를 한 때에는 법원에 그 취소를 청구할 수 있다(제816조 제3호). 혼인도 가족법상의 법률행위이므로 사기 또는 강박으로 인하여 혼인의 의사표시를 하면 이를 취소할 수 있어야 한다. 여기에서 사기라 함은 상대방을 기망하여 혼인의 의사결정을 하도록 하는 일체의 작위와 부작위를 말하며 이를 통해 상대방이 혼인의 의사결정을 하여야 한다. 다만 혼인의 경우에는 애정관계에서 수반되는 다소의 과장된 언행이 일반적이므로 직업이나 수입, 학력 등과 같은 사회통념상 허용되는 정도의 과장은 여기에서의 사기라고 볼 수 없다. 판례는 성폭력 피해에 의한 출산경력의 불고지는 제816조 제3호의 사기에 해당되지 않는다고 판시한 바 있다[대법원 2016.2.18. 2015므654].

사기 또는 강박으로 인한 혼인취소는 제110조의 적용 대상이 아니므로, 제3자가 기망이나 강박행위를 한 경우에도 상대방의 선의·악의를 불문하고 취소할 수 있다. 또한 제110조 제3항의 선의의 제3자 보호규정도 해당이 없음은 물론이다.

(2) 취소청구권자

민법은 사기 또는 강박으로 인한 혼인취소의 경우에 취소청구권자를 명시적으로 규정하고 있지 않으나, 사기 또는 강박으로 혼인의사를 결정한 사람이 취소청구권자라고 해석된다. 따라서 혼인의 일방당사자가 기망이나 강박을 한 경우에는 상대방이, 제3자가 기망이나 강박을 하였다면 혼인 당사자 쌍방 모두 취소청구권자가 된다.

(3) 취소청구권의 소멸

사기 또는 강박으로 인한 혼인은 사기를 안 날 또는 강박을 면한 날로부터 3개월을 경과한 때에는 그 취소를 청구하지 못한다(제823조).

2. 혼인취소의 방법

가. 조정전치주의

혼인취소는 재판상으로만 가능하며, 조정전치주의가 적용된다(가사소송법 제50조 제1항). 조정을 신청하지 아니하고 소를 제기한 경우에는 가정법원은 그 사건을 조정에 회부하여야 한다(가사소송법 제50조 제2항). 그러나 혼인취소는 당사자가 임의로 처분할 수 없는 사항이므로 조정만으로 혼인이 취소될 수는 없고(가사소송법 제59조 제2항 단서), 이혼을 선택하는 등의 간접적이고 우회적인 것만 조정의 내용이 될 수 있다고 한다(송,54).

나. 혼인취소의 소

혼인의 취소는 가사소송 나류사건이다(가사소송법 제2조 제1항 1. 나.). 혼인취소의 소는 형성의 소이며, 다른 소송의 전제문제로서 혼인취소를 주장할 수는 없다. 혼인취소 사유가 있음에도 불구하고 혼인생활을 유지하다가 이혼한 경우에는 다시 혼인취소의 소를 제기할 수는 없다고 할 것이다. 그러나 배우자가 사망한 이후에 혼인소송을 제기할 수 있는가에 대해 판례는 중혼자가 사망한 후에라도 그 사망에 의하여 중혼으로 인하여 형성된 신분관계가 소멸하는 것은 아니므로 전혼의 배우자는 생존한 중혼의 일방당사자를 상대로 중혼의 취소를 구할 이익이 있다고 판시한 바 있다[대법원 1991.12.10. 91므535].

혼인취소의 재판이 확정된 경우에 소를 제기한 사람 또는 상대방은 재판의 확정일로부터 1개월 이내에 재판서의 등본 및 확정증명서를 첨부하여 그 취지를 신고하여야 한다(가족관계등록법 제73조, 제58조). 이를 통해 가족관계등록부에 혼인의 취소가 기재된다.

3. 혼인취소의 효과

가. 비소급적 장래효

혼인취소의 효력은 기왕에 소급하지 아니한다(제824조). 인척관계는 혼인의 취소로 인하여 종료한다(제775조 제1항). 혼인이 취소되면 장래를 향해서 혼인관계가 소멸하는 것이고, 기존의 혼인관계는 유효한 것으로 인정된다. 그러므로 혼인 중에 행해진 상속은 혼인이 취소되어도 무효로 되거나 부당이득이 되지 않는다[대법원 1996.12.23. 95다48308*]. 그리고 혼인취소 사유가 있으나 혼인을 취소하지 아니하고 이혼을 하는 것도 가능하다[대법원 1991.12.10. 91므344]. 미성년자의 혼인이 취소되어도 성년의제의 효력은 유지된다는 것이 일반적인 학설(김/김,127; 송,54; 윤,66)이다.

나. 미성년자녀에 대한 효과

혼인 중에 출생한 자녀는 부모의 혼인이 취소되더라도 혼인 중의 자녀로서의 지위를 잃지 않는다. 다만 부모가 혼인취소로 더 이상 부부로서의 공동생활을 하지 않으므로, 가정법원은 혼인취소의 경우에는 직권으로 친권자를 정한다(제909조 제5항). 이는 부모가 협의로 친권자를 결정하는 협의상 이혼과 혼인취소가 다른 차이점이다. 또한 혼인취소의 경우에 자녀의 양육책임과 면접교섭권에 대해서는 이혼에 관한 규정을 준용한다(제824조의2).

다. 손해배상 등

약혼해제에서의 손해배상청구권은 혼인취소의 경우에 준용한다(제825조, 제806조). 그러므로 혼인을 취소한 때에는 당사자 일방은 과실있는 상대방에 대하여 이로 인한 손해의 배상을 청구할 수 있다. 이 경우에는 재산상 손해 외에 정신적 고통에 대하여도 손해배상책임이 있다. 정신적 고통에 대한 배상청구권은 양도 또는 승계하지 못한다. 그러나 당사자 간에 이미 그 배상에 관한 계약이 성립되거나 소를 제기한 후에는 그러하지 아니하다. 그리고 혼인취소의 경우에도 비소급적으로 혼인의 효력이 장래를 향해 소멸되는 것이므로 재산분할청구권이 인정되어야 한다.

제 4 절 혼인의 효력

I. 일반적 효력

1. 친족관계의 형성

혼인을 하면 부부는 법률상 배우자가 되어 당사자 사이에 친족관계가 발생한다(제767조). 또한 배우자의 혈족과 배우자의 혈족의 배우자는 인척으로서 친족이 되고(제769조), 4촌 이내의 인척에게는 친족관계로 인한 법률상 효력이 미친다(제777조 제2호).

아내가 혼인 중에 임신한 자녀는 남편의 자녀로 추정하고, 혼인이 성립한 날로부터 200일 후 또는 혼인관계가 종료된 날부터 300일 이내에 출생한 자녀는 혼인 중에 임신한 것으로 추정한다(제844조). 이렇게 출생한 자녀와는 직계혈족 관계가 형성된다.

2. 부부간의 의무

부부 사이에는 동거의무, 부양의무, 협조의무, 정조의무 등이 발생한다. 각각의 의무는 광범위한 협력의무의 구체적인 표현으로서 독립적이고 열거적인 것은 아니다[대법원 1991.12.10. 91므245]. 이는 혼인의 본질이 요청하는 바로서, 혼인생활을 하면서 부부는 애정과 신의 및 인내로써 상대방을 이해하고 보호하여 혼인생활의 유지를 위한 최선의 노력을 기울여야 한다[대법원 2022.5.26. 2021므15480].

가. 동거의무

혼인은 남녀의 애정을 바탕으로 하여 일생의 공동생활을 목적으로 하는 도덕적·풍속적으로 정당시되는 결합으로서 부부 사이에는 동거할 의무가 있다[대법원 1999.2.12. 97므612]. 동거의무의 내용은 동일한 주거에서 부부공동체로서 공동생활을 하는 것을 말한다. 동거장소는 부부의 협의에 의하여 정하나, 협의가 이루어지지 아니하는 경우에는 당사자의 청구에 의하여 가정법원이 이를 정한다(제826조 제2항). 그러나 정당한 이유로 일시적으로 동거하지 아니하는 경우에는 서로 인용하여야 한다(제826조 제1항 단서). 예를 들어 직업상의 전출이나 질병의 치료, 자녀의 교육 등의 사유로 부득이 다른 공간에서 생활하더라도 동거의무를 위반하는 것은 아니다.

일방당사자가 동거의무를 위반하는 경우에는 악의의 유기로서 재판상 이혼사유가 될 수 있다. 부부의 동거의무는 인격존중의 귀중한 이념이나 부부관계의 본질 등에 비추어 일반적으로 그 실현에 관하여 간접강제를 포함하여 강제집행을 행하여서는 안되나, 동거의무의 위반으로 발생된 손해에 대한 배상청구는 가능하다[대법원 2009.7.23. 2009다32454]. 그리고 동거의무를 위반한 사람은 부양청구권을 행사할 수 없다[대법원 1991.12.10. 91므245].

> 부부의 일방이 정당한 이유 없이 동거를 거부함으로써 자신의 협력의무를 스스로 저버리고 있다면, 상대방의 동거청구가 권리의 남용에 해당하는 등의 특별한 사정이 없는 한, 상대방에게 부양료의 지급을 청구할 수 없다[대법원 1991.12.10. 91므245].

동거의무의 구체적인 내용 중에는 부부간의 성적 교섭에 관한 용인도 포함된다. 그러나 부부 사이에 민법상의 동거의무가 인정된다고 하더라도 거기에 폭행, 협박에 의하여 강요된 성관계를 감내할 의무가 내포되어 있다고 할 수 없다[대법원(전) 2013.5.16. 2012도14788, 2012전도252].

나. 부양의무

부부는 서로 부양할 의무를 부담한다(제826조 제1항). 미성년자녀의 양육·교육 등을 포함한 부부간 상호부양의무는 혼인관계의 본질적 의무로서 부양을 받을 사람의 생활을 부양의무자의 생활과 같은 정도로 보장하여 부부공동생활의 유지를 가능하게 하는 것을 내용으로 하는 제1차 부양의무이다[대법원 2017.8.25. 2017스5]. 부부 사이의 부양의무는 미성년자녀에 대한 부양의무와 같은 1차적 부양이라도, 과거의 부양료 청구에서는 다소 차이가 있다. 판례는 부부간에서는 부양의무의 이행을 청구하여 이행지체에 빠진 이후의 부양료만 청구할 수 있다고 판시하고 있다[대법원 2017.8.25. 2014스26].

> 민법 제826조 제1항에 규정된 부부간의 상호부양의무는 부부의 일방에게 부양을 받을 필요가 생겼을 때 당연히 발생되는 것이기는 하지만, 과거의 부양료에 관하여는 특별한 사정이 없는 한, 부양을 받을 자가 부양의무자에게 부양의무의 이행을 청구하였음에도 불구하고 부양의무자가 부양의무를 이행하지 아니함으로써 이행지체에 빠진 이후의 것에 대하여만 부양료의 지급을 청구할 수 있을 뿐, 부양의무자가 부양의무의 이행을 청구받기 이전의 부양료의 지급은 청구할 수 없다고 보는 것이 부양의무의 성질이나 형평의 관념에 합치된다[대법원 2017.8.25. 2014스26].

부양의무는 제833조의 생활비용 부부 공동부담과 밀접한 관계가 있다. 즉 부양·협조의무를 이행하여 자녀의 양육을 포함하는 공동생활로서의 혼인생활을 유지하기 위해서는 부부간에 생활비용의 분담이 필요한데 제833조의 생활비용 부부 공동부담은 그 기준을 정하는 것으로, 즉 제826조 제1항은 부부간의 부양·협조의무의 근거를, 제833조는 위 부양·협조의무 이행의 구체적인 기준을 제시한 조항이라고 할 수 있다[대법원 2017.8.25. 2014스26].

다. 협조의무

부부는 정신적·육체적·경제적으로 결합된 공동체로서 서로 협조하고 보호하여 부부공동생활로서의 혼인이 유지되도록 상호 간에 포괄적으로 협력할 의무를 부담한다[대법원 2022.6.16. 2021므14258]. 협조의무는 혼인 생활 전체에 걸친 것으로서, 가사의 분담, 자녀의 교육, 가정 내 역할 분담 등 모든 가족공동체에서 서로 협의하고 결정을 준수할 의무를 말한다.

라. 정조의무

제826조에서는 정조의무를 명시적으로 규정하고 있지 아니하다. 그러나 판례는 동거의무 내지 부부공동생활 유지의무의 내용으로서 부부는 부정행위를 하지 아니하여야 하는 성적 성실의무를 부담한다고 하며[대법원 2015.5.29. 2013므2441], 이를 정조의무라고 할 수 있다. 부부 사이에서는 정조의무가 존재하므로, 아내가 혼인 중에 임신한 자녀는 남편의 자녀로 추정하는 제844조의 부성추정이 논리적으로 가능하게 된다.

부부의 일방이 부정행위를 한 경우에 그로 인하여 배우자가 입은 정신적 고통에 대하여 불법행위에 의한 손해배상책임을 진다. 또한 제3자가 부부의 일방과 부정행위를 함으로써 혼인의 본질에 해당하는 부부공동생활을 침해하거나 그 유지를 방해하고 그에 대한 배우자로서의 권리를 침해하여 배우자에게 정신적 고통을 가하는 행위는 원칙적으로 불법행위를 구성한다[대법원(전) 2014.11.20. 2011므2997]. 그러나 자녀에 대해서까지 불법행위가 성립되는 것은 아니다[대법원 2005.5.13. 2004다1899*].

3. 성년의제

미성년자가 혼인을 한 때에는 성년자로 본다(제826조의2). 성년자로 간주되므로 행위능력이 인정되고 완전히 유효한 법률행위를 할 수 있다. 또한 성년의제로 부모의 친권이나 미성년후견인의 후견은 소멸하므로, 혼인 중에 태어난 자녀에 대해서도 친권자가 된다. 성년자만이 입양을 할 수 있다는 제866조도 성년의제에 적용되어 양부모가 될 수 있는가에 대해 입양능력을 부정하는 견해(김/김,136)도 있다. 그러나 자신보다 연장자를 양자로 입양할 수는 없으므로(제877조) 미성년자를 입양하게 될 텐데, 미성년자의 입양에 대해서는 가정법원의 허가를 통해 입양의 적절성이 심사될 것이므로 입양능력을 획일적으로 부정할 필요는 없다고 생각된다. 따라서 성년의제에 의해 입양능력도 인정될 수 있다.

미성년자가 혼인을 하면 그 이후에 혼인이 취소되거나 또는 이혼을 하더라도 성년의제가 소멸되지는 않는다. 그러나 혼인이 무효로 되면 소급해서 혼인의 효력이 상실되므로, 성년의제의 효과 역시 소급해서 소멸된다.

4. 일상가사대리권

가. 의   의

부부는 일상의 가사에 관하여 서로 대리권이 있다(제827조 제1항). 여기에서의 부부란 법률혼 관계뿐만 아니라 사실혼 부부도 포함된다[대법원 1980.12.23. 80다2077]. 부부는 공동생활을 하며 자녀와 함께 경제공동체를 형성하므로 일상가사에 대해서까지 대리권을 수여할 것을 요구하는 것은 비효율적이다. 일상가사대리권은 부부공동생활의 편의를 위해서 일상가사의 범위에서는 특별한 수권행위 없이도 법률상으로 대리권을 인정하는 일종의 법정대리권으로서, 그 규범 목적은 상대방 보호가 아닌 부부를 위한 제도이다.

일상가사대리권은 일상가사의 범위라면 단독행위를 포함한 모든 법률행위의 대리에 적용된다. 대리로서의 본질상 현명주의가 적용되며, 대리행위의 법률효과는 상대방 배우자에게만 발생하는 것이 원칙이다. 다만 일상가사대리행위가 채무를 발생시키는 것이라면, 그 이행에 대해서는 일상가사채무 연대책임이 적용된다. 나아가 공법상의 비재산적 법률행위, 예를 들어 신고나 신청 등에 대해서도 그것이 일상가사의 범위라면 별도의 수권 없이 대리행위를 할 수 있다. 민법이 일상가사대리권을 '혼인의 재산적 효력'에서 규정하지 아니하고, '혼인의 일반적 효력'에서 다루는 이유를 이러한 점에서 찾을 수 있다.

나. 일상가사의 범위

(1) 일상가사의 판단

일상가사의 범위에서만 부부 사이에 법정대리권이 인정되므로 일상가사의 범위를 해석론으로 획정하는 것이 매우 중요하다. 판례에 따르면 일상가사는 부부의 공동생활에서 필요로 하는 통상의 사무에 관한 법률행위이고, 그 구체적인 범위는 부부의 현실적인 생활상태, 지역사회의 관습, 부부공동체의 내부적 사정 그리고 법률행위의 객관적인 종류나 성질을 종합적으로 판단하여야 한다[대법원 1997.11.28. 97다31229]. 일상가사의 대표적인 예로는 식료품 구입, 전열 냉난방비용, 의류 구입, 가정용 전자제품이나 가구의 구입, 자녀의 교육비, 의료비, 교통비 등을 들 수 있다. 그 외 일상가사의 구체적인 판단은 연역적인 사고보다는 판례를 통한 귀납적인 추론이 더 유용할 것이다.

> 민법 제832조에서 말하는 일상의 가사에 관한 법률행위라 함은 부부가 공동생활을 영위하는 데 통상 필요한 법률행위를 말하므로 그 내용과 범위는 그 부부공동체의 생활 구조, 정도와 그 부부의 생활 장소인 지역사회의 사회통념에 의하여 결정되며, 문제가 된 구체적인 법률행위가 당해 부부의 일상의 가사에 관한 것인지를 판단함에 있어서는 그 법률행위의 종류·성질 등 객관적 사정과 함께 가사처리자의 주관적 의사와 목적, 부부의 사회적 지위·직업·재산·수입능력 등 현실적 생활상태를 종합적으로 고려하여 사회통념에 따라 판단하여야 한다[대법원 1999.3.9. 98다46877*].

(2) 일상가사를 긍정한 판례

아내가 남편 명의로 분양받은 아파트의 분양금을 납입하기 위해 금전을 차용하여 가족들이 거주하고 있는 경우 그 금전차용행위는 일상가사에 해당하지만[대법원 1999.3.9. 98다46877], 주택 또는 아파트의 매매대금이 거액에 이르는 대규모의 주택이나 아파트라면 일상가사에 속하는 것이라고 보기는 어렵다[대법원 1997.11.28. 97다31229].

(3) 일상가사를 부정한 판례

특별한 사정이 없는 한 배우자의 부동산을 처분하는 행위는 일상가사에 속한다고 할 수 없으며[대법원 1966.7.19. 66다863*], 아내가 별거하여 외국에 체류 중인 남편의 재산을 처분한 행위도 부부간의 일상가사에 속하는 것이라 할 수는 없다[대법원 1993.9.28. 93다16369]. 또한 아내가 자가용차를 구입하기 위하여 타인으로부터 금전을 차용하는 행위는 일상가사에 속한다고 할 수 없다[대법원 1985.3.26. 84다카1621].

다. 표현대리

(1) 권한을 넘은 표현대리의 적용

부부 일방이 일상가사의 범위를 넘는 법률행위를 대리하는 경우에 일상가사대리권을 기본대리권으로 하여 제126조의 권한을 넘은 표현대리가 성립될 수 있다는 것이 판례[대법원 2009.4.23. 2008다95861]의 태도이다. 그러나 일부 학설은 배우자가 입원하여 면회가 금지되는 등의 특수한 상황에서는 일상가사대리권의 범위가 확장되어 비상가사처리권한이 인정되므로 일상가사의 범위에 해당된다고 하기도 한다(김/김,153). 판례와 같이 권한을 넘은 표현대리가 적용된다고 하더라도, 제126조의 법문에 따라 제3자가 그 법률행위에 대한 대리의 권한이 있다고 믿을 만한 정당한 이유가 있어야 한다.

> 민법 제827조에서 말하는 '일상의 가사'라 함은 부부가 공동생활을 영위하는 데 필요한 통상의 사무를 말하는 것이어서 특별한 사정이 없는 한 부동산을 처분하는 행위는 일상의 가사에 속한다고 할 수 없는 것이고, 처가 특별한 수권 없이 남편을 대리하여 위와 같은 행위를 하였을 경우에 그것이 민법 제126조 소정의 표현대리가 되려면 처에게 일상가사대리권이 있었다는 것만이 아니라 상대방이 처에게 남편이 그 행위에 관한 대리의 권한을 주었다고 믿었음을 정당화할 만한 객관적인 사정이 있어야 한다[대법원 2009.4.23. 2008다95861].

(2) 표현대리의 성립을 긍정한 판례

남편이 정신병으로 장기간 병원에 입원함에 있어서, 입원비, 생활비, 자녀교육비 등을 준비하여 두지 않은 경우에 그 아내에게 일상가사대리권이 있었고 남편 소유의 주택을 적정가격으로 매도하여 그로서 위 비용에 충당하고 나머지로서 대신 들어가 살 집을 매수하였다면 매수인이 이러한 사유를 알았건 몰랐건 간에 객관적으로 보아서 그 아내에게 남편의 대리권이 있다고 믿을 만한 정당한 사유가 된다[대법원 1970.10.30. 70다1812].

(3) 표현대리의 성립을 부정한 판례

아내가 남편의 인장 및 권리증을 절취하여 부정한 방법으로 인감증명서를 교부받아 남편의 부동산을 처분하였을 경우에, 아내가 그와 같이 부정한 방법으로 남편의 부동산을 처분한 사실이 과거에도 있었다는 사정은 표현대리의 정당한 사유에 해당하지 아니한다[대법원 1969.6.24. 69다633]. 또한 아내가 북한으로 피랍된 남편을 대리하여 토지를 매도한 사안에서, 남편이 피랍된 후 매매계약 당시까지 연락이 두절되어 아내에게 매매계약에 관한 대리권을 수여할 수 없었고, 당시 남편이 아내에게 위 매매계약에 관한 대리권을 주었다고 매수인이 믿었음을 정당화할 만한 객관적 사정이 존재하였다고 볼 수 없어, 제126조의 표현대리가 성립하지 않는다[대법원 2009.4.23. 2008다95861].

라. 일상가사대리권의 제한

일상가사대리권에 가한 제한은 선의의 제3자에게 대항하지 못한다(제827조 제2항). 부부 사이에서 일상가사대리권을 제한하는 합의를 하는 것은 유효하지만, 일상가사대리권은 부부공동생활의 편의를 위한 제도라고 보아야 하므로 제3자가 부부 사이의 일상가사대리권의 제한으로 인하여 불측의 손해를 보아서는 아니된다. 따라서 선의의 제3자에 대해서는 일상가사대리권의 제한으로 대항할 수 없어야 한다. 일상가사대리권의 제한을 공시할 수 있는 법적 수단이 없으므로, 일상가사대리권의 제한으로 제3자에게 대항하기 위해서는 사전에 제3자에게 통지하는 사실상의 방법을 취할 수밖에 없을 것이다.

일방 배우자가 성년후견 개시의 심판을 받아 피성년후견인이 되는 경우도, 그 자체로 일상가사대리권이 제한되는 것은 아니다. 제117조에서 대리인은 행위능력자임을 요하지 않는다고 명시하고 있는 만큼, 일방 배우자가 피성년후견인이 되더라도 일상가사대리권은 그대로 유효하게 인정될 수 있다.

Ⅱ. 재산상 효력

1. 부부재산약정

가. 부부재산계약

부부가 혼인성립 전에 그 재산에 관하여 따로 약정을 할 수 있다(제829조 제1항). 이를 부부재산계약이라 하는데, 엄밀하게는 부부가 될 사람이 혼인성립 전에 체결하는 약정이다. 예를 들어 부부 중 일방이 외부 경제활동으로 통해 얻는 수입의 귀속, 혼인 중 취득하는 재산의 명의, 재산의 관리, 공동생활에 소요되는 생활비 부담 등에 관한 약정이 여기에 해당된다. 그러나 재산에 관한 약정이므로 이혼사유에 관한 약정이나 가사 또는 육아분담에 관한 약정은 부부재산계약이 될 수 없다.

나. 부부재산계약의 변경

부부가 혼인성립 전에 그 재산에 관하여 약정한 때에는 혼인 중 이를 변경하지 못한다(제829조 제2항). 혼인 전에 체결한 계약을 부부가 된 이후에 변경하는 것에 대해 우월한 지위에 있는 부부의 일방이 사회적 약자인 다른 일방에게 압력을 가하여 자신에게 유리한 내용으로 계약을 변경할 위험이 있다는 이유를 제시하는 견해(김/김,137)가 있다. 그러나 이는 가부장제와 같은 남녀불평등의 사고를 기저에 두고 있다는 점에서 수긍하기 어렵다. 또한 현실적으로도 혼인 중에는 대등했던 관계가 혼인 이후에 불평등한 관계로 전락한다고 획일적으로 가정하는 것도 합리적이지는 않다. 따라서 부부재산계약의 변경금지의 원칙은 입법론적으로 재고될 필요가 있다.

부부재산계약은 예외적으로 정당한 사유가 있는 때에는 법원의 허가를 얻어 변경할 수 있다(제829조 제2항 단서). 그리고 부부재산계약에 의하여 부부의 일방이 다른 일방의 재산을 관리하는 경우에 부적당한 관리로 인하여 그 재산을 위태하게 한 때에는 다른 일방은 자기가 관리할 것을 법원에 청구할 수 있고 그 재산이 부부의 공유인 때에는 그 분할을 청구할 수 있다(제829조 제3항). 이 경우에는 조정전치주의가 적용된다(가사소송법 제50조).

또한 혼인 전에 부부재산계약에서 관리자를 변경하거나 공유재산을 분할할 것을 약정한 경우에는 법원의 허가를 받지 아니하고도 가능하다. 다만 이 경우에는 엄밀하게는 부부재산계약에 따라 이루어지는 것이므로 부부재산계약의 변경이라기보다는 부부재산계약에 따른 재산관계의 변동이라고 볼 수 있다.

다. 부부재산계약의 대항요건

(1) 부부재산계약의 등기

부부가 그 재산에 관하여 따로 약정을 한 때에는 혼인성립까지에 그 등기를 하지 아니하면 이로써 부부의 승계인 또는 제3자에게 대항하지 못한다(제829조 제4항). 부부재산계약의 성립은 특별한 방식을 요하지 않지만, 부부재산계약으로 제3자에게 대항하기 위해서는 등기를 하여야 한다. 이 등기는 부부재산약정등기로서 부부재산약정 등기기록을 작성하며, 이에 관하여는 부부재산약정 등기규칙이 제정되어 적용된다.

(2) 관리자 변경 또는 공유재산 분할의 등기

법원의 부부재산계약 변경 허가, 부적당한 관리로 인한 법원의 판결 또는 부부재산계약의 내용에 따라 관리자를 변경하거나 공유재산을 분할하였을 때에는 등기를 하지 아니하면 부부의 승계인이나 제3자에게 대항하지 못한다(제829조 제5항).

2. 부부별산제

가. 부부별산제의 의의

(1) 민법의 규정

민법은 부부의 재산을 크게 특유재산과 공유로 추정되는 재산으로 구분한다. 부부의 일방이 혼인 전부터 가진 고유재산과 혼인 중 자기의 명의로 취득한 재산은 특유재산으로 한다(제830조 제1항). 부부의 누구에게 속한 것인지 분명하지 아니한 재산은 공유로 추정한다(제830조 제2항). 부부가 혼인공동체를 구성한다고 하더라도 별도의 약정이 없는 한, 독립적인 개인별 재산관계를 그대로 유지한다. 이를 부부별산제라고 한다.

(2) 재산분할청구권과의 관계

이혼시 재산분할청구권이 도입되었다고 해도 부부별산제의 원칙이 일종의 부부공동제로 수정되는 것은 아니다. 오히려 제830조의 부부별산제를 전제로 하여 이혼시 재산분할청구권의 행사와 그 범위를 규범조화적으로 적절히 해석하는 것이 타당하다.

나. 특유재산

(1) 특유재산의 종류

(가) 혼인 전부터 가진 고유재산

혼인 시점을 기준으로 해서 혼인 전부터 가진 재산을 고유재산이라고 하고, 이는 특유재산에 해당된다. 여기에서의 혼인이란 법률혼만을 말하는 것인지 아니면 사실혼을 포함하는 것인지가 문제가 된다. 부부공동생활을 배경으로 하는 부부재산관계를 다루는데 굳이 혼인신고라는 형식적 요소를 결정적인 요건으로 설정할 합리적인 이유가 없다. 그러므로 사실혼을 포함하는 것으로 해석하는 것이 타당하고, 판례 역시 사실혼을 포함하는 태도를 취하고 있다[대법원 1994.12.22. 93다52068, 52075].

혼인 전부터 '가진' 재산의 경우에는 명의의 존재 여부와 관계없이 취득 여부를 가지고 판단하면 될 것이다. 그러므로 물권의 경우에 부동산은 등기 그리고 동산은 인도라는 공시방법을 혼인 전에 갖춘 경우를 말한다. 채권의 경우에는 혼인 전에 채권을 취득하는 것으로 충분하다.

(나) 혼인 중 자기 명의로 취득한 재산

혼인 중 자기 명의로 취득한 재산도 특유재산이다. 이 경우에 취득의 종류와 방법은 제한이 없으므로 혼인 중 상속이나 증여를 통해 취득한 재산도 여기에 해당한다. 혼인 중 취득한 재산은 자기의 '명의로' 취득하여야 하므로 명의가 존재할 수 없는 가재도구와 같은 동산이나 무기명 채권 등의 경우에도 특유재산으로 볼 수 있는가는 문제이다. 판례 [대법원 2003.11.14. 2000므1257, 1264]와 학설(주해친족①,267)은 사실혼을 포함한 혼인 중 취득한 가재도구 등 동산으로서 자신이 비용을 지불하는 취득 경위가 증명된 경우에는 그 취득자에게 귀속된다고 한다. 이와 같은 판례나 학설에 따르면, '자기 명의로 취득한 재산'이란 곧 '자기의 출연이나 기여를 통해 취득한 재산'을 의미하는 것으로 해석된다. 여기에는 법률에 따라 자신에게 귀속되는 상속이나 유증 등도 해당하며, 손해보험금이나 대상청구권과 같은 특유재산의 대체 재산도 포함된다.

(2) '특유재산'의 법적 성격

제830조 제1항은 특유재산이라는 독특한 표현을 사용하고 있다. 특유재산은 혼인 전부터 가진 고유재산과 혼인 중 자기 명의로 취득한 재산으로 구성되는데, 특유라는 개념이 물권법상의 소유와 동의어인가는 법문상으로 명확하지는 않다. 부부재산제는 이혼시 재산분할청구권과 밀접한 관계가 있으므로, 특유재산의 법적 성격을 명확히 하는 것은 매우 중요하다. 특히 부부재산 중에서 재산분할청구의 대상이 되는 재산과 그렇지 않은 재산을 구분하는 기준을 규범조화적으로 설명할 수 있어야 한다.

먼저 특유재산을 구성하는 재산 중, 혼인 전부터 가진 고유재산이라 함은 혼인 전에 소유한 재산을 말하는 것으로 볼 수 있다. 즉 고유재산의 '고유'는 물권법상의 소유권을 말하는 것이며, 다른 의미를 찾아보기는 어렵다. 여기에서 혼인이라 함은 앞서 살펴본 바와 같이 법률혼만을 의미하는 것은 아니라 사실혼도 포함된다. 그러므로 부부로서의 공동생활을 시작하기 이전에 각자가 소유한 재산은 원칙적으로 부부 경제공동체의 청산으로서 재산분할청구권의 대상이 될 수 없는 것이 원칙이다. 다만 이혼시 부양의 성격으로서의 재산분할은 별개의 문제이므로, 부양의 성격으로 인정되는 재산분할청구권으로서는 대상이 될 수도 있다.

특유재산 중 혼인 중 자기의 명의로 취득한 재산에 대해서 판례는 부부의 일방이 혼인 중에 자기 명의로 취득한 재산은 그 명의자의 소유재산으로 추정되나, 실질적으로 다른 일방 또는 쌍방이 그 재산의 대가를 부담하여 취득한 것이 증명된 때에는 소유재산의 추정은 번복되어 다른 일방의 소유이거나 쌍방의 공유라고 한다[대법원 1990.10.23. 90다카5624]. 그 추정을 번복하기 위해서는 다른 일방 배우자가 실제로 대가를 부담하여 자신이 실질적으로 소유하기 위하여 취득하였음을 증명하여야 한다고 판시하고 있다[대법원 2013.10.31. 2013다49572]. 부부 각자가 대금의 절반 정도씩 분담하여 매수하였다면 그 추정은 번복되고 부동산의 2분의 1지분을 명의신탁하기로 하는 합의가 성립되었다고 볼 수 있다[대법원 1995.2.3. 94다42778]. 다만 재산을 취득함에 있어 상대방의 협력이 있었다거나 혼인생활에 있어 내조의 공이 있었다는 것만으로 위 추정을 번복할 사유가 된다고는 할 수 없다 [대법원 1992.12.11. 92다21982].

> 부부의 일방이 혼인 중 그의 단독 명의로 취득한 재산은 그 명의자의 특유재산으로 추정되는 것이고, 그 재산의 취득에 있어 다른 일방의 협력이 있었다거나 내조의 공이 있었다는 것만으로는 그 추정이 번복되지 아니하는 것이지만, 다른 일방이 실제로 당해 재산의 대가를 부담하여 취득하였음을 증명한 경우에는 그 추정이 번복되고, 그 대가를 부담한 다른 일방이 실질적인 소유자로서 편의상 명의자에게 이를 명의신탁한 것으로 인정할 수 있다[대법원 2007.4. 26. 2006다79704*].

특유재산 중 혼인 후 자기의 명의로 취득한 재산은 그 자체로 명의신탁에 준하는 귀속이라고 볼 수도 있다. 부부 일방의 명의로 되어 있으나 그 재산의 형성 과정에서는 부부가 공동으로 기여하였을 가능성도 배제할 수는 없고, 일부 판례와 같이 반드시 일방 배우자가 대가를 지급하여야만 하는 것이 아니라 적극적인 재산증식 노력이 있는 경우 [대법원 1995.10.12. 95다25695]에도 그 기여를 인정할 수 있다. 그러므로 명의자가 아닌 배우자가 기여한 부분에 대하여는 명의신탁에 준하는 법리를 적용하여, 대외적 소유권은 명의자에게 있지만 내부적인 관계에서는 재산 형성에 기여한 사람에게 대내적 소유권을 귀속시켜야 할 것이다. 다만 일반적인 명의신탁과 달리 부부공동체를 유지하는 동안에는 명의신탁관계를 해지할 수는 없으나, 이혼으로 부부공동체가 해소되는 시점에는 재산분할청구권을 통해 명의신탁을 해지할 수 있게 된다. 이처럼 명의신탁에 준해서 특유재산을 파악하는 관점은 제831조가 "부부는 특유재산을 각자 관리, 사용, 수익한다"라고 규정하여, 처분권능은 명시적으로 배제하고 있는 태도와도 조화된다.

결국 특유재산 중 혼인 전부터 가진 고유재산은 명의신탁에 준하는 재산분할청구권의 대상은 되지 못하나, 부양 성격의 재산분할청구권 대상이 될 수 있다. 그러나 혼인 중 자기 명의로 취득한 재산은 명의신탁에 준하는 재산분할청구권이나 부양 성격의 재산분할청구권 모두 대상이 될 수 있다.

(3) 특유재산의 행사

(가) 관리, 사용, 수익

부부는 그 특유재산을 각자 관리, 사용, 수익한다(제831조). 따라서 부부는 각자 자기가 혼인 전부터 가진 고유재산 및 혼인 중 자기의 명의로 취득한 재산을 관리, 사용, 수익한다. 다만 부부혼인계약에서 약정한 내용이 있다면 그에 따르게 된다.

(나) 처   분

제830조 제1항에서 특유재산의 처분에 대해서는 명시적으로 규정하고 있지 않지만, 학설로서는 특유재산의 단독 처분도 포함하는 것으로 해석한다(김/김,140). 즉 부부 일방의 고유재산이나 명의로 된 재산을 단독으로 처분하여도 유효하다. 설령 혼인 중 자기의 명의로 취득한 재산이 명의신탁에 준하는 재산이라고 할지라도, 대외적 소유권은 명의자에게 있으므로 임의로 처분하더라도 유효하다.

다. 공유추정재산

부부의 누구에게 속한 것인지 분명하지 아니한 재산은 부부의 공유로 추정한다(제830조 제2항). 혼인 중에 취득한 재산 중에서 명의가 존재하지 아니하면서 부부공동생활에 이용되는 가재도구 등이 누구에게 속한 것인지 분명하지 아니한 재산에 해당된다. 제830조 제2항의 공유란 엄밀하게는 물권법상의 공유와는 구분되는 것으로, 혼인 중에 임의로 그 지분을 처분할 수 있거나 공유물 전부를 지분의 비율로 사용·수익하는 것은 아니고, 부부공동생활에 부합되도록 공동으로 사용하고 수익하는 것이라고 보아야 한다. 부부공유재산의 추정은 혼인관계가 유지되고 있는 부부를 전제로 하는 것이므로[대법원 2013.7.11. 2013다201233], 협의상 이혼 후에는 이러한 공유추정이 미치지 않는다.

3. 일상가사채무 연대책임

가. 제도적 취지

일상가사채무 연대책임제도는 민법에 규정된 대로 일상가사에서 비롯한 채무에 대해서 연대해서 책임을 부담하는 것으로서, 부부 일방과의 법률행위를 통해 채권을 갖는 상대방을 보호하기 위한 규정이다. 즉 법률행위에 따른 채무자인 부부 일방과 함께 타방 배우자도 연대책임을 지도록 함으로써 변제자력을 강화하여 채권자의 이익을 보호하는 제도이다. 이 제도를 통해 부부는 공동책임을 지게 되어 인적 책임범위가 확대된다.

나. 내   용

일상가사채무 연대책임은 부부 일방의 일상가사에 대한 법률행위로 인해 발생하는 채무에 대해서 적용된다. 여기에서 일상가사의 범위는 일상가사대리권에서 살펴본 바와 같이, 부부가 공동생활을 영위하는데 통상 필요한 법률행위를 말한다. 식료품 구입, 전열 냉난방비용, 의류 구입, 가정용 전자제품이나 가구의 구입, 자녀의 교육비·의료비·교통비 등이 여기에 해당된다.

> 민법 제832조에서 정한 '일상의 가사에 관한 법률행위'는 부부 공동생활에 통상적으로 필요한 법률행위를 의미하므로, 문제가 된 법률행위가 일상의 가사에 관한 것인지 여부는 그 법률행위의 객관적인 종류나 성질과 함께 법률행위를 한 사람의 의사와 목적, 부부의 현실적 생활상태 등을 종합적으로 고려하여 판단해야 한다[대법원 2016.6.9. 2014다58139].

일상가사에 대해 제3자와 법률행위를 하고 이로 인하여 채무가 발생되어야 하므로, 단독행위 또는 상대방에게 채무를 부담하지 아니하는 편무계약을 체결하는 경우에는 일상가사에 관한 것이라도 해당이 없다. 예를 들어 부부 일방이 무상의 위임계약을 체결한 위임인이 되거나 사용대차 계약의 차주가 되는 경우에는 일상가사채무 연대책임이 적용될 여지가 없다.

다. 법률효과

(1) 채권자와의 관계

일상가사채무 연대책임은 부부 일방의 채무에 대해 타방 배우자도 연대하여 책임을 부담하는 것이다. 따라서 제823조의 법문을 확대해석하여 채무에 대해서만 연대책임을 질 뿐만 아니라, 권리도 공동으로 취득한다는 견해(김/김,156)는 타당하다고 보기 어렵다. 제832조는 제413조에서 규정하는 '연대채무'라는 용어를 사용하지 아니하고, '연대책임'이라는 용어를 취하고 있다. 이에 대해 '연대책임'은 '연대채무'보다 더 밀접한 부담관계에 있어서, 부부는 동일한 채무를 병존적으로 부담하며 부부 일방에 대한 상계, 면제, 소멸시효는 타방 배우자에게 무제한으로 절대적 효과가 있으나, 혼인이 해소된 경우에는 제413조 이하가 적용되는 보통의 연대채무가 된다는 견해(김/김,156; 송,70)가 있다. 이 견해에 따르면 제832조의 연대책임은 혼인 중에는 제413조의 연대채무보다는 밀접한 부담관계를 갖지만, 제760조의 부진정연대책임 보다는 느슨한 부담관계를 갖는 특수한 연대책임이 된다. 그러나 제832조의 연대책임과 제413조 이하의 연대채무를 동일하게 규율하는 견해(주해친족①,282)가 타당하다고 생각된다. 특히 제418조 제2항과 달리 배우자의 채권으로 자기가 발생시킨 일상가사채무를 전액 상계할 수 있다면 이는 부부별산제와 생활비용 공동부담 원칙에 정면으로 반하기 때문이다.

제3자에게 대하여 다른 일방의 책임 없음을 명시한 때에는 연대책임이 인정되지 않는다(제832조 단서). 명시적으로 제3자에게 연대책임이 없음을 밝혀야 하므로 장래의 일상가사채무를 예상하여 불특정 다수를 상대로 하여 면책의 통지를 히는 것은 현실적으로 용이하지 않다. 또한 부부재산계약을 통해 일상가사채무 연대책임을 면제하는 약정을 하더라도, 위와 같은 법리에 따른다면 연대책임을 배제할 수는 없게 된다(김/김,157; 송,71).

(2) 부부 사이의 관계

부부 사이의 부담부분은 제833조가 적용된다. 부부 일방이 일상가사채무 연대책임에 따라 채권자에게 출재를 통해 부담부분을 초과하여 면책시킨 경우에 상대방 배우자에게 부담부분을 초과하는 부분에 대해서는 구상권을 행사할 수 있다.

라. 일상가사대리권과의 관계

일상가사채무 연대책임과 일상가사대리권은 규범목적을 달리한다. 일상가사채무 연대책임은 부부의 일상가사에 관한 법률행위의 채권자를 보호하기 위한 제도인 반면, 일상가사대리권은 일상가사의 범위에서는 수권행위 없이도 대리권을 법률로 인정하여 부부공동생활의 편의를 도모하기 위한 제도이다.

일상가사채무 연대책임은 부부 일방의 일상가사에 대한 법률행위로 인해 발생하는 채무에 대해서만 적용되는 것이라는 점에서 그 적용범위가 일상가사대리권보다는 좁다. 일상가사대리권은 채무를 발생시키지 아니하는 형성권의 행사와 같은 단독행위나 수동대리를 그 내용으로 할 수도 있지만, 일상가사채무 연대책임은 오직 채무를 발생시키는 자기 명의의 법률행위를 대상으로 하는 것이다. 따라서 일상가사대리권과 일상가사채무 연대책임은 일상가사에 관한 것이라는 공통점은 있으나, 원칙적으로 다른 적용 영역을 갖는 것이다.

다만 일상가사대리권은 본인이 되는 타방 배우자에게만 그 대리행위의 효과가 귀속되지만, 그것이 채무의 발생을 내용으로 하는 법률효과를 발생시키면 이때에는 제832조도 적용되어 부부 쌍방이 연대하여 책임을 부담하게 된다. 이 한도에서는 일상가사대리권에 따른 채무부담이라는 법률효과가 부부 쌍방에게 연대책임으로 귀속되는 양 제도의 결합

현상이 발생하기도 한다.

4. 생활비용의 부담

부부의 공동생활에 필요한 비용은 당사자 간에 특별한 약정이 없으면 부부가 공동으로 부담한다(제833조). 부부와 자녀가 가정생활을 하는데 소요되는 의식주 비용, 의료비, 교육비, 교통비, 문화생활비는 부부가 공동으로 부담하는데, 각각 절반을 부담한다는 의미는 아니고 상황에 따라 비율이 결정된다. 대체로 부부간의 협의로 결정될 것이지만, 협의가 이루어지지 않으면 가사비송 마류사건으로서 가정법원에 심판을 청구할 수 있다.

생활비용의 공동부담 원칙은 부부간의 부양의무와 밀접한 관계가 있다. 판례는 생활비용의 공동부담 원칙이 부부간의 부양의무 이행의 구체적인 기준을 제시하는 조항으로서의 성격을 갖는다고 한다[대법원 2017.8.25. 2014스26]. 그러므로 생활비용은 남편이 부담하는 것을 원칙으로 했던 1990년 민법 개정 이전의 규정에 따르면 부부간의 부양청구권은 아내가 남편을 상대로만 청구할 수 있었으나, 공동부담을 원칙으로 하는 현행법상으로 부양청구권은 부부 모두에게 발생될 수 있다.

> 제826조의 부부간의 부양·협조는 부부가 서로 자기의 생활을 유지하는 것과 같은 수준으로 상대방의 생활을 유지시켜 주는 것을 의미한다. 이러한 부양·협조의무를 이행하여 자녀의 양육을 포함하는 공동생활로서의 혼인생활을 유지하기 위해서는 부부간에 생활비용의 분담이 필요한데, 제833조는 그 기준을 정하고 있다. 즉 제826조 제1항은 부부간의 부양·협조의무의 근거를, 제833조는 위 부양·협조의무 이행의 구체적인 기준을 제시한 조항이다[대법원 2017.8.25. 2014스26].

제 5 절 사 실 혼

I. 의   의

1. 개   념

민법은 법률혼주의를 취하여 제812조에서 가족관계등록법에 따른 혼인신고만을 혼인 성립의 요건으로 규정하고 있다. 따라서 혼인신고를 하지 아니하면 법률상으로는 혼인의 성립을 인정할 수 없다. 그러나 현실에서 혼인신고는 관청을 상대로 한 공법적인 절차에 불과하고, 남녀가 혼인의 의사를 갖고 결혼식과 같은 관습적인 의식을 거쳐 부부로서의 공동생활을 개시하는 것으로 혼인이 성립되었다고 인식하게 된다. 이를 혼인신고를 완비한 법률혼에 대비하여, 사실혼이라고 한다. 다만 사실혼은 혼인신고 외에는 혼인을 위한 요건이 충족되어 있어서 향후 혼인신고만 하면 법률상 혼인이 성립될 수 있어야 하므로, 동성 간의 애정결합은 사실혼이 될 수 없다.

2. 사실혼의 법적 보호

사실혼은 민법상의 혼인이 될 수는 없지만, 혼인에 준하는 남녀 간의 결합으로서 법률상 혼인에 준하는 일정한 효과를 부여하고 있다. 그러나 사실혼이라고 해서 모두 법적 보호를 받는 것은 아니지만, 혼인적령 미달의 사실혼이나 동의권자의 동의가 없는 사실혼 등은 법적 보호가 주어져도 무방하다. 또한 형부와 처제와 같은 근친 사이의 사실혼이라도 혼인을 금지할 공익적 요청보다 유족연금제도의 목적을 우선할 특별한 사정이 인정되면 사실혼 배우자를 법적으로 보호하고 있다[대법원 2010.11.25. 2010두14091*].

그러나 무효인 최근친 사이의 사실혼이나 취소할 수 있는 중혼적 사실혼은 법적 보호를 받을 수 없다. 판례[대법원 2010.3.25. 2009다84141]도 법률상 혼인을 한 부부가 별거상태에서 일방이 제3자와 혼인의 의사로 실질적인 부부생활을 하고 있어도 이를 사실혼으로 법률혼에 준하는 보호를 할 수는 없다고 한다. 따라서 중혼적 사실혼이라면 해소되어도 재산분할청구권이 인정될 수 없다[대법원 1995.7.3. 94스30*]. 그러나 중혼적 사실혼도 이혼 또는 사별을 하게 되면 그때부터는 법률혼에 준하는 보호를 할 필요가 있다[대법원 2009.12.24. 2009다64141].

3. 약혼과의 구분

일반적으로 약혼은 특별한 형식이나 부부공동생활을 요구하지 않고 향후 혼인을 체결하려는 당사자 사이에 합의가 있으면 성립하는 데 비하여, 사실혼은 주관적으로는 혼인의 의사가 있고 또한 객관적으로는 사회통념상 가족질서의 면에서 부부공동생활을 인정할 만한 실체가 있는 경우에 성립한다는 점에서는 차이가 있다[대법원 1998.12.8. 98므961].

Ⅱ. 사실혼의 성립

사실혼이 성립하기 위해서는 그 당사자 사이에 주관적으로 혼인의사의 합치가 있고, 객관적으로 부부공동생활이라고 인정할 만한 혼인생활의 실체가 존재하여야 한다[대법원 2001.1.30. 2000도4942]. 그러므로 사실혼의 성립요건은 혼인의사의 합치와 부부공동체 형성이라고 할 수 있다.

1. 혼인의사의 합치

사실혼이 성립되기 위해서는 당사자 사이에 혼인의사의 합치가 필요하다. 혼인신고가 결여되어 있는 사실혼에서의 혼인의사란 실질적인 부부공동체를 형성할 의사로서 실질적 의사이다. 그리고 사실혼 관계로부터 실질적 혼인의사의 존재는 추정된다[대법원 2000.4.11. 99므1329].

2. 부부공동체 형성

사실혼으로 인정하기 위해서는 객관적으로도 사회관념상 가족질서적인 면에서 부부공동생활을 인정할 만한 혼인생활의 실체가 존재하여야 한다. 따라서 동거나 내연관계[대법원 2008.2.14. 2007도3952] 또는 간헐적인 정교관계만으로는 사실혼의 성립이 인정되지 않는다[대법원 1986.3.11. 85므89]. 부부공동생활을 인정할 만한 혼인생활이 있는가를 판단하는 기준으로는 부부로서의 관계의 영속성, 배우자의 혈족과의 사실상 인척에 준하는 관계의 형성, 혼인의 성립을 인정할 결혼식 등 형식의 구비, 부부로서 주변의 객관적인 평가 등이 고려될 수 있다.

Ⅲ. 사실혼의 효과

1. 신분상 효과

사실혼 관계에 있어서도 부부는 제826조 제1항의 동거하며 서로 부양하고 협조할 의무가 있다[대법원 1998.8.21. 97므544, 551]. 또한 정조의무도 인정된다[대법원 1965.5.31. 65므14].

2. 재산상 효과

부부별산제[대법원 1994.12.22. 93다52068, 52075], 일상가사대리권[대법원 1980.12.23. 80다2077], 재산분할청구권[대법원 2021.5.27. 2020므15871]도 사실혼에 적용된다. 일상가사채무 연대책임이나 생활비용의 공동부담 원칙도 사실혼에 적용될 수 있다. 다만 부부재산계약 은 체결할 수 있으나 등기할 수는 없으므로, 부부 사이에서만 효력이 있으며 부부의 승 계인 또는 제3자에게 대항할 수는 없다.

3. 법률혼과의 차이

혼인신고가 결여된 사실혼에 대해 혼인신고를 전제로 하는 법률효과는 인정될 여지가 없다. 우선 사실혼 배우자에게는 상속권이 인정되지 않는다. 이에 대해 평등권의 침해라는 주장이 있으나, 법률혼주의를 채택한 취지에 비추어 볼 때 제3자에게 영향을 미쳐 명확성 과 획일성이 요청되는 상속과 같은 법률관계에서는 사실혼을 법률혼과 동일하게 취급할 수 없으므로 사실혼 배우자의 평등권을 침해한다고 보기 어렵다[헌법재판소(전) 2014.8.28. 2013헌바119]. 상속권이 부정되므로, 상속세법상 배우자 공제에도 사실혼 배우자는 해당 이 없다[대법원 1999.9.3. 98두8360]. 사실혼 관계에서는 민법상의 친족관계가 형성되지 않는다. 따라서 인척관계도 발생되지 않으며, 형법상 범인도피죄 및 증거인멸죄에서의 불처벌도 적용되지 않는다[대법원 2003.12.12. 2003도4533].

또한 제826조의2 성년의제도 인정될 수 없으며, 부부 사이에서 출생한 자녀도 혼인외 의 자녀가 될 뿐이고 혼인 중의 자녀가 될 수 없으므로 친생자 추정규정도 적용될 여지 가 없다. 사실혼 중인 생물학적 아버지는 자녀를 인지하여야만 부자관계가 형성될 수 있 을 뿐이다. 만약 사실혼 중에 임신된 자녀가 혼인신고 이후 200일 이내 출생한 경우에, 설령 사실혼 개시 후 200일이 경과하였다고 하더라도 친생자 추정은 적용되지 않는다고 할 것이다. 구 관습법에 따른 판례[대법원 1963.6.13. 63다228]나 일부 학설(김/김,282)은 친생 자 추정을 받는다고 하지만, 성립 시기가 모호한 사실혼의 특성과 부성추정의 획일적 적 용 필요성을 고려하면 친생자 추정은 인정하지 않는 것이 타당하다(송,134).

Ⅳ. 법률혼으로의 전환

1. 사실혼관계 존재확인의 소

사실혼 배우자 일방이 혼인신고를 통해 법률혼으로 전환하고자 하나, 상대방 배우자가 이를 거부하는 경우에는 사실혼관계 존재확인의 소(가사소송법 제2조 제1항)를 제기할 수 있다. 사실혼관계 존재확인의 소는 가사소송 나류사건으로 조정전치주의가 적용되며(가사소송법 제50조), 조정이 성립하거나 사실혼관계 존재확인의 재판이 확정된 경우에는 1개월 이내에 혼인신고를 하여야 한다(가사소송법 제72조). 이 혼인신고는 창설적 신고로서, 재판이 확정된 이후 상대방이 사망하면 혼인신고는 불가능하다[대법원 1991.8.13. 91스6].

사실혼 배우자가 사망한 이후에 혼인신고를 할 목적만으로 과거의 사실혼관계 존재확인의 소를 제기할 소의 이익은 없으나, 산업재해보상보험법상의 유족급여 수급권[대법원 1995.3.28. 94므1447*]과 같이 그 확인으로 관련된 다른 분쟁을 일거에 해결할 수 있는 유효적절한 수단인 경우에는 예외적으로 소의 이익이 인정된다[대법원 1978.7.11. 78므7]. 사실혼 배우자가 사망하고 난 이후 과거의 사실혼관계 존재확인청구를 하는 경우에는 신분관계 존부확인청구의 일종이므로 친생자관계 존부확인청구나 인지청구에 관한 규정을 유추적용하여 배우자의 사망을 안 날로부터 2년 내에 검사를 상대로 과거의 사실혼관계에 대한 존재확인청구를 제기하여야 한다[대법원 1983.3.8. 81므76].

2. 일방적 혼인신고

사실혼관계에 있더라도 당사자 일방이 일방적으로 혼인신고를 한 경우에 만약 상대방 배우자에게 혼인의사의 결여가 명백하다면, 제815조 제1호에 따라 혼인은 무효가 된다[대법원 1986.7.22. 86므41]. 그러나 혼인신고로부터 상대방 배우자에게 혼인의사의 존재를 추정할 수 있으므로, 혼인의사를 명백히 철회하였다거나 당사자 사이에 사실혼관계를 해소하기로 합의하였다는 등의 사정이 인정되지 아니하는 경우에는 그 혼인을 무효라고 할 수 없다[대법원 2000.4.11. 99므1329]. 즉 상대방에게 혼인의사가 없음이 명확한 경우에만 일방적 혼인신고가 무효가 되며, 일방의 혼인신고 시점에 상대방이 의사무능력 상태라도 혼인의사의 존재는 추정되므로 혼인은 유효하다[대법원 2012.11.29. 2012므2451*].

V. 사실혼의 해소

1. 사 망

당사자 일방이 사망하면 사실혼관계는 당연히 해소된다. 사실혼 일방이 사망하더라도 배우자에게 상속권이 인정되지 않으나, 피상속인에게 상속인이 존재하지 않는다면 특별연고자에 대한 분여가 적용될 수는 있다(제1057조의2). 그리고 주택임대차보호법상의 임차권과 채권적 전세권 승계규정에 따라 사실혼 배우자에게 임대차가 승계될 수는 있다(주택임대차보호법 제9조, 제12조). 사실혼이 일방의 사망으로 해소되면, 사실혼 배우자는 재산분할청구도 불가능하다[대법원 2006.3.24. 2005두15595*].

사실혼관계 존재확인의 소가 확정된 이후 혼인신고 전에 일방이 사망하면, 사실혼이 해소될 뿐만 아니라 혼인신고 역시 불가능하다[대법원 1991.8.13. 91스6]. 다만 당사자 일방이 사망한 이후에 과거의 사실혼관계 존재확인청구를 하는 때에는 그 확인으로 관련된 다른 분쟁을 일거에 해결할 수 있는 유효적절한 수단인 경우에만 예외적으로 청구가 가능하다[대법원 1978.7.11. 78므7].

2. 법률혼 성립

사실혼 중에 당사자의 혼인신고 의사의 합치로 혼인신고를 하거나, 사실혼관계 존재확인의 소를 통해 혼인신고를 하게 되면 사실혼은 해소되고, 법률혼이 개시된다.

3. 합의해소

사실혼 당사자가 사실혼을 해소할 것을 합의하게 되면, 특별한 법적 절차 없이 사실혼은 해소된다. 만약 사실혼이 단기간에 해소된 경우에는 동거할 주택구입 명목으로 교부한 금원은 형평의 원칙상 전액 반환되어야 한다[대법원 2003.11.14. 2000므1257, 1264]. 사실혼이 해소되면 재산분할청구권이 인정된다[대법원 1995.3.10. 94므1379, 1386*]. 그러나 법적으로 보호되지 못하는 중혼적 사실혼의 경우에는 해소되더라도 재산분할청구권을 행사할 수는 없다[대법원 1995.7.3. 94스30*].

사실혼이라 함은 당사자 사이에 혼인의 의사가 있고, 객관적으로 사회관념상으로 가족 질서적인 면에서 부부공동생활을 인정할 만한 혼인생활의 실체가 있는 경우이므로 법률혼에 대한 민법의 규정 중 혼인신고를 전제로 하는 규정은 유추적용할 수 없다고 할 것이나 부부재산의 청산의 의미를 갖는 재산분할에 관한 규정은 부부의 생활공동체라는 실질에 비추어 인정되는 것이므로 사실혼관계에도 준용 또는 유추적용할 수 있다고 할 것이다[대법원 1995.3.10. 94므1379, 1386*].

4. 파 기

사실혼관계는 사실상의 관계를 기초로 하여 존재하는 것으로서 당사자 일방의 의사에 의하여 해소될 수 있고, 당사자 일방의 파기로 인하여 공동생활의 사실이 없게 되면 사실상의 혼인관계는 해소된다[대법원 2009.2.9. 2008스105]. 만약 상대방에게 재판상 이혼사유에 상당하는 귀책사유가 있으면, 일방의 사실혼 파기는 정당한 것으로 허용되지만, 정당한 사유없이 사실혼 관계가 해소되면 부당파기로서 손해배상책임을 부담하여야 한다[대법원 1977.3.22. 75므28]. 또한 이 부당파기에 가담한 제3자도 불법행위로 인한 손해배상책임을 지게 된다[대법원 1970.4.28. 69므37]. 사실혼 당사자 일방이 의식불명인 상태에서 상대방이 일방적으로 사실혼 관계 해소를 주장하면서 재산분할청구를 하였고, 그 후 의식불명인 일방이 사망하였다면 그 상속인들에 의한 수계가 허용된다[대법원 2009.2.9. 2008스109*].

특히 사실혼 배우자가 부부로서의 의무를 포기하면 그 배우자는 악의의 유기에 의하여 사실혼 관계를 부당하게 파기한 것이 되어 손해배상책임이 있다[대법원 1998.8.21. 97므544, 551]. 사실혼의 부당파기로 인한 손해배상에는 재산적 손해와 정신적 손해가 포함되고 그 재산적 손해에는 그 사실혼관계의 성립·유지와 인과관계있는 모든 손해가 포함된다[대법원 1989.2.14. 88므146]. 예를 들어 결혼식에 소요된 비용도 무용의 지출이 되어 재산적 손해로 청구할 수 있다[대법원 1984.9.25. 84므77]. 판례는 결혼식을 올리고 신혼여행을 다녀왔으나 아직 부부공동생활에 이르지 못하여 사실혼이 완성되지 않았어도, 일방 당사자에게 책임있는 사유로 파탄에 이르렀다면 사실혼 부당파기에 준하여 정신적 손해의 배상을 인정하고 있다[대법원 1998.12.8. 98므961].

제 6 절 이 혼

I. 혼인의 해소

1. 사망 등

가. 사 망

사람은 생존한 동안 권리와 의무의 주체가 된다(제3조). 사람이 사망하면 당연히 법적인 관계인 혼인은 해소된다. 상속이 개시되고 배우자 관계는 장래를 향하여 소급하며, 생존배우자는 새로운 상대와 혼인을 하는 것도 가능하다. 그러나 생존배우자가 재혼하지 않으면 혼인을 통해 형성된 기존의 인척관계는 그대로 유지된다.

나. 실종선고 등

제27조의 실종선고나 군사분계선 이북 지역의 잔류자에 대한 부재선고 또는 인정사망(가족관계등록법 제87조)의 경우에도 혼인은 해소된다. 이 경우 기존의 법률관계는 사망한 것과 동일한 법률효과가 발생된다. 그러나 만약 향후 생존하고 있는 것이 확인되면 제29조에 따라 실종선고는 취소되고 전혼은 부활하는 것이 원칙이다. 다만 실종선고 이후에 남겨진 배우자가 다른 사람과 재혼을 한 경우에 재혼당사자들이 모두 선의였다면 제29조 제1항 단서에 따라 전혼은 부활하지 아니하고 선의의 후혼 만이 유효하지만, 재혼당사자 중 어느 한쪽이라도 악의라면 전혼은 부활하지만 부정행위로서 재판상 이혼사유가 인정되고 후혼은 중혼으로서 취소할 수 있다는 것이 다수의 견해(김/김,159; 송,72)이다.

다. 혼인의 취소

혼인의 성립 과정에 제816조의 취소사유가 있다면 혼인은 장래를 향하여 해소된다(제824조). 배우자 및 그 혈족과의 인척관계는 해소되고, 미성년자녀에 대한 친권자와 양육권자를 결정하게 된다. 따라서 이혼과 매우 유사한 법률효과가 발생된다. 다만 혼인의 취소는 일정한 요건 하에서 재판상으로만 가능하다는 점에서는 당사자의 합의로 이루어지는 협의상 이혼과는 구별된다. 또한 미성년자녀의 친권자를 혼인취소의 경우에는 가정법원이 직권으로 결정하는 반면, 협의상 이혼의 경우에는 부모의 협의로 정한다는 점에서 차이가 있다.

2. 이　혼

부부 쌍방 또는 일방이 더 이상 혼인을 유지할 의사가 없는 경우에 현재의 혼인을 해소하는 것이 이혼이다. 부부 쌍방 모두가 혼인을 해소하려는 의사의 합치에 의해 이루어지는 '협의상 이혼'과 부부 일방은 혼인을 해소하고자 하지만 상대방은 혼인을 유지하고자 하는 경우에 가정법원의 재판을 통해 이루어지는 '재판상 이혼'으로 구분된다. 양자의 법률효과는 대부분 같지만, 미성년자녀의 친권자를 결정하는 방법에서는 차이가 존재한다. 즉 미성년자녀의 친권자를 협의상 이혼의 경우에는 부모가 협의로 정하는 반면, 재판상 이혼의 경우에는 가정법원이 직권으로 정한다는 점에서 다르다.

Ⅱ. 협의상 이혼의 성립

1. 성립요건

가. 이혼신고 의사의 합치

부부는 협의에 의하여 이혼할 수 있다(제834조). 혼인은 가족법상의 법률행위이므로 혼인의 해소 역시 당사자 이혼의사의 합치로 가능하다. 이혼의사 형성의 동기나 원인이 무엇이든 무방하다. 미성년자라도 혼인을 하면 성년의제가 되므로 단독으로 이혼의사를 형성할 수 있다. 그러나 피성년후견인은 부모나 성년후견인의 동의를 받아 이혼할 수 있다(제835조, 제808조 제2항). 설령 일시적으로라도 법률상 부부관계를 해소하려는 의사가 있다면, 이혼의 의사가 없다고 말할 수는 없다[대법원 1993.6.11. 93므171*]. 이혼의사는 협의상 이혼의 효력이 생기기 전까지는 언제든지 철회할 수 있다. 따라서 이혼신고가 수리되기 전에 협의상 이혼의사는 철회신고서가 제출되었다면, 설령 착오로 이혼신고가 수리었다고 하더라도 협의상 이혼의 효력은 생기지 않는다[대법원 1994.2.8. 93도2869*].

협의상 이혼을 규정하는 제836조는 가족관계등록법에 따라 이혼신고를 할 것만을 요건으로 하고 있으나, 법률행위로서의 이혼이 성립되기 위해서는 당사자들의 의사표시가 반드시 존재해야 한다. 따라서 협의상 이혼의 '성립'요건으로서의 이혼의사는 제836조가

제3자에게도 효력이 있다(가사소송법 제21조 제1항). 이혼무효의 소는 부부 당사자, 법정대리인 또는 4촌 이내의 친족이 제기할 수 있다(가사소송법 제23조). 이혼무효의 소의 법적 성질은 형성의 소라고 하는 견해(이/윤,102; 송,79)와 확인의 소라는 견해(김/김,176; 윤,89)가 대립되고 있다. 실질적인 이혼의사가 없는 협의상 이혼은 당연무효라고 보아야 하므로, 이혼무효의 소는 확인의 소라고 보는 견해가 타당하다.

다. 이혼무효의 효과

이혼이 무효가 되면 처음부터 이혼하지 아니한 것으로 협의상 이혼의 효과가 소급하여 소멸된다. 이혼신고 이후에 다른 사람과 혼인을 한 경우에는 후혼은 중혼이 되어 혼인취소의 사유가 발생한다. 자녀의 양육이나 친권에 대한 결정, 재산의 분할, 위자료의 지급 등 모든 협의상 이혼의 효과가 소급하여 효력을 잃으며, 이러한 소급효는 제3자에게도 미친다고 할 것이다.

한편으로는 이에 대해 양육자 결정을 취소하는 심판을 받기 전까지는 양육자 결정은 효력을 잃지 않으며, 재산분할의 경우에도 무효가 되는 것은 아니고 부당이득반환의 대상이 될 뿐이라는 견해(주해친족①,317)도 있다. 이혼무효가 확정되면 이혼무효의 소를 제기한 사람은 판결확정일로부터 1개월 이내에 판결의 등본 및 그 확정증명서를 첨부하여 등록부의 정정을 신청하여야 한다(가족관계등록법 제107조).

3. 이혼의 취소

가. 이혼의 취소사유

사기 또는 강박으로 인하여 이혼의 의사표시를 한 사람은 그 취소를 가정법원에 청구할 수 있다(제838조). 협의상 이혼도 가족법상의 법률행위이므로, 의사표시에 하자가 있는 경우에는 협의상 이혼을 취소할 수 있도록 특별 규정을 두고 있다. 이 한도에서는 민법총칙의 사기·강박에 의한 의사표시 규정(제110조)은 적용이 없다. 따라서 제3자가 기망이나 강박을 한 경우에 상대방 배우자가 제3자의 기망이나 강박행위에 대해 선의·무과실이라도 취소할 수 있다. 사기 또는 강박으로 인한 이혼은 사기를 안 날 또는 강박을 면한 날로부터 3개월을 경과한 때에는 그 취소를 청구하지 못한다(제839조, 제823조).

나. 이혼취소의 소

이혼취소의 소는 가사소송 나류사건으로서(가사소송법 제2조 제1항 나호), 조정전치주의가 적용된다(가사소송법 제50조). 이혼취소의 소의 법적 성질은 형성의 소이며 재판이 확정되면 제3자에게도 효력이 있다(가사소송법 제21조 제1항). 이혼취소의 재판이 확정된 경우에 소를 제기한 사람은 재판의 확정일부터 1개월 이내에 재판서의 등본 및 확정증명서를 첨부하여 그 취지를 신고하여야 한다(가족관계등록법 제78조, 제58조 제1항).

다. 이혼취소의 효과

이혼취소의 효과는 협의상 이혼 시점으로 소급하여 효력이 미치므로, 처음부터 협의상 이혼하지 아니한 것으로 된다. 그러므로 이혼취소의 법적 효과는 이혼무효와 동일하다. 협의상 이혼이 취소되면 이혼신고 후 이루어진 새로운 혼인은 중혼이 되어 혼인의 취소사유가 된다[대법원 1984.3.27. 84므9].

Ⅲ. 재판상 이혼의 성립

1. 입법주의

가. 유책주의

부부 당사자에게 혼인파탄의 책임있는 사유가 있는 경우에만 재판상 이혼을 허용하는 입법주의를 유책주의라고 한다. 그러므로 부부간에 애정상실로 혼인관계가 사실상 파탄상태에 있어서 회복이 불가능하더라도 일방당사자가 혼인을 지속할 의사가 있는 한, 책임있는 사유가 없다면 재판상 이혼은 허용되지 않는다. 유책주의에서는 혼인 파탄의 책임이 없는 부부 당사자만이 재판상 이혼을 청구할 수 있고, 책임있는 당사자에게는 재판상 이혼청구권을 허용하지 않는 것이 일반적이다. 제840조 제1호에서 제5호까지의 재판상 이혼사유는 유책주의에 따른 것이다.

나. 파탄주의

부부 당사자의 귀책사유를 요하지 아니하고 혼인관계가 실질적으로 파탄되어 더 이상 회복이 불가능한 상태가 되면 재판상 이혼을 허용하는 입법주의가 파탄주의이다. 제840조 제6호의 "기타 혼인을 계속하기 어려운 중대한 사유가 있을 때"라는 법문상 표현은 일방의 책임있는 사유를 전제로 하고 있지 않으므로, 파탄주의를 취한 것으로 해석할 수 있다. 그러나 파탄주의를 취하더라도 파탄에 이르는 과정에 주된 원인을 제공한 사람에게도 재판상 이혼청구권을 인정할 것인가는 별개의 문제이다.

2. 재판상 이혼원인

가. 부정행위

부부의 일방은 배우자에 부정한 행위가 있었을 때 가정법원에 이혼을 청구할 수 있다(제840조 제1호). 부정한 행위라 함은 부부의 정조의무를 위반하는 일체의 행동을 말하는 것이다. 성적 교섭에 국한되는 것이 아니라 배우자 이외의 자와의 애정행위를 널리 포함한다[대법원 1993.4.9. 92므938*]. 부부의 정조의무 위반이므로 혼인 전 타인과의 애정행위는 여기에 해당될 수 없다[대법원 1991.9.13. 91므85].

> 민법 제840조 제1호 소정의 배우자의 부정한 행위라 함은 간통을 포함하여 보다 넓은 개념으로서 간통에까지는 이르지 아니하나 부부의 정조의무에 충실하지 않는 일체의 부정한 행위가 이에 포함되고, 부정한 행위인지 여부는 각 구체적 사안에 따라 그 정도와 상황을 참작하여 평가하여야 한다[대법원 2013.11.28. 2010므4095].

부정한 행위가 되기 위해서는 객관적으로 부정한 행위가 있어야 하고 내심의 자유로운 의사에 기하여 행하여졌다는 두 가지의 요소를 필요로 하므로, 자유로운 의사에 의해 이루어지지 않은 성범죄의 피해자인 경우에는 재판상 이혼원인이 되지 못한다[대법원 1976.12.14. 76므10*].

나. 악의의 유기

부부의 일방은 배우자가 악의로 다른 일방을 유기한 때 가정법원에 이혼을 청구할 수 있다(제840조 제2호). 악의의 유기라 함은 배우자가 정당한 이유 없이 서로 동거, 부양, 협조하여야 할 부부로서의 의무를 포기하고 다른 일방을 버린 경우를 뜻한다[대법원 1998.4.10. 96므1434*]. 예를 들어 본인이 가출을 하거나[대법원 1984.7.10. 84므27], 출가하여 승려가 되는 경우[대법원 1990.11.9. 90므583]가 여기에 해당된다. 다만 가정불화와 자녀의 냉대가 심해서 남편이 일시 가출하여 생활비를 지급하지 아니한 것은 악의의 유기라고 할 수는 없다[대법원 1986.6.24. 85므6].

다. 배우자 등으로부터 부당한 대우

부부의 일방은 배우자 또는 그 직계존속으로부터 심히 부당한 대우를 받았을 때 가정법원에 이혼을 청구할 수 있다(제840조 제3호). 심히 부당한 대우라 함은 혼인관계의 지속을 강요하는 것이 가혹하다고 여겨질 정도의 폭행이나 학대 또는 모욕을 받았을 경우를 말한다[대법원 2021.3.25. 2020므14763]. 일부 학설(김/김,188; 송,86)은 직계존속이 공동생활을 하고 있는지를 고려해야 한다고 하나, 명문의 법적 근거 없이 이를 좁게 해석할 이유는 없다. 심히 부당한 대우는 배우자 또는 직계존속으로부터 받아야 하므로, 배우자의 직계비속이나 방계혈족으로부터 받는 경우에는 제840조 제6호의 기타 혼인을 계속하기 어려운 중대한 사유에는 해당될 수는 있어도, 여기에 해당되지는 않는다.

라. 직계존속에 대한 부당한 대우

부부의 일방은 자기의 직계존속이 배우자로부터 심히 부당한 대우를 받았을 때 가정법원에 이혼을 청구할 수 있다(제840조 제4호). 자신의 직계존속이 배우자로부터 심히 부당한 대우를 받는 경우에도 혼인생활에는 심대한 영향을 미칠 수 있다. 따라서 자신의 직계존속이 혼인관계의 지속을 강요하는 것이 가혹하다고 여겨질 정도의 폭행이나 학대 또는 모욕을 받은 경우에도 재판상 이혼사유가 된다. 판례는 배우자의 직계존속이 폭행을 하자 이를 벗어나기 위해 머리채를 잡아당긴 행위[대법원 1986.2.11. 85므37]나 배우자를 내놓으라고 직계존속과 언쟁하다 감추어 온 녹음기가 발각되어 시비 끝에 뺨을 맞은 행위[대법원 1990.10.30. 90므569]에 대해 심히 부당한 대우로 인정하지 않는 것처럼, 재판상 이혼사유를 인정하는데 비교적 신중한 태도를 취하고 있다.

마. 3년 이상 생사불명

부부의 일방은 배우자의 생사가 3년 이상 분명하지 아니한 때 가정법원에 이혼을 청구할 수 있다(제840조 제5호). 배우자의 생사가 5년 이상 불명하면 제27조의 실종선고도 가능하므로, 당사자로서는 3년이 경과한 이후 재판상 이혼을 할 것인지 아니면 5년이 경과한 이후 실종선고를 할 것인지를 선택할 수 있다. 다만 제840조 제5호에 따라 재판상 이혼을 하게 되면 향후에 생존하여 복귀하더라도 혼인이 자동으로 부활하지는 않게 된다.

악의에 의해 생사불명한 상태가 된다면 3년이 경과하지 아니하여도 제840조 제2호에 따른 악의의 유기가 인정되어 역시 재판상 이혼사유가 될 수 있다. 따라서 제840조 제5호의 고유한 의미는 생사불명의 원인이 악의의 유기가 아닌 경우에도 재판상 이혼사유가 된다는 점에 있다.

바. 기타 중대한 사유

부부의 일방은 기타 혼인을 계속하기 어려운 중대한 사유가 있을 때 가정법원에 이혼을 청구할 수 있다(제840조 제6호). 제840조 제6호는 재판상 이혼사유를 추상적으로 규정하고 있으므로, 무엇이 혼인을 계속하기 어려운 중대한 사유인가에 대해 법해석학적인 고찰이 특히 중요하다. 이에 대해 판례는 부부간의 애정과 신뢰가 바탕이 되어야 할 혼인의 본질에 상응하는 부부공동생활 관계가 회복할 수 없을 정도로 파탄되고 그 혼인생활의 계속을 강제하는 것이 일방 배우자에게 참을 수 없는 고통이 되는 경우라고 설명하고 있다[대법원 1999.2.12. 97므612]. 그리고 이를 판단할 때에는 혼인계속의사의 유무, 파탄의 원인에 관한 당사자의 책임 유무, 혼인생활의 기간, 자녀의 유무, 당사자의 연령, 이혼 후의 생활보장 등 혼인관계에 관한 여러 사정을 두루 고려하여야 한다[대법원 2022. 5.26. 2021므15480].

판례가 인정하는 혼인을 계속하기 어려운 중대한 사유로서는 불치의 중한 정신병력[대법원 1997.3.28. 96므608*], 장기간의 성교 거부나 성적 불능[대법원 2010.7.15. 2010므1140*], 흉악범죄[대법원 1974.10.22. 74므1], 상습도박[대법원 1991.11.26. 91므559], 가정생활과 양립될 수 없는 과도한 신앙생활[대법원 1989.9.12. 89므51] 등 심각한 일탈적 행위, 성격 차이 등이 있다. 그러나 2년간의 성교단절[대법원 2009.12.24. 2009므2413], 일시적인 불화[대법원 1982.7.13. 82므4], 가정생활과 양립될 수 있는 신앙생활[대법원 1996.11.15. 96므851*], 임신불능[대법원 1991.2.26. 89므365], 단순한 경제적 곤란[대법원 1999.11.26. 99므180] 등은 혼인을 계속하기 어려운 중대한 사유로 인정하지 않고 있다.

이 재판상 이혼원인이 유책주의에 따른 것인지 아니면 파탄주의를 취하는 것인지에 대해서 논의가 있다. 먼저 제840조 제1호에서 제5호는 제840조 제6호의 예시임에 비추어 볼 때 유책주의적인 이혼원인의 열거를 대신한 것이라는 견해(송,89)와 혼인파탄의 원인이 당사자 일방의 유책행위에 있을 필요가 없다고 하여 파탄주의를 취한 것으로 보는 견해(김/김,193)가 대립된다. 제840조의 각 이혼사유는 그 각 사유마다 독립된 이혼청구원인이 되므로 법원은 원고가 주장한 이혼사유에 관하여서만 심판하여야 한다는 판례[대법원 2000.9.5. 99므1886*]의 태도를 고려하면, 제840조 제1호에서 제5호까지가 제840조 제6호의 예시로 볼 수는 없다.

판례는 제840조 제6호가 상대방 배우자의 귀책사유를 요하지는 않는다는 점을 천명하여, 원칙적으로는 파탄주의를 취하고 있다. 다만 이혼을 구하는 배우자의 귀책사유가 있는 경우에는 제840조 제6호를 적용하지 않는 절충적인 태도를 취하고 있다. 따라서 완전한 파탄주의가 아닌 유책주의를 가미한 제한적 파탄주의라고 평가할 수 있다.

> 이혼원인으로서의 혼인을 계속하기 어려운 중대한 사유란 반드시 상대방 배우자의 귀책사유로 말미암을 필요는 없으나 주로 이혼을 구하는 배우자의 귀책사유로 말미암은 경우는 포함되지 않는다[대법원 1982.5.11. 81므60].

3. 유책배우자의 이혼청구권

가. 원 칙

제840조 제1호에서 제5호까지의 재판상 이혼사유는 배우자의 책임있는 사유가 있을 경우에 상대방에게 이혼청구권을 명문으로 인정하고 있으므로, 책임있는 사람의 이혼청구는 허용되지 않음이 법문상 명확하다. 그러나 제840조 제6호의 법문은 원인 주체에 대한 언급이 전혀 없이 상황에 대한 수식적 표현만이 있으므로 원인제공자에게는 이혼청구권을 배제할 것인지가 명확하지 않다. 설령 제840조 제6호가 파탄주의를 취한다고 하더라도 유책배우자의 이혼청구는 민법의 기본원리인 신의성실의 원칙에 반하는 것이 아닐 수 없다. 유책성 판단은 파탄 이전의 사유만으로 판단되어야 한다. 이미 혼인이 파탄에 이르러 형해화된 이후의 부정행위 등은 이혼청구권의 고려대상이 될 수 없다.

나. 판 례

과거 판례는 원칙적으로는 파탄주의를 취하면서도, 혼인 파탄의 귀책사유가 있는 사람의 이혼청구권은 전적으로 부정하고 있었다[대법원 1982.5.11. 81므60]. 이후 2015년 대법원 전원합의체 판결을 통해 유책배우자의 이혼청구권을 부정하는 원칙은 유지하면서도, 예외적인 경우에는 제한적으로 허용하는 전향적인 변화를 가져왔다. 그러므로 유책배우자의 상대방 역시 혼인을 계속할 의사가 없거나, 유책성이 이혼청구를 배척할 정도로 남아 있지 아니한 때 등의 경우에는 예외적으로 유책배우자의 이혼청구를 허용하였다.

> 상대방 배우자도 혼인을 계속할 의사가 없어 일방의 의사에 따른 이혼 내지 축출이혼의 염려가 없는 경우는 물론, 나아가 이혼을 청구하는 배우자의 유책성을 상쇄할 정도로 상대방 배우자 및 자녀에 대한 보호와 배려가 이루어진 경우, 세월의 경과에 따라 혼인파탄 당시 현저하였던 유책배우자의 유책성과 상대방 배우자가 받은 정신적 고통이 점차 약화되어 쌍방의 책임의 경중을 엄밀히 따지는 것이 더 이상 무의미할 정도가 된 경우 등과 같이 혼인생활의

파탄에 대한 유책성이 이혼청구를 배척해야 할 정도로 남아 있지 아니한 특별한 사정이 있는 경우에는 예외적으로 유책배우자의 이혼청구를 허용할 수 있다[대법원(전) 2015.9.15. 2013므568*].

다. 예   외

(1) 오기 또는 보복적인 이혼 거부

유책배우자는 이혼을 청구할 수 없는 것이 원칙이지만, 다만 상대방도 그 파탄 이후 혼인을 계속할 의사가 없음이 객관적으로 명백한데도 오기나 보복적 감정으로 이혼을 거부하고 있는 특별한 사정이 있다면 유책배우자의 이혼청구도 허용된다[대법원 2013.11.28. 2010므4095].

(2) 쌍방 유책성의 비교

현실적으로 혼인이 파탄에 이른 경우 일방 배우자에게만 모든 유책 원인이 있는 경우보다는 쌍방 모두에게 다소간의 유책성이 있는 경우가 일반적이다. 이처럼 부부 쌍방 모두에게 유책성이 있는 경우라면, 상대적으로 유책성이 가벼운 사람의 이혼청구는 허용되어야 한다[대법원 2022.5.26. 2021므15480].

(3) 혼인의 강제가 참을 수 없는 고통인 경우

혼인의 본질에 상응하는 부부공동생활 관계가 회복할 수 없을 정도로 파탄되고, 그 혼인생활의 계속을 강제하는 것이 일방 배우자에게 참을 수 없는 고통이 된다면 설령 유책배우자의 이혼청구라고 하더라도 재판상 이혼원인이 존재한다고 할 수 있다[대법원 2009.12.24. 2009므2130].

(4) 유책성을 상쇄할 정도의 보호 및 배려와 시간의 경과

이혼청구 배우자의 유책성을 상쇄할 정도로 상대방 배우자 및 자녀에 대한 보호와 배려가 이루어진 경우, 세월의 경과에 따라 파탄 당시 현저하였던 유책배우자의 유책성과 상대방 배우자가 받은 정신적 고통이 약화되어 쌍방의 책임의 경중을 엄밀히 따지는 것이 더 이상 무의미할 정도가 된 경우 등 혼인 파탄의 책임이 반드시 이혼청구를 배척해야 할 정도로 남아있지 않은 경우에도 예외적으로 유책배우자의 이혼청구가 허용될 수 있다[대법원 2022.6.16. 2021므14258*].

과거에 일방 배우자가 이혼소송을 제기하였다가 유책배우자라는 이유에서 기각 판결이 확정 되었더라도 그 후로 상대방 배우자 또한 종전 소송에서 문제 되었던 일방 배우자의 유책성에 대한 비난을 계속하고 일방 배우자의 전면적인 양보만을 요구하거나 민형사소송 등 혼인관계의 회복과 양립하기 어려운 사정이 남아 있음에도 이를 정리하지 않은 채 장기간의 별거가 고착화된 경우, 이미 혼인관계가 와해되었고 회복될 가능성이 없으며 상대방 배우자에 대한 보상과 설득으로 협의에 의하여 이혼을 하는 방법도 불가능해진 상태까지 이르렀다면, 종전 이혼소송의 변론종결 당시 현저하였던 일방배우자의 유책성이 상당히 희석되었다고 볼 수 있고, 이는 현재 이혼소송의 사실심 변론종결 시를 기준으로 판단하여야 한다[대법원 2022.6.16. 2021므14258*].

4. 이혼청구권의 소멸

가. 부정으로 인한 이혼청구권의 소멸

배우자의 부정한 행위의 사유는 다른 일방이 사전동의나 사후 용서를 한 때 또는 이를 안 날로부터 6개월, 그 사유있은 날로부터 2년을 경과한 때에는 이혼을 청구하지 못한다(제841조). 민법은 부정행위에 대한 사전동의도 재판상 이혼청구권의 소멸사유로 명시하고 있고 일부 판례[대법원 2008.7.10. 2008도3599*]도 이를 인정하고 있으나, 이는 봉건적 사회에서 대를 잇기 위한 축첩행위 등의 잔재로서 허용될 수 없다. 혼인이 형해화되지 않은 부부 사이에서 장래의 부정행위에 대한 합의는 명백히 제103조에 반하는 무효가 아닐 수 없으므로, 이를 법적 근거로 하여 이혼청구권을 소멸시킨다는 것은 정당화될 수 없다. 따라서 사전동의를 제841조에서 삭제하는 입법적 개선이 필요하다.

나. 기타 중대한 사유로 인한 이혼청구권의 소멸

기타 혼인을 계속하기 어려운 중대한 사유는 다른 일방이 이를 안 날로부터 6개월, 그 사유있은 날로부터 2년을 경과하면 이혼을 청구하지 못한다(제842조). 이 이혼청구권의 제척기간에 대해 이해하기 어렵다는 견해(김/김,193)가 있으나, 기타 중대한 사유가 계속되고 있으면 제척기간에 관한 이 규정이 적용되지 않는다는 판례[대법원 2001.2.23. 2000므1561]에 따르면 문제가 되지는 않을 것이다.

범죄행위를 저질러 4년 6월의 징역형을 선고받고 원심변론 종결시까지도 복역중에 있음으로 인하여 정상적인 혼인관계를 유지할 수 없음을 이유로 한 것인데 이러한 경우에는 민법 제840조 제6호 소정의 '기타 혼인을 계속할 수 없는 중대한 사유'가 현재까지도 계속 존재하는 것으로 보아야 할 것이고 이와 같은 경우에는 이혼청구권의 제척기간에 관한 민법 제842조가 적용되지 아니한다[대법원 2001.2.23. 2000므1561].

다. 당사자의 사망

당사자가 재판상 이혼을 청구하기 전에 사망한 경우에는 재판상 이혼청구권은 소멸된다. 또한 재판상 이혼청구권은 부부의 일신전속적 권리이므로 이혼소송 계속 중 배우자의 일방이 사망한 때에도 상속인이 그 절차를 수계할 수 없음은 물론이고, 또 그러한 경우에 검사가 이를 수계할 수 있는 특별한 규정도 없으므로 이혼소송은 종료된다[대법원 1993.5.27. 92므143].

5. 재판상 이혼의 절차

가. 조정전치주의

재판상 이혼의 소는 가사소송 나류사건으로서(가사소송법 제2조 제1항 1호), 조정전치주의가 적용된다(가사소송법 제50조). 당사자 사이에서 재판상 이혼의 합의가 이루어져 조서에 기재하면 조정이 성립되고, 재판상 화해와 동일한 효력이 생긴다(가사소송법 제59조). 재판상 이혼의 조정이 성립되면 즉시 혼인은 해소되고, 조정을 신청한 사람은 조정이 성립된 날로부터 1개월 이내에 보고적 신고로서의 이혼신고를 하여야 한다(가족관계등록법 제78조, 제58조).

나. 재판상 이혼의 소

조정이 불성립되거나 조정을 하지 않기로 하는 결정 또는 조정에 갈음하는 결정에 이의신청을 한 경우에는 재판상 이혼의 소송을 진행한다(가사소송법 제49조, 민사조정법 제36조 제1항). 판결이 확정되면 혼인은 해소되며, 소를 제기한 사람은 판결이 확정된 날로부터 1개월 이내에 보고적 신고로서의 이혼신고를 하여야 한다(가족관계등록법 제78조, 제58조). 이혼의 효력은 판결이 확정됨으로써 발생하는 것이고 이혼신고 여부는 영향이 없다. 따라서 재판상 이혼이 확정된 이후, 이혼 신고 전에 일방이 사망하더라도 상속권이 주어지지 않는다.

피성년후견인은 재판상 이혼의 소를 단독으로 제기하지 못하고 성년후견인이 대리하여 소를 제기하여야 하며(민사소송법 제55조), 피성년후견인에게 후견감독인이 있으면 그의 동의를 받아야 한다(제950조 제1항 제5호). 만약 이혼 상대방이 되는 피성년후견인의 배우자가 성년후견인인 경우에는 제949조의3에 따라 특별대리인을 선임하여야 한다. 다만 후견감독인이 있는 경우에는 특별대리인을 선임할 수 없으므로(제949조의3 단서), 아예 후견인을 변경하여야 한다(송,93).

Ⅳ. 이혼의 신분상 효과

1. 친족관계의 해소

가. 배우자관계의 해소

이혼으로 인하여 부부의 배우자관계는 해소되며, 친족관계도 해소된다. 당사자 사이에 부부로서의 권리와 의무는 장래를 향하여 소멸하므로 각자는 새로운 혼인을 할 수 있으며, 더 이상 상속권도 주어지지 않는다.

나. 인척관계의 해소

이혼으로 인하여 배우자의 혈족, 배우자의 혈족의 배우자로서의 인척관계도 장래를 향하여 소멸한다(제775조 제1항). 다만 이혼에 의하여 인척관계가 소멸하더라도 직계인척관계(장모와 사위, 시아버지와 며느리 등)가 있었던 사람과는 혼인하지 못하며, 혼인무효 사유에 해당된다(제815조 제3호). 또한 6촌 이내의 혈족의 배우자, 배우자의 6촌 이내의 혈족 및 배우자의 4촌 이내의 혈족이었던 사람과는 혼인하지 못하며(제809조 제2항), 설령 혼인을 하더라도 취소사유가 된다(제816조 제1호).

2. 미성년자녀와의 관계

부모가 이혼을 하더라도 친자관계에는 아무런 변화가 없으므로, 혼인 중의 자녀로서의 지위는 그대로 유지된다. 다만 미성년자녀의 경우에는 친권과 양육을 누가 담당할 것인지의 매우 중요한 문제가 남게 된다.

가. 친　권

(1) 협의상 이혼

부모가 협의상 이혼하는 경우에는 부모의 협의로 친권자를 정하여야 한다(제909조 제4

항). 부부의 협의로 부모 중 일방을 친권자로 정하게 되면 그가 단독친권자가 된다. 그러나 반드시 단독친권자로 정해야 하는 것은 아니며 공동친권자로 협의할 수도 있다[대법원 2012.4.13. 2011므4719*].

> 민법 제837조, 제909조 제4항, 가사소송법 제2조 제1항 제2호 나목의 3) 및 5) 등이 부부의 이혼 후 그 자의 친권자와 그 양육에 관한 사항을 각기 다른 조항에서 규정하고 있는 점 등에 비추어 보면, 이혼 후 부모와 자녀의 관계에 있어서 친권과 양육권이 항상 같은 사람에게 돌아가야 하는 것은 아니며, 이혼 후 자에 대한 양육권이 부모 중 어느 일방에, 친권이 다른 일방에 또는 부모에 공동으로 귀속되는 것으로 정하는 것은, 비록 신중한 판단이 필요하다고 하더라도, 일정한 기준을 충족하는 한 허용된다고 할 것이다[대법원 2012.4.12. 2011므4719].

부모의 협의가 자녀의 복리에 반하는 경우에는 가정법원은 보정을 명하거나 직권으로 친권자를 정한다(제909조 제4항). 그러나 친권에 대한 부모의 협의를 가정법원이 직권으로 부정하는 적극적 개입이 바람직한가는 의문이 아닐 수 없다. 친권자의 변경이나 친권상실 등의 사후적 수단이 존재함에도 불구하고, 사전에 직권으로 당사자의 협의 결과를 부정하는 것은 가정법원의 과도한 사적 영역에의 개입이라고 생각된다.

부모가 협의할 수 없거나 협의가 이루어지지 아니하는 경우에는 가정법원은 직권으로 또는 당사자의 청구에 따라 친권자를 지정하여야 한다(제909조 제4항). 협의상 이혼임에도 불구하고 가정법원이 직권으로 친권자를 지정하는 것은 친권자 결정에 관한 협의서가 이혼의사 확인시에 제출되어야 하는 이혼 절차와 조화가 되지 않는다는 지적(김/김,223; 송,104)이 제기되고 있다.

(2) 재판상 이혼

가정법원은 재판상 이혼의 경우에는 직권으로 친권자를 정한다(제909조 제5항). 그러나 재판과정에서 자녀의 친권자를 누구로 정할 것인지에 대한 협의를 하도록 권고하여, 부모의 의견을 사실상으로 고려할 수 있는 절차는 두고 있다(가사소송법 제25조 제1항).

나. 양 육

(1) 양육 사항의 결정

이혼 당사자는 그 자녀의 양육에 관한 사항을 협의에 의하여 정한다(제837조 제1항). 양육에 관한 협의는 양육자의 결정, 양육비용의 부담, 면접교섭권의 행사 여부 및 그 방법을 포함하여야 한다(제837조 제2항). 부부가 이혼을 하게 되면 더 이상 공동생활을 하지 아니하므로, 부모 모두가 미성년자녀와 동거하면서 공동으로 양육하는 것은 현실적으로 어렵게 된다. 따라서 이혼시 누가 미성년자녀를 현실적으로 양육할 것인지 등의 양육에 관한 협의는 매우 중요하다. 또한 양육권은 친권과는 구별되어야 하므로 친권과 양육권이 항상 같은 사람에게 돌아가야 하는 것은 아니다[대법원 2012.4.13. 2011므4719]. 이혼을 하여도 공동으로 양육하는 것이 이론적으로는 불가능한 것은 아니지만, 현실적으로는 요일을 정하여 양육하는 방법으로 공동양육자로 지정하는 것은 가능할 것이다[대법원 2013. 12.26. 2013므3383]. 또한 부모 중 일방이 단독양육자가 되면 다른 일방은 양육비를 전적으로 부담하는 방법으로 양육 부담을 공유할 수도 있다.

양육에 관한 사항의 협의가 자녀의 복리에 반하는 경우에는 가정법원은 보정을 명하거나 직권으로 그 자녀의 의사·나이와 부모의 재산상황, 그 밖의 사정을 참작하여 양육에 필요한 사항을 정한다(제837조 제3항). 특히 부모가 이혼하는 경우에 누가 미성년자녀를 양육할 것인가는 자녀의 인격 형성이나 생활 환경에 매우 큰 영향을 미치게 된다. 미성년자녀의 복리가 최우선적으로 고려되어야 하므로, 양육에 관한 사항에 대한 부모의 협의가 자녀의 복리에 반하는 경우에는 적극적으로 가정법원이 개입할 수 있는 법적 근거를 마련하고 있다.

양육에 관한 사항의 협의가 이루어지지 아니하거나 협의할 수 없는 때에는 가정법원은 직권으로 또는 당사자의 청구에 따라 이에 관하여 결정한다. 이 경우 가정법원은 그 자녀의 의사·나이와 부모의 재산상황, 그 밖의 사정을 참작하여야 한다(제837조 제4항).

> 부부가 이혼하고 자의 양육에 대한 협정이 없어 법원에 그 사항을 정할 것을 청구한 때에는, 친권자가 누구인가에 관계없이 법원은 자의 연령, 부모의 재산상황 기타 모든 사정을 고려하여 부모 중 누구 한편을 양육자로 지정하거나 또는 쌍방 모두에게 양육사항을 나누어 부담케 할 수 있다고 할 것이고, 이때에 제일 우선적으로 고려되어야 할 사항은 부모의 권리 아닌, 자의 복지라고 할 것〈후략〉[대법원 1991.7.23. 90므828, 835].

이러한 양육권에 대한 가정법원의 개입은 양육에 관한 사항 외에는 부모의 권리의무에 변경을 가져오지 아니한다(제837조 제6항).

(2) 양육비

미성년자녀의 양육에는 상당한 금전적 비용이 소요된다. 양육비용이라는 법전용어를 사용하지만, 본질적으로는 부양으로서의 성격을 갖는 부양료의 특수한 유형으로 볼 수 있다. 양육비용은 부양의 일종이므로 부모 모두가 부양의무자로서 공동부담이 원칙이다.

현실적으로는 부부가 이혼을 하면 일방이 미성년자녀와 동거하며 사실상의 양육을 담당하는 노동을 제공하고, 다른 일방은 양육에 소요되는 금전적 비용을 부담하는 방법을 취하는 것이 일반적이다. 그러나 양육을 담당하는 일방에게 양육비의 일부를 분담시키는 결정을 하는 것도 무방하다[대법원 1992.1.21. 91므689]. 양육비를 부담하는 아버지 또는 어머니에 대해서는 과거의 양육비도 청구할 수 있다[대법원 1985.2.26. 84므86]. 양육비청구권은 당사자의 협의 또는 가정법원의 심판에 의해 구체적인 청구권으로 내용과 범위가 확정되기 전에는 추상적 청구권에 불과하므로 상계하거나 처분하는 것이 불가능하다. 따라서 과거의 양육비 청구가 구체적인 지급청구권으로서 성립되기 전에는 소멸시효가 진행되지 않는다[대법원 2011.7.29. 2008스67].

> 양육자가 상대방에 대하여 자녀 양육비의 지급을 구할 권리는 당초에는 기본적으로 친족관계를 바탕으로 하여 인정되는 하나의 추상적인 법적 지위이었던 것이 당사자 사이의 협의 또는 당해 양육비의 내용 등을 재량적·형성적으로 정하는 가정법원의 심판에 의하여 구체적인 청구권으로 전환됨으로써 비로소 보다 뚜렷하게 독립한 재산적 권리로서의 성질을 가지게 된다. 이와 같이 당사자의 협의 또는 가정법원의 심판에 의하여 구체적인 지급청구권으로서 성립하기 전에는 과거의 양육비에 관한 권리는 양육자가 그 권리를 행사할 수 있는 재산권에 해당한다고 할 수 없고, 따라서 이에 대하여는 소멸시효가 진행할 여지가 없다고 보아야 한다[대법원 2011.7.29. 2008스67].

양육비 채권이 구체적인 청구권으로 확정되어 이행기가 도달하면 처분이 가능하고 포기, 양도 또는 상계의 자동채권으로 할 수 있지만[대법원 2006.7.4. 2006므751*], 양육비 채권을 수동채권으로 하는 상계는 양육의무를 회피하는 수단이 될 수 있으므로 허용되어서는 곤란하다. 양육비의 청구는 부양청구권의 행사이므로 원칙적으로는 자녀가 아버지 또는 어머니를 상대로 청구하는 것이지만, 관행상 양육을 하는 부모 중 일방이 양육비를 부담하는 상대방에게 청구하는 것이 일반적이다[대법원(전) 1994.5.13. 92스21]. 이 경우에도 부양권리자인 자녀를 대리하여 청구하는 것이라고 한다(김/김,214).

양육비용을 누가 얼마나 부담할 것인지도 양육에 관한 사항이므로 부모가 협의로 결정하는 것이 원칙이지만(제837조 제1항), 협의가 이루어지지 아니하거나 협의할 수 없는 때에는 가정법원이 직권으로 또는 당사자의 청구에 따라 이에 관하여 결정한다(제837조 제4항). 자녀의 복리를 위한 양육비에 관해서는 가정법원이 당사자의 청구취지를 초과하여 의무의 이행을 명하는 것도 가능하여[대법원 2022.1.14. 2021므15145, 15152], 예를 들어 월 100만 원의 양육비를 청구하였으나 가정법원이 월 150만 원의 양육비로 결정할 수도 있고 양육비용의 분담에 관한 기산일을 더 앞당겨 결정할 수도 있다.

(3) 양육에 관한 사항의 변경

가정법원은 자녀의 복리를 위하여 필요하다고 인정하는 경우에는 아버지·어머니·자녀 및 검사의 청구 또는 직권으로 자녀의 양육에 관한 사항을 변경하거나 다른 적당한 처분을 할 수 있다(제837조 제5항). 대표적으로는 양육자를 변경하거나 양육비용의 액수를 변경하는 것이 여기에 해당된다. 이러한 양육권에 대한 가정법원의 개입은 양육에 관한 사항 외에는 부모의 권리의무에 변경을 가져오지 아니한다(제837조 제6항). 따라서 부모로서의 지위에는 변화가 없으며, 양육권과 분리된 친권에도 아무런 영향을 주지 못한다.

(4) 양육비의 이행 확보

양육비는 미성년자녀의 복리를 위해 필수불가결한 경제적 요소이므로 반드시 이행되어야 한다. 가정법원은 당사자가 협의한 양육비 부담에 관한 내용을 확인하는 양육비부담조서를 작성하여야 하며(제836조의2 제5항), 이는 집행권원이 된다(가사소송법 제41조). 그러나 현실적으로는 양육비를 이행하지 아니하는 양육비채무자로 인해 심각한 사회문제가 발생하므로, 양육비의 이행을 확보하는 특별한 법적 수단을 가사소송법에 마련하게 되었고 나아가 「양육비 이행확보 및 지원에 관한 법률」을 제정하여 양육비이행관리원을 설치하기에 이르렀다.

우선 양육비 이행명령이 주된 양육비 이행확보수단이 된다. 양육비채무자가 정당한 이유 없이 그 의무를 이행하지 않으면 당사자의 신청에 의하여 일정 기간 내에 양육비를 이행할 것을 명할 수 있다(가사소송법 제64조). 양육비채무자가 정당한 이유 없이 이를 위반하는 경우에는 1천만 원 이하의 과태료를 부과할 수 있으며(가사소송법 제67조 제1항), 과태료 제재를 받고도 정당한 이유 없이 다시 수검 명령을 위반한 경우에는 가정법원은 결정으로 30일의 범위에서 그 의무를 이행할 때까지 위반자에 대한 감치를 명할 수 있다(가사소송법 제67조 제2항).

그 외에 양육비 직접지급명령제도를 도입하였다. 가정법원은 양육비채무자가 정당한 사유 없이 2회 이상 양육비를 지급하지 아니한 경우에 양육비채권자의 신청에 따라 양육비채무자에 대하여 정기적 급여채무를 부담하는 소득세원천징수의무자에게 양육비채무자의 급여에서 정기적으로 양육비를 공제하여 양육비채권자에게 직접 지급하도록 명할 수 있다(가사소송법 제63조의2 제1항). 즉 양육비채무자의 직장이 급여에서 양육비를 공제하여 양육비채권자에게 직접 지급하는 방법이므로, 양육비채무자가 정기적 급여소득자라면 양육비채권자에게는 매우 효과적인 수단이 된다.

그리고 양육비 담보제공 명령제도를 마련하였다. 가정법원은 양육비를 정기금으로 지급하게 하는 경우에 그 이행을 확보하기 위하여 양육비채무자에게 상당한 담보의 제공을 명할 수 있다(가사소송법 제63조의3 제1항). 가정법원은 양육비채무자가 정당한 사유 없이 그 이행을 하지 아니하는 경우에는 양육비채권자의 신청에 의하여 양육비채무자에게 상당한 담보의 제공을 명할 수 있다(가사소송법 제63조의3 제2항). 양육비채무자가 담보를 제공하여야 할 기간 이내에 담보를 제공하지 아니하는 경우에는 가정법원은 양육비채권자의 신청에 의하여 양육비의 전부 또는 일부를 일시금으로 지급하도록 명할 수 있다(가사소송법 제63조의3 제4항).

이러한 양육비부담조서(제836조의2 제5항), 양육비 이행명령(가사소송법 제64조), 과태료(가사소송법 제67조 제1항) 및 감치(가사소송법 제68조)는 오로지 부양 중에서도 미성년자녀에 대한 양육비에 관해서만 적용될 뿐, 일반적인 친족간 부양에는 적용되지 않음은 물론이다.

다. 면접교섭권

(1) 의 의

자녀를 직접 양육하지 아니하는 부모의 일방과 자녀는 상호 면접교섭할 수 있는 권리를 가진다(제837조의2 제1항). 부모가 혼인 중에는 자녀와 동거하는 것이 원칙이지만, 이혼을 하게 되면 양육을 담당하는 아버지 또는 어머니만 자녀와 동거하게 된다. 이 경우 직접 양육을 하지 아니하는 아버지 또는 어머니가 자녀와 접촉할 수 있는 권리가 면접교섭권이며, 양육권에 서로 대응하는 권리이다. 과거 봉건적 가부장제가 성행하던 시기에는 여성이 축출혼을 당하고 자녀와 만날 기회까지도 사실상 봉쇄되는 폐단이 자행되었다. 이러한 문제를 해결하기 위한 중요한 법적 수단으로 1990년 민법 개정시 도입된 것이 면접교섭권의 연혁적인 이유라고 할 수 있다. 면접교섭권은 재판상 이혼뿐만 아니라 혼인취소, 인지에 의해 부모의 일방이 단독으로 양육하는 경우에도 준용된다(가사소송법 제2조 제1항 나. 3)).

(2) 법적 성격

면접교섭권은 도입 초기에는 비양육친을 위한 권리로 이해되었으나, 2007년 민법 개정으로 자녀도 면접교섭권의 주체라는 점을 명확히 함으로써 비양육친과 자녀 모두를 위한 권리가 되었다. 그러나 비양육친의 면접교섭권도 자녀의 복리를 위해서 제한·배제될 수 있으므로 실질적으로는 자녀의 면접교섭권이 비양육친보다 우선된다. 현대 가족법의 이념이 미성년자녀의 복리 추구라는 점에서 타당한 규율태도라고 평가할 수 있다.

(3) 주 체

(가) 비양육친과 자녀

면접교섭권은 직접 양육하지 아니하는 부모의 일방과 자녀가 행사하는 것이 원칙이다. 문제는 자녀가 면접교섭을 희망하나 양육친이 이에 대해 방해하는 경우에 가정법원에 면접교섭을 청구할 권리를 자녀에게 그대로 인정하기 어렵다는 견해(김/김,226)가 있다. 그러나 자녀가 양육친을 상대로 면접교섭을 청구할 수 있지만, 면접교섭을 방해하는 양육친이 자녀를 대리하여 면접교섭을 청구할 가능성이 낮으므로 가정법원에 특별대리인의 선임을 청구할 수 있다고 하는 것이 타당하다(주해친족①,359). 특히 가사소송법 제64조는 당사자의 신청에 따라 자녀와의 면접교섭 허용 의무를 이행할 것을 명할 수 있도록 규정하고 있는데, 여기에서의 당사자에 자녀를 배제할 이유가 없다.

(나) 비양육친의 직계존속

자녀를 직접 양육하지 아니하는 부모 일방의 직계존속은 그 부모 일방이 사망하였거나 질병, 외국 거주, 그 밖에 불가피한 사정으로 자녀를 면접교섭할 수 없는 경우 가정법원에 자녀와의 면접교섭을 청구할 수 있다. 이 경우 가정법원은 자녀의 의사, 면접교섭을 청구한 사람과 자녀의 관계, 청구의 동기, 그 밖의 사정을 참작하여야 한다(제837조의2 제2항). 면접교섭권은 비양육친과 자녀를 위한 권리이므로 원칙적으로는 조부모와 같은 직계존속에 대해서는 인정되지 않았으나, 2016년 개정을 통해 비양육친의 직계존속에 대해 제한적으로 면접교섭권을 명시적으로 인정하게 되었다. 그러나 비양육친의 직계존속이 아닌 다른 방계혈족에게는 제한적으로라도 면접교섭권을 인정할 여지가 없다.

(4) 면접교섭권의 행사

면접교섭권의 구체적인 내용에 대해서는 민법에 어떠한 규정도 두고 있지 않다. 따라서 면접교섭권이 양육권에 대응하는 권리로서의 성격을 고려하여 양육권에 대한 규정을 준용하여, 양육친과 비양육친의 협의에 의해 정하되 협의가 이루어지지 않거나 협의할 수 없을 때에는 가정법원이 직권으로 또는 당사자의 청구에 따라 이에 관하여 결정하여야 한다는 것이 통설(김/김,229; 송,107)이다. 가정법원이 결정하는 경우에 자녀가 13세 이상이면 자녀의 의견을 반드시 청취하여야 한다(가사소송규칙 제100조).

면접교섭의 시간과 주기, 장소와 면접교섭의 내용 등에 대해서 양육친과 비양육친의 협의 또는 가정법원의 결정을 통해 세부적으로 정해진다. 다만 면접교섭이라고 해서 반드시 대면으로 만나는 것만을 의미하는 것은 아니고, 전화나 편지, 온라인 접속, 선물 등의 다양한 방법으로 이루어질 수 있다. 가정법원은 자녀의 복리를 위하여 필요하다고 인정하는 경우에는 아버지·어머니·자녀 및 검사의 청구 또는 직권으로 면접교섭에 관한 사항을 변경하거나 적당한 처분을 할 수 있다.

(5) 면접교섭권의 제한 또는 배제

가정법원은 자녀의 복리를 위하여 필요한 때에는 당사자의 청구 또는 직권에 의하여 면접교섭을 제한·배제·변경할 수 있다(제837조의2 제3항). 면접교섭권은 비양육친과 자녀 모두를 위한 권리라고 하더라도, 자녀의 복리를 위한 권리로서의 성격이 우선되어야 한다. 따라서 자녀의 복리를 위해서 필요하다고 인정되면 가정법원이 면접교섭권을 제한·배제·변경할 수 있다. 면접교섭권을 제한·배제·변경하는 심판은 가사비송 마류사건으로서(가사소송법 제2조 제1항 2. 나. 3)) 심판을 청구하려는 사람은 먼저 조정을 신청하여야 한다(가사소송법 제50조 제1항). 자녀가 13세 이상이면 심판에 앞서 자녀의 의견을 반드시 청취하여야 한다(가사소송규칙 제100조).

(6) 면접교섭권의 실효성 확보수단

자녀와 비양육친 사이의 면접교섭을 허용할 의무를 부담하는 양육친이 정당한 이유없이 그 의무를 이행하지 아니하면 당사자의 신청에 의해 일정한 기간 내에 그 의무를 이행할 것을 명할 수 있다(가사소송법 제64조 제1항). 이 명령을 위반하면 1천만 원 이하의 과태료를 부과할 수 있다(가사소송법 제67조 제1항). 양육비 지급명령과 달리 면접교섭권의 경우에는 미이행되어도 감치를 명할 수는 없다.

V. 이혼의 재산상 효과

1. 위자료청구권

가. 의 의

재판상 이혼에 따른 손해배상책임에 관하여는 약혼해제의 손해배상청구권에 관한 제

806조를 준용한다(제843조). 그러므로 재판상 이혼을 한 때에는 당사자 일방은 과실있는 상대방에 대하여 이로 인한 손해의 배상을 청구할 수 있다(제843조, 제806조 제1항). 민법은 혼인취소와 재판상 이혼에 대해서는 명문규정을 두고 있으나, 협의상 이혼을 하는 경우에도 과실있는 상대방에 대하여 손해배상청구권이 있음은 물론이다[대법원 1977.1.25. 76다2223]. 다만 이미 혼인관계가 실질적으로 파탄이 된 사실상 이혼상태라면, 부정행위를 하여도 위자료청구권은 인정되지 않는다[대법원(전) 2014.11.20. 2011므2997]. 설령 혼인관계를 파탄상태에 이르게 된 원인을 제공한 사람이라도, 혼인 파탄상태 이후에 행한 부정행위에 한해서는 불법행위가 성립되지 않는다[대법원 2023.12.21. 2023다265731].

　재산상 손해 외에 정신상 고통에 대하여도 손해배상책임이 있으며(제843조, 제806조 제2항), 이 손해배상청구권이 위자료청구권이다. 정신적 손해에 대한 위자료청구권은 일반적으로는 양도성과 상속성이 있다는 것이 판례[대법원 1969.10.23. 69다1380]의 태도이나, 약혼해제(제806조), 혼인무효 또는 혼인취소(제825조), 재판상 이혼(제843조)에 따른 위자료청구권에는 이를 원칙적으로 부정하는 특별한 규정을 민법에 두고 있다. 정신상 고통에 대한 배상청구권은 양도 또는 승계하지 못하나, 당사자 간에 이미 그 배상에 관한 계약이 성립되거나 소를 제기한 후에는 그러하지 아니하다(제843조, 제806조 제3항). 즉 행사상 일신전속권으로 청구권자가 위자료의 지급을 구하는 소송을 제기하여 청구권을 행사할 의사가 외부적 객관적으로 명백하게 되어야 양도나 승계가 가능하다[대법원 1993.5.27. 92므143*].

나. 법적 성질

　위자료청구권의 법적 성질을 혼인상의 의무를 위반한 채무불이행으로도 볼 수 있으나, 혼인관계의 배우자로서의 권리 침해를 원인으로 하는 불법행위에 기한 손해배상청구권으로 보는 것이 타당하며 판례[대법원(전) 2014.11.20. 2011므2997] 역시 그러한 태도를 취하고 있다. 특히 유책배우자와 부정행위를 한 제3자에게도 손해배상책임을 지우거나 사실혼의 경우에도 위자료를 인정하기 위해서는 법적 성질을 불법행위로 파악하는 것이 논리적으로 적절하다.

> 　제3자도 타인의 부부공동생활에 개입하여 부부공동생활의 파탄을 초래하는 등 혼인의 본질에 해당하는 부부공동생활을 방해하여서는 아니 된다. 제3자가 부부의 일방과 부정행위를 함으로써 혼인의 본질에 해당하는 부부공동생활을 침해하거나 유지를 방해하고 그에 대한 배우자로서의 권리를 침해하여 배우자에게 정신적 고통을 가하는 행위는 원칙적으로 불법행위를 구성한다[대법원(전) 2014.11.20. 2011므2997].

다. 위자료의 산정

유책배우자에 대한 위자료 액수의 산정은 유책행위에 이르게 된 경위와 정도, 혼인관계 파탄의 원인과 책임, 배우자의 연령과 재산상태 등 변론에 나타나는 모든 사정을 참작하여 법원이 직권으로 정한다[대법원 1987.5.26. 87므5, 6]. 위자료의 법적 성질을 불법행위 또는 채무불이행 어느 것으로 파악하더라도, 손해배상으로서 과실상계에 관한 규정이 준용된다(제763조, 제396조). 그러므로 부부 쌍방 모두에게 동등한 정도의 책임이 각각 있는 경우에는 위자료는 인정되지 않는다[대법원 1994.4.26. 93므1273].

라. 제3자와 위자료

유책배우자와 더불어 혼인 파탄의 책임이 있는 제3자도 공동불법행위자로서 부진정연대책임을 부담한다[대법원 2015.5.29. 2013므2441]. 제3자가 사실혼 파탄에 가담한 경우에도 마찬가지로 불법행위로 인한 손해배상책임을 부담한다[대법원 1970.4.28. 69므37].

2. 재산분할청구권

가. 서   설

(1) 의   의

협의상 이혼한 사람의 일방은 다른 일방에 대하여 재산분할을 청구할 수 있다(제839조의2 제1항). 이를 재산분할청구권이라 하며, 재판상 이혼의 경우에도 준용된다(제843조). 나아가 판례는 사실혼 해소의 경우에도 유추적용하고 있다[대법원 2022.6.30. 2020스561]. 부부가 혼인 중 형성한 재산에 대해 이혼시 상대방에게 분할을 청구할 권리로서, 부부별산제를 원칙으로 취하고 있는 제830조에 비추어 예외적인 제도라고 할 수 있다. 부부가 경제공동체를 형성하는 상황에서 완전무결한 부부별산제의 실현은 현실적으로 매우 어려운 일이다. 불완전한 부부별산제를 보완하고 수정하는 법적 수단이 필요하며, 이를 이혼 시점에 최종적으로 구현하는 필수적인 제도가 재산분할청구권이다. 즉 재산분할청구권은 부부별산제의 예외가 아니라 부부별산제의 완결체라고 이해되어야 한다. 따라서 혼인관계의 파탄에 대해 책임이 있는 유책배우자도 재산분할청구권을 행사할 수 있다[대법원 1993.5.11. 93스6]. 재산분할청구권이 이혼 시점의 부부별산제 보완수단이라면, 기여분은 배우자 사망 시 상속에서의 보완수단으로서 기능하고 있다.

(2) 성 격

재산분할청구권의 성격에 대해서는 견해가 나누어지고 있다. 먼저 청산설은 불완전한 부부별산제를 보완하기 위해 경제공동체에 기여한 재산을 분할 청구하기 위한 제도로 이해하는 것이다(지,1989). 혼인 중에 상대방 배우자의 명의로 취득한 재산이지만 실질적으로는 자신의 경제적 기여가 상당 부분 포함되어 있는 경우에, 이혼으로 혼인이 해소되는 시점에 일종의 명의신탁 해지와 유사한 제도라고 할 수 있다. 다만 후술하는 바와 같이 가사노동을 통한 혼인생활의 기여도 재산분할청구의 근거가 된다는 점에서는 명의신탁의 해지와는 구별된다.

한편으로 청산적 성격에 더불어 이혼 이후의 배우자에 대한 부양의 선급으로서의 성격도 부차적으로 인정하는 견해(김/김,233; 송,109)가 있다. 과거 판례[대법원 2019.10.31. 2018두32200]는 이러한 청산 및 부양설을 취하고 있었다. 부양적 성격을 강조하게 되면 혼인 중 재산형성에 대한 기여와는 무관하게도 재산분할청구권을 행사할 수 있게 되어, 심지어는 혼인 전에 취득한 재산이거나 혼인 중 상속받은 재산에 대해서도 재산분할을 청구할 수 있는 여지가 있게 된다.

나아가 최근 판례는 청산적 요소와 부양적 성격에 덧붙여 위자료를 배상하기 위한 급부로서의 성질까지도 고려한 것이라고 한다[대법원 2022.7.28. 2022스613].

> 이혼으로 인한 재산분할청구권은 이혼을 한 당사자의 일방이 다른 일방에 대하여 재산분할을 청구할 수 있는 권리로서 청구인의 재산에 영향을 미치지만, 순전한 재산법적 행위와 같이 볼 수는 없다. 오히려 이혼을 한 경우 당사자는 배우자, 자녀 등과의 관계 등을 종합적으로 고려하여 재산분할청구권 행사 여부를 결정하게 되고, 법원은 청산적 요소뿐만 아니라 이혼 후의 부양적 요소, 정신적 손해(위자료)를 배상하기 위한 급부로서의 성질 등도 고려하여 재산을 분할하게 된다[대법원 2022.7.28. 2022스613].

(3) 명의신탁과의 관계

재산분할청구권의 청산적 성격은 상대방 배우자 명의로 되어 있으나 실질적으로는 자신의 소유인 재산을 회복한다는 점에서는 명의신탁의 해지와 유사한 제도적 의의를 갖는다. 그러나 명의신탁의 해지는 재산법적인 제도로서 엄격한 의미에서 신탁자가 경제적 대가를 실제로 부담하여 수탁자가 명의를 취득한 것이어야 하는데 반하여, 재산분할청구권은 가족법상의 제도로서 혼인 생활에서 가사노동을 분담하는 형태로 재산형성에 간접적인 기여가 있음으로 족하다는 점에서 차이가 있다.

부부의 일방이 혼인 중 단독 명의로 취득한 부동산은 그 명의자의 특유재산으로 추정되므로, 다른 일방이 그 실질적인 소유자로서 편의상 명의신탁한 것이라고 인정받기 위하여는 자신이 실질적으로 당해 재산의 대가를 부담하여 취득하였음을 증명하여야 하고, 단지 그 부동산을 취득함에 있어서 자신의 협력이 있었다거나 혼인생활에 있어서 내조의 공이 있었다는 것만으로는 위 추정이 번복되지 아니한다[대법원 1998.12.22. 98두15177].

나. 재산분할 대상 재산

(1) 부부별산제와의 관계

민법은 부부가 경제공동체를 구성한다고 하더라도, 혼인 전부터 가진 고유재산과 혼인 중 자기의 명의로 취득한 재산을 특유재산으로 하고(제830조 제1항), 그 특유재산은 각자 관리, 사용, 수익하도록 하여(제831조) 완전한 부부별산제를 취하고 있다. 부부의 누구에게 속한 것인지 분명하지 아니한 재산은 부부의 공유로 추정하므로(제830조 제2항), 이 공유재산에 대해 재산분할청구권을 행사하는 것은 청산적 성격에 비추어 매우 자연스럽다. 부부 경제공동체에서 완전한 부부별산제는 현실적으로 구현하기 어려우므로, 특유재산이라고 하더라도 부부가 공동으로 기여하여 취득한 재산인 경우에는 이혼시 청산을 통해 부부별산제의 불완전성을 보완하여야 한다. 또한 재산분할청구권은 부양으로서의 성격과 위자료를 배상하기 위한 급부로서의 성격도 함께 갖기 때문에 특유재산이라도 분할의 대상이 될 수 있다. 다만 특유재산은 혼인 전부터 가진 재산이나 혼인 중 상속받은 재산처럼 상대방 배우자의 기여가 전혀 개입될 여지가 없는 재산과 상대방의 기여가 반영될 여지가 있는 혼인 중 자기의 명의로 취득한 재산은 재산분할청구권의 대상에서도 다소 차별성이 있어야 한다.

(2) 특유재산

(가) 혼인 전부터 가진 고유재산

혼인 전부터 가진 고유재산은 혼인 중 형성된 재산이 아니라 배우자의 재산형성 기여가 반영되지 아니하므로 원칙적으로 청산적 성격으로서 재산분할청구권의 대상이 될 수 없다(송,110). 다만 부양적 성격이나 위자료를 배상하기 위한 급부로서 성격의 재산분할청구권은 혼인 전부터 가진 고유재산이라도 행사할 수 있을 것이다. 왜냐하면 부양이나 위자료는 전적으로 자기의 재산에서 지급되는 것이 당연하기 때문이다. 판례도 혼인 전에 부모로부터 증여받은 고유재산[대법원 1994.5.13. 93므1020]도 재산유지에 협력하여 그 감소를 방지하였거나 그 증식에 협력하였다고 인정되는 경우에는 재산분할의 대상이 된다고 한다. 재산의 감소 방지와 재산증식의 협력이라는 요건을 명시하고 있으나, 이는 청산적 성격이라기보다는 부양으로서의 성격을 갖는다고 평가할 수 있다.

(나) 혼인 중 자기 명의로 취득한 재산

혼인 중 자기 명의로 취득한 재산은 특유재산이지만, 실질적으로 재산을 취득하는 과정에서 부부 공동의 노력이 어떠한 형태로든 반영되어 있으므로 재산분할청구권의 대상이 된다. 따라서 혼인 중에 취득한 재산이라면 설령 일방의 명의로 되어 있다고 하더라도 재산분할의 대상이 된다.

> 재산분할 제도는 이혼 등의 경우에 부부가 혼인 중 공동으로 형성한 재산을 청산·분배하는 것을 주된 목적으로 한다. 이는 민법이 혼인 중 부부의 어느 일방이 자기 명의로 취득한 재산은 그의 특유재산으로 하는 부부별산제를 취하고 있는 것을 보완하여, 이혼을 할 때는 그 재산의 명의와 상관없이 재산의 형성 및 유지에 기여한 정도 등 실질에 따라 각자의 몫을 분할하여 귀속시키고자 하는 제도이다[대법원(전) 2013.6.20. 2010므4071, 4088].

(3) 공유재산

제830조 제2항은 "부부의 누구에게 속한 것인지 분명하지 아니한 재산은 부부의 공유로 추정한다"라고 규정하고 있다. 공유재산은 당연히 혼인의 해소와 더불어 각자에게 청산되어야 하므로 재산분할의 대상이 됨은 물론이다. 누구에게 속한 것인지 분명하지 않다는 사실을 증명하기만 하면 공유로 추정되므로 청산적 성격과 부양적 성격에 따른 배우자의 가족법상 고유한 권리로서 재산분할을 청구할 수 있다.

(4) 기 타

(가) 퇴직금 및 퇴직연금

퇴직급여를 수령하기 위하여는 일정 기간 근무해야 하는데 근무기간에 상대방 배우자의 협력이 기여한 것으로 인정된다면, 그 퇴직급여 역시 부부 쌍방의 협력으로 이룩한 재산으로서 재산분할의 대상이 될 수 있다. 이혼 당시에 아직 퇴직하지 아니한 경우에도 퇴직급여 채권이 분할대상이 된다[대법원(전) 2014.7.16. 2013므2250*]. 이혼 시점에 실제로 수령하고 있는 퇴직연금 역시 재산분할의 대상이 된다[대법원(전) 2014.7.16. 2012므2888].

(나) 국민연금

국민연금법상 이혼배우자의 분할연금 수급권은 재산분할청구권과는 구별되는 것으로 이혼배우자가 국민연금공단으로부터 직접 수령할 수 있는 이혼배우자의 고유한 권리이지만, 이혼시 재산분할절차에서 연금의 분할비율 등을 달리 정하는 명시적인 합의가 있다면 당사자 간의 특약이 적용된다[대법원 2019.6.13. 2018두65088].

(다) 보험금 및 손해배상금

상해보험금이나 인체 손해에 대한 손해배상금도 재산분할 대상이 되는가에 대해 대법원 판례는 이를 부정하고 있다[대법원 2002.8.28. 2002스36]. 손해보험금은 특유재산으로 당사자 쌍방의 협력으로 이룩한 재산이라고 할 수 없으므로 재산분할이 되지 못한다. 다만 저축성 보험의 경우에는 예금이나 적금과 본질적인 차이가 없으므로 재산분할의 대상이 된다.

(라) 우연적 재산

복권당첨금과 같은 행운의 우연적 재산도 재산분할의 대상이 된다는 하급심 판례가 존재한다[서울가정법원 1991.12.21. 91드36646, 42238]. 복권당첨이나 경품당첨이라는 우연적 요소가 부부 협력의 직접적 결과는 아니지만, 복권구입이나 경품추첨의 기회가 실질적으로는 부부공동생활의 연장선에 있다고 할 수 있으므로 분할대상이 된다고 볼 수 있다.

(마) 가사노동의 평가

부부의 일방은 가사노동과 육아에 전적으로 종사하고 다른 일방이 전적으로 외부로부터 가시적인 소득을 얻는 경우를 현실에서는 쉽게 찾아볼 수 있다. 부부 일방이 가사노동과 육아를 전담함으로써 타방이 외부로부터 소득을 얻을 수 있는 기회를 갖게 된다는 점, 가사노동과 육아를 타인과의 계약관계를 통해 대체하게 되면 비용을 부담해야 한다는 점 등에서 이를 재산형성에 기여하는 것으로 판단하는 것은 당연하다. 판례 역시 아내가 가사노동을 분담하는 등으로 내조를 함으로써 남편의 재산의 유지 또는 증가에 기여하였다면 쌍방의 협력으로 이룩한 재산으로 보아 재산분할의 대상이 된다고 인정하고 있다[대법원 1993.5.11. 93스6].

다만 이 경우에도 가사노동의 가치가 상대화되는 문제는 존재한다. 특히 가사노동을 재산형성에 대한 획일적인 비율로 평가한다면, 고소득 배우자를 둔 경우에는 가사노동이 과대평가되고 저소득 배우자를 둔 경우에는 가사노동이 과소평가되는 문제가 발생한다. 그렇다고 해서 가사노동을 일정한 액수로 평가한다면, 반대로 고소득 배우자를 둔 경우에는 가사노동이 과소평가되고 저소득 배우자를 둔 경우에는 가사노동이 과대평가되는 문제가 발생할 것이다.

(바) 제3자 명의의 재산

부부의 재산이 아닌 제3자의 재산은 원칙적으로 재산분할청구의 대상이 되지 못한다. 특히 배우자 직계존속의 재산을 대상으로 재산분할을 청구하는 경우도 있으나 이는 허용되지 않는다. 다만 제3자 명의의 재산이더라도 그것이 부부 중 일방에 의하여 명의신탁된 재산 또는 부부의 일방이 실질적으로 지배하고 있는 재산으로서 부부 쌍방의 협력에 의하여 형성된 것이거나 부부 쌍방의 협력에 의하여 형성된 유형, 무형의 자원에 기한 것이라면 재산분할의 대상이 된다[대법원 2009.6.9. 2008스111*].

(5) 소극재산

(가) 적극재산 범위 이내인 경우

혼인 중 일상가사채무의 경우에는 이혼을 하여도 연대책임이 그대로 유지된다. 또한 일상가사가 아닌 개인적인 채무는 분할대상이 되지 못하지만, 부동산에 관한 임대차보증금 채무와 같은 공동재산의 형성에 수반하여 부담한 채무인 경우에는 분할대상이 된다[대법원 1993.5.25. 92므501*]. 적극재산 범위 이내에서 채무를 분할하는 경우에는 적극재산에서 이를 공제하는 방법을 취한다. 예를 들어 적극재산 5억 원과 채무 2억 원을 1/2로 분할하는 경우에는 일방에게 3억 5천만 원의 적극재산과 2억 원의 소극재산을 귀속시키고, 상대방에게는 적극재산 1억 5천만 원만을 귀속시키면 될 것이다.

(나) 채무초과인 경우

부부 일방이 분할대상이 되는 채무를 부담하고 있어서 적극재산에서 채무를 공제하면 남은 금액이 없는 채무초과인 경우에도 재산분할청구가 가능하다[대법원(전) 2013.6.20. 2010므4071, 4088*].

> 소극재산의 총액이 적극재산의 총액을 초과하여 재산분할을 한 결과가 결국 채무의 분담을 정하는 것이 되는 경우에도 법원은 채무의 성질, 채권자와의 관계, 물적 담보의 존부 등 일체의 사정을 참작하여 이를 분담하게 하는 것이 적합하다고 인정되면 구체적인 분담의 방법 등을 정하여 재산분할 청구를 받아들일 수 있다 할 것이다. 그것이 부부가 혼인 중 형성한 재산관계를 이혼에 즈음하여 청산하는 것을 본질로 하는 재산분할 제도의 취지에 맞고, 당사자 사이의 실질적 공평에도 부합한다. 〈중략〉 재산분할에 의하여 채무를 분담하게 되면 그로써 채무초과 상태가 되거나 기존의 채무초과 상태가 더욱 악화되는 것과 같은 경우에는 채무부담의 경위, 용처, 채무의 내용과 금액, 혼인생활의 과정, 당사자의 경제적 활동능력과 장래의 전망 등 제반 사정을 종합적으로 고려하여 채무를 분담하게 할지 여부 및 분담의 방법 등을 정할 것이고, 적극재산을 분할할 때처럼 재산형성에 대한 기여도 등을 중심으로 일률적인 비율을 정

하여 당연히 분할 귀속되게 하여야 한다는 취지는 아니라는 점을 덧붙여 밝혀 둔다[대법원(전) 2013.6.20. 2010므4071, 4088*].

이 경우에 부부 일방의 채무 일부를 상대방에게 분담시키는 방법을 정하여 재산분할을 하게 된다. 그러나 이러한 취지의 재산분할 심판을 하더라도 채무의 분담을 면책적으로 인수시킬 수 있는 근거는 없으므로[대법원 1999.11.26. 99므1596, 1602*], 채권자 보호를 위해 병존적 채무인수의 방법으로 분담시킬 수밖에는 없다. 물론 재산분할을 부정하는 것보다는 재산분할을 통해 병존적 채무인수라도 채무를 분담시키면, 향후 자기의 부담부분을 넘어 변제한 경우에 채무를 분담한 전 배우자에게 구상권 행사가 가능하다는 점에서 채무초과를 재산분할하는 실익은 인정된다.

다. 재산분할액의 산정

(1) 산정방법

재산분할청구권을 통해 분할되어야 할 액수를 산정하는 구체적인 방법에 대해서 민법에 규정을 두고 있지는 않다. 따라서 학설과 판례에 따라 적절한 방법을 채택할 수밖에 없다. 학설로서는 분할대상 재산을 정하여 가액을 평가하고, 분할비율을 확정하여, 분할의 액수와 방법을 정하는 3단계를 제시하는 견해가 유력하다. 이 견해를 적용하면 분할대상 재산 여부와 그 가치는 법원이 직권으로 조사하되 비교적 엄격한 기준이 적용되는 반면, 분할비율은 법관의 자유로운 재량에 맡겨지게 되는 문제와 분할대상 재산이 상당히 적은 경우에는 분할비율을 아무리 높게 하여도 적정한 재산분할이 이루어지지 않는 문제가 있다(주해친족①,380). 그러나 이론적으로는 이러한 3단계의 논리적 구조가 재산분할청구권을 합리적으로 운영하는데 적절하다고 할 수 있다. 다만 법원은 재산분할에서 중요한 사항은 명시하나, 모든 사항을 특정하여 설시하지 않아도 되므로[대법원 1993.5.25. 92므501] 구체적인 산정과정은 법관의 자유재량에 폭넓게 위임된다.

이에 관한 판례이론을 살펴보면, 먼저 무엇이 재산분할 대상인가에 대해 당사자의 주장에 구애되지 아니하고 직권으로 사실조사를 하여 포함시킬 수 있으며[대법원 1995.3.28. 94므1584], 적극재산이든 소극재산이든 그 액수가 대략적으로라도 확정이 되어야 재산분할의 대상이 된다[대법원 1999.6.11. 96므1397]. 재산분할액 산정의 기초가 되는 재산의 가액은 반드시 시가 감정에 의하여 인정하여야 하는 것은 아니지만 객관성과 합리성이 있는 자료에 의하여 평가하여야 한다[대법원 2002.8.28. 2002스36]. 그리고 분할비율은 개별재산에 대한 기여도를 의미하는 것이 아니라 기여도 기타 모든 사정을 고려하여 형성된 재산 전체에 대하여 상대방 배우자로부터 분할받을 수 있는 비율이므로, 법원이 합리적인 근거 없이 분할대상 재산들을 개별적으로 구분하여 분할비율을 달리 정하는 것은 허용될 수 없다[대법원 2002.9.4. 2001므718].

그러나 채무초과의 경우에는 적극재산의 분할과는 다르다. 재산분할에 의하여 채무를 분담하게 되면 그로써 채무초과 상태가 되거나 기존의 채무초과 상태가 더욱 악화되는 것과 같은 경우에는 그 채무부담의 경위, 용처, 채무의 내용과 금액, 혼인생활의 과정, 당사자의 경제적 활동능력과 장래의 전망 등 제반 사정을 종합적으로 고려하여 채무를 분담하게 할지 여부 및 그 분담의 방법 등을 정할 것이고, 적극재산을 분할할 때처럼 재산형성에 대한 기여도 등을 중심으로 일률적인 비율을 정하여 당연히 분할 귀속하는 것은 아니다[대법원 2013.6.20. 2010므4071, 4088].

(2) 분할재산의 판단 시기

재판상 이혼을 전제로 한 재산분할에 있어 분할의 대상이 되는 재산과 그 액수는 이혼소송의 사실심 변론종결일을 기준으로 하여 정하여야 한다[대법원 2000.5.2. 2000스13]. 다만 혼인관계가 파탄된 이후 변론종결일 사이에 생긴 재산관계의 변동이라도 부부 중 일방의 후발적 사정에 의한 것으로서 혼인 중 공동으로 형성한 재산관계와 무관한 특별한 사정이 있는 경우에는 그 변동된 재산은 재산분할 대상에서 제외하여야 한다[대법원 2013.11.28. 2013므1455, 1462]. 그러나 혼인파탄 이전에 쌍방의 협력에 의하여 형성된 것이라면 재산분할의 대상이 된다[대법원 2019.10.31. 2019므12549, 12556*]. 또한 법률혼과 달리 사실혼 해소를 원인으로 한 재산분할에서 분할의 대상이 되는 재산과 액수는 사실혼이 해소된 날을 기준으로 정하여야 한다[대법원 2023.7.13. 2017므11856].

재산분할재판이 확정된 후 재산분할대상 재산이 새롭게 발견된 경우에는 추가로 재산분할청구가 가능하다[대법원 2003.2.28. 2000므582]. 다만 추가 재판분할청구 역시 이혼한 날로부터 2년 이내라는 제척기간은 준수하여야 한다[대법원 2018.6.22. 2018스18].

(3) 구체적인 분할 방법

가사소송규칙 제98조는 재산분할청구권에 의한 재산분할의 심판에 공유물분할에 관한 제269조 제2항을 준용하고 있다. 따라서 현물분할이 원칙이며, 현물분할은 분할대상 모든 재산을 분할비율에 따라 공유로 하거나, 각각의 개별 재산을 분할비율에 따라 단독소유로 하거나, 용익권을 설정하거나, 채권을 양도하고 대항요건을 갖추는 등의 다양한 방법이 가능하다. 현물분할로 임대차 목적물인 부동산의 단독 소유권으로 이전하는 경우에, 특별한 사정이 없는 한 임대차보증금 반환채무가 새로운 소유자에게 면책적으로 인수되는 것은 아니다[대법원 1997.8.22. 96므912*].

현물로 분할할 수 없거나 분할로 인하여 현저히 그 가액이 감손될 염려가 있는 때에는 법원은 재산의 경매를 명할 수 있다(제269조 제2항). 그러나 실무상으로는 대상분할로서 가액분할을 하는 것이 일반적이며, 가액분할하는 경우 일시금으로 지급하는 것이 통상적이나 연금처럼 정기금 지급이 불가피하거나 더 적당한 경우에는 정기금으로 지급할 수 있다[대법원(전) 2014.7.16. 2012므2888].

조세 관련 사건이긴 하지만, 판례는 재산분할청구권에 의한 분할에 대해 공유물분할에 관한 법리를 준용하고 있다. 따라서 증여세나 양도소득세를 부과할 수는 없으나, 명의변경시 취득세와 등록세는 부과된다.

> 민법 제839조의2에 규정된 재산분할제도는 혼인 중에 부부 쌍방의 협력으로 이룩한 실질적인 공동재산을 청산 분배하는 것을 주된 목적으로 하는 것인바, 이와 같이 협의상 이혼시에 실질적인 부부공동재산을 청산하기 위하여 이루어지는 재산분할은 그 법적 성격, 분할대상 및 범위 등에 비추어 볼 때 실질적으로는 공유물분할에 해당하는 것이라고 봄이 상당하므로, 재산분할의 방편으로 행하여진 자산의 이전에 대하여는 공유물분할에 관한 법리가 준용되어야 할 것이다[대법원 1998.2.13. 96누14401].

라. 재산분할청구권의 행사

(1) 행사방법

재산분할청구권은 1차적으로는 부부 쌍방의 협의로 분할의 액수와 방법을 정한다. 혼인 전에 향후 이혼을 가정하여 재산분할에 대한 합의를 하더라도 이는 제103조 위반으로 효력이 없다. 혼인한 부부가 향후 이혼할 것을 약정하면서 이를 전제로 재산분할의 합의를 하는 경우에는 조건부 의사표시가 되어, 협의상 이혼이 이루어지는 경우에만 그 협의가 효력을 발생하는 것이며[대법원 2001.5.8. 2000다58804*], 재판상 이혼을 하거나 또는 혼인관계가 유지되면 그 재산분할 협의는 조건 불성취로 효력을 잃는다[대법원 1995.10.12. 95다23156]. 그러나 재판상 이혼을 하게 되면 협의상 이혼을 전제로 한 재산분할 협의는 효력을 잃는다는 판례의 태도는 이해하기 어렵다. 협의상 이혼에서의 재산분할청구권을 규정한 제839조의2 전체를 재판상 이혼에 준용하도록 제843조에서 명시적으로 규정한 이상, 재판상 이혼에서도 당사자의 재산분할 협의가 우선적으로 적용되는 것이므로 당사자 사이의 재산분할 협의가 설령 협의상 이혼을 논의하는 과정에서 이루어졌다 하더라도 이를 우선하는 것이 제839조의2 제1항에 충실한 태도라고 할 수 있다.

재산분할에 관하여 협의가 되지 아니하거나 협의할 수 없는 때에는 가정법원은 당사자의 청구에 의하여 당사자 쌍방의 협력으로 이룩한 재산의 액수 기타 사정을 참작하여 분할의 액수와 방법을 정한다(제839조의2 제2항).

(2) 제척기간

재산분할청구권은 이혼한 날로부터 2년을 경과한 때에는 소멸한다(제839조의2 제3항). 이때의 2년이라는 기간은 제척기간으로서의 법적 성질을 가지며, 재판 외에서 권리를 행사하는 것으로 족한 기간이 아니라 그 기간 내에 재산분할 심판청구를 하여야 하는 출소기간이다[대법원 2022.6.30. 2020스561]. 그리고 제척기간이 도과하였는지 여부는 당사자의 주장에 관계없이 법원이 직권으로 조사하여 고려하여야 한다[대법원 1994.9.9. 94다17536]. 2년의 제척기간 내에 재산의 일부만 분할청구한 경우에 2년이 경과하면 나머지 재산에 대해서는 청구권이 소멸된다[대법원 2018.6.22. 2018스18].

1차 이혼 후 재결합한 뒤 다시 2차 이혼하는 경우에 1차 이혼시에 행사하지 못한 재산분할청구권을 2차 이혼시에 행사할 수 있는가에 대해, 판례는 앞서 이루어진 이혼에 따른 재산분할 문제를 정산하였다거나 이를 포기하였다고 볼 만한 특별한 사정이 없는 한 그 각 혼인 중에 쌍방의 협력에 의하여 이룩한 재산은 모두 재산분할의 대상이 될 수 있다고 한다[대법원 2000.8.18. 99므1855].

(3) 포 기

재산분할청구권을 혼인이 해소되기 전에 미리 포기하는 것은 허용되지 않는다[대법원 2016.1.25. 2015스451]. 그리고 협의 또는 심판에 의해 구체화되지 않은 재산분할청구권을 포기하더라도 사해행위가 되지 않으므로 채권자취소권의 대상이 되지 않는다[대법원 2013. 10.11. 2013다7936].

마. 관련 문제

(1) 재산분할청구권의 양도성과 상속성

당사자가 이혼이 성립하기 전에 이혼소송과 병합하여 재산분할의 청구를 한 경우에, 아직 발생하지 아니하였고 구체적 내용이 형성되지 아니한 재산분할청구권을 미리 양도하는 것은 성질상 허용되지 아니하며, 법원이 이혼과 동시에 재산분할로서 금전의 지급을 명하는 판결이 확정된 이후부터 채권양도의 대상이 될 수 있다[대법원 2017.9.21. 2015

다61286]. 이혼소송과 재산분할청구가 병합된 경우, 배우자 일방이 사망하면 이혼을 전제로 하여 이혼소송에 부대한 재산분할청구는 이혼소송의 종료와 동시에 종료된다[대법원 1994.10.28. 94므246, 253*].

(2) 재산분할청구권과 채권자대위권

판례는 이혼으로 인한 재산분할청구권을 보전하기 위해서 채권자대위권을 행사하는 것을 원칙적으로 허용하지 않는다[대법원 2022.7.28. 2022스613].

> 재산분할청구권은 협의 또는 심판에 의하여 구체적 내용이 형성되기까지는 그 범위 및 내용이 불명확·불확정하기 때문에 구체적으로 권리가 발생하였다고 할 수 없어 채무자의 책임재산에 해당한다고 보기 어렵고, 채권자의 입장에서는 채무자의 재산분할청구권 불행사가 그의 기대를 저버리는 측면이 있다고 하더라도 채무자의 재산을 현재의 상태보다 악화시키지 아니한다. 이러한 사정을 종합하면, 이혼으로 인한 재산분할청구권은 그 행사 여부가 청구인의 인격적 이익을 위하여 그의 자유로운 의사결정에 전적으로 맡겨진 권리로서 행사상의 일신전속성을 가지므로, 채권자대위권의 목적이 될 수 없고 파산재단에도 속하지 않는다고 보아야 한다[대법원 2022.7.28. 2022스613].

(3) 재산분할청구권과 채권자취소권

(가) 재산분할청구권을 보전하기 위한 채권자취소권

2007년 민법 개정을 통해 재산분할청구권 보전을 위한 사해행위 취소권 규정이 신설되었다. 부부의 일방이 다른 일방의 재산분할청구권 행사를 해함을 알면서도 재산권을 목적으로 하는 법률행위를 한 때에는 다른 일방은 채권자취소권을 준용하여 그 취소 및 원상회복을 가정법원에 청구할 수 있다(제839조의3 제1항). 이 소송은 재산분할청구권자가 취소원인을 안 날로부터 1년, 법률행위가 있은 날로부터 5년 내에 제기하여야 한다(제839조의3 제2항).

재산분할청구권이 협의나 심판에 의해 구체적으로 형성된 이후에는 재산분할청구권 행사를 해하는 법률행위에 대해 제406조의 채권자취소권을 행사할 수 있음에는 의문이 없다. 그러나 재산분할청구권이 구체적으로 형성되기 이전에 추상적이고 잠재적인 권리에 머무르고 있는 상태에서 향후 예상되는 재산분할청구권의 행사를 해하는 법률행위를 하게 되면, 구체적으로 권리가 발생하였다고 할 수 없는 추상적인 재산분할청구권을 피보전채권으로 하여 제406조의 채권자취소권을 행사할 수밖에 없어서 이론적으로 논란의 여지가 있었다. 특히 피보전채권이 사해행위 이전에 성립되어 있어야 액수나 범위가 구체적으로 확정되지 아니하더라도 채권자취소권의 피보전채권이 될 수 있다는 판례[대법원 2018.6.28. 2016다1045]와 협의 또는 심판에 의하여 재산분할청구권의 구체적인 내용이 형성되기 까지는 구체적으로 권리가 발생하였다고 할 수 없다는 판례[대법원 2013.10.11. 2013다7936]를 감안하면, 잠재적으로 재산분할청구권의 행사 가능성만 있는 상태에서는 채권자취소권에서 피보전채권의 적격을 인정하기는 어려웠다. 따라서 제839조의3을 신설하여 이러한 채권자취소권 법리상의 장애를 입법적으로 해소하였다.

그러므로 협의 또는 심판에 의하여 구체화되지 않았더라도, 부부 사이에서 협의상 이혼 및 재산분할청구가 논의되는 시점부터는 장래에 구체화될 재산분할청구권도 피보전채권으로 법률상 인정된다. 그 외의 세부적인 내용은 제406조의 채권자취소권을 준용하되, 소는 가정법원에 제기하여야 한다(제839조의3 제1항).

(나) 재산분할의 사해행위성

이혼을 하면서 상대방 배우자에게 재산분할을 하는 것이 사해행위로서 채권자취소권의 대상이 될 수 있는가는 현실적으로 매우 중요한 문제이다. 그러나 재산분할청구권에 부양적 성격과 위자료를 배상하기 위한 급부로서의 성격을 고려하면 특별히 과도한 경우에만 예외적으로 채권자취소권의 대상이 된다고 할 것이다. 판례 역시 상당한 정도를 벗어나는 과대한 것이라고 인정되는 경우에만 상당한 정도를 초과하는 부분에 한정하여 사해행위를 인정하고 있으며, 이에 대한 증명책임은 채권자에게 있다고 한다[대법원 2000.7. 28. 2000다14101].

> 재산분할자가 이미 채무초과의 상태에 있다거나 또는 어떤 재산을 분할한다면 무자력이 되는 경우에도 분할자가 부담하는 채무액 및 그것이 공동재산의 형성에 어느 정도 기여하고 있는지 여부를 포함하여 재산분할의 액수와 방법을 정할 수 있다고 할 것이고, 재산분할자가 당해 재산분할에 의하여 무자력이 되어 일반채권자에 대한 공동담보를 감소시키는 결과가 된다고 하더라도 그러한 재산분할이 민법 제839조의2 제2항의 규정 취지에 반하여 상당하다고 할 수 없을 정도로 과대하고, 재산분할을 구실로 이루어진 재산처분이라고 인정할 만한 특별한 사정이 없는 한 사해행위로서 채권자취소권의 대상이 되지 아니하고, 위와 같은 특별한 사정이 있어 사해행위로서 채권자취소권의 대상이 되는 경우에도 취소되는 범위는 그 상당한 부분을 초과하는 부분에 한정된다고 할 것이다[대법원 2001.5.8. 2000다58804*].

(4) 양육비와의 상계

가정법원의 심판에 의하여 구체적인 청구권의 내용과 범위가 확정된 후의 양육비 채권 중 이미 이행기에 도달한 후의 양육비 채권은 완전한 재산권으로서 친족법상의 신분으로부터 독립하여 처분이 가능하고, 권리자의 의사에 따라 포기, 양도 또는 상계의 자동 채권으로 하는 것도 가능하므로 비양육친이 갖는 위자료 및 재산분할청구권을 수동채권으로 하여 상계가 허용된다[대법원 2006.7.4. 2006므751].

Ⅵ. 사실상 이혼

1. 의   의

부부 당사자가 이혼에 합의하여 부부로서의 공동체는 사실상 해체되었으나, 아직 이혼신고를 하지 아니하여 법률혼 상태에 있는 경우에 이를 사실상 이혼이라고 한다. 혼인의 성립에서도 사실혼이 존재하는 것처럼, 이혼의 경우에도 사실상 이혼의 개념을 설정하여 이혼으로서 법률상의 효과를 어느 정도 인정할 현실적인 필요가 있다. 판례도 일찍부터 사실상 이혼의 개념에 대해 긍정하고 있다[대법원 1995.7.3. 94스30].

2. 효   과

사실상 이혼에 대해서는 민법상 규정이 없으므로 학설과 판례에 의해 법적 효과를 정하여야 한다. 먼저 부부로서의 관계가 사실상 해소되었으므로 당사자 사이에서 동거·협조·정조의무[대법원(전) 2014.11.20. 2011므2997*]는 소멸되나, 부양의무는 소멸하지 않는다[대법원 2023.3.24. 2022스771].

> 혼인이 사실상 파탄되어 부부가 별거하면서 서로 이혼소송을 제기하는 경우라고 하더라도, 특별한 사정이 없는 한 이혼을 명한 판결의 확정 등으로 법률상 혼인관계가 완전히 해소될 때까지는 부부간 부양의무가 소멸하지 않는다고 보아야 한다[대법원 2023.3.24. 2022스771].

혼인의 재산상 효과인 일상가사대리권과 일상가사채무 연대책임도 소멸한다는 것이 다수설이며, 이 경우에도 선의의 제3자에게는 대항할 수 없다는 견해(김/김,179)와 표현대리 제도를 통해 제3자를 보호하는 견해(송,81)가 대립된다.

사실상 이혼이 성립되더라도 친족관계 및 자녀와의 관계에는 영향을 주지 아니한다. 따라서 다른 사람과 혼인할 수 없고 배우자로서 서로 상속권이 인정되며[대법원 1969.7.8. 69다427], 인척관계 역시 그대로 유지된다. 그리고 사실상 이혼 상태에서 태어난 자녀도 혼인 중의 자녀가 되지만, 부성추정에 대해서는 동서同棲의 결여가 외관상 명백하다면 그 추정이 미치지 않는다는 것이 판례[대법원(전) 1983.7.12. 82므59]의 태도이다.

> 부부의 한쪽이 장기간에 걸쳐 해외에 나가 있거나 사실상의 이혼으로 부부가 별거하고 있는 경우등 동서의 결여로 처가 부의 자를 포태할 수 없는 것이 외관상 명백한 사정이 있는 경우에는 그 추정이 미치지 않는다고 할 것이다[대법원(전) 1983.7.12. 82므59].

제4장 | 부모와 자

제1절 친 생 자

I. 친자관계

1. 친자관계의 의의

친자관계는 부모와 자녀의 관계를 말한다. 친자관계를 통해 인류는 종족을 보존하고 유지하게 되며, 종적으로 세대를 이어가는 혈연관계를 형성한다. 친자관계는 친족관계가 형성된다는 점에서 가족법상 의의를 갖는다. 부모와 자녀 간에는 1촌의 직계 존비속 혈족관계가, 그리고 자녀들 간에는 2촌의 방계 혈족관계가 발생된다. 친자관계는 사회경제적으로도 중요한 의미를 갖는다. 특히 미성년인 자녀의 경우에는 부모의 경제적인 부양과 정신적인 교양이 필수적이므로 자녀의 복리라는 현대 가족법의 이념을 구현하는 중요한 역할을 담당하게 된다. 시간이 경과하여 부모가 고령으로 독립적인 생활 유지가 어려운 경우에는 성년의 자녀가 친족적 부양을 수행하게 된다.

2. 친자관계의 종류

친자관계는 크게 자연적인 혈연관계로 이루어지는 친생자와 법률상의 혈연관계로 이루어지는 법정친자로 구분된다. 과거에는 계모자와 같은 법정친자관계도 존재하였으나, 현재에는 오로지 양자만이 법정친자이다. 결국 친자는 자연혈족인 친생자와 법정혈족인 양자로 대별된다.

가. 친 생 자

(1) 혼인 중의 자녀

친생자는 다시 자녀의 출생 시점에 부모의 혼인 여부로 '혼인 중의 자녀'와 '혼인외의 자녀'로 구분된다. 자녀의 출생 시점에 어머니가 법률혼 상태에 있거나 자녀가 혼인 중에 포태되었다면, 태어난 자녀는 혼인 중의 자녀가 된다. 혼인 중의 자녀에게는 자녀를 출산한 어머니의 법률상 배우자가 아버지가 된다. 혼인 중의 자녀도 혼인 중에 포태되어 태어난 '부성父性추정을 받는 혼인 중의 자녀'와 혼인 중에 태어났으나 혼인 중에 포태된 것으로 인정되지 않아 '부성추정을 받지 않는 혼인 중의 자녀'로 다시 구분된다.

혼인 중의 자녀라도 법률상 아버지와 반드시 생물학적인 혈연관계에 있다고 단언할 수는 없다. 극히 드문 경우지만, 부부의 일방이 친생부인의 소의 제소기간을 도과하였거나 친생자를 승인한 경우(제852조)에는 생물학적인 아버지가 아닐지라도 혼인 중의 자녀 관계가 영구적으로 인정된다. 자녀가 출생할 시점에 어머니가 혼인 중에 있으면 되는 것이므로, 이후에 부모가 이혼을 하더라도 혼인 중의 자녀로서 지위에는 변함이 없다.

(2) 혼인외의 자녀

남녀의 성적 교섭으로 출생하는 자연혈족인 친생자의 경우에 부모가 반드시 혼인 중에 있는 것은 아니다. 특히 법률혼주의를 취하는 우리 민법에서는 부모가 사실혼 상태에서 자녀를 출산하는 것도 드문 일은 아니다. 만약 자녀의 출생시점에 아버지와 어머니가 법률혼 관계에 있지 아니하다면 자녀는 혼인외의 자녀가 된다. 이 경우 자녀를 출산한 어머니에게 법률상 배우자가 없으므로, 자녀는 출생 시점에 아버지를 법률상으로 알 수 없게 된다. 혼인외의 자녀라도 나중에 인지하게 되면 법률상 아버지와의 관계가 형성된다. 또한 부모의 혼인이 무효인 때에는 출생자는 혼인외의 자녀로 본다(제855조 제1항). 혼인의 무효는 소급효가 있으므로 혼인이 무효가 되면 혼인 중의 자녀도 출생시점으로 소급하여 혼인외의 자녀로 된다. 그러나 혼인의 취소는 소급효가 없으므로 부모의 혼인이 취소되어도 혼인 중의 자녀로서 지위에 변화가 생기지 않는다.

민법에서 혼인 중의 자녀와 혼인외의 자녀의 다른 점은 오로지 출생 시점에 아버지를 법률상 알 수 있는가 없는가의 차이뿐이며, 그 외에는 아무런 법적 차별성도 존재하지 않는다. 가부장제하에서 적서차별의 봉건적 잔재인 혼인 중의 자녀와 혼인외의 자녀의 구별이 오늘날에도 유지되어야 하는가는 의문이다. 혼인 중의 자녀의 법률상 아버지가 생물학적인 아버지가 아닌 경우도 종종 있고, 부자관계가 법적 문제로 되는 경우에는 DNA분석을 통한 생물학적인 부성 판단에 의존하는 현실을 고려하면 부모의 법률혼 여부로 자녀의 신분을 차별하는 것은 합리적이지 않다. 나아가 자신의 의지와는 아무런 관계 없이 태어나면서부터 '혼외자'라는 일종의 사회적 낙인이 찍히는 자녀의 치명적인 불이익을 생각한다면, 이러한 법적 차별은 조속히 폐지되어야만 한다. 자녀가 출생했을 때 부모가 혼인 중이라면 혼인을 존중하여 어머니의 법률상 배우자를 아버지로 정하면 되고, 만약 부모가 혼인 중이 아니라면 생물학적인 부성이 과학적으로 증명된 사람을 아버지로 정하면 된다.

나. 양   자

양자는 민법상 유일한 법정친자이다. 혈연관계가 존재하지 않더라도 입양을 통해서 부모와 자녀의 관계가 형성된다. 양자는 기존의 자연혈족 관계를 유지한 채 새로운 법정혈족 관계가 병존하는 일반양자와 기존의 자연혈족 관계를 단절하고 새로운 법정혈족 관계만을 형성하는 친양자로 구분된다.

양자에서 양부모의 혼인 여부는 중요하지 않다. 이미 혼인 중인 부부가 입양을 하는 경우에는 반드시 공동으로 입양을 하게 된다. 그러나 혼인하지 아니한 성인이 양자를 입양한 이후에 혼인을 하게 되면, 양부(모)의 배우자와 양자 사이에 법정친자 관계가 자동으로 형성되는 것은 아니고 인척관계가 생성될 뿐이다. 양부(모)의 배우자가 별도로 그를 입양을 하여야 비로소 양자관계가 형성된다.

3. 친자관계의 효과

가. 친족관계 형성

부모와 자녀 사이에는 1촌의 직계혈족 관계가 발생된다. 부모는 자녀의 직계존속이고, 자녀는 부모의 직계비속이 된다. 1촌의 친족관계가 형성됨에 따라 부수적으로 상속과 친족간 부양의무의 법적 효과가 발생된다. 즉 부모가 사망하면 자녀는 직계비속으로서 1순위 상속인이 되며, 자녀가 사망하면 부모는 직계존속으로서 2순위 상속인이 된다. 성년인 자녀와 부모 사이에는 친족간의 2차적 부양의무가 있다.

나. 가　족

직계혈족은 가족이 된다(제779조 제1항 제1호). 부모와 자녀는 직계혈족이므로 민법상 가족이다. 가족으로서의 민법상 법률효과는 각종 후견인의 가족은 후견감독인이 될 수 없다는 규정(제940조의5) 이외에는 찾아볼 수 없다. 예를 들어 아버지 또는 어머니가 타인의 후견인이 되면, 그의 자녀는 후견감독인이 될 수 없다.

다. 친　권

부모는 미성년인 자녀에 대해 친권을 갖는다. 미성년인 자녀에게 혼인외의 자녀가 있는 경우에는 친권자가 대행한다. 즉 미성년인 자녀가 부(모)로서 혼인외의 자녀에 대해 갖는 친권을 조부모가 대행하게 된다(제910조). 부모가 혼인 중에는 공동으로 친권을 행사하고 양육을 하지만, 부모가 이혼을 하게 되면 아버지 또는 어머니 중에서 친권자와 양육권자를 정하게 된다. 다만 부모가 이혼을 하더라도 공동으로 친권자나 양육권자가 될 수도 있다[대법원 2012.4.13. 2011므4719].

라. 입양에 대한 동의

미성년인 자녀가 다른 사람의 양자로 입양되기 위해서는 부모의 동의를 받아야 한다(제870조 제1항). 성년인 자녀의 경우에도 부모의 동의를 받아야 타인의 양자가 될 수 있다(제871조 제1항). 이 동의는 부모로서의 지위에서 행하는 것이므로, 친권자나 양육권자가 아닌 부모라도 반드시 자녀의 입양에 대한 동의를 하여야 한다.

4. 친자관계의 해소

가. 친생자관계의 해소

(1) 원　칙

형성된 친자관계를 해소할 수 있는가 여부 그리고 구체적인 해소방법은 어떠한 관계인가에 따라 각각 상이하다. 먼저 자연혈족인 친생자관계를 살펴보면, 친생자관계는 생물학적인 혈연관계가 있다면 해소될 수 없다. 친생자가 타인의 친양자가 되면 일단 친자관계가 해소되지만, 친양자 파양이 이루어지면 원래의 친자관계가 회복되므로 이는 완전한 친생자관계의 해소라고 볼 수는 없다. 비가역적으로 영구적인 친생자관계의 해소는 생물학적인 혈연관계가 없음이 소송을 통해서 확인된 경우에만 가능할 뿐이고, 이것도 그릇되게 표시된 법적 관계를 바로잡는 것이지 진정한 생물학적 혈연관계를 법적 절차를 통해 해소하는 것은 아니다.

(2) 부자관계의 해소

(가) 혼인 중의 자녀

아버지와 혼인 중의 자녀 사이에 생물학적인 혈연관계가 없는 경우에는 친생자관계를 해소할 수 있다. 아버지가 부성추정을 받는 경우에는 요건이 엄격한 친생부인의 소에 의해서만 친생자관계를 해소할 수 있다. 아버지가 부성추정을 받지 아니하는 경우에는 친생자관계 부존재확인의 소를 통해 부자관계를 다툴 수 있다.

(나) 혼인외의 자녀

아버지가 혼인외의 자녀를 임의인지한 경우에는 인지무효의 소(가사소송법 제2조 제1항 제1호 가. 3)) 또는 인지이의의 소(제862조)에 의해서 해소할 수 있다. 자녀가 아버지를 상대로 인지를 청구하여 이를 인용하는 판결이 이루어진 강제인지의 경우라면, 확정판결에 대한 재심절차를 통해서 해소할 수 있다.

(3) 모자관계의 해소

어머니가 자녀를 분만한 사실이 없는 경우에는 모자관계도 해소할 수 있다. 어머니가 자녀를 인지한 경우라면 인지무효의 소 또는 인지이의의 소를 통해서 다툴 수 있지만, 출생신고를 통해 어머니가 되는 대부분의 경우에는 모자관계를 다투는 특정한 소송이 민법상 규정되어 있지 아니하므로 친생자관계 부존재확인의 소를 통해서 모자관계를 해소할 수 있다(제865조).

나. 법정친자관계의 해소

법정친자인 양자는 파양을 통해 양친자관계를 해소할 수 있다. 먼저 일반양자는 당사자 간의 협의상 파양이나 재판상 파양을 통해 해소할 수 있으나, 친양자는 협의상 파양은 불가능하고 오로지 재판상 파양을 통해서만 해소할 수 있다(제908조의5).

Ⅱ. 모자관계

1. 어머니의 결정

자녀를 낳은 사람이 어머니가 된다. 즉 어머니와 자녀의 관계는 출산이라는 사실행위로 결정된다[대법원 1997.2.14. 96므738]. 이는 혼인 중의 자녀뿐만 아니라 혼인외의 자녀도 마찬가지이다[헌법재판소 2001.5.31. 98헌바9]. 현대 사회에서 분만행위는 의료기관에서 행해지는 것이 일반적이므로, 누가 자녀를 출산하였는가는 객관적으로 쉽게 확인될 수 있다. 드물게 여성 혼자서 출산을 하는 경우에도 외형상의 변화 등을 통해 주변 사람들이 출산 사실을 증명할 수 있다. 그러므로 자녀를 출산하였다는 사실로 모자관계가 성립되고, 이 사실을 증명하여 어머니로 가족관계등록부에 등록하게 된다.

2. 모자관계의 종류

모자관계는 어머니가 자녀를 출산했다는 사실로 성립되므로, 어머니가 혼인 중인가의 규범적 판단은 중요하지 않다. 혼인 중이든 혼인외이든 분만이라는 사실적인 행위는 동일하므로 모자관계가 성립되는 데 아무런 문제가 없다. 그러나 어머니가 혼인 중 또는 혼인 해소 후 300일 이내에 출산하였다면 자녀는 혼인 중의 자녀가 될 것이고, 어머니가 혼인 중이지 않은 상태에서 출산하였다면 혼인외의 자녀가 된다. 혼인외의 자녀는 아버지를 알 수 없는 자녀일 뿐 어머니와의 모자관계에서는 아무런 차이가 없다.

3. 모자관계의 해소

모자관계는 어머니가 자녀를 출산하지 않았다는 사실이 증명되지 않는 한, 어떠한 경우에도 해소되지는 않는다. 어머니가 자녀를 실제로 출산한 것이 아니라면 친생자관계부존재확인의 소에 의해 모자관계를 해소할 수 있다. 설령 자녀가 타인에게 친양자 입양이 되더라도 법률상 친족관계가 종료되는 것이지, 생물학적인 모자관계가 완전히 불가역적으로 부정되는 것은 아니다. 이는 친양자가 혼인하는 경우에 기존의 혈족관계가 제809조의 근친혼 금지에 여전히 영향을 미치는 점과 제908조의5 친양자의 파양에서 친생의 아버지 또는 어머니가 친양자 파양청구권을 갖는다는 점에서 잘 나타나고 있다.

4. 대 리 모

남편이 아내 아닌 여성과의 성적 교섭이나 인공수정을 통해 자녀를 출산하였다면, 당사자들 사이에 이른바 대리모 합의가 있다고 하더라도 자녀를 출산한 여성에게 모성이 인정되어야 한다. 유전적 형질이나 분만의 사실 모두 출산한 여성을 어머니로 인정하는 데 아무런 법리상의 장애도 없다. 그러나 남편과 아내의 수정란을 제3자에게 착상하여 제3지가 자녀를 분만한 경우에는 유전적 형질을 기준으로 하면 아내가 어머니가 되어야 하지만, 분만이라는 사실을 기준으로 하면 제3자가 어머니가 되어야 한다. 이러한 문제에 대해 출산이라는 사실을 기준으로 모성을 판단하여야 하므로 대리모가 법률상 어머니로 인정되며, 이른바 '자궁(출산)대리모'계약은 선량한 풍속 기타 사회질서에 위반하는 것으로 제103조에 의하여 무효라고 판단한 하급심 판례[서울가정법원 2018.5.9. 2018브15]를 찾아볼 수 있다.

Ⅲ. 부성추정

1. 부자관계의 성립

부자관계는 원칙적으로 모자관계를 기초로 성립한다. 자녀는 여성만이 출산할 수 있으므로, 여성과의 성적 교섭을 통해 자녀를 포태할 수 있도록 발생적 원인을 제공한 사람이 생물학적인 아버지가 된다. 태어나는 모든 자녀에게는 생물학적인 아버지가 존재한다. 인류 역사에서 자녀가 출생한 이후에 생물학적인 아버지를 사후에 확인하는 것은 매우 어려운 일이었다. 남녀의 성적 교섭이라는 것이 공개적으로 이루어지는 것도 아닐 뿐만 아니라, 모든 성적 교섭이 포태를 가져오는 것도 아니기 때문이다. 따라서 혼인에서의 일부일처제의 확립과 더불어 혼전 순결의 이데올로기와 혼인의 정조의무를 강하게 부과함으로써, 오로지 혼인에서는 부부의 독점적이고 유일한 성적 교섭만이 존재하는 규범적 전제를 설정하는 것이 가능하다. 그리하여 법적으로는 출산하는 여성, 즉 어머니의 법률상 배우자를 아버지로 강하게 추정하게 되었다. 어머니가 혼인 중이거나 또는 어머니가 혼인이 해소된 날로부터 300일 이내에 자녀를 출산하게 되면, 태어난 자녀는 혼인 중의 자녀로서 어머니의 배우자 또는 배우자였던 남성을 법률상 아버지로 하여 가족관계등록부에 등록하게 된다.

만약 어머니가 혼인 중에 포태하지 않았거나 혼인 중에 출산하는 것이 아니라면 자녀에게 생물학적인 아버지는 존재할지라도 법적으로는 아버지를 알 수 없는 상태가 된다. 즉 자녀는 어머니만의 혼인외의 자녀가 되고, 출생 시점에는 법률상 아버지가 없게 된다. 이후에 인지를 통해 자녀와 생물학적인 아버지와의 법률상 부자관계를 형성할 수 있고, 인지된 이후에는 아버지의 혼인외의 자녀로도 된다. 즉 아버지와 어머니 각각의 혼인외의 자녀가 되는 것이다.

2. 부성추정의 요건

가. 혼인 중에 포태한 자녀

아내가 혼인 중에 포태한 자녀는 남편의 자녀로 추정한다(제844조). 혼인의 효력으로 정조의무가 발생하므로, 아내는 오로지 남편하고만 성적 교섭을 한다고 법적으로 가정할 수 있다. 그러므로 아내가 혼인 중 포태한 자녀는 남편이 생물학적인 아버지일 것으로 법률상 추정할 수 있다. 이를 '부성추정父性推定'이라고 한다. '친생추정'이라는 법률용어도 사용하지만, 부모 중 오직 아버지만을 추정하는 것이므로 친생추정보다는 부성추정이라는 용어를 사용하는 것이 더 적절하다.

제844조는 부성추정을 2단계로 구성하고 있다. 먼저 혼인 성립의 날로부터 200일 후 또는 혼인관계 종료의 날로부터 300일 이내에 출생한 자녀를 혼인 중에 임신한 것으로 1단계 추정을 한다(제844조 제2항, 제3항). 이어 혼인 중에 임신한 자녀를 남편의 자녀로 2단계 추정을 한다(제844조 제1항). 혼인 성립의 날로부터 200일 후 또는 혼인관계 종료의 날로부터 300일 이내에 출생한 자녀라도 객관적으로 혼인 중 임신한 것이라고 볼 수 없는 경우에는 1단계 추정이 깨지므로, 부성추정도 이루어질 수 없다.

여기에서 '혼인 성립의 날'은 법률혼주의에 따라 혼인신고가 이루어진 날이라고 보는 것이 적절하다. 사실혼 성립의 날을 포함한다는 견해(김/김,301)도 있으나, 부성추정이 주어지는가에 따라 부자관계를 다투는 법적 절차가 크게 달라진다는 점을 고려하면 획일적으로 판단하는 것이 타당하다고 생각된다. 사실혼의 성립 여부는 물론이고 그 성립 시점은 특히 더 모호하고 주관적이므로 이를 기준으로 하는 것은 법적 불확실성의 문제를 심각하게 할 것이기 때문이다. '혼인관계 종료의 날' 역시 재판상 이혼이 확정된 날, 협의상 이혼신고가 이루어진 날 그리고 배우자가 사망한 날을 의미한다.

나. 혼인 성립의 날부터 200일 후에서 혼인 종료의 날부터 300일 이내에 출생한 자녀

민법은 혼인 중에 포태되었는가 여부를 자녀의 출생 시점을 기준으로 역산하는 방법을 취하고 있다. 만약 혼인 성립의 날에 포태되었다면, 생물학적으로 태아가 가장 조기에 출산하더라도 생존할 수 있는 시점을 200일 후로 판단한 것이다. 또한 혼인 종료의 날에 포태되었다면, 모체에 가장 오랫동안 태아 상태로 존재할 수 있는 시점을 300일로 가정하였다. 따라서 혼인 성립의 날로부터 200일 후에서 혼인 종료 후 300일 이내에 출생하였다면, 그 자녀는 혼인 중에 포태된 것으로 추정하고 있다. 여기에서 "혼인 성립의 날부터 200일 후"라 함은 혼인이 성립한 날을 포함하여 200일이 되는 날이 완전히 경과한 익일 0시부터를 말하며, "혼인관계가 종료된 날부터 300일 이내"라 함은 혼인이 종료한 날을 포함하여 300일이 되는 날의 24시까지로 해석된다.

혼인 종료의 날로부터 300일 이내에 출생한 자녀에 대해 일률적으로 부성추정을 인정하고 이를 다투기 위해서는 친생부인의 소만을 강요하는 민법 규정에 대해서 2015년 헌법재판소가 헌법불합치 결정을 하였다[헌법재판소 2015.4.30. 2013헌마623]. 이에 따라 2017년 민법을 개정하여 혼인 종료의 날로부터 300일 이내에 출생한 자녀라는 부성추정의 요건은 그대로 유지하되, 친생부인의 허가 청구(제854조의2)와 인지의 허가 청구(제855조의2)를 신설하여 친생부인의 소보다 간이한 방법으로 친생추정을 배제할 수 있도록 함으로써 국민의 기본권을 보장하는 방향으로 입법적 개선을 하였다.

민법이 제정되던 1950년대의 의료 환경에서는 태아가 200일 이내에 조기 출산된 경우에 생존가능성이 희박하였기 때문에 민법상의 부성추정은 합리적이라고 할 수 있었다. 그러나 의학의 발달로 이제는 포태된 날로부터 150일이 경과하여 태어난 조산아도 상당한 비율로 생존이 가능한 상황이 되었다. 혼인 성립 후 200일 이내에 출생하였다면 혼인 중 포태된 것이 아니라고 추정하는 민법의 규정은 현재의 의료현실과는 부합하지 않으므로 타당하다고 보기 어려워졌다. 민법의 개정을 통해 부성추정의 요건도 혼인 성립 후 150일 후 정도로 현실화할 필요가 있다.

3. 부성추정의 효과

혼인한 여성이 혼인 성립부터 200일 후에서 혼인 종료 후 300일 이내에 자녀를 출산하면, 어머니의 배우자인 남성이 그 자녀의 아버지라는 법률상의 추정을 강하게 받는다. 이 부성추정은 오로지 아버지와 자녀 사이의 부자관계에 대한 추정이며, 어머니와의 모자관계는 출산이라는 사실로 결정되므로 부성추정과는 아무런 관계가 없다. 여성이 그 자녀를 출산한 사실 자체가 없다면, 부성추정도 당연히 주어지지 않는다. 왜냐하면 출산한 여성의 남편에게 부성추정이 이루어지는 것이므로, 여성이 그 자녀를 출산하지 않았다면 부성을 추정하는 전제 자체가 성립되지 않기 때문이다. 따라서 부성추정을 받지 않는 부자관계의 해소이므로 친생부인의 소가 아닌 친생자관계 부존재확인의 소를 통해서 다툴 수 있다.

부성추정을 받는 자녀는 출생과 동시에 어머니와 아버지 사이의 혼인 중의 자녀가 될 뿐만 아니라, 어머니의 배우자가 아버지라고 강한 법률상 추정을 받는다. 이 부성추정은 자녀의 출생시점을 기준으로 포태시기를 역으로 추론하여 이루어지는 것이기 때문에, 설령 유전자 검사를 통해서 어머니의 남편이 생물학적인 아버지가 아님이 과학적으로 증명되었다고 하더라도 법적인 부성추정은 일단 인정된다. 특히 부성추정은 '혼인과 가족생활은 개인의 존엄과 양성의 평등을 기초로 성립되고 유지되어야 하며, 국가는 이를 보장한다'라는 헌법 제36조의 가치를 실현하는 민법상 제도이므로 법적으로 강하게 보호되어야 한다. 따라서 부성추정을 받는 부자관계는 후술하는 엄격한 친생부인의 소에 의해서만 다툴 수 있으며, 친생자관계 부존재확인의 소를 통해서 다툴 수 없다[대법원 2000.8.22. 2000므292*].

4. 부성추정을 받지 않는 혼인 중의 자녀

가. 의 의

어머니가 혼인 성립 후 200일이 경과하기 전에 자녀를 출산하였다면, 사실상 어머니가 혼인 중에 포태하였다고 보기는 어렵다. 그러므로 어머니의 배우자에게 자녀에 대한 부성추정은 주어지지 않는다. 태어난 자녀는 어머니와의 모자관계가 성립함은 물론이고, 어머니의 배우자와도 혼인 중의 자녀로 인정되어 법률상 부자관계는 성립된다. 결국 어머니의 배우자가 법률상 아버지로 되지만, 부성추정은 받지 못하는 법률상의 아버지이다.

나. 혼인성립 후 200일 이내에 출생한 자녀

어머니가 혼인 성립 후 200일 이내에 출산한 자녀에게는 어머니의 배우자에게 부성추정이 주어지지 않는다. 만약 혼인 성립 후 포태되었다면, 포태된 시점으로부터 200일은 완전히 경과하여야 정상적인 출산이 가능하다는 것이 전통적인 인식이었기 때문이다. 그러나 여기에는 두 가지 문제점이 내포되어 있다. 그 하나는 법률혼주의에 따라 혼인신고 시점을 혼인 성립의 시기로 판단한다면, 결혼식이라는 행사를 기준으로 부부로서 동거를 개시하는 현실적인 관행과는 괴리된 것이기 때문이다. 또 다른 하나는 의료기술의 발달에 따라 포태된 지 200일이 경과하지 아니한 태아도 정상적으로 분만하여 생존하는 경우가 일반적이기 때문이다. 그러므로 현행 민법의 200일이라는 기준은 의학적인 검토를 거쳐 좀 더 빠른 시점으로 앞당기는 개정이 필요하다.

다. 객관적으로 포태가 불가능한 경우

어머니가 혼인 후 200일이 완전히 경과한 이후에 자녀를 출산하였다고 하더라도 외형상 객관적인 관점에서 혼인 중 포태한 것이라고 볼 수 없는 경우까지 부성추정을 할 수는 없다. 예를 들어 혼인 중인 여성의 배우자가 살인죄를 범하여 3년째 교도소에서 복역 중이어서 잠시도 교도소 밖을 나온 적이 없음에도 불구하고 자녀를 출산하였다면, 남편이 자녀의 아버지가 될 수 없음은 외형상 객관적으로 보아 자명하다. 이러한 경우에는 부성추정을 배제하는 것이 통설이자 판례[대법원(전) 1983.7.12. 82므59*]의 일관된 태도이다.

부성추정의 배제는 매우 엄격하게 판단되어야 한다. 어머니의 배우자와의 성적 교섭의 가능성이 외형상 객관적으로 완전히 불가능하여 부성을 추정하는 것이 전혀 사리에 맞지 않는 경우에 국한되어야 한다. 만약 조금이라도 성적 교섭의 가능성이 존재하는 경우라면, 예를 들어 개방처우급 수형자가 '가족 만남의 날 행사'를 통해 배우자와 하루 숙식을 같이 한 적이 있다면, 부성추정이 배제되어서는 아니된다.

최근 DNA 검사를 통한 친자확인이 보편화되면서, 어머니가 혼인 성립 200일 후에 출산한 자녀가 남편의 친자가 아님을 과학적으로 증명하는 것이 용이해졌다. 또한 의학의 발달에 따라 남성이 절대적으로 생식불능이라는 전문의의 진단이 전폭적인 신뢰를 얻게 되었다. 이에 과학적 증명을 통해 부성추정을 배제할 수 있는가가 문제로 되었다. 대법원은 설령 친자가 아니라는 사실상의 과학적 증명이 있다고 해도 부성추정을 배제할 수 없으며, 따라서 친생자관계 부존재확인의 소가 아니라 친생부인의 소를 통해서만 부자관계를 다툴 수 있다고 판시한 바 있다[대법원(전) 2019.10.23. 2016므2510]. 부성추정은 오로지 진정한 혈연관계를 추구하는 혈연진실주의가 전적으로 지배하는 영역이 아니라, 혼인과 가족생활의 제도적 보장이라는 측면을 고려하여야 하므로 과학적 친자관계 증명에 따른 부성추정의 배제가 확대되는 것은 바람직하지 않다.

라. 법적 효과

어머니의 혼인 성립 후 200일 이내에 태어나서 부성추정이 적용되지 않는 경우에도 혼인 중의 자녀로서의 지위는 인정되며, 출생과 동시에 어머니의 배우자가 법률상 아버지로 된다. 그러나 부성이 추정되지 않으므로, 부자관계는 친생자관계 부존재확인의 소를 통해 다툴 수 있게 된다. 후술하는 바와 같이 친생자관계 부존재확인의 소는 친생부인의 소와 달리 엄격한 제소기간의 제한이 적용되지 않으며, 부자관계를 다투는데 이해관계가 있는 사람이라면 누구라도 소를 제기할 수 있다는 점에서 차별성이 존재한다. 결국 부자관계는 부성추정을 받는 경우에 비해 상대적으로 취약한 상태에 놓이게 된다.

5. 정 리

이상과 같은 자녀와 부성과 관련된 내용을 정리하면, 다음과 같은 4가지 유형으로 구분하여 볼 수 있다.

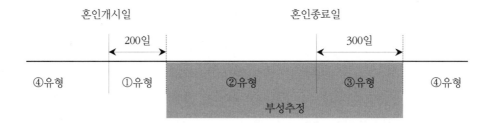

표 1 자녀의 부성 판단 유형

유형	출생 시점에 어머니의 혼인 상태	자녀의 지위	부성추정 여부	부자관계
① 유형	혼인이 성립한 날로부터 200일 이내	혼인 중의 자녀	부성추정 안됨	친생자관계 부존재확인의 소로 다툼
② 유형	혼인이 성립한 날로부터 200일 후	혼인 중의 자녀	부성추정	친생부인의 소로 다툼
③ 유형	혼인이 종료한 날로부터 300일 이내	혼인 중의 자녀	부성추정	친생부인의 소로 다툼 친생부인의 허가 청구 인지의 허가 청구
④ 유형	혼인이 종료한 날로부터 300일을 초과하거나 혼인한 적 없음	아버지를 알 수 없는 자녀		인지를 통해 부자관계 형성

6. 중첩적 부성추정

가. 전혼과 후혼의 부성추정 중첩

여성이 전혼前婚 종료 직후에 후혼後婚을 하는 경우에 후혼 성립의 날로부터 200일 후부터 전혼 종료후 300일 이내의 기간에 자녀가 출생하게 되면, 자녀에게는 전혼 배우자와 후혼 배우자 모두의 부성추정이 주어지게 된다. 여기에서 전혼 종료의 날과 후혼 성립의 날에 당일을 산입할 것인지가 문제가 되는데, 기간의 기산점을 규정하는 제157조에서는 초일을 산입하지 않는 것을 원칙으로 하고 있다. 학설은 이 경우에는 당일을 산입하는 견해(김/김,282)와 원칙대로 초일을 산입하지 아니하는 견해(송,146)가 대립되고 있다. 자녀의 부성을 추정할 것인가는 부부로서 성적 교섭이 존재할 수 있는가를 규범적인 기준에 따라서 판단하는 것이 합리적이므로, 앞서 살펴본 바와 같이 예외적으로 당일을 산입하는 것이 적절하다. 그리고 후혼 성립의 날로부터 '200일 이후'라 함은 후혼 성립일을 포함하여 200일이 되는 날이 완전히 경과한 시점인 익일 0시부터로 해석하고, 전혼 종료후 '300일 이내'는 전혼 종료일을 포함하여 300일이 되는 날의 24시까지로 해석되어야 한다.

예를 들어 2020년 12월 31일 전혼이 종료되면 당일을 포함하여 300일이 되는 2021년 10월 26일 24시까지는 전혼 배우자의 부성추정이 주어지고, 그리고 2021년 2월 1일 후혼이 성립되었다면 당일을 포함하여 200일이 완전히 경과하는 2021년 8월 20일 0시부터는 후혼 배우자의 부성추정이 주어진다. 그러므로 2021년 8월 20일 0시부터 10월 26일 24시 사이에 자녀가 태어난다면, 전혼 배우자와 후혼 배우자 모두의 부성추정이 중첩되게 된다.

2005년 민법 개정 이전에는 여성에게는 재혼금지기간을 두어 부성추정이 중첩되는 것을 법률 규정을 통해 원천적으로 방지하였으나, 해당 규정이 삭제된 현행 민법에서는 이러한 부성추정의 중첩 현상을 완전히 회피할 수는 없게 되었다. 또한 실종선고의 취소 등과 같은 사유로 중혼 중에 있는 동안에 자녀를 낳은 경우에도 부성추정은 중첩된다.

나. 부를 정하는 소

부성추정이 중첩되는 문제를 해결하는 소송이 제845조의 '부父를 정하는 소'이다. 중혼 중에 자녀를 출산한 경우에도 부를 정하는 소를 통해 아버지를 확정하게 된다. 이는 형성의 소로서 가사소송 나류사건에 해당되어 조정전치주의가 적용된다. 부를 정하는 소의 원고는 부성추정이 중첩된 자녀, 어머니, 전 배우자 그리고 현 배우자이다. 부성추정이 중첩된 자녀가 원고인 경우에는 피고는 어머니, 전 배우자, 현 배우자이며, 어머니가 원고인 경우에는 전 배우자와 현 배우자가 피고가 되며, 전 배우자가 원고인 경우에는 어머니와 현 배우자 그리고 현 배우자가 원고가 되는 경우에는 어머니와 전 배우자가 피고가 된다. 만약 피고가 될 사람이 모두 사망한 경우에는 검사를 상대방으로 한다. 결국 부성추정이 중첩된 자녀는 어떠한 경우에도 피고는 되지 않는다. 부를 정하는 소를 통해 아버지가 확정되면, 그의 혼인 중의 자녀로 소급하여 인정된다. 이 판결의 효력은 제3자에게도 미치므로, 판결이 확정되면 친생부인의 소를 제기할 수 없다.

7. 인공수정과 부성추정

가. 배우자 정자제공형 인공수정

남편의 정액을 채취한 후 정자를 추출하여 이를 아내에게 의학적으로 주입하여 체내에서 수정하거나 또는 체외에서 수정한 후 배아를 체내에 착상시키는 방법으로 임신을 유도하는 것이 배우자 정자제공형 인공수정(AIH; Artificial Insemination by Husband)이다. 이 경우에는 자연적인 성적 교섭이 의료상의 시술로 대체되었다는 차이만 있을 뿐, 유전적 형질이나 분만 과정 등에서 전통적인 출산과 아무런 차이가 없으므로 부성추정에 어떠한 문제도 생기지 않는다.

나. 제3자 정자제공형 인공수정

제3자 정자제공형 인공수정(AID; Artificial Insemination by Donor)은 남편의 정자가 아

닌 제3자의 정자를 이용해 아내에게 임신을 시킨다는 점에서 배우자 정자제공형 인공수정과는 차이가 있다. 분만한 자녀의 유전적 형질은 어머니의 남편과 아무런 관계가 없다는 점에서 부성추정을 그대로 인정할 수 있을 것인지가 문제가 된다. 이에 대해 판례 [대법원(전) 2019.10.23. 2016므2519*]는 제3자 정자제공형 인공수정에 의해 출생한 자녀라도 성적 교섭에 의해 출생한 자녀와 동일하게 부성추정이 적용되며, 혼인 중의 자녀로서의 지위를 인정하고 있다. 이러한 점에서 판례는 부성의 판단을 유전적 형질이라는 과학적 요소에 전적으로 의존하는 것이 아니라 사회적 요소에 기반을 두고 있다고 평가할 수 있다. 부성추정이 인정된다면, 정자 제공자의 임의인지 또는 출생한 자녀의 정자 제공자를 상대로 한 인지청구도 불가능하다.

> 인공수정 자녀가 출생하게 된 배경이 된 혼인관계, 그리고 혼인 중 인공수정 자녀가 출생함에 따라 발생하게 되는 친자관계 등의 가족관계도 이처럼 존중받아야 할 개인과 가족의 자율적 결정권에 기초하여 형성된 것이므로 혼인 중 출생한 다른 자녀와 차별을 두어서는 안 된다. 혼인을 바탕으로 형성된 가족생활에 대한 보호의 필요성은 혼인 중 출생한 자녀가 인공수정 자녀라는 이유로 달라지지 않는다. 임신하게 된 구체적 경위에 따라 혼인 중 출생한 자녀에 대한 법적 지위가 달라진다고 볼 법적 근거가 없다. 정상적인 혼인관계를 유지하고 있는 상태에서 출생한 인공수정 자녀에 대해서 성적 교섭에 의해 출생한 자가 아니라는 이유로 친생추정 규정의 적용을 배제할 합리적인 이유도 없다. 〈중략〉 친생추정 규정은 혼인 중 출생한 자녀에 대해서 적용되는데, 친생추정 규정의 문언과 입법 취지, 혼인과 가족생활에 대한 헌법적 보장 등에 비추어 혼인 중 출생한 인공수정 자녀도 혼인 중 출생한 자녀에 포함된다고 보아야 한다[대법원(전) 2019.10.23. 2016므2510*].

Ⅳ. 친생부인의 소

1. 의   의

부성추정은 어머니의 법률상 배우자라는 규범적 요소로 주어지는 것이므로, 생물학적인 부자관계와 괴리될 수도 있다. 생물학적인 부자관계가 없음을 이유로 부성추정을 받는 규범적 부자관계를 해소하는 제도를 둘 필요가 있다. 이 제도가 친생부인의 소이다. 그러나 생물학적인 혈연관계가 모든 것에 절대적으로 우선되어야 하는 것은 아니다. 혈연관계의 진실 확보도 중요하지만, 규범적으로 이미 확립되어 있는 부자관계를 해소하는 것이 자녀의 복리에 적합한 것인가도 고려되어야 한다. 즉 법적 친자관계를 조기에 정착

함으로써, 부양이 필요한 미성년자녀의 복리를 확보하는 것도 친자 관련 법제도 설계에 고려되어야 한다. 따라서 부성추정을 받는 부자관계를 다투는 친생부인의 소는 원고적격 과 제소기간에 엄격한 제한을 둠으로써 이를 반영하고 있다.

2. 당 사 자

가. 원   고

친생부인의 소의 제기는 오직 자녀의 법률상 아버지와 어머니인 남편과 아내만이 가 능하다. 2005년 민법 개정 이전에는 법률상 남편만이 친생부인의 소를 제기할 수 있었고 아내는 제기할 수 없었으나, 이는 불합리한 것이었으므로 아내도 친생부인의 소를 제기 할 수 있게 개정하였다. 다만 아내는 생모여야 하므로 법률상 아버지가 재혼한 아내는 원고가 될 수 없다[대법원 2014.12.11. 2013므4591*]. 생물학적인 아버지나 부성추정을 받는 자녀는 친생부인의 소를 제기할 수 없으며, 할아버지와 같은 다른 친족도 친생부인의 소 를 제기할 수 없다.

만약 남편 또는 아내가 피성년후견인이면, 성년후견인이 후견감독인의 동의를 얻어 소를 제기할 수 있다(제848조 제1항). 친생부인의 의사표시는 유언에 의해서도 할 수 있으 며, 유언집행자가 친생부인의 소를 제기하여야 한다(제850조). 남편이 친생부인을 할 자녀 보다 먼저 사망하거나, 남편 또는 아내가 친자 아님을 안 날로부터 2년 이내에 사망한 경우에는 그 직계존속이나 직계비속이 그 사망을 안 날로부터 2년 내에 친생부인의 소를 제기할 수 있다(제851조).

나. 피   고

친생부인의 소를 제기한 사람의 배우자 또는 자녀가 친생부인의 소의 피고가 된다(제 847조 제1항). 예를 들어 남편이 친생부인의 소를 제기하였다면 친생부인의 대상이 되는 자녀의 어머니인 아내 또는 그 자녀가 피고가 된다. 여기에서 배우자라 함은 자녀를 출 산할 시점의 배우자를 말한다. 배우자가 사망하였다면 자녀가 피고가 된다. 만약 자녀도 사망하였다면 그 직계비속이 있는 경우에 한하여 그 어머니가 피고가 되며, 어머니가 없 으면 검사를 상대로 친생부인의 소를 제기한다(제849조). 여기에서 '그 어머니'가 누구를 말하는 것인지가 명확하지 않다. 학설은 사망한 자녀의 생모라고 해석하고 있으나(주해친족 ①,594), 사망한 자녀의 생모는 제847조에서 이미 친생부인의 소의 피고가 될 수 있음을 명시하고 있고 제847조 제2항에서 상대방이 될 사람이 모두 사망한 때에는 검사가 피고가 된다는 규정이 있으므로 굳이 제849조를 별도로 둘 이유가 없다. 따라서 '그 어머니'라 함은 '사망한 자녀의 직계비속의 어머니' 즉 친생부인의 대상이 되는 자녀의 여성 배우자, 곧 원고의 며느리라고 보아야 한다. 나아가 사망한 자녀가 딸인 경우를 고려하면 '그 아버지', 즉 사위도 피고가 될 수 있도록 개정할 필요가 있다.

또한 제849조는 사망한 자녀에게 직계비속이 있는 경우만을 규정하고 있지만 자녀가 혼인하여 배우자가 있는 경우에도 대습상속 등의 문제가 있으므로, 직계비속 없이 배우자만 있는 경우에도 검사를 상대로 친생부인의 소를 제기할 필요가 있다. 따라서 배우자만 있는 경우에도 원고는 친생부인의 소를 제기할 수 있다고 해석해야 하며, 향후 입법적인 해결이 요구된다. 자녀가 배우자나 직계비속이 없이 사망한 경우에는 친생부인의 소를 제기할 현실적인 이익이 없이 오로지 신분상의 혈연 문제만 있을 뿐이므로, 친생부인의 소는 각하되어야 한다.

3. 제소기간

친생부인의 소는 친생부인의 사유가 있음을 안 날로부터 2년 내에 이를 제기하여야 한다(제847조 제1항). 친생부인의 사유가 있음을 안 날이라 함은 자녀가 법률상 아버지의 생물학적인 후손이 아님을 안 날을 말하는 것이다. 남편 또는 아내가 피성년후견인인 경우에 성년후견인이 제소를 하지 아니하였다면, 피성년후견이 종료된 날로부터 2년 이내에 남편 또는 아내가 친생부인의 소를 제기할 수 있다. 친생부인의 사유가 있음을 안 날로부터 2년은 단기의 제소기간이지만, 조기에 법률상 부자관계를 확정해야 할 필요가 있으므로 적절하다.

유언에 친생부인의 의사가 표시되어 있는 경우(제850조)의 제소기간에 대해서는 민법에 특별한 규정이 없다. 유언에 친생부인의 사유가 있음을 안 날이 기재되어 있다면 그 날짜를 기산점으로 삼으면 될 것이나, 만약 유언에 친생부인의 사유를 안 날이 언급되어 있지 않다면 적어도 유언을 작성한 날에는 친생부인의 사유가 있음을 알았음이 객관적으로 명백하므로 유언 작성일을 기산점으로 하는 것이 타당하다. 문제는 유언에 나타난 친생부인의 사유를 안 날 또는 유언작성일로부터 2년 이상 경과한 이후에 유언이 발견된 경우에는 친생부인의 소를 제기할 수 없게 된다. 이러한 제도적 미비점을 고려하여 유언에 의한 친생부인의 소에 대한 제소기간을 명확히 규정하고, 유언등록제도를 신설하는 등의 입법적 해결이 필요하다.

4. 진 행

친생부인의 소는 형성의 소로서 가사소송 나류사건이므로 조정전치주의가 적용되어 반드시 먼저 가정법원에 조정을 신청하여야 한다(가사소송법 제50조 제1항). 다만 당사자가 임의로 처분할 수 없는 사항이라 조정의 성립만으로는 친생부인의 효과가 생기지 않는다 [대법원 1968.2.27. 67므34]. 그러므로 이 경우에 조정전치주의는 법적 의미가 제한적이다.

친생부인의 소를 제기한 원고가 특정 자녀와 생물학적 친자관계가 부존재함을 증명하여야 하며, 특정인과 친자관계의 존재를 적극적으로 증명할 필요는 없다. 과거에는 친자관계의 부존재 증명이 매우 어려운 일이었지만, 최근에는 DNA 검사를 통한 친생자관계 부존재 증명이 보편적인 신뢰를 얻고 있다.

5. 효 과

친생부인의 소가 확정되면 아버지와 당해 자녀의 부자관계는 자녀의 출생시점으로 소급하여 해소되고, 그 자녀는 어머니의 혼인외의 자녀가 된다. 친생부인의 소가 확정되면, 제3자에 대해서도 대세적으로 효력이 발생되므로 그 자녀의 생물학적인 아버지는 인지를 할 수 있다. 이러한 법률효과를 기재하기 위해서는 판결이 확정된 날로부터 1개월 이내에 가족관계등록부를 정정하는 신청을 하여야 한다. 친생부인의 소가 확정되었다는 것은, 성범죄의 피해와 같은 예외에 해당하지 않는 한, 아내가 혼인중 부정행위를 하였다는 사실을 의미하므로 친생부인의 소를 제기한 남편은 아내를 상대로 재판상 이혼을 청구할 수 있다.

6. 친생부인권의 소멸

자녀의 출생 후에 친생자임을 승인한 사람은 다시 친생부인의 소를 제기하지 못한다 (제852조). 다만 이러한 승인이 사기 또는 강박으로 인한 때에는 이를 취소할 수 있다(제854조). 여기에서의 승인에는 특별한 요건을 필요로 하는 것은 아니지만, 단순히 친생자로 출생신고하는 것은 포함되지 않는다. 혼인 중에 태어난 자녀에 대해서 어머니의 배우자를 아버지로 하여 출생신고하는 것은 법률상의 의무이므로 그 자체가 친생자의 승인을 의미한다고 할 수는 없다.

V. 친생부인의 허가 청구

1. 의   의

2017년 민법 개정을 통해 친생부인의 허가 청구제도가 신설되었다. 제844조 제3항에 따라 혼인관계가 해소된 날로부터 300일 이내에 출생한 자녀도 부성추정을 받게 되는데, 어머니가 남편과 혼인관계가 파탄에 이른지 상당한 기간이 경과된 이후에 비로소 법률상 이혼을 하였다면 이 부성추정은 현실과는 괴리가 있는 것이다. 그럼에도 불구하고 전 남편에게 획일적으로 부성추정을 하여 이를 해소하기 위해서는 엄격한 친생부인의 소를 통해야만 한다면, 당사자 모두에게 불필요한 부담을 줄 뿐이다. 이러한 경우에 상대적으로 간이한 친생부인의 허가 청구를 통해 친생부인을 할 수 있는 제도를 신설하였다.

2. 청구의 요건

가. 혼인관계가 종료된 날로부터 300일 이내에 자녀가 출생할 것

혼인관계가 종료된 날로부터 300일 이내에 자녀가 출생하였어야 한다. 여기에서 혼인관계의 종료는 법률혼이 종료된 날을 기준으로 획일적으로 판단하는 것이 타당하다. 그리고 혼인관계가 종료된 날을 포함하여 300일이 되는 날이 경과할 때까지로 해석되어야 한다.

나. 어머니의 후혼이 성립된 지 200일이 경과하지 않았을 것

어머니가 전혼이 종료된 이후에 후혼이 성립되고 그날을 포함하여 200일이 경과하였다면, 후혼의 부성추정도 받으므로 제845조에 따라 가정법원에 의해 아버지가 결정된다.

다. 혼인 중의 자녀로 출생신고를 하지 않았을 것

자녀가 태어난 이후 혼인 중의 자녀로 출생신고가 된 경우에는 친생부인의 허가 청구를 할 수 없다(제854조의2 제1항 단서). 만약 혼인 중의 자녀로 출생신고가 되었다면, 친생부인의 소를 제기하여야 한다. 친생부인의 허가 청구를 위해 자녀의 출생신고를 미루어야 한다면, 유엔아동권리협약 제7조의 아동의 '태어난 즉시 출생 등록될 권리'와 상충되는 것은 아닌가 하는 의문이 생긴다. 또한 가족관계등록법상 1개월 이내 출생신고할 의무의 이행을 법률로 사실상 제약하는 것이 된다. 따라서 출생신고와 친생부인의 허가 청구가 양립될 수 있는 입법적 보완이 필요하다.

3. 허가 절차

친생부인의 허가 청구가 있으면 가정법원은 친생부인의 허가 심판을 하게 된다. 친생부인의 허가 심판은 가사비송 라류사건으로서, 청구의 상대방이 없으며 조정전치주의는 적용되지 않는다. 가정법원은 직권으로 사실을 조사하고 필요한 증거조사를 하여야 하며(가사소송법 제23조 제1항), 혈액채취에 의한 혈액형 검사, 유전인자의 검사 등 과학적 방법에 따른 검사결과 또는 장기간의 별거 등 그 밖의 사정을 고려하여 허가 여부를 정한다(제854조의2 제2항). 현실적으로는 유전인자의 검사 방법이 과학적으로 가장 정확한 증거조사로서 대부분 활용될 수 있다.

4. 효 과

친생부인의 허가를 받은 경우에는 부성추정이 미치지 아니한다(제854조의2 제3항). 문제는 친생부인의 허가를 받아 부성추정이 미치지 아니하면, 다시 친생자관계 부존재확인의 소를 제기하여 부자관계를 해소해야 하는지 아니면 그 자체로 친생부인의 소가 확정된 것과 동일한 효과가 발생하는가가 법문상으로 명확하지 않다. 이에 대해 친생부인의 소가 확정된 것과 동일한 효과가 발생하여, 부자관계는 처음부터 발생하지 아니하고 어머니의 혼인외의 자녀가 된다는 견해(김/김,313)가 유력하다. 이미 생물학적인 부자관계가 없음이 친생부인의 허가 심판 과정에서 명확해졌음에도 불구하고 다시 친생자관계 부존재확인의 소를 제기하는 것은 불필요한 절차의 중복이므로 친생부인의 소가 확정된 것과 동일한 효과가 발생한다고 보는 것이 타당하다.

VI. 인 지

1. 인지제도

민법은 친생자를 혼인 중의 자녀와 혼인외의 자녀로 구분하고 있다. 어머니가 혼인 중이거나 혼인이 종료한 날로부터 300일 이내에 자녀를 출산하는 경우에 자녀는 어머니와 어머니의 배우자 사이의 혼인 중의 자녀가 된다. 어머니가 혼인 중에 있지 아니하거나 혼인종료 후 300일을 초과한 후에 자녀를 출산하는 경우에는, 어머니의 법률상 배우자가 없으므로, 출생한 자녀에게는 법률상 아버지로 결정할 대상이 존재하지 않는다. 결국 자녀는 어머니의 혼인외의 자녀로 되고, 아버지는 법적으로는 알 수 없는 상태에 놓이게 된다. 이 경우에 그 자녀와 생물학적인 아버지와의 혼인외의 자녀로서 부자관계를 형성하는 제도가 인지이다.

혼인외의 자녀라도 어머니와의 모자관계는 출산이라는 사실로 결정되므로, 어머니와의 모자관계를 위한 인지가 필요한 경우는 드물다. 예외적으로 혼인외에서 기아棄兒라든가 타인과 자녀가 뒤바뀐 경우에만 인지를 통해서 법적인 모자관계가 형성된다. 따라서 민법은 생물학적인 아버지와 어머니 모두가 혼인외의 자녀를 인지할 수 있도록 규정하고 있다(제855조 제1항). 주의하여야 할 점은 어머니가 혼인 중에 출산하였으나 타인의 자녀와 병원에서 뒤바뀐 경우에는 진정한 생물학적 자녀의 신분이 혼인 중의 자녀이므로 후술하는 친생자관계 존재확인의 소를 제기하여야 하며, 혼인외의 자녀로 되는 인지를 하여서는 아니된다.

인지는 생물학적인 아버지나 어머니가 혼인외의 자녀를 상대로 하여 인지의 의사표시와 인지신고를 하는 '임의인지'와 혼인외의 자녀가 생물학적인 아버지나 어머니를 상대로 하여 가정법원에 인지를 청구하는 '강제인지'로 크게 구분된다. 아버지나 어머니는 자신의 자녀를 사실상 인식할 수는 있으므로 일방적인 의사표시와 신고만으로 인지의 효과를 발생시킬 수 있으나, 자녀가 자신의 친생부모를 자연적으로 인식하는 것은 사물의 본성에 반하기 때문에 자녀는 인지의 의사표시만으로 친자관계를 확립할 수 없는 것이다. 자녀는 인지의 소를 통한 가정법원의 판결에 의해서만 혼인외의 친생자관계를 형성할 수 있다.

2. 임의인지

가. 당 사 자

(1) 인지권자

혼인외의 출생자는 그 생부나 생모가 이를 인지할 수 있다(제855조 제1항). 혼인외의 친생자의 생물학적인 아버지나 어머니가 인지권자가 된다. 어머니는 출산으로 모자관계가 형성되므로, 인지를 통해 혼인외의 자녀로서의 모자관계를 확정하는 것은 혼인외의 기아와 같은 예외적인 경우에 국한된다. 아버지가 피성년후견인인 경우에는 성년후견인의 동의를 받아 인지할 수 있다(제856조). 민법은 아버지만을 규정하고 있지만, 어머니가 피성년후견인인 경우에도 성년후견인의 동의를 받아 인지할 수 있다고 해석된다.

(2) 피인지자

어머니가 혼인 외에서 낳은 자녀가 임의인지의 상대방이 된다. 어머니가 혼인 중이거나 혼인이 종료한 날로부터 300일 이내에 낳은 자녀는 혼인 중의 자녀이므로 인지의 대상이 되지 못한다. 만약 어머니의 혼인 중의 자녀가 기아가 되거나 타인의 자녀와 병원에서 뒤바뀐 경우에는 인지가 아닌 친생자관계 존재확인의 소를 통하여 혼인 중의 자녀로서의 관계를 확정하게 된다.

생물학적인 자녀가 타인의 혼인 중의 자녀로 되어 있는 경우에는 인지할 수 없다. 이미 성립되어 있는 혼인 중의 자녀 관계를, 부성추정을 받는가의 여부에 따라, 친생부인의 소 또는 친생자관계 부존재확인의 소에 의해 해소한 이후에만 인지가 가능하다. 그리고 타인에 의해 이미 인지되어 혼인외의 자녀 관계가 형성되어 있는 경우에는 그 인지에 대해 인지무효나 인지이의의 소를 제기하여 확정된 이후에만 인지가 가능하다.

인지되어야 할 자녀가 사망한 경우에도 그 직계비속이 있는 때에는 인지할 수 있다(제857조). 인지되어야 할 자녀가 사망하였다면 원칙적으로는 인지할 현실적인 이익이 없으므로 인지를 허용할 이유가 없다. 그러나 그 자녀에게 직계비속이 있다면 상속이나 부양 등의 실익이 있으므로 예외적으로 인지를 할 수 있다. 자녀가 사망한 이후 인지를 하게 되면, 그의 직계비속과 직계혈족 관계가 형성되어 상속인이 될 수 있는 법적 지위가 인정된다. 민법은 직계비속이 있는 경우에만 사망한 자녀에 대한 인지를 허용하고 있는데, 만약 혼인을 하여 배우자는 있으나 아직 직계비속이 없는 경우에도 인지가 가능한가는 문제가 된다. 만약 인지되어야 할 자녀가 혼인한 상태에서 먼저 사망한 경우에도 그의 배우자가 대습상속인이 될 수 있는 여지가 있으므로 제857조를 확장해석하여 인지할 수 있다고 해석하는 것이 타당하며, 향후 입법적인 해결이 요구된다.

아버지는 포태 중에 있는 자녀에 대해서도 이를 인지할 수 있다(제858조). 임의인지에는 예외적으로 태아의 권리능력이 인정된다. 다만 판례[대법원 1976.9.14. 76다1365]가 취하는 정지조건설에 따라 태아가 살아서 태어난 이후에만 인지의 효과가 발생할 뿐이며, 태아로 있는 동안에는 어떠한 법률효과도 발생되지 않는다. 어머니는 포태 중인 자녀에 대해서 인지를 할 이유가 없으므로, 태아에 대한 인지는 오로지 생물학적인 아버지만이 가능하다.

나. 요 건

(1) 인지의 의사

임의인지는 아버지 또는 어머니의 인지의사가 있어야 한다. 진지한 인지의 의사가 결여되면 인지는 효력이 없다. 피인지자인 혼인외의 자녀의 인지에 대한 동의는 필요하지 않다. 만약 피인지자가 임의인지에 대해 다투고자 한다면, 후술하는 인지이의의 소를 제기하여야 한다(제862조). 인지는 유언으로도 이를 할 수 있다(제859조 제2항).

(2) 인지신고

인지는 가족관계의 등록 등에 관한 법률의 정하는 바에 의하여 신고함으로써 그 효력이 생긴다(제859조 제1항). 인지신고는 창설적 신고로서 신고가 수리되면, 인지의 효력이 발생된다. 유언으로 인지를 하는 경우에는 유언집행자가 이를 신고하여야 한다(제859조 제2항). 유언집행자의 신고에 대해서는 출생신고와 동일한 보고적 신고로서 이 신고가 없어도 인지가 유효하다는 견해(김/김,322)도 있으나, 가족관계등록법 제59조의 유언에 의한 인지 규정이 창설적 신고에 관한 동법 제55조와 제56조를 따르도록 하고 있으므로 유언집행자에 의한 인지신고도 창설적 신고로 보는 견해(윤,198)가 타당하다. 생전행위나 유언이나 모두 인지자의 일방적 의사에 의한 임의인지이므로, 생전행위로 하는 인지신고는 창설적 신고로 그리고 유언에 의한 인지신고는 보고적 신고로 각각 달리 다루어야 할 이유는 없다. 따라서 유언에 의한 인지도 창설적 신고로 보아 신고하지 않으면 효력이 발생하지 않는다.

(3) 인지의 허가 청구

(가) 의 의

어머니가 혼인이 종료된 날로부터 300일 이내에 출산한 자녀에 대해서는 네 가지의 가능한 경우의 수가 있다. 첫째로 어머니가 후혼을 하여 후혼 성립의 날로부터 200일이 경과된 사실이 중첩되는 경우라면, 부성이 충돌하여 제845조의 부를 정하는 소를 통해 결정하게 된다. 둘째로 후혼을 하지 않았다면, 전혼 배우자가 부성추정을 수용하여 출생신고를 함으로써 전혼 배우자의 부성추정을 받는 혼인 중의 자녀가 된다. 셋째로 전혼 배우자가 부성추정을 수긍할 수 없고 아직 자녀의 출생신고를 하기 전이라면 전혼 배우자는 제854조의2에 따른 친생부인의 허가 청구를 할 수도 있다. 넷째로 전혼 배우자의 부성추정이 미치는 것을 막기 위해서 생물학적인 아버지가 제855조의2에 따른 인지의 허가 청구를 먼저 할 수도 있다. 제854조의2에 따른 친생부인의 허가 청구와 제855조의2에 따른 인지의 허가 청구는 동전의 양면과 같은 경합적인 수단이므로, 누가 먼저 가정법원에 어떠한 허가 청구를 하는가에 따라 택일적으로 진행된다.

이와 같은 생물학적인 아버지를 위한 인지의 허가 청구제도는 2017년 민법 개정을 통해 신설되었다. 제844조 제3항에 따라 혼인관계가 해소된 날로부터 300일 이내에 출생한 자녀도 부성추정을 받게 되는데, 어머니가 전혼 배우자와 혼인관계가 파탄에 이른지 상당한 기간이 경과된 이후에야 비로소 법률상 이혼을 한 경우에는 이 부성추정은 현실과 상당한 괴리가 있게 된다. 그럼에도 불구하고 생물학적인 아버지가 인지를 하기 위해서 부성추정을 받는 법률상의 아버지와 자녀 사이에 친생부인의 소를 통해서 부자관계를 해소하는 절차가 선행되어야만 한다면, 관련 당사자 모두에게 불필요한 부담을 줄 뿐이다. 그러므로 생물학적인 아버지가 선제적으로 인지의 허가 청구를 통해 획일적인 부성추정이 미치지 않도록 할 수 있는 제도를 신설하였다.

(나) 요 건

법률상의 혼인관계가 종료된 날로부터 300일 이내에 자녀가 출생하였어야 한다. 자녀가 태어난 이후 혼인 중의 자녀로 출생신고가 된 경우에는 생물학적인 아버지는 인지의 허가 청구를 할 수 없다(제854조의2 제1항 단서). 친생부인의 허가 청구에서 살펴본 것과 마찬가지로 출생신고와 인지의 허가 청구가 양립될 수 있는 제도적인 보완이 필요하다.

(다) 허가 절차

인지의 허가 청구가 있으면 가정법원은 인지의 허가 심판을 하게 된다. 인지의 허가 심판은 가사비송 라류사건으로서, 청구의 상대방이 없으며 조정전치주의는 적용되지 않는다. 가정법원은 직권으로 사실을 조사하고 필요한 증거조사를 하여야 하며(가사소송법 제23조 제1항), 혈액채취에 의한 혈액형 검사, 유전인자의 검사 등 과학적 방법에 따른 검사결과 또는 장기간의 별거 등 그 밖의 사정을 고려하여 허가 여부를 정한다(제855조의2 제2항). 역시 유전인자의 검사 방법이 가장 과학적으로 결정적인 증거조사로 활용될 수 있다.

(라) 효 과

인지의 허가 심판이 확정되면 청구한 생물학적인 아버지는 가족관계등록법 제57조 제1항에 따른 출생신고를 할 수 있고, 이 출생신고를 하는 경우에는 어머니의 전 배우자의 부성추정은 미치지 아니한다(제855조의2 제3항). 그러므로 출생신고를 하는 생물학적인 아버지와의 혼인외의 자녀관계가 성립하며, 어머니의 전 배우자와는 아무런 관계도 형성되지 않는다.

다. 인지의 무효와 취소

(1) 인지의 무효

인지의 의사 없이 신고가 이루어지면 인지는 효력이 없다. 임의인지도 친족법상의 의사표시이므로 의사능력이 결여되면 인지는 무효가 된다. 또한 생물학적인 부자관계가 존재하지 않음에도 불구하고 인지신고가 이루어진 경우에 인지는 무효가 된다. 문제는 인지가 무효라고 하더라도 인지의 의사표시와 그에 따른 신고는 외형상 존재하여 가족관계등록부에 혼인외의 자녀로 등록되었다면, 이를 바로잡기 위한 절차가 필요하다. 이것이 가사소송법이 규정하는 인지무효의 소이다.

민법에는 인지무효의 소에 관한 규정이 존재하지 않으며, 가사소송법 제2조 제1항 제1호에서 규율하고 있다. 가사소송법에 따르면 인지무효의 소는 가사소송 가류사건으로 확인의 소이며(윤,200), 인지무효의 소 제기권자는 인지하는 아버지 또는 어머니, 인지되는 자녀, 법정대리인 또는 4촌 이내의 친족이다(가사소송법 제28조, 제23조). 인지무효의 소 상대방은 아버지 또는 어머니 중 어느 한쪽이 소를 제기한 경우에는 다른 한쪽이 되며, 그 외의 사람이 소를 제기한 때에는 아버지와 어머니를 상대방으로 하고, 어느 한쪽이 사망한 경우에는 그 생존자를 상대방으로 하며, 상대방이 될 사람이 모두 사망한 경우에는 검사를 상대방으로 한다(가사소송법 제28조, 제24조).

(2) 인지의 취소

사기, 강박 또는 중대한 착오로 인하여 인지를 한 때에는 사기나 착오를 안 날 또는 강박을 면한 날로부터 6월 내에 가정법원에 그 취소를 청구할 수 있다(제861조). 인지의 취소는 민법총칙상 의사표시의 취소와는 달리 취소권자의 취소권 행사로 완결되는 것이 아니라, 가정법원의 인지취소 소송에 의하여야 한다. 인지취소의 소는 형성의 소이며(윤,201), 소송의 상대방은 아버지 또는 어머니 중 어느 한쪽이 소를 제기한 경우에는 다른 한쪽이 되며, 그 외의 사람이 소를 제기한 때에는 아버지와 어머니를 상대방으로 하고, 어느 한쪽이 사망한 경우에는 그 생존자를 상대방으로 하며, 상대방이 될 사람이 모두 사망한 경우에는 검사를 상대방으로 한다(가사소송법 제28조, 제24조).

라. 인지에 대한 이의의 소

(1) 의 의

임의인지는 생물학적 아버지나 어머니의 일방적인 의사표시와 신고로만 부모와 자녀의 관계가 확립된다. 인지의 상대방인 자녀의 의사는 전혀 고려되지 않는다. 인지는 진정한 혈연관계를 전제로 하는 것이므로, 객관적으로 생물학적인 관계가 있다면 자녀의 의사가 어떠하든 부모와 자녀의 관계가 형성되어야 함은 물론이다. 후손이 자신의 선조를 선험적으로 인식하는 것은 사물의 본성상 불가능하므로, 과학적이고 합리적인 측면에서도 자녀의 의사를 반영할 필요는 없다. 그러나 자녀로서는 감정적으로 수용하기 어려운 임의인지에 대해 아무런 대응을 할 수 없다면 그 또한 합리적이라고 할 수는 없다. 특히 현재와 같이 유전인자의 검사 방법이 과학적으로 확립되기 이전에는 진정한 혈연관계가 있는 것인가를 자녀의 입장에서 규범적으로 다툴 수 있는 절차를 마련하는 것은 필수적이었다. 인지이의의 소는 아버지 또는 어머니의 임의인지에 대해 자녀가 이의를 제기하는 것에 국한되므로, 자녀의 재판상 인지에 대한 아버지 또는 어머니의 이의제기는 재심의 소에 의해야만 한다.

(2) 절 차

인지된 자녀 기타 이해관계인은 인지의 신고있음을 안 날로부터 1년 내에 인지에 대한 이의의 소를 제기할 수 있다(제862조). 인지이의의 소의 법적 성질은 확인의 소이다. 이해관계인이란 임의인지가 있음으로 인해 자신의 이익이 침해되는 사람을 말한다. 예를 들어 아버지가 진정한 혈연관계가 의심스러운 타인을 유언으로 인지함으로써 자신의 상속분에 감소가 생기는 상속인 등이 이에 해당된다. 인지된 자녀가 인지이의의 소를 제기한 경우에는 인지를 한 아버지 또는 어머니가 상대방이 되며, 이해관계인이 소를 제기한 경우에는 인지한 아버지 또는 어머니와 인지된 자녀 모두가 상대방이 된다. 만약 인지이의의 소의 상대방이 될 사람이 모두 사망한 경우라면 검사를 상대로 하여야 한다.

(3) 효 과

인지이의의 소가 확정되면 임의인지는 소급해서 효력을 상실한다. 이에 따라 인지이의의 소를 제기한 사람은 판결확정일로부터 1개월 이내에 판결의 등본 및 그 확정증명서를 첨부하여 가족관계등록부의 정정을 신청하여야 한다(가족관계등록법 제107조).

(4) 인지무효의 소와의 관계

인지이의의 소와 인지무효의 소는 모두 임의인지의 효력을 다투는 소송으로, 확정이 되면 임의인지의 효력이 소급해서 무효로 된다는 법적 효과에서는 차이가 없다. 그러므로 실질적인 차이가 없이 본질적으로 같은 것이므로 일원화를 주장하는 견해(김/김,329)가 제기되고 있다. 그러나 양자는 소의 제기권자와 제소기간에서 차이가 있다. 우선 타인에게 인지된 자녀의 진정한 생물학적인 아버지는 이해관계인으로서 인지이의의 소는 제기할 수 있으나, 친족은 아니므로 인지무효의 소는 제기할 수 없다. 반대로 임의인지를 한 사람은 인지이의의 소는 제기할 수 없으나 인지무효의 소는 제기할 수 있다. 이해관계인도 널리 소를 제기할 수 있는 인지이의의 소는 인지신고가 있음을 안 날로부터 1년 이내에 소를 제기하여야 하나, 상대적으로 소를 제기할 수 있는 사람의 범위가 한정된 인지무효의 소에 제소기간 제한이 없는 점은 합리적인 태도라고 할 수 있다. 인지된 자녀와 같이 인지이의의 소와 인지무효의 소 둘 다 제기할 수 있는 사람의 경우에는 인지가 있음을 안 날로부터 1년이 경과한 이후에는 인지이의의 소는 제기할 수 없으나 인지무효의 소는 제기할 수 있다.

마. 특수한 경우의 인지

(1) 출생신고에 의한 인지

현실 생활에서 자신의 혼인외의 자녀가 생물학적인 혈연관계가 있다고 믿고 친생자출생의 신고를 하는 경우에 그 출생신고는 인지의 효력이 있다(가족관계등록법 제57조 제1항). 나중에 자신의 생물학적인 자녀가 아님을 알게 되면, 가족관계등록법은 인지의 효력이 있다고 규정하고 있을 지라도 인지이의의 소가 아니라 친생자관계 부존재확인의 소로 친자관계를 다투어야 한다는 것이 판례[대법원 1993.7.27. 91므306]의 태도이다. 즉 인지의 형식이 아닌 출생신고의 형식을 갖추었으므로, 혼인외의 자녀 관계의 해소도 그 형식에 따라 친생자관계 부존재확인의 소를 통해야 한다.

(2) 가정법원의 확인을 받은 출생신고에 의한 인지

혼인외의 자녀도 어머니와의 모자 관계는 출생이라는 사실로 결정되므로, 어머니가 혼인외의 자녀의 출생신고 의무자가 된다(가족관계등록법 제46조 제2항). 문제는 어머니의 신원을 알 수 없거나 어머니가 출생신고를 하지 않는 경우에, 어머니의 친족도 아니고 분만에 관여한 의료인도 아닌 생물학적 아버지로서는 출생신고를 하는 것이 불가능해진다(가족관계등록법 제46조 제3항). 이 규정에 대해 혼인외의 자녀의 '태어난 즉시 출생 등록될 권리'를 침해하므로 헌법불합치 결정을 하였다[헌법재판소 2023.3.23. 2021헌마975]. 또한 혼인외의 자녀의 어머니가 특정됨에도 불구하고 아버지가 출생신고를 함에 있어 어머니의 소재 불명 또는 어머니가 정당한 사유 없이 출생신고에 필요한 서류 제출에 협조하지 아니하는 등의 장애가 있는 경우에는 아버지의 등록기준지 또는 주소지를 관할하는 가정법원의 확인을 받아 아버지가 출생신고를 할 수 있다(가족관계등록법 제57조 제1항 단서). 이러한 제도는 출생신고의 제도적 허점을 보완하는 판례[대법원 2020.6.8. 2020스575]를 2021년 민법 개정으로 입법적으로 수용한 것이다. 그러나 이 규정 역시 입법형성권의 한계를 넘어서서 실효적으로 출생 등록될 권리를 보장하고 있다고 볼 수 없으므로 혼인외의 출생자의 태어난 즉시 '출생 등록될 권리'를 침해한다고 헌법불합치 결정을 한 바 있다[헌법재판소 2023.3.23. 2021헌마975]. 다만 이 조항들은 2025년 5월 31일을 시한으로 입법자가 개정할 때까지 계속 적용된다.

아버지가 임의인지를 하기 위해서는 어머니의 성명, 등록기준지 및 주민등록번호가 신고의 기재사항인데(가족관계등록법 제55조 제1항 제3호), 이러한 내용을 알지 못하는 생물학적 아버지라면 인지신고를 할 수 없게 된다. 어머니의 성명·등록기준지 및 주민등록번호의 전부 또는 일부를 알 수 없어 어머니를 특정할 수 없는 경우 또는 어머니가 공적 서류·증명서·장부 등에 의하여 특정될 수 없는 경우에는 아버지의 등록기준지 또는 주소지를 관할하는 가정법원의 확인을 받아 출생신고를 할 수 있다(가족관계등록법 제57조 제2항). 이 가족관계등록법 제57조 제2항도 헌법불합치 결정이 내려졌으나, 법개정 전까지는 계속 적용된다[헌법재판소 2023.3.23. 2021헌마975]. 가정법원은 이러한 확인을 위하여 필요한 사항을 직권으로 조사할 수 있고, 지방자치단체, 국가경찰관서 및 행정기관이나 그 밖의 단체 또는 개인에게 필요한 사항을 보고하게 하거나 자료의 제출을 요구할 수 있다(가족관계등록법 제57조 제3항). 아버지가 이처럼 가정법원의 확인을 받아 출생신고를 하면 인지로서의 효력이 발생된다.

3. 재판상 인지

가. 의   의

생물학적인 아버지나 어머니는 일방적인 인지신고를 통해 혼인외의 자녀와의 관계를 확립할 수 있다. 그러나 자녀는 가정법원에 인지청구의 소를 통해서만 생물학적인 아버지나 어머니와 혼인외의 자녀 관계를 형성할 수 있다. 이를 재판상 인지라고 한다. 인지청구의 소의 법적 성질은 상대방이 아버지인 경우에는 형성의 소이고, 어머니인 경우에는 확인의 소이다. 인지청구의 소에서 당사자의 증명이 충분하지 못할 경우에는 법원이 직권으로 사실조사와 증거조사를 하여야 한다[대법원 2015.6.11. 2014므8217*].

자녀가 가정법원에 인지청구의 소를 제기할 수 있는 권리를 인지청구권이라고 한다. 자녀가 상속인으로서의 지위를 얻거나 부양청구권을 행사하기 위한 전제로 인지청구권을 행사하는 경우가 일반적이다. 인지청구의 상대방인 아버지 또는 어머니로서는 혼인외의 자녀가 있음이 대외적으로 드러나는 것을 회피하기 위해, 금전적 보상을 하면서 인지청구권을 포기하는 약정을 하기도 한다. 그러나 인지청구권은 당사자가 처분할 수 없는 권리이므로 포기약정은 효력이 없으며[대법원 1987.1.20. 85므70], 장기간 행사하지 아니하여도 실효의 원칙이 적용되지 않는다[대법원 2001.11.27. 2001므1353*].

나. 당 사 자

(1) 원 고

자녀와 그 직계비속 또는 그 법정대리인은 아버지 또는 어머니를 상대로 하여 인지청구의 소를 제기할 수 있다(제863조). 자녀가 이미 타인의 부성추정을 받는 혼인 중의 자녀로 등록된 경우에는 친생부인의 소가 확정되기 전까지는 생물학적인 아버지를 대상으로 인지청구를 할 수는 없다[대법원 1968.2.27. 67므34]. 그러나 생물학적 부모가 호적상의 부모와 다른 사실이 객관적으로 명백한 경우에는 부성추정이 미치지 않으므로, 친생부인 없이 곧바로 생물학적 부모를 대상으로 인지청구를 할 수 있음은 물론이다[대법원 2020.1.28. 99므1817*]. 태아는 임의인지의 대상이 될 수는 있으나, 인지청구의 소를 제기할 수는 없다. 자녀의 직계비속은 인지청구권을 행사할 자녀가 사망한 경우에만 인지청구의 소를 제기할 수 있다(김/김,332). 그러나 자녀가 혼인 후 직계비속 없이 사망한 경우에는 그 배우자도 인지청구의 소를 제기할 수 있다고 해석하는 것이 타당하다.

(2) 피 고

인지청구의 소의 피고는 생물학적인 아버지 또는 어머니이다. 만약 피고가 될 아버지 또는 어머니가 사망한 때에는 그 사망을 안 날로부터 2년 내에 검사를 상대로 하여 인지청구의 소를 제기할 수 있다(제864조).

다. 제소기간

인지청구의 소는 원칙적으로 제소기간의 제한이 없다. 자녀가 특정인이 자신의 생물학적인 아버지 또는 어머니임을 알고 있으면서 장기간 인지청구권을 행사하지 않았다고 하더라도 언제든지 인지청구의 소를 제기할 수 있다. 그러나 생물학적인 아버지 또는 어머니가 사망한 이후에 인지청구의 소를 제기하는 경우에는 2년의 제소기간이 적용된다. 설령 사망한 사람이 생물학적인 아버지 또는 어머니라는 사실을 모르는 경우라도 사망 사실을 안 날로부터 인지청구의 제소기간을 기산하여야 한다[대법원 2015.2.12. 2014므4871*]. 그러나 이러한 판례의 태도는 매우 불합리하다. 주변에서 생물학적인 아버지 또는 어머니를 친척이나 친지라고 속이는 경우도 종종 있는데, 이런 경우에는 불합리한 결과를 피하기 어렵다. 따라서 생물학적인 아버지 또는 어머니라는 사실과 그가 사망한 사실을 모두 안 날을 기산점으로 정하는 것이 타당하다.

> 인지청구의 소와 친생자관계 부존재확인의 소(이하 '인지청구 등의 소'라고 한다)에서 제소기간을 둔 것은 친생자관계를 진실에 부합시키고자 하는 사람의 이익과 친생자관계의 신속한 확정을 통하여 법적 안정을 찾고자 하는 사람의 이익을 조화시킨다는 의미가 있는데, 당사자가 사망함과 동시에 상속이 개시되어 신분과 재산에 대한 새로운 법률관계가 형성되는데, 오랜 시간이 지난 후에 인지청구 등의 소를 허용하게 되면 상속에 따라 형성된 법률관계를 불안정하게 할 우려가 있는 점, 친생자관계의 존부에 관하여 알게 된 때를 제소기간의 시점으로 삼을 경우에는 사실상 이해관계인이 주장하는 시기가 제소기간의 기산점이 되어 제소기간을 두는 취지를 살리기 어렵게 되는 점 등을 고려할 때, 인지청구 등의 소에서 제소기간의 기산점이 되는 '사망을 안 날'은 사망이라는 객관적 사실을 아는 것을 의미하고, 사망자와 친생자관계에 있다는 사실까지 알아야 하는 것은 아니라고 해석함이 타당하다[대법원 2015.2.12. 2014므4871*].

만약 혼인외의 자녀가 의사능력도 없는 유아일 때 생물학적인 아버지가 사망한 경우에, 법정대리인이 그로부터 2년 내에 인지청구의 소를 제기하지 않아서 제소기간이 도과함으로써 자녀가 부자관계를 영구히 회복할 수 없는 손해를 감수하여야 한다면 이는 매우 불합리하다. 자녀가 미성년자인 경우에는 자녀가 성년이 된 뒤로 아버지 또는 어머니의 사망을 안 날로부터 2년 내에 인지청구의 소를 제기할 수 있다고 한다[대법원 2024.2.8. 2021므13279].

> 미성년자인 자녀의 법정대리인이 인지청구의 소를 제기한 경우에는 그 법정대리인이 부 또는 모의 사망사실을 안 날이 민법 제864조에서 정한 제척기간의 기산일이 된다. 그러나 자녀

가 미성년자인 동안 법정대리인이 인지청구의 소를 제기하지 않은 때에는 자녀가 성년이 된 뒤로 부 또는 모의 사망을 안 날로부터 2년 내에 인지청구의 소를 제기할 수 있다고 보아야 한다. 인지청구권은 자녀 본인의 일신전속적인 신분관계상의 권리로서(대법원 2001.11.27. 2001므1353 판결 참조) 그 의사가 최대한 존중되어야 하고, 법정대리인에게 인지청구의 소를 제기할 수 있도록 한 것은 소송능력이 제한되는 미성년자인 자녀의 이익을 두텁게 보호하기 위한 것일 뿐 그 권리행사를 제한하기 위한 것이 아니기 때문이다[대법원 2024.2.8. 2021므 13279].

4. 인지의 효과

인지는 그 자녀의 출생시에 소급하여 효력이 생긴다. 그러나 제3자의 취득한 권리를 해하지 못한다(제860조). 인지의 소가 확정되면 친생자관계 부존재확인의 소로 다툴 수 없다[대법원 2015.6.11. 2014므8217*].

가. 소 급 효

인지가 이루어지면 그 자녀는 출생한 시점부터 인지한 사람의 혼인외의 자녀가 된다. 인지한 생물학적 아버지나 어머니는 자녀에 대해 소급하여 양육책임을 부담하며 상호 간에 면접교섭권을 갖는다(제864조의2). 인지한 생물학적인 아버지나 어머니에게는 자녀가 태어난 시점부터 과거의 부양료를 분담할 의무가 발생된다[대법원(전) 1994.5.13. 92스21].

인지의 소급효는 상속에도 적용된다. 인지하기 이전에 생물학적인 아버지가 사망한 경우에도 인지된 자녀는 상속인의 지위를 소급해서 얻는다. 예를 들어 생물학적인 아버지가 직계비속 없이 사망하여 후순위자인 직계존속이 상속인이 되었어도, 인지가 되면 혼인외의 자녀인 직계비속으로서 소급하여 상속인이 되어 상속회복청구권을 행사할 수 있다[대법원 1993.3.12. 92다48512*]. 또한 같은 순위의 공동상속인과의 관계에서도 소급해서 상속인의 지위를 얻지만, 이미 상속재산이 분할되거나 처분된 경우에는 후술하는 소급효의 제한이 적용되어 가액지급 청구만 가능하다.

나. 소급효의 제한

인지의 소급효는 제3자가 취득한 권리를 해하지 못한다(제860조 단서). 여기에서 제3자란 인지자와 피인지자 그리고 원칙적으로 후순위 상속인이나 공동상속인을 제외한 모든 사람을 말한다. 따라서 인지된 자녀를 제외하고 공동상속을 하였거나 후순위 상속인이 상속을 하였다면, 설령 피상속인에게 생물학적인 자녀가 있다는 사실을 알지 못하였더라도 상속회복청구의 대상이 된다. 다만 제1014조는 예외를 명시적으로 규정하고 있다. 즉 상속개시 후의 인지 또는 재판의 확정에 의하여 공동상속인이 된 사람이 상속재산의 분할을 청구한 경우에 다른 공동상속인이 이미 분할 기타 처분을 한 때에는 그 상속분에 상당한 가액의 지급을 청구할 권리가 있다. 상속재산의 재분할이 아닌 금전으로 가액지급 청구만을 인정하는 것이고, 또한 제3자에 해당하는 상속재산의 양수인의 권리는 해할 수 없으므로 양도인인 공동상속인에게 그 가액을 청구하는 방법으로 인지의 소급효를 제한하는 것이다.

그러나 인지의 소급효 제한은 모자관계에는 적용되지 않는다. 모자관계는 자녀의 출생으로 당연히 법률상의 친자관계가 생기는 것이므로 인지는 단지 발생한 모자관계를 확인하는 것에 불과하여, 인지의 소급효 제한에 관한 민법 규정은 적용 또는 유추적용되지 않는다[대법원 2018.6.19. 2018다1049*].

다. 친권과 양육

혼인외의 자녀가 인지된 경우에는 부모의 협의로 친권자를 정하여야 하고, 협의할 수 없거나 협의가 이루어지지 아니하는 경우에는 가정법원은 직권으로 또는 당사자의 청구에 따라 친권자를 지정하여야 한다. 다만 부모의 협의가 자녀의 복리에 반하는 경우에는 가정법원은 보정을 명하거나 직권으로 친권자를 정한다(제909조 제4항). 다만 임의인지의 경우에는 협의할 수 없거나 협의가 이루어지지 아니하는 경우에도 가정법원이 직권으로 지정할 수 있는 방법은 없다(김/김,338).

누가 혼인외의 자녀를 양육할 것인가는 부모의 협의에 의하여 정하되(제864조의2, 제837조 제1항), 협의가 자녀의 복리에 반하는 경우에는 가정법원은 보정을 명하거나 직권으로 그 자녀의 의사·나이와 부모의 재산상황, 그 밖의 사정을 참작하여 양육에 필요한 사항을 정한다(제864조의2, 제837조 제3항). 자녀를 직접 양육하지 아니하는 부모의 일방과 인지된 자녀는 상호 면접교섭할 수 있는 권리를 갖는다(제864조의2, 제837조의2).

라. 인지된 자녀의 성과 본

혼인외의 출생자가 인지된 경우 자녀는 부모의 협의에 따라 종전의 성과 본을 계속 사용할 수 있다. 다만 부모가 협의할 수 없거나 협의가 이루어지지 아니한 경우에는 자녀는 법원의 허가를 받아 종전의 성과 본을 계속 사용할 수 있다(제781조 제5항). 대부분의 경우에 혼인외의 자녀는 출생을 통해 어머니와의 모자관계만이 성립되어 아버지를 알 수 없으므로, 일반적으로 어머니의 성과 본을 따르게 된다(제781조 제3항). 그 후 생물학

계가 발생된다. 친생자관계를 해소하는 방법으로는 부성추정을 받는 혼인 중의 자녀와
아버지와의 관계는 친생부인의 소를 통해서, 그리고 인지된 혼인외의 자녀와 부모와의
관계는 인지무효의 소, 인지취소의 소 또는 인지이의의 소를 통해 해소될 수 있다.

　　그러나 이러한 법적 수단만으로 친생자관계의 형성과 해소를 완전히 규율할 수 있는
것은 아니다. 위의 법적 수단을 통해 친생자관계를 규율할 수 없는 경우도 있다. 이를 위
한 보충적인 제도가 제865조의 친생자관계 존부확인의 소이다. 즉 민법이 규정하고 있는
사유가 아닌 다른 사유를 원인으로 하여 친생자관계가 존재하거나 존재하지 않음을 가정
법원을 통해 확인하는 소송이다. 따라서 이미 민법이 규정하고 있는 사유와 법적 수단이
존재하는 경우라면 우선적으로 이를 통하여야 하며, 친생자관계 존부확인의 소를 제기할
수 없다. 대표적으로는 혼인외의 자녀의 생물학적인 아버지가 사망한 날로부터 2년이 경
과한 후에 어머니가 부자관계에 대해 친생자관계 존재확인의 소를 제기하는 것은, 제소
기간 내에 재판상 인지가 가능했었으므로, 허용되지 않는다[대법원 1997.2.14. 96므738*].

2. 구체적인 사례

　　제865조 표제에서 명시하고 있는 '다른 사유'라 함은 민법이 규정하고 있는 친생부인
의 소, 부를 정하는 소, 인지청구의 소, 인지무효의 소, 인지취소의 소, 인지이의의 소 이
외의 다른 사유를 말한다. 친생자관계 존부확인의 소를 제기할 수 있는 구체적인 경우를
살펴보면, 첫째로 부성추정을 받지 아니하는 혼인 중의 자녀와 아버지와의 친생자관계를
부정하는 소송이다. 부성추정을 받는 혼인 중의 자녀는 제847조 이하의 친생부인의 소를
통해서 부자관계를 해소할 수 있으나, 부성추정을 받지 않는 혼인 중의 자녀와 부자관계
를 부정하는 수단은 민법이 규정하고 있지 않다. 그러므로 오로지 친생자관계 부존재확
인의 소를 통해서 부자관계를 해소하는 수밖에 없다. 설령 아버지가 혼인외의 자녀에 대
해 출생신고를 하여 인지로서의 효력이 발생되더라도, 형식상 인지신고가 아닌 출생신고
를 한 이상 친생자관계 부존재확인의 소를 제기하여 다투어야 한다[대법원 1993.7.27. 91므
306*].

　　둘째로 어머니와의 친생자관계의 존재 또는 부존재를 확인받는 소송이다. 모자관계는
출산이라는 사실로 성립되므로, 어머니가 출산한 사실이 있는지 없는지를 확인하는 것은
매우 중요하다. 그러나 민법이 이러한 사실관계를 다루는 법적 수단을 규정하고 있지 않
다. 실제로 어머니가 실제 출산하지 않은 자녀와의 관계를 해소하는 방법으로는 친생자
관계 부존재확인의 소 이외에는 어떠한 방법도 없다. 출산과 동시에 혼인외의 자녀를 잃

어버렸거나 출산 후 혼인외의 자녀가 바뀐 경우에는 어머니가 인지를 통해서 모자관계를 형성할 수 있을 것이지만, 혼인 중의 자녀가 그러한 상황에 처한 경우라면 친생자관계 존재확인의 소를 통해서만 모자관계를 인정받을 수 있을 것이다.

끝으로 부모 모두와 친자관계를 다투는 소송은 친생자관계 부존재확인의 소를 통해서만 가능하다. 예를 들어 부모가 혼인 중에 자녀를 출산하였으나 병원에서 타인의 신생아와 바뀐 경우에는 어머니와 자신의 친생자로 믿고 등록한 자녀와의 사이에 출산이라는 사실이 아예 존재하지 않으므로 친생자관계 부존재확인의 소를 통해 모자관계를 해소하고, 이를 통해 부성추정도 깨지는 효과가 발생되므로 아버지와도 친생자관계 부존재확인의 소를 통해서 부자관계를 해소하게 된다.

3. 당 사 자

가. 원   고

제865조는 친생자관계 존부확인의 소를 제기할 수 있는 사람을 열거하고 있다. 부를 정하는 소(제845조), 친생부인의 소(제846조, 제848조, 제850조, 제851조), 인지이의의 소(제862조), 인지청구의 소(제863조)를 제기할 수 있는 사람은 친생자관계 존부확인의 소를 제기할 수 있다. 구체적으로 살펴보면 다음의 표와 같다.

표 2 친생자관계 존부확인의 소 제기권자

소의 종류	조문	소 제기권자
부를 정하는 소	제845조	당사자(자녀, 어머니, 어머니의 배우자, 어머니의 전 배우자)
친생부인의 소	제846조	아버지, 어머니
	제848조	아버지 또는 어머니의 성년후견인
	제850조	유언집행자
	제851조	아버지 또는 어머니의 직계존속이나 직계비속
인지이의의 소	제862조	자녀, 이해관계인
인지청구의 소	제863조	자녀, 자녀의 직계비속(및 해석상 자녀의 배우자), 자녀의 법정대리인

친생자관계 존부확인의 소는 자녀, 아버지, 어머니, 어머니의 배우자, 어머니의 전 배우자, 아버지 또는 어머니의 성년후견인, 아버지 또는 어머니의 유언집행자, 아버지 또는 어머니의 직계존속이나 직계비속, 자녀의 직계비속, 자녀의 법정대리인, 그리고 이해관계

인이 제기할 수 있다. 또한 자녀의 배우자도 해석론상으로 인지청구의 소를 제기할 수 있다고 할 것이다. 결국 자녀의 친자관계에 대해 이해관계가 있는 사람은 모두 원고가 될 수 있으며, 대표적으로는 자녀의 인지하지 않은 생물학적인 아버지도 원고가 될 수 있다. 다만 제777조의 친족이라는 사실만으로 자동으로 이해관계인이 되는 것은 아니다 [대법원(전) 2020.6.18. 2015므8351*].

나. 피 고

민법은 친생자관계 존부확인의 소의 피고에 대해서는 아무런 규정도 두고 있지 않다. 따라서 관련 당사자가 피고가 되며, 누가 원고인가에 따라서 각각 달라진다. 아버지 또는 어머니 측이 원고인 경우에는 자녀가 피고가 되며, 자녀 측이 원고인 경우에는 아버지 또는 어머니가 피고가 된다. 그 외의 이해관계자가 원고인 경우에는 부모와 자녀가 공동으로 피고가 된다. 만약 피고가 될 사람이 사망한 경우에는 검사가 피고가 된다(가사소송법 제28조, 제24조 제3항).

4. 제소기간

친생부인의 소와 달리, 친생자관계 존부확인의 소는 제소기간에 특별한 제한이 없다. 다만 피고가 사망한 경우에는 사망사실을 안 날로부터 2년의 기간 내에 검사를 상대로 하여 소를 제기하여야 한다(제865조 제2항). 이해관계인이 상대방인 부모와 자녀 모두 사망하여 검사를 상대로 소를 제기하는 경우에도 역시 2년의 제소기간이 적용된다[대법원 2004.2.12. 2003므2503]. 그리고 이 제소기간의 법적 성질은 제척기간이다.

친자관계가 존재하지 않음을 원고가 알고 난 이후에 피고가 될 사람이 사망하는 경우에는 2년의 기간을 적용하는데 특별한 문제가 없지만, 만약 사망 사실을 안 날로부터 2년 이상 경과한 이후에 친자관계가 존재하지 않음을 비로소 알게 되었다면 제소기간이 도과하여 친생자관계 부존재확인의 소를 제기할 수 없는 불합리한 문제가 생긴다. 따라서 제865조 제2항에서는 '사망을 안 날로부터'라고 규정하고 있을지라도, 친생자관계의 존재 또는 부존재의 사실까지 모두 안 날로부터 2년으로 해석되어야 하며, 향후 입법적으로 해결될 필요가 있다.

5. 효   과

친생자관계 존부확인 청구가 인용되면 친생자관계의 존재 또는 부존재가 확정된다. 이 확정판결을 바탕으로 1개월 이내에 가족관계등록부의 정정을 신청할 수 있다. 이 판결의 법적 성격은 확인판결이지만, 대세효가 인정된다(가사소송법 제21조). 다만 혼인외의 자녀에 대한 친생자관계 부존재확인 판결이 확정되어도 그 기판력이 형성의 소인 인지청구의 소에 미치는 것은 아니다[대법원 1982.12.14. 82므46].

6. 관련문제

가. 혼인 중의 친생자가 타인의 친생자와 바뀐 경우

드문 경우이지만 산부인과에서 분만 직후에 부부의 자녀가 타인 부부의 신생아와 서로 뒤바뀐 사실을 모르고 각각 혼인 중의 자녀로 출생신고를 한 이후에 뒤늦게 이러한 사실을 알게 되는 경우도 예상해 볼 수 있다. 이 경우 각 부부가 생물학적인 자녀와 진정한 친자관계로 회복하는 방법이 문제가 된다.

먼저 친생자관계로 등록된 어머니와 자녀의 관계를 살펴보면, 모자관계를 결정하는 출산이라는 사실이 결여되어 있으므로 어머니는 자녀를 상대로 친생자관계 부존재확인의 소를 제기하여 모자관계를 해소할 수 있다. 모자관계가 해소되면, 종전의 어머니의 배우자가 자녀의 아버지로 등록되었다고 할지라도 부성추정은 미치지 않는다. 왜냐하면 진정한 어머니의 배우자인 경우에만 부성이 추정되는 것이지, 진정한 어머니가 아닌 여성의 배우자에게 부성추정은 있을 수 없기 때문이다. 따라서 친생자관계로 등록된 아버지와 자녀의 관계도 친생부인의 소가 아닌 친생자관계 부존재확인의 소를 통해 친생자관계를 해소하게 된다. 물론 두 개의 친생자관계 부존재확인의 소를 따로 순차적으로 제기할 수도 있으나, 친생자관계로 등록된 부모가 자녀를 상대로 하나의 친생자관계 부존재확인의 소를 제기할 수도 있을 것이다. 친생자관계 부존재확인 판결이 확정되면, 이제 자녀는 부모를 알 수 없는 사람이 되어, 생물학적인 부모가 혼인 중인 상태에서 출생한 것이므로 친생자관계 존재확인의 소를 통해서 혼인 중의 자녀의 관계를 회복할 수 있다. 인지는 혼인외의 출생자녀를 형성하기 위한 제도이므로, 인지가 아닌 친생자관계 존재확인의 소를 제기하여야 한다.

혼인 중의 친생자관계로 등록된 부모가 친생자관계 부존재확인의 소를 제기하지 않은 상태에서도 생물학적인 부모가 친생자관계 존재확인의 소를 제기할 수 있는가도 문제가 된다. 생물학적인 어머니도 이해관계인이므로 가족관계등록부상의 어머니와 자녀를 상대로 친생자관계 부존재확인의 소를 제기할 수도 있다(주해친족①,668). 그러나 등록된 모자관계가 해소되기 전까지는 가족관계등록부상의 아버지에게는 여전히 부성추정이 미치는 상태이므로 아버지만을 먼저 상대로 해서는 친생자관계 부존재확인의 소를 제기할 수는 없다.

나. 혼인외의 자녀를 혼인 중의 자녀로 출생신고하여 인지된 경우

혼인 외에서 출생한 자녀를 배우자의 동의를 얻어 혼인 중의 자녀로 출생신고하는 경우도 생각해 볼 수 있다. 이처럼 혼인외의 자녀를 혼인 중의 자녀로 출생신고하면 인지의 효과가 발생한다. 만약 혼인외의 자녀가 생물학적인 자녀가 아니라는 사실을 알게 되면 이를 어떻게 바로잡을 것인가의 문제가 발생된다. 예를 들어 남성 갑과 배우자 아닌 여성 을과의 사이에서 병이 태어났는데, 배우자 정의 동의를 얻어 갑과 정 사이의 혼인 외의 자녀로 등록하였다. 그러나 훗날 병의 생물학적인 아버지가 갑이 아닌 무라는 사실을 알게 되어 갑과 정은 병과의 친생자관계를 해소하고자 한다. 이에 대해 인지의 효과가 발생되었으므로 인지이의의 소를 제기하여야 한다는 견해가 있으나, 판례는 친생자관계 부존재확인의 소를 제기하여야 한다고 판시하고 있다[대법원 1993.7.27. 91므306].

다. 입양하면서 혼인 중의 자녀로 허위 출생신고한 경우

타인을 입양하면서 입양 사실을 은폐하기 위해 허위로 출생신고를 하게 되면, 판례는 무효행위의 전환으로 입양의 효력이 발생된다는 태도를 견지해 왔다. 이 경우 부모가 자녀와의 친생자관계를 해소하기 위해서는 친생자관계 부존재확인의 소가 아닌 파양절차를 밟아야 한다는 것이 판례였다[대법원(전) 2001.5.24. 2000므1493]. 그러나 미성년자 입양을 위해 법원의 허가가 필요한 현행 민법 규정에서는 이러한 무효행위 전환의 논리를 취해 입양의 효과를 인정하는 판례이론은 더 이상 유지되기 어려울 것이다.

제 2 절 양 자

I. 양자제도

1. 유일한 법정친자

부모와 자녀의 관계는 생물학적인 혈연관계에 의해 자연적으로 형성되는 친생자와 법률에 의해 형성되는 법정친자로 구분된다. 입양을 통한 양자는 민법상 유일한 법정친자이다. 민법을 제정할 때에는 양자와 계모자 그리고 적모서자嫡母庶子도 법정친자로 인정하고 있었지만, 1990년 민법 개정을 통하여 양자만이 유일한 법정친자가 되었다.

2. 양자의 종류

양자는 크게 일반양자와 친양자로 구분된다. 일반양자[1]는 민법 제정 당시부터 인정되어 온 전통적인 입양에 의해 성립하며, 기존의 친생자로서의 자연혈족관계와 더불어 입양에 의한 양자로서의 법정혈족관계가 이중으로 병존한다. 따라서 친생부모와 양부모 모두 부모와 자녀의 관계가 형성된다. 성과 본도 원칙적으로 친생부(모)의 성과 본을 그대로 유지한다. 이러한 점에서 기존의 혈연관계를 완전히 단절하고 양자관계에만 집중하고자 하는 사회적인 요구에 부응하는데 한계가 있었다.

이에 2005년 민법을 개정하여 친양자 입양을 신설함으로써, 기존의 친생관계를 단절하고 친양자 입양을 통해 친생자에 준하는 관계를 형성하는 완전양자제도를 도입하였다. 친양자의 성과 본도 친양부(모)의 성과 본을 따르고 가족관계증명서에 친생자로 기재하며, 오로지 친양자입양관계증명서에만 친양자 입양 사실을 기재하도록 하였다. 또한 친양자관계에서는 협의상 파양을 인정하지 않고, 재판상 파양도 극히 제한하고 있다.

---

[1] 이하에서 '입양', '양자'라 함은 일반 입양, 일반양자를 말한다.

3. 입양 목적의 변천

입양의 목적은 시대에 따라 변화되어 왔다. 유교적 봉건주의가 지배해 왔던 조선 중기 이후 입양은 집안의 대를 잇기 위한 수단에 불과하였다. 이는 '가문을 위한 양자'라고 할 수 있다. 따라서 같은 성과 본을 사용하는 부계혈족 내에서 남성을 양자로 입양하는 것을 선호하였고, 부득이한 경우에만 혈족의 범위 밖에 있는 남성이라도 입양을 하였다. 제사를 지내고 대를 이어 성과 본의 연속성을 유지시키는 것이 입양의 거의 유일한 목적이었으므로, 여성을 입양하는 경우는 거의 찾아볼 수 없었다.

해방 이후 유교적 봉건주의로부터 벗어나, 입양은 자녀가 없는 부모의 양육 욕구를 충족시켜 주기 위한 방편으로 발전되었다. 이는 '부모를 위한 양자'라고 할 수 있다. 따라서 반드시 혈족 범위의 남성에 국한되지도 않았고, 여성을 양자로 입양하는 것도 결코 드문 일은 아니었다. 대체로 생물학적으로 불임인 부부가 입양을 통해 법정친자관계를 형성하면서도 외형상으로는 친생자로 인정받고자 하는 의도가 있었으므로, 양자는 의사능력이 없는 신생아나 유아를 선호하였고 입양을 하면서도 친생자로 출생신고를 하는 경우가 빈번하였다.

2000년대 들어 사회적인 인식의 변화에 따라 민법의 양자 제도에도 큰 발전이 있었다. 종래의 부모를 위한 양자에서 '미성년인 자녀를 위한 양자'로의 진화가 그것이다. 2005년 친양자 입양을 신설하여 완전양자제도를 도입하였으며, 2013년 민법 개정으로 미성년자의 일반 입양에도 가정법원의 허가를 받도록 하고, 미성년자인 양자는 협의상 파양을 불허하고 오로지 재판상 파양만을 인정하였다.

Ⅱ. 입양의 성립 요건

1. 입양의사의 합치

가. 미성년자 입양

(1) 13세 이상의 미성년자

양자가 될 사람이 13세 이상의 미성년자인 경우에는 법정대리인의 동의를 받아야 한다(제869조 제1항). 13세 이상의 미성년자는 의사능력이 있으므로 본인이 입양의 의사를 표시하고 이에 대해 법정대리인이 동의를 하여야 한다. 양부모가 될 사람의 입양의사도 존재하여야 함은 물론이다. 그러므로 양부모가 될 사람의 입양의사와 양자가 될 13세 이상의 미성년자의 입양의사 그리고 그에 대한 법정대리인의 동의가 모두 존재하여야 한다.

(2) 13세 미만의 미성년자

양자가 될 사람이 13세 미만인 경우에는 법정대리인이 그를 갈음하여 입양을 승낙한다(제869조 제2항). 13세 미만의 미성년자는 입양이라는 중대한 인생사에 대해 자유의지를 가지고 진지한 의사결정을 하기에는 너무 어리고, 신생아나 유아의 경우에는 의사능력이 결여되어 있으므로 의사표시 자체가 불가능하다. 법정대리인이 그를 대신하여 입양의 승낙을 할 수밖에 없으며, 이를 대낙代諾이라고 한다. 양부모가 될 사람의 입양의사와 양자가 될 사람의 법정대리인 대낙으로 입양의사의 합치가 있게 된다.

(3) 동의 또는 대낙하는 법정대리인

미성년자의 법정대리인은 친권자 또는 후견인이므로, 친생부모가 모두 친권자인 경우에는 공동으로 동의 또는 대낙을 하여야 한다. 친권이 상실되었거나 이혼 등으로 친권자가 아닌 경우에는 친생부모라도 법정대리인으로서 동의권자나 대낙권자가 되지 못한다. 입양에 대한 동의권이나 대낙권 행사가 친권의 일부 제한(제924조의2) 범위에 포함되는 경우에는 동의권이나 대낙권이 없다. 그러나 재산적 법률행위에 대한 대리권과 재산관리권의 상실 선고를 받은 경우(제925조)에는 입양에 대한 동의나 대낙을 할 수 있다. 입양에 대한 동의와 대낙은 가정법원의 허가가 있기 전까지는 철회할 수 있다(제869조 제5항).

(4) 동의와 대낙의 면제

법정대리인이 정당한 이유 없이 동의 또는 대낙을 거부하는 경우에는 동의나 대낙이 없이도 가정법원이 입양의 허가를 할 수 있다(제869조 제3항 제1호). 이 경우에 가정법원은 대리인을 심문하여야 한다(제869조 제4항). 다만 법정대리인이 친권자인 경우에는 부모가 3년 이상 자녀에 대한 부양의무를 이행하지 않았거나 또는 부모가 자녀를 학대 또는 유기하거나 그 밖에 자녀의 복리를 현저히 해친 경우에만 동의나 대낙 없이 가정법원이 입양의 허가를 할 수 있다(제869조 제3항 제1호 단서). 또한 법정대리인의 소재를 알 수 없는 등의 사유로 동의 또는 대낙을 받을 수 없는 경우에도 동의나 대낙이 없이 가정법원이 입양의 허가를 할 수 있다(제869조 제3항 제2호).

나. 성년자 입양

성년자를 입양하는 경우에는 양부모와 양자 간의 입양의사의 합치가 있어야 한다. 입양의사라 함은 실질적 의사설에 따르면 양부모와 양자로서의 신분적 생활관계를 형성하려는 의사를 말하며, 형식적 의사설에 의하면 입양신고의 의사를 말한다. 판례는 실질적 의사설을 취하고 있다[대법원 1995.9.29. 94므1553, 1560]. 입양의 의사는 확정적이어야 하며, 조건부나 기한부 입양은 허용되지 않는다. 양자가 피성년후견인인 경우에는 성년후견인의 동의를 받아야 한다(제873조 제1항).

2. 부모와 배우자의 동의

가. 부모의 동의

(1) 미성년자 입양

양자가 될 미성년자는 부모의 동의를 받아야 한다(제870조 제1항). 법정대리인의 동의나 대낙과 별도로 친생부모의 입양 동의가 필요하다. 만약 친생부모가 친권자로서 법정대리인의 동의나 대낙을 이미 하였다면 추가로 부모의 지위에서 다시 동의를 할 필요는 없지만(제870조 제1항 제1호), 친권자가 아닌 친생부모라면 부모의 지위에서 입양에 대한 동의를 하여야 한다. 이 동의는 가정법원의 허가가 있기 전까지 철회할 수 있다(제870조 제3항).

친권상실의 선고를 받은 부모의 동의는 필요하지 않다(제870조 제1항 제2호). 친권의 제한범위에 입양에 대한 동의가 포함되어 있다면, 친권자로서의 동의는 하지 않더라도 부모로서의 동의는 별도로 하여야 하는가가 문제로 된다. 민법은 친권상실의 선고만을 명시적으로 규정하고 있으나, 규범목적은 동일하므로 입양에 대한 동의가 제한된 친권자인 경우에도 마찬가지로 부모로서의 동의를 필요로 하지 않는다고 해석함이 타당하다. 그리고 부모의 소재를 알 수 없는 등의 사유로 동의를 받을 수 없는 경우에도 부모의 동의는 필요하지 않다(제870조 제3호).

만약 부모가 3년 이상 자녀에 대한 부양의무를 이행하지 아니한 경우나 부모가 자녀를 학대 또는 유기하거나 그 밖에 자녀의 복리를 현저히 해친 경우에는 부모가 입양 동의를 명시적으로 거부하더라도 가정법원은 입양의 허가를 할 수 있으며, 이 경우 가정법원은 부모를 심문하여야 한다(제870조 제2항).

(2) 성년자 입양

양자가 될 사람이 성년인 경우에도 부모의 동의를 받아야 한다. 다만 부모의 소재를 알 수 없는 등의 사유로 동의를 받을 수 없는 경우에는 그러하지 아니하다(제871조 제1항). 이미 성년자인 자녀가 자신의 신분관계에 대해 진지한 의사결정을 하였으므로 이를 존중하여 부모의 동의는 미성년자의 입양과는 달리 요건을 완화하고 있다.

부모가 정당한 이유 없이 동의를 거부하는 경우에 미성년자 입양이라면 부모가 3년 이상 자녀에 대한 부양의무를 이행하지 아니하거나 부모가 자녀를 학대 또는 유기하거나 그 밖에 자녀의 복리를 현저히 해친 경우에만 입양의 허가를 할 수 있지만, 성년자 입양의 경우에는 그러한 특별한 사유가 없더라도 가정법원이 부모를 심문하여 부모의 동의에 갈음하는 심판을 할 수 있다(제871조 제2항). 그러므로 성년자의 입양에서는 부모가 반대하는 경우에 특별한 사유가 없더라도 가정법원이 적절하다고 판단하기만 하면, 부모의 동의 없이도 양자가 되는 것이 가능하다.

나. 배우자의 동의

배우자가 있는 사람이면 그 배우자의 동의를 받아야만 양자가 될 수 있다(제874조 제2항). 배우자가 타인의 양자가 되면 양부모와도 후발적으로 인척관계가 형성되므로, 배우자의 입장을 배려하여 동의권을 인정하고 있다. 이 동의는 필수적인 것이므로 배우자가 반대의 의사를 표명하면, 가정법원이 이에 갈음하는 심판을 할 수 없다. 결국 배우자 동의 없이는 기혼자의 입양은 불가능하다. 미성년자가 혼인하여 성년의제가 된 경우에도 배우자의 동의가 필요하다는 점에는 차이가 없다.

3. 양부모의 요건

가. 성 년 자

성년이 된 사람은 입양을 할 수 있다(제866조). 19세 이상의 성년이면 혼인 여부와 관계없이 입양을 할 수 있다. 피성년후견인이라도 성년후견인의 동의를 받고(제873조 제1항), 가정법원의 허가를 받으면 입양을 할 수 있다(제873조 제2항, 제867조). 혼인에 의한 성년의제(제826조의2)가 양부모의 성년 요건에도 적용될 수 있는가에 대해 양육능력이 없다는 이유로 부정설(김/김,361)이 제기되고 있으나, 혼인한 19세 미만의 사람이 입양을 하게 되면 양자도 미성년자라서 법원의 입양허가를 반드시 받아야 하므로 양육능력 여부를 가정법원이 실질적으로 검토하게 된다. 혼인한 19세 미만 사람에게 양육능력이 없다고 미리 단언하여 양부모가 되는 것이 곧바로 양자의 복리를 해하는 것이라고 획일적으로 입양능력을 부정할 이유는 없다. 따라서 성년의제가 여기에도 적용되어, 양부모가 될 수 있는 형식적 요건은 갖추었다고 볼 것이다.

나. 양자가 양친의 존속 또는 연장자가 아닐 것

존속이나 연장자를 입양할 수 없다(제877조). 양친의 직계존속은 당연히 연장자이겠지만, 삼촌이나 이모와 같은 방계의 존속이 설령 나이가 더 어릴지라도 입양할 수 없다. 또한 조카와 같은 방계의 비속이 양친이 될 사람보다 나이가 더 많은 연장자인 경우에는 입양이 불가능하다. 연하의 비속이라면 항렬과는 관계없이 입양이 가능하다. 직계비속인 외손자라고 하더라도 양자로 입양이 가능하다[대법원(전) 2021.12.23. 2018스5*]. 다만 인척인 사위는 입양을 허용하게 되면, 자신의 친생자인 딸과 양자인 아들이 부부가 되는 후발적 근친혼이 성립되므로 허용하지 않아야 한다.

다. 양부모의 공동입양

배우자가 있는 사람은 배우자와 공동으로 입양하여야 한다(제874조). 부부 중 일방만이 양자를 입양하는 것은 허용되지 않으며, 부부가 아닌 사람이 공동으로 입양하는 것도 허용되지 않는다. 부부공동입양주의를 취하여 양부모 모두가 입양당사자가 되므로 양부모가 이혼하더라도 양자관계에는 영향이 없다[대법원(전) 2001.5.24. 2000므1493*]. 부부 중 일방이 의사능력이 없거나 장기간 행방불명인 경우에는 다른 일방이 단독으로 입양을 하거나 양자가 될 수 있다는 견해(김/김,373)도 있으나, 명문 규정에 반하는 해석이 불가피한 현실적 필요성이 있다고 보기는 어렵다. 예외적으로 배우자의 혼인 중의 자녀를 입양하는 경우에는 단독으로 입양하게 된다. 배우자의 자녀가 혼인외의 자녀인 경우에는 혼인중의 출생자와 같은 신분을 취득하게 하는 창설적 신분행위이므로 친생자녀라도 부부가 공동으로 입양할 수 있다(가족관계등록예규 제130호).

이렇게 되면 어머니와도 양자로서 혼인 중의 자녀로 신분상 지위가 변경되지만, 과연 이러한 형식적인 신분상 구별이 시대적 정의 관념에 부합하는 것인지는 의문이다. 혼인 중의 자녀인가 여부가 법적 효과에서 실질적 의미가 없음에도 불구하고 봉건적 잔재에서 벗어나지 못하고, 자신의 혼인외의 친생자를 다시 입양하여 양자로서 혼인 중의 자녀의 지위로 변경하는 것을 허용한다면 이는 자녀의 신분에 더 큰 영향을 주는 것이므로 타당하지 않다. 입양의 효력에 대해 민법은 개정을 통해 '양부모의 친생자와 같은 지위'라고 명시적으로 규정하였고(제882조의2 제1항), 봉건적인 가치에서도 적서구분의 실질적인 의미는 성적 교섭에 의한 친생자의 경우에만 있는 것이다. 자녀의 복리를 위한 입양이라는 이념에서도 친생자를 다시 입양한다는 것은 무의미한 형식에 불과하며, 부부의 혼인 중의 친생자로서의 효과를 규정한 친양자도 '배우자의 친생자'는 단독으로 친양자로 입양하도록 규정하고 있으므로(제908조의2 제1항 제1호 단서) 혼인외의 자녀라도 자신의 친생자를 입양하는 것은 허용되지 않아야 한다. 특히 자신의 혼인외의 친생자를 입양한 후 파양하게 되면, 결국 혼인 중의 자녀가 혼인외의 자녀로 후발적으로 다시 신분의 변경이 생기는데 이 또한 수긍하기 어려운 결과가 아닐 수 없다.

4. 가정법원의 입양허가

가. 미성년자 입양

미성년자를 입양하려는 사람은 가정법원의 허가를 받아야 한다(제867조 제1항). 가정법원은 양자가 될 미성년자의 복리를 위하여 그 양육 상황, 입양의 동기, 양부모의 양육능력, 그 밖의 사정을 고려하여 입양의 허가를 하지 아니할 수 있다(제867조 제2항). 2011년 민법 개정으로 미성년자를 입양하기 위해서는 반드시 가정법원의 허가를 받도록 입양에 대한 사법적 통제를 강화하였다. 이는 자녀의 복리를 위한 입양이라는 시대적 추세에 부응하는 구체적인 법제도 정비가 이루어진 것으로 긍정적으로 평가된다. 입양신고를 위해서는 반드시 법원이 발급한 입양허가서를 제출하여야 하고, 가정법원의 허가를 얻지 아니한 입양은 무효이다(제883조 제2호).

입양될 자녀의 복리를 위한 가정법원의 후견적 개입이므로 양부모의 재산 상태나 입양을 하고자 하는 구체적인 동기, 양부모의 범죄경력, 양부모의 건강상태 등을 종합적으로 파악하여 가정법원이 허가 여부를 신중하게 결정하여야 한다. 현실적인 문제 중 하나인 동성同性 결합에서 미성년자를 입양하는 경우, 양부(모)가 동성애자라는 사실만으로 입양 환경이 양자의 복리에 부정적이라고 단정하여서는 곤란하고 총체적인 관점에서 평가되어야 할 것이다. 판례도 양부모가 동성애자라는 이유만으로 입양이 선량한 풍속에 반하는 것은 아니라고 판시한 바 있다[대법원 2014.7.24. 2012므806].

나. 피성년후견인의 입양

피성년후견인이 입양을 하거나 양자가 되는 경우에는 가정법원의 허가를 받아야 한다

(제873조 제2항, 제867조 제2항). 가정법원은 양자나 양부모가 될 피성년후견인의 복리를 위하여 그 양육상황, 입양의 동기, 양부모의 양육능력, 그 밖의 사정을 고려하여 입양의 허가를 하지 아니할 수 있다(제873조 제2항, 제867조 제2항). 미성년자의 입양에 적용되는 가정법원의 허가가 양자나 양부모가 성년자라도 피성년후견인인 경우에 준용된다. 그러나 양부모 중 일방은 피성년후견인이 아닌 경우까지 가정법원의 허가를 받도록 하는 것은 가정법원의 과다한 후원적 개입으로 생각된다.

5. 입양신고

가. 원 칙

입양은 가족관계등록법에서 정한 바에 따라 신고함으로써 그 효력이 생긴다(제878조). 입양신고서에는 당사자의 성명 · 본 · 출생연월일 · 주민등록번호 · 등록기준지 및 양자의 성별과 양자의 친생부모의 성명 · 주민등록번호 및 등록기준지를 기재하여야 한다(가족관계등록법 제61조). 미성년자의 입양신고는 미성년자의 친권자가 신고의무자가 되지만, 13세 이상의 미성년자라면 직접 신고하여도 무방하다(가족관계등록법 제26조 제1항). 다만 양자가 13세 미만인 경우에는 입양을 대낙한 법정대리인이 신고하여야 한다(가족관계등록법 제62조 제1항). 미성년자의 입양신고에는 가정법원의 허가서를 첨부하여야 한다(가족관계등록법 제62조 제2항). 법령을 위반하지 아니한 입양신고는 수리하여야 한다(제881조). 입양신고는 창설적 신고이며 수리함으로써 입양의 효력이 발생하고, 절차상의 하자는 치유된다.

나. 출생신고에 의한 입양

혈통주의가 강한 우리 풍토에서는 공개적으로 입양신고를 하기보다는 신생아를 자신이 낳은 것처럼 출생신고를 하는 경향이 있었다. 자연적인 분만행위 없이 허위의 출생신고를 하는 것은 논리적으로는 무효임이 분명하지만, 은밀하게 행해진 부모와 자녀의 후천적 친자관계 형성을 완전히 부정하는 것은 법현실과는 괴리된다. 실질적으로는 입양의 의사를 가지면서 허위의 출생신고를 하는 경우에도 무효행위 전환으로 입양이 성립된다는 판례이론[대법원(전) 1977.7.26. 77다492]이 확립되었다. 구체적으로는 입양의 합의가 있고, 양부모가 성년자로서 양자가 연장자나 존속이 아니며, 양자로서의 신분적 생활사실이 존재하고, 설령 출생신고시에 이러한 요건을 갖추지 못해도 후에 요건을 갖추면 소급적으로 입양으로서의 효력을 인정한다.

입양으로서 효력이 인정되면 외형상 출생신고를 하였더라도 친생자관계 부존재확인의 소를 제기할 수 없으며, 재판상 파양만이 가능하다[대법원(전) 2001.5.24. 2000므1493*]. 허위의 출생신고에 의해 입양된 자녀는 양부모가 친생부모가 아님이 객관적으로 명백하면 생부를 상대로 바로 인지청구가 가능하다[대법원 2000.1.28. 99므1817]. 혼인 중의 자녀라도 친생부모가 생물학적인 부모가 아님이 객관적으로 명백하면 부성추정이 미치지 않는다는 판례이론[대법원(전) 1983.7.12. 82므59]이 확립되어 있고, 또한 양자의 경우에는 양부모와 친생부모가 병존하는 것이 자연스러우므로 친생부모를 대상으로 한 인지청구를 허용하지 않을 이유가 없다.

2012년 민법 개정으로 2013년 7월부터는 미성년자의 입양은 반드시 가정법원의 허가를 받아야 하고(제867조 제1항), 가정법원의 허가 없는 미성년자의 입양은 무효가 되었다(제883조 제2호). 무효행위의 전환을 위해서는 다른 법률행위인 입양의 모든 요건을 구비하여야 하므로(제138조), 2013년 7월 이후 허위의 출생신고에 입양의 효력을 인정할 수는 없을 것이다.

다. 인지신고에 의한 입양

친생자 아닌 자녀에 대하여 인지신고를 하면 당연무효이나, 인지신고 당시 당사자 사지에 입양의 명백한 의사가 있고 기타 입양의 성립요건이 모두 구비된 경우라면 입양의 효력이 있다는 것이 판례[대법원 1992.10.23. 92다29399*]의 태도이나, 미성년자의 경우에는 가정법원의 허가를 받아야 하므로 허위의 인지신고에 입양의 효력을 역시 인정하기는 어렵다.

6. 이중입양

타인의 양자를 파양하지 아니한 상태에서 다시 제3자의 양자로 입양하는 것을 이중입양, 재입양(주해친족①,762) 또는 제2의 입양(김/김,374)이라고 한다. 기존의 양자관계를 파양한 후에는 당연히 제3자의 양자가 되는데 아무런 문제가 없고, 일반 양자를 다시 친양자로 입양하는 것도 허용된다(주해친족①,763). 그러나 기존의 입양 관계를 그대로 유지한 채 새로운 양부모와 이중으로 입양 관계를 형성할 수 있는가가 문제로 된다. 이에 대해 파양에 의해서 종래의 양친자관계를 해소시킨 후에 입양하는 것이 타당하다는 견해(김/김,375)와 이중입양의 성립을 긍정하는 견해(주해친족①,763)가 대립하고 있다. 이를 정면으로 다룬 판례를 찾아볼 수 없으나, 타인의 양자를 제3자가 입양신고하였다고 앞선 양자관계가 당연히 파양되는 것은 아니라는 판례는 있다[대법원 2014.7.24. 2012므806].

다음과 같은 이유에서 이중입양의 유효성을 긍정하는 것이 타당하다. 만약 미혼의 성인이 입양을 하여 양부(모)가 된 후에 혼인을 하게 되면 배우자는 양자와 인척관계만 형성된다. 이 경우에 기존의 양부(모)와의 입양을 파양하지 아니한 상태로 배우자가 양자를 다시 입양하여 두 사람이 양부모가 되도록 하는 것이 양자의 복리나 부부공동입양의 취지에 부합하게 된다. 일반 입양의 경우에 친생부모와 양부모가 복수로 존재하는 것이 원칙이므로, 이중입양의 유효성을 긍정하여 친생부모, 기존의 양부모 그리고 새로운 양부모가 되는 것을 금지할 이유가 없다. 그리고 이중으로 미성년자를 입양한 경우에는 새로운 양부모가 친권자가 되는 것이 바람직하다.

Ⅲ. 입양의 효과

1. 법정혈족관계의 발생

양자는 입양된 때부터 양부모의 친생자와 같은 지위를 가진다(제882조의2 제1항). 미성년자인 양자의 경우에는 친생부모와 양부모 모두 부양의무가 발생되지만, 친권은 양부모에게만 인정된다(제909조 제1항). 일반 입양의 경우에 제772조 제1항을 근거로 혼인 중의 출생자로서의 신분을 취득한다는 주장(김/김,388 각주174)도 있으나, 동 조항은 친계와 촌수에 대한 것에 불과하다. 제882조의2 제1항은 명백히 '양부모의 친생자'라고 규정하고 있으므로 일반양자의 경우에는 혼인 중의 자녀인가 아니면 혼인외의 자녀인가의 구분은 법적근거도 없고 논의의 실익도 없다. 특히 비혼 상태의 성년이 단독으로 일반 입양을 하는데도, 혼인 중의 자녀가 된다는 것은 논리적인 모순이다.

양자의 입양 전의 친족관계는 존속한다(제882조의2 제2항). 양자에게는 생물학적인 혈연관계에 기초한 자연혈족과 입양을 통한 법정혈족이 병존하게 된다. 선천적 자연혈족과 후발적 법정혈족 간에 우열은 없으며, 완전히 동등한 혈족으로서 인정된다. 만약 미혼의 양자가 직계비속 없이 사망한 경우에는 친생부모 그리고 양부모 모두 직계존속으로서 상속인이 된다.

2. 양자의 성과 본

양자의 성과 본에 대해서는 민법에 특별한 규정을 두고 있지 않다. 그러므로 양자의 성과 본은 원칙적으로 변경되지 않는다. 다만 자녀의 복리를 위한 성과 본의 변경을 법원에 청구하여 법원의 허가를 받아 변경할 수는 있다(제781조 제6항). 미성년자의 경우에 친권을 갖는 양부모의 성과 본으로 자동으로 변경하지 않는 민법의 태도는 지나치게 경직적으로 혈통주의를 고수하는 것으로 수긍하기 어렵다. 성년 양자의 경우에는 성과 본의 변경으로 예상되는 부작용이 있어서 신중해야 하더라도, 법원의 허가를 요건으로 하는 미성년 양자는 원칙적으로 양부모의 성과 본으로 변경하는 것이 바람직하다.

Ⅳ. 입양의 무효와 취소

1. 입양의 무효

가. 무효사유

(1) 당사자 사이에 입양의 합의가 없는 경우

당사자 사이에 입양의 합의가 없는 경우에는 입양은 무효이다(제883조 제1호). 국적을 얻기 위한 가장 입양과 같이 입양의 실질적인 의사가 결여되면 입양은 무효가 된다. 입양의 의사는 최종적이고 확정적이어야 하므로, 기한부 입양이나 조건부 입양은 무효이다.

(2) 가정법원의 허가가 없는 경우

미성년자나 피성년후견인을 입양하거나 피성년후견인이 양부모가 되는 경우에는 가정법원의 입양허가를 받아야 한다. 이 경우에 가정법원의 허가가 결여되면 입양은 무효이다(제883조 제2호). 입양신고시에 가정법원의 허가서를 제출하여야 하므로 가정법원의 허가 없이 입양신고가 수리되는 것은 거의 불가능하지만, 만약 위조한 허가서를 제출하여 입양신고가 수리된다 하더라도 입양은 무효이다.

(3) 법정대리인의 대낙이 없는 경우

13세 미만 미성년자의 입양에 법정대리인의 대낙이 없는 경우에는 입양은 무효이다 (제883조 제2호). 입양의 허가가 있기 전에 대낙이 철회된 경우에도 무효가 된다. 과거 출생신고에 의해 신생아를 입양하는 경우에는 법정대리인의 대낙이 결여되는 경우도 드물지 않다. 논리적으로는 법정대리인의 대낙이 없으므로 입양으로서도 효력이 없다고 할 것이지만, 판례는 양자가 13세에 달한 이후에 입양이 무효라는 사실을 알면서도 아무런 이의를 제기하지 않는다면 무효행위를 추인한 것으로 보아 소급하여 입양이 유효하다고 판시한 바 있다[대법원 1991.12.27. 91므30].

> 민법 제139조 본문이 무효인 법률행위는 추인하여도 그 효력이 생기지 않는다고 규정하고 있음에도 불구하고 혼인, 입양 등의 신분행위에 관하여는 이 규정을 적용하지 않고 추인에 의하여 소급적 효력을 인정하는 것은 신분행위는 신분관계를 형성하는 것을 목적으로 하는 법률행위로서 신분관계의 형성이 그 본질적인 내용이고 신고 등 절차는 그 신분행위의 창설을 외형적으로 확정짓는 부차적인 요건일 뿐인데 무효인 신분행위가 있은 후에 그 내용에 맞는 신분관계가 실질적으로 형성되어 쌍방 당사자가 아무런 이의 없이 그 신분관계를 계속하여 왔다면 그 신고가 부적법하다는 이유로 이미 형성되어 있는 신분관계의 효력을 부인하는 것은 당사자의 의사에 반하고 그 이익을 해칠 뿐 아니라 그 실질적 신분관계의 외형과 호적의 기재를 믿은 제3자의 이익도 침해할 우려가 있기 때문에 추인에 의하여 소급적으로 신분행위의 효력을 인정함으로써 신분관계의 본질적 요소를 보호하는 것이 타당하다는 데에 그 근거가 있다 〈후략〉[대법원 1991.12.27. 91므30].

(4) 존속이나 연장자를 입양한 경우

존속이나 연장자를 입양하면 무효이다(제883조 제2호, 제877조). 현실적으로 존속이나 연장자를 입양하는 경우는 거의 찾아보기 어렵다.

(5) 선량한 풍속 위반

제103조 반사회질서의 법률행위가 무효로 되는 것은 입양에도 그대로 적용된다. 따라서 선량한 풍속 기타 사회질서에 위반한 사항을 내용으로 하는 입양은 무효이다. 판례도 자녀로서 입양하는 것이 아니라 손자녀로 입양하는 것은 강행법규인 신분법 규정에 위반되어 무효라고 판시한 바 있다[대법원 1988.3.22. 87므105]. 그러나 양부모가 동성애자라는 이유만으로 입양이 선량한 풍속에 위반하여 무효가 되는 것은 아니다[대법원 2014.7.24. 2012므806*].

나. 입양무효확인의 소

입양에 무효사유가 있으면 당연 무효이지만, 입양무효확인의 소를 제기할 수도 있다(가사소송법 제2항 제1호). 입양무효확인의 소는 가사소송 가류사건으로 확인의 소이다. 입양의 무효가 명백한 때에는 가정법원의 허가를 받아 등록부의 정정을 신청할 수 있으며(가족관계등록법 제105조 제1항), 입양무효확인의 소의 확정판결로 가족관계등록부를 정정할 때에는 확정일로부터 1개월 이내에 판결의 등본 및 그 확정증명서를 첨부하여 등록부의 정정을 신청하여야 한다(가족관계등록법 제107조).

다. 입양무효의 효과

입양이 무효가 되면 입양신고시로 소급하여 입양의 효력이 상실되므로, 입양으로 얻은 모든 이익은 반환되어야 함이 원칙이다. 따라서 양자의 지위에서 상속인이 되었다면, 그 상속받은 재산에 대해서는 상속회복청구권의 대상이 된다. 다만 미성년자인 양자를 양육하는데 소요된 비용은 제744조의 도의관념에 적합한 비채변제로서 반환청구가 불가능하다.

2. 입양의 취소

가. 취소 원인 등

(1) 양부(모)가 미성년자인 경우

성년이 된 사람만이 입양을 할 수 있으므로, 미성년자가 양부(모)로서 다른 연하의 미성년자를 입양하면 양부(모), 양자와 그 법정대리인 또는 직계혈족은 가정법원에 입양의 취소를 청구할 수 있다(제884조 제1항 제1호, 제885조). 입양 이후 미성년자였던 양부(모)가 성년이 되면 취소를 청구하지 못한다(제889조). 19세 미만의 사람이라도 혼인을 하여 부부가 공동으로 연하의 미성년자를 입양하였다면, 제826조의2에 따라 성년의제가 되어 입양을 취소할 수 없다고 할 것이다.

(2) 13세 이상 미성년자의 법정대리인 동의가 없는 경우

13세 미만 미성년자의 법정대리인 대낙이 없으면 입양이 무효이지만, 13세 이상의 미성년자가 법정대리인 동의 없이 입양되면 양자 또는 동의권자는 가정법원에 입양의 취소를 청구할 수 있다(제884조 제1항 제1호, 제886조). 양자가 성년이 된 후 3개월이 지나거나 사망하면 취소를 청구할 수 없고(제891조 제1항), 법정대리인의 동의가 없음을 안 날로부터 6개월, 동의 없이 입양한 날로부터 1년이 지나도 취소를 청구하지 못한다(제894조).

(3) 법정대리인의 소재불명을 이유로 동의나 대낙을 회피한 경우

법정대리인이 동의나 대낙을 할 수 있음에도 불구하고 소재를 알 수 없는 등의 사유를 핑계로 동의나 대낙을 회피한 경우에 양자 또는 동의권자는 가정법원에 입양의 취소를 청구할 수 있다(제884조 제1항 제1호, 제886조). 양자가 성년이 된 후 3개월이 지나거나 사망하면 취소를 청구할 수 없고(제891조 제1항), 법정대리인의 동의나 대낙을 회피하였음을 안 날로부터 6개월, 동의나 대낙을 회피하여 입양한 날로부터 1년이 지나도 취소를 청구하지 못한다(제894조).

(4) 미성년자의 부모 동의가 없는 경우

부모로부터 동의를 얻지 아니하고 미성년자를 입양한 경우에는 양자 또는 동의권자는 가정법원에 입양의 취소를 청구할 수 있다(제884조 제1항 제1호, 제886조). 양자가 성년이 된 후 3개월이 지나거나 사망하면 취소를 청구할 수 없고(제891조 제1항), 부모의 동의가 없음을 안 날로부터 6개월, 부모의 동의 없이 입양한 날로부터 1년이 지나도 취소를 청구하지 못한다(제894조).

(5) 성년자의 부모 동의가 없는 경우

부모로부터 동의를 얻지 아니하고 성년자를 입양한 경우에는 동의권자는 가정법원에 입양의 취소를 청구할 수 있다(제884조 제1항 제1호, 제886조). 양자가 사망하면 취소를 청구할 수 없고(제891조 제1항), 부모의 동의가 없음을 안 날로부터 6개월, 부모의 동의 없이 입양한 날로부터 1년이 지나도 취소를 청구하지 못한다(제894조).

(6) 피성년후견인의 후견인 동의가 없는 경우

성년후견인으로부터 동의를 얻지 아니하고 피성년후견인을 입양한 경우에는 피성년후견인 또는 성년후견인은 가정법원에 입양의 취소를 청구할 수 있다(제884조 제1항 제1호, 제887조). 성년후견인의 동의가 없음을 안 날로부터 6개월, 성년후견인의 동의 없이 입양한 날로부터 1년이 지나면 취소를 청구하지 못한다(제894조). 또한 성년후견개시의 심판이 취소된 후 3개월이 지나면 취소를 청구하지 못한다(제893조).

(7) 기혼자가 단독으로 입양한 경우

배우자 있는 사람은 부부공동입양이 원칙이며, 이를 위반하여 단독으로 입양한 경우에 입양에서 배제된 배우자는 입양의 취소를 청구할 수 있다(제884조 제1항 제1호, 제888조). 배우자의 친생자를 입양하는 경우에는 취소사유가 되지 않음은 물론이다. 부부공동입양을 하지 아니하고 단독 입양을 하였음을 안 날로부터 6개월, 단독으로 입양한 날로부터 1년이 지나면 취소를 청구하지 못한다(제894조).

(8) 기혼자의 배우자 동의가 없는 경우

배우자 있는 사람은 배우자의 동의를 얻어 양자가 될 수 있는데, 이를 위반하여 배우자 동의 없이 타인의 양자가 된 경우에는 배우자는 입양의 취소를 청구할 수 있다(제884조 제1항 제1호, 제888조). 배우자 동의 없이 양자가 되었음을 안 날로부터 6개월, 입양한 날로부터 1년이 지나면 취소를 청구하지 못한다(제894조).

(9) 악질이나 기타 중대한 사유가 있음을 알지 못한 경우

입양 당시 양부모 또는 양자 중 어느 한쪽에게 악질이나 그 밖에 중대한 사유가 있음을 알지 못한 경우에는 양자 또는 양부모는 가정법원에 입양의 취소를 청구할 수 있다(제884조 제1항 제2호). 양부모와 양자 중 어느 쪽이 그 사유가 있음을 안 날로부터 6개월이 지나면 그 취소를 청구하지 못한다(제896조).

(10) 사기 또는 강박으로 인해 의사표시를 한 경우

사기 또는 강박으로 인하여 입양의 의사표시를 한 경우에는 가정법원에 그 취소를 청구할 수 있다(제884조 제1항 제3호). 이 경우의 취소권자를 특별히 규정하고 있지는 않으므로 제140조 법률행위의 취소권자 규정이 적용되어 사기 또는 강박으로 인하여 입양의 의사표시를 한 사람이 입양의 취소를 청구할 수 있다. 사기 또는 강박으로 인한 입양은 사기를 안 날 또는 강박을 면한 날로부터 3개월을 경과한 때에는 그 취소를 청구할 수 없다(제897조, 제823조).

나. 취소의 방법

입양의 취소는 재판상 취소로서, 형성의 소이며 가사소송 나류사건이므로 조정전치주의가 적용된다. 입양의 취소사유가 있다고 해서 반드시 입양이 취소되는 것은 아니다. 가정법원은 양자가 될 미성년자의 복리를 위하여 그 양육 상황, 입양의 동기, 양부모의 양육능력, 그 밖의 사정을 고려하여 입양의 취소를 하지 아니할 수 있다(제884조 제2항, 제867조 제2항).

다. 취소의 효과

입양으로 인한 친족관계는 입양의 취소로 인하여 종료한다(제776조). 입양 취소의 효력은 기왕에 소급하지 아니한다(제897조, 제824조). 입양으로 형성된 법정친족관계는 장래를 향하여 소멸되는 것이므로, 입양을 통해 이미 발생된 법률효과에는 아무런 영향이 없다. 입양 당시 취소원인이 있는 것을 알고 있었던 당사자는 입양에 의하여 얻은 이익을 전부 반환하여야 한다는 견해(김/김,387)도 있으나, 입양 취소의 장래효를 고려하면 타당하다고 보기 어렵다. 입양의 취소 사실은 가족관계증명서에는 기재되지 아니하고, 입양관계증명서의 상세증명서에만 기재된다. 미성년자의 입양이 취소되면 양부모의 친권이 장래를 향하여 소멸하므로 친생부모 일방 또는 쌍방, 미성년자, 미성년자의 친족은 입양이 취소된 날로부터 6개월 이내에 가정법원에 친생부모 일방 또는 쌍방을 친권자로 지정할 것을 청구할 수 있고(제909조의2 제2항), 친권자 지정 청구가 없으면 직권으로 또는 미성년자, 미성년자의 친족, 이해관계인, 검사, 지방자치단체의 장의 청구에 의하여 미성년후견인을 선임할 수 있다(제909조의2 제3항).

입양이 취소된 때에는 당사자 일방은 과실있는 상대방에 대하여 이로 인한 재산상 손해와 정신상 고통에 대한 배상을 청구할 수 있으며, 정신상 고통에 대한 배상청구권은 양도 또는 승계할 수 없으나 당사자 간에 이미 그 배상에 관한 계약이 성립되거나 소를 제기한 후에는 양도하거나 승계할 수 있다(제897조, 제806조).

V. 파　양

1. 협의상 파양

가. 실질적 요건

(1) 양자가 미성년자 또는 피성년후견인이 아닐 것

협의상 파양은 양자가 미성년자이거나 피성년후견인인 경우에는 불가능하다. 양자가 미성년자와 피성년후견인인 경우에는 오로지 재판상 파양만이 가능하다. 협의상 파양은 양자가 피성년후견인이 아닌 성인인 경우에만 가능하다.

(2) 파양 의사의 합치

협의상 파양은 양자와 양부모 사이에 파양에 대한 의사의 합치가 있어야 한다. 파양 의사는 실질적 의사설에 따라 양자관계를 실질적으로 해소하겠다는 의사를 말하며, 양자관계는 유지하되 어떠한 이유로 파양 신고만을 하려는 가장 파양은 무효이다. 파양의사의 합치는 확정적이어야 하므로 조건부나 기한부 파양은 허용되지 않는다.

양부모가 피성년후견인인 경우에는 성년후견인의 동의를 받아 파양을 협의할 수 있다. 성년후견인의 동의를 받지 아니한 협의상 파양은 수리되지 않으나, 만약 파양 신고가 이루어졌다면 민법상 그 효력에 대한 언급이 없는 만큼 파양을 취소할 수 없고 유효하게 파양이 이루어졌다고 보는 견해(김/김,394)가 유력하다.

나. 파양 신고

파양은 가족관계등록법에서 정한 바에 따라 신고함으로써 효력이 생긴다(제904조, 제878조). 양자가 미성년자 또는 피성년후견인이거나(제898조), 양부모가 피성년후견인인 경우 성년후견인의 동의가 없거나(제902조), 그 밖의 법령을 위반하거나 한 경우가 아니라면 파양 신고는 수리되어야 한다(제903조).

다. 협의상 파양의 취소

협의상 파양의 취소 원인에 대해 민법은 사기 또는 강박에 의해 파양의 의사표시를 한 경우만을 규정하고 있다(제904조). 이 파양의 취소는 재판상 취소로서 가사소송 나류 사건이며, 사기를 안 날 또는 강박을 면한 날로부터 3개월을 경과한 때에는 그 취소를 청구할 수 없다(제904조, 제823조).

라. 관련 문제

(1) 단독 파양 여부

양부모는 공동으로 입양하는 것이 원칙이라면, 협의상 파양도 공동으로 하여야만 하는가가 문제로 된다. 양자가 성년자인 경우에만 협의상 파양을 할 수 있으므로 양자의 복리는 더 이상 크게 문제가 되지 않을 것이라 단독파양을 인정해도 무방할 것이라는 견해(김/김,394)가 타당하다. 그러나 양자에게 '혼인 중의 자녀'로서의 지위를 인정하여 혼인외의 친생자도 입양할 수 있다고 하면서도(김/김,388 각주174), 부부의 혼인관계는 유지하면서도 양자관계는 부부 일방하고만 유지시킬 수 있다는 태도는 논리적으로 모순된다.

(2) 배우자의 동의

기혼자가 양자가 되는 경우에는 배우자의 동의를 얻어야 하는데, 기혼자인 양자가 협의상 파양을 하는 경우에 배우자의 동의가 필요한가도 문제가 된다. 협의상 파양에도 배우자의 동의가 필요하다는 견해(김/김,395; 박/양,389)도 있으나, 민법은 이에 대해 아무런 규정을 두고 있지 않고 본래의 자연혈족관계로 복귀하는 것은 배우자로서는 이미 혼인하는 시점에 충분히 인식하고 있는 상대방의 인적 환경이므로, 협의상 파양에 배우자의 동의는 필요하지 않다는 견해(윤,238)가 타당하다.

2. 재판상 파양

가. 재판상 파양 원인 등

(1) 양부모가 양자를 학대 또는 유기하거나 그 밖에 양자의 복리를 현저히 해친 경우

자녀의 복리를 위한 양자로 제도적 진화가 이루어진 만큼 양자의 복리가 현저히 침해되고 있다면, 양자관계를 해소하는 편이 양자의 복리에 부합한다. 양자의 학대는 성년이건 미성년이건 모두 파양원인이 되지만, 성년의 양자라면 유기는 상대적으로 좁게 해석되어야 한다. 장애가 있는 등의 특별한 사유가 없는 한, 성년의 양자가 독립적인 경제생활을 하도록 방임하는 것은 유기에 해당되지 않는다. 대상은 양자로 국한되어 있으므로 양자의 배우자에 대한 학대 또는 유기나 복리 침해의 경우에는 기타 양자관계를 계속하기 어려운 중대한 사유에 해당될 수는 있을지 몰라도, 이 사유에는 해당되지 않는다고 보아야 할 것이다. 파양청구권자가 이러한 사유가 있음을 안 날로부터 6개월, 그 사유가 있었던 날로부터 3년이 지나면 파양을 청구할 수 없다(제907조).

(2) 양부모가 양자로부터 심히 부당한 대우를 받은 경우

양자가 양부모에 대해 패륜행위를 하는 경우에도 재판상 파양사유가 된다(제905조 제2호). 다만 양부모에 국한하는 것이므로 양조부모와 같은 다른 법정 친족에 대한 패륜행위는 기타 양자관계를 계속하기 어려운 중대한 사유에 해당될 수는 있을지라도, 여기에 해당되지 않는다. 파양청구권자가 이러한 사유가 있음을 안 날로부터 6개월, 그 사유가 있었던 날로부터 3년이 지나면 파양을 청구할 수 없다(제907조).

(3) 양부모나 양자의 생사가 3년 이상 분명하지 아니한 경우

양부모나 양자의 생사가 3년 이상 분명하지 아니한 경우에는 재판상 파양 원인이 된다. 다만 생사가 불명하게 되는데 귀책사유가 필요한 것은 아니며, 범죄의 피해자가 된 것으로 강하게 의심되는 경우에도 이에 해당된다.

(4) 그 밖에 양친자관계를 계속하기 어려운 중대한 사유가 있는 경우

양친자관계가 실질적으로 파탄에 이르게 된 중대한 사유가 있으면, 재판상 파양 청구가 가능하다. 다만 판례는 이러한 중대한 사유를 매우 좁게 해석하는 경향이 있어서 이 사유를 들어 재판상 파양을 인정한 경우를 찾아보기 어렵다. 대표적으로 입양한 딸과 사위가 양부모를 상대로 수차례에 걸쳐 고발하거나 소를 제기하고 3년간 왕래를 끊었다고 해서 양친자관계를 계속하기 어려운 중대한 사유가 있다고 보기에 부족하다고 판시한 바 있다[대법원 2013.6.13. 2011므3518]. 파양청구권자가 이러한 중대한 사유가 있음을 안 날로부터 6개월, 그 사유가 있었던 날로부터 3년이 지나면 파양을 청구할 수 없다(제907조).

나. 파양청구권자

양자가 13세 미만인 경우에는 대낙을 한 사람이 양자를 갈음하여 파양을 청구할 수 있으나, 대낙을 한 사람이 사망하는 등 파양을 청구할 수 있는 사람이 없는 경우에는 양자의 친족이나 이해관계인이 가정법원의 허가를 받아 파양을 청구할 수 있다(제906조 제1항). 양자가 13세 이상의 미성년자인 경우에는 입양 동의를 한 부모의 파양 동의를 받아 파양을 청구할 수 있으나, 부모가 사망하거나 그 밖의 사유로 동의할 수 없는 경우에는 동의 없이 파양을 청구할 수 있다(제906조 제2항). 제906조 제1항과 제2항에서 규정하는 양자의 나이는 재판상 파양을 청구할 시점을 기준으로 판단하여야 한다.

양자가 성년이라면 부모의 동의를 필요로 하지 않지만, 양부모나 양자가 피성년후견인인 경우에는 성년후견인의 동의가 필요하다(제906조 제3항). 검사는 미성년자나 피성년후견인인 양자를 위하여 파양을 청구할 수 있다(제906조 제4항). 국가가 미성년자나 피성년후견인인 양자의 복리를 위하여 후견적 역할을 적극적으로 할 수 있는 법적 통로를 열어놓았다. 다만 개인의 법정혈족관계를 해소하는 중대한 신상의 변화를 가져오는 만큼, 13세 미만의 미성년자가 아닌 이상, 당사자의 의사가 충분히 반영되어야 할 것이다.

3. 파양의 효과

가. 친족관계의 종료

파양이 이루어지면 양자관계는 장래를 향하여 소멸한다. 입양으로 인한 친족관계는 파양으로 인하여 종료한다(제776조). 따라서 부양청구권이나 상속인의 지위 등 입양의 효과도 장래를 향해 소멸하게 된다.

나. 미성년자의 친권

미성년자가 재판상 파양되면 양부모의 친권이 장래를 향하여 소멸되므로 친생부모 일방 또는 쌍방, 미성년자, 미성년자의 친족은 입양이 취소된 날로부터 6개월 이내에 가정법원에 친생부모 일방 또는 쌍방을 친권자로 지정할 것을 청구할 수 있고(제909조의2 제2항), 친권자 지정 청구가 없으면 직권으로 또는 미성년자, 미성년자의 친족, 이해관계인, 검사, 지방자치단체의 장의 청구에 의하여 미성년후견인을 선임할 수 있다(제909조의2 제3항). 만약 친권자의 지정청구나 미성년후견인의 선임 청구가 친생부모 일방, 또는 쌍방의 양육의사 및 양육능력, 청구 동기, 미성년자의 의사, 그 밖의 사정을 고려하여 미성년자의 복리를 위하여 적절하지 아니하다고 인정하면 가정법원은 청구를 기각하고 직권으로 미성년후견인을 선임하거나 친생부모 일방 또는 쌍방을 친권자로 지정하여야 한다(제909조의2 제4항).

다. 손해배상

재판상 파양을 한 때에는 당사자 일방은 과실있는 상대방에 대하여 이로 인한 손해의 배상을 청구할 수 있다(제908조, 제806조 제1항). 재산상 손해 외에도 정신상 고통에 대해서도 손해배상책임이 있으며, 이 배상청구권은 양도 또는 승계하지 못하나 당사자 간에 이미 그 배상에 관한 계약이 성립되거나 소를 제기한 후에는 그러하지 아니하다(제908조, 제806조 제2항, 제3항). 제908조는 재판상 파양에 대해서만 명문의 손해배상 규정을 두고 있으나, 협의상 파양의 경우에도 파양에 대한 과실이 있는 당사자는 상대방에 대해 손해배상책임을 부담한다고 해석되어야 한다. 예를 들어 성년의 양자가 지속적으로 유흥비를 요구하면서 양부모를 폭행하여 오다가 양부모의 경제적 능력이 없어지자 협의상 파양한 경우에도 제908조를 준용하여 손해배상을 청구할 수 있다.

Ⅵ. 친 양 자

1. 의   의

민법상 입양제도가 있음에도 불구하고 신생아를 사실상 입양하면서 친생자 출생신고의 방식을 취하는 탈법적 관행이 빈번하게 행하여져 왔다. 이는 혈통주의에 강하게 집착하는 사회적 풍토가 배경이지만, 일반 입양이 갖는 제도적인 한계에도 일정 부분 기인한 것이다. 일반양자는 기존의 자연혈족관계를 그대로 유지한 채로 법정혈족관계를 중첩적으로 신설하는 것이고, 친생부모로부터 물려받은 성과 본을 그대로 유지함으로써 양부모와는 성과 본이 다르게 되는 문제가 존재한다. 이는 양부모와의 친밀한 관계 형성을 통한 미성년 양자의 복리 추구라는 양자제도의 현대적 이념과는 괴리된 것이 아닐 수 없다. 입양의 형식을 취하더라도 생물학적인 친생자와 동일한 법적 효과가 주어지는 이른바 완전양자제도의 도입이 요구되어 왔다. 이에 2005년 민법 개정을 통해 친양자제도가 도입되었고 2008년부터 시행되었다.

친양자제도의 중요한 특징은 다음과 같다. 친양자는 미성년자만이 가능하며 성년자는 친양자로 입양될 수 없으며, 3년 이상 법률혼 중인 부부만이 친양부모가 될 수 있다. 또한 친양자 입양을 위해서는 반드시 가정법원의 허가를 받아야만 한다. 그리고 친양자 입양이 이루어지면 기존의 혈연관계는 단절되고, 친양자의 성과 본이 친양부모의 성과 본으로 변경되며, 파양은 극히 제한적인 요건 하에 재판상 파양만이 가능하다. 이러한 점은 친양자 입양이 미성년 양자의 복리라는 현대적 이념에 충실한 새로운 입양제도라는 성격을 잘 보여주고 있다.

2. 친양자 입양의 요건

가. 3년 이상 혼인 중인 부부로서 공동으로 입양할 것

(1) 원   칙

친양자를 입양하려는 친양부모는 3년 이상 혼인 중인 법률상 부부이어야 한다(제908조의2 제1항 제1호). 일반 입양은 성년자이면 혼인 중이 아니라도 양부(모)가 될 수 있으나, 친양자 입양은 미성년 양자의 복리를 고려하여 3년간 가정생활을 운영한 부부에게만 친양부모가 될 자격을 부여하고 있다. 부부가 양자를 일반 입양하는 경우에도 공동으로 입양하는 것이 원칙이므로(제874조 제1항), 친양자 입양에서도 당연히 부부가 공동으로 입양함은 물론이다.

(2) 예 외

부부의 한쪽이 그 배우자의 친생자를 친양자로 하는 경우에는 1년 이상 혼인이 유지되었으면 친양부모가 될 수 있다(제908조의2 제1항 제1호 단서). 설령 배우자의 친생자를 친양자 입양하더라도 1년 이상 혼인 생활이 경과하여야 하며, 그 이전에는 친양자 입양이 불가능하다. 또한 배우자의 친생자를 친양자 입양하는 경우에는 단독으로 입양하게 되며, 그 결과 친양자의 입장에서 부모 중 일방과는 원래의 친생자로서 자연혈족관계가 유지되며, 다른 일방과는 친양자로서 법정혈족관계가 성립될 것이다.

나. 친양자가 될 사람이 미성년자일 것

미성년자만이 친양자가 될 수 있으며, 성년자는 친양자가 될 수 없다(제908조 제1항 제2호). 미성년자가 혼인을 하면 성년의제가 적용되어 타인의 친양자로 될 수 없는가가 문제가 된다. 친양자제도의 취지가 미성년인 양자의 복리를 확보하는데 있으며, 특히 2012년 민법 개정 이전에는 15세 미만의 미성년자만이 친양자가 될 수 있도록 규정하고 있었다는 점을 고려하면 혼인한 미성년자는 친양자가 될 수 없다고 해석하는 것이 타당하다.

친양자가 될 사람이 미성년자이면, 설령 조부모가 손자를 친양자로 입양하는 것 자체가 금지되지는 않는다[대법원(전) 2021.12.23. 2018스5]. 다만 미성년자라도 입양특례법이 적용되어야 할 아동복지법상 보호대상 아동은 민법상 친양자 입양은 허용되지 않는다[대법원 2022.5.31. 2020스514].

다. 13세 이상 친양자가 될 사람과 친양부모의 친양자 입양 합의

친양자 입양도 미성년자를 상대로 하는 것이지만, 미성년자가 13세 이상이라면 본인의 친양자 입양의사가 명확히 존재하여야 한다. 따라서 13세 이상의 친양자가 될 미성년자와 친양부모 사이에 친양자 입양에 대한 합의가 반드시 존재하여야 한다. 법문상으로는 미성년자가 친양자 입양을 '승낙'하는 것으로 표현되어 있으나(제908조의2 제1항 제4호), 미성년자가 친양부모가 되어주길 바라는 부부에게 친양자 입양을 선제적으로 제안하는 청약을 하더라도 무방하다.

라. 친양자가 될 사람의 친생부모가 친양자 입양에 동의할 것

친양자 입양에서도 친생부모의 친양자 입양에 대한 동의가 필요하다. 이 동의권은 친생부모의 지위에서 부여되는 것이므로 친권자가 아닌 친생부모라도 동의권이 주어진다. 일반양자로 입양된 양자가 타인의 친양자로 입양되는 경우에도 친생부모는 친양자 입양에 동의를 하여야 한다.

부모가 친권상실의 선고를 받거나 소재를 알 수 없거나 그 밖의 사유로 동의할 수 없는 경우에는 동의가 없어도 친양자 입양을 청구할 수 있다(제908조의2 제1항 제3호). 또한 친생부모가 자신에게 책임이 있는 사유로 3년 이상 자녀에 대한 부양의무를 이행하지 아니하고 면접교섭을 하지 아니한 경우이거나(제908조의2 제2항 제2호), 친생부모가 자신에게 책임이 있는 사유로 3년 이상 자녀에 대한 부양의무를 이행하지 아니하고 면접교섭을 하지 아니한 경우에는 역시 동의가 없어도 가정법원이 친양자 입양 청구를 인용할 수 있다(제908조의2 제2항 제3호).

마. 친양자가 될 사람의 법정대리인의 동의 또는 대낙

친양자가 될 사람이 13세 이상인 경우에는 법정대리인의 동의를 받아 친양자 입양을 승낙하여야 한다(제908조의2 제1항 제4호). 친양자가 될 사람이 13세 미만인 경우에는 법정대리인이 그를 갈음하여 입양을 승낙하여야 한다(제908조의2 제1항 제5호). 친생부모가 법정대리인이라면 같은 내용의 동의를 동일인이 중복으로 할 필요는 없으므로, 친생부모로서의 동의만 하면 법정대리인의 동의나 대낙을 추가로 하지 않아도 된다. 그러나 법정대리인이 아닌 친생부모는 이 동의 또는 대낙을 할 수 없다. 일반양자로 입양된 양자가 타인의 친양자로 입양되는 경우에 양부모는 친권자로서 법정대리인이 되므로 이 친양자 입양에 대한 동의를 하여야 한다. 따라서 일반양자가 타인의 친양자가 되는 경우에는 친생부모와 양부모 모두의 동의를 얻어야 한다(윤,243).

바. 가정법원의 허가

친양자를 입양하려는 사람은 친양자 입양의 실질적 요건을 갖추어 가정법원에 친양자 입양을 청구하여야 한다(제908조의2 제1항). 가정법원은 친양자가 될 사람의 복리를 위하여 그 양육상황, 친양자 입양의 동기, 양부모의 양육능력, 그 밖의 사정을 고려하여 친양자 입양이 적당하지 아니하다고 인정하는 경우에는 친양자 입양 청구를 기각할 수 있다(제908조의2 제3항). 친양자제도의 목적을 달성할 만큼 미성년인 친양자의 복리에 부합하는 환경을 친양부모가 갖추고 있는가를 종합적으로 가정법원이 판단하게 된다. 가정법원의 친양자 입양 허가는 가사비송 라류사건으로서 가정법원은 13세 이상인 친양자가 될 사람, 그의 법정대리인 및 후견인과 친생부모, 양부모가 될 사람, 양부모가 될 사람의 성년후견인의 의견을 원칙적으로 청취하여야 한다(가사소송법 제45조의9 제1항).

3. 효 과

가. 혼인 중의 출생자

친양자는 부부의 혼인 중의 출생자로 본다(제908조의3 제1항). 친양자 입양은 반드시 3년 이상 혼인 중인 부부만이 하는 것이므로, 근본적으로 친양자는 친양부모의 혼인 중의 자녀가 되는 것이 당연하다. 친양자의 법적 효력을 부부의 혼인 중의 출생자로 규정한 것은, 반드시 부부가 공동으로 친양자 입양을 해야 하는 성립요건에 따른 논리적 귀결이다.

나. 기존 친족관계의 종료

친양자의 입양 전의 친족관계는 친양자 입양이 확정된 때에 종료한다(제908조의3 제2항 본문). 기존의 친족관계를 단절하고 친양자관계만을 새롭게 형성시키는 것이 일반양자와의 핵심적인 차이이다. 다만 부부의 일방이 그 배우자의 친생자를 단독으로 입양하는 경우에 있어서의 배우자 및 그 친족과 친생자 간의 친족관계는 그러하지 아니하다(제908조의3 제2항 단서). 이 경우에는 예외적으로 친생자 관계와 친양자관계가 병존한다. 만약 배우자의 혼인외의 친생자를 상대방 배우자가 친양자 입양을 하게 되면, 자연혈족인 아버지 또는 어머니는 친양자 입양과 동시에 혼인외의 친생자에서 혼인 중의 자녀로 준정의 효과가 발생한다. 예를 들어 아내의 혼인외의 친생자를 남편이 친양자 입양을 하게 되면, 입양과 동시에 아내의 혼인 중의 친생자가 되고 남편의 친양자로서 혼인 중의 출생자로 본다.

다. 성과 본의 변경

친양자의 성과 본에 대해서는 민법에 명시적인 규정을 두고 있지는 않다. 그러나 친양자는 부부의 혼인 중의 출생자로 본다는 규정으로부터, 친양자는 친양부(모)의 성과 본으로 변경되는 것으로 해석된다. 친양부모가 혼인시에 어머니의 성과 본을 따르기로 협의한 경우에만 친양자가 어머니의 성과 본을 따를 수 있다는 견해(김/김,413)가 현행 민법의 해석론으로는 타당하지만, 형제동성의 원칙을 고수하지 않는다면 친양자 입양 시점에 친양부모 중 누구의 성과 본을 따를 것인가를 입양 시점에 협의하도록 하는 것이 입법론적으로는 타당하다고 생각된다.

라. 친양자관계증명서의 발급 제한

친양자 입양은 기존의 혈족관계를 모두 단절하고 새로운 법정혈족관계를 창설한다는 점에서 매우 중요한 신상의 변화이다. 혈통주의가 지배하는 우리 사회에서 친양자 입양의 사실을 공공연히 노출하는 것은 친양자의 복리에 부합하는 것이라 보기 어렵다. 친양자 입양의 사실은 반드시 필요한 경우에 한하여 제한된 사람들에게만 공개하는 것이 바람직하다. 따라서 친양자 입양 사실의 공시는 친양자입양관계증명서를 통해서만 허용하고, 그 발급도 친양자 본인이 성년이 되어 신청하거나, 혼인당사자가 근친혼금지의 친족관계를 파악하는 경우, 법원의 사실조회 촉탁이나 수사기관의 수사상 필요한 경우, 입양 취소나 파양을 하는 경우, 친양자 복리를 위하여 반드시 필요한 경우 등으로 제한된다(가족관계등록예규 제354호 제3조).

4. 친양자 입양의 취소

친양자로 될 사람의 친생의 아버지 또는 어머니는 자신에게 책임이 없는 사유로 인하여 친권상실의 선고를 받거나 소재를 알 수 없거나 그 밖의 사유로 동의할 수 없었던 경우에 친양자 입양의 사실을 안 날로부터 6개월 안에 가정법원에 친양자 입양의 취소를 청구할 수 있다(제908조의4 제1항). 친양자 입양에는 일반 입양의 취소사유가 적용되지 않으므로(제908조의4 제2항), 이것이 친양자 입양의 유일한 취소사유가 된다. 가정법원은 친양자의 복리를 위하여 그 양육상황, 친양자 입양의 동기, 양부모의 양육능력, 그 밖의 사정을 고려하여 친양자 입양의 취소가 적절하지 아니하다고 인정하는 경우에는 친양자 입양 취소 청구를 기각할 수 있다(제908조의6).

친양자 입양이 취소된 때에는 친양자관계는 소멸하고 입양 전의 친족관계는 부활한다(제908조의7 제1항). 그리고 친양자 입양 취소의 효력은 소급하지 아니한다(제908조의7 제2항). 이미 친양자 입양이 성립된 이후 취소될 때까지의 부양이나 상속 등의 기존의 법률효과에는 아무런 영향도 미치지 아니한다. 친양자 입양이 취소된 이후 친양자 입양 직전의 친권자에게 친권이 자동으로 부활하는 것이 아니라, 가정법원이 친권자의 지정 또는 후견인 선임을 하게 된다(제909조의2).

친양자 입양은 미성년자를 대상으로 하므로 법정대리인이 어떠한 방법으로든 의사결정에 개입하는 것이 원칙이고, 가정법원에 입양을 청구하고 재판을 통해 허가함으로써 성립되는 것이므로 당사자 사이에 입양의 합의가 전혀 없이는 친양자 입양 자체가 불가능하다. 친양자 입양을 통한 친족관계의 형성은 조기에 확정하는 것이 친양자의 복리에 부합하므로 친양자 입양의 동의나 대낙이 결여된 경우에 한하여 단기에 취소권을 행사할 수 있도록 규정하고 있다.

5. 친양자 입양의 무효

친양자의 경우에는 일반 입양의 무효원인에 대한 제883조가 준용되지 않으므로(제908조의4 제2항), 친양자 입양에는 무효가 존재하지 않는다. 친양자 입양에는 가정법원이 깊이 관여하므로, 친양자 입양의 효력을 부정할 만한 흠결이 있는 경우는 예상하기 어렵다.

6. 친양자의 재판상 파양

가. 파양의 제한

출생을 통한 생물학적 친생자관계는, 타인의 친양자가 되지 않는 한, 어떠한 경우에도 소멸되지 않는다. 그러므로 혼인 중의 출생자로서의 지위를 부여하는 친양자의 경우에도 마찬가지로, 다시 다른 사람의 친양자가 되지 않는 한, 원칙적으로 친양자관계의 단절은 허용되지 않아야 한다. 그러나 친양자에 대한 학대나 친양부모에 대한 패륜행위와 같이 친양자관계의 근간이 훼손되는 경우까지 친양자관계를 유지하는 것도 바람직하지는 않다. 따라서 민법은 극히 제한적인 사유에 해당되는 경우에만 친양자의 재판상 파양을 허용하는 태도를 취하고 있어서(제908조의5), 2019년 기준 연 51건 정도에 머무르고 있다.

나. 파양 원인

(1) 양친이 친양자를 학대 또는 유기하거나 그 밖에 친양자의 복리를 현저히 해하는 때

친양자가 학대받거나 유기되면서까지 친양자관계를 유지하는 것은 허용할 수 없으며, 성추행이나 강제로 노동에 종사시키거나 고의적으로 의무교육에서 배제시키는 등 친양자의 복리를 현저히 해하는 경우에는 재판상 파양을 청구할 수 있다.

(2) 친양자의 양친에 대한 패륜행위로 인하여 친양자관계를 유지시킬 수 없게 된 때

친양부모도 친양자관계로 인해 과도한 희생을 감수하도록 강요할 수는 없다. 따라서 친양자의 패륜행위가 있는 경우에는 친양자 파양을 청구할 수 있다. 다만 여기에서의 패륜행위라 함은 친양부모의 생명이나 신체에 대한 고의적인 침해와 같이 매우 좁게 해석되어야 할 것이다.

다. 파양의 절차

재판상 파양을 청구할 수 있는 사람은 패륜행위의 대상이 된 친양부모, 복리가 현저히 침해된 친양자, 친생부모 또는 검사이다(제908조의5). 친양자가 청구하는 경우에 13세 이상의 미성년자이면 법정대리인의 동의를 받아야 하고, 13세 미만이면 친양자 입양에 동의했던 당시의 법정대리인이 대신 청구하여야 할 것이다. 친양자 파양은 가사소송 나류사건으로 조정전치주의가 적용된다(가사소송법 제50조 제1항).

라. 파양의 효과

파양된 때에는 친양자관계는 소멸하고 입양 전의 친족관계는 부활한다(제908조의7 제1항). 그리고 파양의 효력은 소급하지 아니한다(제908조의7 제2항). 이미 친양자 입양이 성립된 이후 파양될 때까지의 부양이나 상속 등의 기존의 법률효과에는 아무런 영향도 미치지 아니한다. 파양이 되면 친양자 입양 직전의 친권자에게 친권이 자동으로 부활하는 것이 아니라, 가정법원이 친권자의 지정 또는 후견인 선임을 하게 된다(제909조의2).

제 3 절 친 권

Ⅰ. 서 론

1. 친권의 의의

사람은 태어나서 권리능력을 얻더라도 성인이 될 때까지는 미성숙한 시기를 반드시 거치게 된다. 미성숙한 시기에 있는 미성년자에게는 부모에 의한 보호와 양육이 필수적이다. 부모에게는 미성년자녀에 대한 보호와 교양 등이 권리인 동시에 의무로서의 성격을 갖는다. 이를 부모가 제3자에 대한 권리의 관점에서 규정한 것이 친권이지만, 자녀에 대한 관점을 중심으로 규정하면 보호하고 교양할 의무로 파악될 수 있다. 민법도 제913조에서 친권자는 자녀를 보호하고 교양할 권리의무가 있다고 명시적으로 규정함으로써, 부모는 자신의 미성년자녀에 대한 권리와 동시에 의무를 부담하는 양면적인 지위에 있음을 분명히 하고 있다.

친권은 자녀가 부모의 도움을 필요로 하는 미성년인 시기에만 존속할 수 있는 것이고, 자녀가 성숙하여 완전히 독립적인 주체인 성년이 되는 즉시 자연적으로 소멸되어야 한다. 따라서 성년자에게는 부모는 존재하지만, 친권자는 더 이상 없다. 친권은 오로지 미성년자의 법률상 부모에게만 인정될 수 있으며, 조부모는 직계존속이라도 친권자가 될 수는 없고 후견인만 될 수 있다.

2. 친권의 최근 동향

가. 자녀의 복리

친권은 본질적으로 미성년인 자녀의 복리를 위한 제도이다. 민법은 제912조 제1항에서 친권을 행사함에 있어서는 자녀의 복리를 우선적으로 고려하여야 한다고 천명하고 있다. 과거의 친권은 부모, 특히 가장인 아버지가 갖는 지배적인 권위로 이해되었으나, 이러한 가부장적인 폐습이 극복되고 미성년인 자녀가 인격체로 성장하기 위한 부모의 적극적인 역할로 친권이 자리매김하게 되었다. 특히 친권자의 징계권을 인정하고 있던 제915조 규정을 삭제하는 2021년 민법 개정은 자녀의 복리를 위한 친권으로서의 현대적 경향을 잘 보여주고 있다.

나. 친권 자동 부활 폐지

2011년 민법 개정을 통한 친권의 획기적인 변화는 단독친권자에게 사망, 친권의 상실, 파양, 입양 취소의 사유가 발생하면 친권자가 아니었던 부(모)의 친권이 자동으로 부활하거나, 양부모 모두가 사망한 경우에 친생부모의 친권이 자동으로 부활하는 제도를 폐지한 것이다. 친권을 자동으로 부활하기보다는 법원에 친권자 지정을 신청하여 친권 체제로 갈 것인지 아니면 후견을 개시할 것인지를 결정하도록 하였다. 예를 들어 부모가 이혼하면서 일방이 친권자가 되기에는 매우 부적절하므로 다른 일방을 단독친권자로 정했는데, 그 단독친권자가 사망한 경우에 부적절한 일방이 아버지 또는 어머니라는 이유로 자동으로 친권자가 되어야 한다면 이는 미성년자녀의 복리에 부합하는 결과를 가져오지 못한다. 다양한 환경이 있는 현실에서 부모라는 이유로 획일적으로 친권을 부활하기보다는 구체적인 상황을 고려하여, 친권자를 지정할 것인지 아니면 후견을 개시할 것인지 자녀의 복리에 가장 부합하는 결정을 법원이 자유롭게 내릴 수 있도록 발전적인 제도개혁을 하였다.

다. 후견과의 관계 정비

2011년 민법 개정 이전에는 미성년자에게 친권자가 될 수 있는 부모가 존재하지 아니하는 경우에만 후견을 개시하였다. 즉 후견은 친권을 행사할 수 있는 부모가 없는 상황에서의 보충적인 제도에 불과하였다. 그러나 2011년 민법 개정을 통해 미성년자의 후견은 친권과 병렬적인 제도로 관계를 정비하였다. 친권자가 될 수 있는 아버지 또는 어머니가 존재하더라도 가정법원이 판단하기에 후견이 더 자녀의 복리에 부합한다고 인정되면, 친권이 아닌 후견을 개시할 수 있다. 또 후견을 일단 개시하였더라도 다시 친권으로 회귀하는 것도 가능하다.

제909조의2 제4항은 친권자 지정 청구가 생존하는 아버지 또는 어머니, 친생부모 일방 또는 쌍방의 양육의사 및 양육능력, 청구 동기, 미성년자의 의사, 그 밖의 사정을 고려하여 미성년자의 복리를 위하여 적절하지 아니하다고 인정하면, 직권으로 미성년후견인을 선임할 수 있도록 규정하고 있다. 또한 반대로 후견인 선임 청구를 하여도 직권으로 생존하는 아버지 또는 어머니, 친생부모 일방 또는 쌍방을 친권자로 지정할 수도 있다. 나아가 가정법원이 미성년후견인을 선임한 이후에 미성년자의 복리를 위하여 필요하면 후견을 종료하고 다시 친권자를 지정할 수도 있다(제909조의2 제6항).

라. 친권의 탄력적 운영

2014년 민법 개정 이전에는 친권은 극단적인 존부 유형으로 되어 있었다. 친권을 완전히 상실시키지 않더라도 특정한 영역에서만 제한하거나 일정한 기간 동안만 정지시킬 필요성이 있음에도 친권을 그대로 전부 유지하거나 아니면 완전히 상실시킬 수밖에 없는 한계가 있었다. 민법 개정을 통해 친권의 일부 정지나 일부 제한을 도입함으로써, 시간적으로나 양적으로 친권의 부분적인 제한을 할 수 있도록 하여 구체적 사정에 부합하는 탄력적 운영이 가능하게 되었다.

또한 친권자의 관점에서도 가능한 한 친권을 최대한 인정하고 활용하는 방향으로 부모로서의 지위를 보장하도록 하였다. 즉 친권의 일부 정지나 일부 제한으로도 미성년자녀의 복리를 충분히 확보할 수 있다면 친권의 상실 선고를 하지 못하도록 하였고, 친권자의 동의에 갈음하는 법원의 재판으로 가능하다면 친권의 일부 정지나 일부 제한을 하지 못하도록 하였다(제925조의2).

마. 공적 주체의 개입

가정법원은 혼인외의 자녀가 인지되거나 부모가 이혼하면서 협의로 친권자를 정한 경우에도 그 협의가 자녀의 복리에 반하는 경우에는 직권으로 친권자를 정할 수 있다(제909조 제4항 단서). 나아가 2014년 민법 개정으로 친권자의 동의를 갈음하는 재판에 관한 규정을 신설하였다. 친권자의 동의가 필요한 행위에 대하여 친권자가 정당한 이유 없이 동의하지 아니함으로써 자녀의 복리에 중대한 손해가 발생할 위험이 있는 경우에 가정법원이 친권자의 동의를 갈음하는 재판을 할 수 있도록 하였다(제922조의2). 또한 가정법원뿐만 아니라 지방자치단체의 장도 친권에 대한 적극적 개입을 할 수 있는 길을 열어 두었다. 일선에서 사회복지 업무를 관장하고 있어서 미성년자녀의 상황을 정확히 파악할 수 있는 지방자치단체의 장이 친권의 상실이나 일시 정지 또는 일시 제한을 청구할 수 있도록 함으로써 미성년자녀의 복리에 실질적으로 광범위하게 개입할 수 있는 통로를 열어 두었다.

Ⅱ. 친 권 자

1. 공동친권

가. 혼인 중인 부모

부모는 미성년자인 자녀의 친권자가 된다. 양자의 경우에는 양부모가 친권자가 된다(제909조 제1항). 부모는 혼인 중인 경우에는 미성년자의 공동친권자가 된다. 친생부모라도 이혼을 하거나 혼인 중이 아니라서 혼인외의 자녀라면 공동친권자가 되지 못하는 것이 원칙이다. 친권은 부모가 혼인 중인 때에는 부모가 공동으로 이를 행사한다(제909조 제2항). 민법상 법문은 혼인 중인 때에는 공동으로 행사한다고 규정하고 있어서, 마치 부모가 이혼을 하면 둘 다 친권자이지만 행사는 단독으로 하는 것처럼 해석될 여지가 있다. 그러나 부모가 이혼을 하면 친권자를 정하도록 되어 있으므로(제909조 제4항), 부모 중 일방이 친권자로 정하여지면 타방은 아예 친권이 소멸되는 것이다. 부모가 이혼을 하더라도 반드시 단독친권이 되는 것은 아니고, 예외적으로 공동친권으로 결정할 수도 있다[대법원 2012.4.13. 2011므4719*].

미성년인 혼인외의 자녀의 친생부모는 공동친권자가 되지 못한다. 혼인외의 자녀는 아버지가 인지하기 전까지는 출생이라는 사실에 의해 모자관계만이 형성되므로 어머니가 단독으로 친권자가 된다. 그리고 인지가 되어 부모 모두가 존재하더라도 공동친권자가 되는 것이 아니라 단독친권자를 정하여야 한다(제909조 제4항). 따라서 혼인 중인 부모만이 미성년자의 공동친권자가 되는 것이며, 입법론적으로 제909조 제1항은 "혼인 중인 부모는 미성년자인 자녀의 친권자가 된다"라고 개정하는 것이 바람직하다.

나. 공동친권의 공동행사

공동친권자는 공동으로 친권을 행사하여야 하는데, 이것이 의사의 결정을 공동으로 하는 것으로 족하다는 견해(김/김,428)와 친권 행사의 구체적인 표시를 공동명의로 하여야 한다는 견해(윤,252)가 대립된다. 현실적으로 친권의 구체적인 표시행위를 공동으로 할 것을 요하는 것은 공동친권자에게도 부담이 되므로, 친권 행사의 의사결정을 공동으로 하여 의견 일치만 있다면 표시는 단독으로 하여도 무방하다고 해석할 것이다. 다만 부모의 의견이 불일치하게 되면 의사의 결정을 공동으로 할 수 없게 되어, 친권의 공동행사는 성립되지 않는다. 이 경우에는 당사자의 청구에 의해 가정법원이 이를 정한다(제909조 제2항).

다. 공동친권의 무단 행사

(1) 무단 공동명의 행사

부모가 공동으로 친권을 행사하는 경우, 부모의 일방이 공동명의로 자녀를 대리하거나 자녀의 법률행위에 동의한 때에는 다른 일방의 의사에 반하는 때에도 그 효력이 있다. 그러나 상대방이 악의인 때에는 그러하지 아니하다(제920조의2). 친권의 공동행사란 의사결정을 공동으로 하는 것을 말하므로, 친권자 일방의 의사에 반하는 친권행사는 설령 공동명의라고 하더라도 진정한 친권의 공동행사로 인정될 수 없다. 그러나 상대방으로서는 친권자인 부모의 공동의사결정이 내부적으로 있었는가를 파악하는 것은 매우 어려운 일이므로, 민법이 상대방 보호를 위한 특별한 규정을 두고 있다. 이에 대해 일반 표현대리보다 상대방을 더 보호할 필요성이 있는지 의문이며(윤,252), 상대방의 선의뿐만 아니라 무과실도 요구된다고 해석하는 것이 타당하다(김/김,429)는 주장이 제기되고 있다. 그러나 거래 편의상 미성년자의 부모 일방이 친권을 행사하면 가정 내에서 충분한 협의가 있었던 것으로 신뢰하는 현실적인 관행이 있음을 고려하면, 악의의 상대방만을 보호에서 배제하는 현행 규정은 적절하다고 생각된다.

(2) 무단 단독명의 행사

공동친권을 부모 일방이 무단으로 단독명의로 행사하였다면, 이는 무권대리에 해당한다고 볼 수 있다. 한편으로 상대방이 공동으로 의사결정을 했다고 믿을 만한 정당한 이유가 있는 때에는 권한을 넘은 표현대리가 성립될 수 있는 여지는 있다. 만약 무단으로 단독명의로 미성년자녀의 입양 동의와 같은 신분행위에 동의를 하였다면 무효이지만, 다른 친권자도 이를 추인한 경우에는 유효로 될 수 있다.

라. 공동친권자의 예외적 단독 행사

공동친권자인 부모의 일방이 친권을 행사할 수 없을 때에는 다른 일방이 이를 행사한다(제909조 제3항). 친권을 행사할 수 없을 때라 함은 장기간 부재하거나 중환자실 입원, 교도소 수감 등 사실상의 사유뿐만 아니라 친권의 일시 정지나 일부 제한, 성년후견과 같은 법률상의 사유를 포함한다. 이 경우에는 공동친권자임에도 불구하고 일방이 단독으로 친권을 행사할 수 있게 된다. 친권상실도 여기에 해당된다는 견해(김/김,429; 윤,253)가 다수설이다. 그러나 친권상실은 친권 전부가 완전히 소멸되는 것이므로 친권자로서의 지위 자체가 박탈되는 것이고 단순히 행사만을 못하는 것은 아니며, 친권상실 후 실권이 회복되어도 자동으로 친권 행사가 가능해지는 것이 아니라 법원에 의해 다시 친권자로 지정되는 절차가 필요하다(제927조의2 제2항)는 점에서 친권상실은 여기에 해당되지 않는다고 해석되어야 한다.

2. 단독친권자

가. 아버지 또는 어머니

(1) 당연 결정

미성년자의 공동친권자인 부모 중 일방이 혼인 중에 사망하게 되면, 생존한 아버지 또는 어머니가 당연히 단독친권자로 된다. 사망에 의한 단독친권으로의 변경 과정에는 가정법원이 어떠한 개입도 하지 아니한다. 또한 공동친권자 중 일방이 친권상실 선고를 받으면, 다른 일방이 당연히 단독친권자로 된다.

(2) 친권자 협의로 결정

혼인외의 자녀가 인지되기 전에는 어머니가 단독친권자가 되지만, 아버지가 임의인지 하게 되면 기존의 친권자인 어머니와 인지한 아버지 중 누구를 친권자로 할 것인지를 협의로 정하여야 한다. 미성년자의 부모가 협의상 이혼하는 경우에는 부모의 협의로 친권자를 정하여야 하는데(제909조 제4항), 만약 부모 중 일방을 친권자로 정하게 되면 그가 단독친권자가 된다. 이혼하는 경우에도 공동친권자로 협의할 수도 있으므로[대법원 2012.4. 13. 2011므4719*], 부모가 협의상 이혼한다고 해서 반드시 단독친권자로 되는 것은 아니다. 친권자를 정하는 부모의 협의를 할 수 없거나 협의가 이루어지지 아니하는 경우에는 가정법원은 직권으로 또는 당사자의 청구에 따라 친권자를 지정하여야 한다.

부모가 친권자를 정하는 협의를 하였다고 하더라도 그 협의가 자녀의 복리에 반하는 경우에는 가정법원은 보정을 명하거나 직권으로 친권자를 정한다(제909조 제4항). 가장 내밀한 사적 영역에 해당되는 부모와 자녀의 관계를 고려할 때, 미성년자녀의 친권에 대한 부모의 협의를 가정법원이 직권으로 부정하는 적극적 개입이 바람직한가는 의문이 아닐 수 없다. 만약 부모의 협의가 자녀의 복리에 현저히 반하는 것이라면 친권자의 변경이나 친권상실 등의 사후적 교정수단이 존재함에도 불구하고, 사전적으로 당사자의 협의 결과를 부정하는 가정법원의 과도한 사적 영역에의 개입은 지양되어야 할 것이다.

(3) 가정법원이 결정

혼인 취소, 재판상 이혼 그리고 강제인지의 경우에는 부모의 협의가 아니라 법원이 직권으로 친권자를 정한다. 이러한 사안은 가정법원에 의해 확정되는 것이므로 그 과정에서 미성년자의 친권자를 법원이 결정하게 된다. 다만 그 과정에서 자녀의 친권자를 누구로 정할 것인지에 대한 협의를 하도록 권고하여, 부모의 의견을 사실상으로 고려할 수 있는 절차는 두고 있다(가사소송법 제25조 제1항).

나. 단독친권자의 변경

단독친권자는 후발적으로 아버지 또는 어머니 다른 일방으로 교체되어 변경될 수도 있다. 가정법원은 자녀의 복리를 위하여 인정되는 경우에는 자녀의 4촌 이내 친족의 청구에 의하여 정하여진 친권자를 다른 일방으로 변경할 수 있다(제909조 제6항). 자녀의 4촌 이내의 친족이면 누구라도 변경을 청구할 수 있으므로 현재의 단독친권자인 아버지 또는 어머니도 스스로 변경을 청구할 수 있다. 주의하여야 할 것은 자녀는 친권자의 변경을 청구할 수 없으며, 검사나 지방자치단체의 장도 친권자의 변경은 청구할 수 없다.

3. 친권자의 지정

가. 친권 자동 부활의 폐지

2011년 민법 개정 이전에는 현재 단독친권자의 친권이 소멸하면 친권자가 될 수 있는 사람이 자동으로 친권자가 되는 것으로 규정하고 있었다. 예를 들어 부모가 이혼하면서 어머니가 단독으로 친권으로 행사하는 것으로 정하였으나, 이후 어머니가 사망하면 생존해 있는 아버지가 자동으로 친권을 행사하도록 규정하였다. 입양이 취소되거나 파양의 경우에는 친생부모의 친권이 자동으로 부활하였다. 그러나 경우에 따라서는 부모의 일방이나 친생부모가 친권자가 되는 것보다는 후견을 개시하는 것이 미성년자녀의 복리에 더욱 부합한다고 볼 수 있는 사례도 나타나게 되었다. 이에 2011년 민법 개정을 통해 일정한 사람의 청구에 따라 법원이 친권자를 지정하거나 미성년후견을 개시하는 결정을 선택적으로 할 수 있도록 하여 미성년자녀의 복리를 보장할 다양한 경로를 열어주었다.

나. 친권자 지정

(1) 단독친권자가 사망한 경우의 지정 청구

혼인외의 자녀가 인지되거나, 부모가 이혼하거나, 부모의 혼인이 취소되어 단독친권자로 정하여진 부모의 일방이 사망한 경우 생존하는 아버지 또는 어머니, 미성년자, 미성년자의 친족은 그 사실을 안 날로부터 1개월, 사망한 날로부터 6개월 내에 가정법원에 생존하는 아버지 또는 어머니를 친권자로 지정할 것을 청구할 수 있다(제909조의2 제1항).

(2) 공동친권이 전부 소멸된 경우의 지정 청구

입양이 취소되거나 파양된 경우 또는 양부모가 모두 사망한 경우 친생부모 일방 또는 쌍방, 미성년자, 미성년자의 친족은 그 사실을 안 날로부터 1개월, 입양이 취소되거나 파양된 날 또는 양부모가 모두 사망한 날로부터 6개월 내에 가정법원에 친생부모 일방 또는 쌍방을 친권자로 지정할 것을 청구할 수 있다. 다만 친양자의 양부모가 사망한 경우에는 친권자를 지정하지 아니하고 미성년후견인을 선임한다(제909조의2 제2항). 친양자의 경우에는 기존의 혈족관계를 단절하였으므로 친양부모가 사망해도 친생부모가 다시 친권자로 될 수 없기 때문에 친권자 지정이 아닌 미성년후견인 선임을 반드시 하여야 한다. 그러나 친양자 파양이 이루어지면 기존의 혈족관계가 부활하므로, 친생부모에 대한 친권자 지정 청구가 허용됨을 물론이다.

(3) 지정 청구가 없는 경우

전술한 친권자 지정 청구가 정해진 기간 내에 없을 때에는 가정법원이 친권자를 지정할 수 없다. 따라서 가정법원은 직권으로 또는 미성년자, 미성년자의 친족, 이해관계인, 검사, 지방자치단체의 장의 청구에 의하여 미성년후견인을 선임할 수 있다. 이 경우 생존하는 아버지 또는 어머니, 친생부모 일방 또는 쌍방의 소재를 모르거나 그가 정당한 사유 없이 소환에 응하지 아니하는 경우를 제외하고 그에게 의견을 진술할 기회를 주어야 한다(제909조의2 제3항).

(4) 친권자 지정 또는 기각

친권자 지정 청구가 있는 경우에는 미성년자녀의 복리를 우선적으로 고려하여야 한다. 이를 위하여 가정법원은 관련 분야의 전문가나 사회복지기관으로부터 자문을 받을 수 있다(제912조 제2항). 친권자 지정 청구가 있다고 해서 가정법원이 반드시 그를 친권자로 지정해야만 하는 것은 아니다. 가정법원은 친권자 지정 청구가 생존하는 아버지 또는 어머니, 친생부모 일방 또는 쌍방의 양육의사 및 양육능력, 청구 동기, 미성년자의 의사, 그 밖의 사정을 고려하여 미성년자의 복리를 위하여 적절하지 아니하다고 인정하면 청구를 기각할 수 있다. 이 경우 가정법원은 미성년후견인을 선임하거나 지정 청구 대상이 아닌 생존하는 아버지 또는 어머니, 친생부모 일방 또는 쌍방을 친권자로 지정하여야 한다(제909조의2 제4항).

다. 후견인 선임

친권자 지정 청구가 없거나 친권자 지정 청구가 있음에도 불구하고 가정법원은 미성년자의 복리를 위하여 적절하지 아니하다고 인정하면 미성년후견인을 지정할 수 있다. 그러나 미성년후견인이 선임된 경우라도 미성년후견인 선임 후 양육상황이나 양육능력의 변동, 미성년자의 의사, 그 밖의 사정을 고려하여 미성년자의 복리를 위하여 필요하면 생존하는 아버지 또는 어머니, 친생부모 일방 또는 쌍방, 미성년자의 청구에 의하여 후견을 종료하고 생존하는 아버지 또는 어머니, 친생부모 일방 또는 쌍방을 친권자로 지정할 수 있다(제909조의2 제6항). 미성년후견인을 선임하여 후견을 개시하더라도, 친권자가 될 수 있는 사람이 존재하는 경우에는 후견을 종료하고 다시 친권의 체계로 전환할 수 있는 여지가 남아 있다.

라. 친권 임무의 한시적 대행

가정법원은 단독친권자가 사망한 경우, 입양이 취소되거나 파양된 경우, 양부모가 모두 사망한 경우에 직권으로 또는 미성년자, 미성년자의 친족, 이해관계인, 검사, 지방자치단체의 장의 청구에 의하여 친권자가 지정되거나 미성년후견인이 선임될 때까지 그 임무를 대행할 사람을 선임할 수 있다. 이 경우 그 임무를 대행할 사람에 대하여는 제25조 및 제954조를 준용한다(제909조의2 제5항). 그러므로 친권 임무를 한시적으로 대행하는 사람은 미성년자의 재산에 대한 보존행위와 재산의 성질을 변하지 아니하는 범위에서 그 이용 또는 개량하는 행위만을 할 수 있을 뿐이고, 이를 넘는 개량행위나 처분행위을 하기 위해서는 가정법원의 허가를 받아야 한다. 그리고 가정법원은 직권으로 또는 미성년자녀, 제777조에 따른 친족, 그 밖의 이해관계인, 검사, 지방자치단체의 장의 청구에 의하여 미성년자녀의 재산상황을 조사하고, 대행하는 사람에게 재산관리 등 친권 임무 수행에 관하여 필요한 처분을 명할 수 있다.

4. 친권의 대행

가. 미성년자녀의 친권의 대행

친권자는 그 친권에 따르는 자녀에 갈음하여 그의 자녀(손자녀)에 대한 친권을 행사한다(제910조). 만약 갑의 미성년자녀 을이 혼인하지 않은 상태에서 병을 출산하거나 인지하여 그 미성년자녀 을이 손자녀 병의 친권자가 되었다면, 을이 병에 대해 갖는 친권을 조부모 갑이 대행하게 된다. 즉 조부모가 손자녀에 대해서 미성년자녀가 갖는 친권을 대행하게 된다. 만약 19세 미만의 자녀라도 혼인을 하여 자녀를 출산한 경우에는 성년의제가 적용되어 조부모가 친권을 대행하지 않는다. 그리고 조부모가 미성년자녀의 친권을 대행하는 것이지 조부모가 손자녀의 친권자가 되는 것은 아니므로, 친권의 행사는 미성년자녀의 명의로 하여야 한다.

나. 미성년후견인의 친권 대행

미성년후견인은 후견하는 미성년자에 갈음하여 그의 자녀에 대한 친권을 행사한다(제

948조 제1항). 친권자가 아닌 미성년후견인이 있는 미성년자가 자녀를 출산하거나 인지하였다면, 미성년자가 갖는 친권을 미성년후견인이 대행한다. 이 경우에 제950조에 정한 행위를 대행하려면 후견감독인의 동의를 받아야 한다(제950조 제1항).

Ⅲ. 친권의 효력

1. 신분상 효력

가. 보호하고 교양할 권리와 의무

친권자는 자녀를 보호하고 교양할 권리의무가 있다(제913조). 친권자는 친권에 따르는 미성년자녀를 보호하고 교육하고 양육할 권리와 의무가 있다. 이는 친권이 부모가 미성년자녀에 대해 갖는 권리와 의무로서의 양면적 성격이 잘 나타나는 규정이다. 보호하고 교양하는데 소요되는 비용은 당연히 친권자가 부담하여야 하며, 이는 부모가 미성년자녀에 대해 부담하는 1차적 부양의무에 해당한다. 그리고 친권을 공동으로 행사하는 만큼, 의무의 이행에 있어서도 공동친권자는 자녀의 보호와 교양에 소요되는 비용을 공동으로 부담하는 것이 원칙이다.

나. 거소지정권

자녀는 친권자의 지정한 장소에 거주하여야 한다(제914조). 민법은 친권자의 거소지정권에 대해 자녀에게 친권자가 지정한 장소에 거주할 의무를 부과하는 형식을 취하고 있으나, 이는 친권자가 미성년자녀에게 적절하게 거주할 장소를 제공할 의무를 전제로 하는 것이다. 여기에서의 거소는 반드시 친권자와 동거할 것만을 의미하는 것은 아니고, 기숙사나 하숙집과 같이 사회 통념상 친권자의 보호와 양육의 범위에 들어가는 장소라면 무방하다. 설령 자녀가 친권자의 거소 지정에 반하는 행동을 하더라도, 친권자가 물리적 강제력을 동원하여 지정된 거소로 이전시키거나 징계하는 것은 허용되지 아니한다. 다만 유아의 경우에 거소지정권의 내용으로 제3자에게 인도청구권을 행사할 수는 있다.

다. 신분행위 동의권

친권자는 법정대리인으로서 미성년자녀의 일반양자 또는 친양자 입양 및 파양에 대한 동의권과 대낙권을 갖는다. 다만 미성년자녀의 혼인에 대한 동의는 부모의 지위에서 하는 것이므로 친권자인 부모뿐만 아니라 친권이 없는 부모라도 동의권을 갖는다.

라. 신분행위 대리권

법정대리인이라도 신분행위에 대해서는 대리권을 행사할 수 없다. 다만 인지청구의 소(제863조), 13세 미만의 입양 대낙(제869조 제2항)과 파양청구(제906조) 등과 같이 민법상 규정이 있는 경우에 국한하여 예외적으로 대리가 허용된다. 또한 미성년자녀의 상속포기와 한정승인을 누가 하는가에 대해서는 민법에 규정이 없으나, 원칙적으로 법정대리인이 대리할 수 있다고 해석된다. 미성년자녀가 상속인인 경우에는 상속의 승인 및 포기의 기간은 친권자 또는 후견인이 상속이 개시된 것을 안 날로부터 기산한다(제1020조). 다만 미성년자녀와 친권자가 공동상속인인 경우에 미성년자녀의 상속포기를 친권자가 대리하는 것은 이해상반행위가 되므로, 법원에 그 자녀의 특별대리인 선임을 청구하여야 할 것이다(제921조).

마. 미성년후견인의 지정

친권자는 유언으로 미성년후견인을 지정할 수 있다(제931조 제1항). 친권자가 사망으로 더 이상 친권을 행사할 수 없을 것이 예상되는 경우에, 자신의 친권을 대신하여 미성년자를 가장 잘 돌볼 수 있는 사람을 미성년후견인으로 유언을 통해서만 지정할 수 있다. 따라서 유효한 유언의 방식을 취하지 아니하면, 미성년후견인 지정은 효력이 없다.

2. 재산상 효력

가. 법정대리권

친권을 행사하는 아버지 또는 어머니는 미성년자인 자녀의 법정대리인이 된다(제911조). 법정대리인인 친권자는 자녀의 재산에 대한 법률행위에 대하여 그 자녀를 대리한다. 그러나 그 자녀의 행위를 목적으로 하는 채무를 부담할 경우에는 본인의 동의를 얻어야 한다(제920조). 만약 자녀의 행위를 목적으로 하는 채무를 부담하는 법률행위를 본인의 동의 없이 마음대로 대리할 수 있다면, 미성년자녀가 사실상 강제노역을 하게 되어 복리에 중대한 침해가 생기게 되므로 반드시 본인의 동의를 얻도록 하였다. 친권자는 대리권만 갖는 것이 아니라 법정대리인으로서의 미성년자녀의 재산상 법률행위에 대한 동의권(제5조 제1항), 자녀의 재산에 대한 처분 허락(제6조)과 동의와 허락에 대한 취소권(제7조),

영업의 허락 및 허락의 취소 또는 제한(제8조), 미성년자녀의 법률행위에 대한 취소권(제140조) 및 추인권(제143조 제1항)도 행사할 수 있다. 다만 앞서 살펴본 바와 같이 신분상 법률행위는 법률에 규정이 없는 한, 대리권이 인정되지 않는다.

나. 재산관리권

자녀가 자기의 명의로 취득한 재산은 그 특유재산으로 하고 법정대리인인 친권자가 이를 관리한다(제916조). 친권자의 재산관리에 대해서는 위임에 관한 제691조와 제692조가 준용된다(제919조). 친권종료의 경우에 급박한 사정이 있는 때에는 친권자, 그 상속인이나 법정대리인은 자녀, 그 상속인이나 법정대리인이 재산을 관리할 수 있을 때까지 그 재산의 관리를 계속하여야 한다. 이 경우에는 친권이 존속하는 것과 동일한 효력이 있다(제919조, 제691조). 친권종료의 사유는 이를 상대방에게 통지하거나 상대방이 이를 안 때가 아니면 이로써 상대방에게 대항하지 못한다(제919조, 제692조).

그러나 예를 들어 특정 장학재단이 자녀에게 장학금을 지급하는 경우와 같이, 무상으로 자녀에게 재산을 수여한 제3자가 친권자의 관리에 반대하는 의사를 표시한 때에는 친권자는 그 재산을 관리하지 못한다(제918조 제1항). 이 경우에 제3자가 그 재산관리인을 지정하지 아니한 때에는 법원은 재산의 수여를 받은 자녀 또는 자녀의 친족의 청구에 의하여 관리인을 선임한다(제918조 제2항). 제3자가 지정한 관리인의 권한이 소멸하거나 관리인을 개임할 필요있는 경우에 제3자가 다시 관리인을 지정하지 아니한 때에도 법원은 재산의 수여를 받은 자녀 또는 자녀의 친족의 청구에 의하여 관리인을 선임한다(제918조 제3항). 제3자가 무상으로 자녀에게 재산을 수여한 것이기 때문에, 설령 친권자의 의사에 반하는 관리로 인하여 재산을 전부 잃는다고 하더라도 미성년자녀에게는 처음부터 재산을 얻지 않은 것 이상의 손해가 발생하는 것은 아니므로 친권자의 개입을 제한하는 것은 수긍할 수 있다.

다. 주의의무

친권자가 그 자녀에 대한 법률행위의 대리권 또는 재산관리권을 행사함에는 자기의 재산에 관한 행위와 동일한 주의를 하여야 한다(제922조). 친권자와 미성년자녀는 경제공동체이므로 제3자에 대해서와 동일하게 선관주의의무를 부과하는 것은 적절하지 않다. 민법은 추상적 경과실을 원칙으로 하고 있으나, 이 경우에는 보다 낮은 자신의 재산에 관한 행위와 동일한 주의의무를 부과하고 이를 위반하면 구체적 경과실이 인정된다.

3. 이해상반행위

가. 이해상반행위의 개념

(1) 친권자와 자녀 사이의 이해상반행위

법정대리인인 친권자와 그 자녀 사이에 이해상반되는 행위를 함에는 친권자는 법원에 그 자녀의 특별대리인의 선임을 청구하여야 한다(제921조 제1항). 이해상반행위는 친권자와 그 자녀 중 일방이 이익을 얻으면 반드시 상대방이 그만큼 손실을 보아야 하는 행위를 말한다. 예를 들어 아버지의 사망으로 어머니와 자녀가 공동상속인이 되는 경우에, 어머니가 자녀의 법정대리인으로서 재산분할협의를 하면서 어느 일방이 더 큰 비율로 상속재산을 분할하게 되면 상대방은 그에 상응하여 작은 비율로 분할받게 된다. 친권자와 자녀 사이의 이해상반행위에서 친권자가 자녀를 대리하면, 제124조가 금지하는 자기계약에 해당되므로 이를 허용할 수 없다. 공동친권자 중 1인하고만 이해가 상반되는 경우에도 이해상반행위로서 특별대리인을 선임하여야 하며, 특별대리인이 이해가 상반되지 아니하는 친권자와 공동으로 법정대리권을 행사한다는 견해(김/김,463; 윤,276)가 다수설이다. 그러나 이러한 경우에까지 법원에 특별대리인의 선임을 청구하고 또 그 특별대리인과 공동으로 법정대리권을 행사하라고 하는 것은 친생부모를 지나치게 불신하고 경계하는 것이 아닌가 생각되며, 특별대리인 제도가 형식화되어 실제로 미성년자녀의 이익을 보호하는 데 미흡하다는 지적(김/김,463)을 고려하면 결코 바람직하다고 볼 수는 없다. 따라서 친권자 일방만 이해가 상반되는 경우에는 제909조 제3항의 부모의 일방이 친권을 행사할 수 없을 때에 해당된다고 보아 이해가 상반되지 아니하는 일방이 자녀의 법정대리권을 단독으로 행사할 수 있다고 보는 것이 타당하다.

(2) 친권에 따르는 자녀 사이의 이해상반행위

법정대리인인 친권자가 그 친권에 따르는 수인의 자녀 사이에 이해상반되는 행위를 함에는 법원에 그 자녀 일방의 특별대리인의 선임을 청구하여야 한다(제921조 제2항). 예를 들어 친권자가 친권에 따르는 자녀들 중 일방의 재산을 다른 자녀에게 증여하는 계약을 쌍방대리해서 체결하는 경우가 여기에 해당된다. 이 경우에는 제124조의 쌍방대리에 해당되므로, 법정대리인이 대리할 수 없고 특별대리인을 선임하여야 한다.

(3) 이해상반행위의 판단

이해상반행위를 무엇을 기준으로 어떻게 판단할 것인지에 대해 학설이 대립된다. 형식적인 이해상반에 해당하기만 하면 이해상반행위에 관한 제921조가 적용되어야 한다는 형식적 판단설과 실질적으로 당사자 사이에 이해가 상반된 경우에만 제921조가 적용된다는 실질적 판단설이 대립된다. 예를 들어 공동상속인인 친권자가 자녀와 상속재산분할을 하면서 자녀에게 법정상속분 이상의 비율로 분할하는 합의를 자녀를 대리해서 하였다면, 형식적 판단설에 따르면 이해상반행위가 되겠지만 실질적 판단설에 따르면 자녀에게 더 유리하므로 이해상반행위에 해당하지 않게 될 것이다. 판례는 형식적 판단설을 취하여 이해상반행위란 행위의 객관적 성질상 친권자와 그 자녀 사이 또는 친권에 복종하는 수인의 자녀 사이에 이해의 대립이 생길 우려가 있는 행위를 가리키는 것으로서, 친권자의 의도나 그 행위의 결과 실제로 이해의 대립이 생겼는지의 여부는 묻지 아니하는 것이라고 판시하고 있다[대법원 1996.11.22. 96다10270*].

> 미성년자의 친권자인 모가 자기 오빠의 제3자에 대한 채무의 담보로 미성년자 소유의 부동산에 근저당권을 설정하는 행위가, 소론과 같이 채무자를 위한 것으로서 미성년자에게는 불이익만을 주는 것이라고 하더라도, 민법 제921조 제1항에 규정된 "법정대리인인 친권자와 그 자 사이에 이해상반되는 행위"라고 볼 수는 없을 것〈후략〉[대법원 1991.11.26. 91다32466].

나. 이해상반행위의 처리

이해상반행위에 해당하면 친권자는 특정 자녀를 대리할 특별대리인의 선임을 가정법원에 청구하여야 한다. 특별대리인은 이해가 상반되는 특정한 행위에 대해서만 개별적으로 선임하여야 하고, 특별대리인에게 포괄적인 권한을 수여하여서는 아니된다[대법원 1996.4.9. 96다1139]. 누가 특별대리인으로 될 것인가는 민법이 규정하고 있지는 않으므로, 가정법원이 자녀의 이익을 잘 보호할 수 있는 사람으로 선임하게 된다. 친권자와 자녀 사이의 이해상반행위에 대해서는 자녀의 특별대리인을 선임하는 것으로 충분하지만, 자녀 사이의 이해상반행위에 대해서는 각 자녀마다 특별대리인을 선임하여야 한다[대법원 1993.4.13. 92다54524]. 다만 특별대리인의 선임을 청구할 권리를 친권자에게만 부여하는 것이 적절한가는 의문이다. 친권자 이외에도 이해가 상반되고 있는 자녀나 자녀의 친족도 특별대리인의 선임을 청구할 수 있도록 확장하는 것이 바람직하다.

다. 이해상반행위의 효과

친권자와 자녀 사이 그리고 자녀와 자녀 사이의 이해상반행위를 자녀의 특별대리인을 선임하지 아니하고 친권자가 그냥 대리하게 되면 무권대리행위가 된다(주해친족②,1105). 친권자가 무권대리인의 책임을 부담하여, 상대방의 선택에 따라 계약을 이행할 책임 또는 손해를 배상할 책임을 지게 된다(제135조). 예를 들어 친권자가 공동상속인인 수인의 자녀의 법정대리인으로 상속재산 분할협의를 하는 경우에는 무효가 된다[대법원 2001.6.29. 2001다28299*]. 친권자와 자녀 사이의 이해상반행위에 대해 자녀가 성인이 되어 친권자의 이해상반행위를 추인하면 유효로 될 수 있으며, 자녀와 자녀 사이의 이해상반행위는 자녀 모두가 성인이 되어 전부가 추인을 하여야 유효로 된다.

4. 동의에 갈음하는 재판

친권자의 동의가 필요한 행위에 대하여 친권자가 정당한 이유 없이 동의하지 않음으로써 자녀의 생명, 신체 또는 재산에 중대한 손해가 발생할 위험이 있는 경우에는 자녀, 자녀의 친족, 검사 또는 지방자치단체의 장의 청구에 의하여 친권자의 동의에 갈음하는 재판을 할 수 있다(제922조의2). 2014년 민법 개정을 통해 법원이 친권자의 동의에 갈음하는 재판을 통해 자녀의 복리를 보호할 수 있는 길을 열어 두었다. 개정 이전에는 친권은 오로지 친권자만이 행사할 수 있는 독점적 권리로서, 친권의 상실선고 외에는 친권자의 부적절한 친권 행사에 공권력이 개입할 방법이 없었다. 예를 들어 자녀의 건강이 위중한 상황에서도 특정 종교의 교리에 심취하여 현대 의학적인 치료가 아니라 종교적인 기도로 치유될 수 있다는 굳은 신념으로 자녀의 입원 치료에 동의하지 아니하는 경우에 친권상실 외에는 특별한 법적 수단이 존재하지 않았다. 그러나 법원이 동의에 갈음하는 재판을 할 수 있는 길을 열어 둠으로써, 이러한 경우에 친권자의 동의가 없더라도 자녀를 입원 치료할 수 있게 되었다.

Ⅳ. 친권의 소멸

1. 친권 소멸 사유

가. 자녀의 사유

자녀가 사망하거나 자녀가 성년자가 되면 더 이상 친권은 존재할 수 없으므로 절대적으로 소멸한다. 또한 자녀가 혼인을 하여도 성년의제로 친권은 절대적으로 소멸된다. 혼인외의 자녀를 아버지가 인지하여 단독친권자로 정하여지게 되면 어머니의 친권은 소멸되지만, 만약 어머니가 단독친권자로 결정된다면 친권은 그대로 유지된다. 미성년자녀가 타인에게 입양이 되면 친생부모의 친권은 소멸하고 양부모에게 친권이 생성된다. 그러나 입양이 취소되거나 파양을 하게 되면 양부모의 친권은 소멸하고, 친생부모가 친권자로 지정되거나 또는 미성년후견인을 선임하게 된다(제909조의2 제2항, 제4항).

나. 친권자의 사유

공동친권자 중 1인이 사망하게 되면 사망한 친권자의 친권은 소멸되며, 생존하는 아버지 또는 어머니가 단독친권자가 된다. 만약 친권자 모두가 사망하게 되면 친권은 절대적으로 소멸되며, 미성년후견인을 선임하게 된다(제928조). 친권자인 부모의 혼인이 무효로 되거나 혼인이 취소되어 부모의 공동친권에서 부모 일방의 단독친권으로 되었다면, 친권자가 아닌 아버지 또는 어머니의 친권은 소멸된다. 친권자인 부모가 이혼을 하는 경우에도 마찬가지이나, 만약 공동친권으로 지정되면 그때에는 친권은 소멸하지 아니한다. 친권자만의 사유라고 할 수는 없으나, 친생부인의 소 또는 친생자관계 부존재확인의 소가 확정되면 부모와 자녀의 관계가 근본적으로 부정되므로, 친권 또한 당연히 소멸된다.

2. 계산의무

법정대리인인 친권자의 권한이 소멸한 때에는 그 자녀의 재산에 대한 관리의 계산을 하여야 한다. 미성년자녀가 성인이 되는 것과 같이 절대적으로 친권이 소멸되는 경우뿐만 아니라 친권자의 친권이 소멸되고 다른 사람이 친권자가 되거나 미성년후견이 개시되는 경우에는 친권자로서 재산을 관리하는 동안 발생한 수입과 지출 등을 계산하고 보유재산, 잔여 채권과 채무 등을 정확히 공개하여야 한다. 다만 자녀의 재산으로부터 수취한 과실은 그 자녀의 양육, 재산관리의 비용과 상계한 것으로 본다. 그러나 무상으로 자녀에게 재산을 수여한 제3자가 반대의 의사를 표시한 때에는 그 재산에 대해서는 양육 등의 비용과 상계한 것으로 간주되지 않는다(제923조 제2항).

Ⅴ. 친권의 상실 등

1. 친권의 상실

가. 친권의 남용

가정법원은 아버지 또는 어머니가 친권을 남용하여 자녀의 복리를 현저히 해치거나 해칠 우려가 있는 경우에는 자녀, 자녀의 친족, 검사 또는 지방자치단체의 장의 청구에 의하여 그 친권의 상실을 선고할 수 있다(제924조 제1항). 제2조 신의성실의 원칙은 권리는 남용하지 못한다고 선언하고 있으므로, 친권도 남용하여서는 아니된다. 친권의 경우에는 권리남용의 효과로 친권 자체를 상실시키도록 특별히 규정하고 있다. 친권의 상실은 친권을 남용한 경우, 즉 보호·교양권, 거소지정권, 신분행위 동의권, 재산관리권, 법정대리권 등을 남용하는 경우에 한하여 청구할 수 있다. 친권을 남용한 대리행위는 상대방이 이를 알았거나 알 수 있었을 때에는 대리행위의 효과가 본인인 자녀에게 미치지 않는다 [대법원 2011.12.22. 2011다64669*].

> 진의 아닌 의사표시가 대리인에 의하여 이루어지고 대리인의 진의가 본인의 이익이나 의사에 반하여 자기 또는 제3자의 이익을 위한 배임적인 것임을 상대방이 알았거나 알 수 있었을 경우에는 민법 제107조 제1항 단서의 유추해석상 대리인의 행위에 대하여 본인은 아무런 책임을 지지 않는다고 보아야 하고, 상대방이 대리인의 표시의사가 진의 아님을 알았거나 알 수 있었는지는 표의자인 대리인과 상대방 사이에 있었던 의사표시 형성 과정과 내용 및 그로 인하여 나타나는 효과 등을 객관적인 사정에 따라 합리적으로 판단하여야 한다. 그리고 미성년자의 법정대리인인 친권자의 법률행위에서도 마찬가지라 할 것이므로, 법정대리인인 친권자의 대리행위가 객관적으로 볼 때 미성년자 본인에게는 경제적인 손실만을 초래하는 반면, 친권자나 제3자에게는 경제적인 이익을 가져오는 행위이고 그 행위의 상대방이 이러한 사실을 알았거나 알 수 있었을 때에는 민법 제107조 제1항 단서의 규정을 유추 적용하여 행위의 효과가 자(子)에게는 미치지 않는다고 해석함이 타당하다[대법원 2011.12.22. 2011다64669*].

친권자가 친권을 남용하지 않았으나 경제적으로 극빈하거나 현저한 비행으로 자녀의 정서나 교육에 악영향을 준다고 해도 그 이유만으로 친권을 상실시킬 수는 없다[대법원 1993.3.4. 93스3]. 친권의 남용은 자녀의 유일한 재산을 제3자에게 무상으로 증여하는 등의 적극적인 남용[대법원 1997.1.24. 96다43928]뿐만 아니라 친권을 행사하지 아니하는 소극적인 남용도 포함하는 것이다. 친권의 남용으로 인정되기 위해서는 친권자의 고의 또는 과실이 요구된다는 견해(김/김,468)도 있으나, 과실책임주의가 적용될 영역이 아니며 남용이라는 개념에 불가항력에 의한 사유는 당연히 포함되지 않을 것이므로 귀책사유를 요건으로 할 필요는 없다.

나. 자녀 복리의 현저한 피해

친권 남용의 결과로 자녀의 복리를 현저히 해치거나 해칠 우려가 있어야 한다. 자녀의 복리를 다소 해치거나 해칠 우려로는 친권상실의 선고를 할 수 없으며, 친권의 일부 제한이 가능할 수 있다. 현저한 피해는 양적인 크기뿐만 아니라 회복가능성 등을 총체적으로 판단하여야 한다. 그리고 아직 피해가 현실화되지 않았다고 하더라도 우려가 있는 경우에도 친권의 상실을 선고할 수 있으나, 친권의 완전한 박탈을 가져오는 만큼 비교적 엄격하고 신중하게 해석하여야 할 것이다.

다. 친권상실의 보충성

친권의 상실은 친권의 전부를 박탈하는 것이므로 보충성이 적용되어 불가피한 경우에 국한되어야 한다. 2014년 개정 전 민법은 친권의 상실 외의 다른 보완적인 수단을 규정하고 있지 않는 문제가 있어서 민법 개정을 통해 친권의 일시 정지나 친권의 일부 제한 등을 신설한 바 있다. 제924조에 따른 친권상실의 선고는 같은 조에 따른 친권의 일시 정지, 제924조의2에 따른 친권의 일부 제한, 제925조에 따른 대리권·재산관리권의 상실 선고 또는 그 밖의 다른 조치에 의해서는 자녀의 복리를 충분히 보호할 수 없는 경우에만 할 수 있다(제925조의2 제1항).

라. 친권상실의 효과

친권의 상실이 선고된 경우에도 부모의 자녀에 대한 그 밖의 권리와 의무는 변경되지 아니한다(제925조의3). 친권이 상실되더라도 부모라는 혈연적 지위는 그대로 유지되는 것이므로, 혼인동의권(제808조)이나 입양동의권(제870조), 부양의무(제974조 제1호) 등 부모로서의 지위에서 부여되는 권리와 의무는 그대로 유지되고 권리를 행사하거나 의무를 이행

하여야 한다. 공동친권자 중 일방이 친권의 상실이 선고되면, 다른 일방이 단독친권자로
된다.

2. 친권의 일시 정지

가정법원은 아버지 또는 어머니가 친권을 남용하여 자녀의 복리를 현저히 해치거나
해칠 우려가 있는 경우에는 자녀, 자녀의 친족, 검사 또는 지방자치단체의 장의 청구에
의하여 그 친권의 일시 정지를 선고할 수 있다(제924조 제1항). 친권의 일시 정지 요건은
친권상실의 그것과 동일하지만, 시간적으로 일정한 기간 동안 친권의 행사를 제한하는
것으로도 자녀의 복리를 보호할 수 있는 경우에는 친권의 상실이 아닌 친권의 일시 정지
선고를 하게 된다. 즉 친권의 시간적 제한을 가정법원이 선고할 수 있는 것이다. 따라서
일정한 기간 동안은 친권 전부를 행사할 수 없게 된다.

가정법원은 친권의 일시 정지를 선고할 때에는 자녀의 상태, 양육상황, 그 밖의 사정
을 고려하여 그 기간을 정하여야 한다. 이 경우 그 기간은 2년을 넘을 수 없다(제924조
제2항). 그 기간이 경과하면 친권은 별도의 회복 선고가 필요 없이 자동으로 회복되는 것
이 원칙이지만, 예외적으로 1회에 한하여 연장을 할 수도 있다. 가정법원은 자녀의 복리
를 위하여 친권의 일시 정지 기간의 연장이 필요하다고 인정하는 경우에는 자녀, 자녀의
친족, 검사, 지방자치단체의 장, 미성년후견인 또는 미성년후견감독인의 청구에 의하여 2
년의 범위에서 그 기간을 한 차례만 연장할 수 있다(제924조 제3항).

제924조에 따른 친권의 일시 정지는 제922조의2에 따른 동의를 갈음하는 재판 또는
그 밖의 다른 조치에 의해서는 자녀의 복리를 충분히 보호할 수 없는 경우에만 할 수 있
다(제925조의2 제2항). 친권의 일시 정지가 선고된 경우에도 부모의 자녀에 대한 그 밖의
권리와 의무는 변경되지 아니한다(제925조의3).

3. 친권의 일부 제한

가정법원은 거소의 지정이나 그 밖의 신상에 관한 결정 등 특정한 사항에 관하여 친
권자가 친권을 행사하는 것이 곤란하거나 부적당한 사유가 있어 자녀의 복리를 해치거나
해칠 우려가 있는 경우에는 자녀, 자녀의 친족, 검사 또는 지방자치단체의 장의 청구에
의하여 구체적인 범위를 정하여 친권의 일부 제한을 선고할 수 있다(제924조의2). 친권상
실 청구가 있는 경우에 친권상실사유에 미치지 않으나 자녀의 복리를 위하여 일부 제한

할 필요가 있으면, 법원은 친권의 일부 제한을 선고할 수 있다[대법원 2018.5.25. 2018스 520*].

친권의 일부 제한은 친권의 양적인 제한으로서 친권의 특정한 내용만을 행사할 수 없도록 제한하는 것이다. 민법은 거소의 지정이나 신상에 관한 결정을 예시하고 있으나, 그 외에 다른 사항이라도 제한의 필요성이 있으면 구체적인 범위를 정하여 일부 제한을 할 수 있다. 또한 친권의 행사가 곤란하거나 부적당한 정도라도 일부 제한을 할 수 있으며, 자녀의 복리에 현저하지 아니한 피해가 있거나 우려되더라도 가능하다. 그리고 친권의 일부 제한은, 친권상실이나 일시 정지, 대리권과 재산관리권의 상실과는 달리, 자녀도 청구할 수 있음에 유의해야 한다.

제924조의2에 따른 친권의 일부 제한은 제922조의2에 따른 동의를 갈음하는 재판 또는 그 밖의 다른 조치에 의해서는 자녀의 복리를 충분히 보호할 수 없는 경우에만 할 수 있다(제925조의2 제2항). 친권의 일부 제한이 선고된 경우에도 부모의 자녀에 대한 그 밖의 권리와 의무는 변경되지 아니한다(제925조의3).

4. 대리권과 재산관리권 상실 선고

가정법원은 법정대리인인 친권자가 부적당한 관리로 인하여 자녀의 재산을 위태롭게 한 경우에는 자녀의 친족, 검사 또는 지방자치단체의 장의 청구에 의하여 그 법률행위의 대리권과 재산관리권의 상실을 선고할 수 있다(제925조). 친권자는 자녀의 재산을 자기의 재산에 관한 행위와 동일한 주의를 하여야 하므로(제922조), 부적당한 관리라 함은 객관적으로 보아 자기 재산이라도 하지 아니할 관리 방법을 채택한 경우를 말한다. 따라서 다소의 손실 위험이 수반되는 주식투자 정도라면 부적당한 관리라고 할 수 없다. 부적당한 관리가 자녀의 재산을 위태롭게 하는 정도에 이르러야 하며, 일시적으로 손해가 발생했다는 사실 그 자체만으로 재산을 위태하게 했다고 볼 수는 없다. 대리권과 재산관리권의 상실 선고는 친권 중에서 오로지 대리권과 재산관리권만을 상실하는 것이므로, 그 외의 친권에 대해서는 친권자로서의 지위를 상실하지 않는다.

제925조에 따른 대리권·재산관리권의 상실 선고는 제922조의2에 따른 동의를 갈음하는 재판 또는 그 밖의 다른 조치에 의해서는 자녀의 복리를 충분히 보호할 수 없는 경우에만 할 수 있다(제925조의2 제2항). 대리권과 재산관리권의 상실이 선고된 경우에도 부모의 자녀에 대한 그 밖의 권리와 의무는 변경되지 아니한다(제925조의3).

다만 친권의 일부 제한 제도가 있음에도 불구하고 친권 중의 일부인 대리권과 재산관리권의 상실 제도를 별도로 둘 이유가 있는가는 의문이다. 친권의 일부 제한은 친권의 신분적 효력에 관한 것이고 대리권과 재산관리권의 상실은 재산적 효력에 관한 것처럼 보이나, 양자의 요건과 효과에 실질적인 차이가 존재하지 아니하므로 대리권과 재산관리권의 상실을 친권의 일부 제한에 통합시키는 것도 고려해 볼 필요가 있다.

5. 대리권과 재산관리권 사퇴와 회복

법정대리인인 친권자는 정당한 사유가 있는 때에는 법원의 허가를 얻어 그 법률행위의 대리권과 재산관리권을 사퇴할 수 있다(제927조 제1항). 전항의 사유가 소멸한 때에는 그 친권자는 법원의 허가를 얻어 사퇴한 권리를 회복할 수 있다(제927조 제2항). 친권자는 재산적 행위에 대한 대리권과 재산관리권은 사퇴할 수 있으나, 신분적 행위 등에 대한 친권은 권리인 동시에 의무이므로 결코 스스로 사퇴하거나 포기할 수 없다. 또한 대리권과 재산관리권을 사퇴하거나 다시 회복하기 위해서는 반드시 법원의 허가를 받아야 한다.

6. 친권상실 등과 친권자의 지정

혼인외의 자녀의 인지, 부모 혼인의 취소, 부모의 이혼으로 단독친권자로 된 부모 일방 또는 양부모 모두가 친권상실, 친권 일시 정지, 친권 일부 제한, 대리권과 재산관리권 상실 선고가 있는 경우, 대리권과 재산관리권을 사퇴한 경우, 소재 불명 등 친권을 행사할 수 없는 중대한 사유가 있는 경우에는 단독친권자 아닌 아버지 또는 어머니, 친생부모, 미성년자, 미성년자의 친족은 그 사실을 안 날부터 1개월, 사망한 날부터 6개월 내에 가정법원에 단독친권자 아닌 아버지 또는 어머니, 친생부모를 친권자로 지정할 것을 청구할 수 있다(제927조의2 제1항, 제909조의2 제1항). 다만 친권 일부 제한의 선고, 대리권과 재산관리권의 상실, 대리권과 재산관리권의 사퇴 경우에 새로 정하여진 친권자 또는 미성년후견인의 임무는 제한된 친권의 범위에 속하는 행위에 한정된다(제927조의2 제1항 단서). 결국 기존의 친권자와 그가 보유하지 못하는 친권을 행사할 추가적인 친권자가 이중으로 존재하게 된다. 그러나 양자가 공동으로 친권을 행사하는 것은 아니고, 각자 친권을 행사하는 범위를 달리하므로 그 영역에서는 단독으로 친권을 행사하는 것이다.

위의 기간 내에 친권자 지정의 청구가 없을 때에는 가정법원은 직권으로 또는 미성년자, 미성년자의 친족, 이해관계인, 검사, 지방자치단체의 장의 청구에 의하여 미성년후견인을 선임할 수 있다. 이 경우 단독친권자 아닌 아버지 또는 어머니, 친생부모 일방 또는 쌍방의 소재를 모르거나 그가 정당한 사유 없이 소환에 응하지 아니하는 경우를 제외하고 그에게 의견을 진술할 기회를 주어야 한다(제927조의2 제1항, 제909조의2 제3항). 가정법원은 친권자 지정 청구나 후견인 선임 청구가 친권자 아닌 아버지 또는 어머니, 친생부모 일방 또는 쌍방의 양육의사 및 양육능력, 청구 동기, 미성년자의 의사, 그 밖의 사정을 고려하여 미성년자의 복리를 위하여 적절하지 아니하다고 인정하면 청구를 기각할 수 있다. 이 경우 가정법원은 직권으로 미성년후견인을 선임하거나 친권자 아닌 아버지 또는 어머니, 친생부모 일방 또는 쌍방을 친권자로 지정하여야 한다(제927조의2 제1항, 제909조의2 제4항). 또한 이 경우에 친권자가 지정되거나 미성년후견인이 선임될 때까지 친권임무를 임시 대행할 사람을 선임할 수 있다(제927조의2 제1항, 제909조의2 제5항).

7. 실권의 회복

가정법원은 제924조, 제924조의2 또는 제925조에 따른 선고의 원인이 소멸된 경우에는 본인, 자녀, 자녀의 친족, 검사 또는 지방자치단체의 장의 청구에 의하여 실권의 회복을 선고할 수 있다(제926조). 실권의 회복은 가사비송 마류사건이며, 대리권과 재산관리권의 회복이 가사비송 라류사건이라는 점과는 구분된다.

가정법원은 친권자가 지정되거나 미성년후견인이 선임된 후 단독친권자였던 아버지 또는 어머니, 양부모 일방 또는 쌍방이 실권의 회복이 선고되거나, 사퇴한 권리를 회복하거나 소재불명이던 아버지 또는 어머니가 발견되는 등 친권을 행사할 수 있게 된 경우에는 그 부모 일방 또는 쌍방, 미성년자, 미성년자의 친족의 청구로 친권자를 새로 지정할 수 있다(제927조의2 제2항). 민법상 법문은 미성년후견인이 선임되어 있던 경우에 단독친권자가 실권이 회복된 이후에는 친권 재지정 절차를 밟아야 하는 것처럼 규정하고 있으나, 이미 실권 회복 선고는 친권자의 지위를 회복하는 뜻이므로 새로 지정하지 아니하고 자동으로 친권이 부활한다고 해석하는 견해(김/김,499)가 있다. 또한 아버지 또는 어머니가 단독친권자로 지정되었다가 다른 아버지 또는 어머니의 실권이 회복된 경우에는 친권자를 재지정하는 것이 원칙이지만, 만약 친권 재지정이 없으면 공동으로 친권을 행사하는 것으로 해석하고 있다(김/김,500).

그러나 실권 회복은 실권의 사유가 소멸되었음을 판단하는 것이지, 그가 새로운 친권자가 된다는 의미로 이해하는 것은 민법의 명시적인 규정에 정면으로 반하는 것이다. 설령 종전의 친권자에게 실권의 사유가 소멸되었다고 해서 반드시 미성년후견을 종료하고 친권을 부활시켜야 한다고 해석하는 것은, 친권과 후견을 병렬적이고 선택적인 제도로

운영하고자 하는 현행 민법의 태도와는 조화를 이루지 못한다. 따라서 종전의 친권자에게 실권 회복의 선고가 있다고 해도, 새로운 친권자 지정이 없는 한 현재의 친권자 또는 미성년후견인의 지위에는 변함이 없다.

예를 들어 부모가 이혼을 하면서 아버지를 단독친권자로 정하였으나 아버지가 친권상실 선고를 받아서 어머니를 새로운 단독친권자로 정하거나 아니면 미성년후견인을 선임한 이후 아버지가 실권 회복 선고를 받았다고 하더라도, 자동으로 아버지가 단독친권자가 된다고 할 수는 없고 누구를 친권자로 할 것인지 아니면 미성년후견인을 그대로 유지할 것인지를 자녀의 복리를 기준으로 다시 정해야 할 것이다.

제5장 | 후 견

제 1 절 후견제도 개관

Ⅰ. 후견제도의 의의

1. 미성년후견제도

미성년자는 미성숙 단계에 있으므로 부족한 능력을 보충하여 줄 타인의 도움을 필요로 한다. 미성년자의 부모가 우선적으로 그 역할을 담당하게 되고, 이를 친권제도를 통해 민법이 규율하고 있음은 살펴본 바와 같다. 만약 미성년자에게 부모가 존재하지 아니하거나 부모가 친권자가 될 수 없거나 친권을 행사할 수 없는 사정이 있다면, 부모가 아닌 제3자가 미성년자에 대한 부조를 맡게 된다. 제928조는 "미성년자에게 친권자가 없거나 친권자가 제924조, 제924조의2, 제925조 또는 제927조 제1항에 따라 친권의 전부 또는 일부를 행사할 수 없는 경우에는 미성년후견인을 두어야 한다"라고 미성년후견의 개시를 규정하고 있다.

2. 성년후견제도

2011년 민법 개정을 통해 친족편에 성년후견제도를 신설하였다. 개정 이전에는 성년자임에도 불구하고 행위능력이 부족한 경우 민법총칙에서 한정치산과 금치산제도를 규정하고 있었을 뿐이고, 친족법에서는 미성년후견제도만을 두고 있었다. 한정치산과 금치산제도는 행위능력을 전면적으로 부정하고 있어서 행위능력이 제한적으로나마 남아있는 경우에도 이를 활용할 기회를 법적으로 박탈하게 되는 문제가 제기되었고, 용어가 주는 부정적 어감도 지적되어 성년후견제도로 전면적으로 대체되기에 이르렀다. 민법 개정 과정에서 민법총칙상 능력에 관한 제9조에서 제14조의3까지 규정만으로는 성년후견제도를 규율하기에 부족하였으므로, 친족법 제5장 후견에 성년후견제도의 세부사항을 신설하여 규율하게 되었다.

Ⅱ. 후견제도의 개혁

1. 2011년 민법 개정

2011년 민법 개정을 통해서 가족법상의 미성년후견제도에서 성인도 포함하여 일반적이고 포괄적인 후견제도로 전면적으로 개혁하였다. 미성년에 국한되었던 후견을 친권의 보충적 제도에서 발전시켜 성년후견도 친족법에서 규율하였고, 후견제도를 행위능력과 논리적으로 분리하여 행위능력이 완전히 인정되더라도 후견제도에 의한 도움을 받을 수 있는 길을 열게 되었다. 그리고 후견등기부를 신설하여 새로운 공시방법을 채택함으로써 기존의 법률관계나 가족관계에 간접적으로라도 영향을 주는 것을 방지하였다.

2. 행위능력제도 개혁

2011년 민법 개정 전 행위능력제도는 행위능력을 완전히 인정하거나 부정하는 극단적인 태도를 취하고 있었다. 사람의 능력이라는 것이 일도양단적으로 판단될 수 없는 것임은 자명하므로, 전면적으로 행위능력을 인정하거나 부정하는 법적 규율은 합리적이라고 할 수 없다. 이에 설령 부족하더라도 능력이 남아있다면 이를 최대한 활용할 수 있는 방향으로 법제도를 정비하는 입법적 개선이 이루어졌다. 대표적으로 한정후견의 경우에는 원칙적으로 행위능력은 인정하되, 부분적으로 후견인의 동의를 받아야 하는 범위를 구체적으로 정할 수 있도록 하였다.

또한 행위능력과 후견제도를 논리적으로 분리하여 행위능력이 완전히 있음에도 불구하고 후견인을 두어 부족한 능력을 보완할 수 있도록 하였다. 한정후견의 경우에는 한정후견인에게 특정한 행위에 대해 동의권을 부여하여 행위능력자인 피한정후견인을 보조하도록 하였고, 특정후견의 경우에는 특정후견인에게 특정한 사무에 대한 대리권을 수여하여 피특정후견인을 도와줄 수 있게 하였다. 임의후견제도도 신설하여 계약관계를 통해 후견적 지원을 받을 수 있는 길도 열어 두었다.

3. 친권의 대체적 후견

2011년 민법 개정 전에는 친권자가 될 수 있는 부모가 있는 경우에는 미성년자의 후견을 개시하지 않았다. 친권자가 될 사람이 없는 경우에만 보충적으로 미성년후견을 개시하였다. 예를 들어 미성년자의 부모가 이혼을 하여 부모 중 일방이 단독친권자가 된 경우에 그 단독친권자가 사망하게 되면, 생존한 친권자 아닌 아버지 또는 어머니가 당연히 자동으로 친권자가 되는 것이 개정 전 민법의 태도였다. 그러나 개정을 통해 생존한 아버지 또는 어머니가 있어도 친권자 지정 청구를 하여야만 친권자가 될 수 있고(제909조의2 제1항), 만약 친권자 지정 청구가 없거나 친권자 지정 청구가 미성년자의 복리를 위해 적절하지 않다면 가정법원은 미성년후견인을 선임하게 된다(제909조의2 제3항, 제4항). 그러므로 친권자가 될 수 있는 아버지 또는 어머니가 있더라도 미성년후견의 개시가 가능해졌다. 미성년후견인이 선임된 경우라도 그 후에 미성년자의 복리를 위하여 필요하면 후견을 종료하고 생존하는 아버지 또는 어머니를 친권자로 지정하여 다시 친권으로 회귀할 수 있는 길도 열어 두었다. 결국 미성년후견은 친권의 보충적인 제도가 아니라 대체적이고 택일적인 제도로 변화되었다.

4. 법정후견인 제도의 폐지

2011년 민법 개정 전에는 미성년후견인의 종류는 지정후견인, 법정후견인, 선임후견인 3종이 있었고, 지정후견인이 없으면 법정후견인이 후견인이 되었다. 그러나 민법 개정을 통해 일정한 범위의 친족관계에 있는 사람들이 정해진 순서로 자동으로 후견인이 되는 법정후견인 제도를 폐지하였다. 법정후견인 제도는 현실적인 사정을 전혀 고려하지 아니하고 오로지 법률로 정한 친족의 순서를 획일적으로 적용함으로써, 미성년자의 복리에 실제로 적합한가의 구체적인 판단 없이 추상적이고 관념적인 기대를 전제로 후견인을 정하는 치명적인 한계가 드러나게 되었다. 예를 들어 미성년자의 부모가 후견인을 지정하지 않고 모두 사망하게 되었을 때, 고령으로 육체적·정신적 능력이 저하된 조부모가 있다면 사회경험이 풍부하고 지적 능력이 월등하여 미성년자를 잘 보호할 수 있는 성년의 형제가 있다고 하더라도 고령의 조부모가 직계존속으로서 우선 미성년자의 후견인이 된다. 이는 미성년자의 복리에 최선의 선택이라 하기는 어렵다. 그러므로 획일적인 법정후견인 제도를 폐지하고, 친권자가 지정한 후견인이 없다면 곧바로 법원이 미성년자의 복리에 가장 부합되는 후견인을 선임할 수 있는 길을 열어 두어 구체적 타당성을 확보할 수 있도록 하였다. 이러한 문제는 미성년자의 후견인뿐만 아니라 개정 전 한정치산자나 금치산자 후견인의 경우에도 마찬가지였으므로, 성년후견의 경우에도 법정후견인 제도를 폐지하였다.

Ⅲ. 성년후견제도와 가족법

성년후견제도는 민법전의 친족편에 규정되어 있으나, 실질적으로는 재산법적인 내용이 대부분을 이루고 있다. 성인의 사무처리능력을 기준으로 하여 다양한 후견제도를 도입하였고, 구체적인 내용은 법률행위에 대한 규율이 중심을 이루고 있다는 점에서 그러하다. 특히 피성년후견인의 법률행위는 취소할 수 있는데(제10조 제1항), 여기에는 재산상 법률행위만 해당되고 신분행위에 대해서는 적용이 없어서 협의상 이혼이나 입양, 인지 등의 가족법상 법률행위는 성년후견인의 동의를 얻어 유효하게 행사할 수 있다. 그리고 일정한 범위의 친족이 자동으로 후견인이 되는 법정후견인 제도가 폐지되어 가정법원에 의해 선임되는 성년후견인만 존재하고 법인도 성년후견인이 될 수 있으므로, 친족관계가 더 이상 성년후견인을 결정하는데 판단 기준이 되지 못한다는 점에서도 가족법적인 성격이 상당히 옅어졌다고 할 수 있다. 다만 신상보호사무나 신상에 관한 사항의 법적 규율 등은 여전히 재산법상의 법률효과와는 거리가 멀다는 점에서 가족법적인 성격이 전혀 없는 것은 아니다.

제 2 절 미성년후견

Ⅰ. 미성년후견의 개시

1. 친권자의 부재

미성년자의 부모만이 친권자가 될 수 있으므로, 미성년자의 부모가 사망이나 실종선고 등으로 모두 없게 되면 미성년후견이 개시된다. 만약 혼인 중인 공동친권자 부모 중 일방만이 사망하거나 실종선고 또는 친권상실선고를 받으면 남은 아버지 또는 어머니가 단독친권자가 되므로 미성년후견이 개시되지는 않는다.

친권자가 될 수 있는 미성년자의 아버지 또는 어머니가 생존해 있어도 후견이 개시될 수 있는 경우가 있다. 인지나 이혼, 혼인의 취소 등으로 단독친권자가 된 미성년자의 아버지 또는 어머니가 사망하거나 친권상실선고 또는 성년후견 개시선고를 받거나 소재 불명 등 친권을 행사할 수 없는 중대한 사유가 있는 경우에는 남은 어머니 또는 아버지가 친권자가 될 수도 있으나, 만약 친권자 지정 청구를 하지 않으면 가정법원은 미성년후견을 개시하게 된다.

일반 입양의 경우에 입양이 취소되거나 파양된 경우 또는 양부모가 모두 사망한 경우 친생부모 일방 또는 쌍방을 친권자로 지정할 것을 청구할 수 있으나, 친권자 지정 청구가 없으면 미성년후견을 개시하게 된다. 친양자의 경우에도 친양자 입양이 취소되거나 친양자 파양이 이루어지게 되면 입양 전의 친족관계가 부활하므로, 일반 입양의 취소나 파양과 같은 결과를 가져온다. 다만 친양자의 양부모가 모두 사망하는 경우에는 친생부모의 친족관계는 부활하지 아니하므로 친생부모를 친권자로 지정할 수 없고 반드시 미성년후견을 개시하여야 한다.

2. 친권자의 친권 전부 행사 불가

미성년자의 아버지 또는 어머니의 사망이나 실종선고로 단독친권자가 된 어머니 또는 아버지가 친권의 일시 정지를 선고받으면(제924조), 친권자가 그 친권 전부를 행사할 수 없는 상태가 되므로 미성년후견을 개시하게 된다. 인지나 이혼 또는 혼인의 취소 등으로 단독친권자가 된 아버지 또는 어머니가 친권의 일시정지를 선고받은 경우에는 남은 어머니 또는 아버지를 친권자로 지정 청구하지 않은 때에만 미성년후견이 개시된다.

3. 친권자의 친권 일부 행사 불가

미성년자의 아버지 또는 어머니의 사망이나 실종선고로 단독친권자가 된 어머니 또는 아버지가 친권의 일부 제한 선고(제924조의2)나 대리권과 재산관리권의 상실 선고(제925조) 또는 대리권과 재산관리권의 사퇴(제927조 제1항)에 따라 친권의 일부를 행사할 수 없는 경우에도 그 범위에서는 미성년후견을 개시하게 된다. 인지나 이혼 또는 혼인의 취소 등으로 단독친권자가 된 아버지 또는 어머니가 친권의 일부를 행사할 수 없는 경우에는 남은 어머니 또는 아버지를 그 친권의 일부를 행사할 친권자로 지정 청구하지 않은 때에만 미성년후견이 개시된다.

Ⅱ. 미성년후견인

1. 미성년후견인의 수와 자격

미성년후견인의 수는 한 명으로 한다(제930조 제1항). 또한 미성년후견인은 자연인만이 가능하다(제930조 제3항). 이러한 점에서 복수의 후견인을 둘 수 있고, 법인도 후견인이 될 수 있는 성년후견인과는 비교가 된다.

2. 미성년후견인의 결정

가. 지정후견인

미성년자에게 친권을 행사하는 부모는 유언으로 미성년후견인을 지정할 수 있다(제931조 제1항 본문). 다만 미성년후견인의 지정은 유언으로 하도록 규정하고 있으므로, 유언의 방식을 위반하였거나 유언이 아닌 일반적인 의사표시로 지정한 경우에는 무효가 된다. 법률행위의 대리권과 재산관리권이 없는 친권자는 그러하지 아니하다(제931조 제1항 단서). 친권상실(제924조), 친권 일시 정지(제924조) 선고를 받으면 당연히 대리권과 재산관리권이 없으므로 이 경우를 포함하여, 친권 일부 제한(제924조의2)으로 대리권과 재산관리권이 제한된 경우나, 대리권과 재산관리권 상실 선고(제925조) 및 대리권과 재산관리권 사퇴(제927조 제1항)의 경우에는 부모가 유언으로 미성년후견인을 지정할 수 없다.

나. 선임후견인

가정법원은 미성년자에게 지정후견인이 없는 경우에는 직권으로 또는 미성년자, 친족, 이해관계인, 검사, 지방자치단체의 장의 청구에 의하여 미성년후견인을 선임한다. 미성년자의 지정 또는 선임후견인이 있다가 없게 된 경우에도 또한 같다(제932조 제1항). 문제는 미성년후견인이 사망한 경우에 일시적으로 미성년후견의 공백이 불가피하다. 이를 임시로 대행할 사람을 즉각적으로 정할 필요가 있으나, 제909조의2 제5항의 친권 대행자 선임 사유에는 단독친권자가 사망한 경우(제1호)만을 명시하고 있을 뿐, 미성년후견인의 사망은 누락되어 있으므로 이를 포함시키는 입법적 개선이 필요하다.

또한 가정법원은 친권의 상실, 일시 정지, 일부 제한의 선고 또는 법률행위의 대리권이나 재산관리권 상실의 선고에 따라 미성년후견인을 선임할 필요가 있는 경우에는 직권으로 미성년후견인을 선임한다(제932조 제2항). 친권자가 대리권 및 재산관리권을 사퇴한 경우에는 지체 없이 가정법원에 미성년후견인의 선임을 청구하여야 한다(제932조 제3항).

3. 미성년후견인의 결격사유

제937조는 후견인이 될 수 없는 사람에 대해 규정하고 있다. 미성년자(동조 제1호), 피성년후견인, 피한정후견인, 피특정후견인, 피임의후견인(동조 제2호), 회생절차개시결정 또는 파산선고를 받은 사람(동조 제3호), 자격정지 이상의 형의 선고를 받고 그 형기刑期 중에 있는 사람(동조 제4호), 법원에서 해임된 법정대리인(동조 제5호), 법원에서 해임된 성년후견인, 한정후견인, 특정후견인, 임의후견인과 그 감독인(동조 제6호), 행방이 불분명한 사람(동조 제7호), 미성년자를 상대로 소송을 하였거나 하고 있는 사람(동조 제8호) 및 그 사람의 배우자와 직계비속(동조 제9호)이다. 제937조 제9호 단서는 미성년자의 직계비속은 제외하도록 규정하고 있으나, 미성년후견인의 직계비속은 미성년자일 것이므로 실질적인 의미는 없어 보인다.

4. 보수와 후견비용

법원은 미성년후견인의 청구에 의하여 미성년자의 재산상태 기타 사정을 참작하여 미성년자의 재산 중에서 상당한 보수를 미성년후견인에게 수여할 수 있다(제940조의7, 제955조). 미성년후견인이 후견사무를 수행하는 데 필요한 비용은 미성년자의 재산 중에서 지출한다(제940조의7, 제955조의2).

Ⅲ. 미성년후견인의 권한과 임무

미성년후견인은 선량한 관리자의 주의로써 미성년후견사무를 처리하여야 한다(제956조, 제681조).

1. 법정대리권

미성년후견인은 미성년자의 법정대리인이 된다(제938조 제1항). 그러므로 친권자와 동일하게 미성년자의 신분행위에 대한 대리권과 동의권을 갖는다. 다만 친권에서 살펴보았듯이, 미성년자의 신분행위에 대해서는 원칙적으로 친권자가 대리할 수 없으므로 인지청구의 소(제863조), 13세 미만의 입양 대낙(제869조 제2항), 상속의 승인 및 포기(제1019조, 제1020조) 등과 같이 민법상 규정이 있는 경우에 국한하여 미성년후견인에게 대리가 허용된다. 또한 미성년후견인은 법정대리인으로서 미성년자의 일반양자 또는 친양자 입양 및 파양에 대한 동의권을 갖는다. 또한 미성년자의 혼인에 대한 동의권도 갖는다(제801조).

2. 재산조사와 목록작성

미성년후견인은 지체없이 미성년자의 재산을 조사하여 2개월 내에 그 목록을 작성하여야 한다. 다만 정당한 사유가 있는 경우에는 법원의 허가를 받아 그 기간을 연장할 수 있다(제941조 제1항). 미성년후견감독인이 있는 경우 이러한 재산조사와 목록작성은 미성년후견감독인의 참여가 없으면 효력이 없다(제941조 제2항). 따라서 미성년후견감독인이 없는 경우라면 후견인 단독으로 재산조사와 목록작성을 할 수 있다.

미성년후견인과 미성년자 사이에 채권·채무의 관계가 있고 미성년후견감독인이 있는 경우에는 미성년후견인은 재산목록의 작성을 완료하기 전에 그 내용을 미성년후견감독인에게 제시하여야 한다(제942조 제1항). 미성년후견인이 미성년자에 대한 채권이 있음을 알고도 이러한 제시를 게을리한 경우에는 그 채권을 포기한 것으로 본다(제942조 제2항). 미성년후견감독인이 없는 경우라면 채권·채무관계가 있더라도 이를 제시할 대상이 없으므로 채권을 포기한 것으로 간주되지 않는다.

미성년후견인은 재산조사와 목록작성을 완료하기까지는 긴급필요한 경우가 아니면 그 재산에 관한 권한을 행사하지 못한다. 그러나 이로써 선의의 제3자에게 대항하지 못한다(제943조). 미성년후견인의 취임 후에 미성년자가 포괄적 재산을 취득한 경우에도 그 재산을 조사하여 2개월 이내에 목록을 작성하여야 하며, 이러한 재산조사와 목록작성을 완료하기 전까지는 긴급필요한 경우가 아니면 그 재산에 대한 권한을 행사하지 못한다(제944조, 제943조).

3. 미성년자의 신분에 대한 권리와 의무

미성년후견인은 미성년자를 보호하고 교양할 권리·의무와 미성년자의 거소지정권에 관하여는 친권자와 동일한 권리와 의무가 있다(제945조 본문). 다만 친권자가 정한 교육방법, 양육방법 또는 거소를 변경하는 경우이거나 친권자가 허락한 영업을 취소하거나 제한하는 경우에는 미성년후견감독인이 있으면 그의 동의를 받아야 한다(제945조 단서). 미성년후견감독인이 미성년자의 이익이 침해될 우려가 있음에도 동의를 하지 아니하는 경우에는 가정법원은 미성년후견인의 청구에 의하여 미성년후견감독인의 동의를 갈음하는 허가를 할 수 있다(제950조 제2항). 미성년후견감독인의 동의가 필요한 법률행위를 미성년후견인이 미성년후견감독인의 동의 없이 하였을 때에는 미성년자 또는 미성년후견감독인이 그 행위를 취소할 수 있다(제950조 제3항).

4. 미성년자의 친권의 대행

미성년후견인은 미성년자를 갈음하여 미성년자의 자녀에 대한 친권을 행사한다(제948조 제1항). 이 친권의 대행에는 미성년후견인의 임무에 관한 규정을 준용한다.

5. 재산관리권과 법률행위의 대리권

미성년후견인은 미성년자의 재산을 관리하고 그 재산에 관한 법률행위에 대하여 미성년자를 대리한다(제949조 제1항). 그러나 미성년자의 행위를 목적으로 하는 채무를 부담할 경우에는 미성년자 본인의 동의를 얻어야 한다(제949조 제2항). 무상으로 미성년자에게 재산을 수여한 제3자가 미성년후견인의 관리에 반대하는 의사를 표시한 때에는 미성년후견인은 그 재산을 관리하지 못한다. 이 경우에 제3자가 그 재산관리인을 지정하지 아니한 때에는 법원은 재산의 수여를 받은 자 또는 제777조의 규정에 의한 친족의 청구에 의하여 관리인을 선임한다. 제3자의 지정한 관리인의 권한이 소멸하거나 관리인을 개임할 필요있는 경우에 제3자가 다시 관리인을 지정하지 아니한 때에도 관리인을 선임한다(제956조, 제918조).

미성년후견인이 ① 영업에 관한 행위, ② 금전을 빌리는 행위, ③ 의무만을 부담하는 행위, ④ 부동산 또는 중요한 재산에 관한 권리의 득실변경을 목적으로 하는 행위, ⑤

소송행위, ⑥ 상속의 승인, 한정승인 또는 포기 및 상속재산의 분할에 관한 협의에 미성년자를 대리하거나 이러한 행위에 관해 미성년자에게 동의를 할 때에는 미성년후견감독인이 있으면 그의 동의를 받아야 한다(제950조 제1항). 미성년후견감독인의 동의가 필요한 행위에 대하여 미성년후견감독인이 미성년자의 이익이 침해될 우려가 있음에도 동의를 하지 아니하는 경우에는 가정법원은 미성년후견인의 청구에 의하여 미성년후견감독인의 동의를 갈음하는 허가를 할 수 있다(제950조 제2항). 미성년후견감독인의 동의가 필요한 법률행위를 미성년후견인이 미성년후견감독인의 동의 없이 하였을 때에는 미성년자 또는 미성년후견감독인이 그 행위를 취소할 수 있다(제950조 제3항).

6. 임무가 한정된 미성년후견인

미성년자의 친권자가 친권의 일부 제한 선고, 대리권과 재산관리권의 상실 선고, 대리권과 재산관리권의 사퇴에 따라 친권 중 일부에 한정하여 행사할 수 없는 경우에 미성년후견인의 임무는 그 제한된 친권의 범위에 속하는 행위에 한정된다(제946조). 따라서 그 외의 친권은 친권자가 정상적으로 행사하게 된다.

7. 이해상반행위

미성년후견인이 미성년자와의 사이에 이해상반되는 행위를 함에는 미성년후견인은 법원에 그 미성년자의 특별대리인의 선임을 청구하여야 한다. 다만 미성년후견감독인이 있는 경우에는 그러하지 아니하다(제949조의3, 제921조). 미성년후견감독인이 있다면 그가 미성년후견인과 미성년자 사이에 이해가 상반되는 행위에 관하여 미성년자를 대리하게 된다(제940조의6 제3항).

Ⅳ. 미성년후견의 감독

1. 미성년후견감독인

미성년후견감독인은 미성년후견에 필수적인 요소는 아니다. 미성년자에게 친권을 행사하는 부모가 유언으로 미성년후견감독인을 지정하지 않고, 가정법원이 미성년후견감독인을 선임하지도 않았다면 미성년자에게는 후견감독인은 존재하지 않게 된다. 즉 미성년 후견에서 미성년후견감독인의 존재가 필수적인 것은 아니다.

그리고 미성년후견감독인은 미성년자의 신상과 재산에 관한 모든 사정을 고려하여 여러 명을 둘 수 있다(제940조의7, 제930조 제2항). 따라서 미성년후견인은 반드시 1명인데 반하여, 미성년후견감독인은 여러 명이 될 수도 있다. 또한 법인도 미성년후견감독인이 될 수 있다(제940조의7, 제930조 제3항).

2. 미성년후견감독인의 종류

가. 지정 미성년후견감독인

미성년후견인을 지정할 수 있는 사람은 유언으로 미성년후견감독인을 지정할 수 있다 (제940조의2). 그러므로 미성년자에게 친권을 행사하는 부모는 유언을 통해 미성년후견감독인도 지정할 수 있다.

나. 선임 미성년후견감독인

가정법원은 지정 미성년후견감독인이 없는 경우에 필요하다고 인정하면 직권으로 또는 미성년자, 친족, 미성년후견인, 검사, 지방자치단체의 장의 청구에 의하여 미성년후견감독인을 선임할 수 있다(제940조의3 제1항). 가정법원은 미성년후견감독인이 사망, 결격, 그 밖의 사유로 없게 된 경우에는 직권으로 또는 미성년자, 친족, 미성년후견인, 검사, 지방자치단체의 장의 청구에 의하여 미성년후견감독인을 선임한다(제940조의3 제2항). 미성년후견감독인은 임의기관이므로 없어도 무방하겠지만, 만약 존재하던 미성년후견감독인이 어떠한 이유로 없게 된다면 그때는 반드시 재선임을 하여야 한다.

3. 미성년후견감독인의 결격사유

미성년후견인의 가족은 후견감독인이 될 수 없다(제940조의5). 제779조에서 규정하는 가족의 범위에 민법상 법적 효력이 인정되는 유일한 규정이다. 그러므로 편면적 가족 개념의 문제점이 그대로 반영되어 후견인 배우자의 생계를 같이하는 형제자매는 가족이므로 후견감독인이 될 수 없으나, 후견인의 생계를 같이하는 형제자매의 배우자는 가족이 아니어서 후견감독인이 될 수 있다.

또한 미성년후견인 결격사유는 미성년후견감독인에게도 적용된다(제940조의7, 제937조). 미성년자(제937조 제1호), 피성년후견인, 피한정후견인, 피특정후견인, 피임의후견인(동조 제2호), 회생절차개시결정 또는 파산선고를 받은 사람(동조 제3호), 자격정지 이상의 형의 선고를 받고 그 형기刑期 중에 있는 사람(동조 제4호), 법원에서 해임된 법정대리인(동조 제5호), 법원에서 해임된 성년후견인, 한정후견인, 특정후견인, 임의후견인과 그 감독인(동조 제6호), 행방이 불분명한 사람(동조 제7호), 미성년자를 상대로 소송을 하였거나 하고 있는 사람(동조 제8호) 및 그 사람의 배우자와 직계비속(동조 제9호)이다. 제937조 제9호 단서는 미성년자의 직계비속은 제외하도록 규정하고 있으나, 미성년후견인의 직계비속은 미성년자일 것이므로 실질적인 의미는 없을 것이다.

4. 미성년후견감독인의 직무

미성년후견감독인은 미성년후견인의 사무를 감독하며, 미성년후견인이 없는 경우 지체 없이 가정법원에 미성년후견인의 선임을 청구하여야 한다(제940조의6 제1항). 미성년후견감독인은 미성년자의 신상이나 재산에 대하여 급박한 사정이 있는 경우 그의 보호를 위하여 필요한 행위 또는 처분을 할 수 있다(제940조의6 제2항). 미성년후견인과 미성년자 사이에 이해가 상반되는 행위에 관하여는 미성년후견감독인이 미성년자를 대리한다(제940조의6 제3항).

미성년후견감독인은 언제든지 미성년후견인에게 그의 임무 수행에 관한 보고와 재산목록의 제출을 요구할 수 있고, 미성년자의 재산상황을 조사할 수 있다(제953조). 이것이 미성년후견감독인의 가장 중요한 구체적인 임무라고 할 수 있다.

5. 위임 및 후견인 규정의 준용

미성년후견감독인에 대하여는 위임이나 후견인에 대한 일부 규정을 준용한다(제940조의7). 미성년후견감독인은 선량한 관리자의 주의로써 미성년후견감독사무를 처리하여야 한다(제940조의7, 제681조). 미성년후견감독종료의 경우에 급박한 사정이 있는 때에는 미성년후견감독인, 그 상속인이나 법정대리인은 미성년자, 그 상속인이나 법정대리인이 사무를 처리할 수 있을 때까지 그 사무의 처리를 계속하여야 한다. 이 경우에는 위임의 존속과 동일한 효력이 있다(제940조의7, 제691조). 미성년후견감독종료의 사유는 이를 미성년후견인에게 통지하거나 미성년후견인이 이를 안 때가 아니면 이로써 미성년후견인에게 대항하지 못한다(제940조의7, 제692조).

가정법원은 미성년후견감독인이 선임된 경우에도 필요하다고 인정하면 직권으로 또는 제936조 제2항의 청구권자나 미성년후견감독인의 청구에 의하여 추가로 미성년후견감독인을 선임할 수 있다(제940조의7, 제936조 제3항). 가정법원이 미성년후견감독인을 선임할 때에는 미성년자의 의사를 존중하여야 하며, 그 밖에 미성년자의 건강, 생활관계, 재산상황, 미성년후견감독인이 될 사람의 직업과 경험, 미성년자와의 이해관계의 유무(법인이 미성년후견감독인이 될 때에는 사업의 종류와 내용, 법인이나 그 대표자와 미성년자 사이의 이해관계의 유무를 말한다) 등의 사정도 고려하여야 한다(제940조의7, 제936조 제4항).

미성년후견감독인은 정당한 사유가 있는 경우에는 가정법원의 허가를 받아 사임할 수 있다. 이 경우 그 미성년후견감독인은 사임 청구와 동시에 가정법원에 새로운 미성년후견감독인의 선임을 청구하여야 한다(제940조의7, 제939조). 가정법원은 미성년자의 복리를 위하여 미성년후견감독인을 변경할 필요가 있다고 인정하면 직권으로 또는 미성년자, 친족, 미성년후견인, 검사, 지방자치단체의 장의 청구에 의하여 미성년후견감독인을 변경할 수 있다(제940조의7, 제940조).

미성년자의 신체를 침해하는 의료행위에 대하여 미성년후견인이 동의할 수 없는 경우에는 미성년후견감독인이 그를 대신하여 동의할 수 있다(제940조의7, 제947조의2 제3항). 이 경우 미성년자가 의료행위의 직접적인 결과로 사망하거나 상당한 장애를 입을 위험이 있을 때에는 가정법원의 허가를 받아야 한다. 다만 허가 절차로 의료행위가 지체되어 미성년자의 생명에 위험을 초래하거나 심신상의 중대한 장애를 초래할 때에는 사후에 허가를 청구할 수 있다(제940조의7, 제947조의2 제4항). 미성년후견감독인이 미성년자를 대리하여 미성년자가 거주하고 있는 건물 또는 그 대지에 대하여 매도, 임대, 전세권 설정, 저당권 설정, 임대차의 해지, 전세권의 소멸, 그 밖에 이에 준하는 행위를 하는 경우에는 가정법원의 허가를 받아야 한다(제940조의7, 제947조의2 제5항).

가정법원은 직권으로 여러 명의 미성년후견감독인이 공동으로 또는 사무를 분장하여 그 권한을 행사하도록 정할 수 있다. 가정법원은 직권으로 이러한 결정을 변경하거나 취소할 수 있다. 여러 명의 미성년후견감독인이 공동으로 권한을 행사하여야 하는 경우에 어느 미성년후견감독인이 미성년자의 이익이 침해될 우려가 있음에도 법률행위의 대리 등 필요한 권한 행사에 협력하지 아니할 때에는 가정법원은 미성년자, 미성년후견인, 미성년후견감독인 또는 이해관계인의 청구에 의하여 그 미성년후견감독인의 의사표시를 갈음하는 재판을 할 수 있다(제940조의7, 제949조의2).

법원은 미성년후견감독인의 청구에 의하여 미성년자의 재산상태 기타 사정을 참작하여 미성년자의 재산 중에서 상당한 보수를 미성년후견감독인에게 수여할 수 있다(제940조의7, 제955조). 미성년후견감독인이 후견감독사무를 수행하는 데 필요한 비용은 미성년자의 재산 중에서 지출한다(제940조의7, 제955조의2).

6. 가정법원에 의한 미성년후견사무의 감독

가정법원은 직권으로 또는 미성년자, 미성년후견감독인, 제777조에 따른 친족, 그 밖의 이해관계인, 검사, 지방자치단체의 장의 청구에 의하여 미성년자의 재산상황을 조사하고, 미성년후견인에게 재산관리 등 후견임무 수행에 관하여 필요한 처분을 명할 수 있다(제954조).

Ⅴ. 미성년후견의 종료

1. 후견사유의 소멸

미성년자가 19세에 달하게 되어 성년이 되면, 후견사유는 절대적으로 소멸하여 미성년후견은 종료된다. 미성년자가 유효하게 혼인을 하여 성년의제가 되면, 역시 미성년후견은 종료된다. 미성년자가 사망하거나 실종선고가 있는 경우에도 미성년후견은 절대적으로 종료된다.

2. 친권으로의 전환

가. 종전 친권의 지정 청구

미성년후견이 개시되었다고 하더라도 다시 친권으로 전환할 수 있다. 부모가 친권을 행사할 수 없는 사유가 해소되면 미성년후견을 종료하고 친권을 다시 개시할 수 있다. 우선 실권 회복의 선고(제926조) 또는 대리권과 재산관리권의 회복(제927조 제2항)이 있으면, 미성년자의 부모 일방 또는 쌍방, 미성년자, 미성년자의 친족의 청구에 의하여 친권자를 새로 지정할 수 있다. 또한 종전 친권자에 대한 성년후견종료 심판이 확정되거나 소재불명이었던 아버지 또는 어머니가 발견되는 경우도 제927조 제2항 제3호의 '친권을 행사할 수 있게 된 경우'에 해당되어 친권자를 새로 지정할 수 있다.

나. 새로운 친권의 개시

미성년후견을 받던 미성년자가 타인의 양자로 입양을 하게 되면, 기존의 미성년후견을 종료하고 양부모의 친권을 개시하여야 한다. 또한 인지를 통해 아버지 또는 어머니의 친생자관계가 인정되면, 인지한 아버지 또는 어머니의 친권이 개시되어야 한다.

다. 미성년자 복리를 위한 친권자 지정

가정법원은 친권자 지정 청구가 없거나 친권자 지정이 적절하지 아니하여 직권으로 미성년후견인이 지정된 경우(제909조의2 제3항, 제4항)라도 미성년후견인 선임 후 양육상황이나 양육능력의 변동, 미성년자의 의사, 그 밖의 사정을 고려하여 미성년자의 복리를 위하여 필요하면 생존하는 아버지 또는 어머니, 친생부모 일방 또는 쌍방, 미성년자의 청구에 의하여 후견을 종료하고 생존하는 아버지 또는 어머니, 친생부모 일방 또는 쌍방을 친권자로 지정할 수 있다(제909조의2 제6항).

3. 미성년후견인의 사임과 변경

가. 사 임

미성년후견인은 정당한 사유가 있는 경우에는 가정법원의 허가를 받아 사임할 수 있다. 이 경우 그 후견인은 사임청구와 동시에 가정법원에 새로운 후견인의 선임을 청구하여야 한다(제939조). 특히 미성년후견인은 1명이므로, 후견인의 사임으로 후견인의 공백이 생겨서는 아니된다. 따라서 사임 청구와 동시에 새로운 후견인의 선임을 청구하여 새로운 후견인이 될 사람이 결정된 이후에만 현재의 후견인이 사임되어야 한다.

나. 변 경

가정법원은 미성년자의 복리를 위하여 미성년후견인을 변경할 필요가 있다고 인정하면 직권으로 또는 미성년자, 친족, 미성년후견감독인, 검사, 지방자치단체의 장의 청구에 의하여 미성년후견인을 변경할 수 있다(제940조). 미성년후견인의 변경은 새로운 미성년후견인이 될 사람이 결정되어야만 가능하므로, 미성년후견인의 공백문제는 발생하지 아니한다.

4. 후견 종료 이후의 정리

가. 관리의 계산

미성년후견인의 임무가 종료된 때에는 미성년후견인 또는 그 상속인은 1개월 내에 미성년자의 재산에 관한 계산을 하여야 한다. 다만 정당한 사유가 있는 경우에는 법원의 허가를 받아 그 기간을 연장할 수 있다(제957조 제1항). 미성년후견감독인이 있는 경우에는 그가 참여하지 아니하면 계산은 효력이 없다(제957조 제2항).

나. 이자와 손해배상

미성년후견인이 미성년자에게 지급할 금액이나 미성년자가 미성년후견인에게 지급할 금액에는 계산종료의 날로부터 이자를 부가하여야 한다(제958조 제1항). 미성년후견인이 자기를 위하여 미성년자의 금전을 소비한 때에는 그 소비한 날로부터 이자를 부가하고 미성년자에게 손해가 있으면 이를 배상하여야 한다(제958조 제2항).

다. 긴급처리

미성년후견종료의 경우에 급박한 사정이 있는 때에는 미성년후견인, 그 상속인이나 법정대리인은 미성년자, 그 상속인이나 법정대리인이 미성년후견사무를 처리할 수 있을 때까지 그 사무의 처리를 계속하여야 한다. 이 경우에는 미성년후견의 존속과 동일한 효력이 있다(제959조, 제691조).

라. 대항요건

미성년후견종료의 사유는 이를 상대방에게 통지하거나 상대방이 이를 안 때가 아니면 이로써 상대방에게 대항하지 못한다(제959조, 제692조).

제 3 절   성년후견

Ⅰ. 피성년후견인

1. 성년후견의 개시

가정법원은 질병, 장애, 노령, 그 밖의 사유로 인한 정신적 제약으로 사무를 처리할 능력이 지속적으로 결여된 사람에 대하여 본인, 배우자, 4촌 이내의 친족, 미성년후견인, 미성년후견감독인, 한정후견인, 한정후견감독인, 특정후견인, 특정후견감독인, 검사 또는 지방자치단체의 장의 청구에 의하여 성년후견개시의 심판을 한다(제9조 제1항). 가정법원은 성년후견개시의 심판을 할 때 본인의 의사를 고려하여야 한다(제9조 제2항). 가정법원이 피한정후견인 또는 피특정후견인에 대하여 성년후견개시의 심판을 할 때에는 종전의 한정후견 또는 특정후견의 종료 심판을 한다(제14조의3 제1항).

성년후견개시의 요건이 충족되면 가정법원은 반드시 성년후견을 선고하여야 한다. 정신적인 제약에 국한된 것이므로 육체적인 제약이 있는 경우는 성년후견을 선고할 수 없다. 지속적으로 사무처리능력이 결여되어 있어야 하며, 일시적인 결여 상태인 경우에는 성년후견을 선고할 수 없다. 설령 성년후견을 청구하였을지라도 사무처리능력이 지속적으로 결여된 것이 아니라 단지 부족한 수준이라면 한정후견을 선고하는 것도 가능하다[대법원 2021.6.10. 2020스596]. 성년후견이 개시되면 후견등기부에 그 사실을 공시하여야 하므로, 가정법원은 후견등기사무를 처리하는 사람에게 등기할 것을 촉탁하여야 한다(가사소송법 제9조, 가사소송규칙 제5조의2 제1항).

> 성년후견이나 한정후견 개시의 청구가 있는 경우 가정법원은 청구 취지와 원인, 본인의 의사, 성년후견 제도와 한정후견 제도의 목적 등을 고려하여 어느 쪽의 보호를 주는 것이 적절한지를 결정하고, 그에 따라 필요하다고 판단하는 절차를 결정해야 한다. 따라서 한정후견의 개시를 청구한 사건에서 의사의 감정 결과 등에 비추어 성년후견 개시의 요건을 충족하고 본인도 성년후견의 개시를 희망한다면 법원이 성년후견을 개시할 수 있고, 성년후견 개시를 청구하고 있더라도 필요하다면 한정후견을 개시할 수 있다고 보아야 한다[대법원 2021.6.10. 2020스596].

2. 피성년후견인의 능력

피성년후견인은 정신적 제약으로 사무처리능력이 지속적으로 결여된 사람이므로 원칙적으로 행위능력에 제한을 받는 제한능력자이다. 따라서 피성년후견인의 법률행위는 피성년후견인 스스로 또는 성년후견인이 취소할 수 있다(제10조 제1항, 제140조). 피성년후견인은 법정대리인에 의해서만 소송행위를 할 수 있다(민사소송법 제55조 제1항). 그러나 가정법원이 단독으로 유효하게 할 수 있는 법률행위의 범위를 정할 수 있어서(제10조 제2항), 그 한도에서는 완전한 행위능력을 갖는다. 또한 일용품의 구입 등 일상생활에 필요하고 그 대가가 과도하지 아니한 법률행위는 성년후견인이 취소할 수 없으므로(제10조 제4항), 이러한 법률행위에 대해서는 완전한 행위능력이 있다.

제10조 제1항의 피성년후견인이 한 법률행위의 취소는 원칙적으로 재산상 법률행위만을 대상으로 좁게 해석하여, 신분행위에 대해서는 적용이 없다. 따라서 신분행위에 관한 개별적인 법률규정이 적용되어, 약혼(제802조), 혼인(제808조 제2항), 협의상 이혼(제835조)은 부모나 성년후견인의 동의를 받아서 할 수 있으며, 임의인지(제856조), 양부모 또는 양자가 되는 입양(제873조), 양부모로서 협의상 파양(제902조)은 성년후견인의 동의를 받아서 단독으로 할 수 있다. 그리고 피성년후견인은 자신의 신상에 관하여 그의 상태가 허락하는 범위에서 단독으로 결정한다(제947조의2 제1항). 그러므로 피성년후견인일지라도 자신의 신상에 관한 결정은 최대한 스스로 결정할 수 있도록 하여, 종전의 행위무능력제도의 문제점을 입법적으로 극복하였다.

Ⅱ. 성년후견인

1. 성년후견인의 선임

가. 성년후견인의 수와 자격

성년후견인은 피성년후견인의 신상과 재산에 관한 모든 사정을 고려하여 여러 명을 둘 수 있다(제930조 제1항). 법인도 성년후견인이 될 수 있다(제930조 제2항). 이러한 점에서 오직 자연인으로 1인만 둘 수 있는 미성년후견인과는 구별된다.

나. 선임후견인

가정법원의 성년후견개시심판이 있는 경우에는 그 심판을 받은 사람의 성년후견인을 두어야 한다(제929조). 성년후견인은 가정법원이 직권으로 선임한다(제936조 제1항). 성년후견에서는 피후견인이 성년이라 친권자가 존재하지 않으므로, 지정후견인이 논리적으로 있을 수 없다. 따라서 성년후견인은 가정법원에 의한 선임후견인만 있게 된다. 가정법원이 성년후견인을 선임할 때에는 피성년후견인의 의사를 존중하여야 하며, 그 밖에 피성년후견인의 건강, 생활관계, 재산상황, 성년후견인이 될 사람의 직업과 경험, 피성년후견인과의 이해관계의 유무(법인이 성년후견인이 될 때에는 사업의 종류와 내용, 법인이나 그 대표자와 피성년후견인 사이의 이해관계의 유무를 말한다) 등의 사정도 고려하여야 한다(제936조 제4항). 성년후견인을 선임한 경우에는 이를 후견등기부에 공시하여야 하므로, 후견등기부기록을 촉탁하여야 한다(가사소송규칙 제5조의2 제1항).

가정법원은 성년후견인이 사망, 결격, 그 밖의 사유로 없게 된 경우에도 직권으로 또는 피성년후견인, 친족, 이해관계인, 검사, 지방자치단체의 장의 청구에 의하여 성년후견인을 선임한다(제936조 제2항). 성년후견인은 복수로 존재할 수 있으므로 성년후견인이 있어도 또 선임할 수도 있다. 가정법원은 성년후견인이 선임된 경우에도 필요하다고 인정하면 직권으로 또는 피성년후견인, 친족, 이해관계인, 검사, 지방자치단체의 장이나 성년후견인의 청구에 의하여 추가로 성년후견인을 선임할 수 있다(제936조 제3항).

2. 성년후견인의 결격사유

제937조는 미성년후견이나 성년후견 등 후견인이 될 수 없는 사람에 대해 공통적으로 규정하고 있다. 미성년자(동조 제1호), 피성년후견인, 피한정후견인, 피특정후견인, 피임의후견인(동조 제2호), 회생절차개시결정 또는 파산선고를 받은 사람(동조 제3호), 자격정지 이상의 형의 선고를 받고 그 형기刑期 중에 있는 사람(동조 제4호), 법원에서 해임된 법정대리인(동조 제5호), 법원에서 해임된 성년후견인, 한정후견인, 특정후견인, 임의후견인과 그 감독인(동조 제6호), 행방이 불분명한 사람(동조 제7호), 피후견인을 상대로 소송을 하였거나 하고 있는 사람(동조 제8호) 및 그 사람의 배우자와 직계비속(동조 제9호)이다. 제937조 제9호 단서는 피후견인의 직계비속은 후견인의 결격사유에서 제외하도록 규정하고 있으므로, 예를 들어 피후견인이 그의 며느리와 소송을 하고 있다고 하더라도 소송상대방인 며느리의 배우자는 직계비속이므로 후견인이 될 수 있다.

3. 성년후견인의 사임과 변경

가. 사 임

성년후견인도 미성년후견인과 동일하게 정당한 사유가 있는 경우에는 가정법원의 허가를 받아 사임할 수 있다. 이 경우 그 성년후견인은 사임 청구와 동시에 가정법원에 새로운 성년후견인의 선임을 청구하여야 한다(제939조).

나. 변 경

가정법원은 피성년후견인의 복리를 위하여 성년후견인을 변경할 필요가 있다고 인정하면 직권으로 또는 피성년후견인, 친족, 성년후견감독인, 검사, 지방자치단체의 장의 청구에 의하여 성년후견인을 변경할 수 있다(제940조).

4. 보수와 후견비용

법원은 성년후견인의 청구에 의하여 피성년후견인의 재산상태 기타 사정을 참작하여 피성년후견인의 재산 중에서 상당한 보수를 성년후견인에게 수여할 수 있다(제955조). 성년후견인이 후견사무를 수행하는 데 필요한 비용은 피성년후견인의 재산 중에서 지출한다(제955조의2).

Ⅲ. 성년후견인의 임무

성년후견인은 선량한 관리자의 주의로써 성년후견사무를 처리하여야 한다(제956조, 제681조).

1. 법정대리권

성년후견인은 피성년후견인의 법정대리인이 된다(제938조 제1항). 성년후견인은 원칙적으로 전면적으로 대리권이 있으나, 성년후견인이 피성년후견인을 대리하여 피성년후견인이 거주하고 있는 건물 또는 그 대지에 대하여 매도, 임대, 전세권 설정, 저당권 설정, 임대차의 해지, 전세권의 소멸, 그 밖에 이에 준하는 행위를 하는 경우에는 가정법원의 허가를 받아야 한다(제947조의2 제5항).

2. 재산조사와 목록작성

성년후견인은 지체없이 피성년후견인의 재산을 조사하여 2개월 내에 그 목록을 작성하여야 한다. 다만 정당한 사유가 있는 경우에는 법원의 허가를 받아 그 기간을 연장할 수 있다(제941조 제1항). 성년후견감독인이 있는 경우 이러한 재산조사와 목록작성은 성년후견감독인의 참여가 없으면 효력이 없다(제941조 제2항). 따라서 성년후견감독인이 없는 경우라면 성년후견인 단독으로 재산조사와 목록작성을 할 수 있다.

성년후견인과 피성년후견인 사이에 채권·채무의 관계가 있고 성년후견감독인이 있는 경우에는 성년후견인은 재산목록의 작성을 완료하기 전에 그 내용을 성년후견감독인에게 제시하여야 한다(제942조 제1항). 성년후견인이 피성년후견인에 대한 채권이 있음을 알고도 이러한 제시를 게을리한 경우에는 그 채권을 포기한 것으로 본다(제942조 제2항). 성년후견감독인이 없는 경우라면 채권·채무관계가 있더라도 이를 제시할 대상이 없으므로 채권을 포기한 것으로 간주되지 않는다. 성년후견인은 재산조사와 목록작성을 완료하기까지는 긴급필요한 경우가 아니면 그 재산에 관한 권한을 행사하지 못한다. 그러나 이로써 선의의 제3자에게 대항하지 못한다(제943조). 성년후견인의 취임 후에 피성년후견인이 포괄적 재산을 취득한 경우에도 그 재산을 조사하여 2개월 이내에 목록을 작성하여야 하며, 이러한 재산조사와 목록작성을 완료하기 전까지는 긴급필요한 경우가 아니면 그 재산에 대한 권한을 행사하지 못한다(제944조).

3. 재산관리권과 법률행위의 대리권

성년후견인은 피성년후견인의 재산을 관리하고 그 재산에 관한 법률행위에 대하여 피성년후견인을 대리한다(제949조 제1항). 그러나 피성년후견인의 행위를 목적으로 하는 채무를 부담할 경우에는 피성년후견인 본인의 동의를 얻어야 한다(제949조 제2항). 무상으로 피성년후견인에게 재산을 수여한 제3자가 성년후견인의 관리에 반대하는 의사를 표시한 때에는 성년후견인은 그 재산을 관리하지 못한다. 이 경우에 제3자가 그 재산관리인을 지정하지 아니한 때에는 법원은 재산의 수여를 받은 자 또는 제777조의 규정에 의한 친족의 청구에 의하여 관리인을 선임한다. 제3자의 지정한 관리인의 권한이 소멸하거나 관리인을 개임할 필요있는 경우에 제3자가 다시 관리인을 지정하지 아니한 때에도 관리인을 선임한다(제956조, 제918조).

성년후견인이 ① 영업에 관한 행위, ② 금전을 빌리는 행위, ③ 의무만을 부담하는 행위, ④ 부동산 또는 중요한 재산에 관한 권리의 득실변경을 목적으로 하는 행위, ⑤ 소송행위, ⑥ 상속의 승인, 한정승인 또는 포기 및 상속재산의 분할에 관한 협의에 피성년후견인을 대리하거나 이러한 행위에 관해 피성년후견인에게 동의를 할 때에는 성년후견감독인이 있으면 그의 동의를 받아야 한다(제950조 제1항). 성년후견감독인의 동의가 필요한 행위에 대하여 성년후견감독인이 피성년후견인의 이익이 침해될 우려가 있음에도 동의를 하지 아니하는 경우에는 가정법원은 성년후견인의 청구에 의하여 성년후견감독인의 동의를 갈음하는 허가를 할 수 있다(제950조 제2항). 성년후견감독인의 동의가 필요한 법률행위를 성년후견인이 성년후견감독인의 동의 없이 하였을 때에는 피성년후견인 또는 성년후견감독인이 그 행위를 취소할 수 있다(제950조 제3항). 이 취소권의 행사에 대해서는 제15조 제한능력자의 상대방의 확답을 촉구할 권리에 관한 규정을 준용한다(제952조).

성년후견인이 피성년후견인에 대한 제3자의 권리를 양수하는 경우에는 피성년후견인은 이를 취소할 수 있다(제951조 제1항). 이러한 권리 양수의 경우 성년후견감독인이 있으면 성년후견인은 성년후견감독인의 동의를 받아야 하고, 성년후견감독인의 동의가 없는 경우에는 피성년후견인 또는 성년후견감독인이 이를 취소할 수 있다(제951조 제2항). 이 취소권의 행사에 대해서도 제한능력자의 상대방의 확답을 촉구할 권리에 관한 제15조의 규정을 준용한다(제952조).

4. 취소권과 추인권

가. 취 소 권

피성년후견인의 법률행위는 취소할 수 있으며(제10조 제1항), 성년후견인도 취소권을 갖는다(제140조). 그러나 가정법원은 취소할 수 없는 피성년후견인의 법률행위의 범위를 정할 수 있으므로(제10조 제2항), 그 한도에서는 성년후견인이라도 취소권을 행사할 수 없다. 또한 일상품의 구입 등 일상생활에 필요하고 그 대가가 과도하지 아니한 법률행위는 취소권의 대상이 되지 못한다(제10조 제3항).

나. 추 인 권

취소할 수 있는 법률행위는 취소권자가 추인할 수 있으므로(제143조 제1항), 성년후견인은 피성년후견인의 법률행위에 대한 추인권을 원칙적으로 갖는다. 다만 피성년후견인이 단독으로 유효하게 할 수 있는 법률행위에 대해서는 추인권이 없음은 물론이다. 피성년후견인은 성년후견인의 동의를 얻어도 완전한 법률행위를 할 수 없으므로, 성년후견인에게 동의권은 없다. 그러나 신분행위인 약혼(제802조), 혼인(제808조 제2항), 협의상 이혼(제835조), 임의인지(제856조), 양부모 또는 양자가 되는 입양(제873조), 양부모로서 협의상 파양(제902조)에 대해서는 동의권이 주어진다.

5. 피성년후견인의 신상결정

피성년후견인은 자신의 신상에 관하여 그의 상태가 허락하는 범위에서 단독으로 결정한다(제947조의2 제1항). 신상이라는 법전용어는 종래의 가족법에서는 생소한 새로운 개념이다. 이를 재산에 대비되는 개념으로 이해하는 견해(김/김,543)도 있으나, 혼인이나 이혼 등의 신분행위에 관한 결정은 여기에 포함되지 않는다는 점에서 보다 좁게 '피성년후견인 신체의 자유'만을 의미하는 것으로 해석되어야 한다. 구체적으로는 신체의 완전성, 거주·이전, 이동에 관한 사항을 말하는 것으로, 이에 대한 결정은 그의 상태가 허락하는 범위에서 자신이 단독으로 결정하여야 한다.

다만 피성년후견인의 상태가 여의치 못하면 피성년후견인의 신상에 대해 성년후견인이 결정하게 된다. 이 경우에도 피성년후견인의 신상에 관한 중요한 사항은 가정법원이 개입하여 피성년후견인의 복리를 위한 허가 여부를 결정한다. 성년후견인이 피성년후견인을 치료 등의 목적으로 정신병원이나 그 밖의 다른 장소에 격리하려는 경우에는 가정법원의 허가를 받아야 한다(제947조의2 제2항). 피성년후견인이라는 이유만으로 성년후견인에 의해 사회로부터 강제로 격리되어 사실상 감금상태에 빠질 위험이 있으므로, 신상에 강한 구속이 있는 경우에는 반드시 가정법원이 개입하여 그러한 조치가 불가피한가를 판단하도록 하였다. 피성년후견인의 신체를 침해하는 의료행위에 대하여 피성년후견인이 동의할 수 없는 경우에는 성년후견인이 그를 대신하여 동의할 수 있다. 피성년후견인이 의료행위의 직접적인 결과로 사망하거나 상당한 장애를 입을 위험이 있을 때에는 가정법원의 허가를 받아야 한다(제947조의2 제3항). 다만 허가절차로 의료행위가 지체되어 피성년후견인의 생명에 위험을 초래하거나 심신상의 중대한 장애를 초래할 때에는 사후에 허가를 청구할 수 있다(제947조의2 제4항).

또한 주거의 안정을 심하게 해칠 우려가 있는 신상결정의 경우에도 가정법원이 개입을 하게 된다. 성년후견인이 피성년후견인을 대리하여 피성년후견인이 거주하고 있는 건물 또는 그 대지에 대하여 매도, 임대, 전세권 설정, 저당권 설정, 임대차의 해지, 전세권의 소멸, 그 밖에 이에 준하는 행위를 하는 경우에는 가정법원의 허가를 받아야 한다(제947조의2 제5항).

6. 피성년후견인의 복리와 의사존중

성년후견인은 피성년후견인의 재산관리와 신상보호를 할 때 여러 사정을 고려하여 그의 복리에 부합하는 방법으로 사무를 처리하여야 한다. 이 경우 성년후견인은 피성년후견인의 복리에 반하지 아니하면 피성년후견인의 의사를 존중하여야 한다(제947조). 성년후견인은 피성년후견인의 재산을 관리하고 신상에 대한 보호를 하게 되는데, 이 경우 가장 중요한 것은 피성년후견인의 복리를 확보하는 것이다. 경우에 따라서는 피성년후견인의 주관적인 의사와 객관적인 복리 사이에 괴리가 발생할 수도 있다. 이때에는 객관적인 복리를 우선하여 사무를 처리하되, 만약 객관적으로 보아 복리의 수준에 차이가 없다면 피성년후견인의 의사를 존중하여 그가 원하는 방향으로 사무를 처리하여야 한다. 예를 들어 피성년후견인이 보유하는 현금을 은행에 예치하는 경우에, 이자율이나 안정성 등을 고려할 때 피성년후견인이 객관적으로 열등한 조건의 특정 은행에 예치하기를 원하더라도 보다 우량한 조건의 은행을 선택하여야 한다. 그러나 만약 복수의 은행이 동일한 조건이라면, 이때에는 피성년후견인이 예치를 희망하는 특정 은행을 선택하여야 한다.

7. 복수의 성년후견인이 있는 경우의 권한 행사

가정법원은 직권으로 여러 명의 성년후견인이 공동으로 또는 사무를 분장하여 그 권한을 행사하도록 정할 수 있다(제949조의2 제1항). 가정법원이 여러 명의 성년후견인이 공동으로 또는 사무를 분장하여 그 권한을 행사하도록 정한 경우에는 그 취지를 후견등기부에 기재하여야 한다(후견등기법 제25조 제1항 제8호). 가정법원은 직권으로 이러한 결정을 변경하거나 취소할 수 있다(제949조의2 제2항). 만약 사무를 분장하기로 결정되었다면, 각 성년후견인은 자신에게 분장된 사무만을 행사할 수 있을 뿐이다. 그러나 여러 명의 성년후견인이 공동으로 권한을 행사하여야 하는 경우에 어느 성년후견인이 피성년후견인의 이익이 침해될 우려가 있음에도 법률행위의 대리 등 필요한 권한행사에 협력하지 아니할 때에는 가정법원은 피성년후견인, 성년후견인, 후견감독인 또는 이해관계인의 청구에 의하여 그 성년후견인의 의사표시를 갈음하는 재판을 할 수 있다(제949조의2 제3항).

8. 이해상반행위

성년후견인이 피성년후견인과의 사이에 이해상반되는 행위를 함에는 성년후견인은 법원에 피성년후견인의 특별대리인의 선임을 청구하여야 한다. 다만 성년후견감독인이 있는 경우에는 그러하지 아니하다(제949조의3). 성년후견감독인이 있다면 그가 성년후견인과 피성년후견인 사이에 이해가 상반되는 행위에 관하여 피성년후견인을 대리하게 된다(제940조의6 제3항).

Ⅳ. 성년후견의 감독

1. 성년후견감독인

성년후견감독인도 성년후견에 필수적인 요소는 아니다. 성년후견인을 복수로 둘 수 있는 것처럼, 성년후견감독인도 피성년후견인의 신상과 재산에 관한 모든 사정을 고려하여 여러 명을 둘 수 있다(제940조의7, 제930조 제2항). 또한 법인도 성년후견감독인이 될 수 있다(제940조의7, 제930조 제3항). 가정법원이 여러 명의 성년후견감독인 등이 공동으로 또는 사무를 분장하여 그 권한을 행사하도록 정한 경우에는 그 취지를 후견등기부에 기재하여야 한다(후견등기법 제25조 제1항 제8호).

2. 성년후견감독인의 선임

가정법원은 필요하다고 인정하면 직권으로 또는 피성년후견인, 친족, 성년후견인, 검사, 지방자치단체의 장의 청구에 의하여 성년후견감독인을 선임할 수 있다(제940조의4 제1항). 성년후견감독인은 임의기관이므로 없어도 무방하겠지만, 만약 존재하던 성년후견감독인이 어떠한 이유로 없게 된다면 그때는 반드시 재선임을 하여야 한다. 가정법원은 성년후견감독인이 사망, 결격, 그 밖의 사유로 없게 된 경우에는 직권으로 또는 피성년후견

인, 친족, 성년후견인, 검사, 지방자치단체의 장의 청구에 의하여 성년후견감독인을 선임
한다(제940조의4 제2항).

3. 성년후견감독인의 결격사유

성년후견인의 가족은 성년후견감독인이 될 수 없다(제940조의5). 성년후견인 결격사유
는 성년후견감독인에게도 적용된다(제940조의7, 제937조). 미성년자(제937조 제1호), 피성년
후견인, 피한정후견인, 피특정후견인, 피임의후견인(동조 제2호), 회생절차개시결정 또는
파산선고를 받은 사람(동조 제3호), 자격정지 이상의 형의 선고를 받고 그 형기 중에 있는
사람(동조 제4호), 법원에서 해임된 법정대리인(동조 제5호), 법원에서 해임된 성년후견인,
한정후견인, 특정후견인, 임의후견인과 그 감독인(동조 제6호), 행방이 불분명한 사람(동조
제7호), 피성년후견인을 상대로 소송을 하였거나 하고 있는 사람(동조 제8호) 및 그 사람
의 배우자와 직계비속(동조 제9호)은 성년후견감독인이 될 수 없다.

4. 성년후견감독인의 직무

성년후견감독인은 성년후견인의 사무를 감독하며, 성년후견인이 없는 경우 지체 없이
가정법원에 성년후견인의 선임을 청구하여야 한다(제940조의6 제1항). 성년후견감독인은
피성년후견인의 신상이나 재산에 대하여 급박한 사정이 있는 경우 그의 보호를 위하여
필요한 행위 또는 처분을 할 수 있다(제940조의6 제2항). 성년후견인과 피성년후견인 사이
에 이해가 상반되는 행위에 관하여는 성년후견감독인이 피성년후견인을 대리한다(제940
조의6 제3항). 성년후견감독인은 언제든지 성년후견인에게 그의 임무 수행에 관한 보고와
재산목록의 제출을 요구할 수 있고, 피성년후견인의 재산상황을 조사할 수 있다(제953조).

5. 위임 및 후견인 규정의 준용

성년후견감독인에 대하여는 위임이나 성년후견인에 대한 일부 규정을 준용한다(제940
조의7). 성년후견감독인은 선량한 관리자의 주의로써 성년후견감독사무를 처리하여야 한
다(제940조의7, 제681조). 성년후견종료의 경우에 급박한 사정이 있는 때에는 성년후견감
독인, 그 상속인이나 법정대리인은 피성년후견인, 그 상속인이나 법정대리인이 사무를 처
리할 수 있을 때까지 그 사무의 처리를 계속하여야 한다. 이 경우에는 위임의 존속과 동

일한 효력이 있다(제940조의7, 제691조). 성년후견감독종료의 사유는 이를 상대방에게 통지하거나 상대방이 이를 안 때가 아니면 이로써 상대방에게 대항하지 못한다(제940조의7, 제692조).

가정법원은 성년후견감독인이 선임된 경우에도 필요하다고 인정하면 직권으로 또는 제936조 제2항의 청구권자나 성년후견감독인의 청구에 의하여 추가로 성년후견감독인을 선임할 수 있다(제940조의7, 제936조 제3항). 가정법원이 성년후견감독인을 선임할 때에는 피성년후견인의 의사를 존중하여야 하며, 그 밖에 피성년후견인의 건강, 생활관계, 재산상황, 성년후견감독인이 될 사람의 직업과 경험, 피성년후견인과의 이해관계의 유무(법인이 성년후견감독인이 될 때에는 사업의 종류와 내용, 법인이나 그 대표자와 피성년후견인 사이의 이해관계의 유무를 말한다) 등의 사정도 고려하여야 한다(제940조의7, 제936조 제4항).

성년후견감독인은 정당한 사유가 있는 경우에는 가정법원의 허가를 받아 사임할 수 있다. 이 경우 그 성년후견감독인은 사임청구와 동시에 가정법원에 새로운 성년후견감독인의 선임을 청구하여야 한다(제940조의7, 제939조). 가정법원은 피성년후견인의 복리를 위하여 성년후견감독인을 변경할 필요가 있다고 인정하면 직권으로 또는 피성년후견인, 친족, 성년후견인, 검사, 지방자치단체의 장의 청구에 의하여 성년후견감독인을 변경할 수 있다(제940조의7, 제940조).

피성년후견인의 신체를 침해하는 의료행위에 대하여 성년후견인이 동의할 수 없는 경우에는 성년후견감독인이 그를 대신하여 동의할 수 있다(제940조의7, 제947조의2 제3항). 이 경우 피성년후견인이 의료행위의 직접적인 결과로 사망하거나 상당한 장애를 입을 위험이 있을 때에는 가정법원의 허가를 받아야 한다. 다만 허가절차로 의료행위가 지체되어 피성년후견인의 생명에 위험을 초래하거나 심신상의 중대한 장애를 초래할 때에는 사후에 허가를 청구할 수 있다(제940조의7, 제947조의2 제4항). 성년후견감독인이 피성년후견인을 대리하여 피성년후견인이 거주하고 있는 건물 또는 그 대지에 대하여 매도, 임대, 전세권 설정, 저당권 설정, 임대차의 해지, 전세권의 소멸, 그 밖에 이에 준하는 행위를 하는 경우에는 가정법원의 허가를 받아야 한다(제940조의7, 제947조의2 제5항).

가정법원은 직권으로 여러 명의 성년후견감독인이 공동으로 또는 사무를 분장하여 그 권한을 행사하도록 정할 수 있다. 가정법원은 직권으로 이러한 결정을 변경하거나 취소할 수 있다. 여러 명의 성년후견감독인이 공동으로 권한을 행사하여야 하는 경우에 어느 성년후견감독인이 피성년후견인의 이익이 침해될 우려가 있음에도 법률행위의 대리 등 필요한 권한행사에 협력하지 아니할 때에는 가정법원은 피성년후견인, 성년후견인, 성년후견감독인 또는 이해관계인의 청구에 의하여 그 성년후견감독인의 의사표시를 갈음하는 재판을 할 수 있다(제940조의7, 제949조의2).

법원은 성년후견감독인의 청구에 의하여 피성년후견인의 재산상태 기타 사정을 참작하여 피성년후견인의 재산 중에서 상당한 보수를 성년후견감독인에게 수여할 수 있다(제940조의7, 제955조). 성년후견감독인이 후견감독사무를 수행하는 데 필요한 비용은 피성년후견인의 재산 중에서 지출한다(제940조의7, 제955조의2).

6. 가정법원에 의한 성년후견사무의 감독

가정법원은 직권으로 또는 피성년후견인, 성년후견감독인, 제777조에 따른 친족, 그 밖의 이해관계인, 검사, 지방자치단체의 장의 청구에 의하여 피성년후견인의 재산상황을 조사하고, 성년후견인에게 재산관리 등 후견임무 수행에 관하여 필요한 처분을 명할 수 있다(제954조).

Ⅴ. 성년후견의 종료

1. 성년후견의 절대적 종료

성년후견개시의 원인이 소멸된 경우에는 가정법원은 본인, 배우자, 4촌 이내의 친족, 성년후견인, 성년후견감독인, 검사 또는 지방자치단체의 장의 청구에 의하여 성년후견종료의 심판을 한다(제11조). 즉 질병, 장애, 노령, 그 밖의 사유로 인한 정신적 제약에서 회복되어 사무를 처리할 능력을 다시 갖추게 된 경우에는 성년후견종료의 심판으로 성년후견이 절대적으로 완전히 종료된다. 또한 피성년후견인이 사망하거나 실종선고가 있는 경우에도 성년후견은 절대적으로 종료된다.

2. 성년후견의 상대적 종료

가. 사 임

성년후견인은 정당한 사유가 있는 경우에는 가정법원의 허가를 받아 사임할 수 있다. 이 경우 그 성년후견인은 사임청구와 동시에 가정법원에 새로운 성년후견인의 선임을 청구하여야 한다(제939조). 다만 성년후견인이 복수로 있으면서 공동으로 권한을 행사하는 경우에는 성년후견인 중 일부가 사임을 하더라도 다른 성년후견인이 후견사무를 수행할 것이므로 반드시 새로운 후견인을 선임하지 않아도 피성년후견인 보호에 공백이 생기는 문제는 없다.

나. 변   경

가정법원은 피성년후견인의 복리를 위하여 성년후견인을 변경할 필요가 있다고 인정하면 직권으로 또는 피성년후견인, 친족, 성년후견감독인, 검사, 지방자치단체의 장의 청구에 의하여 성년후견인을 변경할 수 있다(제940조). 성년후견인의 변경은 새로운 성년후견인이 될 사람이 결정되어야만 가능한 것이므로, 성년후견인의 공백문제는 발생하지 아니한다.

3. 성년후견 종료 이후의 정리

가. 관리의 계산

성년후견인의 임무가 종료된 때에는 성년후견인 또는 그 상속인은 1개월 내에 피성년후견인의 재산에 관한 계산을 하여야 한다. 다만 정당한 사유가 있는 경우에는 법원의 허가를 받아 그 기간을 연장할 수 있다(제957조 제1항). 성년후견감독인이 있는 경우에는 그가 참여하지 아니하면 계산은 효력이 없다(제957조 제2항).

나. 이자와 손해배상

성년후견인이 피성년후견인에게 지급할 금액이나 피성년후견인이 성년후견인에게 지급할 금액에는 계산종료의 날로부터 이자를 부가하여야 한다(제958조 제1항). 성년후견인이 자기를 위하여 피성년후견인의 금전을 소비한 때에는 그 소비한 날로부터 이자를 부가하고 피성년후견인에게 손해가 있으면 이를 배상하여야 한다(제958조 제2항).

다. 긴급처리

성년후견종료의 경우에 급박한 사정이 있는 때에는 성년후견인, 그 상속인이나 법정대리인은 피성년후견인, 그 상속인이나 법정대리인이 성년후견사무를 처리할 수 있을 때까지 그 사무의 처리를 계속하여야 한다. 이 경우에는 성년후견의 존속과 동일한 효력이 있다(제959조, 제691조).

라. 대항요건

성년후견종료의 사유는 이를 상대방에게 통지하거나 상대방이 이를 안 때가 아니면 이로써 상대방에게 대항하지 못한다(제959조, 제692조).

제 4 절 한정후견

I. 피한정후견인

1. 한정후견의 개시

가정법원은 질병, 장애, 노령, 그 밖의 사유로 인한 정신적 제약으로 사무를 처리할 능력이 부족한 사람에 대하여 본인, 배우자, 4촌 이내의 친족, 미성년후견인, 미성년후견감독인, 성년후견인, 성년후견감독인, 특정후견인, 특정후견감독인, 검사 또는 지방자치단체의 장의 청구에 의하여 한정후견개시의 심판을 한다(제9조 제1항). 가정법원은 한정후견개시의 심판을 할 때 본인의 의사를 고려하여야 한다(제12조 제2항, 제9조 제2항). 이러한 요건이 충족되면 가정법원은 반드시 한정후견을 선고하여야 하며, 한정후견 선고를 하면 후견등기부에 공시하여야 한다. 성년후견 개시를 청구하고 있더라도 필요하다면 한정후견을 개시할 수 있다[대법원 2021.6.10. 2020스596].

가사소송법 제45조의2 제1항은 "가정법원은 성년후견 개시 또는 한정후견 개시의 심판을 할 경우에는 피성년후견인이 될 사람이나 피한정후견인이 될 사람의 정신상태에 관하여 의사에게 감정을 시켜야 한다. 다만 피성년후견인이 될 사람이나 피한정후견인이 될 사람의 정신상태를 판단할 만한 다른 충분한 자료가 있는 경우에는 그러하지 아니하다."라고 정하고 있다. 이 규정의 의미는 의사의 감정에 따라 정신적 제약으로 사무를 처리할 능력이 부족하거나 지속적으로 결여되었는지를 결정하라는 것이 아니라, 의학상으로 본 정신능력을 기초로 하여 성년후견이나 한정후견의 개시 요건이 충족되었는지 여부를 결정하라는 것이다. 따라서 피성년후견인이나 피한정후견인이 될 사람의 정신상태를 판단할 만한 다른 충분한 자료가 있는 경우 가정법원은 의사의 감정이 없더라도 성년후견이나 한정후견을 개시할 수 있다[대법원 2021.6. 10. 2020스596].

가정법원이 피성년후견인 또는 피특정후견인에 대하여 한정후견개시의 심판을 할 때에는 종전의 성년후견 또는 특정후견의 종료 심판을 한다(제14조의3 제2항).

2. 피한정후견인의 능력

피한정후견인의 정신적 제약에 따른 사무처리능력은 당분간 부족한 정도에 머무르고 있으므로, 원칙적으로는 행위능력에 영향이 없기 때문에 제한능력자는 아니다. 다만 가정법원은 피한정후견인이 한정후견인의 동의를 받아야 하는 행위의 범위를 정할 수 있으므로(제13조 제1항), 이 범위의 행위에 대해서는 행위능력이 제한되어 반드시 피한정후견인의 동의를 받아야 유효한 법률행위를 할 수 있다. 예를 들어 한정후견선고를 하면서 피한정후견인이 타인으로부터 금전을 빌리거나 타인에게 재산을 증여하는 경우에는 반드시 한정후견인의 동의를 받도록 가정법원이 정할 수 있다. 한정후견인의 동의를 받아야 하는 행위의 범위를 정한 경우에는 그 행위의 범위, 그 범위를 변경한 경우에는 그 변경된 범위를 후견등기에 기록하여야 한다(후견등기법 제25조 제1항 제6호 가목).

만약 한정후견인의 동의가 필요한 법률행위를 피한정후견인이 한정후견인의 동의 없이 하였을 때에는 피한정후견인이나 한정후견인이 그 법률행위를 취소할 수 있다. 다만 일용품의 구입 등 일상생활에 필요하고 그 대가가 과도하지 아니한 법률행위에 대하여는 그러하지 아니하다(제13조 제4항, 제140조). 피한정후견인은 한정후견인의 동의가 필요한 행위에 관하여는 대리권 있는 한정후견인에 의해서만 소송행위를 할 수 있다(민사소송법 제55조 제2항). 한정후견인의 동의를 필요로 하는 행위에 대하여 한정후견인이 피한정후견인의 이익이 침해될 염려가 있음에도 그 동의를 하지 아니하는 때에는 가정법원은 피한정후견인의 청구에 의하여 한정후견인의 동의를 갈음하는 허가를 할 수 있다(제13조 제3항).

피한정후견인의 정신적 제약 상태의 변화에 따라 한정후견인의 동의가 필요한 행위의 변경은 불가피하다. 예를 들어 정신적 제약 상태가 어느 정도 회복되면 동의가 필요한 행위를 좁힐 필요가 있으나, 반대로 정신적 제약 상태가 다소 악화되면 그 범위를 확장하여야 한다. 따라서 가정법원은 본인, 배우자, 4촌 이내의 친족, 한정후견인, 한정후견감독인, 검사 또는 지방자치단체의 장의 청구에 의하여 한정후견인의 동의를 받아야만 할 수 있는 행위의 범위를 변경할 수 있다(제13조 제2항).

Ⅱ. 한정후견인

1. 한정후견인의 선임

가정법원의 한정후견개시의 심판이 있는 경우에는 그 심판을 받은 사람의 한정후견인을 두어야 한다. 한정후견인은 가정법원이 직권으로 선임한다(제959조의3 제1항). 한정후견인은 피한정후견인의 신상과 재산에 관한 모든 사정을 고려하여 여러 명을 둘 수 있다(제959조의3 제2항, 제930조 제2항). 그리고 법인도 한정후견인이 될 수 있다(제959조의3 제2항, 제930조 제3항).

가정법원은 한정후견인이 사망, 결격, 그 밖의 사유로 없게 된 경우에도 직권으로 또는 피한정후견인, 친족, 이해관계인, 검사, 지방자치단체의 장의 청구에 의하여 한정후견인을 선임한다(제959조의3 제2항, 제936조 제2항). 가정법원은 한정후견인이 선임된 경우에도 필요하다고 인정하면 직권으로 또는 피한정후견인, 친족, 이해관계인, 검사, 지방자치단체의 장이나 한정후견인의 청구에 의하여 추가로 한정후견인을 선임할 수 있다(제959조의3 제2항, 제936조 제3항). 가정법원이 한정후견인을 선임할 때에는 피한정후견인의 의사를 존중하여야 하며, 그 밖에 피한정후견인의 건강, 생활관계, 재산상황, 한정후견인이 될 사람의 직업과 경험, 피한정후견인과의 이해관계의 유무(법인이 한정후견인이 될 때에는 사업의 종류와 내용, 법인이나 그 대표자와 피한정후견인 사이의 이해관계의 유무를 말한다) 등의 사정도 고려하여야 한다(제959조의3 제2항, 제936조 제4항).

2. 한정후견인의 결격사유

제937조의 후견인이 될 수 없는 결격사유는 한정후견인에게도 준용된다(제959조의3 제2항). 미성년자(제937조 제1호), 피성년후견인, 피한정후견인, 피특정후견인, 피임의후견인(동조 제2호), 회생절차개시결정 또는 파산선고를 받은 사람(동조 제3호), 자격정지 이상의 형의 선고를 받고 그 형기 중에 있는 사람(동조 제4호), 법원에서 해임된 법정대리인(동조 제5호), 법원에서 해임된 성년후견인, 한정후견인, 특정후견인, 임의후견인과 그 감독인(동조 제6호), 행방이 불분명한 사람(동조 제7호), 피후견인을 상대로 소송을 하였거나 하고 있는 사람(동조 제8호) 및 그 사람의 배우자와 직계비속(동조 제9호)이다. 제937조 제9호 단서는 피후견인의 직계비속은 후견인의 결격사유에서 제외하도록 규정하고 있으므

로, 예를 들어 피한정후견인이 그의 며느리와 소송을 하고 있다고 하더라도 소송상대방인 며느리의 배우자는 아들로서 직계비속이므로 한정후견인이 될 수 있다.

3. 한정후견인의 사임과 변경

가. 사 임

한정후견인은 정당한 사유가 있는 경우에는 가정법원의 허가를 받아 사임할 수 있다. 이 경우 그 한정후견인은 사임청구와 동시에 가정법원에 새로운 한정후견인의 선임을 청구하여야 한다(제959조의3 제2항, 제939조).

나. 변 경

가정법원은 피한정후견인의 복리를 위하여 한정후견인을 변경할 필요가 있다고 인정하면 직권으로 또는 피한정후견인, 친족, 한정후견감독인, 검사, 지방자치단체의 장의 청구에 의하여 한정후견인을 변경할 수 있다(제959조의3 제2항, 제940조).

4. 보수와 후견비용

법원은 한정후견인의 청구에 의하여 피한정후견인의 재산상태 기타 사정을 참작하여 피한정후견인의 재산 중에서 상당한 보수를 한정후견인에게 수여할 수 있다(제959조의6, 제955조). 한정후견인이 후견사무를 수행하는 데 필요한 비용은 피한정후견인의 재산 중에서 지출한다(제959조의6, 제955조의2).

Ⅲ. 한정후견인의 임무

한정후견인은 선량한 관리자의 주의로써 한정후견사무를 처리하여야 한다(제959조의5 제2항, 제681조).

1. 동의권과 취소권

피한정후견인이 한정후견인의 동의를 받아야 하는 행위의 범위를 가정법원이 정하면, 피한정후견인이 그 행위를 하는 경우에 한정후견인은 동의권을 갖는다. 그 한도에서는 피한정후견인의 행위능력은 제한된다. 한정후견인의 동의가 필요한 법률행위를 피한정후견인이 한정후견인의 동의 없이 한 경우에, 제13조 제4항은 그 법률행위를 취소할 수 있다고만 규정하고 있을 뿐 누가 취소권을 행사하는가에 대해서는 명시적으로 밝히고 있지 않다. 법률행위의 취소권자에 관한 제140조에서는 제한능력자와 그의 대리인이 취소할 수 있으므로, 우선 피한정후견인 스스로 취소권을 행사할 수 있음은 명확하다. 그러나 한정후견인은 가정법원이 정한 범위 내에서 동의권만 있을 뿐 그 행위에 대해 당연히 대리인이 되는 것은 아니고, 가정법원이 별도로 한정후견인에게 대리권을 수여하는 심판이 있는 경우에만(제959조의4 제1항) 대리인이 될 수 있을 뿐이다. 그러므로 동의권이 있는 한정후견인이 모두 피한정후견인의 대리인이 되는 것은 아니다. 결국 동의권만 있고 대리권은 없는 한정후견인은 제140조를 엄격히 해석하면 취소권자는 아니라고 할 수밖에 없다. 그러나 이와 같이 해석하면 피한정후견인의 보호에 치명적인 흠결이 생기게 되므로 한정후견인도 동의를 얻지 아니한 피한정후견인의 법률행위에 대해 원칙적으로 취소권을 갖는다고 해석하여야 한다. 그리고 취소할 수 있는 법률행위는 취소권자가 추인할 수 있으므로(제143조 제1항), 한정후견인은 피한정후견인이 동의를 받지 아니하고 한 행위에 대한 추인권도 갖는다.

만약 한정후견인의 동의를 필요로 하는 행위에 대하여 한정후견인이 피한정후견인의 이익이 침해될 염려가 있음에도 그 동의를 하지 아니하는 때에는 가정법원은 피한정후견인의 청구에 의하여 한정후견인의 동의를 갈음하는 허가를 하여(제13조 제3항), 피한정후견인의 복리를 가정법원이 보호하게 된다.

2. 법정대리권

피한정후견인은 원칙적으로 행위능력자이므로 한정후견인에게 당연하게 대리권이 부여되는 것은 아니다. 민법은 민법총칙편 제13조에서 한정후견인의 동의권만을 명시하면서도, 친족편 후견의 장에서는 한정후견인의 법정대리권에 대해서도 다음과 같이 규정을 두는 모호한 태도를 취하고 있다.

가정법원은 한정후견인에게 대리권을 수여하는 심판을 할 수 있다(제959조의4 제1항). 한정후견인에게 대리권을 수여하더라도 피한정후견인의 행위능력이 제한되는 것은 아니므로, 그 수권 범위 내의 행위를 피한정후견인이 단독으로 유효하게 할 수 없는 것은 아니다. 한정후견인의 대리권 범위가 적절하지 아니하게 된 경우에 가정법원은 본인, 배우자, 4촌 이내의 친족, 한정후견인, 한정후견감독인, 검사 또는 지방자치단체의 장의 청구에 의하여 대리권 범위를 변경할 수 있다(제959조의4 제2항, 제938조 제3항). 가정법원이 한정후견인에게 대리권을 수여한 경우에는 그 대리권의 범위, 그 범위를 변경한 경우에는 그 변경된 범위를 후견등기에 기재하여야 한다(후견등기법 제25조 제1항 제6호 나목). 한정후견인이 피한정후견인을 대리하여 피한정후견인이 거주하고 있는 건물 또는 그 대지에 대하여 매도, 임대, 전세권 설정, 저당권 설정, 임대차의 해지, 전세권의 소멸, 그 밖에 이에 준하는 행위를 하는 경우에는 가정법원의 허가를 받아야 한다(제959조의6, 제947조의2 제5항).

3. 피한정후견인의 신상결정

피한정후견인은 자신의 신상에 관하여 그의 상태가 허락하는 범위에서 단독으로 결정한다(제959조의6, 제947조의2 제1항). 가정법원은 한정후견인이 피한정후견인의 신상에 관하여 결정할 수 있는 권한의 범위를 정할 수 있다(제959조의4 제2항, 제938조 제3항). 한정후견인이 피한정후견인의 신상에 관하여 결정할 수 있는 권한의 범위가 적절하지 아니하게 된 경우에 가정법원은 본인, 배우자, 4촌 이내의 친족, 한정후견인, 한정후견감독인, 검사 또는 지방자치단체의 장의 청구에 의하여 그 범위를 변경할 수 있다(제959조의4 제2항, 제938조 제3항). 한정후견인이 피한정후견인의 신상에 관하여 결정할 수 있는 권한의 범위를 정한 경우에는 그 범위, 그 범위를 변경한 경우에는 그 변경된 범위를 후견등기에 기록하여야 한다(후견등기법 제25조 제1항 제6호 다목).

한정후견인이 피한정후견인을 치료 등의 목적으로 정신병원이나 그 밖의 다른 장소에 격리하려는 경우에는 가정법원의 허가를 받아야 한다(제959조의6, 제947조의2 제2항). 피한정후견인의 신체를 침해하는 의료행위에 대하여 피한정후견인이 동의할 수 없는 경우에는 한정후견인이 그를 대신하여 동의할 수 있다. 피한정후견인이 의료행위의 직접적인 결과로 사망하거나 상당한 장애를 입을 위험이 있을 때에는 가정법원의 허가를 받아야 한다(제959조의6, 제947조의2 제3항). 다만 허가절차로 의료행위가 지체되어 피한정후견인의 생명에 위험을 초래하거나 심신상의 중대한 장애를 초래할 때에는 사후에 허가를 청구할 수 있다(제959조의6, 제947조의2 제4항).

4. 피한정후견인의 복리와 의사존중

한정후견인은 피한정후견인의 재산관리와 신상보호를 할 때 여러 사정을 고려하여 그의 복리에 부합하는 방법으로 사무를 처리하여야 한다. 이 경우 한정후견인은 피한정후견인의 복리에 반하지 아니하면 피한정후견인의 의사를 존중하여야 한다(제959조의6, 제947조).

5. 재산관리권과 법률행위의 대리권

한정후견인은 피한정후견인의 재산을 관리하고 그 재산에 관한 법률행위에 대하여 피한정후견인을 대리한다(제959조의6, 제949조 제1항). 그러나 피한정후견인의 행위를 목적으로 하는 채무를 부담할 경우에는 피한정후견인 본인의 동의를 얻어야 한다(제959조의6, 제949조 제2항, 제920조 단서). 한정후견인이 ① 영업에 관한 행위, ② 금전을 빌리는 행위, ③ 의무만을 부담하는 행위, ④ 부동산 또는 중요한 재산에 관한 권리의 득실변경을 목적으로 하는 행위, ⑤ 소송행위, ⑥ 상속의 승인, 한정승인 또는 포기 및 상속재산의 분할에 관한 협의에 피한정후견인을 대리하거나 이러한 행위에 관해 피한정후견인에게 동의를 할 때에는 한정후견감독인이 있으면 그의 동의를 받아야 한다(제959조의6, 제950조 제1항). 한정후견감독인의 동의가 필요한 행위에 대하여 한정후견감독인이 피한정후견인의 이익이 침해될 우려가 있음에도 동의를 하지 아니하는 경우에는 가정법원은 한정후견인의 청구에 의하여 한정후견감독인의 동의를 갈음하는 허가를 할 수 있다(제959조의6, 제950조 제2항). 한정후견감독인의 동의가 필요한 법률행위를 한정후견인이 한정후견감독인의 동의 없이 하였을 때에는 피한정후견인 또는 한정후견감독인이 그 행위를 취소할 수 있다(제959조의6, 제950조 제3항). 이 취소권의 행사에 대해서는 제15조 제한능력자의 상대방의 확답을 촉구할 권리에 관한 규정을 준용한다(제959조의6, 제952조).

한정후견인이 피한정후견인에 대한 제3자의 권리를 양수하는 경우에는 피한정후견인은 이를 취소할 수 있다(제951조 제1항). 이러한 권리 양수의 경우 한정후견감독인이 있으면 한정후견인은 한정후견감독인의 동의를 받아야 하고, 한정후견감독인의 동의가 없는 경우에는 피한정후견인 또는 한정후견감독인이 이를 취소할 수 있다(제951조 제2항). 이 취소권의 행사에 대해서도 제15조 제한능력자의 상대방의 확답을 촉구할 권리에 관한 규정을 준용한다(제959조의6, 제952조).

6. 복수의 한정후견인이 있는 경우의 권한 행사

가정법원은 직권으로 여러 명의 한정후견인이 공동으로 또는 사무를 분장하여 그 권한을 행사하도록 정할 수 있다(제959조의6, 제949조의2 제1항). 가정법원은 직권으로 이러한 결정을 변경하거나 취소할 수 있다(제959조의6, 제949조의2 제2항). 만약 사무를 분장하기로 결정되었다면, 각 한정후견인은 자신에게 분장된 사무만을 행사할 수 있을 뿐이다. 그러나 여러 명의 한정후견인이 공동으로 권한을 행사하여야 하는 경우에 어느 한정후견인이 피한정후견인의 이익이 침해될 우려가 있음에도 법률행위의 대리 등 필요한 권한행사에 협력하지 아니할 때에는 가정법원은 피한정후견인, 한정후견인, 한정후견감독인 또는 이해관계인의 청구에 의하여 그 한정후견인의 의사표시를 갈음하는 재판을 할 수 있다(제959조의6, 제949조의2 제3항).

7. 이해상반행위

한정후견인이 피한정후견인과의 사이에 이해상반되는 행위를 함에는 한정후견인은 법원에 피한정후견인의 특별대리인의 선임을 청구하여야 한다. 다만 한정후견감독인이 있는 경우에는 그러하지 아니하다(제959조의6, 제949조의3). 한정후견감독인이 있다면 그가 피한정후견인을 대리하거나 피한정후견인이 그 행위를 하는 데 동의한다(제959조의5 제2항, 제940조의6 제3항).

Ⅳ. 한정후견의 감독

1. 한정후견감독인

한정후견에서 한정후견감독인은 필수기관이 아니라 임의기관이므로 반드시 있어야만 하는 것은 아니다. 가정법원은 필요하다고 인정하면 직권으로 또는 피한정후견인, 친족, 한정후견인, 검사, 지방자치단체의 장의 청구에 의하여 한정후견감독인을 선임할 수 있다(제959조의5 제1항). 한정후견감독인은 피한정후견인의 신상과 재산에 관한 모든 사정을 고려하여 여러 명을 둘 수 있다(제959조의5 제2항, 제930조 제2항). 법인도 한정후견감독인이 될 수 있다(제959조의5 제2항, 제930조 제3항).

가정법원은 한정후견감독인이 사망, 결격, 그 밖의 사유로 없게 된 경우에는 직권으로 또는 피한정후견인, 친족, 한정후견인, 검사, 지방자치단체의 장의 청구에 의하여 한정후견감독인을 선임한다(제959조의5 제2항, 제940조의3 제2항).

2. 한정후견감독인의 결격사유

한정후견인의 가족은 한정후견감독인이 될 수 없다(제959조의5 제2항, 제940조의5). 한정후견인 결격사유는 한정후견감독인에게도 적용된다(제959조의5 제2항, 제937조). 미성년자(제937조 제1호), 피성년후견인, 피한정후견인, 피특정후견인, 피임의후견인(동조 제2호), 회생절차개시결정 또는 파산선고를 받은 사람(동조 제3호), 자격정지 이상의 형의 선고를 받고 그 형기 중에 있는 사람(동조 제4호), 법원에서 해임된 법정대리인(동조 제5호), 법원에서 해임된 성년후견인, 한정후견인, 특정후견인, 임의후견인과 그 감독인(동조 제6호), 행방이 불분명한 사람(동조 제7호), 피한정후견인을 상대로 소송을 하였거나 하고 있는 사람(동조 제8호) 및 그 사람의 배우자와 직계비속(동조 제9호)은 한정후견감독인이 될 수 없다.

3. 한정후견감독인의 직무

한정후견감독인은 한정후견인의 사무를 감독하며, 한정후견인이 없는 경우 지체 없이 가정법원에 한정후견인의 선임을 청구하여야 한다(제959조의5 제2항, 제940조의6 제1항). 한정후견감독인은 피한정후견인의 신상이나 재산에 대하여 급박한 사정이 있는 경우 그의 보호를 위하여 필요한 행위 또는 처분을 할 수 있다(제959조의5 제2항, 제940조의6 제2항). 한정후견인과 피한정후견인 사이에 이해가 상반되는 행위에 관하여는 한정후견감독인이 피한정후견인을 대리하거나 피한정후견인이 그 행위를 하는 데 동의한다(제959조의5 제2항, 제940조의6 제3항). 한정후견감독인은 언제든지 한정후견인에게 그의 임무 수행에 관한 보고와 재산목록의 제출을 요구할 수 있고, 피한정후견인의 재산상황을 조사할 수 있다(제959조의6, 제953조).

4. 위임 및 후견인 규정의 준용

한정후견감독인은 선량한 관리자의 주의로써 한정후견감독사무를 처리하여야 한다(제959조의5 제2항, 제681조). 한정후견종료의 경우에 급박한 사정이 있는 때에는 한정후견감독인, 그 상속인이나 법정대리인은 피한정후견인, 그 상속인이나 법정대리인이 사무를 처리할 수 있을 때까지 그 사무의 처리를 계속하여야 한다. 이 경우에는 위임의 존속과 동일한 효력이 있다(제959조의5 제2항, 제691조). 한정후견감독종료의 사유는 이를 상대방에게 통지하거나 상대방이 이를 안 때가 아니면 이로써 상대방에게 대항하지 못한다(제940조의7, 제692조).

가정법원은 한정후견감독인이 선임된 경우에도 필요하다고 인정하면 직권으로 또는 제936조 제2항의 청구권자나 한정후견감독인의 청구에 의하여 추가로 한정후견감독인을 선임할 수 있다(제959조의5 제2항, 제936조 제3항). 가정법원이 한정후견감독인을 선임할 때에는 피한정후견인의 의사를 존중하여야 하며, 그 밖에 피한정후견인의 건강, 생활관계, 재산상황, 한정후견감독인이 될 사람의 직업과 경험, 피한정후견인와의 이해관계의 유무(법인이 한정후견감독인이 될 때에는 사업의 종류와 내용, 법인이나 그 대표자와 피한정후견인 사이의 이해관계의 유무를 말한다) 등의 사정도 고려하여야 한다(제959조의5 제2항, 제936조 제4항).

한정후견감독인은 정당한 사유가 있는 경우에는 가정법원의 허가를 받아 사임할 수 있다. 이 경우 그 한정후견감독인은 사임청구와 동시에 가정법원에 새로운 한정후견감독인의 선임을 청구하여야 한다(제959조의5 제2항, 제939조). 가정법원은 피한정후견인의 복리를 위하여 한정후견감독인을 변경할 필요가 있다고 인정하면 직권으로 또는 피한정후견인, 친족, 한정후견인, 검사, 지방자치단체의 장의 청구에 의하여 한정후견감독인을 변경할 수 있다(제959조의5 제2항, 제940조).

피한정후견인의 신체를 침해하는 의료행위에 대하여 한정후견인이 동의할 수 없는 경우에는 한정후견감독인이 그를 대신하여 동의할 수 있다(제959조의5 제2항, 제947조의2 제3항). 이 경우 피한정후견인이 의료행위의 직접적인 결과로 사망하거나 상당한 장애를 입을 위험이 있을 때에는 가정법원의 허가를 받아야 한다. 다만 허가절차로 의료행위가 지체되어 피한정후견인의 생명에 위험을 초래하거나 심신상의 중대한 장애를 초래할 때에는 사후에 허가를 청구할 수 있다(제959조의5 제2항, 제947조의2 제4항). 한정후견감독인이 피한정후견인을 대리하여 피한정후견인이 거주하고 있는 건물 또는 그 대지에 대하여 매도, 임대, 전세권 설정, 저당권 설정, 임대차의 해지, 전세권의 소멸, 그 밖에 이에 준하는 행위를 하는 경우에는 가정법원의 허가를 받아야 한다(제959조의5 제2항, 제947조의2 제5항).

가정법원은 직권으로 여러 명의 한정후견감독인이 공동으로 또는 사무를 분장하여 그 권한을 행사하도록 정할 수 있다. 가정법원은 직권으로 이러한 결정을 변경하거나 취소할 수 있다. 여러 명의 한정후견감독인이 공동으로 권한을 행사하여야 하는 경우에 어느 한정후견감독인이 피한정후견인의 이익이 침해될 우려가 있음에도 법률행위의 대리 등 필요한 권한행사에 협력하지 아니할 때에는 가정법원은 피한정후견인, 한정후견인, 한정후견감독인 또는 이해관계인의 청구에 의하여 그 한정후견감독인의 의사표시를 갈음하는 재판을 할 수 있다(제959조의5 제2항, 제949조의2).

법원은 한정후견감독인의 청구에 의하여 피한정후견인의 재산상태 기타 사정을 참작하여 피한정후견인의 재산 중에서 상당한 보수를 한정후견감독인에게 수여할 수 있다(제959조의5 제2항, 제955조). 한정후견감독인이 후견감독사무를 수행하는 데 필요한 비용은 피한정후견인의 재산 중에서 지출한다(제959조의5 제2항, 제955조의2).

5. 가정법원에 의한 한정후견사무의 감독

가정법원은 직권으로 또는 피한정후견인, 한정후견감독인, 제777조에 따른 친족, 그 밖의 이해관계인, 검사, 지방자치단체의 장의 청구에 의하여 피한정후견인의 재산상황을 조사하고, 한정후견인에게 재산관리 등 후견임무 수행에 관하여 필요한 처분을 명할 수 있다(제959조의6, 제954조).

V. 한정후견의 종료

1. 한정후견 종료의 심판

한정후견개시의 원인이 소멸된 경우에는 가정법원은 본인, 배우자, 4촌 이내의 친족, 한정후견인, 한정후견감독인, 검사 또는 지방자치단체의 장의 청구에 의하여 한정후견종료의 심판을 한다(제14조).

2. 한정후견 종료 이후의 정리

한정후견종료의 경우에 급박한 사정이 있는 때에는 한정후견감독인, 그 상속인이나 법정대리인은 피한정후견인, 그 상속인이나 법정대리인이 사무를 처리할 수 있을 때까지 그 사무의 처리를 계속하여야 한다. 이 경우에는 위임의 존속과 동일한 효력이 있다(제959조의7, 제691조). 한정후견종료의 사유는 이를 한정후견인에게 통지하거나 한정후견인이 이를 안 때가 아니면 이로써 한정후견인에게 대항하지 못한다(제959조의7, 제692조).

한정후견인의 임무가 종료된 때에는 한정후견인 또는 그 상속인은 1개월 내에 피한정후견인의 재산에 관한 계산을 하여야 한다. 다만 정당한 사유가 있는 경우에는 법원의 허가를 받아 그 기간을 연장할 수 있다(제959조의7, 제957조 제1항). 한정후견감독인이 있는 경우에는 그가 참여하지 아니하면 계산은 효력이 없다(제959조의7, 제957조 제2항).

한정후견인이 피한정후견인에게 지급할 금액이나 피한정후견인이 한정후견인에게 지급할 금액에는 계산종료의 날로부터 이자를 부가하여야 한다(제959조의7, 제958조 제1항). 한정후견인이 자기를 위하여 피한정후견인의 금전을 소비한 때에는 그 소비한 날로부터 이자를 부가하고 피한정후견인에게 손해가 있으면 이를 배상하여야 한다(제959조의7, 제958조 제2항).

제 5 절 특정후견

Ⅰ. 피특정후견인

1. 특정후견의 개시

가정법원은 질병, 장애, 노령, 그 밖의 사유로 인한 정신적 제약으로 일시적 후원 또는 특정한 사무에 관한 후원이 필요한 사람에 대하여 본인, 배우자, 4촌 이내의 친족, 미성년후견인, 미성년후견감독인, 검사 또는 지방자치단체의 장의 청구에 의하여 특정후견의 심판을 한다(제14조의2 제1항). 특정후견은 특정한 분야의 사무에 대해서만 후원을 하게 되는데, 구체적으로는 대체로 특정후견인에게 대리권을 부여하게 된다. 그러나 다른 후견제도와는 달리 특정후견 선고를 위한 요건이 모두 충족되더라도, 특정후견은 본인의 의사에 반하여 할 수 없다(제14조의2 제2항). 또한 특정후견을 청구한 경우에, 정신적 제약이 그 이상으로 심각하더라도 성년후견이나 한정후견을 선고할 수는 없다. 특정후견 선고를 하면 특정후견의 기간 또는 사무의 범위를 후견등기부에 기재하여야 한다(후견등기법 제25조 제1항 제7호 가목).

2. 피특정후견인의 능력

피특정후견인은 완전한 행위능력을 갖고 있으며, 제한능력자가 아니다. 따라서 피특정후견인 단독으로 모든 행위를 유효하게 할 수 있다. 특정후견선고를 통해 특정후견인에게 대리권을 부여하더라도, 피특정후견인 역시 그 수권범위 내의 행위를 단독으로 유효하게 할 수 있다. 만약 수권범위 내의 행위를 특정후견인과 피특정후견인이 각각 별도로 하였다면, 각각의 법률행위는 모두 유효하게 된다. 이 경우 이행하지 못한 특정한 법률행위에 대해 채무불이행책임을 부담하는 결과는 불가피하다.

Ⅱ. 특정후견인

1. 선   임

가정법원은 피특정후견인의 후원을 위하여 필요한 처분을 명할 수 있다(제959조의8). 피특정후견인의 후원을 위하여 필요한 처분을 명한 경우에는 그 내용을 후견등기부에 기재한다(후견등기법 제25조 제1항 제7호 나목). 이 처분의 내용으로 피특정후견인을 선임할 수 있다(제959조의9 제1항). 특정후견인은 피특정후견인의 신상과 재산에 관한 모든 사정을 고려하여 여러 명을 둘 수 있다(제959조의9 제2항, 제930조 제2항). 법인도 특정후견인이 될 수 있다(제959조의9 제2항, 제930조 제3항).

가정법원은 특정후견인이 사망, 결격, 그 밖의 사유로 없게 된 경우에도 직권으로 또는 피특정후견인, 친족, 이해관계인, 검사, 지방자치단체의 장의 청구에 의하여 특정후견인을 선임한다(제959조의9 제2항, 제936조 제2항). 가정법원은 특정후견인이 선임된 경우에도 필요하다고 인정하면 직권으로 또는 피특정후견인, 친족, 이해관계인, 검사, 지방자치단체의 장이나 특정후견인의 청구에 의하여 추가로 특정후견인을 선임할 수 있다(제959

조의9 제2항, 제936조 제3항). 가정법원이 특정후견인을 선임할 때에는 피특정후견인의 의사를 존중하여야 하며, 그 밖에 피특정후견인의 건강, 생활관계, 재산상황, 특정후견인이 될 사람의 직업과 경험, 피특정후견인과의 이해관계의 유무(법인이 특정후견인이 될 때에는 사업의 종류와 내용, 법인이나 그 대표자와 피특정후견인 사이의 이해관계의 유무를 말한다) 등의 사정도 고려하여야 한다(제959조의9 제2항, 제936조 제4항).

2. 결격사유

성년후견인 결격사유는 특정후견인에게도 적용된다(제959조의9, 제937조). 미성년자(제937조 제1호), 피성년후견인, 피한정후견인, 피특정후견인, 피임의후견인(동조 제2호), 회생절차개시결정 또는 파산선고를 받은 사람(동조 제3호), 자격정지 이상의 형의 선고를 받고 그 형기 중에 있는 사람(동조 제4호), 법원에서 해임된 법정대리인(동조 제5호), 법원에서 해임된 성년후견인, 한정후견인, 특정후견인, 임의후견인과 그 감독인(동조 제6호), 행방이 불분명한 사람(동조 제7호), 피특정후견인을 상대로 소송을 하였거나 하고 있는 사람(동조 제8호) 및 그 사람의 배우자와 직계비속(동조 제9호)은 특정후견인이 될 수 없다.

3. 특정후견인의 사임과 변경

가. 사 임

특정후견인은 정당한 사유가 있는 경우에는 가정법원의 허가를 받아 사임할 수 있다. 이 경우 그 특정후견인은 사임청구와 동시에 가정법원에 새로운 특정후견인의 선임을 청구하여야 한다(제959조의9 제2항, 제939조).

나. 변 경

가정법원은 피특정후견인의 복리를 위하여 특정후견인을 변경할 필요가 있다고 인정하면 직권으로 또는 피특정후견인, 친족, 후견감독인, 검사, 지방자치단체의 장의 청구에 의하여 특정후견인을 변경할 수 있다(제959조의9 제2항, 제940조).

4. 보수와 후견비용

법원은 특정후견인의 청구에 의하여 피특정후견인의 재산상태 기타 사정을 참작하여 피특정후견인의 재산 중에서 상당한 보수를 특정후견인에게 수여할 수 있다(제959조의11 제2항, 제955조). 특정후견인이 후견사무를 수행하는 데 필요한 비용은 피특정후견인의 재산 중에서 지출한다(제959조의11 제2항, 제955조의2).

Ⅲ. 특정후견인의 임무

특정후견인은 선량한 관리자의 주의로써 특정후견사무를 처리하여야 한다(제959조의11 제2항, 제681조).

1. 대 리 권

피특정후견인의 후원을 위하여 필요하다고 인정하면 가정법원은 기간이나 범위를 정하여 특정후견인에게 대리권을 수여하는 심판을 할 수 있다(제959조의11 제1항). 이 경우 가정법원은 특정후견인의 대리권 행사에 가정법원이나 특정후견감독인의 동의를 받도록 명할 수 있다(제959조의11 제2항). 특정후견인에게 대리권을 수여하는 심판을 한 경우에는 그 기간이나 범위 그리고 특정후견인의 대리권 행사에 가정법원이나 특정후견감독인의 동의를 받도록 명한 경우에는 그 내용을 후견등기부에 기재하여야 한다(후견등기법 제25조 제1항 제7호 다목, 라목). 피특정후견인의 행위를 목적으로 하는 채무를 부담할 경우에는 피특정후견인 본인의 동의를 얻어야 한다(제959조의11 제2항, 제920조 단서).

2. 피특정후견인의 복리와 의사존중

특정후견인은 피특정후견인의 재산관리와 신상보호를 할 때 여러 사정을 고려하여 그의 복리에 부합하는 방법으로 사무를 처리하여야 한다. 이 경우 특정후견인은 피특정후견인의 복리에 반하지 아니하면 피특정후견인의 의사를 존중하여야 한다(제959조의11 제2항, 제947조).

3. 복수의 특정후견인이 있는 경우의 권한 행사

가정법원은 직권으로 여러 명의 특정후견인이 공동으로 또는 사무를 분장하여 그 권한을 행사하도록 정할 수 있다(제959조의11 제2항, 제949조의2 제1항). 가정법원은 직권으로 이러한 결정을 변경하거나 취소할 수 있다(제959조의11 제2항, 제949조의2 제2항). 만약 사무를 분장하기로 결정되었다면, 각 특정후견인은 자신에게 분장된 사무만을 행사할 수 있을 뿐이다. 그러나 여러 명의 특정후견인이 공동으로 권한을 행사하여야 하는 경우에 어느 특정후견인이 피특정후견인의 이익이 침해될 우려가 있음에도 법률행위의 대리 등 필요한 권한행사에 협력하지 아니할 때에는 가정법원은 피특정후견인, 특정후견인, 특정후견감독인 또는 이해관계인의 청구에 의하여 그 특정후견인의 의사표시를 갈음하는 재판을 할 수 있다(제959조의11 제2항, 제949조의2 제3항).

Ⅳ. 특정후견의 감독

1. 특정후견감독인

특정후견에서 특정후견감독인은 필수기관이 아니라 임의기관이므로 반드시 있어야만 하는 것은 아니다. 가정법원은 필요하다고 인정하면 직권으로 또는 피특정후견인, 친족, 특정후견인, 검사, 지방자치단체의 장의 청구에 의하여 특정후견감독인을 선임할 수 있다(제959조의10 제1항). 특정후견감독인은 피특정후견인의 신상과 재산에 관한 모든 사정을 고려하여 여러 명을 둘 수 있다(제959조의10 제2항, 제930조 제2항). 법인도 특정후견감독인이 될 수 있다(제959조의10 제2항, 제930조 제3항).

2. 특정후견감독인의 결격사유

특정후견인의 가족은 특정후견감독인이 될 수 없다(제959조의10 제2항, 제940조의5). 특정후견인 결격사유는 특정후견감독인에게도 적용된다(제959조의10 제2항, 제937조). 미성년자(제937조 제1호), 피성년후견인, 피특정후견인, 피특정후견인, 피임의후견인(동조 제2호), 회생절차개시결정 또는 파산선고를 받은 사람(동조 제3호), 자격정지 이상의 형의 선고를 받고 그 형기 중에 있는 사람(동조 제4호), 법원에서 해임된 법정대리인(동조 제5호), 법원에서 해임된 성년후견인, 특정후견인, 특정후견인, 임의후견인과 그 감독인(동조 제6호), 행방이 불분명한 사람(동조 제7호), 피특정후견인을 상대로 소송을 하였거나 하고 있는 사람(동조 제8호) 및 그 사람의 배우자와 직계비속(동조 제9호)은 특정후견감독인이 될 수 없다.

3. 특정후견감독인의 직무

특정후견감독인은 특정후견인의 사무를 감독하며, 특정후견인이 없는 경우 지체 없이 가정법원에 특정후견인의 선임을 청구하여야 한다(제959조의10 제2항, 제940조의6 제1항). 특정후견감독인은 피특정후견인의 신상이나 재산에 대하여 급박한 사정이 있는 경우 그의 보호를 위하여 필요한 행위 또는 처분을 할 수 있다(제959조의10 제2항, 제940조의6 제2항). 특정후견인과 피특정후견인 사이에 이해가 상반되는 행위에 관하여는 특정후견감독인이 피특정후견인을 대리한다(제959조의10 제2항, 제940조의6 제3항). 특정후견감독인은 언제든지 특정후견인에게 그의 임무 수행에 관한 보고와 재산목록의 제출을 요구할 수 있고, 피특정후견인의 재산상황을 조사할 수 있다(제959조의6, 제953조).

4. 위임 및 후견인 규정의 준용

특정후견감독인은 선량한 관리자의 주의로써 특정후견감독사무를 처리하여야 한다(제959조의10 제2항, 제681조). 특정후견감독종료의 경우에 급박한 사정이 있는 때에는 특정후견감독인, 그 상속인이나 법정대리인은 피특정후견인, 그 상속인이나 법정대리인이 사무를 처리할 수 있을 때까지 그 사무의 처리를 계속하여야 한다. 이 경우에는 위임의 존속과 동일한 효력이 있다(제959조의10 제2항, 제691조). 특정후견감독종료의 사유는 이를 특정후견인에게 통지하거나 특정후견인이 이를 안 때가 아니면 이로써 특정후견인에게 대항하지 못한다(제940조의7, 제692조).

가정법원은 특정후견감독인이 선임된 경우에도 필요하다고 인정하면 직권으로 또는 제936조 제2항의 청구권자나 특정후견감독인의 청구에 의하여 추가로 특정후견감독인을 선임할 수 있다(제959조의10 제2항, 제936조 제3항). 가정법원이 특정후견감독인을 선임할 때에는 피특정후견인의 의사를 존중하여야 하며, 그 밖에 피특정후견인의 건강, 생활관계, 재산상황, 특정후견감독인이 될 사람의 직업과 경험, 피특정후견인와의 이해관계의 유무(법인이 특정후견감독인이 될 때에는 사업의 종류와 내용, 법인이나 그 대표자와 피특정후견인 사이의 이해관계의 유무를 말한다) 등의 사정도 고려하여야 한다(제959조의10 제2항, 제936조 제4항).

특정후견감독인은 정당한 사유가 있는 경우에는 가정법원의 허가를 받아 사임할 수 있다. 이 경우 그 특정후견감독인은 사임청구와 동시에 가정법원에 새로운 특정후견감독인의 선임을 청구하여야 한다(제959조의10 제2항, 제939조). 가정법원은 피특정후견인의 복리를 위하여 특정후견감독인을 변경할 필요가 있다고 인정하면 직권으로 또는 피특정후견인, 친족, 특정후견인, 검사, 지방자치단체의 장의 청구에 의하여 특정후견감독인을 변경할 수 있다(제959조의10 제2항, 제940조).

가정법원은 직권으로 여러 명의 특정후견감독인이 공동으로 또는 사무를 분장하여 그 권한을 행사하도록 정할 수 있다. 가정법원은 직권으로 이러한 결정을 변경하거나 취소할 수 있다. 여러 명의 특정후견감독인이 공동으로 권한을 행사하여야 하는 경우에 어느 특정후견감독인이 피특정후견인의 이익이 침해될 우려가 있음에도 법률행위의 대리 등 필요한 권한행사에 협력하지 아니할 때에는 가정법원은 피특정후견인, 특정후견인, 특정후견감독인 또는 이해관계인의 청구에 의하여 그 특정후견감독인의 의사표시를 갈음하는 재판을 할 수 있다(제959조의10 제2항, 제949조의2).

법원은 특정후견감독인의 청구에 의하여 피특정후견인의 재산상태 기타 사정을 참작하여 피특정후견인의 재산 중에서 상당한 보수를 특정후견감독인에게 수여할 수 있다(제959조의10 제2항, 제955조). 특정후견감독인이 후견감독사무를 수행하는 데 필요한 비용은 피특정후견인의 재산 중에서 지출한다(제959조의10 제2항, 제955조의2).

5. 가정법원에 의한 특정후견사무의 감독

가정법원은 직권으로 또는 피특정후견인, 특정후견감독인, 제777조에 따른 친족, 그 밖의 이해관계인, 검사, 지방자치단체의 장의 청구에 의하여 피특정후견인의 재산상황을 조사하고, 특정후견인에게 재산관리 등 후견임무 수행에 관하여 필요한 처분을 명할 수 있다(제959조의11 제2항, 제954조).

V. 특정후견의 종료

1. 특정후견 사무의 종료

특정후견은 그 특성상 가정법원이 정한 특정후견의 기간이 만료하거나 정해진 범위의 사무를 처리함으로써 자동으로 종료된다.

2. 특정후견의 종료 심판

가정법원이 피특정후견인에 대하여 성년후견개시의 심판을 하거나(제14조의3 제1항), 한정후견개시의 심판을 할 때에는 종전의 특정후견의 종료 심판을 한다(제14조의3 제2항).

3. 특정후견 종료 이후의 정리

특정후견종료의 경우에 급박한 사정이 있는 때에는 특정후견감독인, 그 상속인이나 법정대리인은 피특정후견인, 그 상속인이나 법정대리인이 사무를 처리할 수 있을 때까지 그 사무의 처리를 계속하여야 한다. 이 경우에는 위임의 존속과 동일한 효력이 있다(제959조의7, 제691조). 특정후견종료의 사유는 이를 특정후견인에게 통지하거나 특정후견인이 이를 안 때가 아니면 이로써 특정후견인에게 대항하지 못한다(제959조의7, 제692조).

특정후견인의 임무가 종료된 때에는 특정후견인 또는 그 상속인은 1개월 내에 피특정후견인의 재산에 관한 계산을 하여야 한다. 다만 정당한 사유가 있는 경우에는 법원의 허가를 받아 그 기간을 연장할 수 있다(제959조의7, 제957조 제1항). 특정후견감독인이 있는 경우에는 그가 참여하지 아니하면 계산은 효력이 없다(제959조의7, 제957조 제2항).

특정후견인이 피특정후견인에게 지급할 금액이나 피특정후견인이 특정후견인에게 지급할 금액에는 계산종료의 날로부터 이자를 부가하여야 한다(제959조의7, 제958조 제1항). 특정후견인이 자기를 위하여 피특정후견인의 금전을 소비한 때에는 그 소비한 날로부터 이자를 부가하고 피특정후견인에게 손해가 있으면 이를 배상하여야 한다(제959조의7, 제958조 제2항).

제 6 절　후견계약

Ⅰ. 후견계약의 체결

1. 의　　의

후견계약은 질병, 장애, 노령, 그 밖의 사유로 인한 정신적 제약으로 사무를 처리할 능력이 부족한 상황에 있거나 부족하게 될 상황에 대비하여 자신의 재산관리 및 신상보호에 관한 사무의 전부 또는 일부를 다른 사람에게 위탁하고 그 위탁사무에 관하여 대리권을 수여하는 것을 내용으로 한다(제959조의14 제1항). 후견계약에 의한 후견을 임의후견이라고 한다.

가정법원, 임의후견인, 임의후견감독인 등은 후견계약을 이행·운영할 때 본인의 의사를 최대한 존중하여야 한다(제959조의14 제4항). 임의후견은 당사자 간의 계약에 의한 후견이므로, 가정법원의 개입은 다른 성년후견과는 달리 제한적이다. 가정법원은 후견계약의 체결에는 직접 관여하지 않지만, 후견계약의 효력발생요건인 임의후견감독인의 선임에 개입을 한다.

2. 성립과 효력발생

후견계약은 공정증서로 체결하여야 한다(제959조의14 제2항). 임의후견의 경우에 본인의 의사를 최대한 존중하여야 하므로 대리에 의한 후견계약 체결은 허용되지 않는다고 해석되어야 할 것이다. 후견계약은 가정법원이 임의후견감독인을 선임한 때부터 효력이 발생한다(제959조의14 제3항). 만약 가정법원이 임의후견감독인을 선임하지 못하면, 성립된 후견계약이 효력을 발생하지 못하므로 실질적으로는 임의후견이 개시되지 못하는 결과를 가져온다.

3. 후견계약의 보충성

후견계약이 등기되어 있는 경우에는 가정법원은 본인의 이익을 위하여 특별히 필요할 때에만 임의후견인 또는 임의후견감독인의 청구에 의하여 성년후견, 한정후견 또는 특정후견의 심판을 할 수 있다. 이 경우 후견계약은 본인이 성년후견 또는 한정후견 개시의 심판을 받은 때 종료된다(제959조의20 제1항). 여기에서 '본인의 이익을 위하여 특별히 필요할 때'란 후견계약의 내용, 후견계약에서 정한 임의후견인이 임무에 적합하지 아니한 사유가 있는지, 본인의 정신적 제약의 정도, 기타 후견계약과 본인을 둘러싼 제반 사정 등을 종합하여, 후견계약에 따른 후견이 본인의 보호에 충분하지 아니하여 법정후견에 의한 보호가 필요하다고 인정되는 경우를 말한다[대법원 2017.6.1. 2017스515*].

본인이 피성년후견인, 피한정후견인 또는 피특정후견인인 경우에 가정법원은 임의후견감독인을 선임함에 있어서 종전의 성년후견, 한정후견 또는 특정후견의 종료 심판을 하여야 한다. 다만 성년후견 또는 한정후견 조치의 계속이 본인의 이익을 위하여 특별히 필요하다고 인정하면 가정법원은 임의후견감독인을 선임하지 아니한다(제959조의20 제2항). 즉 임의후견감독인을 선임하지 않음으로써 임의후견의 효력이 발생될 수 없으므로 기존의 후견이 그대로 유지된다.

4. 본인의 능력

후견계약을 체결하여 임의후견이 개시된다고 하더라도 본인의 행위능력에는 아무런 변화나 제한이 없다. 본인은 완전한 행위능력을 갖는다. 임의후견인이 대리권을 갖는다고 하더라도 그 수권의 범위에 해당되는 행위도 본인이 스스로 유효하게 할 수 있음은 물론이다.

Ⅱ. 임의후견인

1. 후견계약을 통한 선임

임의후견은 후견계약으로 이루어지는 것이므로, 본인이 후견계약을 통해서 임의후견인을 선임하게 된다. 다른 후견인과 달리, 가정법원은 임의후견인의 선임에는 개입하지 않는다.

2. 가정법원의 통제

임의후견인이 제937조의 결격사유에 해당하는 사람 또는 그 밖에 현저한 비행을 하거나 후견계약에서 정한 임무에 적합하지 아니한 사유가 있는 사람인 경우에는 가정법원은 임의후견감독인을 선임하지 아니한다(제959조의17 제1항). 임의후견감독인의 선임이 임의후견의 효력발생요건이므로 이처럼 가정법원이 통제권을 행사하게 되면 임의후견이 개시되지 못하기 때문에, 임의후견인을 선임하는 것은 실질적으로 무의미해지게 된다. 즉 가정법원은 임의후견감독인의 선임 여부를 통해 임의후견의 개시 자체를 통제하게 된다.

3. 가정법원에 의한 해임

임의후견감독인을 선임한 이후 임의후견인이 현저한 비행을 하거나 그 밖에 그 임무에 적합하지 아니한 사유가 있게 된 경우에는 가정법원은 임의후견감독인, 본인, 친족, 검사 또는 지방자치단체의 장의 청구에 의하여 임의후견인을 해임할 수 있다(제959조의17 제2항).

Ⅲ. 임의후견인의 임무

임의후견인의 임무 역시 후견계약을 통해 구체적으로 결정된다. 다만 본인의 재산관리 및 신상보호에 관한 사무의 전부 또는 일부를 위탁하고 그 위탁사무에 대하여 대리권을 수여하게 되므로, 위탁사무에 대한 대리권이 임의후견인 임무의 핵심이다.

Ⅳ. 임의후견의 감독

1. 임의후견감독인의 선임

임의후견감독인은 임의후견의 필수적인 기관이며, 효력발생 요건이다. 따라서 임의후견감독인이 선임되지 않으면 임의후견은 개시되지 못한다. 가정법원은 후견계약이 등기되어 있고, 본인이 사무를 처리할 능력이 부족한 상황에 있다고 인정할 때에는 본인, 배우자, 4촌 이내의 친족, 임의후견인, 검사 또는 지방자치단체의 장의 청구에 의하여 임의후견감독인을 선임한다(제959조의15 제1항). 이 경우 본인이 아닌 사람의 청구에 의하여 가정법원이 임의후견감독인을 선임할 때에는 미리 본인의 동의를 받아야 한다. 다만 본인이 의사를 표시할 수 없는 때에는 그러하지 아니하다(제959조의15 제2항).

가정법원은 임의후견감독인이 없게 된 경우에는 직권으로 또는 본인, 친족, 임의후견인, 검사 또는 지방자치단체의 장의 청구에 의하여 임의후견감독인을 선임한다(제959조의15 제3항). 가정법원은 임의후견감독인이 선임된 경우에도 필요하다고 인정하면 직권으로 또는 제3항의 청구권자의 청구에 의하여 임의후견감독인을 추가로 선임할 수 있다(제959조의15 제4항).

임의후견감독인은 본인의 신상과 재산에 관한 모든 사정을 고려하여 여러 명을 둘 수 있다(제959조의16 제3항, 제930조 제2항). 임의후견감독인은 수인이 될 수도 있다. 또한 법인도 임의후견감독인이 될 수 있다(제959조의16 제3항, 제930조 제3항).

2. 임의후견감독인의 임무

임의후견감독인은 임의후견인의 사무를 감독하며 그 사무에 관하여 가정법원에 정기적으로 보고하여야 한다(제959조의16 제1항). 임의후견감독인은 언제든지 임의후견인에게 그의 임무 수행에 관한 보고와 재산목록의 제출을 요구할 수 있고 본인의 재산상황을 조사할 수 있다(제959조의16 제3항, 제953조).

임의후견감독인은 본인의 신상이나 재산에 대하여 급박한 사정이 있는 경우 그의 보호를 위하여 필요한 행위 또는 처분을 할 수 있다(제959조의16 제3항, 제940조의6 제2항). 임의후견인과 본인 사이에 이해가 상반되는 행위에 관하여는 임의후견감독인이 본인을 대리한다(제959조의16 제3항, 제940조의6 제3항).

3. 위임 및 후견인 규정의 준용

임의후견감독인은 선량한 관리자의 주의로써 후견감독사무를 처리하여야 한다(제959조의16 제3항, 제681조). 임의후견감독종료의 경우에 급박한 사정이 있는 때에는 임의후견감독인, 그 상속인이나 법정대리인은 본인, 그 상속인이나 법정대리인이 사무를 처리할 수 있을 때까지 그 사무의 처리를 계속하여야 한다. 이 경우에는 위임의 존속과 동일한 효력이 있다(제959조의16 제3항, 제691조). 임의후견감독종료의 사유는 이를 임의후견인에게 통지하거나 임의후견인이 이를 안 때가 아니면 이로써 임의후견인에게 대항하지 못한다(제959조의16 제3항, 제692조).

가정법원은 임의후견감독인이 선임된 경우에도 필요하다고 인정하면 직권으로 또는 제936조 제2항의 청구권자나 임의후견감독인의 청구에 의하여 추가로 임의후견감독인을 선임할 수 있다(제959조의16 제3항, 제936조 제3항). 가정법원이 임의후견감독인을 선임할 때에는 본인의 의사를 존중하여야 하며, 그 밖에 본인의 건강, 생활관계, 재산상황, 임의후견감독인이 될 사람의 직업과 경험, 본인과의 이해관계의 유무 등의 사정도 고려하여야 한다(제959조의16 제3항, 제936조 제4항).

임의후견감독인은 정당한 사유가 있는 경우에는 가정법원의 허가를 받아 사임할 수 있다. 이 경우 그 임의후견감독인은 사임청구와 동시에 가정법원에 새로운 임의후견감독인의 선임을 청구하여야 한다(제959조의16 제3항, 제939조). 가정법원은 본인의 복리를 위하여 임의후견감독인을 변경할 필요가 있다고 인정하면 직권으로 또는 본인, 친족, 임의후견인, 검사, 지방자치단체의 장의 청구에 의하여 임의후견감독인을 변경할 수 있다(제959조의16 제3항, 제940조).

본인의 신체를 침해하는 의료행위에 대하여 임의후견인이 동의할 수 없는 경우에는 임의후견감독인이 그를 대신하여 동의할 수 있다(제959조의16 제3항, 제947조의2 제3항). 이 경우 본인이 의료행위의 직접적인 결과로 사망하거나 상당한 장애를 입을 위험이 있을 때에는 가정법원의 허가를 받아야 한다. 다만 허가절차로 의료행위가 지체되어 본인의 생명에 위험을 초래하거나 심신상의 중대한 장애를 초래할 때에는 사후에 허가를 청구할 수 있다(제959조의16 제3항, 제947조의2 제4항). 임의후견감독인이 본인을 대리하여 본인이 거주하고 있는 건물 또는 그 대지에 대하여 매도, 임대, 전세권 설정, 저당권 설정, 임대차의 해지, 전세권의 소멸, 그 밖에 이에 준하는 행위를 하는 경우에는 가정법원의 허가를 받아야 한다(제959조의16 제3항, 제947조의2 제5항).

가정법원은 직권으로 여러 명의 임의후견감독인이 공동으로 또는 사무를 분장하여 그 권한을 행사하도록 정할 수 있다. 가정법원은 직권으로 이러한 결정을 변경하거나 취소할 수 있다. 여러 명의 임의후견감독인이 공동으로 권한을 행사하여야 하는 경우에 어느 임의후견감독인이 본인의 이익이 침해될 우려가 있음에도 법률행위의 대리 등 필요한 권한행사에 협력하지 아니할 때에는 가정법원은 본인, 임의후견인, 임의후견감독인 또는 이해관계인의 청구에 의하여 그 임의후견감독인의 의사표시를 갈음하는 재판을 할 수 있다(제959조의16 제3항, 제949조의2).

법원은 임의후견감독인의 청구에 의하여 본인의 재산상태 기타 사정을 참작하여 본인의 재산 중에서 상당한 보수를 임의후견감독인에게 수여할 수 있다(제959조의16 제3항, 제955조). 임의후견감독인이 후견감독사무를 수행하는 데 필요한 비용은 본인의 재산 중에서 지출한다(제959조의16 제3항, 제955조의2).

4. 임의후견감독인의 결격사유

임의후견인의 가족은 임의후견감독인이 될 수 없다(제959조의15 제5항, 제940조의5). 또한 성년후견인 결격사유는 임의후견감독인에게도 적용된다(제959조의16 제2항, 제940조의7, 제937조). 미성년자(제937조 제1호), 피성년후견인, 피한정후견인, 피특정후견인, 피임의후견인(동조 제2호), 회생절차개시결정 또는 파산선고를 받은 사람(동조 제3호), 자격정지 이상의 형의 선고를 받고 그 형기 중에 있는 사람(동조 제4호), 법원에서 해임된 법정대리인(동조 제5호), 법원에서 해임된 성년후견인, 한정후견인, 특정후견인, 임의후견인과 그 감독인(동조 제6호), 행방이 불분명한 사람(동조 제7호), 피특정후견인을 상대로 소송을 하였거나 하고 있는 사람(동조 제8호) 및 그 사람의 배우자와 직계비속(동조 제9호)은 임의후견감독인이 될 수 없다.

5. 가정법원에 의한 임의후견 감독

가정법원은 필요하다고 인정하면 임의후견감독인에게 감독사무에 관한 보고를 요구할 수 있고 임의후견인의 사무 또는 본인의 재산상황에 대한 조사를 명하거나 그 밖에 임의후견감독인의 직무에 관하여 필요한 처분을 명할 수 있다(제959조의16 제2항).

V. 후견계약의 종료

1. 종료사유

임의후견감독인의 선임 전에는 본인 또는 임의후견인은 언제든지 공증인의 인증을 받은 서면으로 후견계약의 의사표시를 철회할 수 있다(제959조의18 제1항). 임의후견감독인의 선임 이후에는 본인 또는 임의후견인은 정당한 사유가 있는 때에만 가정법원의 허가를 받아 후견계약을 종료할 수 있다(제959조의18 제2항).

임의후견인이 현저한 비행을 하거나 그 밖에 그 임무에 적합하지 아니한 사유가 있어서 가정법원이 임의후견인을 해임하면(제959조의17 제2항), 후견계약은 종료된다. 또한 본인이 성년후견 또는 한정후견 개시의 심판을 받은 때에도 후견계약이 종료된다(제959조의20 제1항).

2. 대리권의 소멸

후견계약이 종료되면 임의후견인의 대리권은 소멸된다. 임의후견인의 대리권 소멸은 등기하지 않으면 선의의 제3자에게 대항할 수 없다(제959조의19).

제6장 | 부 양

제 1 절 부양제도

1. 의 의

부양이란 스스로 생계를 유지할 수 없는 정도로 경제적 능력이 부족한 사람에게 재산 상의 도움을 주는 것을 말한다. 제974조 이하의 부양을 할 법적 의무는 오직 친족 간에 서만 발생하므로, 부양의무는 재산상 의무일지라도 가족법상의 제도라고 할 수 있다. 친 족관계로 인한 법률상 효력은 8촌 이내의 혈족, 4촌 이내의 인척, 배우자에 국한되므로 (제777조), 그 범위를 넘는 혈족이나 인척은 현실적인 친소관계와는 무관하게 법적 부양 의무를 부담하지 않는다.

국가나 지방자치단체에 의한 공적 부양은 사회보장제도를 통해 이루어지고 있으며, 현대 사회에서는 친족 간 부양보다 오히려 공적 부양의 비중이 점차 커지고 있다. 공적 부양은 민법상 부양과는 완전히 별개의 제도이지만, 공적 부양의 여부나 정도를 판단함 에 있어서 친족 간 부양이 실제로 행하여지고 있는가도 하나의 고려사항으로 반영될 수 는 있을 것이다. 따라서 민법상의 친족 간 부양이 공적 부양에 간접적으로는 영향을 미 친다고 할 수 있다.

2. 종 류

가. 1차적 부양

친족 간의 부양이라도 특수한 관계에 있는 친족 사이에서는 제974조 이하의 부양이 아닌 더 강한 부양의무가 발생한다. 이를 1차적 부양이라고 한다. 대표적으로는 미성년자 녀와 부모 사이의 부양과 배우자 사이의 부양을 들 수 있다. 미성년자녀와 부모 사이에 는 부모만이 미성년자녀에 대해 일방적으로 1차적 부양의무를 부담한다. 이러한 부모의

3. 부양권리자

가. 원 칙

직계혈족 및 그 배우자 간 그리고 생계를 같이하는 친족 간에는 서로 부양의 의무가 있다(제974조). 즉 자신과 일정한 친족관계에 있는 사람이 생존에 필요한 경제적 여력이 부족한 상태에 있으면, 부양의무자가 된다. 부양은 상호 간에 이루어지는 것이므로, 만약 자신이 생존에 필요한 경제적 여력이 부족하면 일정한 친족을 상대로 부양권리자가 될 수도 있다.

나. 다수의 부양권리자가 있는 경우

다수의 부양권리자가 있는 경우에는 다수의 부양의무자가 있을 때의 법리가 그대로 적용된다(제976조 제1항 단서). 따라서 부양권리자가 다수이나 부양의무자의 자력이 그 전원을 부양할 수 없을 경우에 부양을 받을 사람의 순위에 관하여 1차적으로는 당사자 간의 협정으로 결정하고, 협정이 되지 않거나 협정이 없는 때에는 법원은 당사자의 청구에 의하여 이를 정한다. 이 경우에 수인의 부양권리자를 선정할 수 있다(제976조 제2항). 예를 들어 성년의 사람이 연로한 어머니와 미성년의 형제 두 명과 한 집에서 같이 생활을 하는 경우에 부양의무자가 세 사람을 모두 부양할 경제적 능력이 되지 않고 당사자 간에 협의가 되지 않는다면, 가정법원이 어머니에게만 부양청구권을 인정하거나 또는 어머니와 형제 중 더 어린 동생 두 명에게만 부양청구권을 인정할 수 있다.

제 3 절 부양의 내용

1. 부양책임의 발생

부양의 의무는 부양을 받을 사람이 자기의 자력 또는 근로에 의하여 생활을 유지할 수 없는 경우에 한하여 이를 이행할 책임이 있다(제975조). 부양의무는 친족이라는 관계에서 추상적으로 관념상 존재하는 것이고, 부양의무가 구체적으로 법적 책임으로 존재하기 위해서는 경제적 자립이 불가능하다는 요건이 충족되어야 한다. 따라서 자기의 자력 또는 근로에 의하여 생활을 할 수 없는 경우에만 구체적인 부양의무가 법적 책임으로 발생된다. 또한 부양의무자도 경제적인 여력이 존재하여야만 부양책임을 부담하게 된다. 판례는 부양의무자가 자기의 사회적 지위에 상응하는 생활을 하면서 생활에 여유가 있음을 전제로 한다고 판시하고 있다[대법원 2017.8.25. 2017스5]. 따라서 부양책임이 구체적으로 발생하기 위해서는 부양의무자가 사회적 지위에 상응하는 생활을 할 정도의 경제적 여유가 있어야 하고, 동시에 부양청구권자는 자기의 자력 또는 근로에 의하여 생활을 할 수 없어야 한다.

> 민법 제974조 제1호, 제975조에 따라 부담하는 부양의무는 부양의무자가 자기의 사회적 지위에 상응하는 생활을 하면서 생활에 여유가 있음을 전제로 하여 부양을 받을 자가 자력 또는 근로에 의하여 생활을 유지할 수 없는 경우에 한하여 그의 생활을 지원하는 것을 내용으로 하는 제2차 부양의무이다[대법원 2017.8.25. 2017스5].

2. 부양의 정도와 내용

부양의 정도 또는 방법에 관하여 당사자 간에 협정이 없는 때에는 법원은 당사자의 청구에 의하여 부양을 받을 사람의 생활 정도와 부양의무자의 자력 기타 제반사정을 참작하여 이를 정한다(제977조). 부양의 정도는 부양을 받을 사람의 생활 정도와 부양의무자의 자력 기타 제반 사정을 참작하여 부양을 받을 사람의 통상적인 생활에 필요한 비용의 범위로 한정되는 것이 원칙이다[대법원 2017.8.25. 2017스5]. 판례는 부양을 받을 사람의 연령, 재능, 신분, 지위 등에 따른 교육비는 부양료에 해당되지만[대법원 1986.6.10. 86므46], 성년 자녀의 해외 유학비용의 부양료 청구를 부정한 바 있다[대법원 2017.8.25. 2017스5].

3. 부양의 방법

부양의 방법에 대해서는 민법에 특별한 규정을 두고 있지 아니하다. 다만 경제적인 지원이므로 금전을 지급하는 방법의 부양이 일반적이며, 정기금이나 일시금 모두 적절한 부양이라면 무방하다. 또한 식료품이나 의류, 전자제품과 같은 현물지원도 부양으로 인정될 수 있다.

4. 부양관계의 변경 또는 취소

부양을 할 사람 또는 부양을 받을 사람의 순위, 부양의 정도 또는 방법에 관한 당사자의 협정이나 법원의 판결이 있은 후 이에 관한 사정변경이 있는 때에는 법원은 당사자의 청구에 의하여 그 협정이나 판결을 취소 또는 변경할 수 있다(제978조). 다만 당사자의 협정을 취소하거나 변경하기 위해서는 사정의 변경이 있어야만 하는 것이며, 법원이 임의로 당사자의 협정을 변경할 수는 없다[대법원 1992.3.31. 90므651].

> 부양권리자와 부양의무자 사이의 부양의 방법과 정도에 관하여 당사자 사이에 협정이 이루어지면 당사자 사이에 다시 협의에 의하여 이를 변경하거나, 법원의 심판에 의하여 위 협정이 변경, 취소되지 않는 한 부양의무자는 그 협정에 따른 의무를 이행하여야 하는 것이고, 법원이 그 협정을 변경, 취소하려면 그럴 만한 사정의 변경이 있어야 하는 것이므로, 청구인들이 위 협정의 이행을 구하는 이 사건에 있어서 법원이 임의로 협정의 내용을 가감하여 피청구인의 부양의무를 조절할 수는 없다[대법원 1992.3.31. 90므651].

제 4 절　부양료의 청구

1. 1차적 부양

가. 미성년자녀에 대한 부모의 부양

미성년자녀에 대한 부모의 부양의무는 1차적 부양의무 중에서도 가장 중요하고 무거운 것이다. 따라서 부모는 미성년자녀가 태어나면서부터 구체적인 부양의무를 부담하여야 하고, 이러한 부모로서의 부양의무는 아버지와 어머니 모두에게 동등하게 발생하는 것이다. 그러므로 아버지와 어머니 양자 중 일방이 부양의무를 이행하지 않아 왔다면, 출생한 이후 시점부터 과거의 양육비에 대해서도 상대방이 분담하는 것이 타당하다고 인정되는 경우에는 그 비용의 상환을 청구할 수 있다[대법원(전) 1994.5.13. 92스21*].

> 부모의 자녀양육의무는 특별한 사정이 없는 한 자녀의 출생과 동시에 발생하는 것이므로 과거의 양육비에 대하여도 상대방이 분담함이 상당하다고 인정되는 경우에는 그 비용의 상환을 청구할 수 있다고 보아야 할 것이다. 다만 한쪽의 양육자가 양육비를 청구하기 이전의 과거의 양육비 모두를 상대방에게 부담시키게 되면 상대방은 예상하지 못하였던 양육비를 일시에 부담하게 되어 지나치고 가혹하며 신의성실의 원칙이나 형평의 원칙에 어긋날 수도 있으므로, 이와 같은 경우에는 반드시 이행청구 이후의 양육비와 동일한 기준에서 정할 필요는 없고, 부모 중 한쪽이 자녀를 양육하게 된 경위와 그에 소요된 비용의 액수, 그 상대방이 부양의무를 인식한 것인지 여부와 그 시기, 그것이 양육에 소요된 통상의 생활비인지 아니면 이례적이고

불가피하게 소요된 다액의 특별한 비용(치료비등)인지 여부와 당사자들의 재산 상황이나 경제적 능력과 부담의 형평성등 여러 사정을 고려하여 적절하다고 인정되는 분담의 범위를 정할 수 있다[대법원(전) 1994.5.13. 92스21*].

나아가 판례는 양육을 전담한 아버지 또는 어머니가 상대방에게 자녀의 과거 양육비를 청구하는 경우에는, 당사자의 협의 또는 가정법원의 심판에 의하여 구체적인 지급청구권으로 성립되기 전에는 소멸시효가 진행되지 않는다고 하여 과거의 부양료 청구에 대해 강하게 권리를 보호하는 자세를 취하고 있다.

> 당사자의 협의 또는 가정법원의 심판에 의하여 구체적인 지급청구권으로서 성립하기 전에는 과거의 양육비에 관한 권리는 양육자가 그 권리를 행사할 수 있는 재산권에 해당한다고 할 수 없고, 따라서 이에 대하여는 소멸시효가 진행할 여지가 없다고 보아야 한다[대법원 2011.7.29. 2008스113].

나. 부부 사이의 부양

부부 사이의 1차적 부양의무는 미성년자녀에 대한 부모의 부양의무보다는 그 보호 범위와 정도가 약하다. 따라서 부부 사이에서의 과거의 부양료 청구는 부양의무의 이행을 청구하여 이행지체에 빠진 이후에만 원칙적으로 가능하고, 특별한 경우에만 예외적으로 이행청구 이전의 부양료 청구가 가능할 뿐이다. 미성년자녀에 대한 부모의 부양의무가 일방적인 것에 반하여 부부 사이의 부양의무는 부부 상호적인 것이며(제826조 제1항), 부부의 공동생활에 필요한 비용은 공동부담이 원칙이라는 점(제833조)을 고려하면 납득할 수 있는 차별성이라고 할 수 있다.

> 부부간의 부양의무 중 과거의 부양료에 관하여는 특별한 사정이 없는 한 부양을 받을 사람이 부양의무자에게 부양의무의 이행을 청구하였음에도 불구하고 부양의무자가 부양의무를 이행하지 아니함으로써 이행지체에 빠진 후의 것에 관하여만 부양료의 지급을 청구할 수 있을 뿐이므로, 부양의무자인 부부의 일방에 대한 부양의무 이행청구에도 불구하고 배우자가 부양의무를 이행하지 아니함으로써 이행지체에 빠진 후의 것이거나, 그렇지 않은 경우에는 부양의무의 성질이나 형평의 관념상 이를 허용해야 할 특별한 사정이 있는 경우에 한하여 이행청구 이전의 과거 부양료를 지급하여야 한다[대법원 2012.12.27. 2011다96932].

부부간의 부양의무는 설령 혼인이 사실상 파탄되어 서로 이혼소송을 제기하기에 이르는 정도라도 법률상 혼인관계가 완전히 해소될 때까지는 소멸하지 않는다[대법원 2023.3.24. 2022스771]. 이는 당사자의 의사에 따라 언제든지 다시 정상적인 부부관계로 회복될 여지가 있기 때문이다.

2. 2차적 부양

2차적 부양의 경우에도 과거의 부양료 청구는 이행청구가 있은 후, 이행지체에 빠진 경우에만 가능하다[대법원 2013.8.30. 2013스96]. 그러므로 부부 사이의 1차적 부양의무에서 과거의 부양료 청구와 동일하다고 할 수 있다. 다수의 부양의무자 중 1인만이 부양의무를 전부 이행한 경우에는 다른 부양의무자에게 과거의 부양료 구상을 청구할 수 있다.

> 민법 제974조, 제975조에 의하여 부양의 의무 있는 자가 여러 사람인 경우에 그 중 부양 의무를 이행한 1인은 다른 부양의무자를 상대로 하여 이미 지출한 과거의 부양료에 대하여도 상대방이 분담함이 상당하다고 인정되는 범위에서 그 비용의 상환을 청구할 수 있는 것이고, 이 경우 법원이 분담비율이나 분담액을 정함에 있어서는 과거의 양육에 관하여 부모 쌍방이 기여한 정도, 자의 연령 및 부모의 재산상황이나 자력 등 기타 제반 사정을 참작하여 적절하다 고 인정되는 분담의 범위를 정할 수 있다고 보아야 할 것이다[대법원 1994.6.2. 93스11].

3. 장래의 부양료 청구

과거의 부양료뿐만 아니라 장래의 부양료 청구도 가능하다. 부양은 그 성격상 장래에 지출할 비용에 대한 재산상 부조는 당연한 것으로 볼 수 있다. 판례도 미성년자녀에 대한 장래의 양육비 청구를 명시적으로 긍정하고 있다[대법원 2020.5.14. 2019므15302].

> 부모는 자녀를 공동으로 양육할 책임이 있고, 양육에 드는 비용도 원칙적으로 부모가 공동 으로 부담하여야 한다. 그런데 어떠한 사정으로 인하여 부모 중 어느 한쪽만이 자녀를 양육하 게 된 경우에는 양육하는 사람이 상대방에게 현재와 장래의 양육비 중 적정 금액의 분담을 청 구할 수 있다[대법원 2020.5.14. 2019므15302].

제1장 │ 상 속

제1절 총 칙

Ⅰ. 의 의

1. 개 념

상속이란 자연인이 사망하여 권리능력이 소멸하면 그가 보유한 재산에 대한 권리와 의무를 포괄적으로 특정한 친족에게 승계시키는 것을 말한다. 사망으로 권리능력을 상실하는 사람을 피상속인이라 하며, 피상속인의 재산상 권리와 의무를 포괄적으로 승계하는 친족을 상속인이라 한다. 상속은 재산적 권리와 의무의 포괄적 승계이지만 그것이 일정한 범위의 친족에게만 가능하다는 점에서 가족법에서 다루어진다.

2. 사회적 기능

사람은 생존한 동안 권리와 의무의 주체가 된다(제3조). 사람이 사망하면 권리와 의무의 주체가 될 수 없으므로, 그가 보유한 권리와 의무를 여하히 처리할 것인지가 문제가 된다. 사람이 사망한다고 해서 그가 보유한 재산에 대한 권리와 의무를 반드시 누군가에게 승계시켜야만 하는 것은 아니다. 특히 피상속인의 재산권을 직계비속에게 승계시키게 되면, 상속인은 불로소득을 얻게 되어 사회적으로 경제적 불평등을 야기하는 결과를 가져오게 된다. 따라서 상속, 특히 생산수단의 상속을 부정하는 법제를 취하는 사회도 역사적으로는 존재하였다.

그러나 사유재산제를 근간으로 하는 자본주의 국가체제에서 상속제도의 채택은 불가피한 것이고, 우리 사회 역시 피상속인의 배우자나 일정한 범위의 혈족에게 재산상 권리와 의무를 포괄적으로 승계시키게 된다. 적극재산의 상속은 피상속인의 재산 형성에 간접적으로 긍정적 영향을 준 상속인의 역할에 대한 보상과 유족에 대한 부양으로서의 기능을 한다. 한편으로 상속이 야기하는 사회적 불평등 문제는 상속세를 통한 부(富)의 사회환원으로 해결하게 된다. 소극재산의 상속은 채무자가 사망하여도 그 상속인이 변제함으로써 채권자 보호수단이 되므로, 피상속인의 생전 경제활동을 용이하고 원활하게 하는 기능을 한다.

3. 유 형

가. 법정상속

피상속인이 사망하기 전에 유효한 유언을 남기지 않았다면, 상속인과 상속분 등 민법의 규정에 따라 상속이 이루어지게 된다. 그러나 상속에 관한 모든 사항이 법률 규정에 의해 결정되는 것은 아니다. 누가 상속인이 될 것인가는 강행규정으로서 민법이 정한 순위에 따라 전적으로 결정되지만, 구체적 상속분은 임의규정으로서 공동상속인들 사이의 상속재산 분할 협의에 따라서 제1009조의 법정상속분과는 다른 상속재산의 귀속이 이루어질 수도 있다.

나. 유언상속

피상속인이 사망하기 전에 유효한 유언을 남겼다면, 유언의 내용에 따라 상속이 이루어지게 된다. 유언에서 포괄적 유증이 있었다면, 설령 수유자[1]가 민법상 상속인이 될 수 있는 친족이 아닐지라도 상속인과 동일한 권리의무를 갖는다(제1078조). 특정적 유증을 하게 되면, 그 재산은 수유자에게 채권적으로 귀속되므로 실질적으로는 상속재산에서 제외되는 결과를 가져온다. 다만 유언이 있더라도 그 내용이 상속인의 권리를 과도하게 침해하게 되면, 유류분권의 행사를 통해 유언의 실현이 제한된다.

한편으로는 유언에 의한 포괄적 수유자의 지위는 상속인과 반드시 동일한 것은 아니므로, 현행법상 유언상속은 인정되지 않는다는 견해(주해상속①,4)가 있다. 유언상속을 반드시 유언을 통한 상속인의 지정을 의미하는 것으로 이해할 필요는 없으며, 포괄적 수유자와 상속인의 차이라는 것도 부관(附款), 대습유증 등 지엽말단적인 사항에 불과할 뿐이다. 그러므로 상속법에 유언에 관한 별도의 장을 둠으로써 유언이 존재하는 경우에 그 한도에서

---

1) 민법상 법전용어는 '수증자'이나 증여계약의 '수증자'(제556조)와 명확히 구분하기 위하여, 이 책에서는 '수유자(受遺者)'라는 용어를 사용한다. 예를 들어 유류분 반환의 순서에서 유증을 받은 '수유자'와 생전 증여를 받은 '수증자'를 엄격히 구분할 필요가 있다.

는 상속에서 이를 우선적으로 적용하고 있다는 의미로 이해한다면, 현행법이 유언상속을 상속 유형의 하나로 채택하고 있다고 볼 수 있다.

4. 상속법의 성격

가. 재산법적 성격

민법은 피상속인의 재산에 관한 비일신전속적 권리의무의 포괄적 승계만을 상속의 효과로 규정하고 있다(제1005조). 사람이 사망하여 권리능력을 상실하면 그에게 귀속되어 있던 비일신전속적인 재산상 권리의무를 포괄적으로 승계시키는 것만이 상속이므로, 상속법의 법적 성격은 재산법으로 이해하는 것이 당연하다. 특히 제187조는 '등기를 요하지 아니하는 부동산물권취득'을 규정하면서, 가장 우선적인 사유로 상속을 명시하고 있다. 적어도 부동산에 관해서 상속법은 제187조를 보다 구체적이고 세부적으로 규율하는 법조문이라고 할 수 있을 것이다.

나. 가족법적 성격

현행 민법이 재산상속만을 규정하고 있을지라도, 상속의 가족법적 성격을 완전히 부정할 수는 없다. 먼저 배우자 및 일정한 범위의 혈족만이 상속인이 될 수 있으므로, 상속은 일정한 범위의 친족에게 주어지는 법률효과라고 할 수 있다. 그리고 유언에 의한 친생부인(제850조)과 유언에 의한 임의인지(제859조 제2항) 같은 친족법상의 법률관계는 상속법상의 유언을 통해 이루어지고, 유언능력에는 재산법상 행위능력이 적용되지 않는다. 이러한 점에서 상속법은 재산법적 성격뿐만 아니라 가족법적 성격도 함께 갖고 있다.

Ⅱ. 민법상 상속의 특징

1. 재산상속

1990년 호주戶主상속의 폐지로 민법상 상속에서 신분상속은 사라지게 되었고, 오로지 재산상속만 남았다. 상속인은 비일신전속적인 재산상 권리의무만을 포괄적으로 승계하므로 현행 민법상 상속은 재산상속이다. 호주상속과 같은 신분상속이나 제사상속은 더 이상 존재하지 않는다.

2. 사후상속

상속은 사망으로 인하여 개시된다(제997조). 사람이 사망하여야 상속이 개시되므로 사후상속이라 할 수 있다. 실종선고도 실종기간이 만료한 때 사망한 것으로 간주하고 있으므로(제28조), 사후상속으로서의 특징에는 변함이 없다. 과거 조선시대에는 '분재分財'라는 명목으로 재산을 증여하는 관습이 있어서 이를 생전상속으로 볼 수 있는 여지도 있으나, 현행 민법에서는 그러한 제도는 전혀 존재하지 않는다. 따라서 현행 민법상 상속은 사후상속이다.

3. 임의상속

상속인은 상속개시있음을 안 날로부터 3개월 내에 포기를 할 수 있다(제1019조 제1항). 상속인에게는 상속 여부를 선택할 수 있는 기회가 주어지므로, 상속의 자유가 인정된다. 따라서 반드시 상속을 하여야만 하는 강제상속이 아닌 임의상속이라 할 수 있다. 당해 상속의 모든 상속인이 상속을 포기하면 상속인은 존재하지 않는 것으로 다루어지게 된다. 과거 호주상속에서는 호주상속인이 될 직계비속 장남자는 호주상속을 포기할 수 없었으므로, 그 한도에서는 강제상속이라 할 수 있었다. 그러나 현행 민법은 호주상속을 폐지하고 재산상속만을 규정하고 있으므로, 강제상속은 존재하지 않는다.

4. 공동상속

같은 순위, 같은 촌수의 상속인이 수인인 때에는 공동상속인이 된다(제1001조). 구舊 민법에서는 호주가 사망한 전 호주의 재산을 단독으로 상속하는 법제였다(김/김,617). 그러나 이러한 봉건적인 가부장제는 민법 제정 당시부터 극복되어, 민법은 공동상속을 원칙으로 취하였다. 다만 공동상속인 사이에 다양한 차별을 두었으나, 1990년 민법 개정으로 배우자 상속분을 제외하고는 공동상속과 더불어 균분상속이 원칙으로 자리잡게 되었다.

Ⅲ. 상속개시의 원인

1. 사 망

상속은 사망으로 인하여 개시된다(제997조). 사람은 생존한 동안 권리와 의무의 주체가 되므로(제3조), 사망하면 권리와 의무의 주체가 되지 못한다. 따라서 사망하면 상속이 개시된다. 사람은 어느 시점에 사망하는가에 대해서는 심장과 폐의 기능이 정지된 시점인 심폐정지설이 통설(김/김,627; 윤,338)이다. 「장기등 이식에 관한 법률」 제4조 제5호는 '살아 있는 사람'에서 뇌사자를 제외하고 있으나, 이는 장기이식을 위한 특별한 목적의 법규정이지 상속에 적용될 법리는 아니다. 뇌사판정을 받은 뇌사자도 장기를 적출하는 과정에서 심폐기능의 완전한 정지가 이루어지는 시점에 상속이 개시된다.

2. 실종선고

실종선고를 받은 사람은 실종기간이 만료한 때 사망한 것으로 본다(제28조). 그러므로 실종기간이 만료한 시점에 상속이 개시되어야 하며, 생존한 사실 또는 다른 시점에 사망한 사실의 증명이 있으며 법원은 실종선고를 취소하여야 한다(제29조 제1항). 실종선고가 취소되면 상속의 효과도 소급하여 소멸된다. 상속인이 선의인 경우에는 상속재산을 이익이 현존하는 한도에서 반환할 의무가 있고, 악의인 경우에는 그 받은 이익에 이자를 붙여서 반환하고 손해가 있으면 이를 배상하여야 한다(제29조 제2항). 만약 다른 시점에 사망한 사실이 증명되면, 그 시점을 기준으로 상속을 하여야 한다.

3. 기 타

수해, 화재나 그 밖의 재난으로 인하여 사망한 사람이 있는 경우에는 이를 조사한 관공서는 지체없이 사망지의 시·읍·면의 장에게 통보하여야 한다(가족관계등록법 제87조). 이를 '인정사망'認定死亡이라고 한다. 2003년 대구 지하철 화재사고와 같이 재난에 처하였으나 사체를 발견하여 사망을 확인할 수 없는 경우에 사망신고를 하기 위한 제도이지만, 이를 원인으로 하여 상속이 개시된다. 그 외에 6·25전쟁 이후 북한지역에 잔류한 사람에 대해 부재선고를 하여 상속에서 실종선고를 받은 것으로 간주하는 「부재선고에 관한 특별조치법」제4조에 의해서도 상속이 개시된다.

4. 동시사망의 추정

2인 이상이 동일한 위난으로 사망한 경우에는 동시에 사망한 것으로 추정한다(제30조). 그러므로 각각 다른 시점에 사망했다는 반증이 없는 한, 동일한 위난으로 사망한 사람 사이에는 상속이 이루어지지 않는다. 그러나 동시사망의 추정이 적용되는 1인의 상속인이 다른 사망한 사람을 대습상속하는 것은 가능하다[대법원 2001.3.9. 99다13157]. 예를 들어 장인과 아내가 동일한 위난으로 사망한 경우에 남편이 아내를 대신하여 장인의 대습상속인이 될 수 있다. 또한 동일한 위난은 아니라도 사망의 선후를 밝힐 수 없는 별개의 위난으로 사망한 경우에도 동시사망의 추정을 준용하는 것이 타당하다.

Ⅳ. 상속개시 장소와 비용

1. 상속개시 장소

상속은 피상속인의 주소지에서 개시된다(제998조). 생활의 근거되는 곳을 주소로 하며, 주소는 동시에 두 곳 이상 있을 수 있다(제18조). 주소를 알 수 없으면 거소를 주소로 본다(제19조). 국내에 주소가 없는 사람에 대하여는 국내에 있는 거소를 주소로 본다(제20조). 주소도 거소도 알 수 없는 경우에는 사망한 장소를 상속개시 장소로 보는 것이 통설이다(송,311). 상속개시 장소가 어디인가는 민법상으로 논의의 실익이 크게 있지 않으나, 소송법상으로 상속과 관련된 재판관할을 결정하는데 중요한 의미가 있다.

2. 상속비용

상속에 관한 비용은 상속재산 중에서 지급한다(제998조의2). 상속에 관한 비용이라 함은 상속재산의 관리 및 청산에 필요한 비용을 의미한다[대법원 1997.4.25. 97다3996]. 구체적으로는 우선 상속재산 관리·보존에 소요되는 비용이 여기에 해당된다. 상속인은 단순승인이나 포기하지 않는 한, 그 고유재산에 대하는 것과 동일한 주의로 상속재산을 관리하여야 한다(제1022조). 이 관리 과정에 비용이 소요되는 경우, 상속에 관한 비용이 된다.

또 상속인의 존부가 분명하지 않은 경우에 재산목록 제시와 보고(제1054조), 각종 공고(제1056조, 제1057조)에 들어가는 비용 등도 상속에 관한 비용에 해당된다. 상속인의 사회적 지위와 풍속에 비추어 합리적인 범위의 장례비용[대법원 2003.11.14. 2003다30968]이나 묘지구입비용[대법원 2010.9.9. 2010다30416], 상속재산의 관리·보존을 위한 소송비용[대법원 1997.4.25. 97다3996]도 상속에 관한 비용에 포함된다.

상속채무는 소극적 상속재산이므로 상속비용과는 구분되어야 한다. 상속채무는 사망과 동시에 상속인에게 포괄적으로 귀속되는 것이므로 반드시 상속재산 중에서 지급되어야 하는 것은 아니다. 따라서 상속비용은 유류분 산정에서 공제되어야 할 채무(제1113조 제1항)가 아님은 물론이다[대법원 2015.5.14. 2012다21720]. 또한 상속세도 상속비용이라는 견해(송,311)가 있으나, 상속인이 상속으로 얻는 이익에 대해 국가에 부담하는 조세와 상속재산의 관리 및 청산에 관한 비용은 구분되어야 하므로 상속세는 상속비용에 해당되지 않는다고 할 것이다.

Ⅴ. 상속의 진행과정

상속은 피상속인이 사망하였을 때 누구(상속인)에게 무엇(상속재산)을 어느 비율(상속분)로 귀속시킬 것인가를 정하는 과정으로 진행된다. 피상속인에게 유효한 유언이 없다면 상속법 규정에 따라 법정상속이 진행되지만, 만약 있다면 유언의 내용에 따른 유언상속이 진행된다. 양자의 진행 과정과 차이점을 간략히 정리하면 다음과 같다.

1. 법정상속의 진행

피상속인에게 유효한 유언이 없는 경우에는 제1000조 이하에 따라서 상속인이 결정된다. 만약 상속인의 존부가 분명하지 아니한 경우에는 제1053조 이하의 상속인 부존재 절차가 적용되고, 최종적으로 상속인이 부존재한다고 판단되면 특별연고자에 대한 분여分與를 거쳐 국가에 귀속된다. 상속인이 결정되면, 다음으로 상속재산이 구체적으로 무엇인가를 확정한다. 현실적으로는 적극적 상속재산과 소극적 상속재산인 상속채무의 비교를 통해 상속인은 상속의 승인 또는 포기 여부를 선택한다. 만약 상속인 모두가 상속을 포기한 것이 아니라면, 제1009조의 법정상속분과 제1008조의2에 따른 기여분을 통해 상속분이 확정된다. 상속분이 확정되면 공동상속인들이 상속재산을 분할하게 되고, 그 분할은 상속개시된 때에 소급하여 효력이 발생된다(제1015조). 다만 협의를 통해 법정상속분과는 다르게 상속재산을 분할하는 것도 허용되므로, 법정상속분과 구체적 상속분이 반드시 일치하는 것은 아니다.

2. 유언상속의 진행

피상속인에게 유효한 유언이 있다면, 유언의 내용에 따라 상속이 진행되어야 한다. 유언집행자가 유언의 내용을 집행하는 임무를 갖게 되고, 재산목록을 작성하거나(제1100조) 친생부인의 소를 제기(제850조)하거나 인지의 신고(제859조 제2항)를 하거나 미성년후견인이 지정(제931조 제1항)될 수 있도록 하여야 한다.

유언으로 포괄적 유증을 한 경우에는 포괄적 수유자는 상속인과 동일한 권리의무가 있으므로 실질적으로 상속인과 동일하게 유언에서 정한 비율로 상속을 받게 된다. 결국 누가 상속인이 될 것인가 그리고 어느 비율로 상속을 할 것인가는 포괄적 유증에 의해 실질적으로 수정되는 결과를 가져온다. 또한 상속재산의 분할에도 유언은 깊이 관여하게 된다. 유언으로 상속재산의 분할방법을 정하거나 이를 제3자에게 위탁할 수 있고 5년 이내의 기간에서 분할을 금지할 수도 있다(제1012조). 유언에 따라 상속이 진행되는 경우에는 그 결과가 유류분권리자의 유류분을 침해하였는가의 판단이 최종적으로는 필요하다. 만약 유류분권리자의 유류분에 부족이 생긴 때에는 부족한 한도에서 수유자에게 그 재산의 반환을 청구하게 된다(제1115조).

제 2 절 상 속 인

I. 동시존재의 원칙

상속인은 상속이 개시되는 시점, 즉 피상속인이 사망하는 시점에 생존해 있어야 한다. 만약 상속인이 될 수 있는 사람이 피상속인보다 먼저 또는 동시에 사망하였다면, 원칙적으로 그는 상속인이 될 수 없다. 이를 동시존재의 원칙이라고 하며, 민법에 명시적인 규정이 있는 것은 아니지만 상속법의 기본원칙이라고 할 수 있다.

동시존재의 원칙에는 2가지 예외가 있으며, 하나가 태아의 상속능력이다. 태아는 상속순위에 관하여는 이미 출생한 것으로 본다(제1000조 제3항). 따라서 피상속인이 사망하는 시점에 태아는 생존해 있는 것으로 간주된다. 다만 태아의 권리능력에 대해 판례[대법원 1976.9.14. 76다1365]는 정지조건설을 취하고 있으므로, 태아는 살아서 태어났을 때 피상속인의 사망 시점으로 소급해서 상속인이 된다. 만약 태아가 사산된 경우에는 상속인이 될 수 없음은 물론이다.

대습상속도 동시존재의 원칙에 대한 예외라고 할 수 있다. 상속인이 될 직계비속 또는 형제자매가 상속개시 전에 사망하거나 결격자가 되면 상속에서 그를 고려하지 않는 것이 동시존재의 원칙이지만, 예외적으로 그의 직계비속이나 배우자가 있는 경우에는 직계비속 및 배우자가 대습상속하게 된다. 피상속인보다 먼저 사망한 상속인 지위에 있는 사람을 대습상속을 통해 간접적으로 고려한다는 점에서는 동시존재의 원칙을 완화한 예외라고 할 수 있다.

Ⅱ. 상속의 순위

1. 1순위 – 피상속인의 직계비속

상속인이 될 수 있는 1순위의 사람은 피상속인의 직계비속이다(제1000조 제1항 제1호). 직계비속에는 남자와 여자, 친생자와 양자, 혼인 중의 자녀와 혼인외의 자녀의 구분이 없다. 촌수와 관계없이 직계비속은 모두 1순위이지만, 1순위의 상속인인 직계비속이 여러 명인 때에는 최근친이 우선하여 상속인이 된다(제1000조 제2항). 따라서 자녀와 손자녀 모두 1순위의 직계비속이지만, 1촌으로서 최근친인 자녀만이 상속인이 된다. 만약 자녀가 모두 상속을 포기하게 되면 1촌의 직계비속이 상속인이 아니었던 것과 같은 지위에 놓이므로, 손자녀들이 1순위의 상속인이 된다[대법원 1995.9.26. 95다27769]. 최근친의 직계비속이 수인인 경우에는 공동으로 상속한다.

2. 2순위 – 피상속인의 직계존속

피상속인의 직계존속은 2순위의 상속인이 된다(제1000조 제1항 제2호). 1순위의 상속인이 되는 직계비속이 존재한다면 직계존속은 후순위로서 상속인이 될 수 없다. 직계존속은 자연혈족인 친생부모와 법정혈족인 양부모의 차별이 없다[대법원 1995.1.20. 94마535].
직계존속이 수인인 경우에는 최근친을 선순위로 하고, 동친의 상속인이 수인이면 공동상
속인이 된다. 예를 들어 피상속인에게 직계비속 없이 부모와 조부모가 존재하면, 최근친
인 부모만이 공동상속인이 된다.

3. 3순위 - 피상속인의 형제자매

3순위의 상속인은 피상속인의 형제자매이다(제1000조 제1항 제3호). 직계존비속이 없다
면, 가장 가까운 방계혈족은 형제자매라고 할 수 있다. 형제자매에 대해서는 자연혈족과
법정혈족의 구분 및 혼인 중의 자녀인가 혼인외의 자녀인가의 차별이 존재하지 않는다.
따라서 아버지 또는 어머니가 혼인 중의 자녀와 더불어 혼인외의 자녀를 두고 있는 경우
에, 그중에 한 명이 사망하여 형제자매가 상속을 하게 되면 혼인외의 자녀도 형제자매로
서 상속인이 될 수 있다. 또한 어머니가 전혼에서 낳은 혼인 중의 자녀와 후혼에서 낳은
혼인 중의 자녀도 형제자매가 되므로, 상호 간에 3순위의 상속인이 되는데 아무런 지장
이 없다[대법원 1997.11.28. 96다5421]. 형제자매가 다수인 경우에는 공동상속인이 됨은 물
론이다(제1000조 제2항). 피상속인에게 배우자가 있는 경우에 형제자매는 상속인이 되지
못한다.

4. 4순위 - 피상속인의 4촌 이내의 방계혈족

피상속인에게 직계비속, 직계존속, 배우자 그리고 2촌의 방계혈족인 형제자매도 없다
면, 그때에는 4촌 이내의 방계혈족이 4순위의 상속인이 된다(제1000조 제1항 제4호). 방계
혈족이 3촌과 4촌 모두 있다면, 최근친인 3촌만이 상속인이 된다. 3촌의 방계혈족도 없
다면, 그때는 4촌의 방계혈족이 상속인이 된다. 동순위의 상속인이 수인인 때에는 공동상
속인이 된다. 민법은 4촌 이내의 방계혈족까지만 상속인의 지위를 인정하므로, 5촌 이상
의 방계혈족은 어떠한 경우에도 상속인이 될 수는 없고, 포괄적 유증을 받더라도 상속인
과 동일한 권리와 의무가 있을 뿐이며 상속인이 되는 것은 아니다.

5. 배우자의 상속순위

배우자의 상속순위는 특유한 구조를 갖기 때문에 상속의 순위를 규정한 제1000조가

아닌 제1003조에서 별도로 규율을 한다. 피상속인의 배우자는 피상속인의 직계비속이나 직계존속인 상속인이 있는 경우에는 그 상속인과 동순위로 공동상속인이 되고, 그 상속인이 없는 때에는 단독상속인이 된다(제1003조 제1항). 1순위인 피상속인의 직계비속과 공동으로 상속하지만 2순위인 직계존속과도 공동으로 상속하므로, 엄격하게는 피상속인의 직계비속과도 동순위 상속인이 될 수 있고 피상속인의 직계존속과도 동순위 상속인이 될 수 있다. 즉 상속에서 1순위일 수도 있고 2순위일 수도 있는 독특한 순위가 된다. 그러므로 피상속인의 배우자가 있다면, 피상속인의 형제자매나 4촌 이내의 방계혈족은 상속인이 될 수 없다.

여기에서의 배우자라 함은 법률혼 배우자만을 말하며, 사실혼 배우자는 상속인이 될 수 없다[헌법재판소(전) 2014.8.28. 2013헌바119]. 상속인의 지위는 가족관계등록부를 바탕으로 획일적으로 결정되어야 하므로, 법률혼은 해소되지 않았으나 사실상 이혼상태에 있는 배우자라도 상속인이 된다[대법원 1969.7.8. 69다427]. 혼인무효는 처음부터 절대적으로 혼인의 효력이 없는 것이므로, 혼인무효 사유가 존재하는 경우에는 설령 배우자로 가족관계등록부에 기재되어 있더라도 상속인이 될 수 없다(윤,58). 다만 이에 대해 혼인무효판결이 확정될 때까지는 상속권이 있다는 견해(송,322)도 있다. 혼인무효는 절대적 무효이고 혼인무효 판결은 가족관계등록부 정정을 위한 절차이므로 상속을 부정함이 타당하다.

혼인취소의 효과는 소급하지 아니하므로 혼인취소 사유가 있다는 이유만으로, 배우자의 상속인 지위를 부정할 수는 없다. 중혼의 경우에도 혼인취소가 확정될 때까지는 중혼 모두 유효한 혼인이므로, 중혼에서 공통된 사람이 사망한 때에는 두 혼인의 배우자들 모두 상속인이 된다.

Ⅲ. 대습상속

1. 의 의

상속인이 될 직계비속 또는 형제자매가 상속개시 전에 사망하거나 결격자가 된 경우에 그 직계비속이 있는 때에는 그 직계비속이 사망하거나 결격된 사람의 순위에 의하여 상속인이 된다(제1001조). 또한 상속개시 전에 사망 또는 결격된 사람의 배우자는 피상속인의 직계비속이나 형제자매와 동순위로 공동상속인이 되고 그 상속인이 없는 때에는 단독상속인이 된다(제1003조 제2항). 이를 '대습상속'이라 하며, 상속인이 될 수 있었던 직계비속 또는 형제자매를 '피대습인'이라고 하고 이를 대신하여 상속인이 되는 직계비속 또는 배우자를 '대습상속인'이라 한다.

상속에서 동시존재의 원칙을 경직적으로 적용할 경우에, 상속인의 지위에 있었던 사람과 밀접한 관계가 있는 직계비속과 배우자의 경제적 기대 이익에 치명적인 영향을 주게 된다. 그러므로 대습상속을 통해 제한된 요건 하에서 특정한 사람에게 원래 상속인이 될 수 있었던 피대습인의 상속분을 상속시켜 주는 것이며, 이는 공평의 원칙에 근거를 둔 상속제도이다. 다만 대습상속이라고 해서 상속인이 될 수 있었던 사람의 상속권을 내위하거나 승계하는 것이 아니라, 대습상속인이라는 고유한 지위에서 자신의 상속권을 갖는 것이다.

민법은 대습상속의 사유로 사망과 상속결격만을 규정하고 있는데, 상속포기도 대습상속의 사유로 하여야 한다는 입법론도 있다고 한다(윤.351). 그러나 상속포기는 특정한 상속인에게 상속재산을 몰아주기 위해서 또는 적극적 상속재산을 초과하는 상속채무로부터 벗어나기 위해서 행하여지는 것이므로 이를 대습상속의 사유로 추가하는 것은 당사자들의 제도적 활용 의도와는 괴리된 주장이라 생각된다.

2. 요 건

가. 상속개시전 상속인의 사망

상속인이 될 직계비속 또는 형제자매가 상속개시 전에 사망한 경우에 대습상속이 가능하게 된다. 제1001조는 '상속개시 전에' 사망한 것을 명시하고 있지만, '동시에' 사망한 경우에도 대습상속이 이루어질 수 있다는 것이 판례[대법원 2001.3.9. 99다13157]의 태도이다. 갑이 배우자와 직계비속들 모두 함께 해외여행을 가던 중 비행기 추락으로 승객 모두가 사망하여 동시사망의 추정이 적용되는 경우에, 갑과 동시에 사망한 직계비속의 생존 배우자 A(갑의 사위)와 갑의 형제자매 B가 존재하는 경우에 누가 상속인이 될 것인가. A가 갑과 동시사망한 자신의 배우자를 대신하여 대습상속할 것인지 아니면 B가 갑의 형제자매로서 본위상속을 할 것인지가 문제가 되었다. 이에 대해 판례는 A가 갑과 동시사망한 자신의 배우자를 피대습인으로 하여 대습상속을 한다고 판시하였다.

대습상속제도는 대습자의 상속에 대한 기대를 보호함으로써 공평을 꾀하고 생존 배우자의 생계를 보장하여 주려는 것이고, 또한 동시사망 추정규정도 자연과학적으로 엄밀한 의미의 동시사망은 상상하기 어려운 것이나 사망의 선후를 입증할 수 없는 경우 동시에 사망한 것으로 다루는 것이 결과에 있어 가장 공평하고 합리적이라는 데에 그 입법 취지가 있는 것인바, 상속인이 될 직계비속이나 형제자매(피대습자)의 직계비속 또는 배우자(대습자)는 피대습자가 상속개시 전에 사망한 경우에는 대습상속을 하고, 피대습자가 상속개시 후에 사망한 경우에는 피대습자를 거쳐 피상속인의 재산을 본위상속을 하므로 두 경우 모두 상속을 하는데, 만일 피대습자가 피상속인의 사망, 즉 상속개시와 동시에 사망한 것으로 추정되는 경우에만 그 직계비속 또는 배우자가 본위상속과 대습상속의 어느 쪽도 하지 못하게 된다면 동시사망 추정 이외의 경우에 비하여 현저히 불공평하고 불합리한 것이라 할 것이고, 이는 앞서 본 대습상속제도 및 동시사망 추정규정의 입법 취지에도 반하는 것이므로, 민법 제1001조의 '상속인이 될 직계비속이 상속개시 전에 사망한 경우'에는 '상속인이 될 직계비속이 상속개시와 동시에 사망한 것으로 추정되는 경우'도 포함하는 것으로 합목적적으로 해석함이 상당하다[대법원 2001.3.9. 99다13157*].

나. 상속개시전 상속인의 상속결격

상속인이 될 직계비속 또는 형제자매가 상속개시 전에 상속결격이 된 경우에도 대습상속이 가능하게 된다. 반드시 상속개시 전에 상속결격된 경우에 국한하여 대습상속이 인정되는 것이 아니라, 상속개시 후에 상속결격이 되어도(제1004조 제5호) 대습상속이 적용된다는 것이 통설(곽,62; 이/윤,383; 송,325; 윤,351)이다.

그러나 상속결격의 경우에도 대습상속을 인정하는 민법의 규율이 적절한가는 의문이다. 사망의 경우에는 상속인이 될 사람에게 책임있는 사유가 있는 것은 아니지만, 상속결격은 패륜행위(제1004조 제1호, 제2호)이든 유언 부정개입행위(제10004조 제3호에서 제5호)이든 모두 상속인의 책임있는 사유로 상속에서 배제되는 것이다. 그럼에도 불구하고 상속결격자와 경제적 공동체라고 할 수 있는 그의 직계비속과 배우자에게 대습상속을 인정하는 것은 상속결격의 징계적 기능을 몰각시키는 결과를 가져오게 될 것이다. 따라서 상속결격은 대습상속의 사유에서 배제하는 것을 입법론적으로 고려할 필요가 있다.

다. 대습상속인에게 상속결격이 없을 것

대습상속인도 상속인이므로 상속결격사유가 존재하지 않아야 한다. 제1004조의 상속결격사유에서 '피상속인'이라 함은 대습상속에서의 피상속인을 말하는 것이며, 피대습인을 말하는 것은 아니다. 다만 피대습인이 대습상속인의 직계존속인 경우에는, 제1004조 제1항과 제2항의 직계존속에 대한 패륜행위 자체가 상속결격사유가 되므로 대습상속인이 될 수 없게 된다.

3. 피대습인

상속개시 전에 사망 또는 상속결격이 되어 상속인이 되지 못한 피상속인의 직계비속 또는 형제자매만이 피대습인이 된다. 피상속인의 직계존속은 피대습인이 되지 못한다. 만약 직계존속(아버지)을 피대습인으로 한다면, 피대습인의 직계비속은 3순위 상속인인 피상속인의 형제자매이고 피대습인의 배우자는 피상속인의 직계존속(어머니)이거나 상속인이 될 수 없는 인척(계모)이 될 것이기 때문이다. 또한 4촌 이내의 방계혈족은 공평의 원칙상 상속이익에 대한 기대를 대습상속까지 인정하여 보호할 필요는 없다.

4. 대습상속인

피대습인의 직계비속 또는 배우자만이 대습상속인이 된다. 직계비속은 태아도 포함되며, 양자라도 무방하다. 피대습인에게 상속결격 사유가 발생한 이후에 포태되거나 입양된 경우에 대습상속을 인정하는 견해(김/김,665; 송,325; 윤,352)가 통설이다.

피대습인에게 직계비속이 없는 경우에는 배우자가 단독으로 대습상속인이 된다. 상속개시 시점에 피대습인의 배우자로서 지위가 유지되어야 하므로, 만약 다른 사람과 재혼을 하였다면 대습상속인이 될 수 없다(윤,351). 또한 피대습인에게 상속결격 사유가 발생한 이후에 혼인을 하였다고 하더라도, 상속개시 시점에 피대습인의 배우자라면 대습상속이 가능하다는 견해(이/윤,383; 송,326)와 대습상속을 부정하는 견해(곽,63)가 존재한다. 피대습인의 형제자매나 4촌 이내의 혈족까지는 대습상속의 이익을 귀속시킬 필요는 없으므로, 이들은 대습상속인에서 제외하고 있다.

5. 관련문제

가. 자녀가 모두 사망한 경우의 손자녀의 상속

피상속인의 자녀가 상속개시 전에 전부 사망하여 손자녀만이 존재하는 경우에 피상속인의 손자녀가 직계비속 2촌으로서 본위상속을 하는 것인지 아니면 직계비속 1촌인 피상속인의 자녀를 대습상속하는 것인지가 문제로 된다. 예를 들어 배우자가 먼저 사망한 피상속인 갑에게 자녀 A, B가 있고, A에게는 자녀 a′와 a″가 있으며 B에게는 자녀 b가 있다고 가정하였을 때, A, B는 갑보다 먼저 사망하였다면 a′, a″, b가 갑의 상속인이 된다. 이 경우 직계비속 2촌으로 본위상속을 한다면 각각 1/3의 상속분으로 상속이 이루어질 것이지만, 대습상속을 한다면 a′와 a″는 1/4, b는 1/2의 상속분을 갖는 차이가 있다. 이에 대해 판례[대법원 2001.3.9. 99다13157]는 대습상속을 긍정하고 있으며, 제1001조에 공동상속인 중 일부가 먼저 사망한 경우라고 규정하고 있지 않으므로 대습상속을 긍정하는 것이 문리해석에 충실한 판단이라 생각된다.

나. 재대습상속

대습상속인이 될 사람도 상속개시 전에 사망하거나 상속결격이 되어 그의 직계비속 또는 배우자가 다시 대습상속을 하면, 이를 재대습상속이라 한다. 예를 들어 갑이 사망하기 전에 상속인들 중 자녀 A가 사망하였고, 곧이어 A의 자녀 a가 배우자 a′를 둔 채 사망하였다면, 갑이 사망하였을 때 a′가 A와 a를 대신하여 상속하는 것을 말한다. 민법에는 재대습상속에 대해서는 아무런 규정도 두고 있지 않으며 이와 관련된 대법원 판례도 찾아볼 수 없으나, 학설은 재대습상속을 대습상속에 준하여 인정하고 있다.

Ⅳ. 상속의 결격

1. 의   의

상속인의 지위에 있는 사람이라도 제1004조 각 호가 규정한 특정행위를 하면 상속인이 되지 못한다. 제1004조가 규정하는 결격사유는 크게 2가지 유형으로 구분할 수 있다. 동조 제1호와 제2호는 패륜행위이고, 동조 제3호에서 제5호는 유언 부정개입행위이다. 전자는 신체적 법익에 대한 침해이고, 후자는 재산적 법익에 대한 침해라는 점에서 행위의 비난가능성은 전자가 후자보다 상대적으로 크다고 할 수도 있으나, 법률효과는 동일하게 민사적 제재사유에 해당하는 것으로 차별을 두고 있지 않다.

상속결격으로 상속인이 되지 못하는 경우에, 제1001조는 이를 대습상속의 사유로 인정하고 있다. 상속인이 될 직계비속 또는 형제자매가 상속결격이 된 경우에 그의 배우자와 직계비속이 결격된 사람의 순위에 갈음하여 상속인이 되고, 직계비속이 없는 경우에는 배우자가 단독으로 대습상속을 한다. 대습상속에서 상속결격은 상속개시 이전에 사망한 경우와 완전히 동일하게 다루어지고 있어서, 상속결격의 민사적 제재로서의 성격은 상당히 퇴색하게 된다.

2. 결격사유

가. 패륜행위

(1) 고의로 직계존속, 피상속인, 그 배우자 또는 상속의 선순위나 동순위에 있는 사람을 살해하거나 살해하려 한 사람

(가) 직계존속에 대한 고의의 살해 또는 미수

직계존속에 대한 고의의 살해 또는 살해의 시도를 한 사람은 상속결격이 된다. 고의의 살인을 말하므로, 과실치사(형법 제267조)나 자살의 방조(형법 제252조 제2항)로는 상속결격이 되지 않는다(이/윤,384; 윤,357). 여기에서의 살해의 시도는 장애미수(형법 제25조)뿐만 아니라 중지미수(형법 제26조)와 불능미수(형법 제27조)를 포함하며, 예비나 음모도 해당된다는 것이 다수의 견해(송,314; 윤,357)이지만 실행의 착수 이전 단계까지 상속결격에 포함하는 것은 과도하다. 살인의 동기나 목적이 반드시 자신의 상속을 유리하게 하려는 의도가 있어야 하는 것은 아니지만[대법원 1992.5.22. 92다2127], 피해자가 직계존속이라는 사실에 대한 인식은 필요하다(김/김,670; 윤,357).

문제는 여기에서의 직계존속이 당해 상속결격자의 직계존속(송,313)을 말하는 것인지, 아니면 피상속인의 직계존속(윤,356)인지에 대한 학설대립이 있다. 제1004조 제1호가 '직계존속, 피상속인, 그 배우자…'라고 명시하고 있으므로, 이를 '피상속인, 그 배우자 및 직계존속…'으로 이해하는 것은 문리해석에 명백히 반하는 것이다. 또한 이복형제자매 사이에서 3순위자의 상속이 이루어지는 경우에, 이복형제자매의 어머니가 아닌 자신의 어머니를 살해한 극단적인 패륜행위자도 상속결격에 해당되지 않는 문제가 생긴다. 그러므로 당해 상속결격자의 직계존속이라고 해석하여야 한다.

한편으로 상속결격의 효과는 상대적이므로 특정한 피상속인과 결격자에게만 미친다는 견해(이/윤,386; 윤,363)가 있으나, 제1004조에서 어느 범위까지 상속결격의 효과가 제한된다는 명시적인 규정이 없는 한, 한번 직계존속을 살해하거나 살해하려고 시도하였던 사람은 누가 피상속인이건 간에 모든 상속에서 절대적인 결격자가 된다고 해석할 수밖에 없다(김/김,675; 송,317). 직계존속의 살인 또는 살인미수라는 극단적 패륜에 대한 규범적 비난은 한시적인 것이 아니라 영구적이기 때문이다.

(나) 피상속인 등에 대한 고의의 살해 또는 미수

피상속인, 그 배우자 또는 상속의 선순위나 동순위의 사람을 살해하거나 살해하려 한 사람도 상속결격이 된다. 피상속인은 상속에 따라 가변적이므로, 이 사유는 당해 상속에 한하여 결격이 됨은 물론이다. '그 배우자'에 대해 피상속인의 배우자가 아니라 '직계존속의 배우자'라고 주장하는 견해(송,314)도 있으나, 이는 제1004조 제1호의 '직계존속, 피상속인, 그 배우자…'라는 명문규정을 '피상속인, 직계존속, 그 배우자…'로 이해하는 것으로서, 역시 문리해석에 정면으로 반한다. 자신의 인척이자 피상속인과도 인척인 '할아버지의 후처後妻'를 살해한 후에 아버지가 사망한 경우에, 이를 직계존속인 할아버지를 살해한 것과 동일하게 취급하는 것은 과도한 확장해석이 아닐 수 없다. 따라서 여기에서의 '그 배우자'라 함은 피상속인의 배우자라고 해석해야 한다(윤,357).

상속의 선순위나 동순위자에는 태아가 포함될 수 있다. 따라서 상속의 선순위나 동순위에 있는 태아의 낙태(형법 제269조 제1항)나 영아살해(형법 제251조)도 상속결격 사유가 된다. 태아가 낙태된 이상 선순위 또는 동순위의 상속인이 아니므로 상속결격이 아니라는 견해(윤,357)도 있으나 낙태가 이루어졌기 때문에 상속인이 결과적으로 되지 못한 것이지 그러한 행위개입이 없었다면 상속인이 될 수 있었을 것이므로 상속결격에 해당된다고 보아야 한다. 판례 역시 선순위 또는 동순위가 될 수 있는 태아의 낙태도 상속결격에 해당된다고 판시하고 있다[대법원 1992.5.22. 92다2127]. 낙태를 시도하였으나 실패한 경우에도 상속의 선순위나 동순위의 사람을 살해하려 한 것이 틀림없으므로 당연히 상속결격이 됨이 마땅하다.

(2) 고의로 직계존속, 피상속인과 그 배우자에게 상해를 가하여 사망에 이르게 한 사람

(가) 직계존속에 대한 상해치사

직계존속에게 상해를 가하여 사망에 이르게 한 사람은 상속결격이 된다. 여기에서의 직계존속 역시 상속결격이 문제되는 당해 상속인의 직계존속을 의미한다. 따라서 자신의 직계존속에 대해 상해치사를 범한 사람은 모든 상속에서 배제된다. 직계존속에게 상해를 가하여 사망의 결과가 발생하여야 하므로, 상해 또는 폭행의 고의로 상해를 가하여 사망에 이르러야 한다.

(나) 피상속인 등에 대한 상해치사

피상속인 및 그 배우자에게 상해를 가하여 사망에 이르게 한 사람도 상속결격이 된다. 주의해야 할 것은 상속에서의 선순위나 동순위의 상속인에 대한 상해치사는 상속결격사유가 되지 않는다.

나. 유언 부정개입행위

(1) 사기 또는 강박으로 피상속인의 상속에 관한 유언 또는 유언의 철회를 방해한 사람

상속인이 사기 또는 강박으로 피상속인의 상속에 관한 유언 또는 유언의 철회에 지장을 주는 행위를 통하여 결과적으로 유언을 하지 못하거나, 유언을 철회하지 못하게 된 결과를 가져오면 상속결격이 된다(제1004조 제3호). 예를 들어 피상속인이 상속재산의 대부분을 장학재단에 기부하는 유언을 하려고 하자 상속인이 이를 하지 못하도록 방해하여 결국 그러한 유언을 못하거나, 피상속인이 상속인 자신에게 상속재산의 대부분을 유증하는 내용으로 성립된 유언을 철회하려 하자 이를 철회하지 못하도록 방해하여 결국 철회를 하지 못한 경우이다. 즉 방해행위로 인하여 유언의 자유가 침해되는 결과를 가져와야 하며, 방해행위를 하였으나 이에 불구하고 상속인이 의도하는 대로 유언을 하거나 유언의 철회를 한 경우에는 실패한 방해행위로 상속결격이 되지 않는다고 해야 할 것이다. 따라서 유언 또는 유언의 철회를 방해하여 일단 유언을 하지 못하거나 유언을 철회하지 못하였다고 하더라도, 상속개시 시점까지 그 방해상태가 유지되지 못하여 결국 유언을 하거나 또는 유언의 철회를 한 경우에도 상속결격이 되지 않는다.

유언의 철회를 방해하는 대상이 되는 유언은 요식행위의 모든 요건을 갖추어 유효하게 성립된 것이어야 한다. 즉 유효하게 성립된 유언이어야 한다. 그리고 유언의 내용은 상속에 관한 유언이어야 하므로, 미성년후견인 지정(제931조 제1항)이나 미성년후견감독인 지정(제940조의2)은 상속과 관계없는 미성년자녀의 친권에 관한 사항이므로 이러한 내용만 있는 유언이라면 방해행위를 하더라도 상속결격에 해당되지 않는다.

(2) 사기 또는 강박으로 피상속인의 상속에 관한 유언을 하게 한 사람

상속인이 사기 또는 강박으로 피상속인에게 상속에 관한 유언을 하게 만든 경우에는 상속결격이 된다(제1004조 제4호). 설령 제110조에 의해 유언이 취소된다고 하더라도, 상속결격은 그대로 적용된다. 제1004조 제4호는 유언을 적극적으로 하게 한 경우만 규정하고 있으므로, 사기 또는 강박으로 피상속인의 상속에 관한 유언을 철회하게 한 경우는 여기에 해당되지 않는다. 다만 상속에 관한 유언을 철회하게 하는 행위는 결과적으로는 상속에 관한 유언을 방해하는 행위에 해당되므로, 제1004조 제3호에 따라서 상속결격이 될 것이다.

(3) 피상속인의 상속에 관한 유언서를 위조·변조·파기 또는 은닉한 사람

상속인이 피상속인의 상속에 관한 유언서를 위조·변조·파기 또는 은닉하면 상속결격이 된다(제1004조 제5호). 이 결격사유는 다른 결격사유와 달리 상속이 개시되고 난 이후에도 결격사유가 생길 수 있는 특징이 있다. 유언서는 종이문서로 된 유언에 국한된다고 할 것은 아니므로 유언 녹음파일도 여기에 해당한다. 위조는 피상속인의 명의를 도용하여 유언을 작성하는 것이며, 변조는 피상속인이 작성한 유언의 내용을 변개(變改)하는 것을 말한다. 파기는 물리적인 훼손이나 멸실뿐만 아니라 디지털 파일의 삭제도 포함하며, 유언의 내용을 확인할 수 없게 만드는 일체의 행위를 말한다. 또한 은닉은 고의로 유언서의 소재를 불명하게 하여 그 발견을 방해하는 일체의 행위를 의미한다[대법원 1998.6.12. 97다38510]. 따라서 유언서의 소재를 과실로 불명하게 만든 경우, 예를 들어 유언서가 숨겨져 있다는 사실을 모르고 상속받은 서적을 처분한 경우에는 상속결격에 해당되지 않는다.

3. 효 과

가. 상속에서의 배제

상속결격이 된 사람은 상속인이 되지 못한다. 상속결격자가 단독상속인이었던 경우에는 후순위자가 상속인이 되고, 공동상속인이었던 경우에는 다른 공동상속인이 상속결격자의 상속분을 자신의 상속분 비율로 상속하게 된다. 제1004조 제5호처럼 상속이 개시된 이후에 상속결격 사유가 발생되었거나 상속재산 분할 이후에 살인죄 유죄판결을 통해 상속결격사유가 있음이 확정된 경우에는 상속결격자는 소급하여 상속에서 배제되어야 하므로, 진정상속인의 상속회복청구권 대상이 된다.

나. 대습상속

상속결격자에게 직계비속이나 배우자가 있으면 그들이 상속결격자를 대습상속한다. 상속결격자의 직계비속이나 배우자는 상속결격자와 경제적 공동체를 형성하여 이익을 공유하는 것이 일반적이므로 상속결격자를 상속에서 배제하는 효과는 반감될 수밖에 없다. 예를 들어 아버지가 사망하였을 때 아들이 자신에게 상당한 유증을 하는 내용으로 아버지의 유언을 변조한 경우에, 그 사실이 발각되지 않으면 변조된 유언대로 부당하게 이익을 얻을 수 있고 또 그 사실이 발각되어 상속결격이 된다면 자신의 배우자와 직계비속이 대습상속하여 원래의 상속분만큼의 이익을 간접적으로 향유할 수 있다면 실질적으로는 상속결격의 제도적 취지를 살릴 수 없다. 따라서 입법론적으로는 상속결격은 대습상속의 사유에서 제외하는 것이 바람직하다.

다. 상속결격자에 대한 유증과 증여

(1) 유 증

상속결격 규정은 수유자에 준용한다(제1064조). 따라서 상속결격자는 유증을 받을 수 없다는 것이 다수의 견해이나, 유언의 성립 이전에 결격행위를 한 사람에 대하여 유증을 한 경우에는 유효하다고 하는 견해(이/윤,387; 송,318)도 있다. 그러나 유언이 성립되고 난 이후의 상속결격에 대해서 용서를 허용하지 않으면서, 유언이 성립되기 이전의 결격행위를 한 사람에게는 수유능력을 인정하면 결국 예외적으로 용서를 허용하는 모순된 결과를 가져오게 된다. 따라서 입법론적으로 상속결격의 용서를 허용할 것인가는 별론으로 하고, 현행 민법상으로는 유언의 성립 전후를 불문하고 상속결격자는 유증을 받을 수 없다고 해석하여야 한다.

(2) 증 여

제1064조는 상속결격자의 수유능력만을 규정하고 있을 뿐, 증여에 대한 준용규정은 두고 있지 않다. 단독행위인 유증과 달리 증여는 계약으로서 상속법이 아닌 재산법상의 전형계약 규정이 적용되어야 한다. 제554조에서 제562조까지의 증여계약에 관한 규정에서 상속결격자의 수증능력을 배제하는 조문을 두고 있지 않은 이상, 상속결격자의 수증능력은 부정되지 않아야 한다.

(3) 사인증여

상속결격자의 수증능력은 인정되더라도, 사인증여에 대해서는 제562조에 별도의 규정을 두고 있다. 증여자의 사망으로 인하여 효력이 생길 증여에는 유증에 관한 규정을 준용하므로, 사인증여의 경우에는 상속결격자의 수증능력은 부정되어야 한다.

라. 상속결격의 용서

상속결격 사유가 발생한 이후에 피상속인이 상속결격자를 용서할 수 있는가에 대해 학설이 대립되고 있다. 용서에 관한 민법 규정이 없으므로 용서가 허용되지 않는다는 견해(김/김,675)와 용서를 인정하는 견해(이/윤,387; 윤,363), 상속결격 사유가 발생한 이후의 유증은 허용되므로 실질적으로는 용서가 허용된다는 견해(곽,44; 송,318)가 있다. 현행 민법에서 명시적으로 용서를 허용하지 않는 이상 해석론으로서는 상속결격의 용서는 허용되지 않는다고 해야 하지만, 입법론적으로는 패륜행위로 상속결격이 된 경우에는 용서가 허용될 수 없으나 유언 부정개입행위로 상속결격이 된 경우에는 용서를 허용하는 것이 바람직하다.

Ⅴ. 상속인의 부존재

1. 의 의

피상속인에게 제1000조에서 정한 상속인의 존부가 분명하지 않거나 피상속인의 신원을 알 수 없는 경우에는 피상속인의 재산상 권리의무의 포괄적 승계가 불명확해진다. 이 상황에서 중요한 것은 피상속인의 상속재산을 한시적으로 관리하고 피상속인의 채무 등을 청산하며, 상속인의 존부를 확정짓는 것이다. 이를 제1053조 이하의 '상속인의 부존재' 절에서 다루고 있다. 이러한 과정을 통해서 상속인의 존재가 확정되면 일반적인 보통의 상속이 이루어지게 되지만, 상속인의 부존재가 확정되면 상속은 불가능하게 되어 특별한 연고가 있는 사람에게 재산을 나누어 주고 잔여재산은 국가에 귀속된다.

만약 상속인은 부존재하지만 포괄적 유증이 있다면, 포괄적 일부 유증인 경우에만 상속인 부존재 절차를 진행한다는 견해(김/김,812; 윤,544)와 수유자의 권리는 상속채권자보다 후순위라는 점에서 항상 상속인 부존재 절차가 진행된다는 견해(곽,205; 송,425)가 대립된다. 포괄적 수유자가 있음에도 불구하고 상속인 부존재 절차를 진행하는 것은 제1078조가 포괄적 유증을 받은 사람은 상속인과 동일한 권리의무가 있다는 규정에 정면으로 반하는 법적용이다. 포괄적 수유자도 상속인과 동일하게 상속재산의 관리의무(제1022조)가 있으므로 상속인 부존재 절차를 통해 상속재산을 관리할 필요가 없다. 또한 상속인과 동일한 권리와 의무가 있는 포괄적 수유자는 상속채무도 유언에서 정한 비율에 따라 포괄적으로 승계하므로 제1056조의 청산절차를 진행할 필요는 없다. 상속채무가 과다하다면 포괄적 수유자가 유증을 포기할 것이고(제1074조 제1항), 그때에는 진정한 상속인 부존재 상태가 될 것이므로 문제가 되지 않는다. 따라서 포괄적 전부 유증의 경우에는 수유자가 단독으로 상속하는 법률효과가 발생되고, 포괄적 일부 유증의 경우에는 수유자에게 유증된 비율을 넘은 상속재산에 대해서만 제1057조의2에 따른 특별연고자 재산분여와 제1058조의 국가귀속을 적용하면 될 것이다.

2. 상속재산관리인의 선임 공고

상속인의 존부가 분명하지 아니한 때에는 법원은 제777조의 규정에 의한 피상속인의 친족 기타 이해관계인 또는 검사의 청구에 의하여 상속재산관리인을 선임하고 지체없이 이를 공고하여야 한다(제1053조 제1항). 이 재산관리인 선임 공고는 '상속인 부존재 1차 공고'가 된다. 상속재산관리인에게는 제24조에서 제26조까지의 부재자 재산관리인 규정이 준용된다(제1053조 제2항).

법원이 선임한 상속재산관리인은 관리할 재산목록을 작성하여야 하며, 법원은 그 선임한 상속재산관리인에 대하여 피상속인의 재산을 보존하기 위하여 필요한 처분을 명할 수 있는데, 상속재산관리비용은 피상속인의 재산으로써 지급한다(제1053조 제2항, 제24조). 법원이 선임한 상속재산관리인이 제118조에 규정한 권한을 넘는 행위를 함에는 법원의 허가를 얻어야 한다(제1053조 제2항, 제25조). 법원은 그 선임한 상속재산관리인으로 하여금 재산의 관리 및 반환에 관하여 상당한 담보를 제공하게 할 수 있으며, 법원은 그 선임한 상속재산관리인에 대하여 피상속인의 재산으로 상당한 보수를 지급할 수 있다(제1053조 제2항, 제26조). 상속재산관리인은 상속채권자나 유증받은 사람의 청구가 있는 때에는 언제든지 상속재산의 목록을 제시하고 그 상황을 보고하여야 한다(제1054조).

상속인의 존재가 확인된 경우에 상속재산관리인의 임무는 그 상속인이 상속의 승인을 한 때에 종료하며, 상속재산관리인은 지체없이 그 상속인에 대하여 관리의 계산을 하여야 한다(제1055조). 상속인의 존재가 확인되지 아니한다면, 상속인 부존재 절차가 계속 진행되어야 한다.

3. 채권 또는 수증 신고 공고

상속재산관리인 선임 공고가 있은 날로부터 3개월 내에 상속인의 존부를 알 수 없는 때에는 상속재산관리인은 지체없이 일반 상속채권자와 유증받은 사람에 대하여 일정한 기간 내에 그 채권 또는 수증을 신고할 것을 공고하여야 하며, 그 기간은 2개월 이상이어야 한다(제1056조 제1항). 전술한 바와 같이 포괄적 수유자가 있는 경우에는 상속인 부존재 절차를 진행하지 않는다는 입장을 취한다면, 여기에서의 '유증받은 사람'이라 함은 특정적 수유자만을 말한다고 해석된다. 이 채권 또는 수증 신고 공고가 '상속인 부존재 2차 공고'이다.

이 공고에는 채권자나 수유자가 기간 내에 신고하지 아니하면 청산으로부터 제외될 것을 표시하여야 한다(제1056조 제2항, 제88조 제2항). 이 공고는 법원의 등기사항의 공고와 동일한 방법으로 하여야 한다(제1056조 제2항, 제88조 제3항). 상속재산관리인은 알고 있는 채권자 또는 수유자에게 대하여는 각각 그 채권 또는 수증 신고를 최고하여야 하며, 알고 있는 채권자나 수유자는 청산으로부터 제외하지 못한다(제1056조 제2항, 제89조).

상속재산관리인은 제2차 공고 기간만료 전에는 상속채권이나 유증의 변제를 거절할 수 있다(제1056조 제2항, 제1033조). 상속재산관리인은 제2차 공고 기간만료 후에 상속재산으로서 그 기간 내에 신고한 채권자나 수유자와 자신이 알고 있는 채권자나 수유자에 대하여 각 액수의 비율로 변제하여야 하지만, 우선권있는 채권자의 권리를 해하지 못한다(제1056조 제2항, 제1034조 제1항). 상속재산관리인은 상속재산 중에서 남아있는 상속재산과 함께 이미 처분한 재산의 가액을 합하여 변제를 하여야 하지만, 상속채권자나 수유자에 대하여 변제한 가액은 이미 처분한 재산의 가액에서 제외한다(제1056조 제2항, 제1034조 제2항). 상속재산관리인은 변제기에 이르지 아니한 채권에 대하여도 위와 같이 변제하여야 하며, 조건있는 채권이나 존속기간의 불확정한 채권은 법원이 선임한 감정인의 평가에 의하여 변제하여야 한다(제1056조 제2항, 제1035조). 상속재산관리인은 상속채권자에 대한 변제를 완료한 후가 아니면 수유자에게 변제하지 못한다(제1056조 제2항, 제1036조). 이러한 변제를 하기 상속재산의 전부나 일부를 매각할 필요가 있는 때에는 민사집행법에 의하여 경매하여야 한다(제1056조 제2항, 제1037조).

상속재산관리인이 제2차 공고를 해태하거나 제1033조 내지 제1036조의 규정에 위반하여 어느 상속채권자나 수유자에게 변제함으로 인하여 다른 상속채권자나 수유자에 대하여 변제할 수 없게 된 때에는 상속재산관리인은 그 손해를 배상하여야 한다(제1056조 제2항, 제1038조 제1항). 변제를 받지 못한 상속채권자나 수유자는 그 사정을 알고 변제를 받은 상속채권자나 수유자에 대하여 구상권을 행사할 수 있다(제1056조 제2항, 제1038조 제2항). 공고 기간 내에 신고하지 아니한 상속채권자 및 수유자로서 상속재산관리인이 알지 못한 사람은 상속재산의 잔여가 있는 경우에 한하여 그 변제를 받을 수 있으나, 상속재산에 대하여 특별담보권이 있는 때에는 그러하지 아니하다(제1056조 제2항, 제1039조).

4. 상속인 수색 공고

2개월 이상의 채권 또는 수증 신고 공고 기간이 경과하여도 상속인의 존부를 알 수 없는 때에는 법원은 상속재산관리인의 청구에 의하여 상속인이 있으면 일정한 기간 내에 그 권리를 주장할 것을 공고하여야 하며, 그 기간은 1년 이상이어야 한다(제1057조). 이 상속인 수색 공고는 '상속인 부존재 3차 공고'이다.

채권 또는 수증 신고를 받은 결과 적극적 상속재산으로 이를 변제하기에 부족하면, 배당변제를 하고 청산절차를 마치게 된다. 그러나 채권 변제와 유증 이행을 하고도 적극재산이 남게 되면 이를 상속할 상속인을 수색하는 마지막 공고를 하게 된다. 상속인 수색 공고를 통해 상속인의 존재가 확인되면, 그가 적극재산을 상속하는 것으로써 상속은 종결된다. 그러나 상속인 수색 공고에서도 상속인이 나타나지 않으면 상속인은 부존재하는 것으로 최종 확정된다. 이 기간 내에 신고한 상속채권자나 특정적 수유자에 대하여도 잔여재산이 있는 경우에는 그 한도에서 변제할 수 있다는 견해(윤,545)가 있다. 상속인 수색 공고 기간이 종료되어야만 상속인 부존재로 확정되어 국가에 귀속되는 것이므로, 잔여재산의 한도에서 변제하는 것이 타당하다.

5. 특별연고자 재산 분여

가. 의   의

상속인 수색 공고 기간 내에 상속권을 주장하는 사람이 없는 때에는 가정법원은 피상속인과 생계를 같이 하고 있던 사람, 피상속인의 요양간호를 한 사람 기타 피상속인과 특별한 연고가 있던 사람의 청구에 의하여 상속재산의 전부 또는 일부를 분여分與할 수 있으며, 이 청구는 상속인 수색 공고 기간의 만료 후 2개월 이내에 하여야 한다(제1057조의2). 상속인 수색 공고에서도 상속인이 나타나지 않으면 상속인은 부존재하는 것으로 최종 확정된다. 상속인 수색 공고 기간이 경과하면 설령 상속인이 존재하더라도 상속은 이루어지지 못하며, 상속채권자나 수유자 역시 자신의 권리를 주장할 수 없게 된다.

상속인이 부존재하면 최종적으로는 국가에 귀속되어야 하지만, 그에 앞서 피상속인과 일정한 관계에 있던 사람은 가정법원에 자신에게 상속재산을 나누어 줄 것을 청구할 수 있는 기회를 부여하고 있다. 즉 상속인보다는 멀지만 국가보다는 가까운 사람이 있다면 피상속인의 사망에 따른 이익을 그에게 적절히 배분하는 것이 인간적인 정리에 부합되는 것이다.

나. 분여청구자

(1) 피상속인과 생계를 같이 하는 사람

피상속인의 사실혼 배우자나 사실혼 배우자의 직계비속이 피상속인과 생계를 같이 하였다면, 상속인이 될 수는 없으나 피상속인의 사망으로부터 직접적인 영향을 받게 된다. 특히 피상속인의 상속재산 형성에 직간접적인 기여가 있을 가능성도 배제할 수 없으므로, 분여청구자로 인정하는 것이 적절하다.

(2) 피상속인의 요양간호를 한 사람

피상속인의 요양간호를 한 사람도 분여를 청구할 수 있다. 피상속인도 자신이 남겨놓은 상속재산을 국가에게 귀속시키기 보다는 자신의 요양간호를 한 사람에게 기꺼이 나누어주고자 하는 의사를 가지고 있을 것으로 추단할 수 있을 것이다.

(3) 기타 피상속인과 특별한 연고가 있던 사람

4촌 이내의 혈족이 없던 피상속인이 생전에 친밀하게 교류하였던 5촌 이상의 방계혈족은 상속인이 될 수는 없을지라도, 피상속인과 특별한 연고가 있는 사람이라고 할 수 있을 것이다. 다만 방계혈족이라는 사실만으로 특별한 연고가 있다고 할 수는 없고, 피상속인과 실질적으로 특별한 교류관계가 존재하여야 한다.

다. 재산의 분여

분여를 청구하더라도 분여를 할 것인지의 여부, 분여를 한다면 어느 정도 할 것인지는 전적으로 가정법원이 결정한다. 상속재산의 분여는 가사비송 라류사건으로 상속개시지의 가정법원이 담당한다(가사소송법 제44조). 가사비송사건은 심판으로써 하며(가사소송법 제39조 제1항), 집행권원이 된다(가사소송법 제41조).

상속재산이 공유인 경우에 제267조가 '상속인 없이 사망한 때에는' 그 지분은 다른 공유자에게 각 지분의 비율로 귀속되도록 규정하고 있어서, 분여대상이 되지 못하는가의 문제가 있다. 이에 대해 제267조가 적용되지 아니하고 분여대상이 된다는 견해(김/김,820; 송,428)가 타당하다.

6. 국가귀속

상속인 수색 공고 기간이 경과하고 특별연고자 재산 분여도 되지 아니한 때에는 상속재산은 국가에 귀속한다(제1058조 제1항). 이 경우 상속재산관리인은 지체없이 국가에 대하여 관리의 계산을 하여야 한다(제1058조 제2항). 국가에 귀속되는 경우 상속재산으로 변제를 받지 못한 상속채권자나 유증을 받은 사람이 있는 때에도 국가에 대하여 그 변제를 청구하지 못한다(제1059조). 그러나 다음과 같은 국가 귀속의 예외도 있다. 공유자가 상속인 없이 사망한 때에는 그 지분은 국가에 귀속되는 것이 아니라 다른 공유자에게 각 지분의 비율로 귀속한다(제267조). 또한 임차인이 상속인 없이 사망한 경우에는 그 주택에서 가정공동생활을 하던 사실상의 혼인 관계에 있는 사람이 임차인의 권리와 의무를 승계한다(주택임대차보호법 제9조 제1항).

국가 귀속의 법적 성질에 대해 원시취득이라는 견해(김/김,816; 이/윤,395)와 일종의 포괄승계라는 견해(곽,214; 송,429; 윤,546)가 대립된다. 국가가 특정인을 포괄승계하였다면 향후 상속채권자나 수유자가 자신의 권리를 행사할 수 있어야 함이 논리적으로 타당한데, 제1059조가 이를 허용하지 않으므로 원시취득으로 이해하는 것이 타당하다.

상속재산의 국가 귀속시기에 대해서도 학설이 대립된다. 상속개시 시점으로 소급하여 국가에 귀속된다는 견해(곽,215; 이/윤,395)와 상속재산관리인이 잔여재산을 국가에게 인도할 시점이라는 견해(김/김,817; 윤,546) 그리고 상속인의 부존재가 확정되는 시점이라는 견해(송,429)가 있다. 국가 귀속의 법적 성격을 원시취득으로 파악하고 국가에 귀속되면 상속채권자나 수유자가 더 이상 권리를 행사할 수 없다는 제1059조 규정을 고려하면, 상속인의 부존재가 확정되는 시점에 국가에 귀속된다고 할 수 있다.

제 3 절   상속의 효력

Ⅰ. 포괄적 권리의무의 승계

1. 재산상 권리와 의무

상속인은 상속개시된 때로부터 피상속인의 재산에 관한 포괄적 권리의무를 승계한다. 재산적 권리와 의무가 아니면 상속의 대상이 되지 못한다. 재산적 권리와 의무라도 피상속인의 일신에 전속한 것은 상속되지 않는다. 따라서 국가유공자 본인의 연금이나 부양청구권과 같은 권리는 귀속상 일신전속적이므로 상속의 대상이 될 수 없다.

인격적 권리는 상속의 대상이 되지 못하므로, 인격적 가치만 있는 온라인 디지털정보 등은 상속될 수 없다. 다만 저작권법 등 별도의 법률에서 유족이나 유언집행자에게 저작자의 사망 후 인격적 이익을 보호할 수 있는 고유한 권리를 인정하기도 한다. 한편으로 재산권적 성격과 인격권적 성격을 공히 갖는 퍼블리시티권은 재산적 권리로서의 측면을 고려하여 상속성을 긍정하여야 할 것이다.

2. 포괄적 당연 승계

상속으로 인한 포괄적 권리의무의 승계에는 상속인의 인식을 요하지 아니한다. 상속인이 피상속인의 사망 사실을 인식할 필요도 없고, 자신이 상속인인지에 대한 인식도 요구하지 않는다. 피상속인이 사망하면 그 즉시 상속인의 지위에 있는 사람에게 포괄적으로 당연 승계되는 것이다. 설령 선순위 또는 최근친 상속인들이 모두가 포기하는 경우에 후순위 또는 차근친次近親 상속인은, 그 상속포기 사실을 알지 못하더라도, 상속포기 즉시 피상속인 사망 시로 소급하여 상속인이 됨은 물론이다. 다만 상속의 승인이나 포기의 기산점은 '상속개시 있음을 안 날'이므로(제1019조), 당연 승계하더라도 상속인이 불측의 불이익을 입을 우려는 없다.

3. 공동상속과 재산 공유

가. 의 의

상속인이 수인인 때에는 상속재산은 그 공유로 한다(제1006조). 단독상속의 경우에는 상속인이 피상속인의 권리와 의무를 그대로 전부 승계하므로 귀속은 매우 간단하다. 그러나 공동상속의 경우에 누가 어떠한 권리의무를 상속받을 것인지는 상속재산의 분할이 이루어져야 최종 확정되므로, 상속시부터 상속재산 분할 시점까지는 공유로 민법이 규정하고 있다.

나. 공동소유의 형태

제1006조는 공동상속재산을 공동상속인의 공유라고 명시하고 있으나, 이 공유가 제262조의 '공유'를 말하는 것인가는 명확하지는 않다. 판례는 공동상속에서의 공유가 제262조의 물권법상 협의의 공유라고 한다[대법원 1996.2.9. 94다61649]. 판례와 같이 물권법상의 공유라고 하더라도 제262조 이하의 공유에 관한 규정이 그대로 적용되는 것은 아니고, 상당 부분 상속법에 특수한 예외가 존재한다. 상속분의 양도나 상속재산 분할의 자유 그리고 상속재산 분할에 공유물 분할 규정을 준용하는 점에서는 물권법상의 공유로 볼

수 있으나, 상속재산 분할의 소급효나 가분채권의 분할은 물권법상의 합유로만 설명이 가능하다. 반면에 상속재산 분할의 소급효를 인정하면서도 제3자의 권리를 해하지 못하는 점은 합유가 아닌 공유로 설명이 가능하다. 이러한 점에서 제1006조의 공유가 실질적으로는 물권법상 합유라고 주장하는 일부 견해(박,349)도 있었다. 그러나 제1006조의 공유는 물권법상의 공유나 합유 그 어느 하나로 수미일관되게 설명할 수는 없으므로, 상속법에 특유한 공유로 이해하는 것이 타당하다.

다. 적극재산의 공동소유

공동상속인은 적극재산을 공유하는 것이 원칙이므로, 물권이나 채권 모두 공유이며 각자 법정상속분이라는 상속재산에 대한 지분을 갖는다. 이 공유관계는 후술하는 상속재산의 분할 시점까지 유지되며, 상속재산이 분할되면 상속개시시로 소급하여 단독으로 소유한 것으로 된다(제1015조). 다만 손해배상채권과 같은 가분채권은 상속개시와 동시에 각자의 법정상속분에 따라 분할하여 승계된다는 것이 판례의 태도이다[대법원 1962.5.3. 4294민상1105]. 그러나 상속재산 중 현금은 공유라고 하면서도, 금전채권은 법정상속분에 따라 당연히 분할되어 귀속된다는 것은 납득하기 어려운 논리이다. 따라서 가분채권도 상속재산 분할 시점까지는 공유라고 보는 것이 타당하다.

라. 채무의 공동상속

금전채무와 같이 급부의 내용이 가분인 채무가 공동상속된 경우 이는 상속개시와 동시에 당연히 법정상속분에 따라 공동상속인에게 분할되어 귀속되므로[대법원 2014.7.10. 2012다26633], 가분채무는 공동부담하지 않는다. 만약 공동상속인 중 일부가 원래 채무초과인 상태라서 자신에게 분할되어 귀속된 상속채무 역시 변제자력이 부족한 경우에는 상속채권자는 불측의 손해를 입을 위험이 있으므로 판례의 태도가 합당하다고 생각되지는 않는다. 설령 제1045조의 상속재산 분리제도를 통해 상속채권자가 스스로 보호할 수는 있다고 하더라도, 이러한 절차적 부담을 상속채권자에게 지우는 것은 상속인의 이익에 지나치게 경도된 태도가 아닐 수 없다. 따라서 가분채무이건 불가분채무이건 공동상속인 각자가 채무 전부에 대해 이행책임을 진다고 하는 것이 타당하며, 설령 상속재산 분할에서 채무도 분할한다고 하더라도 채권자의 동의 없이는 면책적 채무인수는 불가능하다.

마. 상속재산의 관리와 처분 등

상속재산은 공동상속인의 공유이므로 그 관리와 처분은 원칙적으로 물권법상 공유에 관한 규정이 적용된다. 상속재산의 관리에 관한 사항은 공동상속인 상속분의 과반수로서 결정하지만, 보존행위는 공동상속인이 단독으로 할 수 있다(제265조). 그러므로 공동상속인 중 1인이 공유자임을 주장하여 보존행위로서 제3자를 상대로 소유권이전등기 전부의 말소를 구할 수도 있다[대법원 1996.2.9. 94다61649]. 공동상속인은 상속재산 전부를 지분의 비율로 사용, 수익할 수 있다(제263조). 따라서 공동상속인 1인이 상속재산에 속하는 물건을 배타적으로 이용하면 다른 공동상속인에 대해 부당이득이 성립한다.

공동상속인은 자기의 상속분을 양도할 수 있지만, 개별적인 상속재산을 단독으로 처분할 수는 없다. 다만 개별적인 상속재산의 법정상속분에 해당하는 공유지분을 처분하는 것은 가능하며, 개별 상속재산의 공유지분을 양수한 사람은 제1015조에서 규정하는 제3자에 해당하므로 이 양수인의 권리를 침해하는 상속재산의 분할은 허용되지 않는다.

Ⅱ. 상속재산

1. 적극재산

가. 물 권

(1) 본 권

소유권이나 제한물권 모두 상속재산으로서 상속의 대상이 됨은 물론이다. 다만 합유의 경우에는 조합이라는 단체구성원으로서의 지위를 상속할 수 없으므로, 합유지분은 상속대상이 되지 못한다[대법원 1994.2.25. 93다39225].

> 부동산의 합유자 중 일부가 사망한 경우 합유자 사이에 특별한 약정이 없는 한 사망한 합유자의 상속인은 합유자로서의 지위를 승계하는 것이 아니므로 해당 부동산은 잔존합유자가 2인 이상일 경우에는 잔존합유자의 합유로 귀속되고 잔존합유자가 1인인 경우에는 잔존합유자의 단독소유로 귀속된다 할 것이다[대법원 1994.2.25. 93다39225].

담보물권의 경우에는 수반성이 있으므로 피담보채권과 분리해서 상속할 수는 없으며, 반드시 피담보채권과 같이 상속되어 둘 다 동일한 상속인에게 분할되어야 한다.

(2) 점유권

점유권은 상속으로 이전한다(제193조). 점유권은 사실상의 지배로부터 나오는 권리이지만(제192조 제1항), 상속의 경우에는 예외적으로 관념상 당연 승계됨을 특별히 명시하고 있다. 상속은 원시취득이 아니라 승계취득이므로, 상속인의 새로운 권원으로 점유를 개시하지 않는 한, 피상속인의 점유 태양 그대로 피상속인에게 승계된다[대법원 2004.9.24. 2004다27273].

> 상속에 의하여 점유권을 취득한 경우에는 상속인이 새로운 권원에 의하여 자기 고유의 점유를 시작하지 않는 한 피상속인의 점유를 떠나 자기만의 점유를 주장할 수 없고, 선대의 점유가 타주점유인 경우 선대로부터 상속에 의하여 점유를 승계한 자의 점유도 그 성질 내지 태양을 달리하는 것이 아니어서 특단의 사정이 없는 한 그 점유가 자주점유로 될 수 없고, 그 점유가 자주점유가 되기 위하여는 점유자가 소유자에 대하여 소유의 의사가 있는 것을 표시하거나 새로운 권원에 의하여 다시 소유의 의사로써 점유를 시작하여야 한다[대법원 2004.9.24. 2004다27273].

(3) 준물권

상표권, 특허권, 저작권과 같은 지식재산권도 상속의 대상이 된다. 광업권이나 어업권과 같은 준물권도 원칙적으로 상속의 대상이 된다. 대체로 이러한 권리들은 각각의 법률에서 별도의 규정을 두고 있다.

나. 채 권

(1) 일반론

채권은 원칙적으로 양도성이 있으므로(제449조 제1항), 상속의 대상이 된다. 그러나 정기의 급여를 목적으로 한 증여는 증여자 또는 수증자의 사망으로 인하여 효력을 잃으므로(제560조) 상속되지 않는다. 손해배상청구권도 당연히 재산권이므로 상속성이 있다. 즉 사로 인한 생명침해자의 손해배상청구권도 상속성이 있는가에 대해서 판례[대법원 1969.4.15. 69다268]는 상속성을 긍정하며, 상속인이 유족 고유의 위자료청구권과 상속받은 위자료청구권을 함께 행사할 수 있다고 한다.

(2) 일신전속권

부양청구권과 같은 귀속상 일신전속적인 채권은 상속할 수 없다(제1005조 단서). 가족법상의 일신전속적인 권리들은 원칙적으로 상속성이 부정된다. 약혼해제(제806조 제3항), 혼인 무효 또는 취소(제825조), 이혼(제843조), 입양 무효 또는 취소(제897조), 파양(제908조)에 따른 위자료청구권에 대해서는 민법이 명시적인 규정을 두고 있다. 이러한 사유로 인한 정신적 고통에 대한 손해배상청구권은 승계하지 못하나, 당사자 간에 이미 그 배상에 관한 계약이 성립되거나 소를 제기한 후에는 그러하지 아니하다.

이혼시 재산분할청구권은 행사상의 일신전속권이므로[대법원 2022.7.28. 2022스613], 협의나 심판에 의해 구체적인 내용이 형성된 이후에만 예외적으로 상속성이 긍정된다. 유류분반환청구권도 행사상의 일신전속권이므로[대법원 2010.5.27. 2009다93992] 유류분권리자에게 그 권리행사의 확정적 의사가 있다고 인정되는 경우에만 상속성이 긍정된다.

(3) 주택임대차보호법상의 주택임차권

임차인이 사망한 때에 사망 당시 상속인이 그 주택에서 가정공동생활을 하고 있지 아니한 경우에는 그 주택에서 가정공동생활을 하던 사실상의 혼인 관계에 있는 사람과 2촌 이내의 친족이 공동으로 임차인의 권리와 의무를 승계한다(주택임대차보호법 제9조 제2항). 이 한도에서 주택임차권은 상속재산이 되지 않는다. 물론 이 승계는 강제적인 것은 아니고 임차인이 사망한 후 1개월 이내에 임대인에게 제1항과 제2항에 따른 승계 대상자가 반대의사를 표시한 경우에는 승계되지 않으므로(주택임대차보호법 제9조 제3항), 이때에는 다시 상속재산에 포함된다.

다. 생명보험금

피상속인을 피보험자로 한 생명보험은 그가 사망하면 구체적인 보험금지급청구권이 발생된다. 이 경우 '상속인' 또는 상속인이 되는 특정인을 수익자로 지정한 경우에는 보험금은 수익자의 고유재산으로서 상속재산이 아니지만[대법원 2001.12.28. 2000다31502], 공동상속인 간의 고유재산으로서 배분 비율은 법정상속분에 따른다[대법원 2017.12.22. 2015다236820*]. 피상속인이 보험수익자를 지정하지 못한 상태에서 사망한 경우에 상법에 따라 피보험자의 상속인이 보험수익자가 되더라도(상법 제733조) 상속재산이 아니라 상속인의 고유재산이며, 상해보험으로 사망보험금이 지급되는 경우에도 마찬가지이다[대법원 2004.7.9. 2003다29463]. 보험계약자가 제3자를 피보험자로 하고 자신을 수익자로 한 생명보험에서 수익자와 피보험자가 동시에 사망한 경우에 보험수익자의 상속인이 갖는 보험금지급청구권은 상속재산이 아니다[대법원 2007.11.30. 2005두5529]. 그러나 보험계약자가 피보험자 중의 1인인 자신을 보험수익자로 지정한 경우에, 보험수익자가 사망하면 그 보험금은 상속재산이 된다[대법원 2002.2.8. 2000다64502].

라. 사망퇴직금 등

재직 중 사망으로 인한 퇴직연금이나 유족연금 또는 사망퇴직금은 모두 수급권자의 고유재산이므로 상속재산에 포함되지 않는다. 판례도 공무원연금법상의 유족급여[대법원 2000.9.26. 98다50340], 산재보험법에 의한 유족급여[대법원(전) 2009.5.21. 2008다13104]는 상속재산에 해당되지 않는다고 판시하고 있다.

마. 분묘 등 제사용 재산

분묘에 속한 1정보町步(3천평) 이내의 금양임야禁養林野와 600평 이내의 묘토인 농지, 족보와 제구祭具의 소유권은 제사를 주재하는 사람이 이를 승계한다(제1008조의3). 이러한 제사용 재산은 과거에는 호주상속인이 승계하는 것으로 규정하고 있었으나, 1990년 민법 개정으로 호주상속을 폐지하면서, 제사를 주재하는 사람이 상속과는 관계 없이 승계하도록 규정하였다. 누가 제사주재자가 될 것인가에 대해서는 공동상속인이 협의로 결정하여야 하며, 협의가 이루어지지 않는 경우에는 제사주재자의 지위를 인정할 수 없는 특별한 사정이 있지 않는 한 피상속인의 직계비속 중 남녀, 적서를 불문하고 최근친의 연장자가 제사주재자로 우선한다[대법원(전) 2023.5.11. 2018다248626]. 다만 이 판결 선고 이후에 제사용 재산의 승계가 이루어지는 경우에만 적용되고, 그 이전의 제사용 재산의 승계에 대해서는 장남 또는 장손자 등 남성 상속인이 제사주재자로 우선한다는 이제는 변경된 2008년 전원합의체 판결의 법리가 적용된다. 제사용 재산은 상속재산 분할 대상이 되지 못하지만[대법원 2012.9.13. 2011스145], 제사용 재산에 대한 회복은 상속회복청구권을 준용하여야 할 것이다.

> 공동상속인들 사이에 협의가 이루어지지 않는 경우에는 제사주재자의 지위를 인정할 수 없는 특별한 사정이 있지 않는 한 피상속인의 직계비속 중 남녀, 적서를 불문하고 최근친의 연장자가 제사주재자로 우선한다고 보는 것이 가장 조리에 부합한다. 〈중략〉 한편 피상속인의 직계비속 중 최근친의 연장자라고 하더라도 제사주재자의 지위를 인정할 수 없는 특별한 사정이 있을 수 있다. 이러한 특별한 사정에는, 2008년 전원합의체 판결에서 판시한 바와 같이 장기간의 외국 거주, 평소 부모를 학대하거나 모욕 또는 위해를 가하는 행위, 조상의 분묘에 대한 수호·관리를 하지 않거나 제사를 거부하는 행위, 합리적인 이유 없이 부모의 유지 또는 유훈에 현저히 반하는 행위 등으로 인하여 정상적으로 제사를 주재할 의사나 능력이 없다고 인정되는 경우뿐만 아니라, 피상속인의 명시적·추정적 의사, 공동상속인들 다수의 의사, 피상속인과의 생전 생활관계 등을 고려할 때 그 사람이 제사주재자가 되는 것이 현저히 부당하다고 볼 수 있는 경우도 포함된다[대법원(전) 2023.5.11. 2018다248626].

2. 소극재산

가. 일 반 론

일반적인 재산법상의 채무는 원칙적으로 상속인에게 상속된다. 그러나 이른바 '하는 채무' 중 인적 특성이 강한 채무는 일신에 전속한 작위 채무이므로 상속성이 부정된다. 예를 들어 유명 바이올린 연주자가 공연계약을 체결한 후 사망하였다면, 채무가 상속되지 않고 공연계약은 이행불능이 된다. 금전채무와 같이 가분적 채무의 경우에는 상속개시와 동시에 각 공동상속인에게 법정상속분에 따라 분할되어 상속된다[대법원 1997.6.24. 97다8809]. 손해배상채무도 재산상 금전채무이므로 법정상속분에 따라 분할되어 상속된다. 불가분채무인 경우에는 공동상속인 모두에게 불가분채무 전부가 공동 상속된다. 등기이전의무도 상속하지만, 피상속인이 자신의 부동산을 매도한 후 사망하여 공동상속인 중 1인이 다른 상속인들의 지분을 모두 양수하더라도 특별한 사정이 없는 한, 자기 고유의 상속 지분에 대해서만 등기의무를 승계하는 것이 원칙이다[대법원 2015.11.26. 2015다206584].

나. 보증채무

보증채무는 그 구체적인 내용에 따라 상속성이 판단되어야 한다. 먼저 보증인인 피상속인이 사망하기 이전에 발생된 보증채무는 일반적인 채무와 차이가 없으므로 당연히 상속성이 인정된다. 또한 보증채무의 책임 범위가 확정되어 있는 경우에는 상속개시 이후 발생한 보증채무도 상속성이 있다는데 학설과 판례[대법원 1988.2.10. 97누5367]가 일치한다. 그러나 보증기간과 보증한도에 정함이 없는 계속적 보증계약에서는 상속개시 후에 발생하는 보증채무는 상속되지 않는다[대법원 2001.6.12. 2000다47187]. 신원보증법에 따라 신원보증계약은 신원보증인의 사망으로 종료한다(신원보증법 제7조).

다. 공적 채무

조세와 같은 공적 채무도 당연히 상속인에게 상속이 된다. 벌금은 형벌이므로, 상속을 인정하면 헌법 제13조 제3항의 연좌제 금지에 반하게 되므로, 당연히 상속되지는 않는다. 형법상 추징도 일신전속적이므로 상속이 되지 않지만, 형사소송법 제478조에 따라 "몰수 또는 조세, 전매 기타 공과에 관한 법령에 의하여 재판한 벌금 또는 추징은 그 재판을 받은 자가 재판확정 후 사망한 경우에는 그 상속재산에 대하여 집행할 수 있다"라고 규정하여, 예외적인 경우에 상속은 되지 않지만 상속재산에 대한 집행을 예외적으로 허용하고 있다. 다만 조세, 전매, 기타 공과에 관한 법령에 의한 재판의 경우에 국한되는 것이므로, 그 외의 사유로 인한 벌금과 추징은 상속재산에서도 집행할 수 없다.

3. 지 위

가. 계약상 지위

계약상 당사자의 지위는 원칙적으로 상속된다. 명의신탁에서도 명의수탁자가 사망하면 명의신탁 관계는 그 상속인과의 사이에 존속하게 된다[대법원 1996.5.31. 94다35985]. 대부분의 '주는 유상·쌍무계약'의 경우에 당사자의 지위는 주된 급부에 대한 재산상 권리와 의무가 핵심적인 요소이므로 상속재산에 포함되는 것이 일반적이다. 판례에 따르면 청약저축 가입자의 지위도 상속하므로 공동상속인이 그 지위를 준공유準共有한다[대법원 2022.7.14. 2021다194674*]. 그러나 인적 특성이 강한 위임이나 고용과 같은 '하는 계약'의 경우에는 당사자의 지위를 일률적으로 승계시키면 강제노역의 결과가 되므로 계약상 지위는 상속되지 아니한다.

나. 단체구성원의 지위

사단법인 사원의 지위는 양도 또는 상속할 수 없다(제56조). 다만 강행규정은 아니라고 할 것이므로 정관에 의하여 이를 인정하고 있을 때에는 상속이 허용되며[대법원 1992.4.14. 91다26850], 비법인사단에서도 사원의 지위는 규약이나 관행에 의하여 상속될 수 있다[대법원 1997.9.26. 95다6205]. 민법상 조합의 경우에 조합원이 사망하면 조합에서 탈퇴되므로(제717조 제1호), 조합원의 지위는 원칙적으로 상속되지 않는다. 그러나 조합계약에서 사망한 조합원의 지위를 그 상속인이 승계하기로 약정하는 경우에는 조합원의 지위가 상속인에게 승계된다[대법원 2013.7.11. 2012다57828].

다. 대리관계

(1) 대리권

본인이나 대리인이 사망하면 대리권은 소멸된다(제127조). 다만 소송대리의 경우에는 당사자가 사망하더라도 소송대리인의 소송대리권은 소멸하지 않는다(민사소송법 제95조 제1호). 이 경우에는 소송절차가 중단되지 아니하므로(민사소송법 제238조), 소송대리인들은 상속인 전원을 위하여 소송을 수행하게 되며, 판결은 상속인들 전원에 대하여 효력이 있다[대법원 2016.4.29. 2014다210449].

(2) 본인을 상속한 무권대리인

무권대리인이 무권대리행위를 한 이후 본인이 사망하여 무권대리인이 본인을 상속하는 경우에는 단독상속인가 공동상속인가에 따라 구별된다. 만약 무권대리인이 본인을 단독으로 상속하는 경우에는 무권대리행위의 무효를 주장하는 것은 금반언의 원칙에 반하므로 허용되지 않는다[대법원 1994.9.27. 94다20617]. 공동상속의 경우에는 공동상속인 전원이 추인을 하면 무권대리행위가 전부 유효로 되지만, 그렇지 않으면 제137조 일부 무효의 법리가 적용된다고 할 것이다. 따라서 무권대리행위 전부가 무효로 되지만, 그 무효부분이 없더라도 법률행위를 하였을 것이라고 인정될 때에는 본인을 상속한 무권대리인의 상속분과 공동상속인 중 추인한 상속분은 유효가 된다.

(3) 무권대리인을 상속한 본인

무권대리인이 무권대리행위를 한 이후에 무권대리인이 사망하여 본인이 그를 단독 또는 공동 상속하는 경우에, 자동으로 추인이 되는 것이 아니라 추인을 거절할 수 있다. 추인을 거절하면 단독상속 여부와 관계 없이 본인이 무권대리인으로서의 책임을 진다는 것이 통설(곽,82; 김/김,695; 이/윤,407; 송,334)이자 판례[대법원 1994.8.26. 93다20191*]이다.

Ⅲ. 상 속 분

1. 의 의

상속분이라는 용어는 다의적으로 사용된다. 우선 상속분은 전체 상속재산 중에서 특정한 상속인이 포괄적으로 승계하는 '상속비율'을 말한다. 이 상속분은 단독상속에서는 비율이 없으므로 무의미하고, 공동상속에서만 의미가 있다. 경우에 따라서는 상속분이 '상속재산'을 의미하기도 한다. 제1008조와 제1008조의2에서의 상속분은 특정한 상속인이 '상속받는 재산'이라는 의미로 사용되고 있다. 한편으로 제1011조 공동상속분의 양수에서는 '상속인 지위'를 말한다. 물론 상속비율이 구체적인 상속재산이나 상속인 지위에 기초적인 전제가 된다는 점에서 이러한 의미의 혼용이 실질적으로 문제가 되지는 않는다. 아래에서는 전체 상속재산에서 특정한 상속인이 포괄적으로 승계하는 상속재산의 비율이라는 원래의 의미에서의 상속분을 설명한다.

2. 법정상속분

가. 단독상속

단독상속의 경우에는 상속인 혼자서 피상속인의 비일신전속적인 재산상 권리와 의무를 모두 상속하므로, 상속분은 실질적으로 아무런 의미가 없다. 따라서 상속개시와 동시에 단독 소유의 형태로 포괄적 승계를 하게 된다.

나. 공동상속

(1) 균분상속

동순위의 상속인이 수인인 때에는 그 상속분은 균분으로 한다(제1009조 제1항). 공동상속인이 N명이면 각각 1/N의 상속분을 갖는다. 예를 들어 피상속인에게 배우자 없이 직계비속만 3명이 있다면, 각자의 상속분은 1/3이다.

과거에는 호주상속을 하는 직계비속 장남자에게 고유의 상속분에 5할을 가산하고 여자의 상속분은 남자의 상속분의 2분의 1로 하며, 혼인한 딸에게는 남자 상속분의 4분의 1로 하는 차별적인 상속분을 규정하였다. 그러나 1990년 민법 개정으로 그러한 차별은 모두 폐지되고, 혼인 중의 자녀 여부, 남자와 여자, 친생자와 양자의 구별 없이 모두가 균등한 비율로 상속하게 되었다.

(2) 배우자의 상속분 가산

피상속인의 배우자의 상속분은 직계비속과 공동으로 상속하는 때에는 직계비속의 상속분의 5할을 가산하고, 직계존속과 공동으로 상속하는 때에는 직계존속의 상속분의 5할을 가산한다(제1009조 제2항). 물론 직계비속과 직계존속이 없는 경우에는 배우자가 단독상속을 할 것이므로, 상속분의 가산은 의미가 없다. 과거에는 피상속인의 아내 상속분은 직계비속 남자의 상속분의 2분의 1로 하고 직계존속과 공동으로 상속하는 때에는 남자의 상속분과 균분으로 하는 여성 차별이 행하여졌으나, 역시 1990년 민법 개정으로 배우자의 남녀 차별은 폐지되었고 직계비속에 5할을 가산하는 적극적인 고려가 도입되었다.

피상속인이 배우자와 자녀들을 남기고 사망한 경우에, 각 자녀가 상속받을 재산을 1

이라고 하면 배우자는 1.5의 비율로 상속을 받아야 한다. 예를 들어 배우자와 자녀 1명이 상속인이라면, 1.5/2.5(＝3/5), 1/2.5(＝2/5)의 비율이 각자의 상속분이 된다. 만약 자녀가 2명이라면 배우자는 3/7, 자녀들은 2/7의 비율이 될 것이고, 자녀가 3명이라면 배우자는 3/9, 자녀들은 2/9의 비율이 상속분이 된다.

다. 대습상속

사망 또는 결격된 사람에 갈음하여 대습상속인이 된 사람의 상속분은 사망 또는 결격된 피대습인의 상속분에 의한다(제1010조 제1항). 예를 들어 피상속인 갑이 배우자 을과 자녀 3명(A, B, C)을 남기고 사망하였고, 갑이 사망하기 전에 배우자 A'를 둔 자녀 A가 먼저 사망하였다면, A'의 대습상속분은 A의 상속분인 2/9이다. 만약 대습상속인이 수인인 때에는 그 상속분은 사망 또는 결격된 피대습인의 상속분을 다시 대습상속인의 법정상속분으로 한다(제1010조 제2항). 예를 들어 피상속인 갑이 배우자 을과 자녀 3명(A, B, C)을 남기고 사망하였고, 갑이 사망하기 전에 먼저 자녀 A(배우자 A'와 자녀α 있음)가 사망하였다면, A의 상속분인 2/9를 다시 3/5(A'), 2/5(α)로 나눈 6/45(A')와 4/45(α)가 각각의 대습상속분이 된다.

3. 법정상속분과 상속재산의 분할

가. 협의분할

법정상속분 규정은 임의규정이므로 협의로 상속재산을 분할할 때 반드시 법정상속분에 구속되어야 하는 것은 아니다. 공동상속인들이 법정상속분과 다른 상속재산 분할협의를 하는 것도 허용된다. 극단적으로는 공동상속인 1인이 법정상속분을 초과하여 상속재산 전부를 취득하고 나머지 상속인들은 전혀 취득하지 않기로 하는 내용의 상속재산 협의분할도 가능하다[대법원 1995.9.15. 94다23067]. 이처럼 고유의 법정상속분을 초과하는 상속재산분할을 하더라도 상속개시 당시부터 피상속인에게 그렇게 승계받은 것으로 보아야 하고 다른 상속인으로부터 증여를 받은 것으로 다룰 수는 없다[대법원 1985.10.8. 85누70]. 따라서 상속재산의 협의분할이 이루어지는 경우에 법정상속분은 상속비율로서의 실질적인 의미를 거의 상실한다.

나. 유언분할

피상속인은 유언으로 상속재산의 분할방법을 정할 수 있다(제1012조). 피상속인이 유언에서 법정상속분과 다른 지정을 하는 경우에도 유효하지만, 이는 포괄적 유증으로서 유효한 것으로 볼 수 있다. 이를 분할방법의 지정과 유증이 결합된 것이라고 설명하고 있다(김/김,735).

다. 심판분할

상속재산의 분할협의가 성립되지 아니하여 상속재산의 심판분할을 하는 경우에는 법정상속분에 따라서 분할을 하게 되므로, 법정상속분 규정이 큰 의미를 갖는다.

Ⅳ. 특별수익자의 상속분

1. 의 의

가. 특별수익자

상속인이 피상속인으로부터 생전에 증여받은 재산과 유증받은 재산을 특별수익이라고 하며, 피상속인으로부터 생전에 증여받거나 유증받은 공동상속인을 특별수익자라고 한다. 피상속인이 생전에 특정한 공동상속인에게 재산을 증여했다면, 그 액수만큼 상속재산이 감소되는 결과를 가져왔다고 추론될 수 있다. 예를 들어 피상속인이 장남에게만 결혼할 때 주택을 증여하였다면, 그 주택의 가액을 상속재산에 합산하여야만 아무런 증여도 받지 못한 다른 공동상속인들이 상속에서 불이익을 받지 않는다. 또한 피상속인이 특정한 공동상속인에게 유증을 하였다면 사후에 상속재산으로부터 그 상속인에게 유증을 이행하여야 하므로 다른 공동상속인이 상속받을 적극재산이 감소되게 된다. 그러므로 피상속인으로부터 증여받은 재산이나 유증받은 재산을 상속재산 확정에 고려하여야 공동상속인 사이의 형평을 이룰 수 있다.

나. 상속재산의 계산

(1) 상속개시시 현존재산

피상속인이 상속개시 시점에 보유하고 있는 재산적 권리는 상속재산을 구성하는 가장 중요한 부분이다. 피상속인이 상속개시 당시에 가지고 있던 재산의 가액을 '현존재산'이라고 할 수 있다. 재산적 의무인 채무도 상속분에 따라 당연히 상속되지만 소극재산이므로, 증여나 유증같은 적극재산의 특별수익과는 아무런 관계가 없다. 따라서 채무는 상속 재산의 계산에는 고려하지 않아도 무방하다[대법원 1995.3.10. 94다16571].

> 계산의 기초가 되는 "피상속인이 상속개시 당시에 가지고 있던 재산의 가액"은 상속재산 가운데 적극재산의 전액을 가리키는 것으로 보아야 옳다. 그렇지 않고 이를 상속의 대상이 되는 적극재산으로부터 소극재산, 즉 피상속인이 부담하고 있던 상속채무를 공제한 차액에 해당되는 순재산액이라고 파악하게 되면, 자기의 법정상속분을 초과하여 특별이익을 얻은 초과특별수익자는 상속채무를 전혀 부담하지 않게 되어 다른 공동상속인에 대하여 심히 균형을 잃게 되는 부당한 결과에 이르기 때문에 상속인들은 상속의 대상이 되는 적극재산에 증여재산을 합한 가액을 상속분에 따라 상속하고, 소극재산도 그 비율대로 상속한다고 보아야 할 것이다[대법원 1995.3.10. 94다16571].

(2) 특별수익 중 증여의 합산

피상속인에게 한 증여는 증여의 시점을 묻지 아니하고 모두 상속재산에 합산되며, 이를 판례는 '간주상속재산'이라고 한다[대법원 2022.7.20. 2022스597, 598]. 형식적으로는 상속인이 아닌 상속인의 직계비속이나 배우자 등이 증여를 받아도 실질적으로 상속인에게 직접 증여된 것과 다르지 않은 경우에는 그 상속인에게 증여된 특별수익으로 고려할 수 있다[대법원 2007.8.28. 2006스3, 4*].

여기에서의 증여에 부양의무의 이행은 포함되지 아니한다. 피상속인이 배우자나 직계비속에 대해서는 1차적 부양의무를 부담하고 그 외의 친족 간에는 2차적 부양의무가 있으므로, 이러한 피상속인에 의한 부양은 의무의 이행일 뿐 증여로서 특별수익에 포함되지 않는다. 또한 사회통념상 특별하다고 할 수 없는 일상적인 생활상 부조, 예를 들어 축의금이나 조의금 등은 증여에 해당되지 않는다. 판례는 공동상속인에게 상속되어야 할 상속재산 중 특정한 상속인의 몫을 미리 준 것으로 볼 수 있는 경우에 특별수익에 해당된다고 한다[대법원 2014.11.25. 2012스156].

> 어떠한 생전 증여가 특별수익에 해당하는지는 피상속인의 생전의 자산, 수입, 생활수준, 가정상황 등을 참작하고 공동상속인들 사이의 형평을 고려하여 당해 생전 증여가 장차 상속인으로 될 자에게 돌아갈 상속재산 중의 그의 몫의 일부를 미리 주는 것이라고 볼 수 있는지에 의하여 결정하여야 할 것이다[대법원 1998.12.8. 97므513, 520, 97스12*].

다만 배우자에 대한 증여에 대해서는 특별한 고려를 하고 있다[대법원 2011.12.8. 2010다66644*].

생전 증여를 받은 상속인이 배우자로서 일생 동안 피상속인의 반려가 되어 그와 함께 가정 공동체를 형성하고 이를 토대로 서로 헌신하며 가족의 경제적 기반인 재산을 획득·유지하고 자녀들에게 양육과 지원을 계속해 온 경우, 생전 증여에는 위와 같은 배우자의 기여나 노력에 대한 보상 내지 평가, 실질적 공동재산의 청산, 배우자 여생에 대한 부양의무 이행 등의 의미도 함께 담겨 있다고 봄이 타당하므로 그러한 한도 내에서는 생전 증여를 특별수익에서 제외하더라도 자녀인 공동상속인들과의 관계에서 공평을 해친다고 말할 수 없다[대법원 2011.12.8. 2010다66644*].

대습상속에서는 대습원인 발생 이전에 대습상속인에게 한 생전 증여는 특별수익에 해당되며[대법원 2014.5.29. 2012다31802*], 피대습인이 생전 증여를 받은 경우에도 이를 대습상속인의 특별수익으로 취급하는 것이 판례의 태도이다[대법원 2022.3.17. 2020다267620*].

피대습인이 생전에 피상속인으로부터 특별수익을 받은 경우 대습상속이 개시되었다고 하여 피대습인의 특별수익을 고려하지 않고 대습상속인의 구체적인 상속분을 산정한다면 대습상속인은 피대습인이 취득할 수 있었던 것 이상의 이익을 취득하게 된다. 이는 공동상속인들 사이의 공평을 해칠 뿐만 아니라 대습상속의 취지에도 반한다. 따라서 피대습인이 대습원인의 발생 이전에 피상속인으로부터 생전 증여로 특별수익을 받은 경우 그 생전 증여는 대습상속인의 특별수익으로 봄이 타당하다[대법원 2022.3.17. 2020다267620*].

(3) 특별수익 중 유증의 처리

특정한 공동상속인에게 한 유증은 원칙적으로 특별수익에 해당한다. 그러나 중요한 것은 유증의 대상이 되는 재산은 현존재산에 포함되어 있다는 점이다. 즉 현존재산 중에서 특정한 재산 또는 일정한 비율을 특정 공동상속인에게 주라는 취지의 유언이기 때문이다. 따라서 상속재산의 산정에 유증은 합산하여서는 아니된다.

(4) 간주상속재산의 산정

간주상속재산은 유증할 재산이 포함되어 있는 '현존재산'에 공동상속인에게 한 '증여'를 합산한 가액이다[대법원 2022.7.20. 2022스597, 598]. 즉 '간주상속재산=현존재산(유증이 포함되어 있음)+증여'이다. 시간의 흐름에 따라 가치의 변동이 발생되므로 특별수익의 가액 평가 시점은 중요한 문제가 된다. 판례[대법원 1997.3.21. 96스62]는 상속개시 시점을 기준으로 특별수익의 가액을 평가하여 상속재산을 평가하는 것이 타당하다고 한다.

2. 특별수익자의 구체적 상속분

현존재산에 증여를 합산한 간주상속재산에 각 공동상속인의 법정상속분을 곱하여 산출된 가액에 특별수익인 자신이 받은 증여나 유증을 공제하면 특별수익자의 구체적 상속분이 산정된다.

> 공동상속인 중에 특별수익자가 있는 경우의 구체적인 상속분의 산정을 위하여는, 피상속인이 상속개시 당시에 가지고 있던 재산의 가액에 생전 증여의 가액을 가산한 후, 이 가액에 각 공동상속인별로 법정상속분율을 곱하여 산출된 상속분의 가액으로부터 특별수익자의 수증재산인 증여 또는 유증의 가액을 공제하는 계산방법에 의하여 할 것이고, 여기서 이러한 계산의 기초가 되는 "피상속인이 상속개시 당시에 가지고 있던 재산의 가액"은 상속재산 가운데 적극재산의 전액을 가리키는 것으로 보아야 옳다[대법원 1995.3.10. 94다16571].

3. 상속분을 초과하지 않은 특별수익자의 상속분

공동상속인 중에 피상속인으로부터 재산의 증여 또는 유증을 받은 사람이 있는 경우에 그 수증재산이 자기의 상속분에 달하지 못한 때에는 그 부족한 부분의 한도에서 상속분이 있다(제1008조).

> 민법 제1008조에서 "공동상속인 중에 피상속인으로부터 재산의 증여 또는 유증을 받은 자가 있는 경우에 그 수증재산이 자기의 상속분에 달하지 못한 때에는 그 부족한 부분의 한도에서 상속분이 있다"고 규정하고 있는 바, 이는 공동상속인 중에 피상속인으로부터 재산의 증여 또는 유증을 받은 특별수익자가 있는 경우에 공동상속인들 사이의 공평을 기하기 위하여 그 수증재산을 상속분의 선급으로 다루어 구체적인 상속분을 산정함에 있어 이를 참작하도록 하려는 데 그 취지가 있다[대법원 1995.3.10. 94다16571].

예를 들어 갑이 사망한 경우에 배우자 을과 자녀 A, B, C가 있으며, 갑이 사망한 시점에 현존재산은 2억7천만 원이고 갑은 을에게 5천만 원을 유증하였다. 이 경우 상속재산은 2억7천만 원이고, 을에게는 2억7천만 원의 3/9인 9천만 원이 제1008조의 '자기의 상속분'이 된다. 을이 유증받은 5천만 원은 자기의 상속분 9천만 원에 미치지 못하므로, '그 부족한 부분의 한도'인 4천만 원이 상속분이 된다. 결국 을은 유증으로 5천만 원, 상속으로 4천만 원으로 합계 9천만 원을 갑의 사망으로 취득하게 된다. 즉 명목은 유증과 상속으로 구분되지만, '자기의 상속분'인 9천만 원을 취득하는 결과에는 차이가 없다.

4. 초과특별수익자의 상속분

(1) 원 칙

특별수익이 '자기의 상속분'을 초과하는 경우에 대해서는 민법에 규정을 두고 있지 아니하므로, 학설과 판례에 의해 다루어져야 한다. 판례는 증여와 유증이 자기의 상속분을 초과하는 경우에는 더 이상 상속분을 주장할 수 없다고 한다[대법원 1995.3.10. 94다16571]. 그렇다면 자기의 상속분을 초과하는 범위의 특별수익은 공동상속인에게 반환되어야 하는가 하는 문제가 있다. 반환을 긍정하는 견해(김/김,717)도 있으나 반환을 부정하는 것이 판례[대법원 2022.6.30. 2017스98, 100, 101]의 태도이다. 만약 반환긍정설을 취한다면, 적어도 공동상속인 간에서는 유류분 반환의 문제가 아예 발생될 여지가 없다는 점에서 민법상 유류분 규정과 조화를 이루지 못한다. 따라서 초과특별수익이라도 공동상속인에게 반환될 필요는 없으나, 자신의 상속분을 주장하는 것도 허용되지 않는다. 그 결과 초과특별수익자는 당해 상속에서 적극재산에 관한 한, 상속인의 지위에서 실질적으로 벗어나게 된다. 다만 상속채무에 대해서는 여전히 상속인으로서 부담을 하게 된다[대법원 1995.3.10. 94다16571].

> 공동상속인 중 특별수익이 법정상속분 가액을 초과하는 초과특별수익자가 있는 경우, 그러한 초과특별수익자는 특별수익을 제외하고는 더 이상 상속받지 못하는 것으로 처리하되(구체적 상속분 가액 0원), 초과특별수익은 다른 공동상속인들이 그 법정상속분율에 따라 안분하여 자신들의 구체적 상속분 가액에서 공제하는 방법으로 구체적 상속분 가액을 조정하여 위 구체적 상속분 비율을 산출함이 바람직하다. 결국 초과특별수익자가 있는 경우 그 초과된 부분은 나머지 상속인들의 부담으로 돌아가게 된다[대법원 2022.6.30. 2017스98, 100, 101].

예를 들어 갑이 사망한 경우에 배우자 을과 자녀 A, B, C가 있으며, 갑이 사망한 시점에 현존재산은 2억7천만 원이고 갑은 을에게 5천만 원의 유증을 하였고, A에게는 신혼집 전세금 명목으로 9천만 원을 증여하였다. 이 경우 간주상속재산은 현존재산에다 A에 대한 증여 9천만 원을 합한 3억6천만 원이 된다. A는 3억6천만 원의 2/9인 8천만 원이 자기의 상속분이나 이를 초과하는 9천만 원을 증여받았으므로, 초과분 1천만 원을 반환하지 않더라도 현존재산에서 자신의 상속분도 주장할 수 없다. 그러므로 초과분 1천만 원은 을과 B, C의 부담으로 돌아가게 된다.

결국 A를 배제한 상태에서 적극재산의 상속분 계산을 하게 된다. 상속재산은 현존재산 2억7천만 원이 되며, 을은 2억7천만 원의 3/7인 약 1억1,571여만 원이 '자기의 상속분'이 되어 유증 5천만 원과 상속 약 6,571여만 원을 취득한다. 그리고 B와 C는 2억7천만 원의 2/7인 7,714여만 원씩 상속하게 된다. 다만 갑에게 채무가 있다면 이는 을과 A, B, C가 상속분에 따라 상속하게 된다.

(2) 초과특별수익자의 상속포기 가능성

전술한 바와 같이 초과특별수익자는 적극재산의 상속에서 실질적으로 배제되는 한편, 소극재산의 상속에서는 그대로 상속인의 지위를 유지하게 된다. 초과특별수익자로서는 피상속인의 사망 시 채무만을 상속하게 된다면, 상속을 포기할 강한 유인이 생기게 될 것이다. 만약 초과특별수익자인 상속인이 상속을 포기하게 되면, 상속채무의 부담에서도 벗어나게 된다.

V. 기 여 분

1. 의   의

공동상속인 중에 상당한 기간 동거·간호 그 밖의 방법으로 피상속인을 특별히 부양하거나 피상속인의 재산의 유지 또는 증가에 특별히 기여한 사람이 있을 때에는 상속개시 당시의 피상속인의 재산가액에서 공동상속인의 협의로 정한 그 사람의 기여분을 공제한 것을 상속재산으로 보고 제1009조 및 제1010조에 의하여 산정한 상속분에 기여분을 가산한 액으로써 그 사람의 상속분으로 한다(제1008조의2 제1항).

기여분은 크게 두 가지 유형으로 구분된다. 먼저 특별부양 기여분으로서 공동상속인 중에 상당한 기간 동거·간호 그 밖의 방법으로 피상속인을 특별히 부양한 사람에게 그 부양에 상응하는 액수를 기여분으로 상속에서 특별히 고려하는 것이다. 이른바 '효도상속분'이라고도 하며, 노령의 피상속인에 대한 부양을 유도하여 효의 풍습을 장려하기 위한 것이다.

다른 하나는 재산형성 기여분으로서 피상속인의 재산의 유지 또는 증가에 특별히 기여한 사람에게 그 기여를 상속에서 고려하는 것이다. 형식적으로는 피상속인의 상속재산이지만, 실질적으로는 상속에서 제외하여 특정한 공동상속인에게 귀속시키는 것이 공평의 원리에 부합한다. 일종의 명의신탁 관계의 법정 해지에 준하는 법적 취급이라고 할 수 있다.

2. 요 건

가. 특별부양 기여분

상당한 기간 동거·간호 그 밖의 방법으로 피상속인을 특별히 부양하는 특별부양 기여분이 인정되기 위해서는 친족간 부양의무의 이행 차원을 넘는 특별한 부양이 있어야 한다. 판례는 부부간에는 부양의무가 있으므로, 상당한 기간 투병 중인 배우자 피상속인과 동거하면서 그를 간호하였다는 사정만으로 특별한 부양에 해당된다고 보아 반드시 기여분을 인정해야만 하는 것은 아니라고 한다[대법원(전) 2019.11.21. 2014스44, 45*].

> 기여분 인정 요건으로서 특별한 부양행위란 피상속인과 상속인 사이의 신분관계로부터 통상 기대되는 정도를 넘는 부양을 의미한다고 할 것이고 법률상 부양의무의 범위에서 피상속인을 부양한 행위는 법적 의무의 이행이라고 보아야 할 것이어서 특별한 부양행위에 해당하지 않는다[대법원(전) 2019.11.21. 2014스44, 45*].

나. 재산형성 기여분

피상속인의 재산 유지 또는 증가에 특별히 기여한 사람에 대한 재산형성 기여분이 인정되기 위해서는 배우자나 친족으로서의 사회통념상 협력 이상의 특별한 기여가 있어야 한다. 특히 배우자는 경제공동체로서의 협력의무가 있으므로 이를 이행하는 것만으로는 재산의 유지 또는 증가에 특별히 기여하였다고 볼 수는 없다[대법원 1996.7.10. 95스30, 31]. 또한 피상속인과의 계약관계를 통하여 대가를 받으면서 재산형성에 참여한 경우에도 의무의 이행이므로 기여분이 인정되지 않는다. 즉 재산형성 과정에 참여한 대가를 이미 어떠한 형태로든 충분히 지급받은 경우에는 기여분이 인정될 수 없다. 다만 친족관계라는 특성상 재산의 유지나 증가에 비해 지급받은 대가가 현저히 미흡한 경우라면, 부족분에 한하여 기여분이 고려될 수는 있다.

3. 기여분권자

기여분권자는 공동상속인만이 가능하다. 대습상속인도 상속인이므로, 기여분권자가 될 수 있다. 대습상속인은 피대습인의 기여를 대습상속에서 주장할 수 있고, 대습상속인 자신의 직접적인 특별한 기여도 인정된다. 설령 대습원인이 발생하기 이전에 대습상속인이 피상속인의 재산의 유지 또는 증가에 특별히 기여하였다 하더라도, 대습상속이 행해지면 기여분이 인정된다. 예를 들어 손자 a는 아버지 A가 사망하기 이전부터 할아버지 갑의 사업에 무급으로 참여하여 재산의 증가에 특별히 기여하였다면, 아버지 A가 사망하고 곧이어 할아버지 갑이 사망한 경우 대습상속인으로서 자신의 기여분을 주장할 수 있다.

상속인이 될 수 없는 사실혼 배우자는 설령 상당한 기간 동거·간호 그 밖의 방법으로 피상속인을 특별히 부양하거나 피상속인의 재산의 유지 또는 증가에 특별히 기여하였다고 하더라도 기여분권자가 되지 못한다. 또한 상속인이 상속을 포기하거나, 상속결격에 해당하거나, 상속인과 동일한 권리와 의무가 있는 포괄적 수유자는 상속인이 아니므로 기여분을 주장할 수 없다.

4. 기여분의 산정

가. 1차 – 협의 결정

기여분은 공동상속인의 협의로 정한다(제1008조의2 제1항). 당사자 사이에서 기여분은 자유롭게 협의로 정하며, 구체적인 액수나 재산으로 정할 수도 있고 비율로 정할 수도 있다. 상속재산을 분할하고 난 이후에는 기여분 청구를 할 수 없다는 것이 통설(김/김,725; 송,350)이나, 이는 가정법원에 심판을 청구할 수 없다는 것이지 공동상속인들이 협의로 기여분을 결정하는 것까지 굳이 불허할 이유가 없다. 예를 들어 갑이 사망한 이후 공동상속인 을, A, B, C가 상속재산을 협의로 분할한 이후에, 각각 자신이 분할받은 상속재산 중 일부를 A의 기여분으로 원만하게 협의하여 인정하는 것은 허용된다.

나. 2차 – 심판 결정

공동상속인 사이에서 기여분의 협의가 되지 아니하거나 협의할 수 없는 때에는 가정법원은 기여자의 청구에 의하여 기여의 시기·방법 및 정도와 상속재산의 액 기타의 사정을 참작하여 기여분을 정한다(제1008조의2 제2항). 심판에 의한 기여분 결정은 가사비송 마류사건으로 조정전치주의가 적용된다. 기여분 결정 심판은 기여가 있는 상속인이 나머지 상속인 전원을 상대방으로 청구하여야 한다(가사소송규칙 제110조).

기여분 심판에 있어서 중요한 점은 반드시 상속재산 분할청구가 있을 경우에 행하여져야 한다는 것이다(제1008조의2 제4항). 기여분 결정 청구사건은 동일한 상속재산에 관한 상속재산 분할청구사건에 병합하여 심리, 재판하여야 하며(가사소송규칙 제112조 제2항), 병합된 수 개의 청구는 1개의 심판으로 재판하여야 한다(가사소송규칙 제112조 제3항). 상속재산 분할 청구가 있는 때에는, 가정법원은 당사자가 기여분의 결정을 청구할 수 있는 기간을 1개월 이상으로 정하여 고지할 수 있다(가사소송규칙 제113조 제1항). 가정법원은 이 기간을 도과하여 청구된 기여분 결정 청구를 각하할 수 있다(가사소송규칙 제113조 제2항).

기여분 심판만을 별도로 독립하여 청구할 수 없다는 민법 규정은 문제가 있다(박/양,711). 기여분이 확정되어야 최종적인 상속재산의 분할이 가능한 것은 맞지만, 상속재산 분할청구 이전에 기여분 결정만을 독립해서 별도로 청구하는 것을 불허하는 태도는 수긍하기 어렵다. 기여분 결정은 상속재산 분할청구의 전제일 뿐이므로, 상속재산 분할 시점까지만 확정되어 있으면 문제가 되지 않는다. 상속재산 분할과 반드시 동시에 함께 판단되어야 할 불가피한 합리적 이유를 찾기 어렵다. 제1008조의2 제4항과 가사소송규칙의 규정으로 인하여 유류분 반환청구에서 기여분을 반영하지 못하는 치명적인 문제를 야기하게 되므로, 상속재산 분할 이전에 독립적으로 청구할 수 있도록 입법적인 개선이 요구된다.

5. 기여분권자의 상속분

가. 원 칙

상속개시 당시 피상속인의 재산가액에서 공동상속인의 협의로 정한 그 기여분권자의 기여분을 공제한 것이 상속재산이 된다(제1008조의2 제1항). 이 상속재산을 공동상속인의 상속분 비율로 나눈 후에 기여분권자에게는 그 상속분에 기여분을 가산한 액수가 기여분권자의 상속분이 된다. 그러므로 기여분은 기여분권자 이외의 공동상속인에게는 아예 상속재산이 되지 못한다. 예를 들어 갑이 사망한 경우에 배우자 을과 자녀 A, B, C가 있으며, 갑이 사망한 시점에 현존재산은 2억7천만 원이고, 공동상속인의 협의로 A에게 기여분 9천만 원을 결정하였다. 이 경우 현존재산 2억7천만 원에서 A의 기여분 9천만 원을 공제한 1억8천만 원이 상속재산이 되며, 을에게는 1억8천만 원의 3/9인 6천만 원이 귀속되며, B와 C는 1억8천만 원의 2/9인 4천만 원, 그리고 A는 1억8천만 원의 2/9인 4천만 원에 기여분 9천만 원을 합산한 1억3천만 원이 상속분이 된다.

나. 특별수익자가 있는 경우

특별수익자가 있는 경우에는 특별수익자에게 한 증여를 현존재산에 합산하고 기여분을 공제한 액수가 상속재산이 된다. 만약 특별수익이 유증이라면, 수유자에 대해서 자기의 상속분에 부족한 한도에서 상속분이 인정된다. 예를 들어 갑이 사망한 경우에 배우자 을과 자녀 A, B, C가 있으며, 갑이 사망한 시점에 현존재산은 2억7천만 원이고 갑의 을에게 5천만 원을 유증하였으며, 공동상속인의 협의로 A에게 기여분 9천만 원을 결정하였다. 이 경우 현존재산 2억7천만 원에서 A의 기여분 9천만 원을 공제한 1억8천만 원이 상속재산이 되며, 을에게는 1억8천만 원의 3/9인 6천만 원(유증 5천만 원과 상속분 1천만 원)이 귀속되며, B와 C는 1억8천만 원의 2/9인 4천만 원, 그리고 A는 1억8천만 원의 2/9인 4천만 원에 기여분 9천만 원을 합산한 1억3천만 원이 상속분이 된다.

다. 초과특별수익자가 있는 경우

초과특별수익자가 있는 경우에는 적극재산의 상속에서는 그 초과특별수익자를 제외하고 현존재산에서 기여분을 공제한 것이 상속재산이 된다. 예를 들어 갑이 사망한 경우에 배우자 을과 자녀 A, B, C가 있으며, 갑이 사망한 시점에 현존재산은 2억7천만 원이다. 갑은 을에게 1천만 원의 유증을 하였고 A에게는 신혼집 전세금 명목으로 9천만 원을 증여하였으며, 공동상속인들은 C에게 기여분 9천만 원을 협의로 결정하였다. 이 경우 상속재산은 현존재산에 A에 대한 증여 9천만 원을 합한 3억6천만 원에서 기여분 9천만 원을 공제한 2억7천만 원이 된다. A는 2억7천만 원의 2/9인 6천만 원이 자기의 상속분이지만 이를 초과하는 9천만 원을 증여받았으므로, 초과분 3천만 원을 반환하지 않더라도 현존재산에서 자신의 상속분도 주장할 수 없다. 그러므로 초과분 3천만 원은 을과 B, C의 부담으로 돌아가게 된다.

결국 A를 배제한 상태에서 적극재산의 상속분 계산을 하게 된다. 상속재산은 현존재산 2억7천만 원에서 기여분을 공제한 1억8천만 원이 되며, 을은 1억8천만 원의 3/7인 약 7,714여만 원이 '자기의 상속분'이 되어 유증 1천만 원과 상속 약 6,714여만 원을 취득한다. 그리고 B는 1억8천만 원의 2/7인 5,142여만 원, C는 5,142여만 원에 기여분 9천만 원을 합한 1억4,142여만 원을 상속하게 된다.

6. 기여분의 처분 등

기여분은 공동상속인으로서의 권리이며, 피상속인에게 기여한 상속인으로서 어느 정도 일신전속성이 있다. 우선 상속개시 이전에는 단순한 기대권적인 지위에 불과한 것이므로, 이를 포기하거나 양도할 수 없으며 상속도 되지 않는다. 기여분이 협의 또는 심판으로 확정되고 난 이후에는 일반적인 재산권과 달리 다룰 이유가 없으므로, 포기할 수 있고 양도할 수 있으며 사망한 경우에 상속도 된다.

문제는 상속이 개시된 이후 기여분이 협의 또는 심판으로 확정되지 않은 상태에서 포기 또는 양도나 상속이 가능한 것인가이다. 생각해 보면 기여분권자가 기여분을 청구할 것인지는 전적으로 자유이므로 포기는 당연히 허용되지만, 행사상의 일신전속성을 인정하여 기여분만의 양도나 상속은 허용되지 않는다고 해석하여야 할 것이다.

기여분 청구가 채권자대위권의 목적이 되는가에 대해서는 유류분 청구에 준해서 기여분권 행사의 확정적인 의사가 있는 경우에 한하여 인정될 수 있다. 협의로 기여분을 결정하는 것이 사해행위로 인정될 수 있는가도 문제가 된다. 기여한 정도를 벗어난 과도한 기여분의 결정은 사해행위가 된다고 할 수 있으나, 과도한 기여분의 결정이라는 증명은 채권자취소권을 행사하는 채권자가 부담하여야 한다.

7. 다른 제도와의 관계

가. 기여분과 유증

기여분은 상속이 개시된 때의 피상속인의 재산가액에서 유증의 가액을 공제한 액을 넘지 못한다(제1008조의2 제3항). 그러므로 기여분은 유증에 우선한다. 설령 유증이 과도하여 유류분을 침해하는 정도에 이르더라도, 유증을 우선적으로 고려하여 기여분이 결정되어야 한다.

나. 기여분과 상속채무

기여분과 상속채무는 아무런 관계가 없으므로, 상속채무는 상속분에 따라 공동상속인에게 상속될 뿐이다. 예를 들어 갑이 사망한 경우에 배우자 을과 자녀 A, B, C가 있으며, 갑이 사망한 시점에 현존재산은 2억7천만 원이고 상속채무가 9천만 원이며 공동상속인의 협의로 A에게 기여분 9천만 원을 결정하였다. 이 경우 을에게 6천만 원, B와 C는 4천만 원, 그리고 A는 4천만 원에 기여분 9천만 원을 합산한 1억3천만 원이 상속분이 되더라도, 상속채무는 을은 9천만 원의 3/9인 3천만 원, A, B, C는 9천만 원의 2/9인 2천만 원씩 상속된다. 다만 현존재산에서 기여분을 공제한 상속적극재산이 상속채무보다 많을 수도 있으므로, 기여분 산정에 상속채무가 '기타의 사정'으로 참작되어야 한다는 견해(송,352)도 있다.

다. 기여분과 유류분

기여분은 유류분 반환대상에 해당되지 않는다. 즉 기여분이 많아서 현존재산에서 기여분을 공제하여 산정된 공동상속인의 상속분이 1/2 또는 1/3 이하로 감소한다고 하더라도, 공동상속인들이 기여분권자에게 유류분 반환을 청구할 수는 없다. 기여분은 원래부터 공동상속인에게 상속될 상속재산이 아니기 때문이다. 그렇다면 유류분 기초재산을 산정할 때 기여분은 공제되어야 함이 논리적이다. 만약 기여분을 공제하지 아니하고 유류분 기초재산을 계산하면 유류분액이 실제보다 과대평가되는 결과가 발생되고, 기여분으로 인해 과대평가된 유류분액을 기여분과 아무 관계 없는 수유자나 수증자가 반환할 책임을 져야 하기 때문이다. 그럼에도 불구하고 판례는 유류분 기초재산에서 기여분을 공제하지 않는다는 이해하기 어려운 태도를 취하고 있다[대법원 2015.10.29. 2013다60753].

그러나 최근 헌법재판소는 유류분에 관한 제1118조가 기여분에 관한 제1008조의2를 준용하지 않는 것은 헌법 제37조 제2항에 따른 기본권제한의 입법한계를 일탈하여 재산권을 침해하므로 헌법에 위반된다고 결정하였다[헌법재판소 2024.4.25. 2020헌가4]. 특히 명시적으로 유류분반환청구 소송에서 기여분 공제의 항변을 인정하고 있지 아니한 판례[대법원 2022.3.17. 2021다230083, 230090]와 기여분결정청구는 상속재산의 분할청구가 있는 때에 비로소 할 수 있도록 규정한 제1008조의2 제4항을 명시적으로 적시하면서, 기여분과 유류분의 단절로 인하여 기여상속인의 정당한 이익이 침해되는 불합리한 문제가 있음을 지적하였다. 이에 대해서는 유류분에서 상세히 설명한다.

라. 기여분과 특별연고자 분여

기여분은 기여가 있는 공동상속인에게 인정되는 제도이지만, 특별연고자 분여제도는 상속인이 부존재하는 경우에 특별한 연고가 있는 사람에게 인정되는 제도라는 점에서 완전히 구별된다. 상속인이 존재하는 경우에는 설령 피상속인의 요양·간호를 한 사람이라고 하더라도 재산의 분여를 청구할 수는 없음은 물론이다.

Ⅵ. 상속분의 양도 및 양수

1. 상속분의 양도

상속인이 수인인 때에는 상속재산은 그 공유로 하고(제1006조), 공동상속인은 자기의 상속분에 응하여 피상속인의 권리의무를 승계한다(제1007조). 상속인은 상속재산이 분할되기 이전에는 자신의 상속분을 제3자에게 양도할 수 있다(제1011조 제1항). 상속분의 양도는 공동상속인이 일종의 공유지분권자 지위를 제3자에게 양도하는 것으로 이해할 수 있다. 상속분의 양수인은 상속인과 동일한 지위로 상속재산분할에 참가할 수 있게 되므로, 후술하는 상속분의 양수가 필요하게 된다. 그리고 개별적인 상속재산의 지분 양도와는 다르며, 상속분에는 적극재산만 포함되는 것이 아니라 소극재산인 상속채무도 포함되는 것임에 유의하여야 한다. 상속채권자의 보호를 위하여 상속분의 양수인은 상속채무를 병존적으로 인수하는 것으로 해석하여야 한다. 결국 상속채무를 변제할 책임은 상속분의 양도인과 양수인 모두가 부담하게 된다.

> '상속분의 양도'란 상속재산분할 전에 적극재산과 소극재산을 모두 포함한 상속재산 전부에 관하여 공동상속인이 가지는 포괄적 상속분, 즉 상속인 지위의 양도를 의미하므로, 상속재산을 구성하는 개개의 물건 또는 권리에 대한 개개의 물권적 양도는 이에 해당하지 아니한다[대법원 2006.3.24. 2006다2179].

상속재산이 분할되면 상속개시시로 소급하여 각 공동상속인에게 단독으로 귀속된 것으로 간주되므로(제1015조), 상속재산이 분할되기 이전에만 상속분을 양도할 수 있다. 상속재산이 분할된 이후에는 자신에게 확정적으로 귀속된 상속재산을 개별적으로 양도할 수 있을 뿐이다.

상속분의 일부 양도도 가능한가에 대해 학설의 대립이 있으나, 일부 양도라고 해서 반드시 허용되지 않아야 할 이유를 찾기는 어렵다. 따라서 상속분의 일부 양도가 있게 되면, 양수인이 상속재산분할에 참가하여 자신이 양수받은 상속분을 주장할 수 있다고 함이 타당하다. 예를 들어 2/9의 상속분을 상속받은 상속인으로부터 절반을 양수받은 제3자는 상속재산 분할에서 1/9의 상속분을 주장할 수 있다.

2. 상속분의 양수

가. 의   의

공동상속인 중에 그 상속분을 제3자에게 양도한 사람이 있는 때에는 다른 공동상속인은 그 가액과 양도비용을 상환하고 그 상속분을 양수할 수 있다(제1011조 제1항). 공동상속인이 상속분을 양도하면 양수인이 상속인의 지위를 갖고 상속재산분할에 참여하게 되므로, 다른 공동상속인은 불측의 상황을 맞게 된다. 이러한 문제를 해소하기 위해 다른 공동상속인이 양수인의 의사와 관계 없이 양도된 상속분을 양수할 수 있도록 규정하고 있으므로, 법문의 표현과는 달리 실질적으로는 '환매' 또는 '환수'가 된다.

나. 행   사

상속분의 양도는 상속재산 분할 이전에만 가능하므로, 상속분의 양수도 상속재산의 분할 이전에만 가능하다. 상속분을 제3자에게 양도한 경우에만 공동상속인이 양수할 수 있으며 양수인으로부터 다시 양수받은 전득자를 상대로도 양수할 수 있다. 그러나 공동상속인이나 포괄적 수유자에게 양도하였다면 상속분의 양수는 불가능하다. 포괄적 수유자에게 양도한 경우에도 제3자에 해당되어 양수할 수 있는가에 대해 학설이 대립되고 있으나, 포괄적 수유자는 상속인과 동일한 권리의무가 있어서 원래 상속재산분할에 참가할 수 있으므로 제3자에 해당된다고 해석하는 것은 타당하지 않다고 생각된다. 또한 상속분을 양수한 경우에만 양수가 가능하며, 구체적인 상속재산의 공유지분을 양도한 경우에는 공동상속인이 양수할 수 없다.

양수는 양수인의 동의를 요하지 아니하고 양수하는 공동상속인의 양수 의사표시로 이루어지게 된다. 그러므로 제1011조 제1항의 양수할 권리는 일종의 환매권 성격을 갖는 형성권이라고 할 수 있다. 양수는 양도한 상속분 전체에 대해서 하여야만 하며, 양수하는 공동상속인은 1인이든 수인이든 무방하다. 포괄적 수유자도 양수권을 행사할 수 있는가에 대해 부정설(송,359)도 있으나, 포괄적 수유자는 상속인과 동일한 권리의무가 있다는 제1078조를 고려하면 이 양수권도 상속인 권리의 일종이라고 보아 포괄적 수유자도 양수할 수 있다고 해석된다. 또한 포괄적 수유자는 원칙적으로 상속재산분할에 참여하게 되어 있으므로, 포괄적 수유자가 제3자인 양수인으로부터 양수한다고 하여도 공동상속인으로서는 불측의 상황에 처하는 것은 아니다.

양수하는 공동상속인은 양수인에게 그 가액과 양도비용을 상환하여야 한다. 여기에서 가액이라 함은 상속분의 양수 당시의 시가를 말하는 것이고, 설령 무상으로 양도가 이루어졌다고 하더라도 양수하는 공동상속인은 양수인에게 그 시가를 지급하여야 한다. 또한 양수와 소요되는 거래 비용도 양수하는 공동상속인이 부담하여야 한다.

양수권은 그 사유를 안 날로부터 3월, 그 사유있은 날로부터 1년 내에 행사하여야 한다(제1011조 제2항). 이 기간은 제척기간으로서, 두 기간 중 어느 하나라도 경과하면 양수권은 소멸된다.

다. 효 과

양수하는 공동상속인이 가액 및 양도비용을 완전히 제공하는 시점에 양수의 효과가 발생된다. 양수가 이루어지는 경우에 제3자에게서 양수한 상속분이 누구에게 귀속되는가에 대해 학설이 대립된다. 공동상속인 전부에게 귀속된다는 견해(김/김,732)가 있으나, 가액과 양도비용을 부담하는 비율로 귀속되며 만약 단독으로 부담하였다면 단독으로 귀속된다는 견해(곽,128; 윤,459)가 타당하다. 공동상속인 중 일부가 양수 비용을 전부 부담하였음에도 불구하고, 양수한 상속분은 공동상속인 전체에게 귀속시켜야 한다는 귀결은 수긍하기 어렵다.

제 4 절 상속의 승인 및 포기

Ⅰ. 총 칙

1. 의 의

상속의 원칙 중 자유상속주의를 취하고 있으므로, 당해 상속을 할 것인가의 여부는 상속인의 자유로운 판단에 달려있다. 특히 피상속인에게 적극재산보다 소극재산이 더 많은 경우에는 상속인으로서는 피상속인의 채무를 포괄적으로 승계할 경제적 유인이 전혀 없다. 그러므로 피상속인에게 상속을 승인할 것인지 아니면 상속을 포기할 것인지 자유롭게 결정할 기회를 부여하되, 이해관계자의 보호를 위해서는 단기간 내에 신속하게 결정하도록 엄격하게 운영할 필요가 있다.

2. 종　류

상속인에게는 당해 상속에서 취할 수 있는 선택이 3가지가 있다. 첫째는 단순승인으로 피상속인의 비일신전속적인 재산상 권리의무를 포괄적으로 완전히 승계하는 것이다. 둘째로는 한정승인으로 상속인은 피상속인의 비일신전속적인 재산상 권리의무를 포괄적으로 승계하되, 상속으로 인하여 취득할 적극재산의 한도에서 피상속인의 채무와 유증을 변제할 것을 조건으로 승인하는 것이다. 끝으로 상속포기는 아예 당해 상속에서 처음부터 상속인이 아니었던 것으로 되는 선택이다[대법원 2011.6.9. 2011다29307]. 다만 상속인이 제1019조 제1항의 기간 내에 아무런 선택도 하지 아니하면, 단순승인을 한 것으로 간주된다(제1026조 제2호).

3. 기　간

가. 원　칙

상속인은 상속개시 있음을 안 날로부터 3개월 내에 단순승인이나 한정승인 또는 포기를 할 수 있다(제1019조 제1항 전단). 상속인은 이 기간 동안 상속재산을 조사할 수 있다(제1019조 제2항). 상속인이 상속재산을 조사하여야 상속의 경제적 이익이 있는가를 정확하게 판단할 수 있기 때문이다. 이 3개월의 기간은 제척기간으로 기간 진행의 중단이나 정지는 적용되지 않는다[대법원 2003.8.11. 2003스32].

여기에서 '상속개시 있음을 안 날'이란 상속개시의 원인이 되는 사실의 발생을 알고 이로써 자기가 상속인이 되었음을 안 날을 말한다[대법원 2005.7.22. 2003다43681*]. 다만 자신보다 선순위의 상속인 모두가 상속을 포기한 경우와 같이, 상속포기 사실을 알았다고 해도 바로 자신이 상속인이 되었다는 법적 결과를 알기 어려운 특별한 사정이 있을 수 있다. 이러한 때에는 자신이 상속인이 된 사실을 안 날이 언제인지 구체적으로 판단하도록 하여 유연하게 해석하고 있다[대법원 2012.10.11. 2012다59367]. 그 결과 상속인이 수인인 경우에 승인 또는 포기를 할 수 있는 기간의 기산점은 각각 상이할 수 있다.

민법 제1019조 제1항은 상속인은 상속개시 있음을 안 날로부터 3월내에 상속포기를 할 수 있다고 규정하고 있는바, 여기서 상속개시 있음을 안 날이라 함은 상속개시의 원인이 되는 사실의 발생을 알고 이로써 자기가 상속인이 되었음을 안 날을 말한다. 한편 선순위 상속인인 피상속인의 처와 자녀들, 부모가 모두 적법하게 상속을 포기한 경우 누가 상속인이 되는지는 상속의 순위에 관한 민법 제1000조 제1항과 상속포기의 효과에 관한 민법 제1042조 내지 제1044조의 규정들에 따라서 정해질 터인데 일반인의 입장에서 피상속인의 처와 자녀, 부모가 상속을 포기한 경우 피상속인의 형제자매가 이로써 자신들이 상속인이 되었다는 사실까지 안다는 것은 이례에 속하므로 이와 같은 과정을 거쳐 피상속인의 형제자매가 상속인이 된 경우에는 상속인이 상속개시의 원인사실을 아는 것만으로 자신이 상속인이 된 사실을 알기 어려운 특별한 사정이 있다고 보는 것이 상당하다. 따라서 이러한 때에는 법원으로서는 '상속개시 있음을 안 날'을 확정함에 있어 상속개시의 원인사실뿐 아니라 더 나아가 그로써 자신의 상속인이 된 사실을 안 날이 언제인지까지도 심리·규명하여야 마땅하다[대법원 2012.10.11. 2012다59367].

나. 제한능력자

상속인이 제한능력자인 경우에 승인 또는 포기할 수 있는 기간은 그의 친권자 또는 후견인이 상속이 개시된 것을 안 날부터 기산한다(제1020조). 미성년자의 친권자 또는 후견인이 태만히 한정승인이나 포기를 하지 아니하는 바람에 미성년자가 단순승인한 것으로 간주되면, 미성년자로서는 자신의 귀책사유 없이 불이익을 감수해야 하는 치명적인 문제가 생긴다[대법원(전) 2020.11.19. 2019다232918]. 이러한 문제를 고려하여, 미성년자인 상속인이 상속채무가 상속재산을 초과하는 상속을 성년이 되기 전에 단순승인한 경우에는 성년이 된 후 그 상속의 상속채무 초과사실을 안 날부터 3개월 내에 한정승인을 할 수 있도록 입법적으로 개선하였다(제1019조 제4항 전단). 또한 미성년자인 상속인이 후술하는 특별 한정승인을 하지 아니하였거나 할 수 없었던 경우에도 마찬가지로 상속채무 초과사실을 안 날부터 3개월 내에 한정승인을 할 수 있다(제1019조 제4항 후단).

다. 상속인의 사망

상속인이 승인이나 포기를 하지 아니하고 상속개시 있음을 안 날로부터 3개월 내에 사망한 때에는 그의 상속인이 그 자기의 상속개시 있음을 안 날로부터 3개월의 기간을 기산한다(제1021조). 예를 들어 갑이 사망하여 자녀인 A가 상속인이 되었는데, 갑이 사망한 후 3개월이 경과하기 전에 A도 사망하는 경우에는 A의 자녀이자 갑의 손자인 α가 갑의 사망에 따른 상속을 승인 또는 포기할 것인가에 대해 A의 사망을 안 날로부터 3개월 이내에 결정하여야 한다. 그러므로 결국 피상속인(갑)이 사망한 사실을 상속인(A)이 알게 된 이후 약 6개월에 가까운 승인이나 포기의 기간이 상속인의 상속인(α)에게 주어지게 된다.

라. 가정법원의 기간 연장

상속의 승인 또는 포기 기간은 이해관계인 또는 검사의 청구에 의하여 가정법원이 이를 연장할 수 있다(제1019조 제1항 후단). 이 청구는 가사비송 라류사건으로 상속개시지의 가정법원이 담당하며, 사건관계인을 심문하지 아니하고 심판할 수 있다. 승인 또는 포기의 기간 연장 신청은 말 그대로 연장이므로 기간이 경과하기 전에 하여야 한다. 설령 불가항력으로 연장 청구를 하지 못하더라도, 제척기간이므로 그 사정이 소멸된 후 2주일 이내의 연장 청구를 규정한 가사소송법 제21조의 규정은 적용되지 않는다[대법원 2003.8. 11. 2003스32].

4. 상속재산의 관리

상속인은 그 고유재산에 대하는 것과 동일한 주의로 상속재산을 관리하여야 한다. 그러나 단순승인 또는 포기한 때에는 그러하지 아니하다(제1022조). 그러므로 상속인은 상속의 승인 또는 포기를 하기 전과 한정승인을 한 이후에는 그 고유재산에 대하는 것과 동일한 주의로 상속재산을 관리할 의무를 진다.

단순승인을 하면 그때부터는 상속인이 피상속인의 권리와 의무를 포괄적으로 승계하는 것이 확정되므로, 상속인 자신의 재산이 되기 때문에 관리의무가 존재하지 않는다. 다만 공동상속의 경우에는 공유에 관한 규정이 적용되어 보존행위는 단독으로 하되, 이용행위와 개량행위는 법정상속분 비율의 과반수로 결정하게 된다. 상속포기를 하는 경우에는 제1022조의 규정에도 불구하고, 그 상속포기로 인하여 상속인이 된 사람이 상속재산을 관리할 수 있을 때까지는 그 재산의 관리를 계속하여야 한다(제1044조 제1항). 그리고 이 경우에는 고유재산에 대하는 것과 동일한 주의로 상속재산을 관리할 의무가 준용된다(제1044조 제2항, 제1022조). 그러므로 결국 상속포기를 하더라도 다시 상속인이 된 사람이 상속재산을 관리할 때까지는 여전히 고유재산에 대한 것과 동일한 주의로 상속재산을 관리하여야 한다.

상속재산의 관리 방법 중 대표적인 것이 상속재산의 보존에 필요한 처분이다. 특히 상속인이 상속재산에 대한 처분행위를 임의로 하게 되면 법정단순승인 사유가 되므로(제1026조 제1호), 상속인이 상속재산 보존을 위해 불가피한 현금화를 하면서도 법정단순승인이 되지 않도록 할 필요가 있다. 이를 위해 법원은 이해관계인 또는 검사의 청구에 의하여 상속재산의 보존에 필요한 처분을 명할 수 있다(제1023조 제1항). 이해관계인이라 함은 상속채권자, 공동상속인, 상속포기로 인하여 상속인이 될 사람 등이며, 보존에 필요한 처분으로서는 재산관리인의 선임, 상속재산의 환가, 처분금지, 재산목록의 작성 등이다. 이 중에 대표적인 것이 재산관리인의 선임이며, 법원이 재산관리인을 선임한 경우에는 부재자 재산관리인에 관한 제24조에서 제26조까지의 규정을 준용한다(제1023조).

5. 승인과 포기의 의사표시 특성

가. 확정적 의사표시

상속의 승인 또는 포기의 의사표시는 확정적이어야 하므로 조건이나 기한을 붙일 수 없다. 또한 일신전속적 성격을 갖기 때문에, 원칙적으로 채권자대위권이나 채권자취소권의 객체가 되지 못한다.

나. 승인과 포기의 철회 불가

통설은 상속이나 승인의 의사표시는 철회할 수 없다고 한다. 즉 제1024조 제1항의 "상속의 승인이나 포기는 제1019조 제1항의 기간 내에도 이를 취소하지 못한다"라는 규정에서의 '취소'란 '철회'를 말하는 것이라고 한다(송,399; 윤,501). 후술하는 바와 같이 취소는 법정 사유가 있는 경우에만 가능한 것이고, 그 법정 사유는 민법총칙의 규정 외에 개별적인 규정(혼인 취소 등)에 국한된다. 따라서 제1024조 제2항에서 민법총칙 규정에 의한 취소는 가능하다고 규정하고 있으므로, 제1024조 제1항에서의 '취소 불가'는 모순적인 표현이 아닐 수 없다.

민법상 철회는 의사표시가 효력을 발생하기 전에 그 효력 발생을 저지하는 것인데, 한정승인과 포기는 가정법원에 신고를 하여야 하므로 신고한 이후의 철회란 사실상 무의미하다. 그리고 한정승인이나 포기의 신고서를 작성하였으나 가정법원에 제출하기 전에 임의로 파기하는 것까지 금지하는 규정으로 해석하는 것은 적절하지 않다. 또한 단순승인의 의사표시는 상대방 없는 단독행위이므로 표시와 동시에 효력이 발생하므로, 이를 철회한다는 것은 논리적으로는 불가능한 것이다. 따라서 제1024조 제1항은 실질적인 의미 없이 '승인이나 포기는 설령 그 기간이 아직 도과하지 않았어도 번복할 수 없다'는 당연한 귀결을 상기시키는 주의적인 규정이라고 생각된다.

다. 승인과 포기의 취소

(1) 민법총칙에 의한 취소사유

상속의 승인과 포기도 민법총칙의 규정에 의한 취소는 가능하다(제1024조 제2항). 그러므로 법정대리인의 동의를 얻지 아니한 미성년자의 승인과 포기(제5조), 피성년후견인이 한 승인과 포기(제10조), 한정후견인의 동의를 얻지 아니한 피한정후견인의 승인과 포기(제13조), 착오에 의한 승인과 포기(제109조) 그리고 사기 또는 강박에 의한 승인과 포기(제110조)는 취소할 수 있다. 제1026조 제1호의 '상속인이 상속재산에 대한 처분행위를 한 때'는 의사표시에 준하는 것이므로, 착오나 사기 또는 강박과 같은 취소사유에 의하여 처분행위를 한 때에는 취소할 수 있다고 해석할 수 있다. 다만 제1026조 제2호의 '상속인이 제1029조 제1항의 기간 내에 한정승인 또는 포기를 하지 아니한 때'의 경우에는 의사표시라고 할 수 없으므로 취소할 수 없다는 견해가 다수설이다(김/김,773; 송,400).

(2) 취소 기간

취소권은 추인할 수 있는 날로부터 3월, 승인 또는 포기한 날로부터 1년 내에 행사하지 아니하면 시효로 인하여 소멸된다(제1024조 제2항). 이 기간에 대해 소멸시효라는 견해(윤,502)와 제척기간이라는 견해(곽,175; 이/윤,441; 송,400)가 대립되고 있으나, 문리해석에 따라 소멸시효로 보는 것이 타당하다.

(3) 취소의 방식

단순승인을 취소하는 경우에는 특별한 방식을 요하지 아니한다. 한정승인과 포기를 취소하는 경우에는 가정법원에 서면으로 신고하는 방식을 취해야 한다(가사소송규칙 제76조). 한정승인과 포기의 취소 신고의 수리는 가사비송 라류사건이다.

(4) 취소의 효과

상속의 승인과 포기를 취소하면 기존의 승인과 포기는 소급해서 효력을 잃는다. 아직 숙려기간이 도과하지 아니하였다면 새롭게 승인 또는 포기를 할 수 있음은 물론이다. 숙려기간이 도과한 경우에도 지체없이 다시 승인이나 포기를 할 수 있다는 견해(윤,502)도 있으나, 숙려기간이 도과한 이후에는 승인 또는 포기를 할 수 없다고 해석해야 한다. 승인과 포기의 취소에도 제109조 제2항과 제110조 제3항의 선의의 제3자 보호규정이 적용된다는 견해가 다수설이다(곽,175; 김/김,773; 송,400; 윤,502).

라. 승인과 취소의 무효

상속의 승인과 포기에도 민법총칙상의 무효 규정이 그대로 적용된다. 따라서 의사무능력자의 승인이나 포기 또는 무권대리인에 의한 승인이나 포기는 무효이다. 또한 상속재산의 분할은 법정단순승인의 효과가 발생되므로 그 이후에 한 상속포기는 무효이다[대법원 1983.6.28. 82도2421].

Ⅱ. 단순승인

1. 의 의

피상속인의 권리와 의무를 모두 제한없이 포괄적으로 승계하겠다는 의사표시가 단순승인이다. 단순승인은 그 의사표시를 명시적 또는 묵시적으로 할 수도 있지만, 후술하는 법정단순승인 사유에 해당되어 단순승인으로 간주되는 경우도 있다. 단순승인은 공동상속인 모두가 일괄적으로 하여야 하는 것은 아니며, 공동상속인 중에 일부만이 단순승인을 하는 것도 가능하다. 예를 들어 공동상속인 중 일부는 상속을 포기하고, 또 다른 일부는 한정승인을 하며, 나머지 공동상속인은 단순승인을 하는 것도 가능하다.

2. 단순승인의 의사표시

단순승인의 의사표시는 상대방 없는 단독행위로서 특별한 방식을 요하지 않으며 확정적으로 하여야 한다. 따라서 조건이나 기한을 붙일 수 없으며 철회도 불가능하다. 또한 일신전속적이므로 채권자대위권이나 채권자취소권의 객체가 될 수 없다.

3. 법정단순승인

가. 상속재산 처분행위

상속인이 상속재산에 대한 처분행위를 한 때에는 단순승인을 한 것으로 본다(제1026조 제1호). 단순승인으로 간주되는 상속재산 처분행위는 원칙적으로 한정승인이나 상속포기를 하기 전에 한 것에 국한된다[대법원 2015.6.23. 2014다50913]. 상속포기의 신고를 한 후 수리되기 이전에 처분한 경우에도 단순승인으로 간주된다[대법원 2016.12.29. 2013다73520*]. 한정승인이나 상속포기를 한 이후에 상속재산 처분행위를 하였다면, 손해배상책임을 지는 것은 별론으로 하고 상속재산 부정소비에 해당되는 경우에만 단순승인으로 간주된다[대법원 2004.3.12. 2003다63586*]. 그리고 공동상속의 경우에 일부 상속인이 상속재산 처분행위를 한 경우에는 처분행위를 한 상속인에게만 단순승인의 효과가 발생하며, 그 외의 상속인들에게는 그 효과가 미치지 않는다.

상속재산의 처분행위라 함은 재산의 현상 또는 그 성질을 변하게 하는 사실적 행위 및 재산의 변동을 생기게 하는 법률적 행위를 포함하는 것이나 상속재산의 보존 및 관리행위는 이에 해당하지 않는다[대법원 2015.6.23. 2014다50913]. 상속재산을 소비 또는 멸실하거나[대법원 2016.12.29. 2013다73520], 피상속인의 채권을 추심하는 행위[대법원 2010.4.29. 2009다84936], 상속재산의 협의분할[대법원 1983.6.28. 82도2421]은 상속재산 처분행위에 해당된다. 그러나 상속재산의 무단 점유자에 대한 반환청구는 보존행위로서 처분행위에 해당되지 않으며[대법원 1996.10.15. 96다23283], 채권자가 상속인을 대위하여 상속등기한 경우[대법원 1964.4.3. 63마54], 장례비용을 상속재산에서 지급하는 경우[대법원 2003.11.14. 2003다30968*], 상속인이 생명보험의 수익자가 된 경우[대법원 2004.7.9. 2003다29463]는 처분행위에 해당하지 아니하여 단순승인의 효과가 발생되지 않는다.

나. 숙려기간의 도과

단순승인의 가장 대표적인 경우는 숙려기간의 도과이다. 상속인이 상속개시 있음을 안 날로부터 3개월의 기간 내에 한정승인 또는 포기를 하지 아니한 때는 단순승인을 한 것으로 본다(제1026조 제2호). 다만 미성년자인 상속인이 상속채무가 상속재산을 초과하는 상속을 성년이 되기 전에 단순승인한 경우에는 성년이 된 후 그 상속의 상속채무 초과사실을 안 날부터 3개월 내에 한정승인을 할 수 있다(제1019조 제4항). 이러한 경우에는 미성년자가 숙려기간의 도과로 법정단순승인이 되었더라도 다시 한정승인을 할 기회를 얻게 된다. 또한 상속인이 제한능력자인 경우에는 그의 법정대리인인 친권자나 후견인이 상속을 개시된 것을 안 날부터 기산하므로(제1020조), 만약 제한능력자에게 법정대리인이 없는 경우에는 숙려기간의 진행이 개시되지 않는다(김/김,778; 송,405).

다. 상속재산 부정행위 등

상속인이 한정승인 또는 포기를 한 후에 상속재산을 은닉하거나 부정소비하거나 고의로 재산목록에 기입하지 아니한 때에는 상속인이 단순승인을 한 것으로 본다(제1026조).

한정승인을 하면 상속채권자에게 변제하거나 수유자에게 유증을 이행할 책임재산이 되는 상속재산을 엄격하게 관리하여야 하는데, 만약 상속재산을 은닉하거나 부정소비하거나 재산목록에서 누락시키게 되면 채권자나 수유자가 부당하게 불이익을 입게 되기 때문이다. 따라서 이러한 부정행위를 한 경우에는 단순승인의 효과를 발생시키는 일종의 징계적 간주규정이라고 할 수 있다. 여기에서 부정소비라 함은 정당한 사유 없이 상속재산을 써서 없앰으로써 그 재산적 가치를 상실시키는 행위를 말한다[대법원 2004.3.12. 2003다63586]. 그리고 재산목록은 한정승인의 경우에만 작성하는 것이므로 재산목록의 누락은 한정승인을 한 경우에만 단순승인으로 간주될 것이다. 그리고 고의로 재산목록에 누락한 경우에만 국한되고, 과실로 인하여 재산목록에서 누락된 경우에는 법정단순승인이 되지 않는다.

그러나 이 상속재산 부정행위 등의 사유는 상속인이 상속을 포기함으로 인하여 차순위 상속인이 상속을 승인한 때에는 상속의 승인으로 보지 아니한다(제1027조). 즉 선순위 상속인이 상속을 포기하여 차순위 상속인이 상속을 승인한 후에, 포기했던 선순위 상속인이 부정행위를 하더라도 선순위 상속인에게 단순승인의 효과가 생기지는 않는다. 다만 상속을 포기하고도 상속재산 부정행위를 한 선순위 상속인에게 상속을 승인한 후순위 상속인이 손해배상이나 부당이득의 반환을 청구할 수 있다.

4. 효   과

상속인이 단순승인을 하면 피상속인의 비일신전속적인 재산상 권리와 의무를 제한없이 포괄적으로 승계하게 된다. 이러한 단순승인의 효과는 공동상속인 중에서 단순승인을 한 상속인에게만 적용된다. 다른 공동상속인이 한정승인이나 상속포기를 하였다면 그에게는 단순승인의 효과가 적용되지 않으며, 단순승인한 상속인만이 피상속인의 모든 채무를 전부 변제할 책임을 지게 된다. 예를 들어 갑이 사망하여 배우자 을과 자녀 A, B가 공동상속인이 되었을 때 을은 상속포기를 하고 A는 한정승인을 하였으나 B는 단순승인을 하였다면, 한정승인한 A가 상속적극재산으로 변제하고도 남은 상속채무에 대해서는 B가 전부 변제할 책임을 부담하게 된다.

Ⅲ. 한정승인

1. 의 의

피상속인이 남긴 적극재산과 소극재산의 크기를 정확히 알 수 없는 경우에 상속인으로서는 단순승인과 상속포기 중 무엇을 선택할 것인지 결정하기 어렵다. 상속인으로서는 당해 상속을 통해 적극적인 이익을 얻는 것을 기대하지, 피상속인이 남긴 적극재산을 넘는 상속채무까지 부담하지 않고자 하는 것은 인지상정이다. 따라서 상속인이 상속적극재산 범위 내에서 상속채무를 변제할 책임을 부담하는 제도를 둘 필요가 있다. 상속인은 상속으로 인하여 취득할 재산의 한도에서 피상속인의 채무와 유증을 변제할 것을 조건으로 상속을 승인할 수 있다(제1028조). 이것이 한정승인이다.

공동상속의 경우에 일부 상속인만이 한정승인을 할 수도 있다. 상속인이 수인인 때에는 각 상속인은 그 상속분에 응하여 취득할 재산의 한도에서 그 상속분에 의한 피상속인의 채무와 유증을 변제할 것을 조건으로 상속을 승인할 수 있다(제1029조). 예를 들어 피상속인 갑에게 상속인으로 자녀 A, B, C가 있는데 이들 중 A만 한정승인을 하고 B와 C는 단순승인을 하였다면, 갑의 적극재산과 소극재산을 A, B, C가 1/3씩 상속하는 것으로 전제하여 청산절차를 진행한 후 남은 채무가 있다면 A는 책임을 부담하지 아니하고 B와 C가 변제하여야 한다.

2. 한정승인의 절차

가. 한정승인의 신고

상속인이 한정승인을 할 때에는 승인 또는 포기 기간 내에 상속재산의 목록을 첨부하여 법원에 한정승인의 신고를 하여야 한다(제1030조 제1항). 만약 특별 한정승인을 하는 경우에 상속재산 중 이미 처분한 재산이 있는 때에는 그 목록과 가액을 함께 제출하여야 한다(제1030조 제2항). 여기에서의 상속재산이라 함은 적극재산뿐만 아니라 상속인이 인지하고 있는 소극재산인 상속채무도 포함된다. 한정승인의 신고시 상속재산 목록은 상속채권자나 수유자의 보호를 위해서는 정확하게 작성되어야 한다. 만약 고의로 재산목록에 상속재산을 기입하지 아니하면 제1026조 제3호에 따라 단순승인으로 간주된다.

나. 한정승인 신고의 수리

가정법원은 한정승인 신고가 제출되면 이를 심사하여, 형식적 요건을 갖추어 적법한 것으로 판단되면 수리하여야 한다. 한정승인 신고의 수리는 심판으로 하여야 하며(가사소송법 제39조 제1항), 심판서를 작성한다(가사소송규칙 제75조 제3항). 한정승인의 신고는 수리 심판이 당사자에게 고지된 때에 그 효력이 발생한다[대법원 2004.6.25. 2004다20401].

다. 채권자에 대한 공고와 최고

한정승인자는 한정승인을 한 날로부터 5일 내에 일반 상속채권자와 유증받은 사람에 대하여 한정승인의 사실과 일정한 기간 내에 그 채권 또는 수증을 신고할 것을 공고하여야 한다. 그 기간은 2개월 이상이어야 한다(제1032조 제1항). 여기에서 한정승인을 한 날이라 함은 한정승인 신고를 한 날이 아니라 한정승인 수리 심판이 청구인에게 고지된 날이다. 이 공고에는 채권자가 기간 내에 신고하지 아니하면 변제로부터 제외될 것을 표시하여야 하며(제1032조 제2항, 제88조 제2항), 법원의 등기사항의 공고와 동일한 방법으로 하여야 한다(제1032조 제2항, 제88조 제3항). 이 공고와는 별도의 절차로서, 한정승인한 상속인이 알고 있는 채권자나 수유자에게 대하여는 각각 그 채권신고를 최고하여야 한다(제1032조 제2항, 제89조). 만약 채권신고를 하지 않더라도, 알고 있는 채권자나 수유자는 변제로부터 제외하지 못한다.

한정승인자는 채권자에 대한 공고와 최고의 기간만료 전에는 상속채권의 변제를 거절할 수 있다(제1033조). 한정승인자가 이러한 공고나 최고를 해태하여 다른 상속채권자나 유증받은 사람에 대하여 변제할 수 없게 된 때에는 한정승인자는 그 손해를 배상하여야 한다(제1038조 제1항).

라. 상속재산의 관리

한정승인한 상속인은 상속재산을 자신의 고유재산에 대하는 것과 동일한 주의의무로 관리하여야 한다. 한정승인한 상속인이 수인인 경우에는 법원은 각 상속인 기타 이해관계인의 청구에 의하여 한정승인한 공동상속인 중에서 상속재산관리인을 선임할 수 있다(제1040조 제1항). 만약 공동상속인 중에서 한정승인한 상속인이 한명이라면 그가 한정승인 절차를 진행하면 되므로 상속재산관리인을 선임할 필요가 없다. 그리고 상속재산관리인 선임 청구는 단순승인한 상속인도 이해관계가 있으므로 가능하지만, 상속포기한 상속인은 수유자인 경우처럼 특별한 이해관계가 없는 이상 불가능하다. 상속재산관리인은 반드시 한정승인한 공동상속인 중에서 선임하여야 한다[대법원 1979.12.27. 76그2].

법원이 선임한 상속재산관리인은 한정승인한 공동상속인을 대표하여 상속재산의 관리와 채무의 변제에 관한 모든 행위를 할 권리의무가 있다(제1040조 제2항). 상속재산관리인도 상속재산을 자신의 고유재산에 대하는 것과 동일한 주의의무로 관리하여야 한다(제1040조 제3항, 제1022조). 상속재산관리인이 그 선임을 안 날로부터 채권자에 대한 공고기간인 5일을 기산하게 된다(제1040조 제3항). 법원이 상속재산관리인을 선임하면 한정승인한 다른 상속인은 더 이상 한정승인 절차를 진행할 의무를 부담하지 않는다.

3. 한정승인의 효과

가. 책임의 제한

한정승인을 하면 상속인은 상속으로 인하여 취득할 적극재산의 한도에서 피상속인의 채무와 유증을 변제할 책임을 진다. 한정승인도 승인의 일종이므로, 상속으로서의 근본적인 법률효과는 그대로 유지된다. 따라서 적극재산과 소극재산 모두 포괄적으로 승계한다. 다만 소극재산이 적극재산을 초과하는 경우에는 적극재산의 범위로 책임이 제한되는 것이 한정승인의 특유한 효과이다. 한정승인을 하면 상속채무를 변제할 책임만 제한될 뿐 채무의 상속은 이루어지는 것이므로, 상속채권자는 한정승인자를 상대로 이행청구의 소를 제기할 수 있다. 그러나 이행판결이 선고된다고 하더라도 상속재산의 한도에서만 강제집행을 할 수 있을 뿐이고, 한정승인자의 고유재산에 대해서는 강제집행을 할 수 없다[대법원 2016.5.24. 2015다250574*]. 한정승인자가 상속재산의 한도를 넘는 채무를 임의로 변제하더라도 비채변제가 되지 않고, 정상적인 유효한 변제가 된다. 그러므로 한정승인이 이루어진 경우 상속채권자는 채권의 효력 중에 청구력, 소구력, 급부보유력은 인정되지만, 집행력은 제한된다.

상속채권자라는 이유만으로 상속재산에 대해 우선적 지위가 인정되는 것은 아니다. 상속채권자가 아닌 한정승인자의 고유 채권자가 상속재산에 관하여 저당권 등의 담보권을 취득한 경우에 담보권자인 채권자와 상속채권자 사이의 우열관계는 민법상 일반원칙에 따라야 하고 상속채권자가 우선적 지위를 주장할 수는 없다[대법원 2016.5.24. 2015다250574*]. 한정승인자가 그 저당권 등의 피담보채무를 상속개시 전부터 부담하고 있다고 해도 마찬가지이다[대법원(전) 2010.3.18. 2007다77781*].

법원이 한정승인신고를 수리하게 되면 피상속인의 채무에 대한 상속인의 책임은 상속재산으로 한정되고, 그 결과 상속채권자는 특별한 사정이 없는 한 상속인의 고유재산에 대하여 강제집행을 할 수 없다. 그런데 민법은 한정승인을 한 상속인(이하 '한정승인자'라 한다)에 관하여 그가 상속재산을 은닉하거나 부정소비한 경우 단순승인을 한 것으로 간주하는 것(제1026조 제3호) 외에는 상속재산의 처분행위 자체를 직접적으로 제한하는 규정을 두고 있지 않기 때문에, 한정승인으로 발생하는 위와 같은 책임제한 효과로 인하여 한정승인자의 상속재산 처분행위가 당연히 제한된다고 할 수는 없다. 또한 민법은 한정승인자가 상속재산으로 상속채권자 등에게 변제하는 절차는 규정하고 있으나(제1032조 이하), 한정승인만으로 상속채권자에게 상속재산에 관하여 한정승인자로부터 물권을 취득한 제3자에 대하여 우선적 지위를 부여하는 규정은 두고 있지 않으며, 민법 제1045조 이하의 재산분리 제도와 달리 한정승인이 이루어진 상속재산임을 등기하여 제3자에 대항할 수 있게 하는 규정도 마련하고 있지 않다. 따라서 한정승인자로부터 상속재산에 관하여 저당권 등의 담보권을 취득한 사람과 상속채권자 사이의 우열관계는 민법상의 일반원칙에 따라야 하고, 상속채권자가 한정승인의 사유만으로 우선적 지위를 주장할 수는 없다. 그리고 이러한 이치는 한정승인자가 그 저당권 등의 피담보채무를 상속개시 전부터 부담하고 있었다고 하여 달리 볼 것이 아니다[대법원(전) 2010.3.18. 2007다77781*].

나. 혼동과 상계의 적용 배제

상속인이 한정승인을 한 때에는 피상속인에 대한 상속인의 재산상 권리의무는 소멸하지 아니한다(제1031조). 단순승인을 하면 피상속인과 상속인의 지위가 혼동이 되어 권리와 의무가 소멸하지만, 한정승인을 하면 피상속인과 상속인의 지위에 혼동이 적용되지 않는다. 만약 혼동으로 피상속인과 상속인의 권리와 의무가 소멸한다면, 상속인이 피상속인에게 갖는 채권이 다른 상속채권자보다 우선변제받는 결과를 가져오기 때문이다. 그러므로 상속인이 피상속인에 대해 채권을 가지고 있다면 다른 상속채권자와 함께 배당에 참가하여야 하며, 피상속인이 상속인에 대해 채권이 있다면 상속인은 상속채권자에게 추심을 당하게 된다.

또한 상속채권자가 피상속인에게 채권을 가지고 있고 상속인에게는 채무를 부담하는 경우에는 상계적상의 외형을 갖고 있으나, 상속채권자의 피상속인에 대한 채권과 상속채권자가 상속인에게 부담하는 채무를 상계하면 제3자의 상계가 되어 허용되지 않는다. 설령 상속채권자가 피상속인에게 갖는 채권을 자동채권으로 하여 상계하였다고 하더라도, 상속인이 한정승인을 하게 되면 상계는 소급하여 효력을 상실하고 채권과 채무는 모두 부활한다[대법원 2022.10.27. 2022다254154, 254161]. 반대로 피상속인이 제3자에게 갖는 채권과 한정승인자가 제3자에게 부담하는 채무를 상계하는 것도 허용되지 않는다. 만약 한정승인을 하기 전에 상속인이 피상속인이 제3자에게 갖는 채권을 자동채권으로 하여 상계를 하였다면, 이는 처분행위에 해당되어 법정단순승인을 한 것으로 간주된다.

상속채권자가 피상속인에 대하여는 채권을 보유하면서 상속인에 대하여는 채무를 부담하는 경우, 상속이 개시되면 위 채권 및 채무가 모두 상속인에게 귀속되어 상계적상이 생기지만, 상속인이 한정승인을 하면 상속이 개시된 때부터 민법 제1031조에 따라 피상속인의 상속재산과 상속인의 고유재산이 분리되는 결과가 발생하므로, 상속채권자의 피상속인에 대한 채권과 상속인에 대한 채무 사이의 상계는 제3자의 상계에 해당하여 허용될 수 없다. 즉, 상속채권자가 상속이 개시된 후 한정승인 이전에 피상속인에 대한 채권을 자동채권으로 하여 상속인에 대한 채무에 대하여 상계하였더라도, 그 이후 상속인이 한정승인을 하는 경우에는 민법 제1031조의 취지에 따라 상계가 소급하여 효력을 상실하고, 상계의 자동채권인 상속채권자의 피상속인에 대한 채권과 수동채권인 상속인에 대한 채무는 모두 부활한다[대법원 2022.10.27. 2022다254154, 254161].

4. 한정승인에 따른 변제

가. 신고기간 만료 전

한정승인자는 한정승인 신고기간의 만료 전에는 상속채권이나 수유자에 대한 변제를 거절할 수 있다(제1033조). 변제를 거절하지 않고 어느 상속채권자나 유증받은 사람에게 변제함으로 인하여 다른 상속채권자나 유증받은 사람에 대하여 변제할 수 없게 된 때에는 한정승인자는 그 손해를 배상하여야 한다(제1038조 제1항).

나. 신고 및 인지 채권

(1) 배당변제

한정승인자는 공고된 신고기간 만료 후에 상속재산으로서 그 기간 내에 신고한 채권자와 한정승인자가 알고 있는 채권자에 대하여 각 채권액의 비율로 변제하여야 한다(제1034조 제1항). 그러나 후술하는 우선권 있는 채권, 상속비용의 순으로 먼저 변제를 하고 나서 일반채권을 배당변제하게 된다.

(2) 우선권 있는 채권

배당변제를 하더라도 우선권 있는 채권자의 권리를 해하지 못한다(제1034조 제1항). 그러므로 저당권과 같은 담보물권이나 주택임대차보호법상의 특권이 있으면 이를 우선변제하여야 한다.

(3) 상속비용

상속비용은 우선권 있는 채권보다는 후순위로, 일반 상속채무보다는 먼저 상속재산에서 변제하여야 한다. 그러므로 상속재산의 관리비용, 상속재산에 대한 제세공과금, 상속재산 관리를 위한 소송비용 등은 피상속인의 적극재산에서 우선적으로 변제되어야 한다.

(4) 변제기 미도래 채권 등

한정승인자는 변제기에 이르지 아니한 채권에 대하여도 변제하여야 한다(제1035조 제1항). 변제기 미도래 채권이라도 우선권이 있다면 배당변제가 아니라 우선적으로 변제되어야 한다. 조건있는 채권이나 존속기간의 불확정한 채권은 법원의 선임한 감정인의 평가에 의하여 변제하여야 한다(제1035조 제2항).

다. 미신고 및 불인지 채권

공고된 신고기간 내에 신고하지 아니한 상속채권자 및 유증받은 사람으로서 한정승인자가 알지 못한 사람은 상속재산의 잔여가 있는 경우에 한하여 그 변제를 받을 수 있다. 신고하지 않은 채권이라고 해서 권리가 소멸되는 것은 아니지만, 신고된 채권과 유증을 모두 변제하고도 남는 재산이 있을 경우에만 후순위로 변제를 받게 된다. 한정승인이 대체로 상속채무가 초과인 경우에 이루어진다는 점을 감안하면 현실적으로 변제를 받을 가능성은 낮다.

그러나 상속재산에 대하여 특별담보권이 있는 때에는 신고하지 아니하였다고 하더라도 특별담보권에 따라서 우선변제를 받게 된다(제1039조). 또한 신고하지 않았어도 한정승인자가 알고 있는 상속채권자는 신고한 채권자와 같이 배당변제를 받게 된다.

라. 유 증

한정승인자는 상속채권자에 대한 변제를 완료한 후가 아니면 유증받은 사람에게 변제하지 못한다(제1036조). 신고하거나 한정승인자가 알고 있는 유증이라도 신고하거나 한정승인자가 알고 있는 상속채권자보다는 후순위로 변제되어야 한다. 그러나 한정승인자가 알지 못하는 미신고 상속채권자보다는 신고하거나 한정승인자가 알고 있는 유증을 먼저 변제하여야 한다. 잔여재산으로 이러한 수유자 전원에게 변제할 수 없다면 배당변제를 하여야 한다. 한정승인자가 알지 못하는 미신고 수유자와 한정승인자가 알지 못하는 미신고 상속채권자 사이의 우선순위는 제1036조를 준용하여 한정승인자가 알지 못하는 미신고 상속채권자가 우선한다고 해석하는 것이 적절하다.

마. 정 리

한정승인이 있는 경우에 변제의 순서에 대해 정리하면, ① 우선권 또는 특별담보권 있는 상속채권자, ② 상속비용, ③ 신고하거나 한정승인자가 알고 있는 채권, ④ 신고하거나 한정승인자가 알고 있는 유증, ⑤ 한정승인자가 알지 못하는 미신고 상속채권자, ⑥ 한정승인자가 알지 못하는 미신고 유증의 순으로 변제가 이루어져야 한다. 이 모든 변제가 이루어지고도 남은 잔여재산은 상속인에게 귀속된다.

5. 손해배상책임

한정승인자가 한정승인 사실과 채권이나 유증의 신고 공고나 최고를 해태하거나 변제 거절권, 배당변제, 변제의 순서 등의 규정에 위반하여 어느 상속채권자나 유증받은 사람에게 변제함으로 인하여 다른 상속채권자나 유증받은 사람에 대하여 변제할 수 없게 된 때에는 한정승인자는 그 손해를 배상하여야 한다(제1038조 제1항). 즉 부당변제가 이루어지더라도 채권자나 수유자가 선의라면 변제의 효과가 부정되는 것이 아니라, 한정승인자에게 손해배상책임이 인정되는 것이다. 예를 들어 상속적극재산은 1억 원이고 상속채권자 A, B, C에게 각각 1억 원씩의 피상속인 채무가 있는데 한정승인자가 A에게만 신고기간이 경과하기도 전에 1억 원을 전부 변제하였다면, B와 C는 한정승인자에게 배당변제받을 수 있었던 3,333여만 원씩을 손해배상으로 청구할 수 있다.

만약 변제를 받은 상속채권자가 악의라면 그에게 구상권을 행사할 수도 있다. 변제를 받지 못한 상속채권자나 유증받은 사람은 그 사정을 알고 변제를 받은 상속채권자나 유증받은 사람에 대하여 구상권을 행사할 수 있다(제1038조 제2항). 전술한 예에서 A가 악의라면, B와 C는 A에게 3,333여만 원의 구상권을 행사할 수 있다. 이러한 손해배상청구권이나 구상권의 행사는 상속채권자나 수유자가 그 손해를 안 날로부터 3년 또는 변제를 한 날로부터 10년간 이를 행사하지 아니하면 시효로 인하여 소멸된다(제1038조 제3항).

6. 특별 한정승인 등

가. 특별 한정승인

상속인이 상속개시 있음을 안 날로부터 3개월이 경과한 이후에도 예외적으로 한정승인의 신고를 허용하고 있다. 상속인은 상속채무가 상속재산을 초과하는 사실을 중대한 과실 없이 상속개시 있음을 안 날로부터 3개월 내에 알지 못하고 단순승인을 한 경우에는 그 사실을 안 날부터 3개월 내에 한정승인을 할 수 있다(제1019조 제3항).

한정승인 기간의 기산점이 상속개시 있음을 안 날이므로, 자신이 상속인이 되었다는 법적 효과에 대한 인식을 요하는 것이 아니라 자신이 상속인이 되는 원인 사실을 아는 시점부터 기산된다. 예를 들어 자신보다 선순위의 모든 상속인이 상속채무 초과로 인해 상속을 포기하였다는 사실은 알고 있으나, 그 결과 차순위 상속인이었던 자신이 상속인이 되었다는 법적 효과를 인식하지 못하더라도 한정승인 기간은 상속포기 사실을 안 시점부터 개시된다. 그 결과 자신이 상속인이 되었다는 인식도 없는 상태에서 3개월이 경과하면 법정단순승인으로 간주되어 초과상속채무를 모두 승계하는 문제가 발생하게 된다. 이러한 불측의 손해를 막기 위하여 특별 한정승인제도를 두게 되었다.

특별 한정승인을 하기 위해서는 상속채무가 상속적극재산을 초과하여야 한다. 만약 상속적극재산으로 상속채무를 변제하고도 남는다면 한정승인을 할 기회를 추가로 부여할 실익이 없다. 그리고 상속채무 초과라는 사실을 상속인이 중대한 과실 없이 알지 못하여야 한다. 즉 상속인이 조금만 주의를 기울였다면 상속채무가 상속적극재산을 초과한다는 사실을 알 수 있었음에도 이를 게을리함으로써 그러한 사실을 알지 못하는 것을 말한다[대법원 2010.6.10. 2010다7904]. 이에 대한 증명책임은 특별 한정승인을 희망하는 상속인에게 있다[대법원 2003.9.26. 2003다30517]. 이러한 상태에서 상속인이 단순승인의 의사표시를 하거나 상속재산에 대한 처분행위를 하거나 숙려기간 내에 한정승인을 하지 아니하여 법정단순승인이 되었어야 한다.

이러한 요건이 충족되면 상속인은 상속채무 초과사실을 안 날로부터 3개월 내에 한정승인 신고를 할 수 있다. 특별 한정승인의 신고와 수리도 일반적인 한정승인 신고와 동일하지만, 상속재산 중 이미 처분한 재산이 있는 때에는 그 목록과 가액을 함께 제출하여야 한다(제1030조 제2항).

나. 상속인이 미성년자인 경우의 특별 한정승인

상속인이 미성년자라면 그의 법정대리인을 기준으로 하여 '상속채무 초과사실을 중대한 과실 없이 알지 못하였는지 여부'와 '이를 알게 된 날'을 토대로 하여 특별 한정승인의 요건이 충족되지 않거나 특별 한정승인의 제척기간이 이미 지난 것으로 판명되면 단순승인의 법률관계가 그대로 확정된다. 그러므로 민법 규정으로 상속인이 성인이 된 후, 자신이 특별 한정승인을 할 권리를 부여하는 입법적 해결이 요구되었다[대법원(전) 2020.

11.19. 2019다232918]. 이에 따라 2022년 민법 개정으로 미성년자가 상속인인 경우의 특별 한정승인제도를 추가하였다. 즉 미성년자가 상속인인 경우에는 법정대리인에 의해 단순 승인이 되었다고 하더라도 성년이 된 이후에 스스로 한정승인을 할 기회를 독자적으로 부여하였다. 미성년자인 상속인이 상속채무가 상속재산을 초과하는 상속을 성년이 되기 전에 단순승인한 경우에는 성년이 된 후 그 상속의 상속채무 초과사실을 안 날부터 3개월 내에 한정승인을 할 수 있다. 미성년자인 상속인이 특별 한정승인을 하지 아니하였거나 할 수 없었던 경우에도 또한 같다(제1019조 제4항).

성년자의 특별 한정승인(제1019조 제3항)과 달리 상속채무 초과사실을 중과실로 인식하지 못하였는가 여부를 묻지 아니하고, 미성년자인 상속인이 성년이 된 이후에 상속채무 초과사실을 안 날로부터 3개월 이내에 한정승인을 신청할 수 있도록 규정하였다. 이로써 미성년자인 상속인이 자신의 법정대리인의 사유로 인하여 초과채무의 부담이 강제되는 불이익을 피할 수 있게 되었다.

다. 효   과

특별 한정승인도 효과 측면에서는 일반적인 한정승인과 동일하다. 그러나 일단 단순 승인이 된 이후에 한정승인 절차가 진행된다는 점에서 다음과 같은 특수한 고려사항이 있다. 먼저 특별 한정승인을 한 경우에는 그 상속인은 상속재산 중에서 남아있는 상속재산과 함께 이미 처분한 재산의 가액을 합하여 상속채권자와 수유자에게 배당변제를 하여야 한다. 다만, 한정승인을 하기 전에 상속채권자나 수유자에 대하여 변제한 가액은 이미 처분한 재산의 가액에서 제외한다(제1034조 제2항).

그리고 상속 당시 성년자였던 상속인이 특별 한정승인을 한 경우 그 이전에 상속채무가 상속재산을 초과함을 알지 못한 데 과실이 있는 상속인이 상속채권자나 유증받은 사람에게 변제한 때에는 한정승인자는 그 손해를 배상하여야 한다(제1038조 제1항). 특별 한정승인을 한 경우 그 이전에 상속채무가 상속재산을 초과함을 알고 변제받은 상속채권자나 유증받은 사람이 있는 때에도 상속채권자나 수유자에게 구상권을 행사할 수 있다(제1038조 제2항). 이러한 손해배상청구권이나 구상권의 행사는 상속채권자나 수유자가 그 손해를 안 날로부터 3년 또는 변제를 한 날로부터 10년간 이를 행사하지 아니하면 시효로 인하여 소멸된다(제1038조 제2항).

Ⅳ. 상속포기

1. 의 의

상속인이 된 사람이 하는 '자신은 상속인이 되지 않겠다'는 내용의 일방적인 상대방 없는 의사표시가 상속포기이다. 상속의 포기는 상속인이 가정법원에 신고 형식으로 하는 단독의 의사표시로서 포괄적·무조건적으로 하여야 한다[대법원 1995.11.14. 95다27554]. 상속인이 상속포기를 하는 동기는 다양하지만, 대체로 상속채무가 초과 상태임이 명확하여 상속의 효과에서 벗어나고자 하거나 특정한 상속인에게 상속을 집중시키기 위한 수단으로 이루어진다. 이처럼 상속인에게 상속 여부를 자유롭게 선택할 수 있는 기회가 주어지므로, 민법상 상속은 임의상속이다.

2. 절 차

상속포기는 상속을 포기하고자 하는 상속인에 의해서 행하여져야 하는 것이 원칙이다. 그러나 상속을 포기하고자 하는 상속인이 제한능력자인 경우에는 그의 법정대리인인 친권자, 미성년후견인, 성년후견인, 한정후견인에 의하여야 한다. 상속포기는 상속이 개시되어 상속인이 된 이후에만 가능하다. 상속인이 될 지위에 있는 사람이 자신이 상속인이 되기 전에 미리 상속포기를 하는 것은 원칙적으로 효력이 없다. 또한 상속개시 전의 상속포기 약정도 무효이다[대법원 1994.10.14. 94다8334]. 상속인은 상속개시 있음을 안 날로부터 3개월 내에 상속포기를 할 수 있다(제1019조 제1항). 상속포기 기간은 이해관계인 또는 검사의 청구에 의하여 가정법원이 이를 연장할 수 있는 것은 한정승인과 동일하지만(제1019조 제1항 단서), 특별 한정승인과 같이 사후에 추가적으로 상속포기할 수 있는 예외는 규정하고 있지 않다.

상속인이 상속을 포기할 때에는 상속포기 기간 내에 가정법원에 포기의 신고를 하여야 한다(제1041조). 상속포기의 신고 방식은 한정승인과 동일하지만, 상속에서 제외되겠다는 취지의 신고이므로 재산목록을 작성하여 제출할 필요는 없다. 왜냐하면 상속을 포기한 상속인은 상속에서 배제되고 동순위 또는 후순위 상속인이 상속을 하거나 상속인 부존재가 되므로, 그에 따라 상속절차가 진행되면 되기 때문이다. 상속포기의 신고 수리와 심판도 한정승인과 동일하다. 상속포기의 신고도 수리심판이 당사자에게 고지된 때에 효력이 발생한다[대법원 2004.6.25. 2004다20401].

3. 효 과

가. 소 급 효

상속의 포기는 상속개시된 때에 소급하여 그 효력이 있다(제1041조). 즉 상속을 포기하면 처음부터 상속인이 아니었던 것이 된다[대법원 2022.3.17. 2020다267620]. 그러므로 상속포기자는 피상속인의 적극재산과 소극재산을 포괄적으로 승계하지 아니한다. 상속포기의 소급효로 인하여 혼동으로 소멸했던 피상속인과 상속인 사이의 권리와 의무는 자동으로 부활한다[대법원 2005.1.14. 2003다28573]. 다만 포기 전에 한 가압류에 대해서는 포기의 소급효가 미치지 않는다[대법원 2021.9.15. 2021다224446*]. 그리고 상속포기는 대습상속의 원인이 되지 못하므로, 대습상속이 이루어지지 않는다.

나. 포기한 상속재산의 귀속

상속인이 수인인 경우에 어느 상속인이 상속을 포기한 때에는 그 상속분은 다른 상속인의 상속분의 비율로 그 상속인에게 귀속된다(제1043조). 같은 우선순위의 상속인 모두가 상속을 포기하면 해당 우선순위의 상속인이 부존재하는 것으로 다루어야 하므로, 차순위 상속인이 상속을 하게 된다. 예를 들어 갑이 사망한 경우에 1순위 상속인인 자녀 A, B, C가 모두 상속을 포기하면 2순위인 직계존속이 본위상속을 하게 된다. 문제는 배우자도 공동상속인인 경우이다. 예를 들어 피상속인 갑의 배우자 을과 자녀 A, B, C 중 자녀 A, B, C만이 상속을 포기한 경우에 만약 손자녀나 직계존속이 생존해 있다면 그들이 배우자와 같이 공동상속인이 되는가 아니면 배우자가 단독상속인이 되는가이다. 과거 판례는 손자녀나 직계존속이 피상속인의 배우자와 공동상속인이 된다고 하였으나, 최근 상속을 포기한 자녀의 상속분은 남아있는 '다른 상속인'인 배우자에게 귀속되어 배우자가 단독상속인이 된다고 판례의 태도를 변경하였다[대법원(전) 2023.3.23. 2020그42].

> 민법 제1043조의 '상속인이 수인인 경우' 역시 민법 제1000조 제2항의 '상속인이 수인인 때'와 동일한 의미로서 같은 항의 '공동상속인이 되는' 경우에 해당하므로 그 공동상속인에 배우자도 당연히 포함되며, 민법 제1043조에 따라 상속포기자의 상속분이 귀속되는 '다른 상속인'에도 배우자가 포함된다. 이에 따라 공동상속인인 배우자와 여러 명의 자녀들 중 일부 또는 전부가 상속을 포기한 경우의 법률효과를 본다. 공동상속인인 배우자와 자녀들 중 자녀 일부만 상속을 포기한 경우에는 민법 제1043조에 따라 상속포기자인 자녀의 상속분이 배우자와 상속

을 포기하지 않은 다른 자녀에게 귀속된다. 이와 동일하게 공동상속인인 배우자와 자녀들 중 자녀 전부가 상속을 포기한 경우 민법 제1043조에 따라 상속을 포기한 자녀의 상속분은 남아 있는 '다른 상속인'인 배우자에게 귀속되고, 따라서 배우자가 단독상속인이 된다. 이에 비하여 피상속인의 배우자와 자녀 모두 상속을 포기한 경우 민법 제1043조는 적용되지 않는다. 민법 제1043조는 공동상속인 중 일부가 상속을 포기한 경우만 규율하고 있음이 문언상 명백하기 때문이다[대법원(전) 2023.3.23. 2020그42].

다. 관리계속의무

상속을 포기한 사람은 그 포기로 인하여 상속인이 된 사람이 상속재산을 관리할 수 있을 때까지 그 재산의 관리를 계속하여야 한다(제1044조 제1항). 상속을 포기한 사람은 고유재산에 대하는 것과 동일한 주의로 그 재산을 관리하여야 한다(제1044조 제2항, 제1022조). 이는 선량한 관리자의 주의의무인 추상적 경과실과 대비되는 것으로서, 이른바 구체적 경과실이 있는 경우에 손해배상책임을 지게 된다. 법원은 이해관계인 또는 검사의 청구에 의하여 상속재산의 보존에 필요한 처분을 명할 수 있다(제1044조 제2항, 제1023조).

라. 사해행위 취소 여부

상속의 포기는 포기자의 재산에 영향을 미치기는 하지만, 순수한 재산법상의 행위가 아니라 인적 결단의 성질을 가지므로 사해행위 취소의 대상이 되지 않는다[대법원 2011.6. 9. 2011다29307*]. 그러므로 채권자취소권이 적용되지 않는다.

> 상속은 피상속인이 사망 당시에 가지던 모든 재산적 권리 및 의무·부담을 포함하는 총체 재산이 한꺼번에 포괄적으로 승계되는 것으로서 다수의 관련자가 이해관계를 가지는데, 위와 같이 상속인으로서의 자격 자체를 좌우하는 상속포기의 의사표시에 사해행위에 해당하는 법률 행위에 대하여 채권자 자신과 수익자 또는 전득자 사이에서만 상대적으로 그 효력이 없는 것으로 하는 채권자취소권의 적용이 있다고 하면, 상속을 둘러싼 법률관계는 그 법적 처리의 출발점이 되는 상속인 확정의 단계에서부터 복잡하게 얽히게 되는 것을 면할 수 없다. 또한 상속인의 채권자의 입장에서는 상속의 포기가 그의 기대를 저버리는 측면이 있다고 하더라도 채무자인 상속인의 재산을 현재의 상태보다 악화시키지 아니한다. 이러한 점들을 종합적으로 고려하여 보면, 상속의 포기는 민법 제406조 제1항에서 정하는 "재산권에 관한 법률행위"에 해당하지 아니하여 사해행위취소의 대상이 되지 못한다[대법원 2011.6.9. 2011다29307*].

제 5 절   재산의 분리

Ⅰ. 재산분리제도

1. 의   의

상속채권자나 유증받은 사람 또는 상속인의 채권자는 상속개시된 날로부터 3개월 내에 상속재산과 상속인 고유재산의 분리를 법원에 청구할 수 있다(제1045조 제1항). 상속을 단순승인하게 되면 상속개시시로 소급하여 피상속인의 적극재산과 소극재산을 상속인이 포괄적으로 승계하므로, 피상속인의 상속재산과 상속인의 고유재산은 구분없이 통합된다. 이러한 재산의 통합이 이루어지게 되면, 피상속인과 상속인 사이에서는 권리와 의무의 혼동이 생길 뿐만 아니라 피상속인의 채권자 및 채무자와 상속인의 채권자 및 채무자도 동등한 지위에 놓이게 된다. 만약 피상속인은 상속적극재산이 더 많으나 상속인이 채무초과인 상태라면, 피상속인의 채권자나 수유자는 불측의 손해를 감수할 수밖에 없게 된다. 그러므로 단순승인을 하였음에도 불구하고 잠정적으로 피상속인의 상속재산과 상속인의 고유재산을 분리하는 제도를 둘 필요가 있다. 다만 피상속인이 채무초과 상태였다면 상속인은 대부분 한정승인이나 상속포기를 선택할 것이므로, 상속인의 채권자가 불측의 손해를 입을 위험은 크지 않기 때문에 재산분리의 제도적 의의는 제한적이다.

2. 한정승인과의 차이

한정승인은 채무초과의 책임으로부터 벗어나고자 하는 상속인이 선택권을 행사하는 제도이지만, 재산분리는 상속채권자나 유증받은 사람 또는 상속인의 채권자가 상속재산과 고유재산의 통합을 방지하기 위해 선택하는 제도라는 점에서 구분된다. 그러나 피상속인이 채무초과임에도 불구하고 상속인이 단순승인을 하는 경우에는 상속인의 채권자가 재산분리를 청구함으로써 자신의 이익을 보호할 수 있다는 점에서 두 제도는 병존할 실익이 있다.

한정승인은 영구적인 재산분리 효과가 있어서 상속채무가 초과라고 하더라도, 한정승인자는 상속채무를 고유재산으로 변제할 책임을 지지 아니한다. 그러나 재산분리는 일시적인 효과가 있어서 상속채무가 초과라도 상속인은 그 채무를 고유재산으로 변제할 책임을 지며, 단지 그 우선순위가 고유한 채권자보다 후순위가 될 뿐이다. 한정승인을 하게 되면 상속으로 인하여 취득할 재산의 한도에서 피상속인의 채무와 유증을 변제하는 책임을 지게 되므로 반사적으로 재산분리의 효과가 발생된다. 다만 한정승인이 무효로 될 수도 있으므로, 상속인이 한정승인을 하였더라도 재산분리의 청구는 허용된다(송,421).

Ⅱ. 재산분리의 절차

1. 상속채권자 등의 분리청구

가. 청구권자

재산분리의 청구권자는 상속채권자나 특정적 수유자 또는 상속인의 채권자이며, 상속인은 설령 다른 상속인에 대해 채권을 갖고 있다고 하더라도 청구권자가 될 수 없다. 상속채권자는 우선변제권이 있더라도 재산분리를 청구할 수 있으며, 조건부나 기한부 채권자라도 무방하다. 포괄적 수유자도 청구할 수 있는가에 대해 긍정설(송,421)도 있으나, 상속인과 같은 지위를 갖는다는 점에서 재산분리를 청구할 수 없다는 다수설(곽,200; 김/김,806; 이/윤,491; 윤,541)이 타당하다.

나. 청구기간

상속채권자나 특정적 수유자 또는 상속인의 채권자는 상속개시된 날로부터 3개월 내에 재산의 분리를 청구하여야 한다. 그러나 상속인이 상속의 승인이나 포기를 하지 아니한 동안은 상속개시된 날로부터 3개월이 경과한 후에도 재산의 분리를 청구할 수 있다(제1045조 제2항). 여기에서 상속개시된 날은 상속이 개시되었음을 안 날이 아닌 상속개시 원인이 발생한 날로서 불변시점이다.

다. 법원에의 청구

청구권자는 상속개시지 관할 가정법원에 청구하여야 하며, 재산분리 청구는 가사비송 라류사건이다.

2. 법원의 분리명령

가정법원은 재산분리의 필요성이 있으면 재산분리를 명하는 심판을 하여야 한다. 상속재산과 상속인 고유재산의 분리를 명한 심판에 대하여는 청구인 또는 제1045조 제1항에 규정한 사람이 즉시항고를 할 수 있다(가사소송규칙 제77조).

3. 공고 또는 최고

가정법원이 재산의 분리를 명한 때에는 그 청구자는 5일 내에 일반상속채권자와 수유자에 대하여 재산분리의 명령있은 사실과 일정한 기간 내에 그 채권 또는 유증을 신고할 것을 공고하여야 한다. 그 기간은 2개월 이상이어야 한다(제1046조 제1항). 이러한 채권 또는 유증신고의 공고에는 채권자나 수유자가 기간 내에 신고하지 아니하면 청산으로부터 제외될 것을 표시하여야 한다(제1046조 제2항, 제88조 제2항). 이 공고는 법원의 등기사항의 공고와 동일한 방법으로 하여야 한다(제1046조 제3항, 제88조 제3항). 청구자는 알고 있는 채권자에게 대하여는 각각 그 채권신고를 최고하여야 하며, 알고 있는 채권자는 배당변제에서 제외하지 못한다(제1046조 제3항, 제89조).

Ⅲ. 재산분리의 효과

1. 고유재산과의 분리

재산분리의 명령이 있는 때에는 피상속인에 대한 상속인의 재산상 권리의무는 소멸하지 아니한다(제1050조). 상속재산과 상속인의 고유재산이 분리되므로 혼동으로 소멸되었던 피상속인에 대한 상속인의 재산상 권리의무가 부활한다.

2. 상속재산의 관리

상속인이 단순승인을 한 후에도 재산분리의 명령이 있는 때에는 상속재산에 대하여 자기의 고유재산과 동일한 주의로 관리하여야 한다(제1048조 제1항). 상속인에게 법률상

관리의무가 부과되므로 임의로 상속재산을 처분할 수는 없다. 상속인은 재산분리 청구자의 청구가 있는 때에는 상속재산 관리의 처리상황을 보고하고 상속재산 관리가 종료한 때에는 지체없이 그 전말을 보고하여야 한다(제1048조 제2항, 제683조). 상속인은 상속재산 관리로 인하여 받은 금전 기타의 물건 및 그 수취한 과실을 재산분리 청구자에게 인도하여야 한다(제1048조 제2항, 제684조 제1항). 상속인이 재산분리 청구자를 위하여 자기의 명의로 취득한 권리는 재산분리 청구자에게 이전하여야 한다(제1048조 제2항, 제684조 제2항). 상속인이 재산분리 청구자에게 인도할 금전 또는 재산분리 청구자의 이익을 위하여 사용할 금전을 자기를 위하여 소비한 때에는 소비한 날 이후의 이자를 지급하여야 하며 그 외의 손해가 있으면 배상하여야 한다(제1048조 제2항, 제685조). 상속인이 상속재산 관리에 관하여 필요비를 지출한 때에는 재산분리 청구자에 대하여 지출한 날 이후의 이자를 청구할 수 있다(제1048조 제2항, 제688조 제1항). 상속인이 상속재산 관리에 필요한 채무를 부담한 때에는 재산분리 청구자에게 자기에 갈음하여 이를 변제하게 할 수 있고 그 채무가 변제기에 있지 아니한 때에는 상당한 담보를 제공하게 할 수 있다(제1048조 제2항, 제688조 제2항).

가정법원이 재산의 분리를 명한 때에는 상속재산의 관리에 관하여 필요한 처분을 명할 수 있다(제1047조 제1항). 원칙적으로 전술한 바와 같이 상속인에 의해 상속재산이 관리되어야 하지만, 가정법원도 재산분리 청구자의 이익을 위하여 상속재산 관리에 필요한 처분을 명할 수도 있다. 여기에서의 가정법원의 처분은 구체적으로 재산관리인을 선임하는 것이 대표적이다. 법원이 재산관리인을 선임한 경우에는 부재자의 재산관리에 관한 규정을 준용한다(제1047조 제2항).

3. 대항요건

상속재산의 분리는 상속재산인 부동산에 관하여는 이를 등기하지 아니하면 제3자에게 대항하지 못한다(제1049조). 재산분리 명령이 있으면 상속인은 상속재산을 임의로 처분할 수 없으므로, 상속재산을 처분하더라도 무효이다. 만약 상속인이 상속재산을 임의로 처분한 경우에 상속재산이 동산이라면 선의취득이 적용되어 선의의 양수인은 보호될 수 있으나, 상속재산이 부동산이라면 등기의 공신력이 인정되지 않으므로 양수인은 선의라도 보호될 수 없다. 그러므로 재산분리 명령 사실을 등기하지 아니한 경우에는, 특별히 양수인을 보호하는 예외규정을 두어 거래의 안전을 꾀하였다.

4. 변   제

가. 변제거절권

상속인은 상속개시된 날로부터 3개월 및 채권자 등에 대한 2개월 이상의 공고 기간 만료 전에는 상속채권자와 수유자에 대하여 변제를 거절할 수 있다(제1051조 제1항). 이를 위반하여 변제를 하여 상속채권자나 수유자 또는 상속인의 채권자에게 손해를 가한 때에 는 손해배상책임을 진다(제1051조 제3항, 제1038조 제1항).

나. 배당변제

상속인은 상속개시된 날로부터 3개월 및 채권자 등에 대한 2개월 이상의 공고 기간 만료 후에 상속재산으로써 재산분리의 청구 또는 그 기간 내에 신고한 상속채권자와 상 속인이 알고 있는 상속채권자에 대하여 각 채권액의 비율로 변제하여야 한다. 그러나 우 선권 있는 채권자의 권리를 해하지 못한다(제1051조 제2항). 상속인은 변제기에 이르지 아 니한 채권에 대하여도 배당변제하여야 한다(제1051조 제3항, 제1035조 제1항). 조건있는 채 권이나 존속기간의 불확정한 채권은 법원의 선임한 감정인의 평가에 의하여 변제하여야 한다(제1051조 제3항, 제1035조 제2항).

상속인은 신고한 상속채권자와 상속인이 알고 있는 상속채권자에 대한 변제를 완료한 후가 아니면 신고한 수유자와 상속인이 알고 있는 수유자에게 변제하지 못한다(제1051조 제3항, 제1036조). 즉 수유자는 상속채권자보다 후순위로 배당변제를 받게 된다. 이러한 배당변제를 하기 위하여 상속재산의 전부나 일부를 매각할 필요가 있는 때에는 민사집행 법에 의하여 경매하여야 한다(제1051조 제3항, 제1037조).

상속인이 배당변제에 관한 규정에 위반하여 어느 상속채권자나 수유자에게 변제함으 로 인하여 다른 상속채권자나 수유자에 대하여 변제할 수 없게 된 때에는 한정승인자는 그 손해를 배상하여야 한다(제1051조 제3항, 제1038조 제1항). 변제를 받지 못한 상속채권 자나 수유자는 그 사정을 알고 변제를 받은 상속채권자나 수유자에 대해 구상권을 행사 할 수 있다(제1051조 제3항, 제1038조 제2항). 이 손해배상청구권과 구상권은 피해자나 그 법정대리인이 그 손해 및 가해자를 안 날로부터 3년, 부당변제가 이루어진 날로부터 10 년이 경과하면 시효로 소멸한다(제1051조 제3항, 제1038조 제3항, 제766조).

다. 고유재산으로부터의 변제

재산분리에 따라 신고기간에 신고하거나 상속인이 알고 있는 상속채권자와 수유자는 상속재산으로써 전액의 변제를 받을 수 없는 경우에 한하여 상속인의 고유재산으로부터 그 변제를 받을 수 있다(제1052조 제1항). 그럼에도 불구하고 상속인의 채권자는 상속인의 고유재산으로부터 우선변제를 받을 권리가 있다(제1052조 제2항). 즉 상속인의 고유재산에 대해서는 상속채권자는 상속인의 채권자보다 후순위가 된다.

제 6 절 상속재산의 분할

I. 서 론

1. 의 의

상속인이 수인인 경우에는 공동상속을 하게 되어 상속개시 시점부터 상속재산은 그들의 공유가 된다(제1006조). 공동상속에서 상속재산의 공유를 상속인들의 개별적인 소유로 전환하는 것을 상속재산의 분할이라고 한다. 단독상속의 경우에는 상속재산의 분할은 필요하지 않다. 또한 공동상속인 모두가 상속재산을 최초의 공유상태로 계속 유지하고자 한다면, 굳이 상속재산을 분할할 이유가 없다. 공동상속인 중 누군가 상속재산을 분할하여 단독소유로 하고자 할 때는 상속재산의 분할이 필요하다. 상속재산의 분할이라고 해도 반드시 상속재산을 단독 소유로 분할해야만 하는 것은 아니며, 특정 상속재산을 특정한 상속인들의 공유로 분할하는 것도 가능하다. 상속재산의 분할은 공동상속인이 일단 확정되어야 가능하지만, 예외적으로 상속재산이 분할이 이루어진 이후 인지소송 등을 통해 소급하여 상속인이 되는 경우도 존재한다.

2. 상속재산분할의 금지

피상속인의 유언이 있거나 공동상속인 전원이 합의하는 경우에는 상속재산의 분할이 금지된다. 그러나 영구적으로 분할을 금지되는 것은 아니고, 5년까지만 금지될 수 있다.

먼저 상속인이 유언으로 상속개시의 날로부터 5년을 초과하지 아니하는 기간 내의 분할을 금지할 수 있다(제1012조). 상속재산 분할금지의 유언으로 모든 상속재산의 분할을 금지할 수도 있고, 특정 상속재산의 분할만을 금지할 수도 있으며, 상속인 일부에 대해서만 분할을 금지할 수도 있다. 만약 5년을 초과하여 분할을 금지하는 유언을 남기더라도 유언 자체가 무효가 되는 것이 아니라, 분할금지기간이 5년으로 단축될 뿐이라는 것이 통설이다.

공동상속인 전원의 합의로 상속재산 분할금지기간을 정하는 것도 허용된다. 판례는 공유물 분할금지약정에 관한 제268조 제1항 단서를 유추적용하여 공동상속인은 5년 이내의 기간으로 상속재산 분할금지약정을 할 수 있으며, 기간을 명시적으로 정하지 않은 경우에는 5년으로 정한 것으로 보고 있다[대법원 2002.1.23. 99스49]. 다만 공동상속인이 분할금지약정을 하였더라도, 다시 전원의 합의로 그 분할금지기간 내에 상속재산 분할을 할 수도 있다(곽,138).

3. 분할청구권자

상속재산 분할청구는 공동상속인 및 포괄적 수유자가 하며, 공동상속인으로부터 상속분을 양수한 제3자도 상속재산 분할청구를 할 수 있다. 공유물분할청구권은 채권자대위권의 목적이 될 수 있으므로 원칙적으로는 상속재산 분할청구권도 상속인의 채권자가 대위행사할 수 있다. 다만 금전채권자인 경우에는 상속 부동산에 대해 원칙적으로 분할청구권을 대위행사할 수 없다[대법원(전) 2020.5.21. 2018다879].

> 채권자가 자신의 금전채권을 보전하기 위하여 채무자를 대위하여 부동산에 관한 공유물분할청구권을 행사하는 것은, 책임재산의 보전과 직접적인 관련이 없어 채권의 현실적 이행을 유효·적절하게 확보하기 위하여 필요하다고 보기 어렵고 채무자의 자유로운 재산관리행위에 대한 부당한 간섭이 되므로 보전의 필요성을 인정할 수 없다. 또한 특정 분할방법을 전제하고 있지 않는 공유물분할청구권의 성격 등에 비추어 볼 때 그 대위행사를 허용하면 여러 법적 문제들이 발생한다. 따라서 극히 예외적인 경우가 아니라면 금전채권자는 부동산에 관한 공유물분할청구권을 대위행사할 수 없다고 보아야 한다[대법원(전) 2020.5.21. 2018다879].

Ⅱ. 분할의 방법

1. 유언분할

피상속인은 유언으로 상속재산의 분할방법을 정하거나 이를 정할 것을 제3자에게 위탁할 수 있다(제1012조). 피상속인의 지정분할은 반드시 유언의 형식으로만 하여야 유효하며, 생전행위로 한 분할지정은 효력이 없다[대법원 2001.6.29. 2001다28299]. 상속재산의 분할방법이란 구체적으로 특정 상속인에게 특정한 상속재산을 귀속시키겠다는 의미이다. 원칙적으로 법정상속분에 상응하는 특정한 상속재산을 귀속시켜야 하지만, 이를 초과하는 분할방법인 경우에는 법정상속분을 초과하는 부분은 특정적 유증으로서 효과가 있다고 해석된다.

유언을 통해 분할방법을 정할 것을 위탁받는 제3자는 상속과는 관계없는 제3자만을 의미하므로 공동상속인에게는 위탁할 수 없다(곽,139; 송,366). 제3자에게 분할방법의 지정을 위탁한 경우에도 법정상속분을 초과하는 분할을 할 수 있는가에 대해서는 학설이 대립된다. 제3자는 유증을 할 수 없으므로 반드시 법정상속분대로 분할을 하여야 하며 이를 초과하는 경우에는 지정이 무효라는 견해(김/김,735; 송,366)와 법정상속분을 변경하는 내용으로도 분할지정이 가능하다는 견해(곽,139; 윤,465)가 있다. 피상속인의 유언이나 협의분할로 가능한 분할방법이 수탁받은 제3자에 의해서만은 불가능하다고 볼 이유는 없다. 그리고 수탁받은 제3자는 분할방법을 정할 수 있을 뿐이지, 상속재산 분할금지를 결정할 수는 없다고 문리해석하는 것이 타당하다. 상대방 없는 단독행위인 유언으로 수탁받은 제3자는 이를 반드시 실행할 법적 의무가 있다고 할 수는 없으므로, 제3자가 분할방법을 지정하지 않거나 명시적으로 거부하면 상속인은 이를 강제할 수는 없고 협의분할이나 심판분할을 청구할 수 있다.

2. 협의분할

가. 당 사 자

피상속인이 유언으로 분할을 하거나 분할을 금지한 경우가 아니라면 공동상속인은 언제든지 그 협의에 의하여 상속재산을 분할할 수 있다(제1013조 제1항). 여기에서의 공동상속인에는 포괄적 수유자 및 상속분의 양수인을 포함한다. 협의에 의한 상속재산의 분할은 공동상속인 전원의 동의가 있어야 유효하고 공동상속인 중 1인의 동의가 없거나 그의사표시에 대리권의 흠결이 있다면 분할은 무효이다[대법원 2001.6.29. 2001다28299]. 상속재산분할 협의는 이해상반행위에 해당하므로 친권자가 미성년자들의 특별대리인을 선임하지 아니하고서 한 상속재산분할의 협의는 무효이다[대법원 1987.3.10. 85므80]. 태아가 상속인인 경우에는 정지조건설에 따르면 상속재산분할 협의에 참여할 수 없다고 보아야 하며, 현실적으로도 태아에게 법정대리인을 두는 절차도 존재하지 않으므로 태아가 출생할 때까지 상속재산분할 협의는 유보되어야 한다(곽,141; 김/김,738; 이/윤,466).

나. 방법과 내용

협의분할은 공동상속인 전원의 합의로 하여야 하므로 그 법적 성질은 계약이며[대법원 2004.7.8. 2002다73203], 구체적으로는 상속개시시로 소급하여 직접 물권적 효과를 발생시키는 물권계약이라고 볼 수 있다. 합의는 순차적으로 이루어져도 되고, 1인이 만든 분할안을 회람하여 승인하는 방법으로도 가능하다[대법원 2010.2.25. 2008다96963, 96970]. 또한 분할협의에 조건을 붙이는 것도 가능하다[대법원 2004.7.8. 2002다73203]. 유언으로 분할을 금지하였다고 하더라도 공동상속인 전원의 합의로 협의분할이 가능하다는 견해(곽,138)도 있으나, 제1013조가 '전조(유언에 의한 분할금지 등)의 경우 외에는'이라고 명시하고 있으므로 허용되지 않는다고 해석하여야 한다.

상속재산분할은 법정상속분이 아니라 특별수익이나 기여분에 따라 산정되는 구체적 상속분을 기준으로 이루어지는 것이 원칙이다[대법원 2022.6.30. 2017스98, 99, 100, 101].

> 구체적 상속분을 산정함에 있어서는, 상속개시 당시를 기준으로 상속재산과 특별수익재산을 평가하여 이를 기초로 하여야 하고, 공동상속인 중 특별수익자가 있는 경우 구체적 상속분 가액의 산정을 위해서는, 피상속인이 상속개시 당시 가지고 있던 재산 가액에 생전 증여의 가액을 가산한 후, 이 가액에 각 공동상속인별로 법정상속분율을 곱하여 산출된 상속분의 가액으로부터 특별수익자의 수증재산인 증여 또는 유증의 가액을 공제하는 계산방법에 의한다. 이렇게 계산한 상속인별 구체적 상속분 가액을 전체 공동상속인들 구체적 상속분 가액 합계액으로 나누면 상속인별 구체적 상속분 비율, 즉 상속재산분할의 기준이 되는 구체적 상속분을 얻을 수 있다[대법원 2022.6.30. 2017스98, 99, 100, 101].

그러나 반드시 이러한 구체적 상속분대로만 상속재산분할이 이루어져야만 하는 것은 아니고, 상속분을 초과하거나 특정 상속인의 취득분을 영(零)으로 하는 내용으로 하는 협의분할도 허용된다[대법원 2003.8.22. 2003다27276]. 그리고 법정상속분을 초과하는 상속재산

분할협의는 공동상속인이 다른 공동상속인에게 무상으로 양도하는 것으로 볼 수 있으며 이는 증여에 해당된다[대법원 2021.8.19. 2017다230338].

> 공동상속인 사이에 이루어진 상속재산 분할협의의 내용이 어느 공동상속인만 상속재산을 전부 취득하고 다른 공동상속인은 상속재산을 전혀 취득하지 않는 것이라면, 상속재산을 전혀 취득하지 못한 공동상속인은 원래 가지고 있었던 구체적 상속분에 해당하는 재산적 이익을 취득하지 못하고, 상속재산을 전부 취득한 공동상속인은 원래 가지고 있었던 구체적 상속분을 넘는 재산적 이익을 취득하게 된다. 이러한 결과는 실질적인 관점에서 볼 때 공동상속인의 합의에 따라 상속분을 무상으로 양도한 것과 마찬가지이다. 상속재산 분할이 상속이 개시된 때 소급하여 효력이 있다고 해도(민법 제1015조 본문), 위와 같이 해석하는 데 지장이 없다[대법원 2021.8.19. 2017다230338].

상속재산의 분할협의는 원칙적으로 채권자취소권의 대상이 되며, 채무초과 상태에 있는 채무자가 상속재산의 분할협의를 하면서 자신의 상속분에 관한 권리를 포기함으로써 일반 채권자에 대한 공동담보가 감소한 경우 원칙적으로 채권자에 대한 사해행위에 해당한다[대법원 2007.7.26. 2007다29119*].

> 이미 채무초과 상태에 있는 채무자가 상속재산의 분할협의를 하면서 자신의 상속분에 관한 권리를 포기함으로써 일반 채권자에 대한 공동담보가 감소된 경우에는 원칙적으로 채권자에 대한 사해행위에 해당하고(대법원 2007.7.26. 선고 2007다29119 판결 참조), 이는 상속 개시 전에 채권을 취득한 채권자가 채무자의 상속재산 분할협의를 대상으로 사해행위취소권을 행사하는 경우에도 마찬가지이다[대법원 2013.6.13. 2013다2788].

3. 심판분할

가. 심 판

상속재산분할의 방법에 관하여 협의가 성립되지 아니한 때에는 공동상속인은 가정법원에 그 분할을 청구할 수 있다(제1013조 제2항, 제269조 제1항). 상속재산 분할사건은 가사비송 마류사건으로서 필수적 공동비송이며, 조정전치주의와 직권탐지주의가 적용된다. 상속재산의 분할에 대해서는 오로지 이러한 가사비송 절차에 따라야 하며, 설령 민법이 상속재산은 공유라고 규정하고 있더라도(제1006조) 제268조에 따른 공유물분할청구의 소를 제기할 수는 없다[대법원 2015.8.13. 2015다18367]. 법원은 상속재산 분할방법을 후견적 재량으로 결정할 수 있으나, 분할 결과 어느 상속인이 구체적 상속분에 미치지 못하는 재산을 받게 된다면 그의 상속재산에 대한 권리침해이므로 허용될 수 없다[대법원 2022.7. 20. 2022스596, 598]. 상속인 중 일부가 한정승인을 한 경우에 한정승인 청산 전에도 분할이 가능하다[대법원 2014.7.25. 2011스226*].

나. 당 사 자

상속재산분할의 심판은 공동상속인과 포괄적 수유자 및 상속분 양수인이 청구할 수 있으며, 그 외 나머지 모든 공동상속인이 상대방이 된다. 상속인이 미성년자나 제한능력자인 경우에는 법정대리인이 청구할 수 있으며, 미성년자와 법정대리인이 모두 상속인인 경우에는 특별대리인을 선임하여야 한다.

다. 분할의 기준

심판분할은 협의분할과 달리 구체적 상속분을 기준으로 해서 분할을 하여야 한다. 즉 피상속인이 상속개시 당시 가지고 있던 재산 가액에 생전 증여의 가액을 가산한 후, 이 간주상속재산 가액에 각 공동상속인별로 법정상속분율을 곱하여 산출된 상속분의 가액으로부터 특별수익자의 수증재산인 증여 또는 유증의 가액을 공제하여 상속인별 구체적 상속분 가액을 구하고 나서 전체 공동상속인들 구체적 상속분 가액 합계액으로 나누어 상속인별 구체적 상속분 비율, 즉 상속재산분할의 기준이 되는 구체적 상속분을 산정한다 [대법원 2022.6.30. 2017스98, 99, 100, 101].

예를 들어 피상속인 갑이 사망하고 배우자 을과 자녀 A, B, C가 공동상속인이 된 경우에, 갑이 사망한 시점에 현존재산은 2억7천만 원이고 갑의 을에게 5천만 원의 유증을 하였고, A에게는 신혼집 전세금 명목으로 4,500만 원을 증여하였다. 이 경우 간주상속재산은 현존재산 2억7천만 원에 A에 대한 증여 4,500만 원을 합한 3억1,500만 원이 된다. 이 간주상속재산에 공동상속인별 법정상속분율을 곱하면 을은 3억1,500만 원×3/9=1억500만 원, A, B, C는 3억1,500만 원×2/9=7천만 원이 상속분 가액이 되며, 여기에서 증여와 유증의 가액을 공제하여 을은 5,500만 원(=1억500만 원−5천만 원), A는 2,500만 원(=7천만 원−4,500만 원) 그리고 B와 C는 7천만 원이 상속인별 구체적 상속분 가액이 된다. 이를 합산하여 각자의 구체적 상속분 가액의 비율을 정하면, 을은 55/220, A는 25/220, B와 C는 각각 70/220이 상속분 분할 비율이 된다. 그러므로 상속재산에서 증여와 유증을 공제하고 난 적극재산을 이 비율로 분할하여야 한다. 물론 상속재산 분할에서 공제된 유증과 증여는 특별수익자인 해당 상속인에게 유증과 증여로서 별도로 귀속된다.

상속개시 시점부터 상속재산 분할심판까지는 시간의 경과가 있는 것이 일반적이므로 상속재산의 가치에도 변화가 있게 된다. 구체적 상속분을 산정할 때는 상속개시시를 기준으로 상속재산과 특별수익 재산을 평가하여 이를 기초로 하는 것이 원칙이지만, 상속재산 분할심판에서 분할의 대상이 된 상속재산 중 특정 재산을 상속인 1인 또는 수인의 소유로 하고 그의 상속분과 그 특정의 재산을 가액과의 차액을 현금으로 정산할 것을 명하는 대상분할을 하는 경우에는 분할시를 기준으로 분할대상 재산을 재평가하여 정산한다[대법원 1997.3.21. 96스62*].

라. 분할방법

(1) 현물분할

상속재산의 분할은 현물로 분할하는 것이 원칙이다(제1013조 제2항, 제269조 제2항). 현물분할도 하나의 상속재산을 지분으로 공유하는 방식, 하나의 가분물을 분할하여 각자의 단독소유로 하는 방식, 다수의 개별적인 상속재산을 각자에게 단독소유로 귀속시키는 방식이 있다.

(2) 대상분할

상속재산 중 특정한 재산을 1인 또는 수인의 상속인 소유로 하되, 그 구체적 상속분과의 차액을 정산하는 방법을 대상분할이라고 한다. 예를 들어 피상속인 소유의 주택(가액 5억 원)을 배우자에게 분할하면서, 배우자의 상속분(3억 원)과의 차액(2억 원)을 배우자가 다른 상속인에게 정산하는 방법이다.

> 가정법원이 상속재산분할을 함에 있어 분할 대상이 된 상속재산 중 특정 재산을 일부 상속인 소유로 현물분할 한다면, 전체 분할 대상 재산을 분할 시 기준으로 평가하여, ① 특정 재산 가액이 그의 구체적 상속분에 따른 취득가능 가액을 초과하는 상속인이 있는 경우 차액을 정산하도록 하여야 하고(구체적 상속분을 산정함에 있어 유증이나 생전 증여 등으로 인한 초과특별수익과 달리, 산정된 구체적 상속분에 따른 취득가능 가액을 초과하여 분할받게 되는 부분은 다른 상속인들에게 정산해야 한다), ② 특정 재산 가액이 그의 구체적 상속분에 따른 취득가능 가액을 초과하지 않을 경우에도 위와 같은 현물분할을 반영하여 상속인들 사이의 지분율을 다시 산정해서 남은 분할 대상 상속재산은 수정된 지분율로 분할해야 한다[대법원 2022.6. 30. 2017스98, 99, 100, 101].

(3) 대금분할

현물로 분할할 수 없거나 분할로 인하여 현저히 그 가액이 감손될 염려가 있는 때에는 법원은 물건의 경매를 명할 수 있다(제1013조 제2항, 제269조 제2항). 경매대금을 구체적 상속분에 따라 상속인에게 분할하는 방법이 대금분할이다.

Ⅲ. 상속재산분할의 대상

1. 적극재산의 분할

상속적극재산은 상속재산분할의 대상이 되는 것이 원칙이다. 그러나 특별수익에 해당되는 유증과 증여는 별도의 법적 근거에 따라 그 권리자에게 귀속되어야 하므로 재산분할의 대상에서 제외하여야 한다. 상속개시 후에 발생한 과실도 구체적 상속분의 비율에 따른 상속재산분할의 대상이 된다[대법원 2018.8.30. 2015다27132, 27149*].

채권도 상속재산분할의 대상이 되지만, 금전채권과 같은 가분채권의 경우에는 상속개시와 동시에 당연히 법정상속분에 따라 공동상속인에게 분할되어 귀속되므로 상속재산분할의 대상이 될 수 없는 것이 원칙이다[대법원 2016.5.4. 2014스122*]. 다만 특별수익이 존재하거나 기여분이 인정되는 등 특별한 사정이 있는 경우에는 가분채권도 상속재산분할의 대상이 될 수 있다[대법원 2023.12.21. 2023다221144]. 그러나 가분적인 금전과 동산도 상속재산분할의 대상이 되는데, 금전채권은 가분채권이므로 원칙적으로 상속재산분할의 대상이 되지 않는다는 판례의 태도는 수긍하기 어렵다. 가분채권도 상속재산분할의 대상이 된다고 보는 것이 타당하다.

상속개시 당시에는 상속재산을 구성하던 재산이 그 후 처분되거나 멸실·훼손되는 등으로 상속재산분할 당시 상속재산을 구성하지 아니하게 되었다면, 그 재산은 상속재산분할의 대상이 될 수 없다[대법원 2016.5.4. 2014스122]. 다만 상속인이 그 대가로 처분대금, 보험금, 보상금 등 대상재산을 취득하게 된 경우에는 그 대상재산이 상속재산분할의 대상이 될 수 있다[대법원 2022.6.30. 2017스98, 99, 100, 101].

2. 상속채무의 분할

금전채무와 같이 급부의 내용이 가분인 채무가 공동상속된 경우, 이는 상속개시와 동시에 당연히 법정상속분에 따라 공동상속인에게 분할되어 귀속되는 것이므로, 상속재산분할의 대상이 될 여지가 없다[대법원 2019.3.29. 2018스509, 510]. 특정 상속인이 단독으로 부동산을 현물분할받는다고 해도 그 부동산에 관한 근저당권 피담보채무와 임대차보증금 반환채무는 금전채무로 분할대상이 되지 못한다. 그러나 가분채무를 협의분할하여도 그 자체로 무효인 것은 아니고, 면책적 채무인수가 되므로 채권자의 승낙을 받아야만 한다 [대법원 1997.6.24. 97다8809]. 채권자의 승낙이 없는 가분채무의 협의분할은 채권자에 대해 효력이 없다.

> 상속재산 분할의 대상이 될 수 없는 상속채무에 관하여 공동상속인들 사이에 분할의 협의가 있는 경우라면 이러한 협의는 민법 제1013조에서 말하는 상속재산의 협의분할에 해당하는 것은 아니지만, 위 분할의 협의에 따라 공동상속인 중의 1인이 법정상속분을 초과하여 채무를 부담하기로 하는 약정은 면책적 채무인수의 실질을 가진다고 할 것이어서, 채권자에 대한 관계에서 위 약정에 의하여 다른 공동상속인이 법정상속분에 따른 채무의 일부 또는 전부를 면하기 위하여는 민법 제454조의 규정에 따른 채권자의 승낙을 필요로 하고, 여기에 상속재산 분할의 소급효를 규정하고 있는 민법 제1015조가 적용될 여지는 전혀 없다[대법원 1997.6.24. 97다8809].

불가분채무도 원칙적으로는 상속재산분할의 대상이 되지 못한다. 채권자 보호를 위해서는 모두가 불가분채무를 그 지분의 한도에서 부담한다고 하여야 할 것이다. 설령 공동상속인 전원이 불가분채무를 협의분할하더라도 내부적인 구상관계를 결정하는 것 이상의 효력을 부여할 수는 없다. 판례도 공동상속인의 건물철거의무는 성질상 불가분채무이므로 각자 그 지분의 한도 내에서 건물 전체에 대한 철거의무를 지우고 있다[대법원 1980.6.24. 80다756].

Ⅳ. 상속재산분할의 효과

1. 소 급 효

가. 원 칙

상속재산의 분할은 상속개시된 때에 소급하여 그 효력이 있다(제1015조). 분할받은 상속인이 그 분할된 재산을 상속개시시부터 상속받은 것으로 다루어진다. 만약 자신의 구체적 상속분을 초과하는 협의분할을 받은 경우에 이를 피상속인으로부터 직접 상속을 받은 것으로 볼 것인지 아니면 공동상속인으로부터 무상으로 양수받은 증여에 해당되는 것인지에 대해 판례가 다소 모순적이다. 증여세 부과를 다루는 판례[대법원 2002.7.12. 2001두

441]에서는 공동상속인 중 일부가 고유의 상속분을 초과하는 재산을 취득하게 되었다고 하여도 이는 상속개시 당시에 소급하여 피상속인으로부터 승계받은 것으로 보는 반면, 유류분을 다루는 판례[대법원 2021.8.19. 2017다230338]에서는 공동상속인의 합의에 따라 상속분을 무상으로 양도한 것으로 보아 증여로 다루고 있다. 상속재산분할에 따른 부동산 등기는 피상속인의 명의로부터 직접 이전등기를 하거나, 공동상속인 명의의 공유등기를 거쳐 이전등기를 하는 방법 모두 가능하다(곽,152; 김/김,754; 송,378). 다만 협의분할은 상속개시시로 소급하여 분할받은 상속인이 단독으로 소유하거나 새로운 공유관계로 확정시키는 합의이므로 물권적 합의이며, 부동산의 경우에 제187조의 상속에 의한 물권변동이므로 등기를 요하지 않는다고 해석된다. 이에 대해 협의분할은 계약이므로 등기를 요한다는 견해(윤,480)도 있다.

상속재산분할의 소급효는 현물분할이나 대상분할의 경우에만 인정되고, 대금분할의 경우에는 적용되지 않는다. 그리고 상속재산의 과실까지 소급하여 원물을 분할받은 상속인에게 귀속되는 것은 아니며, 구체적 상속분에 따라 공동상속인에게 분할된다[대법원 2018.10.4. 2015다27620].

나. 제   한

상속재산분할의 소급효는 제3자의 권리를 해하지 못한다(제1015조 단서). 개별 상속재산의 등기를 갖춘 양수인이나 담보권자 등이 여기에 해당되며[대법원 2020.8.13. 2019다249312], 상속분의 양수인은 공동상속인과 같은 지위를 가지므로 여기에 해당되지 않는다. 또한 제3자의 선의·악의는 묻지 않는다.

2. 가액지급청구권

가. 의   의

상속개시 후의 인지 또는 재판의 확정에 의하여 공동상속인이 된 사람이 상속재산의 분할을 청구할 경우에 다른 공동상속인이 이미 분할 기타 처분을 한 때에는 그 상속분에 상당한 가액의 지급을 청구할 권리가 있다(제1014조). 상속재산분할 이후에 다시 인지나 재판의 확정으로 인해 공동상속인이 되었다고 해서 재분할을 하게 되면 제3자의 지위를 침해하게 되므로, 가액지급청구권만 인정하고 있다. 이 가액지급청구권의 법적 성질에 대해서 판례는 상속회복청구권으로 파악하고 있다[대법원 1993.8.24. 93다12].

여기에서 재판의 확정은 친생자관계존재확인의 소, 부를 정하는 소, 이혼 무효나 이혼 취소의 소, 파양 무효나 파양 취소의 소 등의 확정으로 상속인이 되는 것을 말한다. 모자 관계는 출산에 의해 성립되므로 인지나 친생자관계존재확인이 없다고 하더라도 상속인이 되므로, 친생자로 등록되지 아니한 자녀라도 생모가 피상속인인 경우에는 가액지급청구 권이 아닌 상속회복청구권에 의해 재분할을 하게 된다[대법원 2018.6.19. 2018다1049]. 또한 인지 또는 재판의 확정에 의하여 상속인이 된 사람이 공동상속인이 아닌 후순위 상속인 을 대상으로 하는 경우에는 가액지급청구권이 아닌 상속회복청구권에 따라 재분할 청구 를 할 수 있다[대법원 1993.3.12. 92다48512]. 예를 들어 갑이 사망하여 배우자 을과 아버지 병이 상속을 하였는데 그 이후 A가 갑의 혼인외의 자녀로 인지되었다면, 후순위 상속인 병과 한 상속재산분할은 무효이고 A는 재분할을 청구할 수 있다.

나. 가   액

상속분에 상당한 가액을 청구할 수 있는데, 상속분은 상속재산분할의 기준이 되는 구 체적 상속분이라고 할 수 있다. 따라서 상속개시 현존재산에 특별수익을 가산한 후, 이 가액에 법정상속분율을 곱하여 산출된 상속분의 가액으로부터 특별수익을 공제하여 구체 적 상속분 가액을 구하고 나서 전체 공동상속인들의 구체적 상속분 가액 합계액으로 나 누어 산정한다[대법원 2022.6.30. 2017스98, 99, 100, 101]. 가액의 평가 기준은 상속재산을 실제 처분한 가액 또는 처분한 때의 시가가 아니라 사실심 변론종결시의 시가에 따른다 [대법원 1993.8.24. 93다12]. 그리고 이미 분할되거나 처분된 상속재산의 과실은 상속재산에 해당되지 않으므로 가액청구에 포함되지 않으며 부당이득도 되지 않는다는 것이 판례이 다[대법원 2007.7.26. 2006므83796].

인지 이전에 공동상속인들에 의해 이미 분할되거나 처분된 상속재산은 민법 제860조 단서 가 규정한 인지의 소급효 제한에 따라 이를 분할받은 공동상속인이나 공동상속인들의 처분행 위에 의해 이를 양수한 자에게 그 소유권이 확정적으로 귀속되는 것이며, 상속재산의 소유권을 취득한 자는 민법 제102조에 따라 그 과실을 수취할 권능도 보유한다고 할 것이므로, 피인지 자에 대한 인지 이전에 상속재산을 분할한 공동상속인이 그 분할받은 상속재산으로부터 발생 한 과실을 취득하는 것은 피인지자에 대한 관계에서 부당이득이 된다고 할 수 없다[대법원 2007.7.26. 2006다83796].

3. 담보책임

가. 원 칙

공동상속인은 다른 공동상속인이 분할로 인하여 취득한 재산에 대하여 그 상속분에 응하여 매도인과 같은 담보책임이 있다(제1016조). 매도인의 담보책임 중 선의의 매도인에 대한 특칙(제571조), 경매의 담보책임(제578조)은 성질상 적용되지 않는다. 담보책임의 존속기간은 1년이다. 담보책임의 주된 내용은 손해배상책임이며, 해제권도 인정되는가에 대해서는 긍정설(곽,157; 윤,482)도 있으나, 해제권을 인정하게 되면 재분할을 하여야 하므로 원칙적으로 부정하되 분할의 목적을 달성할 수 없는 경우에 한하는 것이 타당하다(김/김, 758; 이/윤,479).

나. 상속채권의 담보책임

공동상속인은 다른 상속인이 분할로 인하여 취득한 채권에 대하여 분할 당시 채무자의 자력을 담보한다(제1017조 제1항). 변제기에 달하지 아니한 채권이나 정지조건있는 채권에 대하여는 변제를 청구할 수 있는 때의 채무자의 자력을 담보한다(제1017조 제2항). 따라서 채권 매매의 담보책임(제579조)은 적용되지 않는다.

다. 무자력자의 담보책임 분담

담보책임 있는 공동상속인 중에 상환의 자력이 없는 사람이 있는 때에는 그 부담부분은 구상권자와 자력있는 다른 공동상속인이 그 상속분에 응하여 분담한다. 그러나 구상권자의 과실로 인하여 상환을 받지 못한 때에는 다른 공동상속인에게 분담을 청구하지 못한다(제1018조). 따라서 구상권자 스스로 손실을 부담하여야 한다.

제 7 절 상속회복청구권

I. 의 의

참칭상속인으로 인해 침해된 진정상속인의 재산상속권을 바로 잡아 자신의 상속분을 반환받는 청구권이 상속회복청구권이다. 예를 들어 상속인이 아닌 사람이 상속인으로 상속을 받거나 공동상속인이 협의 없이 자신의 상속분을 넘는 상속을 받는 경우 등이 대표적이다. 반드시 참칭상속인에게 귀책사유를 요하는 것은 아니므로, 상속개시후 친생자관계 부존재확인의 소를 통해 친자관계가 해소되어 상속인의 지위를 상실하더라도 상속회복청구권의 대상이 될 수 있다.

II. 법적 성질

1. 고유한 규정

상속이 개시되면 진정상속인에게 아무런 절차도 요구하지 않고 그 즉시 피상속인의 권리의무가 포괄적으로 승계된다. 진정상속인은 상속이 개시되는지 또는 자신이 상속인인지에 대한 인식과 무관하게 상속재산에 대한 소유권을 취득하게 된다. 이는 제187조에서 상속에 의한 부동산에 관한 물권의 취득은 등기를 요하지 않는다고 규정하는데 잘 나타나 있다. 진정상속인은 상속개시와 동시에 자신의 상속분에 대하여는 이미 물권적 지위를 갖는 소유권자이므로, 진정상속인은 참칭상속인을 상대로 제213조의 물권적 청구권을 행사할 수 있어야 한다. 한편으로 참칭상속인이 법률상 원인없이 진정상속인의 상속재산으로부터 이익을 얻어 진정상속인에게 손해를 가하고 있으므로 제741조의 부당이득도 성립될 수 있다. 이러한 시각에서 보면 진정상속인은 채권적인 부당이득반환청구권을 참칭상속인에게 행사할 수 있다. 그럼에도 불구하고 민법은 별도로 제999조에서 상속회복청구권을 규정하고 있어서 그 법적 성격이 문제가 된다. 구체적으로는 소유권에 기한 반환청구권이나 부당이득반환청구권과의 관계나 참칭상속인으로부터 양수한 제3취득자에 대한 효과 그리고 상속회복청구권의 단기 제척기간 등과 관련되어 의미를 갖는다.

2. 학 설

상속회복청구권을 개별적인 상속재산에 대한 청구권의 집합으로서 진정상속인의 편의를 위하여 청구권 하나의 외형으로 묶은 것이라고 이해하는 집합권리설(김/김,637; 윤,370)이 있다. 이 설에 따르면 상속을 원인으로 하는 모든 청구권은 본질적으로 상속회복청구권이며, 법조경합설을 취하여 별도로 물권적 청구권을 제기할 수 없다고 한다. 이와 달리 상속회복청구권은 개별적 청구권과는 구별되는 단일한 독립적 권리로서 상속재산 전체의 회복을 청구하는 포괄적 권리라는 독립권리설도 있다. 독립권리설은 다시 법조경합설을 취하는 견해(곽,164)와 제척기간 내에는 물권적 청구권과의 경합을 긍정하는 견해(송,385)로 구분된다. 그 외에도 상속회복청구권은 상속재산에 대한 청구가 아니라 상속인으로서 지위를 확정하는 권리이므로 추가적인 이행청구가 필요하다는 상속자격확정설과 상속재산의 점유를 둘러싼 특수한 소권이라는 소권설(이/윤,484)도 있다. 집합권리설이 타당하다고 생각된다.

3. 판 례

판례는 집합권리설을 취하여 상속회복청구권과 물권적 청구권의 경합을 부정하며, 상속을 원인으로 하는 것이면 청구원인이 무엇이든 상속회복청구권이라고 한다[대법원 2009. 10.15. 2009다42321]. 물권적 청구권뿐만 아니라 법정상속분의 침해를 주장하며 토지보상금을 부당이득의 반환으로 구하는 소도 상속회복청구의 소에 해당한다[대법원 2013.11.28. 2012다51905].

> 자신이 진정한 상속인임을 전제로 그 상속으로 인한 소유권 또는 지분권 등 재산권의 귀속을 주장하면서 참칭상속인 또는 참칭상속인으로부터 상속재산에 관한 권리를 취득하거나 새로운 이해관계를 맺은 제3자를 상대로 상속재산인 부동산에 관한 등기의 말소 등을 청구하는 경우, 그 재산권 귀속 주장이 상속을 원인으로 하는 것인 이상 청구원인이 무엇인지 여부에 관계없이 민법 제999조가 정하는 상속회복청구의 소에 해당한다[대법원 2009.10.15. 2009다42321].

Ⅲ. 당 사 자

1. 청구권자

가. 진정상속인

상속권이 침해된 상속인이 진정상속인이다. 상속인이지만 상속에서 아예 배제된 사람뿐만 아니라 공동상속에 참여는 하고 있으나 상속권을 침해받고 있는 상속인 및 협의분할에 참여하지 못한 상속인은 진정상속인으로서 청구권자가 된다[대법원 2011.3.10. 2007다17482]. 포괄적 수유자는 상속인과 동일한 권리의무를 가지므로, 자신에 대한 포괄적 유증을 침해받으면 상속회복청구권을 행사할 수 있다[대법원 2001.10.12. 2000다22942]. 상속분의 양수인은 상속인의 지위를 특정적으로 승계하므로 상속회복청구권자가 된다. 진정상속인의 법정대리인도 청구권자가 될 수 있다.

나. 제사용 재산의 승계자

제사용 재산은 상속재산은 아니지만 본질적으로는 상속을 원인으로 하는 재산권의 포괄적 승계이므로, 제사를 주재하는 사람은 제사용 재산이 자신에게 귀속되지 않은 경우에 상속회복청구를 할 수 있다[대법원 2006.7.4. 2005다45452].

다. 상속재산 분할 후 인지된 사람 등

상속개시 후의 인지 또는 재판의 확정에 의하여 공동상속인이 된 사람이 상속재산의 분할을 청구하는 경우에 다른 공동상속인이 이미 분할 기타 처분을 한 때에는 그 상속분에 상당한 가액의 지급을 청구할 권리가 있다(제1014조). 이 가액지급청구권의 본질은 상속회복청구권이므로 상속재산 분할 후 상속인이 된 사람도 청구권자가 된다.

2. 상 대 방

가. 참칭상속인

상속회복청구의 상대방이 되는 참칭상속인이라 함은 정당한 상속권이 없음에도 재산상속인임을 신뢰케 하는 외관을 갖추거나 상속인이라고 참칭하면서 상속재산의 전부 또는 일부를 점유함으로써 진정한 상속인의 재산상속권을 침해하는 사람을 가리킨다[대법원 2009.7.23. 2007다91855]. 상속재산을 점유하는 참칭상속인의 침해는 고의 또는 과실을 요하지 아니하며, 사실상의 침해 상태만으로도 족하다. 다만 상속의 외관없이 단순히 상속인이라고 주장하거나 소를 제기한 것만으로는 상속권의 침해가 있다고 볼 수는 없으며 [대법원 1994.11.18. 92다33701], 상속이 아닌 다른 원인으로 등기를 경료된 경우에는 상속회복청구의 상대방이 되지 못한다[대법원 1997.1.21. 96다4688]. 상속을 받은 후 소급하여 상속인의 지위를 상실한 사람도 참칭상속인이 된다. 예를 들어 상속개시후 친생부인의 소 또는 친생자관계 부존재확인의 소를 통해 친생자관계가 해소된 경우나 상속 후 혼인무효 또는 입양무효가 된 경우에는 참칭상속인이 된다.

공동상속인이 자기의 상속분을 초과하여 상속재산을 취득한 경우에도 참칭상속인이 된다. 대표적으로는 상속 부동산에 대하여 공동상속인 중 1명의 단독명의로 등기가 이루어졌거나[대법원 1997.1.21. 96다74688], 공동명의로 상속등기가 된 이후 단독명의로 이전등기한 경우[대법원 2011.9.29. 2009다78801]에 등기명의인인 공동상속인은 참칭상속인이 된다.

나. 참칭상속인으로부터의 양수인

참칭상속인으로부터 상속재산을 양수받은 사람도 상속회복청구권의 상대방이 된다[대법원 2007.4.26. 2004다5570].

> 상속회복청구권의 단기의 제척기간이 참칭상속인에게만 인정되고 참칭상속인으로부터 양수한 제3자에게는 인정되지 않는다면 거래관계의 조기안정을 의도하는 단기의 제척기간 제도가 무의미하게 될 뿐만 아니라 참칭상속인에 대한 관계에 있어서는 제척기간의 경과로 참칭상속인이 상속재산상의 정당한 권원을 취득하였다고 보면서 같은 상속재산을 참칭상속인으로부터 전득한 제3자는 진정상속인의 물권적 청구를 감수하여야 한다는 이론적 모순이 생기기 때문이다[대법원(전) 1981.1.27. 79다854].

Ⅳ. 상속회복청구권의 행사

1. 방 법

상속회복청구의 행사는 반드시 재판상으로 하도록 민법이 규정하고 있지는 않으나, 판례[1993.2.26. 92다3083]는 상속회복청구의 제척기간을 제소기간으로 운영하고 있으므로 실질적으로는 재판상 행사를 하여야만 한다. 상속회복청구의 소는 민사사건으로서 통상의 민사소송절차가 적용된다. 상속회복청구의 소 제기는 공동상속인이 공동으로만 하여야 하는 것은 아니고, 각자가 개별적으로 할 수 있다.

> 상속회복의 소는 상속권의 침해를 안 날로부터 3년, 상속개시된 날로부터 10년 내에 제기하도록 제척기간을 정하고 있는바, 이 기간은 제소기간으로 볼 것이므로, 상속회복청구의 소에 있어서는 법원이 제척기간의 준수 여부에 관하여 직권으로 조사한 후 기간도과 후에 제기된 소는 부적법한 소로서 흠결을 보정할 수 없으므로 각하하여야 할 것이다[대법원 1993.2.26. 92다3083].

상속회복을 청구를 하는 사람은 자신이 상속권을 가지는 사실과 청구의 목적물이 상속개시 당시 피상속인의 점유에 속하였던 사실뿐만 아니라, 참칭상속인에 의하여 그의 재산상속권이 침해되었음을 주장하고 증명하여야 한다[대법원 2011.7.28. 2009다64635]. 그러나 자신에게 본권이 있음을 증명할 필요까지는 없으며, 상대방은 자신에게 해당 목적물에 대한 특정의 권원이 있음을 증명하여 상속회복청구를 배척할 수 있다(송,391; 주석,85).

2. 대위행사

상속인의 채권자가 상속인을 대위하여 상속회복청구권을 행사할 수 있는가에 대해 상속회복청구권은 재산권적 성질이 강하고 행사상의 일신전속권에 해당하지 않으므로 이를 긍정하는 견해(주석,60)가 유력하다. 그러나 상속회복청구권은 일신전속권이므로(송,385), 유류분청구권의 대위행사에 대한 판례[대법원 2010.5.27. 2009다93992]를 유추적용하여 진정상속인에게 그 권리행사의 확정적 의사가 있는 경우에만 채권자대위권의 목적이 될 수 있다고 보는 것이 타당하다.

V. 상속회복청구권의 효과

1. 참칭상속인에 대한 효과

상속회복청구의 소가 인용되면, 참칭상속인은 상속재산을 진정상속인에게 반환하여야 한다. 여기에서의 반환은 점유의 이전뿐만 아니라 등기의 말소 또는 이전등기도 포함된다. 다만 상속회복청구의 소에서 청구된 목적물에만 기판력이 미친다[대법원 1980.4.22. 79 다2141]. 상속회복청구의 목적물에서 발생한 과실에 대해서는 참칭상속인이 선의인 경우에는 실종선고취소에 준하여 현존이익의 반환으로 충분하고 악의인 경우에는 과실과 사용이익도 반환해야 한다는 견해(김/김,651; 송,391)와 선의라도 모든 과실을 반환하여야 한다는 견해(곽,166; 이/윤,487)가 대립된다.

2. 상속재산 양수인에 대한 효과

상속회복청구권의 효과에 제3자 보호규정이 없으므로, 상속회복청구는 참칭상속인으로부터 상속재산을 양수한 제3자에게도 효과가 미치는 것이 원칙이다. 양수한 상속재산이 동산이나 지시채권 또는 무기명채권 등인 경우에는 선의취득 규정이 적용되어, 선의의 양수인은 반환의무를 지지 않는다. 그러나 부동산의 경우에는 양수인은 보호받지 못하고, 진정상속인에게 반환하여야 한다. 이처럼 보호받지 못하는 양수인은 양도한 참칭상속인에 대한 담보책임을 물을 수 있을 뿐이다.

Ⅵ. 상속회복청구권의 소멸

1. 제척기간

상속회복청구권은 그 침해를 안 날로부터 3년, 상속권의 침해행위가 있는 날로부터 10년을 경과하면 소멸된다(제999조 제2항). '상속권의 침해를 안 날'이라 함은 자기가 진정상속인임을 알고 또 자기가 상속에서 제외된 사실을 안 때를 가리킨다[대법원 1981.2.10. 79다2052]. 피상속인 사후에 인지된 자녀의 경우에는 피상속인의 사망을 안 날이 아니라 인지심판이 확정된 때부터 3년의 제척기간이 기산된다[대법원 1982.9.28. 80므20*]. '상속권의 침해행위가 있은 날'은 상속이 개시된 날과 다르며, 정당한 상속권이 없음에도 재산상속인임을 신뢰케 하는 외관을 갖추거나 상속인이라고 참칭하면서 상속재산의 전부 또는 일부를 점유하거나 이전등기하는 행위가 있는 날을 의미한다. 양도가 되었다고 하더라도 참칭상속인이 침해행위를 한 최초 시점으로부터 기산된다. 상속재산 중 일부에 대해서만 제소하여 제척기간을 준수하였다고 해서, 다른 상속재산에 대한 소송에도 기간 준수의 효력이 생기는 것은 아니다[대법원 1981.6.9. 80므84, 85, 86, 87*].

제척기간이 경과하면 상속인의 상속회복청구권은 소멸하므로, 상속재산에 대해 어떠한 명목으로도 회복을 청구할 수 없다. 소유권에 기한 물권적 청구권 뿐만 아니라, 부당이득반환청구도 하지 못한다. 그 반사적 효과로 참칭상속인이 상속개시 시점으로 소급하여 확정적으로 권리를 취득한다.

> 상속회복청구권이 제척기간의 경과로 소멸하게 되면 상속인은 상속인으로서의 지위, 즉 상속에 따라 승계한 개개의 권리의무 또한 총괄적으로 상실하게 된다. 또한 그 반사적 효과로서 참칭상속인의 지위는 확정되어 참칭상속인이 상속개시일부터 소급하여 상속인으로서의 지위를 취득하므로, 상속재산은 상속 개시일로 소급하여 참칭상속인의 소유로 된다[대법원 1998.3.27. 96다37398*].

우리나라 남북 관계의 특수성으로 인한 이산가족의 경우에 피상속인인 남한 주민으로부터 상속을 받지 못한 북한 주민의 상속회복청구권일지라도 상속권이 침해된 날로부터 10년이 경과하면 상속회복청구권이 소멸된다[대법원(전) 2016.10.19. 2014다46648].

2. 포 기

재산적인 일신전속권인 상속회복청구권은 포기할 수 있다. 다만 상속이 개시되기 전에는 포기할 수 없으며, 상속개시전 상속회복청구권의 포기약정은 무효이다.

제2장 | 유 언

제1절 총 칙

I. 의 의

유언은 사람이 향후 사망한 이후에 자신과 관련된 법률관계의 실현을 정하는 의사표시이다. 사람이 사망한 이후에는 어떠한 의사표시나 법률행위도 할 수 없으므로 법률효과를 발생시킬 현실적인 가능성이 없을 뿐만 아니라, 권리능력을 상실하므로 권리나 의무의 주체도 될 수 없다. 유언은 이에 불구하고 자신이 사망한 이후에도 원하는 법률효과를 발생시키고자 하는 자기중심적인 욕구를 충족시켜 주는 독특한 법적 제도이다. 생존해 있는 동안 스스로 실현할 수 있었던 법률행위를 하지 않고 있다가, 자신이 사망한 이후에야 비로소 살아있는 타인들의 법률관계를 변동시키고자 하는 일종의 이기적 욕망을 규범적인 제도를 통해 승인하는 것이 바람직한가는 회의적이다.

II. 법적 성질

유언은 유언자만의 하나의 의사표시로 구성되는 법률행위이므로 단독행위이다. 유언은 특정인을 상대로 하는 것이 아니라 세상 전체를 향한 의사표시이므로 상대방 없는 단독행위가 된다. 설령 인지나 유증과 같이 특정인에 관한 내용이 전부인 유언일지라도, 그 특정인을 상대로 하는 의사표시가 아니라, 세상을 향해서 하는 의사표시의 내용이 특정인에 관할 것일 뿐이다. 상대방 없는 단독행위이므로 유언자의 사망으로 즉시 효과가 발생되며 유언의 효과를 받을 사람의 동의를 요하지 않지만, 유증의 포기와 같이 일정한 경우에는 특정인이 법률효과의 발생을 거부할 수도 있다.

유언은 민법의 정한 방식에 의하지 아니하면 효력이 발생하지 아니한다(제1060조). 유언은 엄격한 요식행위로 민법상 5개의 방식 중 하나에 의하여야 한다. 유언은 유언자의 생전행위로 성립되어 그가 사망할 때 법률효과가 발생되므로, 유언이 효력을 발생한 이후에는 이미 사망한 유언자로부터 직접 진의를 확인할 방법이 전혀 없다. 그러므로 유언에 엄격한 방식을 요구하고 이를 완벽히 충족하는 것으로 유언자의 진의를 담보하고 있다.

유언은 법률행위이지만 특수한 성격으로 인해 법률행위에 관한 민법총칙의 적용이 일부 제한된다. 본인의 의사결정에 전적으로 의존하는 신분적인 법률행위로서 대리는 허용되지 않는다. 법률행위에 일반적으로 적용되는 행위능력도 적용되지 않고, 별도의 유언능력이 적용된다. 그리고 유언이라는 상대방 없는 법률행위의 효력발생시기는 유언자의 사망 시점이므로, 효력이 발생하기 이전에는 성립후 효력발생을 저지하는 유언의 철회가 자유롭게 가능하다.

Ⅲ. 유언능력

유언은 특수한 법률행위로 민법총칙의 행위능력이 적용되지 않고, 제1061조 이하의 규정이 적용된다. 17세에 달하지 못한 사람은 유언을 하지 못한다(제1061조). 17세 이상의 사람은 누구나 유언을 할 수 있으며, 미성년자, 피한정후견인이라도 유언능력을 갖는다(제1062조). 그러나 의사능력이 결여될 가능성이 있는 피성년후견인은 의사능력이 회복된 때에만 유언을 할 수 있다(제1063조 제1항). 이 경우에는 의사가 심신 회복의 상태를 유언서에 부기附記하고 서명날인하여야 한다(제1063조 제2항). 의사능력이 있는 피성년후견인이 한 유언은 행위능력을 이유로 취소할 수 없다(제1062조). 그러므로 유언은 17세 이상의 의사능력 있는 사람은 누구나 할 수 있다.

유언은 대리가 불가능하므로 태아는 당연히 유언을 할 수 없다. 그러나 태아는 유증에 관하여는 이미 출생한 것으로 본다(제1064조, 제1000조 제3항). 따라서 태아의 수유능력은 인정되지만, 상속결격자는 수유자가 될 수 없어서 수유능력이 인정되지 않는다(제1064조, 제1004조).

Ⅳ. 유언법정주의

유언은 민법에서 정하고 있는 사항에 대해서만 가능하고, 그 외의 사항에 대한 유언은 무효라는 원칙이 유언법정주의이다. 민법에서 유언법정주의를 명시적으로 규정하고 있지는 않으나, 일종의 도그마로 받아들여지고 있다. 예를 들어 유언으로 당해 상속에서 법률상의 상속인 이외의 사람을 상속인으로 지정하는 것은 민법에 규정이 없으므로 무효이지만, 그에게 포괄적 유증을 하여 상속인과 같은 권리의무를 발생시키는 것은 제1078조가 규정하고 있으므로 허용된다.

민법이 유언사항을 규정하는 것은 크게 4개의 범주로 구분된다. 첫째로 친족관계에 관한 유언으로 친생부인(제850조), 인지(제859조), 미성년자의 후견인 지정(제931조 제1항)이 있고, 둘째로 상속에 관한 유언으로 상속재산분할방법의 지정 및 지정위탁 그리고 상속재산분할금지(제1012조)가 있으며, 셋째로 재산처분에 관한 유언으로 유증(제1074조), 재단법인설립을 위한 출연(제47조 제2항), 신탁(신탁법 제3조)이 있고, 유언집행에 관한 유언으로 유언집행자 지정 및 지정위탁(제1093조)이 있다. 또한 유언으로 유언을 철회할 수도 있으므로, 기존 유언의 철회(제1108조 1항)도 법정유언사항에 해당된다. 그러나 그 이외의 사항, 예를 들어 사망한 후의 SNS 게시글의 관리 등과 같은 내용이 방식에 따라 유언서에 기재되어 있다고 하더라도 법적인 효력이 없다.

제 2 절 유언의 방식

Ⅰ. 유언의 요식성

유언은 민법이 정한 방식에 의하지 아니하면 효력이 발생하지 아니한다(제1060조). 법정된 요건과 방식에 어긋난 유언은 그것이 유언자의 진정한 의사에 합치하더라도 무효이다[대법원 2009.5.14. 2009다9768]. 유언은 유언자 사후에 유언의 효과가 발생되며, 유언자의 생전에는 대체로 유언의 내용이 널리 알려지지 않는 것이 일반적이다. 결국 유언자가 사망하고 나서 주로 유언과 관련된 다툼이 발생하는 경우가 빈번하고, 이때 유언자의 진의를 당사자로부터 직접 확인하는 것은 불가능하게 된다. 예를 들어 자필증서에 날인을 하지 않고 유언자의 자필서명만이 있는 경우에, 아직 유언이 미완성인 상태인지 아니면 고전적인 날인을 사인으로 대체하여 확정적으로 성립시킨 것인지 명확하지 않다. 그러므로 유언의 방식을 명확히 규정하고 이를 엄격히 준수하였을 경우에만 유언으로서의 효력을 인정함으로써 유언자의 진의를 담보하게 된다. 유언의 방식은 자필증서, 녹음, 공정증서, 비밀증서와 구수증서의 5종으로 한다(제1065조). 사인증여에 대해서는 유증을 준용하지만(제562조), 이 유언의 요식성은 계약인 사인증여에는 당연히 적용이 없다[대법원 1996. 4.12. 94다37714*].

Ⅱ. 자필증서

자필증서에 의한 유언은 유언자가 그 전문과 연월일, 주소, 성명을 자서自書하고 날인하여야 한다(제1066조 제1항). 자필증서는 유언자가 직접 자신이 써야 하므로 타자기, 프린터를 이용하거나 대필을 시켜서는 안되지만, 반드시 손으로 써야 하는 것은 아니고 입이나 발을 이용하여 필기하더라도 무방하다. 또한 자필증서에 이용된 언어는 일반적으로 해독이 가능한 것이라면 외국어라도 제한이 없지만, 유언자만이 이해할 수 있는 암호화된 표기는 허용되지 않는다. 즉 유언자만의 고유한 필체를 통하여 보편적으로 이해할 수 있는 유언의 취지가 표기되어 있어야 하고, 유언자의 자필임을 다른 문서와 비교하여 감정할 수 있어야 하는 것이 자필증서의 핵심이다. 따라서 다른 사람의 도움을 받더라도 유언자만의 고유한 필체가 확인될 수 있다면 자필증서로 인정될 수 있다. 그리고 제1066조 제1항을 반대해석하면 유언의 전문과 연월일, 주소, 성명 이외의 부분은 타자 또는 인쇄되어 있다고 하더라도 자필증서로서의 효력에 영향이 없다.

자필증서에는 전문 이외에, 연월일이 기재되어야 한다. 모든 유언에는 작성시점이 매우 중요한데, 이는 유언능력의 구비 또는 유언의 철회와 관련한 유언의 선후를 결정하는 기준이 된다. 따라서 유언에 연월일이 모두 표시되지 않았거나 자서되지 않은 유언은 무효이다[대법원 2009.5.14. 2009다9768*]. 연월일은 반드시 숫자로 표기되어야 하는 것은 아니고 정확한 작성일자를 객관적으로 특정할 수 있는 표현으로 되어 있으면 무방하므로, 예를 들어 '2024년 식목일', '2024년 첫번째 일요일'로 자서되어도 유효하다.

유언자를 특정하기 위한 요소로서 주소와 성명도 자서되어 있어야 한다. 여기에서의 주소는 민법상의 주소로서 생활의 근거되는 곳이며(제18조), 유언자의 특정에 지장이 없다고 하더라도 주소를 자서하지 않으면 유언은 효력이 부정된다[대법원 2014.10.6. 2012다29564*]. 주소는 적어도 다른 장소와 구별되는 정도의 구체적인 표시를 갖추어야 하므로, 예를 들어 아파트에 거주하는 사람의 경우에 아파트의 구체적인 동호수를 기재하지 않더라도 적어도 도로명 주소의 건물 표시나 지번 정도는 기재하여야 하며, 행정동이나 법정동 정도만 기재하는 것으로는 유효한 유언이 될 수 없다[대법원 2014.9.26. 2012다71688]. 그리고 주소를 유언 전문 및 성명이 기재된 종이가 아니라 전문을 담은 봉투에 기재하여 무방하다[대법원 1998.6.12. 97다38510].

성명도 자서되어야 한다. 유언자의 동일성을 알 수 있으면 성 또는 이름만 적어도 된다는 견해(송,437; 주석,562)도 있으나, 제1066조가 명확히 '성명'이라고 하였으므로 성과 이름을 모두 기재하여야 한다. 유언자의 특정에 지장이 없어도 주소를 기재하여야 한다는 판례[대법원 2014.9.26. 2012다71688]의 태도를 감안하면, 성과 이름 전부 기재가 필요하다.

끝으로 유언자의 날인이 있어야 한다. 날인은 유언자의 고유한 사인으로 대체할 수 없으며, 날인이 없으면 유언으로서의 효력이 없다[대법원 2006.9.8. 2006다25103, 25110*]. 날인에 사용되는 인장은 반드시 인감도장일 필요는 없고, 날인 대신에 지문을 활용한 무인捺印으로 갈음하는 것도 유효하다[대법원 1998.6.12. 97다38510].

자필증서에 문자의 삽입, 삭제 또는 변경을 함에는 유언자가 이를 자서하고 날인하여야 한다(제1066조 제2항). 다만 객관적으로 명백한 오기를 정정한 것에 지나지 않는다면 그 정정 부분에 날인을 하지 않아도 유언의 효력에 영향을 미치지 아니한다[대법원 1998. 6.12. 97다38510].

> 민법 제1066조에서 규정하는 자필증서에 의한 유언은, 유언자가 그 전문과 연월일, 주소 및 성명을 자서(自書)하는 것이 절대적 요건이므로 전자복사기를 이용하여 작성한 복사본은 이에 해당하지 아니함은 소론과 같으나, 그 주소를 쓴 자리가 반드시 유언 전문 및 성명이 기재된 지편이어야 하는 것은 아니고 유언서의 일부로 볼 수 있는 이상 그 전문을 담은 봉투에 기재하더라도 무방하며, 그 날인은 인장 대신에 무인에 의한 경우에도 유효하다. 〈중략〉 자필증서에 의한 유언에 있어서 그 증서에 문자의 삽입, 삭제 또는 변경을 함에는 민법 제1066조 제2항의 규정에 따라 유언자가 이를 자서하고 날인하여야 함은 소론과 같으나, 자필증서 중 증서의 기재 자체에 의하더라도 명백한 오기를 정정한 것에 지나지 아니한다고 보인다면 설령 그 수정 방식이 위 법조항에 위배된다고 할지라도 유언자의 의사를 용이하게 확인할 수 있으므로 이러한 방식의 위배는 유언의 효력에 영향을 미치지 아니한다고 볼 것이다[대법원 1998. 6.12. 97다38510].

자필증서의 특징 중 하나는 유언의 방식 중 유일하게 증인을 필요로 하지 않는다는 점이다. 이는 증인의 참여 없이도 유언을 할 수 있는 장점인 동시에, 유언자 사후에 유언의 존재가 밝혀지지 않을 위험이 커지는 단점이 된다. 그리고 유언자가 직접 자필로 기재하여야 하므로 문자를 해득하지 못하는 사람은 유언을 할 수 없는 한계가 있다.

Ⅲ. 녹 음

녹음에 의한 유언은 유언자가 유언의 취지, 그 성명과 연월일을 구술하고 이에 참여한 증인이 유언의 정확함과 그 성명을 구술하여야 한다(제1067조). 녹음은 문자를 해득하지 못해서 자필증서로 유언을 하지 못하는 사람도 가능한 유언의 방법이나, 언어장애가 있는 사람은 불가능한 한계가 있다. 녹음은 음성의 저장과 재생이 가능하면 되고 그 구체적인 수단과 방법에는 제한이 없는 기술적 중립성이 인정된다. 다만 소리 없는 수화의 녹화는, '녹음'과 '구술'이라는 법문에 충실하게 해석하여, 녹음에 해당될 수 없다고 생각된다.

유언자가 직접 유언의 취지와 성명 그리고 연월일을 구술하여야 한다. 자필증서와 달리 주소는 성립요건이 아니다. 녹음에는 증인이 유언의 정확함과 증인의 성명을 구술하여 녹음에 포함시켜야 한다. 필요한 증인의 수에 대해서는 공정증서, 비밀증서, 구수증서와 달리 2명이라고 인원수를 명시하고 있지 않은데, 그러므로 1명으로 족하다는 견해(송,440; 윤,563)와 증인을 요하는 다른 유언의 방식과의 균형을 고려하여 2인의 증인이 필요하다는 견해(이/윤,510)가 대립된다. 유언의 방식에 대한 민법 규정은 최대한 법문에 충실하게 엄격하게 해석해야 하기 때문에, 명수를 규정하지 아니하고 '증인'이라고만 명시하고 있으므로 1인의 증인으로도 유언의 성립에는 지장이 없다고 해석하여야 한다.

Ⅳ. 공정증서

공정증서에 의한 유언은 유언자가 증인 2인이 참여한 공증인의 면전에서 유언의 취지를 구수하고 공증인이 이를 필기낭독하여 유언자와 증인이 그 정확함을 승인한 후 각자 서명 또는 기명날인하여야 한다(제1068조). 공정증서는 공증인이 참여하므로 요건의 미비 없이 유효한 유언을 완벽하게 작성할 수 있는 장점이 있으나, 경제적인 비용부담이 있다는 단점도 있다. 공정증서의 작성에는 공증인 외에도 증인 2인이 참여하여야 하므로 다수의 사람의 관여가 필요하다는 것도 단점이라고 할 수 있으나, 유언자의 사후에 유언의 존재가 용이하게 드러나는 것은 장점이 될 것이다.

공정증서는 유언자가 유언의 취지를 구수하여야 하므로, 적어도 기본적인 언어능력은 필요하다. 판례도 반혼수상태인 유언자가 공정증서의 취지를 듣고 고개만 끄덕이는 경우에는 구수가 이루어지지 않아서 유언은 무효라고 한다[대법원 1996.4.23. 95다34514]. 공증인은 필기한 후 낭독하여야 하는데 이는 유언자의 구술과 유언서의 기록이 일치하는 것을 확인하는 절차이므로, 반드시 공증인 본인이 필기와 낭독을 할 필요는 없고 공증인을 보조하는 사무원이 하여도 무방하다(주석,569). 또한 유언자가 작성한 서면을 제공받아서 이를 공증인이 구술하여 동일성을 인정받고 그 서면을 필기로 대체하는 것처럼, 구술과 필기의 순서는 바뀌어도 무방하다[대법원 2007.10.25. 2007다51550].

V. 비밀증서

비밀증서에 의한 유언은 유언의 취지와 필자의 성명을 기입한 증서를 엄봉날인嚴封捺印하고 이를 2인 이상의 증인의 면전에 제출하여 자기의 유언서임을 표시한 후 그 봉서표면에 제출연월일을 기재하고 유언자와 증인이 각자 서명 또는 기명날인하여야 한다(제1069조 제1항). 비밀증서는 유언에 증인이 개입하는 다른 방식에서와는 달리 유언의 취지가 증인에게 비밀에 붙여진다는 특성이 있다. 자필증서는 성립에 증인이 전혀 개입하지 아니하므로 유언의 존재와 취지를 타인과 공유하지 않지만, 증인이 개입하는 녹음, 공정증서, 구수증서 방식은 증인이 유언의 존재와 취지를 인식하게 된다. 증인이 유언의 취지를 인식하게 되면 유언자의 생전에 그 내용이 공개될 가능성이 존재하고, 당해 유언을 둘러싼 이해관계자들과의 분란이 발생될 위험이 있다. 그러므로 유언의 존재는 증인들에게 알리되 유언의 취지는 증인에게 비밀로 하는 것에 비밀증서의 존재 이유가 있다.

우선 유언자가 유언의 취지와 필자의 성명을 기재한 유언서를 작성하여야 한다. 비밀증서는 자필증서와 달리 자필로 작성할 필요 없이 대필, 타자나 인쇄 등 어떠한 방법으로든 기록이 이루어지면 된다. 다만 필자의 성명을 기재하는 것이므로 유언자가 작성한 경우에는 유언자의 성명을, 타인이 작성한 경우에는 그 타인의 성명을 기재하여야 한다. 그리고 주소나 연월일도 증서에 기재할 필요는 없다. 이러한 유언서를 봉투에 넣고 단단히 밀봉한 후에 유언자의 인장을 날인하여야 한다. 밀봉과 날인을 누가 하여야 하는가에 대해 학설대립이 있으나, 유언자가 직접 하든 아니면 유언자의 사자使者가 하든 무방하다고 볼 것이다.

유언자가 증인 2인의 면전에서 증서가 담겨 엄봉날인된 봉투에 자기의 유언서라고 표시하여야 한다. 표시는 구두로 하든 아니면 서면으로 하든 무방하다. 그 봉투의 겉면에 유언서를 증인에게 제출하는 연월일을 기재하여야 한다. 그리고 유언자와 증인 2인이 모두 서명 또는 기명날인을 하여야 한다. 즉 고유한 서명을 하든가 성명을 기록하고 인장을 날인하든가 택일적으로 하면 되며, 엄봉날인에 사용되는 인장과 봉서에 사용되는 인장이 동일하여야 한다는 견해(주해상속①,685)도 있으나 엄봉날인 시점과 봉투에 날인하는 시점이 다를 수도 있으므로 반드시 동일할 필요는 없다고 할 것이다.

비밀증서의 유언봉서는 그 표면에 기재된 날로부터 5일 내에 공증인 또는 법원서기에게 제출하여 그 봉인상에 확정일자인을 받아야 한다(제1069조 제2항). 이 확정일자인도 비밀증서의 성립요건이므로, 확정일자인을 받지 아니하면 비밀증서의 유언은 성립되지 않는다. 또한 이 확정일자인이 유언의 성립일이 되어 유언능력의 구비나 유언의 철회의 기준시점이 된다.

Ⅵ. 구수증서

구수증서에 의한 유언은 질병 기타 급박한 사유로 인하여 일반적인 유언의 방식에 의할 수 없는 경우에 유언자가 2인 이상의 증인의 참여로 그 1인에게 유언의 취지를 구수하고 그 구수를 받은 사람이 이를 필기낭독하여 유언자의 증인이 그 정확함을 승인한 후 각자 서명 또는 기명날인하여야 한다(제1070조 제1항). 구수증서에 의한 유언은 일반적인 4가지 유언의 방법으로 유언을 할 수 없는 급박한 상황에서만 예외적으로 허용되는 보충적인 유언의 방법이다[대법원 1999.9.3. 98다17800*].

유언자가 증인 2명에게 유언의 취지를 구수하여야 한다. 이는 말로써 유언의 내용을 상대방에게 전달하는 것을 뜻하는 것이지만, 공증인이 미리 작성하여 온 공정증서를 유언자에게 질문하여 유증의사를 확인하고 그 증서의 내용을 낭독하여 확인하였다면 요건을 충족했다고 볼 수 있다[대법원 2007.10.25. 2007다51550, 51567]. 그러나 증인이 제3자에 의하여 미리 작성된, 유언의 취지가 적혀 있는 서면에 따라 유언자에게 질문을 하고 유언자가 동작이나 간략한 답변으로 긍정하는 방식은 유언취지의 구수에 해당한다고 볼 수 없다[대법원 2006.3.9. 2005다57899]. 유언자로부터 구수를 받은 증인이 이를 필기하고, 필기한 증인이 낭독하여야 한다. 구수받은 유언을 필기한 서면에 각자 서명 또는 기명날인하여야 한다. 구체적으로 누가 서명 또는 기명날인을 하여야 하는가에 대해 유언자 및 증인 2인 모두 서명 또는 기명날인하는 것으로 해석하는 견해(윤,568)가 있으나, 일반적인 방법으로는 유언이 불가능한 유언자에게 서명 또는 기명날인을 요구하는 것은 구수증서의 특성과는 부합되지 않으며, 법원의 검인도 요건이므로 증인 2인의 서명 또는 기명날인으로 족하다고 할 것이다.

　　구수증서에 의한 유언은 그 증인 또는 이해관계인이 급박한 사유의 종료한 날로부터 7일 내에 법원에 그 검인을 신청하여야 한다(제1070조 제2항). 구수증서의 검인에 관한 심판은 가사비송 라류사건이며, 유언자가 생존 중에는 그 주소지 가정법원이 관할이지만, 사망하면 상속개시지의 가정법원이 관할한다(가사소송법 제44조 제1항 제7호). 다른 유언의 방법에서는 검인은 유언집행절차에 불과하지만, 구수증서의 경우에는 가정법원의 검인이 성립요건이다. 따라서 구수증서는 법정기간 내에 검인을 신청하지 아니하거나 검인청구가 기각되면 유언은 성립되지 아니한다.

　　피성년후견인도 의사능력이 있는 한 구수증서로 유언을 할 수 있으며, 이 경우에는 의사가 심신 회복의 상태를 유언서에 부기附記하고 서명날인하지 않아도 된다(제1070조 제3항). 구수증서는 급박한 상황에서 하는 유언이므로 일반적인 유언의 방식과 달리 의사의 입회가 불가능할 수도 있기 때문이다.

표　3　유언의 방식에 따른 요건

종류	참여자	유언 취지 외 사항	특징
자필증서	없음	연월일, 주소, 성명, 날인	자서/증인 불필요
녹음	증인 1인 이상	유언자와 증인의 성명, 연월일 구술	증인 2인 필요 학설 있음
공정증서	증인 2명 이상, 공증인	유언자와 증인의 서명 또는 기명 날인	검인 불필요
비밀증서	증인 2인 이상	유언자의 성명, 제출연월일, 유언자와 증인의 서명 또는 기명 날인	표면 기재일로부터 5일 이내 확정일자인
구수증서	증인 2인 이상	증인의 서명 또는 기명 날인	급박한 사유 종료 7일 이내 검인 신청

Ⅶ. 관련문제

1. 유언의 무효행위 전환

　　비밀증서에 의한 유언이 그 방식에 흠결이 있는 경우에 그 증서가 자필증서의 방식에 적합한 때에는 자필증서에 의한 유언으로 본다(제1071조). 이 규정은 제138조 무효행위의 전환을 구체적으로 특별히 명시한 것이다. 비밀증서를 자필증서와 비교하면, 증인 2인의 참여와 더불어 엄봉날인한 봉서에 제출 연월일과 각자의 서명 또는 기명날인이 필요하며, 봉서에 기재된 날로부터 5일 이내에 확정일자를 받아야 한다. 만약 비밀증서를 작성하였으나 증인이 1인만 참여를 하였거나, 봉서에 서명 또는 기명날인이 되어 있지 아니하였거나, 봉서에 확정일자를 받지 아니하면 비밀증서로서는 방식의 흠결로 효력이 없다.

그러나 유언자의 자필로 유언의 전문과 연월일, 주소, 성명을 자서하고 날인까지 한 증서를 엄봉날인하여 비밀증서로서의 유언을 진행한 것이라면, 이미 증서의 작성으로 자필증서의 모든 요건을 구비하여 이미 유효하게 성립된 것으로 볼 수 있다. 자필증서로 전환된 유언은 봉서 표면의 제출일이 아닌 내부의 유언승서에 자서된 연월일에 성립된다.

2. 증인의 결격

가. 결격사유

미성년자, 피성년후견인과 피한정후견인, 유언으로 이익을 받을 사람, 그의 배우자와 직계혈족은 유언에 참여하는 증인이 되지 못한다(제1072조 제1항). 미성년자는 17세 이상이면 자신의 유언능력은 있으나 타인 유언의 증인능력은 없다. 미성년자라도 혼인을 하면 제826조의2 성년의제가 적용되어 증인능력이 인정된다. 피성년후견인과 피한정후견인은 어떠한 경우에도 증인능력이 결여된다.

유언으로 이익을 받을 사람도 증인능력이 결여된다. 대표적으로는 유언자의 상속인, 수유자가 여기에 해당된다. 유언으로 친생부인이 되는 사람은 유언으로 이익을 받는 사람은 아니지만, 유언으로 상속인의 지위를 상실하게 될 자이므로 유언을 은닉할 동기가 있으므로 유언능력을 부정하여야 한다. 즉 민법은 유언으로 이익을 받을 사람이라고 규정하고 있으나, 유언의 내용에 이해관계가 있는 사람으로 해석되어야 한다. 유언집행자는 유언의 내용에 직접적인 이해관계가 있는 사람은 아니므로 증인결격자는 아니다[대법원 2014.7.25. 2011스226]. 그리고 유언에 이해관계가 있는 사람의 배우자나 직계혈족도 증인결격자가 된다.

공정증서에서의 증인은 공증인법 제33조 제3항이 적용되어, 미성년자, 피성년후견인 또는 피한정후견인, 시각장애인이거나 문자를 해득하지 못하는 사람, 서명할 수 없는 사람, 촉탁 사항에 관하여 이해관계가 있는 사람, 촉탁 사항에 관하여 대리인 또는 보조인이거나 대리인 또는 보조인이었던 사람, 공증인의 친족, 피고용인 또는 동거인, 공증인의 보조자는 참여인 결격자로서 증인능력이 없으나, 유언자가 참여를 청구한 경우에는 증인이 될 수 있다.

나. 결격의 효과

증인능력이 없는 사람이 유언에 증인으로 참여하면, 그 유언은 원칙적으로 무효이다. 판례는 증인능력이 결여된 사람이 증인으로 참여하였다는 사실만으로 유언의 효력을 부정할 것은 아니고, 증인결격자를 제외하고도 증인의 수를 충족하기만 하면 유언의 효력을 인정하고 있다[대법원 1977.11.8. 76므15]. 그러나 증인결격의 취지를 고려하면, 미성년자, 피성년후견인, 피한정후견인의 경우에는 그를 제외하고도 증인의 수를 충족하면 유언의 효력은 인정되지만, 유언의 이해관계자 또는 그의 배우자나 직계혈족이 참여한 경우에는 유언의 취지에 영향을 줄 위험이 있으므로 유언 자체의 효력을 부정함이 옳다고 생각된다.

제 3 절 유언의 효력

Ⅰ. 유언의 효력 발생

1. 원   칙

유언은 유언자가 사망한 때로부터 그 효력이 생긴다(제1073조 제1항). 유언은 생전행위로 성립하고 사망으로 효과가 발생되므로, 성립 시점과 효력 발생 시점 사이에는 다소간의 시간적 간격이 생길 수밖에 없다. 유언이 성립된 이후의 상황변화에 따라 유언자의 의사에 변화가 생길 수 있으므로, 유언에서는 다른 법률행위와 달리 철회가 매우 중요한 의미를 갖는다. 상대방 없는 단독행위인 유언의 효력 발생을 위해서는 원칙적으로 유언자의 사망 이외에 어떠한 추가적인 요건도 필요하지 않다. 상속인이나 수유자는 상속포기(제1042조)나 유증의 포기(제1074조)를 통해 발생된 유언의 효력으로부터 벗어날 수 있을 뿐이다.

2. 정지조건부 유언

유언은 인지나 친생부인과 같은 신분행위를 내용으로 하는 것이 아니라면, 조건부로도 가능하다. 유언에 정지조건이 있는 경우에 그 조건이 유언자의 사망 후에 성취한 때에는 그 조건성취한 때로부터 유언의 효력이 생긴다(제1073조 제2항). 정지조건부 유언의 경우에는 예외적으로 유언자의 사망 시가 아니라 조건성취시에 효력이 발생된다. 그러므로 정지조건부 유증의 경우에 유언자의 사망 후 조건성취 전에 수유자가 사망하게 되면, 그 유증은 효력이 생기지 않는다(제1089조 제2항). 정지조건부 유언이 유언자의 사망 이전에 조건이 성취되면 무조건이 되어 유언자 사망 시에 효력이 발생하며, 조건 불성취가 확정되면 그 유언은 무효가 된다(제151조).

3. 해제조건부 유언

해제조건부 유언의 경우에도 민법총칙 규정이 적용되어, 유언자 사망 후에 해제조건이 성취되면 그 조건이 성취된 때로부터 유언은 효력을 상실하고, 사망 후에 해제조건이 불성취되면 유언은 확정적으로 유효가 된다. 그리고 유언자의 사망 전에 해제조건이 성취되면 유언은 무효가 되며, 해제조건의 불성취가 확정되면 조건이 없는 유언이 된다.

4. 기한부 유언

시기부 유언의 경우에는 유언자가 사망하기 전에 시기가 도래하면 기한 없는 보통의 유언이 된다. 유언자가 사망한 이후 시기가 도래하면, 시기가 도래한 때에 한 때에 유언의 효력이 생긴다. 종기부 유언의 경우에 유언자가 사망하기 전에 종기가 도래하면 유언은 무효가 되고, 유언자가 사망한 후에 종기가 도래하면 그때부터 유언은 효력을 잃는다. 다만 상속재산분할금지 유언의 종기는 유언자 사망 후 5년을 초과할 수 없다(주석,587).

Ⅱ. 유언의 무효와 취소

유언은 신분행위이므로 원칙적으로 민법총칙의 법률행위 규정이 적용되지 않는다. 특히 신분상의 의사표시인 친생부인이나 인지에 대해서는 적용되지 않는 것이 타당하지만, 특정적 유증과 같은 재산법적 성격이 강한 의사표시에 대해서는 민법총칙 규정의 적용도 불가능한 것은 아니다.

1. 유언의 무효

유언의 무효사유는 고유한 무효사유로서 방식을 위반한 유언, 유언능력을 결여한 사람의 유언, 법정유언사항 이외의 유언, 유증 결격 또는 수유자가 먼저 사망한 경우, 증인 결격자의 참여, 정지조건 불성취 또는 해제조건 성취를 들 수 있다. 민법총칙상의 무효사유 중 제103조의 선량한 풍속 기타 사회질서에 위반한 사항을 내용으로 하는 유언도 무효가 된다. 그러나 제104조의 폭리행위나 제107조의 비진의 의사표시 그리고 제108조의 통정허위표시는 유언의 특성상 적용될 여지가 없다.

2. 유언의 취소

유언의 고유한 취소사유는 민법에 규정되어 있지 않으며, 재산적 내용의 유언에 대해 민법총칙의 취소사유가 적용될 수 있을 것인지가 문제이다. 유언의 내용 중 유언집행자의 지정 또는 지정위탁, 상속재산 분할방법의 지정과 분할금지, 재단법인의 설립, 유증의 경우에는 착오나 사기 또는 강박에 의한 경우에 민법총칙 일반규정에 따라 취소할 수 있다. 취소권자는 상속인이 되어야 하는데, 공동상속의 경우에는 공유물 관리에 관한 사항으로서 상속분의 과반수로 정하여야 한다. 그리고 유언이 집행되기 전에는 유언집행자를 대상으로 취소권을 행사하되, 유언이 집행된 이후에는 직접적으로 이익을 얻는 사람을 상대방으로 하여 취소권을 행사할 수 있다.

Ⅲ. 유언의 철회

1. 유언철회의 자유

유언자는 언제든지 유언 또는 생전행위로써 유언의 전부나 일부를 철회할 수 있다(제1108조 제1항). 유언은 생전행위로 성립된 후 유언자의 사망으로 효과가 발생되므로 성립과 효력 발생에 시간적 간격이 있는 것이 일반적이다. 그 시간 동안 유언자를 둘러싼 상황의 변화가 생기면, 유언자는 유언의 효력 발생을 저지하거나 유언의 내용을 변경하고자 하는 의사를 갖게 된다. 특히 유언은 유언자의 진의를 그대로 표시하여야 하므로, 유언자의 의사에 변화가 생기면 유언도 그에 따라 변경되어야 한다. 그러므로 민법은 유언 철회의 자유를 명시적으로 규정하고 있다. 유언철회의 자유를 실질적으로 보장하기 위해 '유언자는 그 유언을 철회할 권리를 포기하지 못한다'(제1108조 제2항)라고 규정하였다. 특히 사기 또는 강박으로 피상속인의 상속에 관한 유언의 철회를 방해한 사람을 상속결격 사유(제1004조 제4호)로 규정함으로써 유언철회의 자유는 그 실효성이 강하게 확보되어 있다.

사인증여에 대해시는 유증에 관한 규성을 준용하고 있는데(제562조), 유언의 철회에 관한 민법 규정이 사인증여에도 적용될 수 있는가가 문제로 된다. 이에 대해 판례는 사인증여도 증여자의 사망으로 효력이 발생하는 무상행위로 실질적인 기능은 유증과 다르지 않으므로 유언의 철회에 대한 규정이 사인증여에도 준용된다고 한다[대법원 2022.7.28. 2017다245330*].

2. 유언철회의 방법

가. 임의철회

유언철회의 방법에는 특별한 제한이 없어서, 유언자는 유언 또는 생전행위로 유언을 철회할 수 있다. 기존 유언을 철회하는 취지를 담은 새로운 유언을 함으로써 기존의 유언을 철회할 수도 있다. 유언을 철회하는 유언의 방식에도 제한이 없으나, 유언으로서의 유효요건은 모두 갖추어야 한다. 유언이 아닌 일반적인 의사표시의 방법으로도 유언의 철회가 가능하므로, 그 유언이 방식 위반으로 무효가 되더라도 일종의 무효행위의 전환으로서, 생전행위로 유언을 철회한 것으로 인정될 수 있다.

나. 법정철회

(1) 유언의 저촉

전후의 유언이 저촉되는 경우에는 그 저촉된 부분의 앞선 유언은 이를 철회한 것으로 본다(제1109조). 유언이 복수로 존재하지만 두 유언의 내용에 모순된 점이 있다면, 앞서 성립된 유언은 철회한 것으로 간주된다. 즉 후後유언 우선주의가 적용된다. 어느 유언이 철회되는가를 판단하기 위해서는 유언의 성립 일자가 매우 중요하므로, 모든 유언에는 작성 연월일 또는 확정일자를 성립요건으로 하고 있다. 유언이 저촉된다는 의미는 양립이 불가능한 경우를 말하며, 법률상 또는 물리적 집행불능만을 의미하는 것은 아니다[대법원 1998.6.12. 97다38510].

'저촉'이라 함은 전의 유언을 실효시키지 않고서는 유언 후의 생전행위가 유효로 될 수 없음을 가리키되 법률상 또는 물리적인 집행불능만을 뜻하는 것이 아니라 후의 행위가 전의 유언과 양립될 수 없는 취지로 행하여졌음이 명백하면 족하다고 할 것이고, 이러한 저촉 여부 및 그 범위를 결정함에 있어서는 전후 사정을 합리적으로 살펴 유언자의 의사가 유언의 일부라도 철회하려는 의사인지 아니면 그 전부를 불가분적으로 철회하려는 의사인지 여부를 실질적으로 집행이 불가능하게 된 유언 부분과 관련시켜 신중하게 판단하여야 한다[대법원 1998.6.12. 97다38510].

유언과 유언 후의 생전행위가 서로 저촉되어도 그 저촉된 부분의 유언은 철회한 것으로 간주된다(제1109조). 생전행위는 유언의 목적물을 처분하는 행위가 대표적이다. 예를 들어 유언자 소유의 자동차를 갑에게 유증하겠다는 유언을 하였으나, 유언자 스스로 이를 을에게 생전에 매각한 경우가 여기에 해당한다. 그러나 금전이나 불특정물의 경우에는 반드시 유언이 철회되었다고 간주되는 것은 아니다. 왜냐하면 유언자가 자기의 사망 당시에 그 목적물이 상속재산에 속하지 않은 경우에도 유언의 효력이 있게 할 의사인 때에는, 유증의무자는 그 권리를 취득하여 수유자에게 이전할 의무가 있기 때문이다(제1087조 제1항 단서). 이러한 생전행위는 유언자에 의하여 이루어져야 하며, 타인이 유언자의 명의를 이용하여 처분행위를 한 경우에는 유언이 철회된 것으로 다루어지지 않는다[대법원 1998.6.12. 97다38510].

(2) 파 훼

유언자가 고의로 유언증서 또는 유증의 목적물을 파훼한 때에는 그 파훼한 부분에 관한 유언은 이를 철회한 것으로 본다(제1110조). 파훼라 함은 파기하거나 훼손하는 것을 말하며, 반드시 유언자에 의하여 행하여져야 하며 또한 고의가 있어야 한다. 따라서 유언자의 의사 없이 제3자에 의해 파훼되거나, 유언자가 실수로 파훼하는 경우에는 유언철회의 효과가 발생하지 않는다. 판례도 유언증서가 단지 멸실되거나 분실되었다는 사유만으로 유언이 실효되는 것은 아니며, 이해관계인이 그 내용을 증명하여 유언의 유효를 주장할 수 있다고 한다[대법원 1996.9.20. 96다21119].

유언증서의 파훼는 유언서를 찢거나 불태우거나 또는 녹음을 삭제하는 것이 여기에 해당되며, 유언서의 기재 사항 위에 두 줄을 긋는 것도 원칙적으로 파훼라고 보아 그 줄로 그은 부분의 내용은 철회된 것으로 다룰 수 있다. 특히 성명이나 기명날인, 작성 연월일을 줄로 그으면 그 부분이 누락된 것으로 보아야 하므로 유언방식의 위반으로 유언 자체가 무효로 된다. 공정증서에 의한 유언은 공증인사무소에 보관된 원본이 파훼되어야만 철회의 효과가 발생된다.

유언증서가 아닌 특정적 유증의 목적물을 파훼한 경우에도 그 특정적 유증은 철회된 것으로 본다. 특정적 유증의 목적물 전부가 아니라 일부만을 파훼하였다면, 그 파훼된 부분의 유증은 철회되었으나 나머지 부분의 유증은 그대로 유효한 것으로 다루어야 한다.

3. 유언철회의 효과

유언이 철회되면 철회된 즉시 그 유언은 효력을 상실한다. 유언 중 일부 취지만이 철회되는 경우에는 그 부분만 효력을 상실하고, 나머지 부분은 유효한 유언이 된다. 유언의 철회를 다시 철회할 수 있는가에 대해서 학설이 대립된다. 먼저 유언의 철회를 다시 철회하면 최초의 유언대로 효과가 인정된다는 견해(곽244; 김/김,844; 이/윤,533)와 철회의 유형에 따라 구분하는 견해(송,447)가 있다. 철회는 의사표시의 효과가 발생하기 전에 효력발생을 저지하는 것이므로 유언으로 유언철회의 철회를 하는 경우에는 최초의 유언이 부활하지만 그 외의 경우에는 철회의 철회가 불가능하다는 후자의 견해가 논리적으로 보이지만, 유언자의 진의를 최대한 존중하여야 한다는 점을 고려하면 최초의 유언대로 효과가 인정된다는 다수설이 타당하다.

제 4 절 유 증

Ⅰ. 유증 일반론

1. 의 의

유언을 통해 타인에게 유언자의 적극재산을 주는 일방적 의사표시가 유증이며, 유언법정주의에 따라 유언으로 할 수 있는 핵심적인 내용 중 하나이다. 유증은 유언자의 일방적인 의사표시로 성립하고 유언자의 사망으로 효과가 발생하는 단독행위인 법률행위이다. 즉 수유자와 의사의 합치가 필요하지 않다는 점에서 계약인 사인증여와는 명확히 구별된다. 그러나 수유자의 의사에 반하여 유증을 강제할 수는 없으므로, 언제든지 자유롭게 유증을 포기할 권리가 수유자에게 주어져야 한다. 특히 포괄적 유증의 경우에는 상속인과 같이 유언자의 채무도 승계하므로, 유증의 포기는 포괄적 수유자의 중요한 이익보호 수단이 된다. 유증에는 특별한 제한을 두고 있지 아니하지만, 유증이 과다하여 상속인의 상속분을 과도하게 침해하는 경우에는 유류분 제도를 통해 제한된다.

유언자가 생존하는 동안 증여를 하거나 또는 사인증여를 할 수도 있음에도 불구하고, 유언을 통한 유증을 제도적으로 마련할 이유가 있는지는 의문이다. 포괄적 유증과 특정적 유증은 그 법률효과가 극단적인데도 불구하고, 민법전에서는 '특정적 유증'이라는 법전용어가 없을 뿐만 아니라 양자를 구별하는 기준도 명확히 규정되어 있지 아니하다. 과도한 유증을 제한하기 위해 유류분 제도를 둠으로써, 유증이 아닌 일정한 생전 증여까지도 반환의무를 지움으로써 유언자의 유효한 생전행위의 효력을 사후에 상속인들이 소급하여 부정하는 문제가 발생된다. 유언 또는 유증의 제도적 타당성에 대한 근본적인 재검토가 필요하다.

2. 종 류

가. 포괄적 유증과 특정적 유증

유증은 크게 포괄적 유증과 특정적 유증으로 구분된다. 포괄적 유증은 유언자의 상속재산을 비율로 유증하는 것이며, 특정적 유증은 개별적인 구체적 상속재산만을 유증하는 것이다. 이론적으로는 구분이 명확해 보이지만, 현실에서 양자의 구분은 유언이라는 법률행위 해석의 문제가 된다.

> 당해 유증이 포괄적 유증인가 특정유증인가는 유언에 사용한 문언 및 그 외 제반 사정을 종합적으로 고려하여 탐구된 유언자의 의사에 따라 결정되어야 하고, 통상은 상속재산에 대한 비율의 의미로 유증이 된 경우는 포괄적 유증, 그렇지 않은 경우는 특정유증이라고 할 수 있지만, 유언공정증서 등에 유증한 재산이 개별적으로 표시되었다는 사실만으로는 특정유증이라고 단정할 수는 없고 상속재산이 모두 얼마나 되는지를 심리하여 다른 재산이 없다고 인정되는 경우에는 이를 포괄적 유증이라고 볼 수도 있다고 할 것이다[대법원 2003.5.27. 2000다73445*].

포괄적 유증과 특정적 유증의 구별 실익은, 포괄적 수유자는 상속인과 동일한 권리의무를 갖기 때문에 유증의 비율에 따라 상속적극재산에 대한 물권적 권리를 갖고 상속채무를 변제할 책임이 있지만, 특정적 수유자는 단순히 특정한 개별적 상속적극재산에 대한 이행청구권을 갖는 채권적 지위만이 인정되며 상속채무를 변제할 책임은 당연히 없다는 점이다.

> 포괄적 유증을 받은 자는 민법 제187조에 의하여 법률상 당연히 유증받은 부동산의 소유
> 권을 취득하게 되나, 특정유증을 받은 자는 유증의무자에게 유증을 이행할 것을 청구할 수 있
> 는 채권을 취득할 뿐이므로, 특정유증을 받은 자는 유증받은 부동산의 소유권자가 아니어서 직
> 접 진정한 등기명의 회복을 원인으로 한 소유권이전등기를 구할 수 없다[대법원 2003.5.27.
> 2000다73445].

나. 부담부 유증

수유자에게 일정한 의무를 지우는 유증이 부담부 유증이다. 부담은 반드시 법률행위에
국한되는 것은 아니고, 종교적 의식과 같은 사실행위도 포함된다. 그리고 부담은 대가를
이루는 반대급부가 아니므로, 부담의 이행 여부는 유증의 효력에 영향을 미치지 않는다.

다. 조건부 유증

유증에는 조건을 붙일 수 있다. 정지조건 있는 유증은 수유자가 유언자 사망 후 조건
성취 전에 사망한 때에는 그 효력이 생기지 아니한다(제1089조 제2항). 해제조건 있는 유증
은 수유자가 유언자 사망 후 조건성취 전에 사망한 때에는 유동적인 유효 상태로 유지된다.

라. 기한부 유증

유증에는 기한을 붙일 수 있다. 시기부 유증은 유언자 사망 후 시기 도래 전에 수유
자가 사망하면 그 효력은 생기지 않고, 종기부 유증은 유언자 사망 후 종기 도래 전에
수유자가 사망한 때에는 유효 상태가 종기까지 유지된다.

3. 수 유 자

수유자는 권리주체라면 누구라도 제한이 없어서 법인도 수유자가 될 수 있으며, 등기
능력이 있는 권리능력 없는 사단이나 재단도 수유자가 될 수 있다. 태아도 유증에 관해
서는 출생한 것으로 간주되나(제1064조, 제100조 제3항), 정지조건설에 따라 태아에게는 대
리인이 없으므로 사람으로 태어나야 권리를 행사할 수 있다.

유언자가 사망하여 유언의 효력이 발생한 이후에 수유자가 사망하면 수유자의 상속인
이 포괄적으로 승계를 하지만, 유언자의 사망 전에 수유자가 사망한 때에는 유언은 효력
이 생기지 아니한다(제1089조 제1항). 즉 유언의 경우에도 유언자의 사망 시점에 수유자가

태아의 상태로라도 존재해야 하는 동시존재의 원칙이 적용된다. 그리고 상속결격의 규정은 수유자에게 준용되므로(제1064조), 상속결격자는 포괄적 유증뿐만 아니라 특정적 유증에서도 수유자가 될 수 없다. 상속결격의 용서를 허용하는 견해는 유언자가 상속결격사유가 있음을 알고 유증을 한 경우에는 유효하다고 하나(송,452), 현행 민법의 해석론상 상속결격의 용서를 불허하는 입장에서는 유언자의 인식 여부를 불문하고 그러한 유증은 무효가 된다.

Ⅱ. 포괄적 유증

1. 의   의

포괄적 유증은 유언자의 상속재산을 일정한 비율로 유증하는 것이며, 상속재산 전부를 유증하는 것도 포괄적 유증이다[대법원 1980.2.26. 79다2078].

2. 효   과

포괄적 유증을 받은 사람은 상속인과 동일한 권리의무가 있다(제1078조). 포괄적 수유자가 상속인이 되는 것은 아니지만, 상속인과 동일하게 유언자의 비일신전속적인 재산상 권리의무를 유언에서 정한 비율로 포괄적으로 승계한다. 그러므로 소극재산인 유언자의 채무도 승계하며, 상속인이 있다면 포괄적 유증을 한 비율을 제외한 부분을 대상으로 하여 상속분 비율이 축소된다. 예를 들어 갑이 사망하면서 사단법인 을에게 상속재산의 1/2을 포괄적 유증하였고 공동상속인으로 자녀 병과 정이 있었다면, 병과 정의 각각 상속분은 상속재산의 1/2의 1/2인 1/4이 된다. 포괄적 수유자는 유언자가 사망하는 즉시 유증 받은 범위의 상속재산을 이전받아 물권적 지위를 갖게 된다. 그러므로 포괄적 유증을 받은 사람은 제187조에 의하여 등기 없이도 부동산소유권을 취득한다[대법원 2003.5.27. 2000다73445].

포괄적 수유자는 상속인과 동일한 권리의무가 있으므로 상속재산을 상속인과 공유하고, 상속재산 분할에 참가하며, 상속회복청구권[대법원 2001.10.12. 2000다22942*]과 상속재산의 분리(제1045조)도 적용된다. 포괄적 수유자는 상속인과 동일한 권리의무가 생기므로 상속의 승인과 포기(제1019조 이하)가 적용되어야 하며, 유증의 승인과 포기(제1074조 이하)가 적용되지 않는다. 미성년자가 포괄적 수유자인 경우에는 상속채무도 부담할 수 있으므로, 법정대리인의 동의를 얻어야만 포괄적 유증의 승인 또는 포기를 할 수 있음은 물론이다. 그리고 다수의 견해(김/김,854; 송,339; 주해상속①,282)는 부정하나, 포괄적 수유자가 제3자로부터 상속분을 양수받아 자신의 비율이 증가한다고 해서 공동상속인이 불측의 추가적인 손해를 입을 이유는 없으므로 상속분의 양수도 가능하다고 보아야 할 것이다.

3. 상속과의 차이점

포괄적 수유자는 상속인은 아니므로, 수유자가 유언자보다 먼저 사망하여도 대습상속이 되지 않고 유증이 무효가 된다. 또한 유언자의 재산형성에 기여하였다고 하더라도 기여분권은 인정되지 않으며, 유류분권리자도 되지 못하며 오히려 유류분 반환의무자가 될 수 있다. 그리고 포괄적 유증은 상속과 달리 조건이나 기한, 부담부로 가능하다.

Ⅲ. 특정적 유증

1. 의 의

특정적 유증은 유언자의 특정한 재산만을 유증하는 것이다. 그러나 반드시 특정물을 유증하는 것은 아니고 금전이나 종류물의 일부를 유증하는 것도 가능하다. 예를 들어 유언자 소유의 자동차나 유언자의 금고 속 현금 1천만 원, 임대차보증금 반환청구권의 유증도 특정적 유증이다.

2. 효 과

가. 채권적 지위

특정적 수유자는 특정적 유증의 목적을 자신에게 이행할 것을 청구할 채권적 권리만을 갖는다. 특정적 유증의 이행이 이루어져야만 유증의 목적이 귀속된다. 특정적 유증이 이행되기 전에 유증의 목적이 제3자에게 양도되면, 유언집행자에게 채무불이행책임을 물을 수 있을 뿐이다. 그러나 채무를 면제하는 형식으로 특정적 유증을 하는 경우에는 예외적으로 이행을 할 필요없이 즉각 채무가 소멸하는 절대적 효과가 있다.

유언자가 자신의 재산 전부 또는 전 재산의 비율적 일부가 아니라 단지 일부 재산을 특정하여 유증한 데 불과한 특정유증의 경우에는, 유증 목적인 재산은 일단 상속재산으로서 상속인에게 귀속되고 유증을 받은 자는 단지 유증의무자에 대하여 유증을 이행할 것을 청구할 수 있는 채권을 취득하게 될 뿐이므로 〈후략〉 [대법원 2010.12.23. 2007다22866].

나. 상속채무와의 차이점

특정적 수유자는 특정적 유증을 이행할 것을 청구할 수 있는 채권자이며, 유언집행자는 이를 이행할 의무를 부담하는 채무자가 된다. 특정적 유증은 마치 상속채무와 매우 유사한 법적 효과가 있다고 할 수 있다. 즉 포괄적 수유자가 상속인과 유사하다면, 특정적 수유자는 상속채권자와 유사하다. 그러나 상속인이 한정승인을 하게 되면 상속채무를 먼저 전부 변제하고 나서 잔여재산이 있는 경우에만 특정적 유증을 이행하여야 하므로(제1036조), 상속채무보다는 후순위로 변제된다. 유류분에서 상속채무는 상속재산에서 전부 공제되고 채권자는 유류분반환의무를 부담하지 않는 반면, 특정적 유증은 상속재산에 포함되며 유류분반환의무를 부담한다. 끝으로 기여분은 피상속인의 재산가액에서 유증의 가액을 공제한 액을 넘지 못하도록 규정하고 있으나(제1008조의2 제3항), 상속채무는 기여분 산정에서 전혀 고려되지 않는다.

3. 특정적 유증의 승인과 포기

가. 승인과 포기의 자유

유증은 유언자의 일방적인 의사표시로 성립하는 단독행위이므로 수유자와의 의사 합치는 성립이나 효력요건이 되지 못한다. 그러므로 수유자는 유증을 승인할 것인지 아니면 포기할 것인지를 사후적으로 결정할 수 있어야 한다. 유증을 받을 사람은 유언자의 사망 후에 언제든지 유증을 승인 또는 포기할 수 있다(제1074조 제1항). 유증의 승인이나 포기는 유언자의 사망한 때에 소급하여 그 효력이 있다(제1074조 제2항). 이 규정은 특정적 유증에만 적용되며, 여기에서의 승인이라 함은 단순승인만을 의미한다. 다만 특정적 유증은 유언자의 특정한 적극재산만을 받는 것이므로, 부담부 유증이 아닌 한, 현실적으로 포기하는 경우는 드물 것이다. 그리고 유증의 포기는 채권자취소권의 대상이 되지 않는다는 것이 판례의 태도이다[대법원 2019.1.17. 2018다260855*].

만약 수유자가 승인이나 포기를 하지 아니하고 사망한 때에는 그 상속인은 상속분의 한도에서 승인 또는 포기할 수 있다. 그러나 유언자가 유언으로 다른 의사를 표시한 때에는 그 의사에 의한다(제1076조). 만약 유언자가 유언에서 수유자가 승인 또는 포기 전에 사망한 경우에는 유증을 포기하는 것으로 밝혔다면, 그 유언대로 처리된다. 다만 유언자가 유언으로 유증을 승인한 것으로 밝혔더라도, 그러한 유언자의 의사는 유증의 강제를 가져오므로 인정될 수 없다.

나. 승인과 포기의 취소

유증의 승인과 포기는 확정적으로 행하여져야 하므로, 유증의 승인이나 포기는 취소하지 못한다(제1075조 제1항). 그러나 총칙편의 규정에 의한 취소, 즉 중요 부분의 착오(제109조)나 사기 또는 강박에 의한 취소(제110조)에는 영향을 미치지 아니한다. 취소권은 추인할 수 있는 날로부터 3개월, 승인 또는 포기한 날로부터 1년 내에 행사하지 아니하면 시효로 인하여 소멸된다(제1075조 제2항, 제1024조 제2항).

다. 승인과 포기의 최고

특정적 유증은 포괄적 유증과 달리 승인 또는 포기를 할 수 있는 기간이 정하여져 있지 않아서 언제든지 승인이나 포기가 가능하다. 그러므로 특정적 유증의 효력이 장기간 유동적인 상태로 불안정해질 위험이 있다. 그러므로 유증의무자나 이해관계인은 상당한 기간을 정하여 그 기간 내에 승인 또는 포기를 확답할 것을 수유자 또는 그 상속인에게 최고할 수 있다(제1077조 제1항). 그 기간 내에 수유자 또는 상속인이 유증의무자에 대하여 최고에 대한 확답을 하지 아니한 때에는 유증을 승인한 것으로 본다(제1077조 제2항).

4. 유증의 목적

가. 금전채권

유증의 목적이 금전채권인 경우에는 그 변제받은 채권액에 상당한 금전이 상속재산 중에 없는 때에도 그 금액을 유증의 목적으로 한 것으로 본다(제1084조 제2항). 그러므로 다른 재산을 현금화하여 그 액수를 이행하여야 한다. 만약 그 액수만큼 상속재산이 남지 않았다면, 부족한 한도에서는 유증은 효력이 없다. 그러나 유언자가 유언으로 다른 의사를 표시한 때에는 그 의사에 의한다(제1086조).

나. 유증의 목적이 상속재산 중에 없는 경우

유언의 목적이 된 권리가 유언자의 사망 당시에 상속재산에 속하지 아니한 때에는 유언은 그 효력이 없다. 그러나 유언자가 자기의 사망 당시에 그 목적물이 상속재산에 속하지 아니한 경우에도 유언의 효력이 있게 할 의사인 때에는 유증의무자는 그 권리를 취득하여 수유자에게 이전할 의무가 있다(제1087조 제1항). 이 경우에 그 권리를 취득할 수 없거나 그 취득에 과다한 비용을 요할 때에는 그 가액으로 변상할 수 있다(제1087조 제2항). 이 규정은 특정물이 유증의 목적인 경우에만 적용되고 불특정물에는 적용되지 않는다는 견해(이/윤,557; 윤,592; 주석,619)와 불특정물의 경우에도 적용된다는 견해(송,454)가 대립되고 있다. 불특정물의 경우에 적용될 제1082조의 담보책임 규정이 별도로 있으므로, 특정물의 경우에만 적용된다는 견해가 타당하다.

다. 제3자의 권리의 목적인 경우

유증의 목적인 물건이나 권리가 유언자의 사망 당시에 제3자의 권리의 목적인 경우에는 수유자는 유증의무자에 대하여 그 제3자의 권리를 소멸시킬 것을 청구하지 못한다(제1085조). 예를 들어 유언자의 부동산을 특정적 유증 받았으나, 그 부동산에 저당권이나 지상권이 설정되어 있거나 임대차계약이나 사용대차계약[대법원 2018.7.26. 2017다289040]이 체결되어 있는 상태라면 그 제3자의 권리를 그대로 유지한 채로 부동산을 이전받아야 한다. 그러나 유언자가 유언으로 다른 의사를 표시한 때에는 그 의사에 의한다(제1086조).

라. 물상대위

유증자가 유증목적물의 멸실, 훼손 또는 점유의 침해로 인하여 제3자에게 손해배상을 청구할 권리가 있는 때에는 그 권리를 유증의 목적으로 한 것으로 본다(제1083조). 제1083조는 '유증자'라는 용어를 사용하고 있는데, 이는 유언자를 말하는 것이다. 그리고 채권을 유증의 목적으로 한 경우에 유언자가 그 변제를 받은 물건이 상속재산 중에 있는 때에는 그 물건을 유증의 목적으로 한 것으로 본다(제1084조 제1항). 그러나 유언자가 유언으로 다른 의사를 표시한 때에는 그 의사에 의한다(제1086조).

마. 담보책임

불특정물을 유증의 목적으로 한 경우에는 유증의무자는 그 목적물에 대하여 매도인과 같은 담보책임이 있다(제1082조 제1항). 이 경우에 목적물에 하자가 있는 때에는 유증의무자는 하자없는 물건으로 인도하여야 한다(제1082조 제2항). 이 규정은 불특정물의 경우에만 적용되므로 특정물이 목적인 경우에는 상속재산에 속하여 있지 않으면 유언이 효력을 상실하는 것이 원칙이며(제1087조), 제3자의 권리의 목적인 상태 그대로 이행된다(제1085조).

'매도인과 같은 담보책임'의 의미에 대해 제1082조 제1항은 권리의 하자에 적용되며, 동조 제2항은 물건의 하자가 있는 경우를 말한다는 것이 다수설(김/김,861; 이/윤,555; 윤,594)이다. 소수설에 따르면 불특정물이므로 권리의 하자는 적용될 여지가 없으므로, 제1082조 제1항은 물건의 하자에 적용되며 동조 제2항은 입법의 오류라고 한다(곽,261; 송,457). 불특정물이라도 그것이 타인의 권리에 속한 경우에 손해배상책임을 지우기 위해서는 다수설이 타당하다.

바. 과실수취권

수유자는 과실수취권이 있다. 수유자는 유증의 이행을 청구할 수 있는 때로부터 그 목적물의 과실을 취득한다. 그러나 유언자가 유언으로 다른 의사를 표시한 때에는 그 의사에 의한다(제1079조). '유언의 이행을 청구할 수 있는 때'는 유언이 효력을 발생하였을 때이므로, 유언자가 사망한 시점부터 과실수취권이 있는 것이 원칙이다. 다만 부관이 있는 유언이라면 부관에 따른 효력이 발생하는 시점이 될 것이다. 그 시점 이후에 유언집행자가 과실을 수취하였다면, 수유자에게 반환하여야 한다. 유증의무자가 유언자의 사망 후에 그 목적물의 과실을 수취하기 위하여 필요비를 지출한 때에는 그 과실 가액의 한도에서 과실을 취득한 수유자에게 상환을 청구할 수 있다(제1080조).

사. 비용상환청구권

유증의무자가 유증자의 사망 후에 그 목적물에 대하여 비용을 지출한 때에는 제325조(유치권자의 비용상환청구권)의 규정을 준용한다(제1081조). 그러므로 유증의무자가 목적물에 관하여 필요비를 지출한 때에는 수유자에게 그 상환을 청구할 수 있다(제1081조, 제325조 제1항). 유증의무자가 목적물에 관하여 유익비를 지출한 때에는 그 가액의 증가가 현존한 경우에 한하여 수유자의 선택에 좇아 그 지출한 금액이나 증가액의 상환을 청구할 수 있다. 그러나 법원은 수유자의 청구에 의하여 상당한 상환기간을 허여할 수 있다(제1081조, 제325조 제2항).

Ⅳ. 부담부 유증

1. 의 의

수유자에게 일정한 부담을 지우는 유증이 부담부 유증이며, 예를 들어 특정 부동산을 유증하면서 부동산의 임대차보증금반환채무를 인수할 것을 부담으로 정하는 경우가 이에 해당된다[대법원 2022.1.27. 2017다265884].

> 유언자가 임차권 또는 근저당권이 설정된 목적물을 특정유증하였다면 특별한 사정이 없는 한 유증을 받은 자가 그 임대보증금반환채무 또는 피담보채무를 인수할 것을 부담으로 정하여 유증하였다고 볼 수 있다[대법원 2022.1.27. 2017다265884].

부담은 반드시 법률행위일 필요는 없고 사실행위도 포함된다. 부담은 유증과 대가적 관계에 있는 것은 아니므로 부담을 이행하지 않는다고 하더라도 유증의 효력에 영향을 주는 것은 아니다. 그리고 부담이 지나치게 과다하다고 판단되면, 수유자는 유증을 포기함으로써 그 유증과 부담 모두로부터 벗어날 수 있다.

2. 부담의 이행 책임

부담있는 유증을 받은 사람은 유증의 목적의 가액을 초과하지 아니한 한도에서 부담한 의무를 이행할 책임이 있다(제1088조 제1항). 즉 부담의무자는 수유자이며, 유언집행자 또는 상속인이 부담의 이행청구권자이다. 유증의 목적의 가액이 한정승인 또는 재산분리로 인하여 감소된 때에는 수유자는 그 감소된 한도에서 부담할 의무를 면한다(제1088조 제2항).

3. 부담부 유증의 취소 청구

부담있는 유증을 받은 사람이 그 부담의무를 이행하지 아니한 때에는 상속인 또는 유언집행자는 상당한 기간을 정하여 이행할 것을 최고하고 그 기간 내에 이행하지 아니한 때에는 법원에 유언의 취소를 청구할 수 있다. 그러나 제3자의 이익을 해하지 못한다(제1111조).

제5절 유언의 집행

Ⅰ. 유언의 검인 및 개봉

1. 검 인

유언의 증서나 녹음을 보관한 사람 또는 이를 발견한 사람은 유언자의 사망후 지체없이 법원에 제출하여 그 검인을 청구하여야 한다(제1091조 제1항). 유언자가 사망하면 유언에 따라 상속이 진행되어야 하므로, 유언의 존재를 객관적으로 파악하고 유언의 방식 준수를 확인하며 유언서의 위·변조를 방지하는 것은 매우 중요하다. 이를 위해 유언의 검인 절차를 두고 있다.

유언의 검인은 유언의 방식에 따라 차이가 있다. 유언의 검인은 공정증서나 구수증서에 의한 유언에 적용하지 아니한다(제1091조 제2항). 먼저 공정증서는 공증인에 의해 작성되어 원본이 공증사무소에 보관되고 있으므로 별도의 검인 절차를 아예 요구하지 않으며, 구수증서는 검인이 성립요건이므로 유언자의 사후에 다시 검인을 받을 이유가 없다. 따라서 공정증서와 구수증서는 유언의 집행절차로서 검인을 요하지 않는다.

검인의 청구는 유언을 보관한 사람 또는 발견한 사람이며, 반드시 상속인이어야 하는 것은 아니다. 이러한 청구는 유언자의 사망후 지체없이 하여야 하지만, 유언자의 사후에 발견된 경우에는 발견 즉시 검인을 청구하여야 한다. 유언의 검인절차는 가사비송 라류 사건으로(가사소송법 제2조 제2항 제2호), 상속개시지의 가정법원이 관할한다(가사소송법 제44조 제1항 제7호). 검인은 단지 유언의 형식적 방식을 확인하고 보존하는 유언의 집행절차이므로, 검인 절차의 유무에 의하여 유언의 효력이 영향을 받지 아니한다[대법원 1998.6.12. 97다38510].

2. 개 봉

법원이 봉인된 유언증서를 개봉할 때에는 유언자의 상속인, 그 대리인 기타 이해관계인의 참여가 있어야 한다(제1092조). 개봉이 필요한 유언은 봉인된 유언증서만이므로, 자필증서가 봉투에 밀봉되지 않은 상태로 있거나 밀봉되었어도 날인된 상태가 아니면 별도의 개봉절차가 필요한 것은 아니다. 성립요건으로서 엄봉날인될 것을 요구하고 있는 비밀증서가 대표적으로 개봉이 필요한 유언이며, 자필증서나 녹음테이프가 봉인되어 있는 경우에도 개봉절차가 필요하다. 제1092조는 상속인, 그 대리인, 기타 이해관계인의 참여가 있어야 한다고 규정하고 있으나, 통설은 법원으로부터 소환통지를 받은 대상자가 불참하더라도 개봉절차는 진행될 수 있다고 해석한다.

유언의 개봉절차는 가사비송 라류사건으로(가사소송법 제2조 제2항 제2호), 상속개시지의 가정법원이 관할한다(가사소송법 제44조 제1항 제7호). 개봉 역시 유언의 집행절차에 불과하므로, 적법한 유언은 개봉절차를 거치지 않아도 유언자의 사망으로 효력이 생기며 개봉절차의 유무에 의하여 유언의 효력이 영향을 받지 아니한다[대법원 1998.6.12. 97다38510].

Ⅱ. 유언집행자

1. 의   의

유언은 유언자가 사망한 시점에 효력이 발생되므로, 유언자는 자신의 유언을 직접 집행하는 것이 근본적으로 불가능하다. 후견인의 지정과 같이 집행절차 없이 즉시 효력이 발생되는 유언의 내용도 있으나, 친생부인이나 재단법인의 설립과 같이 별도의 집행절차가 필요한 유언의 내용도 있다. 그러므로 유언의 내용을 실현시키기 위해 유언을 집행해 줄 사람인 유언집행자가 필요하다.

2. 종   류

가. 지정유언집행자

먼저 유언자가 지정 또는 위탁 지정한 사람인 지정유언집행자가 유언을 집행한다. 유언자는 유언으로 유언집행자를 지정할 수 있고 그 지정을 제3자에게 위탁할 수 있다(제1093조). 유언집행자의 지정 또는 지정위탁은 반드시 유효한 유언으로만 가능하며, 기타 다른 생전행위로 하는 유언집행자의 지정 또는 지정위탁은 무효이다. 유언이나 상속의 이해관계자는 유언집행자 지정위탁을 받을 수 없다는 견해(주석,639)에 따르면, 이러한 사람에게 유언으로 지정위탁했다면 지정유언집행자가 없는 것으로 다루어 법정유언집행자가 유언을 집행하게 될 것이다.

유언집행자 지정의 위탁을 받은 제3자는 그 위탁있음을 안 후 지체없이 유언집행자를 지정하여 상속인에게 통지하여야 하며 그 위탁을 사퇴할 때에는 이를 상속인에게 통지하여야 한다(제1094조 제1항). 만약 위탁받은 제3자가 지정을 하지 않고 있으면, 상속인 기타 이해관계인은 상당한 기간을 정하여 그 기간 내에 유언집행자를 지정할 것을 위탁받은 사람에게 최고할 수 있다. 그 기간 내에 지정의 통지를 받지 못한 때에는 그 지정의 위탁을 사퇴한 것으로 본다(제1094조 제2항). 이해관계인은 수유자, 수유자의 채권자, 상속채권자, 상속인의 채권자, 유언으로 인지된 사람 등이 여기에 해당한다.

나. 법정유언집행자

지정유언집행자가 없는 경우에는 상속인이 유언집행자가 된다(제1095조). 여기에서 지정유언자가 없는 경우라 함은 유언자가 유언으로 유언집행자를 지정 또는 지정위탁을 하지 않았거나, 지정을 위탁받은 사람이 사퇴한 경우(제1094조 제1항)에 국한된다[대법원 2007.10.18. 2007스31]. 만약 지정이 이루어지고 난 이후에 지정유언집행자에게 결격사유가 있거나(제1098조), 지정유언집행자가 취임을 사퇴한 경우(제1097조 제1항)나 법원의 허가를 받아 사퇴한 경우(제1105조)에는, 상속인이 자동으로 유언집행자가 되는 것은 아니고 제1096조가 적용되어 유언집행자를 선임하여야 한다[대법원 2010.10.28. 2009다20840*].

> 민법 제1095조는 유언자가 유언집행자의 지정 또는 지정위탁을 하지 아니하거나 유언집행자의 지정을 위탁받은 자가 위탁을 사퇴한 때에 한하여 적용되는 것이므로 유언자가 지정 또는 지정위탁에 의하여 유언집행자의 지정을 한 이상 그 유언집행자가 사망·결격 기타 사유로 자격을 상실하였다고 하더라도 상속인은 민법 제1095조에 의하여 유언집행자가 될 수는 없다. 또한 유증 등을 위하여 유언집행자가 지정되어 있다가 그 유언집행자가 사망·결격 기타 사유로 자격을 상실한 때에는 상속인이 있더라도 유언집행자를 선임하여야 하는 것이므로, 유언집행자가 해임된 이후 법원에 의하여 새로운 유언집행자가 선임되지 아니하였다고 하더라도 유언집행에 필요한 한도에서 상속인의 상속재산에 대한 처분권은 여전히 제한되며 그 제한 범위 내에서 상속인의 원고적격 역시 인정될 수 없다[대법원 2010.10.28. 2009다20840*].

다. 선임유언집행자

유언집행자가 없거나 사망, 결격 기타 사유로 인하여 없게 된 때에는 법원은 이해관계인의 청구에 의하여 유언집행자를 선임하여야 한다(제1096조 제1항). 지정유언집행자가 없으나 상속인이 있는 경우에는 그가 법정유언집행자로 유언집행을 하므로(제1095조), 여기에서 유언집행자가 없는 경우는 지정유언집행자가 처음부터 없으면서 법정유언집행자인 상속인도 없는 경우만을 의미한다. 그리고 존재하던 지정, 법정 또는 선임유언집행자가 사망, 결격 기타 사유로 없게 되면 법원이 유언집행자를 선임한다. 누구를 유언집행자로 선임할 것인가는 법원의 재량이나[대법원 1995.12.4. 95스32], 이해관계인의 청구 없이 직권으로 유언집행자를 선임할 수는 없다(주석,645). 법원이 유언집행자를 선임한 경우에는 그 임무에 관하여 필요한 처분을 명할 수 있다(제1096조 제2항).

3. 취임의 승낙과 거절

지정유언집행자나 선임유언집행자는 자신의 의사와 관계없이 유언자의 의사나 법원의 심판에 의해 일방적으로 유언집행자로 지정되거나 선임되는 것이므로 취임의 승낙과 사퇴의 자유가 있어야 한다. 그러나 법정유언집행자는 반드시 유언을 집행하여야 한다. 지정에 의한 유언집행자는 유언자의 사망후 지체없이 이를 승낙하거나 사퇴할 것을 상속인에게 통지하여야 한다(제1097조 제1항). 선임에 의한 유언집행자는 선임의 통지를 받은 후 지체없이 이를 승낙하거나 사퇴할 것을 법원에 통지하여야 한다(제1097조 제2항). 상속인 기타 이해관계인은 상당한 기간을 정하여 그 기간 내에 승낙여부를 확답할 것을 지정 또는 선임에 의한 유언집행자에게 최고할 수 있다. 그 기간 내에 최고에 대한 확답을 받지 못한 때에는 유언집행자가 그 취임을 승낙한 것으로 본다(제1097조 제3항).

4. 결 격

제한능력자와 파산선고를 받은 사람은 유언집행자가 되지 못한다(제1098조). 그러므로 제한능력자인 미성년자, 피성년후견인과 일부 피한정후견인은 유언집행자가 될 수 없다. 친생부인과 인지의 경우에는 유언집행자의 직무가 상속인의 이해와 상반되므로 상속인은 유언집행자가 될 수 없다는 견해(곽,269; 송,464)도 설득력이 있다. 그러나 유증이나 재단법인의 설립 출연도 대부분 상속인의 이해와 상반되거나 공동상속인 간의 이해상충을 가져오는 것이 일반적이다. 그러므로 개별적인 이해관계가 있는 상속인은 유언집행자가 될 수 없다고 하게 되면, 상속인을 법정유언집행자로 규정한 취지가 실질적으로 몰각될 수도 있다. 입법론적으로 법정유언집행자를 폐지하고, 지정유언집행자와 선임유언집행자만을 두는 것이 타당하다.

결격사유가 있는 사람을 유언집행자로 지정하거나 선임하면 무효이다. 결격사유 있는 유언집행자가 한 행위는 무효이나, 무권대리에 준하여 상속인이 추인하면 유효로 된다

(이/윤,575).

Ⅲ. 유언사무의 집행

1. 임무의 착수

유언집행자가 그 취임을 승낙한 때에는 지체없이 그 임무를 이행하여야 한다(제1099조). 취임을 승낙할 수 있는 유언집행자는 지정유언집행자와 선임유언집행자이지만, 그러한 승낙과 사퇴의 결정권이 없는 법정유언집행자에게도 준용되어야 할 것이다.

2. 재산목록의 작성

유언이 재산에 관한 것인 때에는 지정 또는 선임에 의한 유언집행자는 지체없이 그 재산목록을 작성하여 상속인에게 교부하여야 한다(제1100조 제1항). 상속인의 청구가 있는 때에는 이 재산목록작성에 상속인을 참여하게 하여야 한다(제1100조 제2항). 유증과 같이 재산적 사항은 유언자의 재산상황을 객관적으로 정확하게 파악하는 것이 매우 중요하다. 예를 들어 특정적 유증의 목적이 된 권리가 유언자의 사망 당시에 상속재산에 속하지 않은 때에는 유언은 효력이 없으므로(제1087조 제1항), 그 권리가 상속재산에 속하는지 여부가 정확하게 확인되어야 한다. 따라서 유언집행자가 재산목록을 작성하는 임무는 중요하다. 물론 재산과 관계없는 친생부인이나 인지와 같은 내용만 유언에 있다면 재산목록은 작성할 필요가 없을 것이다. 또한 재산목록의 작성 의무는 지정 또는 선임유언집행자만 부담하므로, 상속인인 법정유언집행자는 이 의무를 부담하지 않는다.

3. 관리의무

유언집행자는 유증의 목적인 재산의 관리 기타 유언의 집행에 필요한 행위를 할 권리의무가 있다(제1101조). 대표적으로 유증의 목적인 재산의 보존, 이용 및 개량행위와 과실을 수취할 수 있다. 또한 유언의 집행에 필요한 소의 제기, 점유의 이전 또는 등기, 소송행위 등 유언의 내용을 실현하는 행위를 할 권리와 의무가 있다. 그러므로 유증 관련 소송에서는 유언집행자만이 당사자로서 원고적격을 갖는다[대법원 2001.3.27. 2000다26920*].

4. 공동유언집행

유언집행자는 반드시 1인이어야 하는 것은 아니며, 수인이 공동으로 유언집행자가 될 수도 있다. 예를 들어 공동상속인이 법정유언집행자가 되는 경우에는 당연히 복수의 유언집행자가 존재하게 된다. 유언집행자가 수인인 경우에는 임무의 집행은 그 과반수의 찬성으로써 결정한다. 그러나 보존행위는 각자가 이를 할 수 있다(제1102조).

> 상속인이 유언집행자가 되는 경우를 포함하여 유언집행자가 수인인 경우에는, 〈중략〉 유증목적물에 대한 관리처분권은 유언의 본지에 따른 유언의 집행이라는 공동의 임무를 가진 수인의 유언집행자에게 합유적으로 귀속되고, 그 관리처분권 행사는 과반수의 찬성으로써 합일하여 결정하여야 하므로, 유언집행자가 수인인 경우 유언집행자에게 유증의무의 이행을 구하는 소송은 유언집행자 전원을 피고로 하는 고유필수적 공동소송으로 봄이 상당하다[대법원 2011. 6.24. 2009다8345].

5. 유언집행자의 지위

지정 또는 선임에 의한 유언집행자는 상속인의 대리인으로 본다(제1103조 제1항). 이에 대해 유언집행자를 유언자의 정당한 의사를 실현할 임무를 수행하는 지위에 있는 사람이라는 견해(김/김,876)와 단지 법률효과가 상속인에게 귀속되는 것뿐이라는 견해(곽,272; 송,464)가 대립된다. 판례는 제1103조 제1항은 유언집행자의 행위의 효과가 상속인에게 귀속함을 규정한 것이라고 한다[대법원 2001.3.27. 2000다26920*].

유언집행자에게는 상속인과의 관계에서 위임에 관한 규정이 준용된다(제1103조 제2항). 유언집행자는 유언의 본지에 따라 선량한 관리자의 주의로써 유언집행사무를 처리하여야 한다(제1103조 제2항, 제681조). 유언집행자는 상속인의 승낙이나 부득이한 사유없이 제3자로 하여금 자기에 갈음하여 유언집행사무를 처리하게 하지 못한다(제1103조 제2항, 제682조 제1항). 유언집행자가 전항의 규정에 의하여 제3자에게 유언집행사무를 처리하게 한 경우에 상속인에게 대하여 그 선임감독에 관한 책임이 있으며, 상속인의 지명에 의하여 유언을 집행할 제3자를 선임한 경우에는 그 부적임 또는 불성실함을 알고 상속인에게 대한 통지나 그 해임을 태만한 때가 아니면 책임이 없다(제1103조 제2항, 제682조 제2항, 제121조). 유언집행을 갈음할 제3자는 그 권한 내에서 상속인을 대리하며, 상속인이나 제3자에 대하여 유언집행자와 동일한 권리의무가 있다(제1103조 제2항, 제682조 제2항, 제123조).

유언집행자는 상속인의 청구가 있는 때에는 유언집행사무의 처리상황을 보고하고 유언집행사무가 종료한 때에는 지체없이 그 전말을 보고하여야 한다(제1103조 제2항, 제683조). 유언집행자는 유언집행사무의 처리로 인하여 받은 금전 기타의 물건 및 그 수취한 과실을 상속인에게 인도하여야 한다(제1103조 제2항, 제684조 제1항). 유언집행자가 상속인을 위하여 자기의 명의로 취득한 권리는 상속인에게 이전하여야 한다(제1103조 제2항, 제684조 제2항). 유언집행자가 상속인에게 인도할 금전 또는 상속인의 이익을 위하여 사용할 금전을 자기를 위하여 소비한 때에는 소비한 날 이후의 이자를 지급하여야 하며 그 외의 손해가 있으면 배상하여야 한다(제1103조 제2항, 제685조).

유언집행사무 종료의 경우에 급박한 사정이 있는 때에는 유언집행자, 그 상속인이나 법정대리인은 유언집행자, 그 상속인이나 법정대리인이 유언집행사무를 처리할 수 있을 때까지 그 사무의 처리를 계속하여야 한다. 이 경우에는 유언집행의 존속과 동일한 효력이 있다(제1103조 제2항, 제691조). 유언집행사무 종료의 사유는 이를 상대방에게 통지하거나 상대방이 이를 안 때가 아니면 이로써 상대방에게 대항하지 못한다(제1103조 제2항, 제692조).

Ⅳ. 기   타

1. 유언집행자의 보수

유언자가 유언으로 그 집행자의 보수를 정하지 아니한 경우에는 법원은 상속재산의 상황 기타 사정을 참작하여 지정 또는 선임에 의한 유언집행자의 보수를 정할 수 있다(제1104조 제1항). 상속인인 법정유언집행자에게는 보수가 인정되지 않는다.

유언집행자가 보수를 받을 경우에는 유언집행사무를 완료한 후가 아니면 이를 청구하지 못한다. 그러나 기간으로 보수를 정한 때에는 그 기간이 경과한 후에 이를 청구할 수 있다(제1104조 제2항, 제686조 제2항). 유언집행자가 유언집행사무를 처리하는 중에 유언집행자의 책임없는 사유로 인하여 유언집행사무가 종료된 때에는 유언집행자는 이미 처리한 사무의 비율에 따른 보수를 청구할 수 있다(제1104조 제2항, 제686조 제3항).

2. 사 퇴

지정 또는 선임에 의한 유언집행자는 정당한 사유있는 때에는 법원의 허가를 얻어 그 임무를 사퇴할 수 있다(제1105조). 상속인인 법정유언집행자의 사퇴는 민법에 규정되어 있지 아니하나, 이해관계가 있는 경우에는 법원의 허가를 얻어 그 임무를 사퇴할 수 있다고 해석되어야 한다. 예를 들어 유언자가 유일한 상속인인 직계비속에 대해 친생부인을 하는 취지만의 유언을 남기고 사망한 경우에, 상속인이 법정유언집행자로서 자신에 대한 친생부인의 소를 제기하는 것은 부적절하다. 이처럼 예외적인 경우에는 법정유언집행자도 법원의 허가를 얻어 사퇴할 수 있어야 할 것이다.

3. 해 임

지정 또는 선임에 의한 유언집행자에 그 임무를 해태하거나 적당하지 아니한 사유가 있는 때에는 법원은 상속인 기타 이해관계인의 청구에 의하여 유언집행자를 해임할 수 있다(제1106조). 판례는 유언집행자가 유언의 해석에 관하여 상속인과 의견을 달리한다거나 혹은 유언집행자가 유언의 집행에 방해되는 상태를 야기하고 있는 상속인을 상대로 유언의 충실한 집행을 위해 소송을 제기하는 등 갈등을 빚는 사정만으로는 '적당하지 아니한 사유'가 있다고 볼 수 없다고 한다[대법원 2011.10.27. 2011스108*].

4. 비용부담

유언의 집행에 관한 비용은 상속재산 중에서 이를 지급한다(제1107조). 유언집행비용에는 유언집행자에 대한 보수도 포함된다. 유언집행사무의 처리에 비용을 요하는 때에는 상속인은 유언집행자의 청구에 의하여 이를 선급하여야 한다(제1103조 제2항, 제687조).

제3장 | 유류분

Ⅰ. 의 의

유언자에게는, 유언법정주의에 정해진 내용이라면, 유언의 자유가 인정된다. 그러나 유언자의 유증과 상속인의 상속이익은 서로 이해가 상충될 수 있다. 피상속인의 과도한 유증이나 생전 증여로 인하여 상속인의 상속이익이 지나치게 침해되는 경우에, 유증의 효력을 일정 정도 제한하여 상속인의 최소한의 상속이익을 보장할 필요가 있다. 유류분은 피상속인의 유증이나 생전 증여가 없었다면 상속인이 얻을 수 있었던 상속이익이 유증이나 생전 증여로 인하여 일정한 비율 이하로 감소하게 되면, 그 차액만큼을 수유자 또는 수증자로부터 반환받을 수 있는 제도이다.

> 유류분제도는 피상속인의 재산처분행위로부터 유족의 생존권을 보호하고 법정상속분의 일정 비율에 해당하는 부분을 유류분으로 산정하여 상속인의 상속재산형성에 대한 기여와 상속재산에 대한 기대를 보장하는 데 입법 취지가 있다[대법원 2021.8.19. 2017다235791].

오늘날 사회구조가 변하고 가족제도의 모습이 크게 달라지면서 유류분제도의 본래 목적과 기능이 퇴색되고 있다는 비판이 제기되고 위헌 여부가 논란이 되었다. 이에 대해 헌법재판소는 피상속인의 재산처분행위로부터 유족들의 생존권 보호, 상속재산형성에 대한 기여 및 상속재산에 대한 기대보장 그리고 가족제도의 종국적 단절의 저지라는 유류분제도 입법목적의 정당성은 여전히 수긍할 수 있다고 하여 합헌으로 판단하였다[헌법재판소 2024.4.25. 2020헌가4].

Ⅱ. 유류분권

1. 개 념

상속인 중 피상속인과 밀접한 친족관계에 있는 사람은, 피상속인이 유증 또는 특정한 생전 증여를 했더라도, 피상속인이 상속개시시에 있어서 가진 적극재산으로부터 일정한 비율의 이익을 취득할 수 있는 권리가 유류분권이다. 유류분권은 유류분을 침해하는 유증이나 특정 증여를 받은 수유자나 수증자에게 유류분 부족액을 반환받는 방법으로 실현된다.

유류분권은 상속인 전부에게 인정되는 권리는 아니고 직계비속, 배우자, 직계존속인 상속인에게만 인정되므로, 그 외의 상속인인 형제자매나 4촌 이내의 방계혈족은 유류분권이 없다. 적극재산에서 상속채무를 공제하고 남는 이익을 대상으로 하므로 상속채무가 적극재산보다 많다면, 유류분권은 발생하지 않는다. 유류분권은 상속이 개시된 이후에 발생되므로 포기할 수 있으나, 상속개시 이전에는 기대권에 불과하므로 일방적으로 포기하거나 포기약정을 하더라도 효력이 없다[대법원 1994.10.14. 94다8334*]. 공동상속인중 1인이 유류분권을 포기하더라도 다른 상속인들이 얻을 순상속분에는 차이가 없으므로 유류분 부족액에는 영향이 없다(김/김,889; 이/윤,588; 송,469).

2. 유류분권리자

유류분권리자는 피상속인의 사망으로 상속인이 되는 사람 중에서 1순위인 피상속인의 직계비속, 2순위인 피상속인의 직계존속 그리고 이들과 같이 상속인이 되는 피상속인의 배우자이다(제1112조). 대습상속의 경우에도 유류분이 준용되므로(제1118조, 제1001조), 대습상속인은 피대습인의 유류분대로 유류분권리자가 된다.

3순위 상속인인 형제자매는 종전에 제1112조 제4호에서 유류분권리자로 규정되어 있었으나, 2024년 4월 25일 헌법재판소의 단순위헌 결정에 따라 선고시부터 유류분권리자로서의 지위를 상실하게 되었다. 피상속인의 형제자매는 상속재산형성에 대한 기여나 상속재산에 대한 기대 등이 거의 인정되지 않음에도 불구하고, 피상속인의 의사를 제한하여 그에게 유류분권을 부여하는 것은 타당한 이유를 찾기 어렵다고 한다[헌법재판소 2024.4.25. 2020헌가4]. 그리고 4순위인 피상속인의 4촌 이내 방계혈족은 상속인이더라도 유류분권리자는 될 수 없다.

3. 유류분 비율

유류분 비율은 유류분권리자의 법정상속분 중에서 민법이 보장하는 최저 상속이익의 비율이다. 유류분권리자와 피상속인과의 관계에 따라서 유류분 비율은 둘로 나뉜다. 피상속인의 직계비속이나 배우자는 그 법정상속분의 2분의 1이며, 피상속인의 직계존속은 그 법정상속분의 3분의 1이다(제1112조).

헌법재판소는 유류분에 관한 다양한 사례에 맞추어 유류분권리자와 각 유류분 비율을 적정하게 정하는 입법을 하는 것이 현실적으로 매우 어려운 점, 법원이 구체적 사정을 고려하여 유류분권리자와 각 유류분을 개별적으로 정하는 것은 심리의 지연 및 재판비용의 막대한 증가를 초래할 수 있으므로 민법이 유류분권리자와 유류분 비율을 획일적으로 정하는 것이 매우 불합리하다고 단정하기 어렵다고 한다[헌법재판소 2024.4.25. 2020헌가4].

4. 유류분의 상실

민법에는 유류분의 결격이나 상실에 대해서 아무런 규정을 두고 있지 않다. 이에 대해 헌법재판소는 피상속인을 장기간 유기하거나 정신적, 신체적으로 학대하는 등의 패륜적인 행위를 일삼은 상속인의 유류분을 인정하는 것은 일반 국민의 법감정과 상식에 반한다고 할 것이므로 제1112조에서 유류분 상실사유를 별도로 규정하지 아니한 것은 불합리하다고 판단하였다[헌법재판소 2024.4.25. 2020헌가4]. 그러나 유류분제도 자체의 입법목적의 정당성은 인정되므로 헌법불합치 결정을 하여, 2025년 12월 31일을 시한으로 법을 개정할 때까지는 제4호를 제외한 나머지 제1112조의 효력은 유지하도록 하였다. 따라서 향후 민법 개정을 통해 상속결격과 유사한 유류분의 결격에 관한 규정을 신설할 것으로 예상된다.

Ⅲ. 유류분 부족액

1. 기본공식

유류분을 산정하는 방법에 대해 민법은 매우 간단하게 규율하고 있다. 유류분을 산정하는 원칙은 제1113조에서 규정하고 있다. 유류분은 피상속인의 상속개시시에 있어서 가진 재산의 가액에 증여재산의 가액을 가산하고 채무의 전액을 공제하여 이를 산정한다(제1113조 제1항). 유류분권리자가 피상속인의 제1114조에 규정된 증여 및 유증으로 인하여 그 유류분에 부족이 생긴 때에는 부족한 한도에서 그 재산의 반환을 청구할 수 있다(제1115조 제1항). 유류분에 부족이 생겼는가 여부를 판단하기 위해서는 비교 대상이 존재해야 하는데, 비교 대상의 개념 및 이를 산정하는 방법에 대해서는 아무런 규정도 두고 있지 않다. 제1115조는 단지 유류분에 부족이 생기면 반환을 청구하라고만 규율하고 있을 뿐이다.

유류분의 본질을 고려하면, 유류분 부족액이란 '피상속인이 유증이나 특정 증여를 하지 않았다면 당해 상속인이 얻을 수 있었던 가정적인 이익의 1/2 또는 1/3'(유류분액)에서 '유증이나 특정 증여가 있음으로써 상속인이 실제로 얻는 이익'(실상속이익)을 공제한 액수이다. 만약 유류분액보다 실상속이익이 크다면 유류분 반환액은 없다. 판례는 실상속이익을 특별수익액과 순상속분액으로 구성되는 것으로 설정하여 이를 유류분액에서 공제하는 것으로 기본공식을 제시하고 있다[대법원 2022.1.27. 2017다265884]. 이는 특별수익자의 경우에 특별수익이 자기의 상속분에 미치지 못한 때에는 그 부족한 부분의 한도에서 상속분이 있다는 규정(제1008조)에 따라 실상속이익에서 다시 특별수익과 구체적 상속분을 구분하는 논리의 연장선상에 있는 것이다.

> 유류분 부족액 = 유증과 증여가 없다고 가정한 법정 보장 상속이익 − 실제 얻은 상속이익
> = 유류분액 − 실상속이익
> = 유류분액 − (특별수익액 + 순상속분액)
> = 유류분액 − 특별수익액 − 순상속분액

2. 유류분 부족액의 산정

가. 유류분액

유류분은 피상속인의 상속개시시에 있어서 가진 재산의 가액에 증여재산의 가액을 가산하고 채무의 전액을 공제하여 이를 산정한다(제1113조 제1항). 유류분을 구하는 요소인 상속개시시에 있어서 가진 재산의 가액을 '현존재산'이라 하고, 여기에 특정한 증여재산의 가액을 가산한 액을 '간주상속재산'이라 할 수 있다. 유류분은 피상속인이 유증 또는 일정한 생전 증여를 하지 아니하였다면 상속인이 얻을 수 있었던 가정적인 기대 이익의 총량이 된다. 그러므로 채무는 전액 공제되어야 한다. 만약 채무가 적극재산을 초과하거나 같다면, 피상속인의 사망으로 얻을 수 있는 상속인의 실질적인 이익은 전혀 없으므로 유류분도 인정되지 않는다. 또한 유증이나 사인증여는 상속개시시에 있어서 가진 재산인 현존재산 중에서 나중에 수유자에게 이행해야 할 재산이므로 현존재산에 포함되어 있으며, 미이행된 증여재산도 현존재산에 포함되어 있다[대법원 1996.8.20. 96다13682*]. 다만

상속재산에서 제외되는 금양임야나 묘토, 족보나 제구(제1008조의3)는 당연히 제외한다. 유류분은 다음과 같이 표현할 수 있다.

> 유류분 = 간주상속재산 - 채무 전액
> = 현존재산 + 특정 증여재산* - 채무 전액
> * 상속인의 특별수익인 증여와 제3자에 대한 제1114조의 증여

유류분에 포함되어야 할 증여는 크게 둘로 나누어, 상속인에 대한 증여는 기간 제한 없이 모든 증여를 포함시켜야 한다[대법원 2021.8.19. 2017다230338*]. 피상속인으로부터 직접 증여받은 것이 아닌 공동상속인 사이의 상속분 양도도 증여에 해당되는 것으로 다루어진다[대법원 2021.7.15. 2016다210498*]. 다만 피상속인이 한 생전 증여에 상속인의 특별한 부양 내지 기여에 대한 대가의 의미가 포함되어 있는 경우에는 그 생전 증여를 특별수익에서 제외할 수 있다[대법원 2022.3.17. 2021다230083, 230090].

> 다만 유류분제도가 피상속인의 재산처분행위로부터 유족의 생존권을 보호하고 법정상속분의 일정비율에 해당하는 부분을 유류분으로 산정하여 상속인의 상속재산 형성에 대한 기여와 상속재산에 대한 기대를 보장하는 데 그 목적이 있는 점을 고려할 때, 피상속인의 생전 증여를 만연히 특별수익에서 제외하여 유류분제도를 형해화시키지 않도록 신중하게 판단하여야 한다 [대법원 2022.3.17. 2021다230083, 230090].

제3자에 대한 증여는 상속개시 전의 1년간에 행한 것에 한하여 그 가액을 포함시키고, 당사자 쌍방이 유류분권리자에 손해를 가할 것을 알고 증여를 한 때에는 1년 전에 한 것이라도 포함되어야 한다(제1114조).

> 제3자에 대한 증여가 유류분권리자에게 손해를 가할 것을 알고 행해진 것이라고 보기 위해서는, 당사자 쌍방이 증여 당시 증여재산의 가액이 증여하고 남은 재산의 가액을 초과한다는 점을 알았던 사정뿐만 아니라, 장래 상속개시일에 이르기까지 피상속인의 재산이 증가하지 않으리라는 점까지 예견하고 증여를 행한 사정이 인정되어야 하고, 이러한 당사자 쌍방의 가해의 인식은 증여 당시를 기준으로 판단하여야 하는데, 그 증명책임은 유류분반환청구권을 행사하는 상속인에게 있다[대법원 2022.8.11. 2020다247428*].

유류분에 당해 상속인의 법정상속분의 1/2 또는 1/3인 유류분율을 곱한 액수가 유류분액이 된다. 그러므로 유류분액을 구하는 식은 다음과 같다.

$$
\begin{aligned}
\text{유류분액} &= \text{유류분} \times \text{유류분율} \\
&= (\text{간주상속재산} - \text{채무 전액}) \times \text{유류분율} \\
&= (\text{현존재산} + \text{특정 증여재산} - \text{채무 전액})^* \times \text{유류분율}
\end{aligned}
$$

* 유류분 산정 기초재산

유류분권리자의 유류분 부족액은 유류분액에서 특별수익액과 순상속분액을 공제하는 방법으로 산정하는데, 피상속인이 상속개시 시에 채무를 부담하고 있던 경우 유류분액은 민법 제1113조 제1항에 따라 피상속인이 상속개시 시에 가진 재산의 가액에 증여재산의 가액을 가산하고 채무의 전액을 공제하여 유류분 산정의 기초가 되는 재산액을 확정한 다음, 거기에 민법 제1112조에서 정한 유류분 비율을 곱하여 산정한다[대법원 2022.1.27. 2017다265884].

나. 실상속이익

(1) 특별수익액

상속인이 피상속인로부터 유증이나 생전 증여받은 재산은 피상속인의 사망으로 인해 실제로 얻는 이익이므로, 유류분 부족액을 산정할 때 유류분액에서 공제되어야 한다. 그리고 이러한 특별수익은 유증이나 증여를 받은 특별수익자인 상속인에게만 실상속이익이 되는 것이므로, 그 외의 공동상속인에게는 실상속이익으로 반영되지 않음은 물론이다.

(2) 순상속분액

유류분에서 공제할 순상속분액은 상속인이나 제3자에게 행한 특별수익을 고려한 구체적 상속분에서 유류분권리자가 부담하는 상속채무를 공제하여 산정한다[대법원 2021.8.19. 2017다235791]. 여기에는 제1008조가 적용되어 특별수익자인 상속인은 수증재산이 자기의 상속분에 달하지 못하는 때에는 그 부족한 부분의 한도에서 순상속분이 인정된다. 그러나 수증재산이 자기의 상속분을 초과하면 초과특별수익자로서 특별수익도 반환하지 않지만 현존재산에서 상속분은 인정되지 않으며, 초과된 부분은 나머지 상속인들의 부담으로 돌아가게 된다[대법원 2022.6.20. 2017스98, 100, 101]. 다만 제3자에 대한 특정적 유증은 상속채무와 동일하게 타인에게 이행되어야 할 일종의 채무이므로 순상속분액에서 공제되어야 한다.

상속인들이 부담하여야 할 가분채무액은 상속개시와 동시에 법정상속분에 따라 공동상속인에게 분할되어 귀속되므로[대법원 2019.3.29. 2018스509, 510], 설령 구체적 상속분이 0인 초과특별수익자라도 가분적 상속채무는 법정상속분에 따라 당연히 귀속되는 것이 원칙이다. 만약 유류분권리자의 구체적 상속분보다 유류분권리자가 부담하는 상속채무가 더 많다면 그 초과분을 유류분액에 가산하여 유류분 부족액을 산정하여야 한다[대법원 2022.1.27. 2017다265884*]. 여기에서의 상속채무에는 상속세나 소송비용 등 상속재산에 관한 비용은 포함되지 않는다[대법원 2015.5.14. 2012다21720*].

> 유류분권리자의 구체적인 상속분보다 유류분권리자가 부담하는 상속채무가 더 많다면, 즉 순상속분액이 음수인 경우에는 그 초과분을 유류분액에 가산하여 유류분 부족액을 산정하여야 한다. 이러한 경우에는 그 초과분을 유류분액에 가산해야 단순승인 상황에서 상속채무를 부담해야 하는 유류분권리자의 유류분액 만큼 확보해줄 수 있기 때문이다[대법원 2022.8.11. 2020다247428*].

다. 정 리

판례가 유류분 반환액을 산정하는 공식을 정리하면 다음과 같다.

> 유류분 부족액 = 유류분액 − 실상속이익
> = 유류분액① − 특별수익액② − 순상속분액③
> = [(현존재산 + 특정 증여재산 − 채무 전액) × 유류분율]①
>   − 자신이 받은 유증 또는 증여②
>   − {[(현존재산 − 제3자 유증) × 상속분율] − 자신이 부담할 상속채무액}③

라. 구체적 사례에의 적용

유류분 부족액의 산정방식을 구체적으로 살펴보기 위하여 다음과 같은 사례에 적용해 본다.

> 갑에게는 상속인으로 자녀 A, B, C가 있다. 갑은 사망하기 10년 전에 A에게 아파트(18억 원)를 증여하였다. 갑은 을 장학재단에 정기예금(8천만 원), C에게 상가(3억 원)를 유증하였다. 갑은 9억 원의 적극재산을 남겨둔 채 사망하였는데, 사망 당시 병에게 6천만 원의 금전채무가 있었다.

(1) 유류분액의 산정

유류분액은 피상속인이 유증과 특정한 생전 증여를 하지 않았다면 상속인이 상속을 통해 얻었을 가정적 이익이다. 현존재산에 특정한 생전 증여를 가산하여 간주상속재산을 산출하고 여기에서 상속채무 전액을 공제하여 유류분을 계산한다. 사례에서 산정된 유류

분액은 26억4천만 원이다. 여기에 상속인별로 유류분율을 곱하여 유류분액을 계산하면
각자 4억4천만 원이 된다.

> 유류분 = 9억 원〈현존재산〉+ 18억 원〈A에게 증여〉- 6천만 원〈병에 대한 채무〉
>   = 26억4천만 원
> 유류분액 = 26억4천만 원 × 1/3〈법정상속분율〉× 1/2〈직계비속 유류분 비율〉
>   = 4억4천만 원

(2) 실상속이익의 산정

(가) 특별수익액의 산정

상속인별 특별수익액을 살펴보면 A에게는 18억 원의 아파트 증여, C에게는 3억 원의
특정적 유증이 있었다. 이는 실상속이익으로서 유류분액에서 공제하여 유류분 부족액을
산정한다.

(나) 순상속분액의 산정

순상속분액의 의미는 피상속인이 유증이나 증여를 한 결과 상속인들이 구체적으로 얼
마만큼의 상속이익을 실제로 얻고 있는가를 계산하는 것이다. A는 18억 원의 증여를 받
았으므로, 초과특별수익자가 된다. 초과특별수익자인 A는 18억 원의 특별수익도 반환하
지 않지만 현존재산 9억 원에서의 구체적 상속분은 인정되지 않으며, 초과특별수익은 나
머지 상속인들의 부담으로 돌아가게 된다[대법원 2022.6.20. 2017스98, 100, 101]. 다만 가분
채무인 6천만 원의 상속채무는 상속개시와 동시에 법정상속분에 따라 공동상속인 A, B,
C에게 2천만 원씩 분할되어 귀속되므로[대법원 2019.3.29. 2018스509, 510], 설령 구체적 상
속분이 0인 초과특별수익자 A도 법정상속분에 따라 당연히 2천만 원의 상속채무를 부담
하여야 한다. A는 18억 원의 증여를 이미 받았으므로 초과특별수익자로서 반환의무를 지
지 않으나, 현존재산 9억 원에서 받을 구체적 상속분은 없다.

> A의 순상속분액 = 없음(초과특별수익자)

을에 대한 8천만 원의 유증을 9억 원의 현존재산에서 이행하게 되면, B는 특별수익이
없으므로 다음과 같은 구체적 상속분이 곧 순상속분액이 된다.

> B의 순상속분액 = (9억 원〈현존재산〉 − 8천만 원〈을 유증〉) × 1/2 − 2천만 원〈상속채무 분담액〉
>
> = 3억9천만 원〈순상속분액〉

C는 을에 대한 8천만 원의 유증을 한 이후 계산되는 3억9천만 원에서 3억 원은 유증 받은 특별수익액이고, 9천만 원이 순상속분액으로 된다.

> C의 순상속분액 = (9억 원〈현존재산〉 − 8천만 원〈을 유증〉) × 1/2 − 2천만 원〈상속채무 분담액〉
>
> = 3억 9천만원
>
> = (3억원〈특별수익액〉 + 9천만 원〈순상속분액〉)

(3) 유류분 부족액의 산정

위의 항목을 바탕으로 유류분 부족액을 판단하면, A는 유류분 부족액이 존재하지 않으며 B와 C의 유류분 부족액은 다음과 같다.

> A의 유류분 부족액 = 4억4천만 원〈유류분액〉 − 18억 원〈특별수익액〉
>
> = −13억6천만 원
>
> B의 유류분 부족액 = 4억4천만 원〈유류분액〉 − 3억9천만 원〈순상속분액〉
>
> = 5천만 원
>
> C의 유류분 부족액 = 4억4천만 원〈유류분액〉 − 3억 원〈특별수익액〉 − 9천만 원〈순상속분액〉
>
> = 5천만 원

B와 C 모두 5천만 원의 유류분 부족액이 산정되지만, 세부적인 항목에서는 차이가 있다. B는 특별수익이 전혀 없으므로 구체적 상속분이 곧 순상속분액이 되어 3억9천만 원을 실상속이익으로 얻는 반면, C는 같은 3억9천만 원의 실상속이익을 얻어도 그 구성은 특별수익인 3억 원의 유증에 순상속분액으로 9천만 원을 합산한 것이다.

3. 특수한 경우의 유류분 부족액 산정

가. 초과특별수익자가 상속을 포기한 경우

사례에서 A는 이미 18억 원의 아파트를 생전에 증여받았으므로, 갑이 사망하더라도 초과특별수익자로서 구체적 상속분으로 받을 상속이익은 전혀 없다. 오로지 병에 대한 채무만을 상속개시시에 법정상속분대로 당연히 분할받게 된다. 경제적인 이해관계만 고려한다면 A는 갑의 사망에 따른 상속을 승인하기보다는 포기하는 것이 더 유익하다. 상속을 포기하여 상속인이 아닌 제3자가 되면, 사망하기 10년 전에 당사자 쌍방이 유류분권리자에게 손해를 끼칠 것을 알지 못하고 증여하는 것이 일반적이므로, 유류분 반환에 포함될 특정 증여재산이 아니라서 반환의무를 지지 않기 때문이다. 또한 상속을 포기하였으므로 을에 대한 상속채무 6천만 원에 대해서는 아무런 책임도 지지 않는다.

A가 상속을 포기함으로써 B와 C만 상속인이 된다. B와 C의 유류분액을 계산하면 다음과 같다.

> B와 C의 유류분 = 9억 원〈현존재산〉 - 6천만 원〈병에 대한 채무〉 = 8억4천만 원
> B와 C의 유류분액 = 8억4천만 원 × 1/2〈법정상속분율〉 × 1/2〈유류분비율〉 = 2억1천만 원

B와 C의 실상속이익을 계산하면 다음과 같다. 먼저 특별수익은 C에 대한 3억 원의 유증만이 있다.

> 특별수익액: 3억 원(C의 유증)

실상속이익을 구성하는 B와 C의 순상속분액을 계산하면 다음과 같다.

> B의 순상속분액 = (9억 원〈현존재산〉 - 8천만 원〈을 유증〉) × 1/2 - 3천만 원〈상속채무 분담액〉
>   = 3억8천만 원
> C의 순상속분액 = (9억 원〈현존재산〉 - 8천만 원〈을 유증〉) × 1/2 - 3천만 원〈상속채무 분담액〉
>   - 3억 원〈자신의 특별수익액〉 = 8천만 원
>
> B의 유류분 부족액 = 2억1천만 원〈유류분액〉 - 3억8천만 원〈순상속분액〉 = 유류분 부족액 없음
> C의 유류분 부족액 = 2억1천만 원〈유류분액〉 - 3억 원〈특별수익액〉 - 8천만 원〈순상속분액〉
>   = 유류분 부족액 없음

A가 상속을 포기하였을 경우의 위와 같은 유류분 부족액 산정에 의하면, B와 C는 유류분 부족액이 없는 결과가 된다. 즉 상속인이었던 A가 상속을 포기함으로써 이미 받은 생전 증여도 제3자에 대한 증여가 되어 간주상속재산에서 제외되고 상속채무에서도 벗어나게 되어, B와 C의 유류분권이 소멸되는 결과를 가져왔다.

나. 구체적 상속분보다 상속채무가 많은 경우

(1) 단순승인한 경우

사례에서 병에 대한 채무가 6천만 원이 아니라 15억 원이라고 가정하면, 구체적 상속분보다 상속채무가 더 많게 된다. 이처럼 순상속분액이 음수인 경우에는 그 초과분을 유류분액에 가산하여 유류분 부족액을 산정하여야 한다. 그래야 단순승인 상황에서 상속채무를 부담해야 하는 유류분권리자의 유류분액만큼 확보해 줄 수 있기 때문이다[대법원 2022.8.11. 2020다247428].

유류분 = 9억 원〈현존재산〉 + 18억 원〈A에게 증여〉 − 15억 원〈병에 대한 채무〉 = 12억 원
유류분액 = 12억 원 × 1/3 × 1/2 = 2억 원

C의 특별수익액 = 3억 원〈유증〉

B의 순상속분액 = (9억 원〈현존재산〉 − 8천만 원〈을 유증〉) × 1/2 − 5억 원〈상속채무 분담액〉
            = −9천만 원
C의 순상속분액 = (9억 원〈현존재산〉 − 8천만 원〈을 유증〉) × 1/2 − 5억 원〈상속채무 분담액〉
            = −9천만 원
  * A는 초과특별수익자로 구체적 상속분은 없으며, 상속채무는 분담하나 유류분권리자에서 제외

판례와 같이 B와 C의 구체적 상속분을 초과하는 상속채무인 각 9천만 원을 유류분액에 가산하여 유류분 부족액을 산정하면, 다음과 같다.

B의 유류분 부족액 = 2억 원〈유류분액〉 + 9천만 원〈상속채무 초과분〉 − 0〈순상속분액〉
            = 2억9천만 원
C의 유류분 부족액 = 2억 원〈유류분액〉 + 9천만 원〈상속채무 초과분〉 − 3억 원〈특별수익액〉
            = 유류분 부족액 없음

(2) 한정승인을 한 경우

위와 같이 구체적 상속분보다 상속채무가 많으면 단순승인을 하는 것은 경제적으로 전혀 이익이 되지 못한다. 따라서 유류분권리자가 구체적 상속분보다 상속채무가 많은 경우에 한정승인을 했다면, 채무의 초과분을 유류분에 가산하지 않고 순상속분액을 0으

로 한다[대법원 2022.8.11. 2020다247428].

> 유류분권리자의 구체적인 상속분보다 유류분권리자가 부담하는 상속채무가 더 많은 경우라
> 도 유류분권리자가 한정승인을 했다면, 그 초과분을 유류분액에 가산해서는 안 되고 순상속분
> 액을 0으로 보아 유류분 부족액을 산정해야 한다[대법원 2022.8.11. 2020다247428].

따라서 위의 채무초과인 상태에서 B와 C가 한정승인을 하였다면, 구체적 상속분을 초과하는 9천만 원은 유류분액에 가산하지 않고 순상속분액을 0으로 하여 계산한다. 그 결과 B의 유류분 부족액은 2억 원이다.

> B의 유류분 부족액 = 2억 원⟨유류분액⟩ − 0 ⟨순상속분액⟩ = 2억 원
> C의 유류분 부족액 = 2억 원⟨유류분액⟩ − 3억 원⟨특별수익액⟩ = 유류분 부족액 없음

다. 기여분이 있는 경우

사례에서 공동상속인 A, B, C가 B에게 3억 원을 기여분으로 협의하였다면, 현존재산에서 공동상속인의 협의로 정한 기여분을 공제한 것을 상속재산으로 보아야 한다. 그리고 기여분권리자는 기여분을 공제한 상속재산을 기초로 한 상속분에 기여분을 가산한 액이 그의 상속분이 된다(제1008조의2 제1항). 피상속인이 유증이나 특정 증여를 하지 않았다고 하더라도, 기여분은 기여분권리자가 아닌 상속인으로서는 상속을 통해서 얻을 수 있는 이익이 되지 못한다. 그러므로 피상속인의 유증이나 특정 증여가 없다면 상속을 통해서 상속인이 얻을 수 있었던 상속이익인 유류분액에 포함시키지 않는 것이 합리적이다. 또한 유증이나 특정 증여를 반영하여 상속인들이 실제로 얻는 순상속분액을 구할 때도 기여분권리자를 제외한 공동상속인의 경우에는 기여분을 공제하여야 현실을 정확히 반영하게 된다.

그럼에도 불구하고 판례는 설령 협의로 기여분이 결정되어 있다고 하더라도 유류분액이나 순상속분액을 산정할 때 기여분을 공제하지 않는다는 태도를 취하고 있다[대법원 2015.10.29. 2013다60753*].

> 기여분은 상속재산분할의 전제 문제로서의 성격을 가지는 것으로서, 상속인들의 상속분을
> 일정부분 보장하기 위하여 피상속인의 재산처분의 자유를 제한하는 유류분과는 서로 관계가
> 없다. 따라서 ⟨중략⟩ 설령 공동상속인의 협의 또는 가정법원의 심판으로 기여분이 결정되었다
> 고 하더라도 유류분을 산정함에 있어 기여분을 공제할 수 없고, 기여분으로 유류분에 부족이
> 생겼다고 하여 기여분에 대하여 반환을 청구할 수도 없다[대법원 2015.10.29. 2013다60753*].

기여분을 유류분액이나 순상속분에서 공제하지 않게 되면 상속재산에도 해당하지 않는 기여분으로 인해 유류분 부족액이 증가하게 되고, 기여분으로 인해 증가된 유류분 부족액을 기여분과 관계없는 수유자나 수증자가 반환하게 되는 수긍하기 어려운 결과를 가져오는 문제가 있다.

헌법재판소는 제1118조가 기여분에 관한 제1008조의2를 유류분에 준용하는 규정을 두지 않아서, 피상속인을 오랜 기간 부양하거나 상속재산형성에 기여한 기여상속인이 그 보답으로 피상속인으로부터 재산의 일부를 증여받더라도 그 증여재산이 유류분 산정 기초재산에 산입되므로 기여상속인은 비기여상속인의 유류분반환청구에 응하여 증어재산을 반환하여야 하는 부당하고 불합리한 상황이 발생한다고 지적하였다. 나아가 헌법재판소는 기여분과 유류분제도의 단절 그 자체의 문제도 적시하고 있다. 유류분반환청구에 기여분 공제의 항변을 인정하지 아니하고 기여분결정청구 사건과 유류분반환청구 사건을 병합할 수 없다는 대법원 판례의 불합리를 명시하면서 기여분에 관한 제1008조의2를 유류분에 준용하지 않고 있는 제1118조는 헌법에 불합치한다고 결정하고, 다만 2025년 12월 31일을 시한으로 민법을 개정할 때까지 계속 적용된다고 결정하였다[헌법재판소 2024.4.25. 2020헌가4]. 따라서 향후 민법 개정에서 제1118조에 제1008조의2를 준용하는 규정을 신설할 것으로 예상된다.

① 대법원은 유류분반환청구 소송에서 기여분 공제의 항변을 인정하고 있지아니한 판례(대법원 2015.10.29. 2013다60753 판결 참조)를 유지하고 있는 점, ② 기여분결정청구는 상속재산의 분할청구가 있는 때에 비로소 할 수 있는데(민법 제1008조의2 제4항 참조), 상속재산 분할청구 사건은 가사비송사건(가사소송법 제3조 제1항 제2호 나목 마류 가사비송사건)으로써 민사사건인 유류분반환청구 사건과는 병합하여 처리할 수 없으므로, 결국 기여분결정청구사건도 유류분반환청구 사건과 병합할 수 없는 점, ③ 대법원은 기여분의 결정 문제와 유류분반환청구 소송에서 특별수익을 부정하는 문제 간에 어떤 차이가 있는지에 대하여 명시적으로 밝히지 않고 있는 점 등을 고려할 때, 대법원의 2021다230083, 230090 판결만으로는 기여분에 관한 민법 제1008조의2를 유류분에 준용하는 효과를 거두고 있다고 평가하기는 어렵다. 따라서 대법원의 2021다230083, 230090 판결에도 불구하고 민법 제1118조가 기여분에 관한 제1008조의2를 준용하지 않은 결과 기여분과 유류분의 단절로 인하여 기여상속인의 정당한 이익이 침해되는 불합리한 문제는 여전히 남아있게 된다. 〈중략〉 기여분에 관한 제1008조의2를 준용하는 내용을 두지 않아서 결과적으로 기여분과 유류분의 관계를 단절하고 있는 것은 현저히 불합리하고 자의적이어서 헌법 제37조 제2항에 따른 기본권제한의 입법한계를 일탈하여 재산권을 침해하므로 헌법에 위반된다[헌법재판소 2024.4.25. 2020헌가4].

IV. 유류분의 보전

1. 유류분반환청구권

가. 법적 성질

유류분반환청구권의 법적 성질에 대해 형성권설과 청구권설이 대립된다. 형성권설에 따르면 유류분반환청구권을 행사하면 유류분권리자에게 즉시 물권적 효력이 발생된다(김/김,901). 그러나 청구권설에 따르면 유류분이 침해되면 유류분권리자는 채권적 청구권만을 가질 뿐이라고 한다(곽,294; 이/윤,606; 송,481; 윤,631). 판례는 유류분반환청구권을 행사하면 유류분을 침해하는 유증 또는 증여는 소급적으로 효력을 상실한다고 하여 형성권설에 가까운 것으로 이해된다.

> 유류분권리자가 반환의무자를 상대로 유류분반환청구권을 행사하는 경우 그의 유류분을 침해하는 증여 또는 유증은 소급적으로 효력을 상실하므로, 반환의무자는 유류분권리자의 유류분을 침해하는 범위 내에서 그와 같이 실효된 증여 또는 유증의 목적물을 사용·수익할 권리를 상실하게 되고, 유류분권리자의 목적물에 대한 사용·수익권은 상속개시의 시점에 소급하여 반환의무자에 의하여 침해당한 것이 된다[대법원 2013.3.14. 2010다42624, 42631].

나. 행사방법

유류분반환청구권의 행사는 재판상으로 할 수도 있고 재판 외에서 상대방에 대한 의사표시로 할 수도 있으며, 반환받을 목적물을 구체적으로 특정하여야 하는 것은 아니다[대법원 1995.6.30. 93다11715]. 유류분반환청구권은 유증이나 증여의 유효를 전제로 행사하는 것이므로, 사인증여가 무효라는 주장을 하는 것은 유류분반환청구권의 행사라고 볼 수 없다[대법원 2001.9.14. 2000다66430*].

다. 채권자대위

유류분권리자의 채권자가 유류분반환청구권을 대위행사할 수 있는가에 대해 학설이 대립된다. 긍정설은 유류분반환청구권은 일신전속적이지 않으므로, 유류분권리자의 채권자는 유류분반환청구권을 대위행사할 수 있다고 한다(곽,295; 김/김,902). 제한적 긍정설은 유류분권리자의 행사 의사가 확인된 이후에만 유류분반환청구권을 대위행사할 수 있다고 한다(윤,632; 주해상속②,976). 판례는 제한적 긍정설의 입장에서 유류분반환청구권은 행사상 일신전속성이 있으므로 유류분권리자에게 그 권리행사의 확정적 의사가 있다고 인정되는 경우에만 채권자대위권의 목적이 될 수 있다고 한다[대법원 2010.5.27. 2009다93992*]. 즉 재판상으로 또는 재판 외의 의사표시로 유류분권 행사의 의사를 밝힌 이후에 채권자가 대위행사할 수 있다.

> 유류분반환청구권은 그 행사 여부가 유류분권리자의 인격적 이익을 위하여 그의 자유로운 의사결정에 전적으로 맡겨진 권리로서 행사상의 일신전속성을 가진다고 보아야 하므로, 유류분권리자에게 그 권리행사의 확정적 의사가 있다고 인정되는 경우가 아니라면 채권자대위권의 목적이 될 수 없다[대법원 2010.5.27. 2009다93992*].

2. 유류분반환청구권자

유류분권리자 중에서 유류분 부족액이 인정되는 상속인만이 유류분반환청구권자가 된다. 대습상속인이나 유류분권리자의 상속인과 유류분권리자로부터 유류분반환청구권을 양수받은 특정승계인도 유류분반환청구권자가 된다(주석,730). 상속결격자나 상속포기자는 상속인이 아니므로 유류분반환청구권자가 될 수 없으며[대법원 2012.4.16. 2011스191, 192*], 상속인과 같은 권리의무가 있음에도 불구하고 포괄적 수유자는 오히려 유류분반환의무자가 될 수 있다.

3. 유류분반환의무자

피상속인으로부터 유증 또는 특정 증여를 받음으로써 유류분권리자의 유류분을 침해한 수유자 또는 수증자 및 그 포괄승계인이 유류분반환의무자가 된다. 유언집행자도 유류분반환의무자가 된다는 견해(이/윤,608; 송,481; 윤,633)가 있으나, 포괄적 유증은 상속개시와 동시에 포괄적 승계가 이루어지므로 원칙적으로 유언집행자의 이행을 요하지 않기 때문에, 특정적 유증이 아직 이행되지 않은 경우에만 예외적으로 유언집행자도 유류분반환의무자가 될 수 있다고 봄이 타당하다. 유류분반환의무자로부터 양수받은 제3자도 양도 당시에 유류분권리자를 해함을 안 때에는 유류분반환의무자가 된다[대법원 2002.4.26. 2000다8878*]. 만약 양수인이 선의라면, 유류분반환청구권자가 양도인에게 가액반환을 청구할 수 있을 것이다.

수증재산에 대한 취득시효가 완성됨으로써 수증자가 확정적으로 소유권을 취득하였더라도, 유류분반환청구권의 소멸시효가 완성되지 않았다면 유류분반환의무를 거부할 수는 없다[대법원 2013.7.25. 2012다117317]. 유류분반환청구가 소유권의 취득 자체를 부정하는 것은 아니고, 일정한 반환의무만을 지우는 것이기 때문이다.

4. 유류분 반환의 순서

증여에 대하여는 유증을 반환받은 후가 아니면 이것을 청구할 수 없다(제1116조). 수유자와 수증자가 모두 유류분반환의무자로 되지만, 유증을 먼저 반환받고 난 이후에 부족분이 있다면 생전 증여에 대해서 반환청구를 한다. 생전 증여는 피상속인이 사망하기 이전에 이루어진 것이므로 이해관계 있는 제3자들이 존재하거나 현존하는 이익이 없을 가능성이 높으므로, 상속재산의 형태로 존재하고 있는 유증으로부터 우선적으로 반환받는다. 사인증여는 법적 성격은 증여일지라도, 유증과 동일하게 취급하여 우선적인 반환대상이 된다[대법원 2001.11.30. 2001다6947*].

> 민법 제1116조는 증여와 유증이 병존하는 경우 그 순서와 관련하여 유류분권리자가 유증을 먼저 반환받은 후 그것으로도 부족한 경우에 비로소 증여에 대하여 반환청구를 규정하고 있다. 이는 증여가 상속개시에 앞서 유증보다 먼저 효력이 발생한 것이므로 수증자의 신뢰보호의 필요성이 수유자보다 더 크다는 점을 고려하고, 유류분반환청구로부터 거래의 안전을 최대한 보호하기 위한 것이다[헌법재판소 2024.4.25. 2020헌가4].

수유자나 수증자가 복수인 경우에는 받은 유증이나 증여에 비례하여 유류분을 반환한다. 예를 들어 유류분 부족액이 1억 원이고 수유자가 2명(상속인 A는 3억 원, 제3자 B는 1억 원)이고 수증자가 1명(상속인 C는 4억 원)이라면, 수유자 A가 7,500만 원, B가 2,500만 원을 각각 반환하여야 한다.

수유자나 수증자가 유증이나 증여로 복수의 재산을 취득하였을 경우에, 특정 재산만을 반환하여도 유류분 부족액을 충족시킬지라도, 특별한 사정이 없는 한 취득 재산의 가액에 비례하여 안분하여 모든 취득 재산의 일정한 지분을 반환해야 한다[대법원 2022.2.10. 2020다250783*].

5. 유류분 부족액의 반환

가. 반환방법

유류분 반환은 원물을 반환하는 것이 원칙이나, 원물반환이 불가능하면 가액으로 반환한다[대법원 2005.6.23. 2004다51887]. 반환목적물에 제3자가 권리를 갖는 경우에는 가액반환을 청구할 수는 있으나, 그렇다고 해서 원물반환이 불가능하다고 할 수는 없다[대법원 2014.2.13. 2013다65963*].

> 민법은 유류분의 반환방법에 관하여 별도의 규정을 두고 있지 않다. 그러나 증여 또는 유증대상 재산 그 자체를 반환하는 것이 통상적인 반환방법이므로, 유류분권리자가 원물반환의 방법으로 유류분반환을 청구하고 그와 같은 원물반환이 가능하다면 특별한 사정이 없는 한 법원은 유류분권리자가 청구하는 방법에 따라 원물반환을 명하여야 한다. 증여나 유증 후 그 목적물에 관하여 제3자가 저당권이나 지상권 등의 권리를 취득한 경우에는 원물반환이 불가능하거나 현저히 곤란하므로, 반환의무자가 목적물을 저당권 등의 제한이 없는 상태로 회복하여 이전해 줄 수 있다는 등의 예외적인 사정이 없는 한 유류분권리자는 반환의무자를 상대로 원물반환 대신 그 가액의 반환을 구할 수 있다. 그러나 그렇다고 해서 유류분권리자가 스스로 위험이나 불이익을 감수하면서 원물반환을 구하는 것까지 허용되지 않는다고 볼 것은 아니므로, 그 경우에도 법원은 유류분권리자가 청구하는 방법에 따라 원물반환을 명하여야 한다[대법원 2022.2.10. 2020다250783*].

나. 반환범위

유류분반환의무자가 제3자라면 유류분 반환액을 전부 반환해야 하지만, 공동상속인이라면 그들의 유류분도 보장되어야 하므로, 유류분을 초과하는 유증액이나 증여액에 대해서만 반환의무를 진다.

> 유류분권리자가 유류분반환청구를 함에 있어 증여 또는 유증을 받은 다른 공동상속인이 수인일 때에는 민법이 정한 유류분 제도의 목적과 민법 제1115조 제2항의 취지에 비추어 다른 공동상속인들 중 각자 증여받은 재산 등의 가액이 자기 고유의 유류분액을 초과하는 상속인만을 상대로 하여 그 유류분액을 초과한 금액의 비율에 따라서 반환청구를 할 수 있다고 하여야 하고, 공동상속인과 공동상속인이 아닌 제3자가 있는 경우에는 그 제3자에게는 유류분이라는 것이 없으므로 공동상속인은 자기 고유의 유류분액을 초과한 금액을 기준으로 하여, 제3자는 그 수증가액을 기준으로 하여 각 그 금액의 비율에 따라 반환청구를 할 수 있다고 하여야 한다[대법원 1996.2.9. 95다17885*].

예를 들어 유류분 부족액이 1억 원이고 수유자가 2명(상속인 A는 3억 원, 제3자 B는 1억 원), 수증자 1명(상속인 C는 4억 원)인 경우에, A의 유류분이 2억 원이라면 이를 유증에서 공제한 1억 원을 기준으로 반환비율을 정해야 한다. 따라서 A는 5천만 원(1억 원 × 1억 원/2억 원)을 그리고 B는 5천만 원(1억 원 × 1억 원/2억 원)을 반환하게 되며, 수증자인 상속인 C는 4억 원이나 생전 증여를 받았음에도 반환의무가 없다. 만약 이때 수유자 B도 상속인인 경우에는 B의 수유액이 분담액에 미치지 못하여 분담액 부족분이 발생하면 수유자 A가 이를 부담하여야 하며, 유증으로 분담액 부족이 생겼다는 이유로 수증자 C에게 반환의무를 지울 수 없다[대법원 2013.3.14. 2010다42624, 42631*].

> 수인의 공동상속인이 유류분권리자의 유류분 부족액을 각자의 수유재산으로 반환할 때 분담하여야 할 액은 각자 증여 또는 유증을 받은 재산 등의 가액이 자기 고유의 유류분액을 초과하는 가액의 비율에 따라 안분하여 정하되, 그중 어느 공동상속인의 수유재산의 가액이 그의 분담액에 미치지 못하여 분담액 부족분이 발생하더라도 이를 그의 수증재산으로 반환할 것이 아니라, 자신의 수유재산의 가액이 자신의 분담액을 초과하는 다른 공동상속인들이 위 분담액 부족분을 위 비율에 따라 다시 안분하여 그들의 수유재산으로 반환하여야 한다[대법원 2013.3.14. 2010다42624, 42631*].

점유자는 선의로 점유한 것으로 추정되고(제197조), 선의의 점유자는 과실수취권이 인정된다(제201조 제1항). 그러므로 수증자가 수증재산을 반환해야 하는 경우에 과실이나 사용이익은 부당이득으로 반환하지 않아도 되지만, 악의의 점유자인 경우에는 악의로 인정되는 때부터 수취한 과실이나 사용이익도 반환되어야 한다[대법원 2013.3.14. 2010다42624, 42631].

다. 가액 산정 시기

피상속인으로부터 생전 증여를 받은 재산을 유류분으로 반환하여야 하는 경우에는, 증여된 시점부터 반환청구하는 시점까지는 상당한 시간의 경과가 있을 수 있다. 그러므로 증여재산의 가액을 산정하는 시점도 중요하다. 판례는 상속개시 시점을 기준으로 산정하는 것을 원칙으로 한다[대법원 2005.6.23. 2004다51887*]. 그러나 수증자의 기여 등을 통해 변형되어 가치가 증가되어 있다면 증여 당시의 상태를 전제로 상속개시 시점을 기준으로 산정하고 있다[대법원 2022.2.10. 2020다250783*].

> 유류분반환의 범위는 상속개시 당시 피상속인의 순재산과 문제 된 증여재산을 합한 재산을 평가하여 그 재산액에 유류분청구권자의 유류분비율을 곱하여 얻은 유류분액을 기준으로 산정

하는데, 증여받은 재산의 시가는 상속개시 당시를 기준으로 하여 산정하여야 한다. 〈중략〉 다만 증여 이후 수증자나 수증자에게서 증여재산을 양수한 사람이 자기 비용으로 증여재산의 성상(性狀)등을 변경하여 상속개시 당시 가액이 증가되어 있는 경우, 변경된 성상 등을 기준으로 상속개시 당시의 가액을 산정하면 유류분권리자에게 부당한 이익을 주게 되므로, 이러한 경우에는 그와 같은 변경을 고려하지 않고 증여 당시의 성상 등을 기준으로 상속개시 당시의 가액을 산정하여야 한다[대법원 2022.2.10. 2020다250783*].

금전을 증여받은 경우에는 상속개시 당시의 화폐가치로 환산하는데, 이때에는 증여 당시부터 상속개시 시점까지의 물가변동률을 반영하는 방법으로 산정하는 것이 합리적이다[대법원 2009.7.23. 2006다28126*].

라. 지체책임

유류분반환청구권의 행사로 인하여 생기는 원물반환의무 또는 가액반환의무는 이행기한의 정함이 없는 채무이므로, 반환의무자는 그 의무에 대한 이행청구를 받은 때에 비로소 지체책임을 진다[대법원 2013.3.14. 2010다42624, 42631].

6. 소멸시효

유류분반환청구권은 유류분권리자가 상속의 개시와 반환하여야 할 증여 또는 유증을 한 사실을 안 때로부터 1년 내에 하지 아니하면 시효에 의하여 소멸한다. 상속이 개시한 때로부터 10년을 경과한 때도 같다(제1117조). 설령 수증자가 소유권이전등기를 하지 아니한 경우에도 상속개시후 10년이 지나면 시효에 의하여 소멸된다[대법원 2008.7.10. 2007다9719*]. 이 기간의 법적 성질은 소멸시효이다[대법원 1993.4.13. 92다3595*]. 이러한 유류분반환청구권의 단기소멸시효 기산점으로서 '반환하여야 할 증여 또는 유증을 한 사실을 안 때'는 증여 또는 유증이 있었다는 사실 및 그것이 반환하여야 할 것임을 안 때라고 해석하여야 한다[대법원 2006.11.10. 2006다46346*]. 이 단기소멸시효는 유류분반환청구의 의사표시가 있으면 중단된다[대법원 2002.4.26. 2000다8878].

상속인이 유증 또는 증여행위가 무효임을 주장하여 상속 내지는 법정상속분에 기초한 반환을 주장하는 경우에는 그와 양립할 수 없는 유류분반환청구권을 행사한 것으로 볼 수 없지만, 상속인이 유증 또는 증여행위의 효력을 명확히 다투지 아니하고 수유자 또는 수증자에 대하여 재산분배나 반환을 청구하는 경우에는 유류분반환의 방법에 의할 수밖에 없으므로 비록 유류분 반환을 명시적으로 주장하지 않더라도 그 청구 속에는 유류분반환청구권을 행사하는 의사표시가 포함되어 있다고 해석함이 타당한 경우가 많다[대법원 2012.5.24. 2010다50809*].

유류분반환청구권의 행사로 발생되는 이전등기청구권은 별도의 청구권이므로 유류분반환청구권의 단기소멸시효가 적용되는 것이 아니라, 그 권리의 성질과 내용에 따른 소멸시효가 적용된다[대법원 2015.11.12. 2011다55092, 55108*].

참고문헌

곽윤직, 상속법(개정판), 박영사, 2004. [곽]

김주수·김상용, 친족상속법(제19판), 법문사, 2023. [김/김]

박병호, 가족법, 한국방송통신대학, 1992. [박]

박동섭·양경승, 친족상속법(제5판), 박영사, 2020. [박/양]

송덕수, 친족상속법(제7판), 박영사, 2024. [송]

윤진수, 친족상속법강의(제5판), 박영사, 2023. [윤]

이경희·윤부찬, 가족법(10정판), 법원사, 2021. [이/윤]

지원림, 민법강의(제19판), 홍문사, 2021. [지]

편집대표 민유숙, 주석 민법 [상속](제5판), 한국사법행정학회, 2020. [주석]

편집대표 윤진수, 주해친족법 제1권, 박영사, 2015. [주해친족①]

편집대표 윤진수, 주해친족법 제2권, 박영사, 2015. [주해친족②]

편집대표 윤진수, 주해친족법 제1권, 박영사, 2015. [주해상속①]

편집대표 윤진수, 주해친족법 제2권, 박영사, 2015. [주해상속②]

판례색인

사항색인

[저자 약력]

연세대학교 법과대학 법학사
연세대학교 대학원 법학석사
연세대학교 대학원 법학박사
경남과학기술대학교 컴퓨터공학과 공학사
충북대학교 대학원 공학석사(정보통신공학 전공)
충북대학교 대학원 공학박사(정보통신공학 전공)
국립 경상대학교 법과대학 교수
사법시험, 행정고시, 변호사시험 위원
홍조 근정훈장 수훈
현, 연세대학교 법학전문대학원 교수

[주요 저서]

전자거래법(전정판), 법원사, 2000.
디지털정보계약법, 법문사, 2005.
법정채권법(제3판), 법문사, 2023.
전파법연구(공저), 법문사, 2012.
전기통신사업법연구(공저), 법문사, 2016.
방송법연구(공저), 법문사, 2019.
EU신뢰서비스법 eIDAS규정(공저), 법문사, 2022.
인공지능과 법(공저), 연세대학교 출판문화원, 2023.

친족상속법

2024년 8월 15일   초판 인쇄
2024년 9월 1일   초판 1쇄 발행

저 자 오   병   철
발행인 배   효   선
발행처 도서출판 法 文 社

주 소 10881 경기도 파주시 회동길 37-29
등 록 1957년 12월 12일/제2-76호(윤)
전 화 (031)955-6500~6 FAX (031)955-6525
E-mail (영업) bms@bobmunsa.co.kr
       (편집) edit66@bobmunsa.co.kr
홈페이지 http://www.bobmunsa.co.kr

조 판 법 문 사 전 산 실

정가 32,000원   ISBN 978-89-18-91542-5